インストラクショナル
デザインの原理

PRINCIPLES OF
INSTRUCTIONAL
DESIGN

R.M.ガニェ, W.W.ウェイジャー
K.C.ゴラス, J.M.ケラー 著

鈴木克明・岩崎 信 監訳

北大路書房

Principles of Instructional Design

FIFTH EDITION

ROBERT M. GAGNÉ
WALTER W. WAGER
KATHARINE C. GOLAS
JOHN M. KELLER

Copyright © 2005 Wadsworth,
a division of Thomson Learning, Inc. Thomson Learning™
is a trademark used herein under license.

Japanese translation published by arrangement with
Thomson Learning Inc. through The English Agency
(Japan) Ltd.

※本書に掲載した会社名および商品名は，各社の商標または登録商標です。
なお，本文中には，TM，®マークは明記していません。

この版の「インストラクショナルデザインの原理」は故ロバート・M・ガニェと故レスリー・J・ブリッグスとの思い出に捧げる。教育心理学と教育システム設計に対する偉大なる貢献に感謝して。

―― WW, KG, JK

日本語版に寄せて

　本書の日本語訳を，私が指導したかつての大学院生で今は教授となった鈴木克明氏が手がけてくれたことをとてもうれしく誇りに思います。鈴木氏はフロリダ州立大学が1987年に設立した「ガニェ・ブリッグス最優秀大学院生賞」の最初の受賞者であり，1997年には「優秀同窓生賞」も受賞しました。

　本書の最新版（第5版）は，ガニェが構築した学習とインストラクションに情報処理理論を適用するという基盤を維持しながら，問題解決スキルを教えるための構成主義的な方法などの新しい要素を統合したものです。第5版では，インストラクショナルデザインや学習環境構築をダイナミックに行うために必要な新しい技術的動向についてもふれています。また，ケラーのARCSモデルが教材設計に果たすべき重要な役割についてもより詳細な説明が加えられました。

　ロバート・ガニェが教授設計・開発の理論と実践に果たしてきた数多い貢献は，今後も常に語り継がれていくでしょう。中でも，学習の成果には9つのタイプがあり，それぞれが異なる成果動詞で示すことができることや，学習の条件とそれに対応した9つの事象の枠組みを示したことは，忘れられることはないでしょう。

　本書の日本語訳の出版によって，ガニェの考え方と他の著者の果たした貢献が広まり，技術的に高度に発達した日本の研究者層に受け入れられ，デジタル時代の文脈の中に根づいていくことを期待します。

2007年3月20日

　　　　　　著者を代表して

　　　　　　　　　　　　フロリダ州立大学大学院教授システム学専攻・教授
　　　　　　　　　　　　教授学習センター・コーディネーター
　　　　　　　　　　　　ウォルト・ウェイジャー

監訳者まえがき

　本書は，2005年に Wadsworth/Thomson Learning 社から発刊された「*Principles of instructional design* (5th Ed.)」の全訳である。本書第2版は，『カリキュラムと授業の構成』という邦題で持留英世・初野ご夫妻によって翻訳され，北大路書房より1986年に出版されていたが，長い間，品切れとなっていた。このたび，原書に新しい著者が加わり，内容が大幅に変更されていることを受けて，最新版（第5版）の翻訳が必要ではないかとの監訳者の要望を，前訳書を出版された北大路書房に受け入れていただき，発刊の運びとなった。インストラクショナルデザイン（ID）の領域を開拓した歴史ある名著の最新版が，再びわが国の読者に広く読まれる機会を得たことを，訳者一同，とても喜んでいる。本書が歴史的に果たしてきた役割に鑑みて，邦題を原書の題名をそのまま直訳して『インストラクショナルデザインの原理』とした。

　本書の翻訳作業には，東北大学大学院教育情報学教育部の関係者と全国に散らばる若手研究者との分散協調型の共同作業として取り組んだ。それぞれが1章ずつを担当し，並行して作業を進め，その後監訳者とのやりとりを通じて完成させた。急ピッチで翻訳が進み，予想よりも早く本書を世に問えることになったのも訳者諸氏の協力の賜物と感謝している。訳語の不統一や理解しにくい箇所，あるいは意味の取り違いなどはできるだけ解消したつもりではあるが，不完全な点は監訳者にその責がある。今後のために，読者からのコメントを期待したい。

　ガニェ教授は2002年に他界したが，その精神は最新版にもよく継承されている。新しく加わった著者も全員，フロリダ州立大学でガニェ教授との時間を共有したという共通項を持っていることが達成理由としてあげられよう。同窓生の1人として，取り組みたかった仕事が一段落して，感謝の気持ちで一杯である。ウェイジャー教授には，日本語版に寄せてメッセージを書いていただいた。また，ケラー教授には，翻訳の仔細についての監訳者からの質問に答えていただいた。本書の編集に際しては，『教材設計マニュアル』と同様，北大路書房の奥野浩之さんにまたお世話になった。数多くの人たちの手によって形になった本書が，IDの真髄を伝え，効果的・効率的・魅力的な学習環境構築の一助となることを願っている。

2007年7月吉日

監訳者を代表して
鈴木克明

▰▰ まえがき

　ロバート・ガニェ博士（Robert Gagné 1916 - 2002）こそ，教育システム設計（instructional systems design）という分野において真の巨人だった．彼の学習の条件とか情報処理理論から導かれた数々の原理は今日でも色あせることなくおびただしい数の設計モデルの中で用いられている．彼の研究の初期段階で動物心理学領域の訓練を受けたことや，彼自身の著作中で，あのスキナー（Skinner, B. F.）との共同の仕事がよく引用されるために，多くの教育者は，ガニェをいわゆる行動主義者の1人として分類してきた．しかし，本当のところは，彼は認知心理学の草分けの1人だったのである．彼は，人間の行動を説明するときの行動主義心理学の弱点を認識しており，脳の内部で何が進行しているかを考慮する必要を感じて，行動主義者たちのとる厳格な諸原理を打ち捨てた．その当時，学習の情報処理理論がよく知られる研究テーマになりつつあった．この初期の研究の成果として，短期記憶，作業記憶（ワーキング・メモリ），認知負荷容量，脳内の符号化（エンコーディング），記憶の取り出し，スキーマなどの諸概念が，共通によく耳にする術語となっていた．ガニェは，K-12，すなわち，幼稚園から12年次（中学3年生）までの初等中等教育学校での学習，特に「読み」の学習にたいへん興味を持ち，実際，彼は，多くのカリキュラム開発プロジェクトに参加した．彼は，また，シミュレーション設計に関しての豊富な知識と経験により，軍からたびたび強い要請を受けていた．ロバート・M・ガニェと彼の同僚であるレスリー・ブリッグス（Leslie Briggs）の2人が，この本の初版本によって同時代の教育システム設計の方向づけをしたといっても過言ではないだろう．

　それに引き続く本書の改訂版では，その情報処理モデルと学習の条件モデルが学習環境と教材設計の理解をいかに基礎づけるかという点で拡大が図られた．たとえば，人気を博しているディック（Dick, W.）とケアリー（Carey, L.）のインストラクショナルデザイン（ID）モデルは，このガニェとブリッグスの仕事に遡ることができる．ウェイジャー（Wager, W. W.）は，知的技能を異なる領域からくる目標群に統合するため教授カリキュラムマップという技法を開発し，ブリッグスは望ましい教授機能という観点からメディア選択についての処方箋を拡張した．

　この改訂版では，IDの諸原理を再度確認するという点で，もう一歩前進させた．新しい2人の著者，キャサリン・ゴラス（Katharine Golas）とジョン・M・ケラー（John M. Keller）は，彼らの広い知識，経験，視点を加えた．ゴラスは，サウスウェスト研究所（Southwest Research Institute: SwRI）の研修，シミュレーション・パフォーマンス向上部門の副社長をしているが，ガニェの教え子の1人であった．彼女は，

1977年からこの教授システム領域で働き，1982年にフロリダ州立大学から博士号を授与されている。彼女のSwRIの仕事には，米国空軍向けの新しいIDモデルの開発が含まれている。彼女は，多感覚統合型仮想現実であるとか，分散型任務遂行シミュレーションなど，新登場の諸技術に造詣が深い。これまで，彼女は，デービッド・メリル（David Merrill），ロバート・テニスン（Robert Tennyson），マイケル・スペクター（Michael Spector）など現代の著名なID研究の先駆者たちと一緒に働いた経験を持っている。ゴラス博士の技術との長い間のつきあいや軍の訓練にかかわった経験が，この教科書に新しい次元を加えた。

ジョン・M・ケラーは動機づけ設計モデルとして，注意・関連性・自信・満足感の4要因モデル（いわゆるARCSモデル）を開発した。第6章においてケラーは，学習者の特性とそれがどのようにIDの意思決定に影響を与えるかについて，彼の視点を加えている。ケラー博士は，フロリダ州立大学において，教育システム設計学と教育心理学の教授であり，大規模教育システム設計や電子的パフォーマンス設計プロジェクトに関するコンサルタントとして著名である。最近の彼のクライアントとしては，シティバンクや連邦航空局などがある。彼は，デザインモデルや，評価モデルでもエキスパートの1人である。本書では，彼は2つの章を完全に書き換え，彼の最も得意とする動機づけ設計の観点から，インストラクションをもっと効果的なものにしていくという点で新しい洞察を加えている。

ウォルター・ウェイジャーは，本書の初期からの共著者の1人で，レスリー・ブリッグスやロバート・ガニェの同僚だった。彼は，今は，フロリダ州立大学の教授開発サービスのコーディネーターである。ウェイジャーは，教授陣と精力的に協力して，テクノロジーを教授のプロセスに導入したり，能動的学習（アクティブ・ラーニング）を推進したり，効果的なコース開発をいくつも行ってきている。彼は，教授陣を支援していく中でコースの学習成果や評価項目を定義したりする際に，本書に書かれている諸原理をよく取り上げて用いている。

● この版で加えた新しいこと

著者たちは，執筆姿勢として形式的なスタイルをなるべく避け，より読みやすい表現にすべくテキストの多くを書き直した。また，軍関係や研修現場から新しい事例を取り入れ，また，構成主義的な考え方や実践に関連した事項について言及した。すべての章に何らかの更新がされた。大部分の章の中身が少々あるいは中程度の改訂がされた。ただし，以下の4つの章はほとんど完全に書き換えられた。まず，第2章は学習環境の設計であるが，システム設計とIDモデルの違いについて述べている。第6

章では，アメリカ心理学会（APA）の学習者中心の原理を紹介し，それらがどのように ID と関係しているかについての議論を取り入れた。第 11 章は，次から次へと登場する各種の新技術とその学習への影響を反映して，完全に書き換えられた。第 15 章のオンライン学習は，新しく設けた章であり，これまでの個別教授という1章の置き換えとなっている。以上のとおり種々改訂されているが，ID の基礎として，学習の条件や情報処理モデルを据えるという従来からの立場は，テキスト全体にわたっての一貫した基盤としてこの改訂版でも生き続けている。

● 謝　辞

　ジョン・デンプシー（John Dempsey），ジェームス・アップルフィールド（James Applefield），ロドニー・アール（Rodney Earle）の各博士に対して，本書「ID の原理」についての学習者ガイドへの多大な貢献に感謝する。この学習者ガイドは残念ながらもう絶版となっているが，本書の読者は，南アラバマ大学のデンプシー教授とその学生たちが開発したオンライン学習者ガイドにアクセスすることができる。そのサイトへのリンクは http://www.southalabama.edu/coe/idbook である。私たちは，また，出版物や Web サイトの図表を本書で用いる許諾を与えてくれた多くの出版関係者と著者たちに感謝しなければならない。

　また，この第 5 版の改訂計画への思慮深い助言や建設的かつ厳しい意見をくれた，以下の査読者諸氏に，感謝の意を表する。

　　フレデリック・B・キング（Frederick B. King）氏　ハートフォード大学
　　スティーブン・クルックス（Steven Crooks）氏　テキサス工科大学
　　テンバ・C・バソッポ＝モヨ（Temba C. Bassoppo-Moyo）氏　イリノイ州立大学
　　ロバート・C・M・ブランチ（Robert C. M. Branch）氏　ジョージア大学

目 次

日本語版に寄せて　ii
監訳者まえがき　iii
まえがき　iv

第 1 部　教育システム序論　1

第 1 章　インストラクショナルデザイン序論　2

インストラクショナルデザインについての基本的な想定　3
学習についてのいくつかの原理　5
学習の条件　9
インストラクショナルデザイン（ID）の論理的根拠　15
本書の構成　18
要約　20

第 2 章　教育システムの設計　21

仮定　23
基本プロセス：ADDIE モデル　25
他の種類のモデル　45
ISD プロセス 対 プロセスの表現　48
要約　50

第 2 部　学習とインストラクションの基本プロセス　51

第 3 章　インストラクションの成果　52

ゴール・目標とインストラクション　52
学習成果の 5 分類　57
人間の能力の種類に着目したインストラクションの設計　65
要約　66

第 4 章　さまざまな学習：知的技能と方略　69

学習成果を分類する必要性　69
知的技能の下位分類　71

　　　　認知的方略　　84
　　　　メタ認知　　91
　　　　学校の教科におけるさまざまな知的技能　　92
　　　　要約　　94

第 5 章　さまざまな学習：言語情報・態度・運動技能　　96

　　　　言語情報（知識）　　96
　　　　デジタル時代における情報から知識への変換　　97
　　　　言語情報の学習　　102
　　　　態度の学習　　107
　　　　運動技能の学習　　114
　　　　要約　　118

第 6 章　学習者　　120

　　　　学習者特性　　121
　　　　学習に影響を与える特性　　129
　　　　記憶の組織化　　133
　　　　スキーマ　　134
　　　　インストラクションの参加者としての学習者　　139
　　　　要約　　146

第 3 部　インストラクションの設計　　149

第 7 章　パフォーマンス目標の定義　　150

　　　　期待を伝えるための目標　　152
　　　　目標の例　　165
　　　　計画段階での目標の利用　　170
　　　　要約　　172

第 8 章　学習課題の分析　　174

　　　　分析の範囲　　174
　　　　課題分析の種類　　176
　　　　知的技能の学習における前提条件　　180
　　　　学習課題分析と他の学習の種類　　185
　　　　統合されたゴール　　192
　　　　要約　　193

第 9 章　教授系列の設計　　196

　　　　コース編成の実例　　198

　　　　　学習階層図と教授系列　209
　　　　　インストラクションの系列化のその他のタイプ　211
　　　　　複数の学習目標の統合　216
　　　　　要約　217

第 10 章　9 教授事象　218

　　　　　インストラクションの本質　218
　　　　　レッスンの中の教授事象　232
　　　　　要約　234

第 11 章　テクノロジー・アフォーダンス　237

　　　　　デジタル時代の学習　238
　　　　　インターネットの衝撃　240
　　　　　学校学習におけるテクノロジー　245
　　　　　研修におけるテクノロジー　248
　　　　　研修技術の未来　254
　　　　　教授資源　258
　　　　　教授方略・メディア・実施方法　260
　　　　　学習のための認知的ツール　265
　　　　　要約　268

第 12 章　単位時間ごとの授業設計　270

　　　　　レッスン計画とモジュール設計　270
　　　　　学習目標の系列化　272
　　　　　各学習成果のためのレッスン計画　280
　　　　　レッスン計画のステップ　282
　　　　　統合的なゴール：複数の学習目標のためのレッスン計画　291
　　　　　インストラクション開発の役割と活動　297
　　　　　要約　298

第 13 章　学習者のパフォーマンス評価　300

　　　　　評価のタイプ　301
　　　　　アセスメントの方法　301
　　　　　パフォーマンス測定の目的　307
　　　　　目標準拠アセスメントのための手続き　310
　　　　　完全習得という概念　313
　　　　　目標準拠アセスメントの基準　316
　　　　　目標準拠測定の信頼性　324
　　　　　集団準拠測定　325
　　　　　要約　328

第4部　インストラクションの実施システム　331

第14章　グループ学習における環境　332

グループ指導の特徴　333
2人グループまたは1対1におけるインストラクション　335
小集団におけるインストラクション　339
大グループにおけるインストラクション　344
大グループにおけるチュータリングの特徴　350
デジタル技術を利用した大グループのインストラクション　351
要約　353

第15章　オンライン学習　355

インターネット　356
オンライン学習の計画　364
IDの方略　371
学習管理システム（LMS）　391
要約　394

第16章　インストラクションの評価　396

教育システム評価―5つのタイプ　397
評価のタイプと判定のタイプ　398
インストラクションの教材と活動に対する評価　402
ISDプロセスの評価　407
学習者の反応評価　408
学習者の成績の測定　410
教育プログラムの評価　411
評価結果の解釈　417
評価研究の例　423
要約　428

引用文献　431
人名索引　451
事項索引　453
監訳者あとがき　461

第1部
教育システム序論

第1章
インストラクショナルデザイン序論

　インストラクションの目的は，人々の学習を助けることにある。学習はインストラクションなしで成立するのだろうか？　もちろん成立する。私たちは，自分たちを取り巻く環境とそこで生起する事柄に常に出会い，そしてそれを解釈している。学習とはそのような自然のプロセスであり，学習することによって私たちは知っていること・できること・行動の方法などを変化させている。一方で，教育システムの目的の1つに，**意図的な学習を支援する**ことがある。インストラクションなしでは達成するのにとても長い時間がかかってしまう多くの目的を達成するための支援である。学校では，コミュニティが必要であると認める知識やスキルを教える。たとえそれらが学習者にとってすぐに興味が持てないことであったり，学校以外の環境では自然に出会わないようなことであっても教えている。政府や，利益を追求する企業体においては，従業員が常に変化する職場で成功するために必要なスキルを身につけることができるように，採用時研修や継続研修を提供する。軍隊においても，訓練を実施することは共同的な軍事行動に備えるために欠かせない手段である。本書の目的は，意図的学習のためのインストラクションを効果的にデザインする上で，学習の原理がどのように役立つかを述べることにある。

　私たちは，インストラクションを「学習を支援する**目的的**（purposeful）な活動を構成する事象の集合体」と定義する。通常，それらの事象は，たとえば印刷されたテキストやインストラクターによる講義，あるいは学習者グループの活動などの学習者の外側にあるものだと考える。しかし，注意を向けるとか，リハーサルをする，振り返り（リフレクション）をする，進捗をモニターするなど，学習者の内側に起きる事象も含まれる。教育心理学者は，これらの内側の事象を仮説として取り上げモデル化して，学習過程についての原理を導き出してきた。インストラクショナルデザイナーは，これらの原理を外側の事象をデザインするために応用する。それをインストラク

ションと私たちは呼ぶ。たとえば，短期記憶は容量が限られているという原理は，一般的に受け入れられている。その原理をもとにして，提示する情報を小さいまとまりに分けたり，分類したりすると，学習しやすくなることがわかっている。

では，なぜインストラクションであってティーチングではないのか。それは，ティーチング（教えること）はインストラクションの一部にすぎないからである。**教える**という言葉は，学習者に向かって誰かが講義をしたり実演したりすることを示唆する。しかし，教師あるいは研修担当者の役割は，教えること以外のさまざまなことを含む。たとえば，教材を選択する，学習者の準備状況を見極める，クラスの時間進行を管理する，教授活動をモニターする，そして，教育内容を知っている人，あるいは学習の支援者としての役割を果たすことなどがある。そこで，より広範囲の意味を含む**インストラクション（instruction）**という言葉を用いることで，学習者を支援するためにはさまざまな活動があることを強調したいと考えている。インストラクショナルデザイン（ID）の原理についての知識があれば，学習を手助けするために取りうる方法について，より広範囲なイメージを持つことができる。たとえば，グループ活動をさせるのが役立つときはいつか，練習とフィードバックが最も効果的なのはいつか，問題解決や高次の学習スキルの基礎となるものは何か，などである。

ID 原理を応用することが役立つ人は他にいるだろうか。教材制作に携わるすべての人々，たとえば教科書の執筆者，カリキュラム開発者，Web 上のコース設計者，さらには知識管理システムの設計者も，ID 原理を役立てることができよう。

以上をまとめると，学習を支援する事象や活動に学習者を没入させるように計画すると，インストラクションは効果的になる可能性が高くなる。ID 原理を用いることで，教師や研修担当者は学習の手助けとなる活動を選んだり，計画・開発できるのである。

 インストラクショナルデザインについての基本的な想定

ID のベストモデルが1つだけ存在すると考えるのは誤りである。実際には，デザイナーとデザイン状況の数だけ，異なるモデルが存在する。デザイナーは，個々の理解に基づいて学習に影響する原理を応用して，インストラクションをよりよく構成しようとする。しかし，デザインのプロセスについて，いくつかの共通的な基本要件を想定できる。

まず第1に，ID はティーチング（教えること）のプロセスではなく，学習のプロセスを支援することに焦点化するという立場をとる。ID は，「偶発的な」学習ではなく，「意図的な」学習に焦点化する。つまり，意図される目的や望まれる学習成果に

応じて，学習活動が設計され選択されることになる。意味のある学習成果が，たいていの場合デザイン過程の開始点であり終着点である。なぜならば，設計が効果的かどうかを調べるときには，必ず目標に到達したかどうかで判断されるからである。このことは，求められる成果が知識学習でも問題解決スキル学習でも同じようにあてはまると考える。それは，学習成果のタイプ次第で，異なる学習活動が選択されることになるからである。

第2に，学習はさまざまな変数が関与する複雑なプロセスであるという立場をとる。ジョン・キャロル（Carroll, 1963）は，「学校学習のモデル」において，学習に影響を及ぼす主な変数には少なくとも5つあると定義した。①学習者の辛抱強さ，②許された学習時間，③インストラクションの質，④適性，そして⑤学習者の学習能力である。これらの変数は互いに独立しているわけではないので，効果的なIDモデルではこのうちの1つだけを取り上げることはできない。たとえば，学習者の意欲や課題への適性を考慮しないのでは，たとえ高品質のインストラクションであっても，効果を上げることは期待できない。

第3に，IDモデルはさまざまなレベルで応用可能である。ID原理は，ある日の1時間の学習活動を考えている教師や研修担当者にも有用であるし，3日続くワークショップを準備する場合も，あるいは1つの科目全体のカリキュラムを開発する場合にも役立つ。IDは，個人の活動の場合もある一方で，別のレベルでは，大規模なスケールのプロジェクトで複数のデザイナー，内容の専門家（subject-matter expert: SME），評価の専門家，そして制作スタッフから構成されるチームであたる場合もある。デザインモデルの詳細は異なったとしても，基礎にあるID原理はほぼ同じものである。

第4の立場は，デザインは繰り返しのプロセスであるというものである。人がいかに学ぶかに関する私たちの理解の現状では，インストラクションの設計過程に学習者を巻き込む必要がある。教材や学習活動案は，何がうまくいき何は駄目かを判断するためには，学習者にやらせてみる必要があるからである。そう考えれば，インストラクションを完成させるのはデザイナーではなく，学習者であるとみなすことになる。設計と開発のすべてをあらかじめ注意深く計画しておくこともできる。あるいは，使いながら変更を加えていくことで短時間に開発することを目指すラピッドプロトタイピングのような，連続的なプロセスと考えることもできる。いずれの場合にも，学習者集団からのフィードバックを得て改善を加えることで，より効果的になる。

第5の立場は，ID自体が相互に識別可能でかつ関連する下位プロセスの集合体であるという考え方である。最も単純に捉えれば，IDとは，求められる成果と教え方と評価方法を互いにマッチ（整合）させることである。より複雑なプロセスモデルで

あると考えれば，求められる成果を決定し，真正のタスクに学習者を巻き込むような学習活動をつくり，そして練習・評価・フィードバックに用いる方法をデザインすることになる。

第6で最後の立場は，異なるタイプの学習成果には異なるタイプのインストラクションが求められるという点であり，これについては本書の第2部を中心にして，より詳細に述べられる。すべてのことを教えられる「ベストな方法」は存在しない。学習の条件は私たちが求める成果のタイプに応じて異なるので，学習活動や教材のデザインを考えるときに影響を与えることになる。たとえば，問題解決のスキルは，学習者が問題解決過程を体験しない限り身につかない。ジャスパー（Cognition and Technology Group at Vanderbilt, 1993）のような教材は，協調的なグループ活動を含む，問題解決に必要なスキルを身につけるために必要な外的事象を用意し，児童が夢中に取り組むようにさせている。

 ## 学習についてのいくつかの原理

　私たちは「人はいかに学ぶか」についての個人的な信念を持っているものだ。それらの信念は，個人的な経験や自己省察，他人の観察，あるいは誰かに自分の考え方を教えようとしたり説得しようとした経験に起因している。また，動物や人間の学習に関する数多くの研究の成果として，理論や知識が豊富に存在する。信念や研究に基づいて，私たちが教材や学習活動をデザインするときに応用できる原理やルールが導き出される。

　学習とは，ロバート・ガニェ（Gagné, 1985）の定義によれば，行動に見ることができる学習者の特性や能力が変化する過程である。人間として，私たちは起きている間じゅうずっと，情報を知覚し，処理している。それらの情報のうち，フィルターにかけられて処理されないものもあれば，知っていること・覚えていることの中に組み込まれていくものもある。能力の変化は，私たちが学習状況と呼ぶものの結果として起きる。

　学習状況には2つの部分がある。学習者の外側と内側である。内側の学習状況は，学習者の意図とそれまでに蓄えられた記憶とで形づくられていると思われる。たとえば，「アメリカ合衆国の大統領選挙は，11月の最初の月曜日の後に来る最初の火曜日に行われる」という文章を読んだとする。もしこの事実が学習されるとすれば，以前の学習の結果として記憶されている内側の学習状況が必要になる。学習者は，①月曜日，火曜日，11月がそれぞれ時を示す単語であることや，②大統領選挙があるイベ

ントを示すことを思い起こし，また，③この文章を読解するために必要な基礎的なスキルを思い起こして用いなければならない。これらの能力（そして後に述べるその他の能力）が内側に存在する人は，大統領選挙に関する文章を口頭で，あるいは印刷されて示されたときにはじめて，その文章から学ぶ可能性があったといえる。一方で，学習しようとする意欲を含めて内側の状況が整っていなければ，外側にメッセージをいくら整えても意味があるものにはなりにくく，よって学習も成立しないだろう。

　学習のプロセスは，長年にわたって科学的な方法を用いて調べられてきた。科学者として学習について追究する場合，学習がどのように生起するかを説明することが主たる関心事になる。言い換えれば，学習と呼ばれるような行動変容と，学習者の内側と外側の学習状況とを関連づけようとする。これまでに発見されてきた，あるいは今でも常に発見されつつある学習状況と行動変容との間の関係は，「学習の条件」(Gagné, 1985) と呼ぶにふさわしいものだ。学習者の内側と外側にあるこれらの条件が，学習の生起を可能にしている。だから，もしインストラクションをデザインすることで学習を成立させようと意図するのであれば，これらの内側と外側の学習の条件を慎重に整備していく必要がある。さらに，文化や活動が学習プロセスに与える影響についても理解する必要性が増している。学習は，社会文化的な期待や価値，さらには公知の知識によって影響を受ける。学習者は社会から孤立した存在ではないので，学習が行われる文脈が，何が学ばれるかやどう学ばれるかに作用を及ぼす。

　学習がどのように進行するのかについての私たちの知識を深める過程で，学習に影響を与える構造や事象（脳中枢神経システムで起こっていることとして扱われるようになってきた）についての理論が構築されてきた。学習に影響がありそうな事象について，さまざまな条件の下で何度もチェックされてきた。このようにして，状況が異なる広範囲にあてはまるような学習についての原理が集積されてきた。インストラクションにとって重要な学習理論は，それらの制御可能な事象や条件についての知見である。学習を効率よく成立させるためにインストラクションをデザインしようとしたときには，インストラクターが何かをなしえるような事象に関する学習理論の要素を探し出す必要がある。

学習原理のいくつかの例

　ID に関係がある学習理論・学習研究からの知見にはどのようなものがあるだろうか？　まず最初に，ずいぶん前から知られている原理で，インストラクションをデザインするときによく用いられるものをみていこう。

近接性

　近接性（contiguity）原理とは，求められる反応と刺激となる状況が同時に提示される必要があることを示す。たとえば，兵士が自力で武器を組み立て直すという学習があるとする。経験の少ない教師であれば，まず最初に武器の展開図を兵士に示し，図を用いて武器の組み立てを練習させるかもしれない。しかし，目標が要求するのは自力で（展開図を見ないで）の組み立てなので，ここでの刺激は「武器を組み立てろ」という命令であり，それに伴うべき反応は武器を何も見ないで組み立てられることである。もちろん展開図は学習の手助けにはなるが，刺激と反応の近接性を確立するためには，取り除かれなければならないものである。近接性の2番めの例として，学校で，ある概念の事例を分類するという課題を取り上げよう。たとえば，動物の絵が載っているページを見て，その中からアヒルを選ぶ課題を与えられたときに，アヒルを指で示すと肯定的なフィードバックが与えられる場合である。この場合の学習目標は，アヒルの絵を同定（identify）できるようになることである。

繰り返し

　繰り返し（repetition）の原理とは，刺激状況とそこでの反応が繰り返されること（つまり練習すること）によって，学習成果が上がり学習成果の保持がより確実になることを示している。繰り返しの必要性が明らかな状況もある。たとえば，誰かがフランス語の「variété」という新しい単語の発音を学んでいるとき，練習を重ねることによって徐々に発音が受け入れられるレベルに近づいていく。ところが，近年の学習理論では，学んだことの連鎖が強くなるから繰り返しが効果的であるという考え方に疑問が投げかけられている。さらに，新しく学んだことが繰り返しによってより強固に学習されたり保持されたりするわけではないという場合もある（Ausubel et al., 1978; Gagné, 1985 を参照）。現時点で妥当だと思われるのは，繰り返すことが学習条件の基盤的要素だとみなすのではなく，単に繰り返すこと（練習）によって他の学習条件を成り立たせているだけなのだ，との立場をとることである。

強　化

　歴史的にみると，強化（reinforcement）の原理は次のように述べられてきた。すなわち，新しいことの学習が強められるためには，そのことが起きたときに満足できるある事柄が伴うのがよい（Thorndike, 1913）。強化についてのこのような見方は依然としてホットな議論を呼ぶ課題であるが，強化の働きについては多くの証拠をあげることができる。しかし，インストラクションという目的のためには，強化についての異なる考え方を採用するのがよい。つまり，強化は，外的に与えられるだけでなく，

内的なものでもある，という考え方である。たとえば，ある学習者が宿題をやり終えていい気分だと感じたとする。社会文化的な立場から強化を考えれば，この気分は学習者に寄せられた社会的な期待を満たすことができたことに関係していると説明できる。多くの文化では学習することが他者から認められることなので，強化が内面化するのである。強化を内面化できた学習者のことを，私たちは「自己動機づけができた」人と呼ぶ。

社会文化的な学習の原理

　初期の教育心理学者たちの多くは，個々の学習者がインストラクションからどのように学ぶかを研究したが，学習者が置かれている社会文化的な (social-cultural) 環境を考慮しなかった。たとえば，インストラクションの速さやイラストの利用，プレゼンテーションの形態などの変数を1つだけを取り出して，それらが学習状況にどの程度の影響を与えているかを探っていた。しかしながら，より最近の研究では，インストラクショナルデザイナーが設計する個々の要素と同じぐらいに社会文化的な文脈が学習に影響を与えていることが示唆されている。もう一度キャロル（1963）のモデルを参照すれば，学習者の根気強さが意図的な学習を成立させるために不可欠な内的条件の1つであることが容易に想像できる。教育内容の順序などといった1つ1つの変数が学習に与える影響を抽出したいと考えるあまりに，たとえば内容の学びがいを学習者がどう捉えているのかなどの関連した要因を見過ごし，インストラクションの効果を本来よりも低めているかもしれないのだ。社会文化的モデルから生み出された原理には，次のようなものがある。

▶ **意味の交渉（negotiated meaning）**　　学習とは，意味を構成していく1つの社会的プロセスである。この原理を適用すると，情報の意味を決める目的で他の学習者や知識を有している他者と作業をする文脈が学習にとって必要になる。つまり，協調学習の環境がそのプロセスを支援するということが示唆されるのである。練習やフィードバック，あるいは強化などの原理がこの学習環境でも作用しているとみることもできるが，単に効果的な学習教材を使うということ以上の何かが，そこで行われていることになる。情報の重要性についての社会文化的な影響を受け，グループの中で支えあう学習というより広い文脈にどう適合するかが問われることになる。

▶ **状況的認知（situated cognition）**　　学習された能力は，ある特有の文脈の中で習得されたため，その文脈の中での有用性をどう感じられるかがその後の想起や利用に影響を及ぼす。関連した概念に「不活性知識」(inert knowledge) がある (Whitehead, 1929)。ホワイトヘッド（Whitehead, A. N.）によれば，不活性な知識とは，文脈の中で使われることがなく，ばらばらの断片として学習された知識をさ

す。「理論的な知識は常に学習者向けのカリキュラムの中の重要な応用例とともに提示されるべきである。これは容易には実現できない難題である。しかし，知識を生き生きと存在させ続け，不活性化を防ぐことこそ，すべての教育の中心的課題である」(p. 17) とホワイトヘッドは記している。導き出される原則としては，意味のある形で応用できる真正な文脈の中で学習が成立すれば，より覚えやすく必要なときに思い出しやすくなる，ということになろう。

社会文化的な原理を ID の中に組み入れることは間違いなく論理的なステップであり，学習が多面的であることを考慮したデザインモデルを開発する必須要件である。これらの条件は，ある特定の種類の学習に対する条件よりもより一般的なものになるだろう。たとえば，進行中のイベントについてのグループ討議を取り入れることによって，それに関連する学習中の知識やスキルが学習者にとってより意義深いものになる，というものである。これらの原理は，数多くの学習場面で行われる実践に示唆を与えるだろう。

▶ **活動理論（activity theory）**　活動理論の原理によれば，学習は活動の結果として成立する。活動は常に目的的であり，活動に参加することによって学習が生起するとする考えである。ブラウンら（Brown et al., 1989）が提唱する仮説によれば，学習は真正な（authentic）（文化的な活動の一部としての）活動を行っているときに最もよく成立する。学習とは，ある文化が持つ知識や実践を伝えるプロセスである。こう表現すると活動理論が示唆する枠組みや複雑に絡み合う命題をいささか単純化しすぎることになるが，インストラクショナルデザイナーにとって，特に学習成果を選択したり学習活動を設計したりするときに，活動理論の原理はとても重要である。

 ## 学習の条件

さて，これまでに明らかになったように，インストラクションは学習者の内側と外側にある要因すべてを考慮して設計する必要がある。これらをまとめて学習の条件（Gagné, 1985）と呼ぶ。外側の要因（外的条件）としては，学習環境やそこにある資源，学習活動の運営などがあり，それらが内側の要因（内的条件），たとえば学習者が学習課題に対して抱く気持ちの持ちようや以前に学んだ能力，あるいは個々の学習者の個人的な目的などと相互に作用する。学習者に内在する能力は，学習に影響を及ぼす重要な要因群であるとみなされる。

学習のプロセス

　内的・外的な学習条件を考えるとき，学習行為のプロセスにかかわる枠組み，あるいはモデルからスタートしなければならない。図1-1に最近の学習理論の主要な考え方を組み合わせたものとして，研究者間で広く受け入れられているモデルを示す。この段階理論的なモデルは最初にアトキンソンとシィフリン（Atkinson & Shiffrin, 1968）によって提唱されたもので，知覚と記憶の間にいくつかの段階を想定する情報処理として学習を捉えている。この他にも，並列分散処理モデルや相互結合モデル（McClelland & Rumelhart, 1986）など，いくつかの情報処理モデルが提唱されたが，

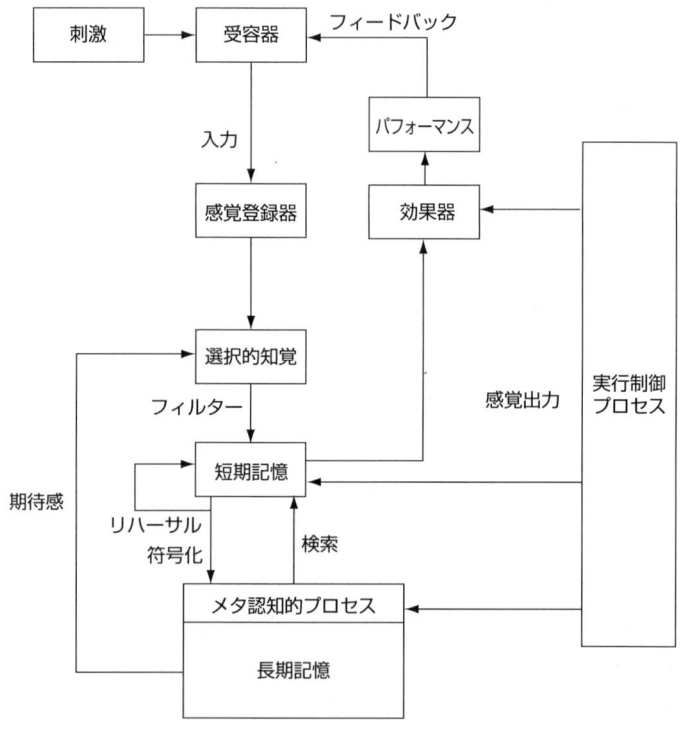

図1-1　現代的な認知主義的（情報処理）学習理論を支える学習と記憶の詳細モデル
出典：R.M.Gagné & M.P.Driscoll (1988). *Essentials of Learning for Instruction.* 2nd Ed. を一部修正．

それらは段階モデルに代わるものというよりはむしろ，それを発展させた形のものである。たとえばルドゥー（LeDoux, 1996）などにより行われている脳研究の成果として，今後，感情が認知に与える影響についての知見が得られるかもしれない。現時点では，脳がどのように働いているかはあまりよくわかっていないと考えるのが安全であろう。しかし，段階理論的モデルは，これまでに学習を支援するためのインストラクションをどう設計したらよいかについて，さまざまな示唆を与えてきた。本書にある多くの原理は，このフレームワークの上に築かれている。

段階論的な情報処理モデルでは，知覚を感知する受容器が，環境からの情報を中枢神経系に伝える。感覚登録器の1つに短時間だけ記録され，その後で，情報は短期記憶が了解可能なパターンに変形される。この時点で起こる変換は，選択的知覚とか特徴認知と呼ばれている。紙の上に視覚的に提示されたあるマークの類は，短期記憶に格納されるときには，小文字のaやbなどに変形されている。ある角度とコーナーと縦横の線分の組が，三角形に変形して認識される。

短期記憶に蓄えられた情報は，繰り返しリハーサルしなければ，比較的短期間（20秒以内）で消える。7桁の電話番号を打ち終わるまで覚えておく，というのが身近な例である。打ち終わればすぐに短期記憶から消えていく。もしもそれ以上長く覚えておきたいのであれば，繰り返し番号を思い出し続けなければならない。学習を考える上でとても重要な短期記憶のもう1つの性質は，容量が限られていることである。ごくわずかな別々の項目（おそらく4つから7つぐらいまで）しか1度に「記憶にとどめておく」ことができない。短期記憶が学習プロセスの一段階として存在するので，その容量の限界が学習課題の難易度に強い影響を与える。

たとえば，頭の中で29×3の計算をしようとしたときには，30×3と90－3の両方を短期記憶の中で行う必要が生じる。これは，たとえば40×3のような1回の計算ですむような場合に比べて，とても課題を難しくしている。情報は次に，長期記憶に入る形にするために意味的符号化（semantic encoding）という変形プロセスを通過する。長期記憶に意味がある形で符号化されるとき，多くは命題（proposition）の形をとる。つまり，主語と述語動詞がある文の形をとる。この形をとることで，情報は長期間にわたって保存することが可能になる。その情報は検索（retrieval）プロセスによって再び短期記憶に戻され，他の情報と組み合わせられることで新しい種類の学習に用いられることもある。情報を組み合わせるように作用するとき，短期記憶は作業記憶と呼ばれることもある。作業記憶または長期記憶からの情報が検索された場合，情報は反応生成器に送られ，何らかの行動に変形される。反応生成器である効果器（たとえば筋肉）を動かすことによって，学習者の環境で観察可能なパフォーマンスが創出される。この行動によって，外から見ている観察者が，最初の刺激が期待

した反応につながったかどうかを確認することを可能にする。情報がこのように段階的に「プロセス」され，学習者が何かを学んだことになる。

制御プロセス

　図1-1で重要な構成要素は，実行制御（executive control）と期待感（expectancies）である。この2つが学習中の情報の流れを活性化し，調節するプロセスをつかさどっている。たとえば，学習後に何ができるようになるかについて学習者が高い期待を寄せているとすれば，そのことが外側の状況がどのように知覚されるかに影響を与え，それがどのように記憶されるか，またどのようなパフォーマンスに結びつくかにも影響を与える。実行制御構造が認知的方略の利用を支配しているため，情報がどのようにコード化されて長期記憶に持ち込まれるかを決定づけたり，情報の検索がどのように行われるかを左右したりする（より詳細な説明は第4章を参照）。

　図1-1のモデルには，現代的な学習理論の背景となっている構造が描かれており，その構造により可能となっているプロセスが示されている。それらのプロセスのすべてが学習が成立するときの事象を構成している。要約すれば，内的なプロセスは以下のとおりとなる。

1. 受容器による刺激の受容
2. 感覚登録器による情報の登録
3. 短期記憶への貯蔵のための選択的知覚
4. 短期記憶の中で情報を維持するためのリハーサル
5. 長期記憶への貯蔵のための意味的符号化
6. 長期記憶から短期記憶への検索・回収
7. 効果器への反応生成
8. 学習者環境でのパフォーマンス
9. 実行方略を介してのプロセス制御

　学習プロセス（特に上記の3から6）に影響を与えるように，学習環境を整備することが可能である。たとえば，ある植物の特徴に選択的な知覚を促すためには，図の中でそれらを強調することがよい。ある文章の意味的符号化を促進するためには，見出しを使って文章を始めることができる。

インストラクションと学習のプロセス

　インストラクションは，情報処理の内的な事象を支えることによって学習を支援す

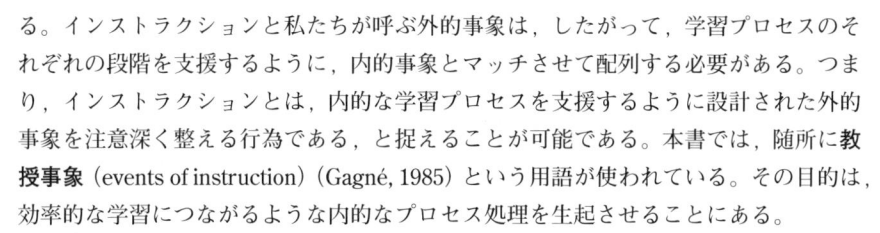

る。インストラクションと私たちが呼ぶ外的事象は，したがって，学習プロセスのそれぞれの段階を支援するように，内的事象とマッチさせて配列する必要がある。つまり，インストラクションとは，内的な学習プロセスを支援するように設計された外的事象を注意深く整える行為である，と捉えることが可能である。本書では，随所に**教授事象**（events of instruction）（Gagné, 1985）という用語が使われている。その目的は，効率的な学習につながるような内的なプロセス処理を生起させることにある。

　教授事象は次の種類の活動をほぼ次の順序で整え，前述した学習プロセスのリストに対応している。

1. 刺激の受容を確実なものにするために注意を獲得する。
2. 適切な期待感を確立するために学習者に学習の目的を知らせる。
3. 長期記憶から以前に学んだ内容を取り出すように学習者を促す。
4. 選択的知覚を確実なものにするために教材を明瞭に際立たせて提示する。
5. 意味的符号化を適切に行えるように学習の指針を与える。
6. 反応の生成を伴うパフォーマンスを引き出す。
7. パフォーマンスに対してフィードバックを与える。
8. 反応とフィードバックの機会を重ねて用意しパフォーマンスを評価する。
9. 多様な実践の機会を工夫し将来の検索と転移を助ける。

　これらの事象については，第10章で詳細に述べる。ここでは，教授事象が学習のプロセスとどのように関係しているかおおよその印象を持ってもらうために述べた。

記憶の役割

　外的な教授事象に加えて，作業記憶内に存在する記憶内容が学習の条件に含まれる。それらは，前述したように，学習が生起するプロセスで長期記憶から引き出された内容である。インストラクションによって，学習者が以前学習した内容を思い出すように促す（あるいは思い出すように指示する）ことができる。たとえば，2000年の大統領選挙についての新しい知識を学習する際に，選挙についてのより一般的な知識（いつ行われたとか，どのようなイベントが含まれていたかなど）を思い出すように促す。あるいは，効果的な文章の書き方を学ぶときに，以前学習したスペリングや語順，あるいは句読点の使い方などを思い出させることもできる。

学習の種類

　長期記憶の内容が作業記憶に引き出されたとき，それらは新しい内容を学習するために必須の内的条件となる。学習成果は，5種類のうちのいずれかに分類することが

できる。本書で扱う5種類の学習成果とは，簡単に述べると次のようになる。

1．**知的技能**：学習者が記号を介して行う弁別・概念・ルール・問題解決
2．**認知的方略**：学習者が自分自身の学習プロセスを制御する手段
3．**言語情報**：学習者の記憶に貯蔵された事実や組織化された「世界についての知識」
4．**態度**：学習者の個人的な選択行動に影響を及ぼす内的な状態
5．**運動技能**：目的のある行動を実現するために組み合わされた骨格筋の動き

異なるタイプの学習成果どうしが互いに他のタイプの学習を支援しあっていることはとても興味深い。もちろん，新しく学習されることだけでなく，以前に学習された成果も，同様のカテゴリに分類することができる。第3章から第5章で，これらの学習成果の5分類とそれぞれに対する学習の条件について詳しく述べる。

インストラクションがこれらの学習成果の1つだけ，あるいは2つの組み合わせだけに終始するのは不十分である。言語情報だけを扱うのでは，学習目的としてとても不十分なものになる。知的技能を学ぶことが実際に何かができることにつながるが，知的技能を学ぶプロセスでは言語情報が必要になる。それ以上に，知的技能を学ぶだけでは，学習者が自立した学び手になるために必要な認知的方略が身につくという保証はない。認知的方略はそれ自体を学んだり徐々に進歩させたりすることができず，必ず言語情報や知的技能を必要とする。つまり，認知的方略には，「それを適用する対象」が不可欠である。態度の学習は，運動技能の学習と同じように，言語情報や知的技能をその下支えとして必要とする。このように，インストラクションには複数の目的を意識する必要がある。学習者は，学習成果の多くを同時に学ぶ必要があるといえる。

インストラクションの構築単位としての知的技能

多くのカリキュラムでは，知的技能が重要な構築単位となる。概念の学習や原理，ルール，問題解決行動などが含まれる。単に記憶する以上のスキルが要求されるので，「高次の学習技能」と呼ばれるものである。知的技能は，単に誰かの説明を聞くだけでは身につけることができない。練習と応用が必要である。一方で，知的技能は，学習者がその前提となる知識をすでに持っている場合，比較的短時間で学ぶことができる。多くの学問分野の内容は，原理やプロセスなどの形で構成される知的技能として捉えることができる。問題解決は，知的技能の中でも高次のものである。

ある教科領域で能力があるとみなされるためには，多くの知的技能を身につける

必要がある。たとえば，複数桁の整数の掛け算にかかわる知的技能について考えてみよう。学習者がこの技能を有している場合，掛け算の決まりを毎回見ないでもすばやく問題を解くことができる。掛け算の決まりをすぐに応用し問題を解く力を持っていることがわかる。同時に，掛け算を学ぶことは比較的短時間でマスターできる。インストラクションおよびIDの主要な枠組みとして知的技能を取り扱うことは，他にもメリットがある。知的技能は相互に強く関連しているので，累積的な知的構造を学習者の内側に構築することを可能にする（Gagné, 1985）。1つの知的技能を学ぶことで，より高次の知的技能を学ぶ基礎をつくることができる。たとえば，次のような式の変数にある値を代入するという知的技能を学んだ学習者を想定してみよう。

$$A^2 + B^2 = C^2$$

代入という知的技能は，単に数学だけでなく，他の自然科学や社会科学の領域においても，多くのより高次の技能を学ぶ上での基礎となる。知的技能は他の領域への応用可能性が高いので，知的な能力をどんどん複雑に構造化していくことを可能にする。インストラクションの主要な構築単位として知的技能がすぐれた点として，高い信頼度で容易に観察できるという特徴もある。たとえば，「データの値をグラフ化できる」という知的技能を考えた場合，できるようになったかどうかを調べることは比較的簡単にできる。データを示し，その値を表すようなグラフを描かせるだけでよい。知的技能は，常に，操作的な形で定義できる。すなわち，学習した結果を目に見える行為にいつも結びつけられるという性質を持っている。

知的技能を主な基準点としてインストラクションを設計していくという選択は，主に実利的な観点からのものである。言語情報と異なり，知的技能は単に調べたり，「伝える」だけでなく，学ばなければならない。認知的方略と異なり，知的技能は比較的短時間に学べ，何か月も何年もの間練習をしてようやく磨きがかかるというものではない。知的技能は，互いに積み重ねて学んでいけるので，洗練された知的な構造を徐々に増やしていくことができる。学習の転移（応用）のメカニズムを介して，学習者個々の知的な能力をさらに広範囲に及ぶものにすることができる。そして最後に，知的技能は簡単に観察できるので，学んだかどうかがすぐにわかる。

インストラクショナルデザイン（ID）の論理的根拠

本書では，学習がその元で生起するところの学習者の内的・外的両方の条件に着目して，インストラクションの設計原理を提案する。その学習の条件は，求められる学

習成果の種類に依存して変化する。

　インストラクションの計画は，設計の各段階における技術的な統一性と互換性に細心の注意を払いながらシステム的に進めていく。これを「システム的アプローチ」と呼ぶ。計画の各段階では，さまざまな情報，データ，あるいは理論的な原理を**入力**として用いることになる。それに加え，各段階からの**出力**として得られそうなものは全体のシステムを管理している人が定めたゴールに照らしてチェックされる。この枠組みの中で，私たちが知っている，人が学ぶ条件を ID の基礎として応用していこうと思う。学習を達成するためのインストラクションをシステム的に計画するときには，目的を記述し，インストラクションとしての介入を選択あるいは開発し，より効果を高めるために学習者からのフィードバックを活用していくという特徴がある。

教育システムの導出

　インストラクションについて私たちが仮定することと学習の条件を設計の枠組みとして用いたいという気持ちに基づいて，ID のモデルを開発することができる。しかし，前述したように，モデルはそれが使われる文脈の中においての目標達成に用いられることになる。たとえば，図 1-2 に示すヒューイット（Huitt, 2003）のシステムモデルには，教育システムのさまざまな要素とその関係が示されている。インストラクションはこのシステムの要素の 1 つにしかすぎず，学習者のパフォーマンスに影響を与えそうな他の要素についても考慮した設計が求められる。

　一方，ID 原理を使って 1 つの授業を設計しようとしている教師や研修担当者には，より簡単なモデルしか必要ないのかもしれない。もし学習目標がすでに設定されており，教材も準備されているのであれば，教師としては，①教材を学習者に使わせ，②学習活動をガイドし，③学習を評価して正解に導くフィードバックを与えることだけが求められるだろう。他方で，より大きなカリキュラム構築プロジェクト，たとえば 40 時間をかけて航空管制手順を教える場合であれば，もっとしっかりした詳細モデルが必要になるだろう。次章でより詳しく説明する詳細モデルでは，次に簡潔に述べるような合理的な段階を踏む。

1. インストラクションの目的を決める。なぜインストラクションが必要かを最初に調査する。インストラクションの目的に関して責任者間でコンセンサスを得るように慎重を期する。目的達成のために使える資源（リソース）を注意深く重みづけし，計画の制約となりそうな環境要因も検討する。制約の例としては，インストラクションに使える総時間数がある。

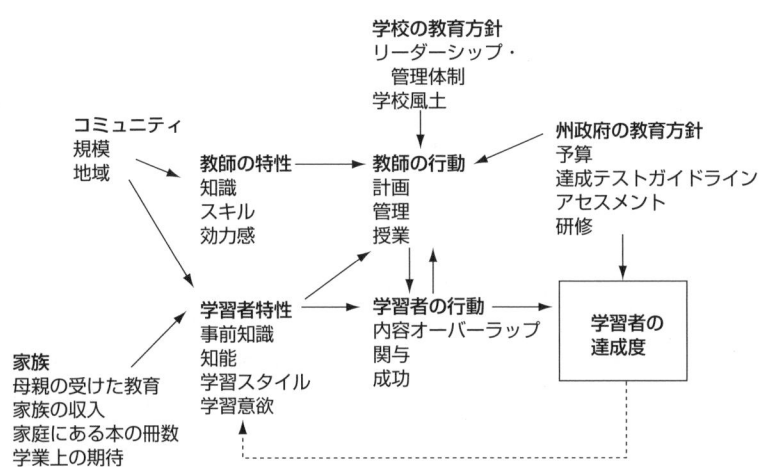

図1-2　教育・学習プロセスについてのヒューイットのモデル
　　　　出典：Huitt (2003); http://chiron.valdosta.edu/whuitt/materials/tchlrnmd.html.

2．インストラクションの目的をカリキュラムの枠や中に含まれる個々のコースに置き換えていく。同様に，個々のコースの目的には，ステップ1で定められた全体の目的を反映させる。このステップの成果は，全コースの目的とコース概要である。
3．次にコース目標を分析し，インストラクションの主要単元（unit）を決める。各単元の目標はコース目標から導き出され，コースレベルの学習成果の種類を意識してどのように支援するかに気を配る。
4．学習成果の種類とその達成に適切な学習の条件を整理して，レッスンの系列を計画する。学習の積み上げを支援するような系列を考える。
5．各レッスンをさらに，教授事象あるいは学習活動に分解する。求められる学習成果を達成するために最も効果的な外的条件の整備に注力する。学習者の特性も考慮に入れる。なぜならば，それが多くの内的条件の成立にかかわるからである。インストラクションの条件を計画するときには，テクノロジーを有意義に活用する方法も考慮する。
6．IDを完成させるために必要なもう1つの要素として，学習者が学んだことをどう評価するかの一連の手続きを決める必要がある。評価方法は教授目標から自然に導き出すことができる。目標は，テスト項目を選択すべき領域を示す。評価

の手続きと方法を設計し，学習成果の基準準拠評価（Popham,1981）を準備する。
 7. レッスンとコースを設計し，学習成果の評価方法を考えたならば，次にシステム全体を計画する。教授システムは，学校や教育機関のすべてにおいて総合的な目標の達成を目指す。さまざまな要素を1つの管理システムにまとめ上げる方法（教育実施システムと呼ぶことがある）を見つける必要がある。教師あるいは研修講師が運営の中核的な存在になるのが自然である。教授システムの中には，遠隔教育やeラーニングなどのように，学校あるいは教室という学習場面から離れたものもある。しかし，学習者にとっての学習の条件を考慮しなければならないという点ではどの場合も同様である。
 8. 最後に，インストラクション自体の評価にも注目する必要がある。評価の手続きを，まず，設計の試みそのものに適用する。インストラクションをよりよいものに向上・洗練するためにどう改善することができるかを考えるデータを集める（形成的評価）。次の段階では，設計の結果として得られた学習効果を確かめるために，総括的評価を実施する。

本書の構成

　インストラクションの設計とその方法の背景知識，そしてさまざまな設計方法について，本書の16章それぞれで以下のように説明する。
第1部：教育システム序論
　第1章（序論）では，インストラクションについての私たちの考え方のあらましを述べ，IDの基礎となる人間の学習原理をいくつか紹介した。
　第2章では，教育システムとIDのシステム的アプローチを紹介する。教育システム設計の段階について説明し，次の章以降でそれを詳細に展開する。社会文化的な学習モデルに基づく開放システム設計と所定の学習成果を得るための閉鎖システムに関する問題についてもふれる。教育システムの多くは社会的な組織であるため，設計についての意思決定をめぐる組織方針の影響についても簡単に論じる。最後に，より広範囲のパフォーマンス向上の文脈におけるIDの役割について扱う。
第2部：学習とインストラクションの基本プロセス
　第3章では，5つの学習成果について紹介する。インストラクションによって身につけることができる人間の能力について，である。人間の能力が可能にするパフォーマンスの多様性を説明し，識別を試みる。
　第4章では，これらの学習成果のうちの2つ（知的技能と認知的方略）について，

その特徴と学習の条件を説明する。

第5章では，残りの3つの学習成果（言語情報，態度，運動技能）について定義と事例を交えて説明する。態度と言語情報の重要性を高次の学習の文脈で論じる。

第6章では，学習者にかかわる原理を扱い，それがどのように設計の意思決定に影響するかを述べる。ケラー（Keller, 1987）の動機づけ設計モデルを紹介し，学習活動の設計に対する示唆を検討する。

第3部：インストラクションの設計

第7章では，個々の教授目標（パフォーマンス目標）の導き方と記述方法を扱う。一方で目標の分類枠と関係し，他方でインストラクションで注目すべき特定の能力の学習と関係している。

第8章では，インストラクションの目的に照らして行う学習課題分析の手順を述べる。分析の目的は，教授計画で用いる目標の分類にある。前提条件をさまざまな学習成果に対して同定する。

第9章では，レッスンの系列化の手順を説明し，より大きなインストラクションの単位（トピック，モジュール，コースなど）を構成する方法を述べる。

第10章では，「教授事象」がどのように学習支援のために整えられるかについて概観する。

第11章では，テクノロジーが果たす役割について論じ，インストラクションについて新しい視点を得る可能性について述べる。

第12章では，学習活動や個々のレッスンの設計について扱い，レッスン内の構成要素の並べ方，効果的な学習の条件の整え方，学習方法あるいはテクノロジーの選び方などに言及する。

第13章では，インストラクションの成果である学習者のパフォーマンスの評価方法を扱い，基準準拠テストと集団準拠テストの適切な使い方を説明する。

第4部：インストラクションの実施システム

第14章では，個人学習とグループ学習の環境について述べ，「足場かけ（scaffolding）」と学習活動に示唆することを扱う。

第15章では，オンライン学習について述べ，IDに与える示唆を論じる。

第16章では，評価の考え方について，設計の成果物と手順，レッスンからシステムのレベルまで説明し，ID全体の評価にかかわる問題点を整理する。

要約

　インストラクションは，学習のプロセスを支援する目的で計画される。本書では，人間の学習に焦点化したインストラクションの設計にかかわる方法を説明する。人間の発達に対して短期間と長期間の両方で影響を与えることを目指すものだとの立場をとる。

　IDは人間学習の原理，とりわけ学習が成立する条件に基づく。教育研究の知見として導かれた原理によれば，学習の条件の一部は学習者の外側にあり，インストラクションに組み入れることが可能である。現代的な学習理論の基盤となっている情報処理モデルでは，学習者の内的な処理プロセスがいくつもあることがわかっている。長期記憶に貯蔵されるまでの間に，情報がいくつかの連続的な段階において変形される。インストラクションの目的は，したがって，外的な事象を整備することによって，内的な変形プロセスを支援することにある。加えて，設計者は，社会文化的な側面にかかわる原理を考慮して，それが教育目標の選択や学習活動の設計に与える影響を検討しなければならない。

　学習者がこれまでに学んできたことで記憶から取り出す事柄は，次の学習に大きな影響を与える。事前学習の効果は，言語情報，知的技能，認知的方略，態度，運動技能のどれにも影響を及ぼす。学習成果の種類とそれぞれの学習の条件が，インストラクションの計画の基盤となる。IDで用いられている実践的な手続きは，これらの原理から導き出されている。人間の学習に関する研究から導き出された知見についてより深く探求したい本書の読者は，最後にある参考文献を利用してほしい。

第2章

教育システムの設計

　教育システム（instructional system）とは，学習を促進するために用いられる資源（リソース）や手続きの配列であると定義できる。教育システムには，狭い範囲に焦点を絞った技術的な研修コースから，広義には学習者に着目した学習環境にいたるまで，多様な形式があり，人間の能力を開発するという明確な目的を表明しているどのような機関においても，何らかの形で存在している。この機関には，公的な小中高の学校，大学，軍隊組織，産業界，行政サービスや非営利組織が含まれている。それぞれの状況において，教育システムは，その主な目的がスキルの向上にある場合には**研修システム**（training system），一般的な知的な面の向上や個人の成果に着目している場合には**教育システム**（educational system）と呼ばれることがある。もう1つの特徴は，伝達方式も印刷物配布型から最新のハイテクを用いるものまで，クラス形態も対面型，webベースのバーチャル型，自己管理型など，多様な種類の伝達システムや，その組み合わせに依拠しているということにある。さらに，知識管理（ナレッジマネジメント）システム，報奨システム，組織開発システムや採用選考システムなど，他の職能改善システムと連携して機能することもある。

　教育システム設計（instructional systems design: ISD）とは，教育システムを開発するプロセスをさす。文書に記述可能であり，その一般的な応用への再現性があり，結果として確実な成果へと導くといった点からISDは十分に**システム的**かつ**科学的**である。しかしながら，インストラクションの問題の特定とその解決のためには**創造性**が求められる。ISDは，分析・設計・開発・実施・評価の各フェーズを含んでおり，包括的な設計（design）という概念により特徴づけられる。ただし，**設計**という言葉には2つのレベルがある。より一般的なレベルでは，設計とはISDの全般的なプロセスにおける中心的な概念であり，それに対して特定のレベルでは，ISDプロセスの1つのフェーズにすぎない。しかしながら，この言葉の多義性はやむを得ないことで

あり，使用される文脈が異なることから，特に問題とはならないと考えられる。ISD は，システム理論と問題解決の方法論を含み，それが研修や教育のための学習環境を描写したり開発したりする際の基本的なパラダイムとなる。また，システムのゴールを達成するために，学習環境や学習成果を最も効果的にする学習科学や教育心理学に基づく，学習原理や教授原理の知見をも取り入れている。

ISD は，多くの異なる適用レベルで起こりうるし，実質的にはすべての文化において生じうるものである。学校の環境においては，いわゆるミクロレベルの利用法として，特別のニーズを持つ学習者に対する個別の達成計画を準備することなどがある。それに対してマクロレベルでは，国全体の教育システムを計画するために用いられる場合もある。たとえば，インドネシアの教育省では，公開中学校や公開大学における教育カリキュラムのシステム的な計画のために ISD が用いられた。また，IBM，NASA，米国連邦航空局やサムソン（韓国三星電子）のような主要な組織においても，研修や教育システムを対象としたマクロレベルのデザインにおいて ISD が用いられている。本書の初版が出版されて以来，この領域の専門家を養成するための大学におけるプログラムが急激に増えている。

これらすべての ISD の適用における共通の考え方は「設計」というものであり，試行錯誤や既製品の成り行き任せの寄せ集めを行うこととは対照的に，その名のとおり，システム的なプロセスを意味する。システム的なアプローチは，医療，建築，造園や心理療法を含む多くの専門領域において利用されている。それは基本的に，学習者の現状と将来的な姿とのギャップに基づいたプロセスである。何か新しいことに挑戦して達成するような場合に，要望に基づいた目的を定めるプロセスである。コバーグとバグノール（Koberg & Bagnall, 1981）の言葉を借りるならば，「設計とは夢を実現するためのプロセス」なのである。

このシステム的なデザインプロセスでは，まずゴールの設定からとりかかり，次に，入力・処理・出力の一連の要素の積み重ねによる相互に連結した段階ごとの作業へと進む。また，ある段階からの出力は，他の関連する情報や成果物とともに，次の段階への入力となる。詳細の程度の差こそあれ，一般的には，その段階には分析・設計・開発・実施・評価が含まれる。通常はそれぞれの段階がこの順序で実施される。つまり，まず問題やゴールを特定し，問題解決のための要求を分析し，解決策に向けた設計案を作成し，次いで開発と実施，そしてその解決策の評価へと進む。しかしながら，たとえばカリキュラムを改訂する場合などには，設計プロセスの出発点をどの段階から出発させても問題はない。学習活動において特有の問題があり修正が必要であるかを確認するために，学習者に対する評価方法から設計を始めるかもしれない。しかしながら，たとえ修正からデザインを始めたとしても，その結果が目標に対して一貫性

があるか，特定したニーズと適合するかなどを確認するためには，結局のところ ISD プロセスのすべての段階を通過する必要がある。

　ISD は多くの異なるレベルで用いられるものの，インストラクショナルデザイナーが規模の大きい総合的なプロジェクトへ参加することや，そのプロセスのすべての段階での作業に一様に介入することはまれである。彼らは，コースやコース内のユニット，もしくは個別のレッスンのような規模の小さい教育システムを設計することが一般的である。しかしながら，規模や適用範囲の違いにかかわらず，設計プロセスや教育システムはカリキュラムのすべてのレベルにおいて共通の特徴を持っている。このため，小規模の ISD は，教育システム全体ではなくインストラクションそのものの一部分に着目していることから，単にインストラクショナルデザイン（ID）と呼ばれる。

　ID プロセスには多くの固有の表現やモデルがあるものの，実質的にはそれぞれある基本的な特徴を共有している。本章の大部分では，一般的なモデルとそれぞれの段階の基礎的な要素について述べていく。そして，一般的なモデルの適用例として，2 つのモデルを紹介して本章を締めくくる。しかしながら，まずはじめに考慮すべき 3 つの重要な仮定から述べることとする。

仮　定

　教育システムは，学習活動の促進と支援のプロセスにおいて互いに影響しあう要素の集合を意味することから，**学習環境**とも呼ぶことができる。ある人は，教育システムのほうが，より**教示主義**（instructivist）であると主張するかもしれない。つまり，教育システムでは，学習者が知る必要があることを指示することに着目しているのに対して，学習環境と呼ぶときには，より学習者に着目して，**構成主義**（constructivist）や人道主義（humanist）においてみられるような，自らの可能性を探求し，発展させるための機会を提供するといったことに重点を置いている，との主張である。しかしながら，本書の立場としては，教示主義の学習環境と構成主義のそれはともに，教育システムであると捉えている。なぜならば，学習者があらかじめ決められた目標を達成することに着目するのも，自己探求や知的な発達に着目するのも，両者とも学習を促し，支援することだからである。

　本書のもう 1 つの仮定は，ISD は特定の教授法や学習理論を前提とするものではないということである。ISD に対する批評のいくつかでは（Gordon & Zemke, 2000），ISD をインストラクションに対する行動主義心理学のアプローチと同一視してきたが，ISD の概念上の基礎や実践の歴史にそのような根拠はない。プログラム学習の「最盛

期」においては，いくつかの ISD の応用例は行動主義心理学の原則である刺激＝反応と報酬を用いる文脈でのものであり（Markle, 1969; Skinner, 1968），近年においてこれが ISD の歴史を形づくったものとして語られている。しかしながら，この見解は，歴史的な発展の大部分とは言わないまでもその多くを見逃しており（Saettler, 1968），現在の実践をなおざりにしている。行動目標（behavioral objective）に着目する展開は ISD の重要な要素であり，これはまた行動主義アプローチにしばしば付随するものでもある。もちろん，それは，成果を定義し，この成果を達成するための刺激とその成果を整えようとする実証的アプローチの主要な考え方であった。たとえば，ガニェは行動目標を裏づけるために学習階層図を確立した（Gagné, 1977）。しかしながら，観察可能な行動として学習成果を操作的に定義しようとするという考え方は，課題分析の文脈とは独立して，それより先んじて生じたものである。ラルフ・タイラー（Smith & Tyler, 1942; Tyler, 1950）は，学習者の成果を操作可能なものとして，観察可能な行動と学習内容により定義することの重要性を強調した最初の 1 人であった。ブルーム（Bloom, 1956）やクラスウォール（Krathwohl et al., 1964），その他の人たちが，認知的，情意的な領域での教育目標の分類法を開発した。この動きは心理測定理論やテスト理論の発展により，さらに加速された。重要なことは，さまざまな学習理論や教育観が教育システムへ組み入れられうるという点である。これらは，学習の分類（Gagné, 1985; Merrill, 1994），説明的な学習方略（Ausubel, 1963），発見的な学習法（Bruner, 1967），および構成主義の原理（Duffy et al., 1993）へ着目することを含んでいる。教育システムは，これらの環境の開発プロセスのための枠組みを提供している。

　3 つめの仮定は，ISD がパフォーマンステクノロジー（human performance technology: HPT）と呼ばれるより大きなプロセスにおける 1 つの特別なケースであるということである。分析，設計，開発，実施，および評価の各段階において，2 つのプロセスは構造的にはほぼ同じものである。両者のプロセスの分析段階では，求められる成果と現在のパフォーマンスとのギャップ，その原因，およびこれを解消する可能性がある解決策のそれぞれを特定しようと試みる。このプロセスでは，パフォーマンスの問題に関するいくつかの原因や解決策が発見されるかもしれない。たとえば，そのパフォーマンス上のギャップは，知識，スキルや動機づけの不足，タスクを果たすために必要なリソースの不足，効果の少ない作業条件，もしくは過度の仕事量によるものかもしれない。ISD は，ギャップが知識やスキルの不足である場合に採用され，HPT は，すべての問題を統合的に解決しようとするときに用いられる（Stolovitch & Keeps, 1999）。しかしながら，本書の焦点はインストラクションにあるため，その言及内容を ISD の範囲内にとどめるつもりである。

基本プロセス：ADDIE モデル

　システム的な設計モデルの大部分はだいたい似かよった構成要素を持っているが，段階の数や視覚的な表現においては多岐にわたっている。ISD プロセスの最も基本的なモデルは，5 つの段階（あるいは構成要素）を含むものである（図 2-1）。図 2-1 のモデルは，その 5 つの構成要素からそれぞれの頭文字をとり，ID の ADDIE（「アディー」と発音）モデルと呼ばれている。5 つのそれぞれの段階には，他の ISD プロセスモデルにおいて強調されている下位ステップを多かれ少なかれ含んでいる。たとえば，いくつかのモデルでは，設計や評価段階を 2 つ以上に分解し，「開始」「コースの保守」，または改善などの名前で別々の段階が採用されているため，5 つ以上の段階として表現されていることがある。もちろん，それぞれの構成要素の異なった解釈は認めるものの，本書において説明するモデルでは，体系づけるための枠組みとして ADDIE モデルを用いる。

　図 2-1 は，それぞれの主要な構成要素が互いにどのように結びついているのかを示している。図中の実線は，分析から評価にいたるプロセスの流れを示しており，破線は，フィードバックの流れを示している。評価の活動は，他の 4 つの構成要素のいずれにおいて改善が必要であるかを明らかにする。この全体のプロセスはシステム的な問題解決モデルに基づいているが，問題解決の活動がそれぞれの構成要素においても起こり，全体のプロセスがいつも厳密に直線的に実施されるわけでないことを理解することも重要である。すなわち図 2-1 は，必ずしも手続き上のものではなく，論理的な関連を示している。これは，多くの活動がそれぞれ主要な構成要素において起こり（表 2-1 を参照），また ID プロセスは，いつも「白紙状態」の「開始」段階か

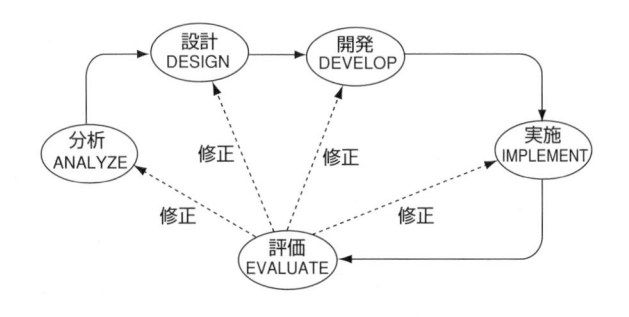

図 2-1　ID の ADDIE モデル

表2-1 ADDIEモデルの構成要素と下位活動の要約

Ⅰ 分析（Analysis）
　a. インストラクションが解決策となるニーズを決定する。
　b. コースが対象とする認知的，情意的，運動技能的なゴールを決定する教授分析を実施する。
　c. 学習者の前提スキルと，そのいずれがコースでの学習に影響を与えるかを決定する。
　d. 利用可能な時間や，その時間にどの程度を達成できるかを分析する。
　　文脈の分析やリソースの分析を勧める研究者もいる。

Ⅱ 設計（Design）
　a. コースの目標を行動目標や主要なコース目標（単元目標）に変換する。
　b. 取り上げるトピックや単元と，それぞれにどれだけの時間をかけるかを決定する。
　c. コース目標を考慮して単元を系列化する。
　d. 単元を具体化し，それぞれの単元において達成すべき主要な目標を特定する。
　e. それぞれの単元に対するレッスンと学習活動を定義する。
　f. 学習者が何を学んだかを評価するための指標を開発する。

Ⅲ 開発（Development）
　a. 学習活動と教材の種類について意思決定する。
　b. 教材や活動の草案を準備する。
　c. 対象とする学習者に教材や活動の試用を依頼する。
　d. 教材と活動を改善，精緻化，あるいは作成する。
　e. 教師の研修を実施し，付属教材を作成する。

Ⅳ 実施（Implementation）
　a. 教師や学習者に教材を採用してもらうために市場に出す。
　b. 必要に応じて支援を提供する。

Ⅴ 評価（Evaluation）
　a. 学習者評価の計画を実施する。
　b. プログラム評価の計画を実施する。
　c. コースの保守や改訂の計画を実施する。

ら始まるとは限らないためである。たとえば，IDプロセスが，既存のコースやカリキュラムの再設計という要求により開始されるかもしれない。既存の設計と内容のどの部分が満足するもので，どの部分が改善を必要とするものかを決定するため，評価データを利用するという設計の構成要素からとりかかるかもしれない。これらのギャップに基づき，インストラクショナルデザイナーは，学習者特性や職務要件において

変化が起こったかどうかを見定めるため，過去に収集したデータを再検討する分析段階に立ち戻ることだろう。その結果，学習目標，コンテンツと学習活動の改善リストを用意するため，設計段階に進むだろう。このようにしてインストラクショナルデザイナーは，プロセス全体の要求を満たすことに加えて，そのプロセスの各段階において，問題を解決していかなければならない。

　主要な構成要素のそれぞれにおける段階や下位活動は，そのモデルが用いられる文脈に大きく依存して変化する。表2-1では，教育要件の決定から，教材の試用と評価の目的，テストと教材の作成を含んだざまざまなステップを通じて，手続き的な流れとしてそれぞれの構成要素の段階を示した。ここでは，教材に着目してADDIEモデルのIDへの応用を示している。大規模な教育システムの開発にあたっては，カリキュラム開発，コースの系列化や実施システムの選択にかかわる多くの追加的ステップが要求されるだろう。

分　析

　IDでは，「どんな問題に対してインストラクションが解決法となりうるのか」という問いが重要である。この質問は，しばしば見過ごされる。なぜなら，あまりにも当然のことだからだ。たとえば，ある言語病理学の大学カリキュラムでは，学習者は解剖学のコースを受講しなければならない。医学部予科とスポーツ心理学の学習者にも，同様に必修科目である。これは，いったいどうしてだろうか？　それは，各専攻の学習者は，人体のさまざまな構成要素を理解する必要があるためである。ここで問われるべき質問は，「それぞれ異なる職業に就く人にとって，人体の構成要素の**何**を知っておくべきか」，あるいは，「それぞれの職務に従事することになったときに備えて，何を知り，何を思い出せる状態にして，それぞれの学習者が科目を終えるように解剖学のコースを構成すべきか」といったものである。

　教育システムでは，この種類の分析は一般的なニーズアセスメントの概念と結びつけられる。コーフマン（Kaufman, 1996）やロセット（Rossett, 1988）らは，望ましい状態と現状との不一致をニーズとして，またより正式には，結果のギャップとして定義している。ここで，前述の例を続けるならば，言語病理学の学習者にとって発話に必要な個々の筋肉の名称をあげて特定できることが重要であり，これができないのであれば必要なパフォーマンスを欠いているといえる。この欠如に対して可能な1つの解決策は，インストラクションにより促される学習である。分析のプロセスでは，インストラクショナルデザイナーは**終着点**について問わねばならない。たとえば，「なぜ，発話にかかわる筋肉や他の構成要素について学習することが言語病理学者にとっ

て重要であるのか」といったものである。この答えは，療法士は患者の記録簿に技術的で詳細な処置について記述しなければならない，発話のメカニズムを扱う論文を読みこなさなければならない，あるいは，ある問題について他の言語病理学者と正しくコミュニケーションをとることができなければならない，といったことだろう。医学部予科の学習者にとってはすべてが重要かもしれないが，言語病理学者にとっては，足の骨，腸の神経や手の静脈の名称を知る必要はないことは明らかである。

ここで，パフォーマンスの欠乏やニーズのすべてが教育や研修の問題というわけではないことに注意する必要がある。たとえば，ある州の学校を対象とした学校の安全に関する最近の調査で，少し心配になる矛盾がみられた。そこでのデータが信頼性を欠くようにみられたため，まず，データ入力操作の研修のためのインストラクションの開発が決定された。しかしながら，状況の分析を進めてみると，次に示す事項が明らかになった。① 安全違反のレポートの提出がほとんどなかった学校は，安全な学校であると認められ，報酬として追加の資金が与えられていた。② より多くの違反レポートを提出した学校は，安全でないとみなされ，批判され，事態を正常化するように求められ，追加の資金も止められていた。③ 安全違反に対する共通定義がなかったため，各学区はそれぞれ独自の定義を持ち，また違反レポートを少なく報告することがよいと考えられていた。

その分析からは，報告データの信頼性に影響する多くの要因があること，そして，不正確な報告に対して報酬が与えられていたことも原因であることがわかり，データ入力操作のための単純な研修が解決策とはならないことがわかった。これらの問題のすべてを解決するためには，IDだけでなく，HPTのプロセスの徹底した適用が求められるだろう。したがって，分析の目的は，実際の状態と望ましい状態を正確に描写することと，望ましい状態の実現に影響を与えるかもしれない状況の文脈を構成している要素を調べることにある。教育・研修の場面においては，その文脈には，利用可能なリソース，経営上の要求や学習者がすでに習得済みのスキルなどが含まれている。

IDのための分析は，多くの異なったレベルにおいて行われうるものである。

1. はじめに，インストラクションが解決策となるようなニーズを決定する。これらのニーズを決定するためには，以下のような質問に答える必要がある。
   - このコースは学習者の教育におけるどんな目的にかなうか？
   - これは一般的な教育のコースか？　それとも専門的なスキルのためのコースか？
   - 学習活動と評価方法の種類に関して，これは何を意味するか？
   - このコースは，学習者の職場での成功に対してどれほど重要なものか？（もし

くは，学習される知識やスキルの何が，職場での行動変容の基礎として求められるのか？）この質問の一部は，コースの関連性，つまり，知覚されうる重要性と関係する。関連性は，動機づけの1つの構成要素であり（Keller, 1987a, 1999），学習者があるコースにおいて，どれほど一生懸命に取り組むかにかかわる。

- このコースに対する社会的なニーズは何か？　多文化主義，多様性，誠実性，セクシャルハラスメント，モラルの問題などの社会的な問題を扱う上で，このコースは重要だろうか？　今日の最も複雑で重要な問題のいくつかは，情意的，もしくは社会的な問題であるとされ，またコースの開発者はそれらをしっかりと扱うべきである。
- このコースは，学習者の個人的な成長の一助としてどのように働くだろうか？　このコースは，この学習者をよりよい人にするものか？　どのように？
- 他のどのコースがこのコースの基盤となるか？　他のコースにおいて学習されたスキルが，このコースの要件になることが期待されるか？　これらの前提条件を学習者へ説明するためには，何をしなければならないか？
- 他のどのコースがこのコースで学ぶスキルに依存することになるか？　学習者はこのコースから学んだ何を，他のコースにおいて活用するか？　コースの目的は次のレベルのコースと結びついているか？　その関係は，学習者にとって明白か？
- このコースの開発に，どれだけの時間をかけることができるか？　コースの開発は時間と労力を要する。利用できる既存教材はないのか？
- どこで自己管理学習を取り入れることが可能か？　このコースを現実的な文脈の応用に結びつけながら，真正性（authenticity）を最大限に引き出すためには，どの種類の学習活動が盛り込めるか？

2. そのコースのニーズや状況要因を特定した後に，そのコースにおいて対象とする認知的，情意的，運動技能的なゴールを決定するために**教授分析**（instructional analysis）を行う。

    - 学習者がこのコースを修了する時には，どのような知識，スキルや態度を身につけているべきか？　（学習者が何に取り組むべきかではなく）学習者が何をできるようになっているかという点から，これらを定義することが重要である。たとえば，レジャーの研究に取り組む学習者には，公園計画の主要原則が列挙できるようになること（知識）や，地域におけるコミュニティのニーズを満たすような公園を計画するといった，新しい問題に対しての解決策が発案できるようになること（スキル）が求められるかもしれない。これは，学習者が公園

の計画を「理解する」というのとはまったく異なる。計画を「理解する」と述べただけでは，コースに含まれるべき内容領域を特定する以外にあまり進歩がないからである。

- このコースに対する(他の情報源からの)満たすべき基準や期待は存在するか？　学習者はこのコースの最後に標準テストに合格することが期待されているか？　試験が行われる専門的な基準はあるか？　次のコースでは，このコースで学ぶどんなスキルや知識が前提条件として求められるか？
- 教授分析の重要な成果は，**課題の分類**である。課題分類とは，学習成果の種類やその下位領域に学習成果を分類することである（たとえば，Bloom, 1956; Gagné, 1985; Merrill, 1994）。課題分類は，さまざまな面から ID に役立つ。対象となる目的の分類により，コースで学ぶべき目的に見落とされているものがないかを確認できる。ブリッグスとウェイジャー（Briggs & Wager, 1981）は，教授カリキュラムマップの形式を提案し，対象となる学習目標がどのように分類され，コース単元としてグループ化されるかを，例をあげて説明している。この結果として作成されたマップは，必要な言語情報，態度や知的技能がコース単元に含まれているかどうかを確認するために用いられる。また，学習成果の分類は，異なる種類の学習成果に対して最も効果的な条件が何かを示す。

3. 次に，学習者の前提スキルと動機づけの特徴が何であるかを決定する。
   - 学習者がどんな関連スキルをすでに持ってコースにとりかかると期待するか？　学習者があるクラスにおいてしっかり学べるかどうかを最もよく予想する変数は，課題の分野における前提条件や関連する知識とスキルをすでに持っているかどうかである。学習者の多くは，新しい学習に求められる前提条件となる行動特性を伴っていないという理由から，コースでの学習に成功できないか，あるいは出遅れてしまう。
   - 何が学習者の動機づけを高めるだろうか？　彼らは，自ら学習を開始する人間か，責任がある学習者か，あるいは新米の大学生か？　彼らのニーズは何だろうか？　ケラーの ARCS モデル（Keller, 1987b）は，特定の動機づけの特徴を見極めることと，特定の状況における学習に対する望みについての学習者の要求を見極めるプロセスを含んでいる。

4. 最後に，4番目に考慮する点は条件と制約である。割くことのできる時間，どのぐらいの事項を合理的に達成できるか，またその状況（リソースと制約）の分析を行う。
   - このコースにはどんなリソースが必要か？　コースの成果に対して，特殊な装置や学習経験が必要とされるか？　たとえば，映画製作に関するコースであれ

ば，学習者は撮影と編集を行う必要があるだろう。このために必要なリソースはあるのか？　学習者がリソースを共有する必要はあるか？　この状況から，彼らの学習に期待できる成果に対してどのような影響が及ぶだろうか？　ここで対象とするのは遠隔教育における学習者だろうか？　もしそうであるならば，彼らにはどんな支援が必要だろうか？　フィルムは高価なものである。より安価なビデオカメラを用いることで同じスキルを習得できないだろうか？　もしそうであれば，スキルの転移についてどんな問題が起こりうるだろうか？　またどのようにそれを防げるだろうか？
- 学習者が16週間（あるいは他の長さの期間中）で何をどの程度学ぶと，合理的に期待できるだろうか？　学習は時間のかかるものであり，また一般的な学習者は他の多くのコースや活動を同時に行っている。コースのゴールに関して，その時間の最善の利用法はどんなものだろうか？

　端的にいえば，分析段階からは，後に続く設計段階での意思決定を支援するための重要な情報が提供される。たとえば，住居を設計する際には，住居の目的，住人の気質や要求，予算，納期や利用するリソースを考慮するであろう。これらはIDにおいて取り組むものと本質的に同じである。

設　計

　ISDプロセスの設計段階からは，インストラクションの開発の指針としての計画，つまり青写真（blueprint）が出力される。それは，建築家が目的とニーズを把握した後にビル建設の青写真を製作するように，インストラクショナルデザイナーは学習要件に基づいてインストラクションのための計画を構成する。問題の範囲によっては，個人，またはチームによって設計が行われるかもしれない。設計のプロセスでは，通常，インストラクショナルデザイナーは，教えるべきスキルやそのための戦略を決定するため，学習の対象分野の専門家（SME）とともに作業を行う。しかしながら，教師や教授が自らのコースをデザインする場合などには，インストラクショナルデザイナー自身が時としてSMEであることもある。留意すべきことは，IDの専門性とSMEのコンピテンシー（competency）はそれぞれ別物であることである。それぞれの役割の両立は可能であるが，コンテンツの専門家とともに力を発揮するためには，必ずしもインストラクショナルデザイナーがコンテンツの専門家である必要はない。同様に，SMEとしての知識が必ずしも効果的なIDのための知識となるわけではない。

設計の成果は，インストラクションのための教材作成にあたる開発者に対する一連の仕様書や計画書である。従うべきガイドラインや設計作業において明確にするべき仕事内容の詳細度は，プロジェクトの状況や範囲に大いに依存する。再び建築家の例をあげると，古いトラクターを収納する車庫を建てる場合には，公立図書館を建設する場合よりもはるかに少ない計画ですむだろう。個別レッスンや技術的な内容についてのインストラクション活動の設計は，問題解決や自己管理学習などの高次の学習成果を含むコース全体を対象とする場合よりも，はるかに単純である。

　もしインストラクショナルデザイナーが迅速に作業を進めており，開発者が常に設計チームの一員であるならば，開発者はそのプロセスの初期段階において，教材のプロトタイプの開発を始めるかもしれない。この**ラピッドプロトタイピング（rapid prototyping）**を採用することにより，早い段階から，インストラクションの機能性，実現可能性や外観に関して，顧客からのフィードバックを得ることができる。もし，同一の者やチームが設計と開発の両方に取り組むのであれば，ラピッドプロトタイピングと同様の方法をとることができよう。早い段階でのプロトタイプへの合意を取りつけることによって，形成的評価の段階に進んでから完成品が教育目的と合致していない「的外れ」のものとなるリスクを減らすという点から，非常に役立つアプローチであるといえる。比較的に小さいプロジェクトでは，部分的なものでは適切な全体像を示しきれないため，全体の草案を用意することが一般的にはよいと考えられる。アプローチに関する最終的な意思決定は，リスク分析の結果に依存する。それほど「的外れ」なものになりそうでなければ，早い段階でのプロトタイプ開発によってプロセスを中断することは賢明ではないだろう。

　いずれにせよ，設計プロセスはダイナミックかつ創造的なものであるため，ある1つの問題に対して，2人のインストラクショナルデザイナーがまったく同じ解決策にいたることはありえないだろう。本書で述べるデザインの手順では，コースの目的(そのコースをやり遂げた後に，学習者ができるようになっているべきもの)をコースレベルの行動目標に変換するという「トップダウン」のアプローチを用いる。コース目標への到達を支援するための下位のスキルや知識を決定することにより，このアプローチは達成される。

　ISDプロセスの設計段階における手順は以下のとおりである。

1. **コースの目的を主要なコース目標へ変換する。**
　　答えるべき質問は，学習者がこのコースを達成した際に，コースに取り組み始めた際にはできなかったもののうち，何ができるようになっていると期待できるか，というものである。

第1ステップのゴールは，そのコースの最も高次の学習成果を定義することにある。一般的に，この成果は，知的技能，認知的（学習）方略，態度，運動技能の4つの分類のうちの1つとなるだろう。

2．**インストラクションの主要単元，もしくはトピックスと，それぞれ単元の主要な学習成果，および各単元にかける時間を決定する。**

　　これらの単元目標はすべて，より広範囲のコース目的の達成に導くべきものである。たとえば，もしレジャー研究コースの目的が「地域住民のニーズを満たす公園の計画を立案できるようになる」であれば，そのコース単元の1つは，「娯楽に対する要求の決定」となるだろう。この結果，この単元の学習目標は，「地域住民の要求を把握するための調査方法を用意し，これを実施できる」となるかもしれない。このコースのもう1つの単元では，「安価な遊具の構築」が扱われるかもしれない。そして，そこから導かれる学習目標は，「鎖と古タイヤを使ったブランコやジャングルジムを構築できるようになる」となるかもしれない。

　　ほとんどすべての場合，コースでのインストラクションや学習のための時間は限られている。このため，何を含み，何を含まないのかの意思決定を行わねばならない。それぞれのコース単元に対してどのぐらいの時間を割り当てられるかを特定するために，この時点で週間カレンダーの作成が有効である。一般的に犯しやすい過ちとしては，コースにあまりに広い幅を設定することと，十分な深さを設定しないことである。一般的に広すぎる幅を持つコースでは，スキルを伸ばすことなく，情報に単に「ふれる」ことに終始してしまう。これは，SMEによってなされるべき意思決定であるが，たいていのインストラクターは，学習者が新しいスキルを獲得することを期待している。この一方で，深さの重視とは，より高次のスキルにつながる活動とフィードバックのために，十分な時間の余裕を確保することを意味する。

3．**各単元における学習成果を特定し，単元の目的を詳細に具体化する。**

　　重要な概念，原理やルール，もしくは学習者が取り組む問題の種類を定義し，リストを作成する。それを学習成果や目的のリストに変換し，さらに教授カリキュラムマップ（instructional curriculum map: ICM）の形式などの図に整理して互いの関連性を示す。立体表現が建築家によるビルの見取り図であるように，ICMはインストラクショナルデザイナーにとっての対象コースの見取り図となる。

　　学習成果の種類を特定し，インストラクショナルデザイナーが**推定**したそれに必要な学習条件と組み合わせることで，初めて**インストラクションの系列**の計画が可能となる。新しい学習目標の達成のためには，事前に学習した情報やスキルを想起し，利用する必要がある。すなわち，異なる種類の学習成果は異なる種類

の情報の想起を必要とするため，教授系列が導き出される。たとえば，問題解決スキルとルールを用いるスキルには，その前提条件として概念学習が必要である。より高次の成果が必要とされる前に，学習者がこれらの概念を獲得できるようにインストラクションは系列化される。ICMを利用したこれらの関係の図式化のプロセスによって，インストラクションで必要な目標間の連結を明確化したり，ギャップの存在を確認したり，あるいは他に必要なスキルがあることを把握したりする効果がある。

4．**単元をレッスンと学習活動に分解する。**

レッスンとは，1回分のインストラクションの開始点と終了点を意味する。レッスンプランとは，クラス外活動や，講師がすることと学習者がすることを含んだインストラクション活動中に起こるあらゆる学習活動についての仕様書である。本書の後のほうでふれることになるが，私たちは，目標の達成を促す特定の教授事象からレッスンが構成されていることを提案している。

学習活動とはレッスンプランの要素であり，学習者が能動的に反応することや意味を解釈する特定の事象やプロセスから構成されている。1つのレッスンには，複数の学習活動が含まれているかもしれない。たとえば，課題図書の要約を執筆してくることは学習活動の1つである。この活動の目的は，学習者をより批判的な読者にすることかもしれない。しかしながら，導入や，直接的な教示，あるいは例示や評価など，他の要素を含んでいない場合には，この学習活動だけでは1回のレッスンにはならない。また，単元目標の達成には，複数の学習活動を埋め込んだ多くのレッスンを必要とする。

レッスンや学習活動は適用範囲よりも小さく，その結果として設計も詳細に記述される。それに対して，複数の単元を設計するには，関連する単元目標を単元とレッスンマップへとグルーピングする必要がある。ここでも，学習成果とその前提スキル間の関係性を視覚化するため，再度，ICMを採用する。

5．**レッスンと学習活動のための仕様書を開発する。**

レッスンと学習活動の設計では，望ましい学習条件を引き起こす最も効果的な外的事象の開発に集中することとなる。学習に対する内的条件を決定するという観点から，学習者特性もまた考慮しなければならない。さらに，学習条件を計画するときには，利用されるメディアや実施システムも考慮しなければならない。

表2-2にまとめてあるように，ガニェとブリッグス（Briggs, 1977）は，9つの外的教授事象を明らかにした。これらの事象は，情報処理の最中に起こる学習者の内的プロセスに深く関係する。彼らは，インストラクションをこれらの外的事象を中心にして構築することで，学習を達成するための内的事象の働きを促す

表2-2 インストラクションの外的事象

事象	目的
1. 学習者の注意を喚起する	学習への準備をさせ，インストラクションの関連性や目的に向けて学習者の注意を方向づける。
2. 学習者に目標を知らせる	期待される成果を明らかにする。
3. 前提条件を思い出させる	学習者がすでに知っているものと次に来るものを関連させて，新しい学習の着地点を与える。
4. 新しい事項を提示する	学習すべき新しい情報，手順，プロセスや問題解決のタスクを提示する。多くの場合，これは講義やプリント教材により実現される。これを既習の知識と結びつけることで，長期記憶への符号化を促す。
5. 学習の指針を与える	事象4にて提示した事項を精緻化する。ここでは，例示，逸話，解説，ディスカッションや事項の記憶をより助ける他の方法がとられるかもしれない。このステップは，豊かな知識構造の符号化や構築を促す。
6. 練習の機会をつくる	学習者の反応を誘い出す。これは，手がかりが含まれる文脈において，学ばれた内容を検索し引き出すことを意味する。目的は，評価することではなく，不確かさや誤解を発見することにある。
7. フィードバックを与える	理解の正確さについて，学習者へ情報を与える。
8. 学習の成果を評価する	学習した知識やスキルの（時間が経った場合における）保持をテストする。
9. 保持と転移を高める	定期的な練習によって学習したことを強化する。「転移(transfer)」とは，学んだことを異なる文脈や状況において適用できることを意味する。

ようにすることを提案した。私たちは，これらの外的事象をレッスンや学習活動を構築するための枠組みであるとみなしている。よい学習者は学習方略という形で多くの外的事象を自ら用意するので，必ずしもインストラクショナルデザイナーが常にすべての外的事象を提供する必要はない。しかし，これらの外的事象の1つ1つが，どのような形でもたらされたとしても，すべての学習者の学習プロセスを支援することは明らかになっている。要するに，私たちはインストラクションを「学習プロセスを促すための外的事象の明確な目的を持った配置」と定義する。このため，レッスンの設計では，外的事象は非常に重要な機能を果たす。

6. **学習者が何を学んだのかを評価するための仕様書を設計する。**
これは，**評価方法の計画**と呼ばれている。この要素は，教授目標の内容から論理的に導かれるものである。評価方法は，ある目標を掲げたインストラクション

の結果として，学習者が何を学んだかを測定する妥当かつ信頼性の高い方法であることが期待される。この種の評価方法やテストは，時として**目標準拠評価**と呼ばれる。

　私たちは，このような文脈における評価方法を意思決定のためのデータの収集と処理であると定義している。学習者の評価方法には，**基準準拠**と**集団準拠**の2種類があり，それぞれを目的準拠型の評価であると主張することができる。それぞれは，能力の基準がどのように規定されるかという点に違いがある。集団準拠の評価方法では，比較する基準はあるグループの平均的な能力に基づいたものとなり，多くの場合，これは「正規分布に基づく評定」と呼ばれる。集団準拠の基準は，集団のパフォーマンスが終了後に，その出来具合に応じて設定した合格基準をもとに設定される。たとえば，上位10％の学習者に対して最もよい成績がつけられるという具合である。この方法では，あるクラスでは「成績：A」とされた点数が，たとえ次の学期に同じ得点をとったとしても，その時により高い得点をとった者が多ければ「成績：C」とされる場合がある。対照的に，基準準拠の評価では，個々人のパフォーマンスを基準に合わせて評価するために，あらかじめ評価基準が設定される。この基準は，通常は行動目標の重要性を反映して，集団のパフォーマンスが行われる前に設定される。その事前設定レベルを達成した学習者には，すべて同じ成績がつけられる。この2つの評価は，それぞれ異なった意思決定をもたらすことに留意する必要がある。1つめは，ある学習者が他の学習者と比較してどれほど達成したかを示し，2つめは，学習者が学習目標を達成した度合いを示す。

　IDの目的は，大多数の学習者がコースの目的に到達するようにインストラクションを改善することにある。そのため，多くのIDモデルでは基準準拠型の測定方法に焦点化している。事前に基準を定義した際に，ある専門領域における学習者の母集団のパフォーマンスの適した範囲を想定している，という意味においては，集団準拠型の意思決定の要素が基準準拠型のテストにおいても含まれていることは事実である。しかしながら，いったん基準が設定された後には，他の学習者との関係に左右されて「浮いている（floating）」状態ではなく，達成基準でしっかりと固定される。基準の設定は，いつも議論を呼ぶ難しい課題である。後により詳細に議論する。

開　発

　開発とは，学習環境において利用される教材の準備をさす。学習目標相互の関係や，

開発への入力となる設計書の詳細度合い，あるいは既存の教材の特徴と適切さや配信システムなど，さまざまな側面から着手することができるため，IDにおける困難な段階であるといえる。カリキュラム認定プロセスが存在することや，可能な限り投資回収率（ROI）を高める必要性があることから，多くの場合には，既存のコースやカリキュラムを最大限に活用することが望まれる，あるいは必要とされる。一方で，目的に直接関係する教材が存在しない場合には，新規に教材を準備する必要があることを意味する。また，新しい実施システムに既存教材を適応させたり，新しい教材と既存教材を一緒に使ったり，複数の既存教材を組み合わせたりすることもあるだろう。

概して，開発の状況は4つに分類できる。

1. **既存のカリキュラム内での作業（既存教材の統合）**

　カリキュラムと教科書や選定・購入された補助教材がすでにあり，それをもとに作業を進めるといった状況は，学校教育において典型的なものである。通常，教師は，カリキュラムにより示される目標と与えられた教材の内容をもとにしてレッスンプランを作成する。この状況は，インストラクションの設計と開発を行う前に，ゴールと学習目標を特定することの重要性を主張しているISDの実践とは異なるものである。しかしながら，与えられたカリキュラムは，学校の置かれた状況に対して重要で適切なゴールと教育内容を開発したプロセスの結果であるとみなされるすぐれたものかもしれない。この場合には，教師は，自らの教育スタイルを取り入れたレッスンプランを開発し，あるいはさらに，カリキュラムを補うために独自に考案した単元を開発するかもしれない。いずれにせよ，学習者のニーズを満たすための小規模な教材開発が決定的に重要になるかもしれないが，このような状況におけるオリジナル教材の開発量は比較的に少ないといえる。

2. **既存教材の「目的の再設定」（目的あるいは内容の一部変更・新しい実施システムへの移行）**

　このような状況は，企業内研修や学校での開発において頻繁に起こりうるものである。たとえば，特定の組織における要求を満たすために，一般的なセミナーの内容を変更・補足して，既存のプログラムを特定の状況に適応させるような場合が考えられる。この好例として，管理職研修があげられる。研修教材や，ワークショップ，あるいは研修コンサルタントなど，新たに任命された管理職研修のためのプログラムには，多くの商業的なものを利用できる。このようなプログラムの独自開発は，特に規模の小さい組織にとっては高価であるため，これらの既存研修教材が役に立つ。しかしながら，通常，これらのプログラムはきわめて一般的であり，組織の要求に十分にかなうものではないかもしれない。場合によっ

ては，既存プログラムをよりニーズに合うものへと修正することで，大がかりな研修の開発を行うことを避けられるかもしれない。提供業者は，このニーズを認識しているので，変更プロセスを助けるだろう。インストラクショナルデザイナーの課題としては，組織におけるニーズと目的を分析・定義し，そして，要件を満たすために必要な変更や補足にはどんなものがあるかを決定するために既存教材を研究することになる。

目的の再設定のもう1つの種類は，実施システムの変更を試みる際に起こる。あるコースを教室ベースからWebベースの環境へ移行させることは，すっかり一般的になった。このことを適切に行うためには，既存コースの特徴やコンテンツ，新しい提供システムの特徴を吟味するために，詳細なデザインプロセスを経る必要がある。その結果として，改編に必要となる仕様を開発者に伝えるための設計書を作成することができるようになる。Webベースのコースには，既存の印刷教材やビデオテープ形式の教材をスキャンし，Web形式にプログラミングし直しただけにすぎないといったものが多くみられる。熟練のインストラクショナルデザイナーが，コンテンツの組織化のための仕様書を準備し，対話的な教授活動を組み込み，この文脈における開発を導くための評価方法を提案することが求められる。

3．新しいコースへの既存教材の要素の組み込み

この場合，より多くの新規開発が求められるだろうが，開発にかかる時間やコストの低減のため，いくらかの既存教材の組み込みが可能かもしれない。学校においてもこの状況は起こりうる。特に，数学，国語，あるいは科学といった「伝統的な」カリキュラムの一部ではないような革新的な科目を開発する際に。著者の1人は中学校の（通常科目が終わった後の）7時間目向け科目の開発に携わったことがある。この科目は学際的なコースとなるもので，教師が欲していたものは複雑な認知的学習目標であった。分析とゴール設定のプロセスの結果，かなりの新規教材の開発が求められたが，いくつかの既存教材の組み込みや適応が可能であった。この状況は，企業内研修を対象にした場合においても，頻繁に発生するものでもある。新しいシステムのためにコースを再設計しなければならないが，既存コースの要素を組み込める場合などである。

4．新規コースの構築

新規コースの構築は，多くのインストラクショナルデザイナーが訓練を受ける最も大事な対象である。多くの科目やワークショップを準備する場面では，インストラクショナルデザイナーはISDプロセスの全体を通じて，オリジナルのレッスンやモジュールを開発する。このIDの包括的なレベルは，学校において実

践されることもありうるが，企業内研修の状況においてより頻繁に起こるものである。

ISDの開発ステージには，上記の文脈に関連するいくつかの原則がある。

1. **明確な目標設定**

   目標が明確に設定されていればいるほど，教材の内容をより明確に決定することができるので，すでに存在する適切な市販教材を見つけることが容易になる。利用可能な教材が，必要なインストラクションのいくらかを提供できることはありうる。この場合，既存教材を生かしたモジュールの設計が可能であり，欠けている目標を補うためには他の教材を利用することもできるだろう。教材開発は費用のかかるプロセスであるため，可能な場合には既存教材を活用することが望ましい。

2. **革新的な目標設定**

   目標が革新的であればあるほど，商用のものを利用できる可能性が少なくなるため，教材のより多くの部分を開発しなければならなくなるだろう。ISDプロセスの初期ステージでは，課題に対して大いに革新的で新しいアプローチを欲し，思い描くことは当然のことである。その際には，必要な時間や資金を確保できないかもしれないことに留意する必要がある。しかしながら，これが必ずしも支障をきたすわけではない。目的を創造し，その「理想の」状況に向けた設計を考えておけば，まったく理想を思い描かないのに比べて，期待していた以上に，より理想に近づけるかもしれない。

3. **チームによるアプローチ**

   一般的に，開発においては，インストラクショナルデザイナーがリーダーの役割を担うチームによるアプローチをとることが最善である。魅力的で効果的な教材の開発には，多くの才能が必要である。インストラクショナルデザイナーは，分析や設計に関してはすぐれたスキルを有しているかもしれないが，ドキュメント化やメディア制作のスキルは十分でないかもしれない。特定の対象者に向けた効果的なドキュメントの作成には特有の資質が必要であり，メディアのデザインや制作においても多くの専門的なスキルを要する。さらに，SMEは技術的に最新の内容を正確に把握しているため，インストラクショナルデザイナーの助けとなるだろう。

4. **ID vs. メディア制作**

   メディア制作における優先事項よりも，IDの基準が優先されるべきである。メディア制作の基準がIDの基準を覆すことがないようにすべきである。すばら

しい品質を持ち，革新的で対話的なナビゲーションがあり，技術的にすぐれた配信方法で提供されるコースの例は多くあるが，絶対に欠くことのできない ID 的なあるいは動機づけ的な品質が不足している場合が少なくない。

5．作るのか，買うのか

まったく新しい教材の開発にとりかかる前に，いつも「作るのか」もしくは「買うのか」という問題を検討すべきである。インストラクションが望む目的のすべてに対応する利用可能な教材を選択し，モジュールへ組み込むことにより，開発費を節約できるかもしれない。同様に，既存教材を利用する場合には，それを改編する必要性が配信面でも教育面でもない限り，オリジナルの配信フォーマットをそのまま残しておくべきである。特定の配信システムに向けて教材を開発することは，利用可能なものから選択する場合よりも，たいていはより高価な結果となる。

実　施

ADDIE モデルの段階としての実施には 2 種類があり，ここで実際に何が起こるかを決めようとする場合，少々混乱する。1 つめは，主にコースの作成や評価の最中の実施活動をさし，通常，これは「パイロットテスト」や「フィールドテスト」と呼ばれる。2 つめは，開発が終了した後のコースの「リリース」をさす。さらに混乱させる原因としては，実施段階の次に評価段階があり，この評価も，コースがいまだ作成の途中に行われる評価と，コースが完全にリリースされた後に行われる評価の 2 種類を含んでいることがある。本書では，ISD 終了後のコースのリリースを成功するための準備を行うインストラクショナルデザイナーに求められる実施計画について述べる。ISD プロセスの最中に起こる実施の活動は，次の評価段階において説明する。

実施の計画に適応される 5 つの原則には，学習管理システム，学習者向けガイダンス，変革マネジメント，配信環境の条件，およびコースの保守計画の領域がある。

1．状況に応じた学習管理システムの開発

学習管理システムは，教師が作成する成績表のようなシンプルな場合もあれば，情報システムを用いて，個々の学習者に関する学習要求や，個々の学習結果から得られたコンピテンシー，学習を終えた日時，あるいは将来の学習計画などを記録する複雑な場合もある。

2．学習者のガイダンスと支援

多くの状況において，学習者は，自分が何をすることが期待されているのか，

各イベントのスケジュールがどうなるのか，学習要件をうまく満たすにはどのように準備すればよいかなどについて明確な考えを持っていない。遠隔教育や個人適応型教育システムでも，学習管理のための学習者ガイダンスを行うことが重要である。英国オープン・ユニバーシティにおいて開発された教材には，インストラクションに関係する講読文献資料や諸活動の情報に加えて，(時間管理情報を含んだ) 学習ガイドや，評価方法のガイドが含まれている。これまでに，この種の学習者支援がドロップアウト率を下げ，学習の質を向上させることがわかっている。

3. 変化に備えた計画

「普及と採用 (diffusion and adoption)」とも呼ばれる変革マネジメント (change management) は，伝統的に重要な実施段階の要素の1つである。これには，講師の研修方法と，彼らが有効な促進者となるために必要な支援が含まれている。付属教材が教室での活動において教授事象をどのように含むかを示すことにより，教師の効果的な教材利用を助ける。教科書出版社は一般的に，講師を支援するためのいろいろな材料を提供している。しかし，インストラクショナルデザイナーはこれらを修正し，提供されたものよりもいっそう学習目標に近づけることを支援するオリジナルの実施マニュアルを作成する必要があるかもしれない。企業内研修では，コースの実施における促進者を支援するための講師ガイドを開発することは，インストラクショナルデザイナーにとっての一般的な仕事である。

4. 実施環境計画

インストラクショナルデザイナーは，コース実施環境について検討し，準備すべきである。これには，技術的要件，分散学習における現地サポート，実施可能な範囲のレッスンスケジュール，講師の空き時間，学習者のスケジュール上の潜在的にある矛盾する要求の調整などが含まれる。たとえば，学校の責任者や教育管理者は，対面の環境に比べて，Web ベースのコースなどの分散学習システムに肯定的な態度を示すかもしれない。彼らは，講師や教室などの環境を整えることなしに，より多くの学習者に教育を届けられる機会であるとみなしている。しかしながら，分散学習が成功するための環境的な要件に対して，適切な見識を持っていないかもしれない。米国北東部にある大規模な銀行組織では，支店長たちは職場に配信される研修モジュールの開発を支援していた。これにより従業員は，研修センターに出向くことで仕事の機会を逃すことなく，就業日の都合のよい時間に学習を行えるようになるだろうと考えた。しかしながら，その実現は困難なものであった。現場では，従業員にとって「割くことのできる」時間はけっして十分でなかったし，彼らには，学習するための静かな場所や人目につかない場所

もなく，そしてマネージャーの中には，従業員が「生産的な活動」を行う代わりに椅子に座って読み物をしているのを見た際に，不愉快に感じる人もいたのである。したがって，実施方法を計画する際には，インストラクショナルデザイナーは実施環境のあらゆる側面を考慮しなければならない。

5．システムの保守

インストラクショナルデザイナーは，コースの保守計画を求められる場合がある。この計画には，さまざまな種類のコース評価のスケジュール，評価結果の収集と活用方法，的確さとタイムリーさについてのコースコンテンツのモニタリング手法，カリキュラムの他の要素との継続的な関連維持方法，あるいは組織の目的や学習要件とコースとの関連性の維持などが含まれる。

評　価

評価はADDIEモデルの最終段階である。この配置は，問題に対して提案した解決策が成功したかを決定する点において，論理的な帰結である。しかしながら，ISDプロセスでは，実際には評価はさまざまな時点において起こり，成果物が製作された後の開発フェーズを含んだプロセスのすべての段階において含まれうるものである。評価を行う際には，実施する**評価のタイプ**と**意思決定**の種類を区別することが有益である。一般的に，評価には5種類があり，それぞれにおいてとりうる意思決定には2種類がある。

1．**教材評価**

1つめの評価は，すべてのインストラクショナルデザイナーに最もよく知られている教材の評価である。教材の作成・検証中に行うレビューによるものである。教材評価は，通常，学習目標と教材の初期草案を含んだ設計書をSMEが吟味することで開始される。次に，実際の学習者ではないかもしれないが，対象とする学習者群の特徴を捉えている少数の学習者が参加する。教材を利用し，自己評価やテストを含んだすべての学習活動に対する反応を調査する。通常，この評価活動は，1度に1人の学習者を対象として行う。学習者が教材をどれほど理解したか，学習者が教材にどれほどの興味をおぼえたか，学習者のテストの結果はどうであったかに注目してインストラクショナルデザイナーが記録をとる。これが「開発トライアウト」や「1対1評価」（Dick & Carey, 1996）と呼ばれる評価である。教材の最終原稿が完成した後には，インストラクショナルデザイナーがパイロットテストや小集団試行を行う。ここでは，再び，実際の対象者ではなく，対象者

群の特徴を捉えた参加者が募られるかもしれない．これは，この評価カテゴリの最後の段階に行うフィールドテストのための教材最終版ができあがるまで，対象者集団の学習者を使いたくないという理由による．フィールドテストは，実際の教室で，あるいは他のインストラクションのために特定された学習環境の下で，実際の学習者を対象として行われる．パイロットテストとフィールドテストとの違いは，その程度の差にある．パイロットテストでは，対象の教材はいまだいっそうの開発が必要な段階にあり，フィールドテストと比べて，より多くの観測や測定が行われる．すなわち，パイロットテストがより「実験室」的な環境において行われるのに対して，フィールドテストは学習者が「通常」の学習環境と感じる環境で行われる．しかしながら，実際には，これらすべての評価を行うコストの点から，たいていはパイロットテストとフィールドテストは結合され，パイロットテストは，対象とする学習者のクラスにおいて最初に利用する際の一部として行われることが多い．

2．プロセス評価

　プロセス評価は，ISD プロセス自体を対象として行われる．これは，ISD プロセスの各フェーズがどの程度しっかり実施されたかを吟味する性質を持つ評価である．各フェーズの終わりに，プロジェクト・チームのメンバーや外部評価者が書類を吟味し，そのフェーズがいかに効果的・効率的に実施されたかや，改善を要する点がないかといった点を調査する．この評価は，総合的な品質管理と継続的な改善というコンセプトに従ったものである．これは，ISD には唯一の最善の方法はないと認めることにもつながる．どのようなモデルであっても，組織のID 要件と人員構成に適応するために，作業内容や，役割，手順の点からプロセスを柔軟に変更するべきである．このため，プロセスの応用事例を調査し，どのように改善を図る可能性があるかを調べることが有益である．たとえ，ある組織におけるISD プロセスが大いに効果的であったとしても，このプロセスが効率的かつ効果的であり続けるためには，人員，技術，顧客や予算の変更に伴ってプロセスの改編が要求されるかもしれない．

3．学習者の反応

　学習者の反応評価は，カークパトリック（Kirkpatrick, 1959）による学習成果の4種類の評価の最初のもので，コース開発の終了後に行われる．この評価，すなわち学習者の反応と，学習者の達成度，インストラクションの結果（学習の転移）と組織の利益（もしくは，結果）という他の3つの評価のために，多くの形式と設計書が提案されている（Keller, 1996）．学習者の反応評価は，間違いなく最も頻繁に用いられるものであり，通常，コースモジュールの終わりに行われる

自己申告調査で構成される。学習者に対して，インストラクションの明確さ，各部分の論理的なつながり，教授方略の質の高さ，講師の有効性（講師が支援するコースであった場合），あるいは，学習環境の快適性について問う。典型的な学習者の反応調査項目は，「自分は目標がわかりやすいと感じた」といったものである。それに対して，学習者は，とてもそう思う—そう思う—どちらでもない—そう思わない—まったくそう思わない，の項目から選択することで反応が得られる。

4．学習者の達成度

学習者の達成度は，カークパトリックの第2レベルの成果評価であり，設計と開発の最中に作成され，検証されたテストを利用して行われる。学習者がコース目標をどれだけ達成できたかを決定するために利用され，個々の学習者の合格と不合格の決定だけでなく，そのコースの効果についてフィードバックを得るために用いられる。また，学習者の成績がつけられていない場合でも，フィードバックを学習者に提供するためにもこのテストを用いることができる。

5．インストラクションの結果

インストラクションの結果の成果評価には，(a) 研修の効果が，職務や他の適応分野へうまく転移されたか，(b) コースでのインストラクションから得られた測定可能な組織的利点はあるか，といった評価がある。これらは，カークパトリックモデル（1959）による2つのレベル（行動と結果）である。この2つは，設計よりも教育システムの実施により関係が深いため，2つの評価を組み合わせて用いることとした。第3レベルのインストラクションの転移は，学習者が学んだことをどれぐらいうまく応用できるかに関するものである。転移の能力は，職場での要求に適合するだけの複雑な認知的スキルを成長させる真正な学習経験があったかどうかなどの転移のための準備がうまくできていたかどうかに一部依存しており，他方で，転移はまた環境要因にも依存している。たとえば，リソース不足，研修に矛盾するような運営方針や実践形態，あるいは効果のない報奨制度や，不適当な職務要件などによって転移は制限され，妨げられさえする。転移評価の設計においては，これらすべての要素の影響を特定し，測定し，見積もることが課題になる。

組織にかかわる利益評価（第4レベル）においては，当該組織のパフォーマンス指標において測定可能な改善があるかどうかを決定する試みが行われる。たとえば，高いレベルの成果，誤り率の低減度合い，採算性の増加率，（学校でいえば）学区内の標準テスト得点の向上，高校卒業者の大学入学率の増加などが考えられる。この種類

の調査は，インタビューや向上したパフォーマンスなどの感覚的なデータ，もしくは財務データに基づく投資回収率（ROI）などの数値データに基づくこともできる。後者の場合には，教育プログラムの設計，開発，実施にかかった総コストの見積もりと，この結果として，実施から得られた財務上の利益を測定する必要がある。たとえば，もし，欠陥製品の減少が測定可能であれば，財務上の倹約やコスト回避を把握できる。つまり，利益をコストで割ることで，肯定的な結果であるかどうかを確認できる。

　評価の種々の**タイプ**に関係なく，**意思決定**には，結果に基づき行う決定と評価実施の目的である決定，つまり**形成的**（formative）と**総括的**（summative）な意思決定の2種類がある。形成的な意思決定とは，その評価結果として，設計，開発した教材や手順に対する改善方法の指針を提供するものである。総括的評価のほうは，製品や活動の価値や意義に関する意思決定へと導くものである。形成的評価が教材やプロセスの評価の際に行われるのに対して，総括的評価は成果評価の際に行われる。しかしながら，いずれの意思決定も，どの種類の評価からも導き出すことができる。たとえば，学習者の反応の測定は，コースの改善をどの部分で行えばよいかの決定に用いることができると同時に，教師を雇い続けるのか，昇格させるのか，もしくは解雇するのかといった決定にも用いられる。これは，民間企業の研修ではもちろんのこと，高等教育機関でもより頻繁に起きつつある。

他の種類のモデル

　ADDIE モデルは，ISD プロセスの一般的なモデルとして頻繁に参照されるようになった。ADDIE の各段階は，問題とその原因の特定（分析）から開始し，解決策の提案（設計），解決策の準備（開発），その試用（実施），と成功したかどうかの確認（評価），というシステム的な問題解決モデルにおける主要な手順を表している。このモデルは，ISD の一般的な特徴を伝えるためには役に立つものであるが，特定の ISD 理論や特定の環境におけるニーズを満たすための具体的なモデルとして常に役立つわけではない。このため，ID の文献で報告されたものやアメリカ国内外の組織において開発された，少なくない数の，あるいはもしかしたら数百のモデルが存在する。モデルの大まかな分類として，一般化されたものと，実施環境依存型のものの2つがある。

一般的なモデル

　一般的なモデルは，ISDがどのように実施されるべきかについての考え方や，数々の文脈や実施システム，あるいはISDの環境において広く利用できるアプローチとして，開発者のコンセプトを表現するものである。グスタフソンとブランチ（Gustafson & Branch, 1997）は，モデルの目指している方向に従って，教室・製品・システムの3つに分類する方法を提案している。教室モデルは，学校環境におけるISDの指針を提供するものであり，大幅な革新を目指さないカリキュラムの温存や限られたリソースを前提としている。製品モデルとしては，対話的なビデオやマルチメディアプロジェクトの生産と管理のためのバーグマンとムーア（Bergman & Moore, 1990）のガイドラインのようなものがあり，特定の実施システムを前提としたものである。システム的モデルには，大規模システムの開発に対する包括的なアプローチ（Branson, 1977）から，主としてレッスンのデザインに焦点をあて，厳格な定義や整然とした目的が強調されるディックとケリー（Dick & Carey, 1996）らのモデルなどのように，より詳細かつ緻密なアプローチにわたるさまざまなものがある。

　おそらく最もよく知られているIDモデルは，ディックとケリー（1996）のモデルである。表面的には（図2-2），ADDIEモデルとはまったく異なっているようにみえる。しかしながら，程度は異なるもののADDIEモデルのすべての側面が盛り込まれている。左側には，分析を包含する3つの要素がある。設計は，行動目標，基準準拠テスト，および教授方略を扱う次の3つの要素に含まれている。実際の教材の開発や選択は次の段階において扱われ，その次にさまざまな評価段階へと続く。実施は，個別の

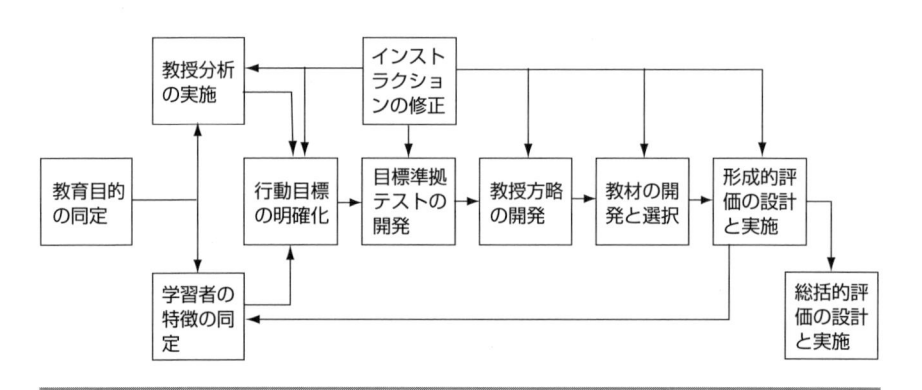

図2-2　ディックとケリー（2001）のIDモデル
　　　　出典：W.Dick, L.Carey & J.Carey, (2001).*The Systematic Design of Instruction*, 5th Ed. Allyn & Bacon.

段階としては含まれていない。コースの設計・開発の最中の実施の側面は，パイロットテストやフィールドテストを含む評価段階に組み込まれている。

実施環境依存モデル

　個々の組織におけるISDプロセスを導き，制御するために開発されたモデルがある。通常，これらは独自のものや，ある組織の特定の要件に対するものであり，公にされているモデルのように順応性があるわけではないため，公表されていない。これらのモデルは，特定の状況におけるISDプロセスを表すだけでなく，プロジェクトの計画，職責の指定，職務文書や説明責任の基準をも提供する。大規模な多国籍銀行のある部門において利用されているモデルを，図2-3に例として示す。

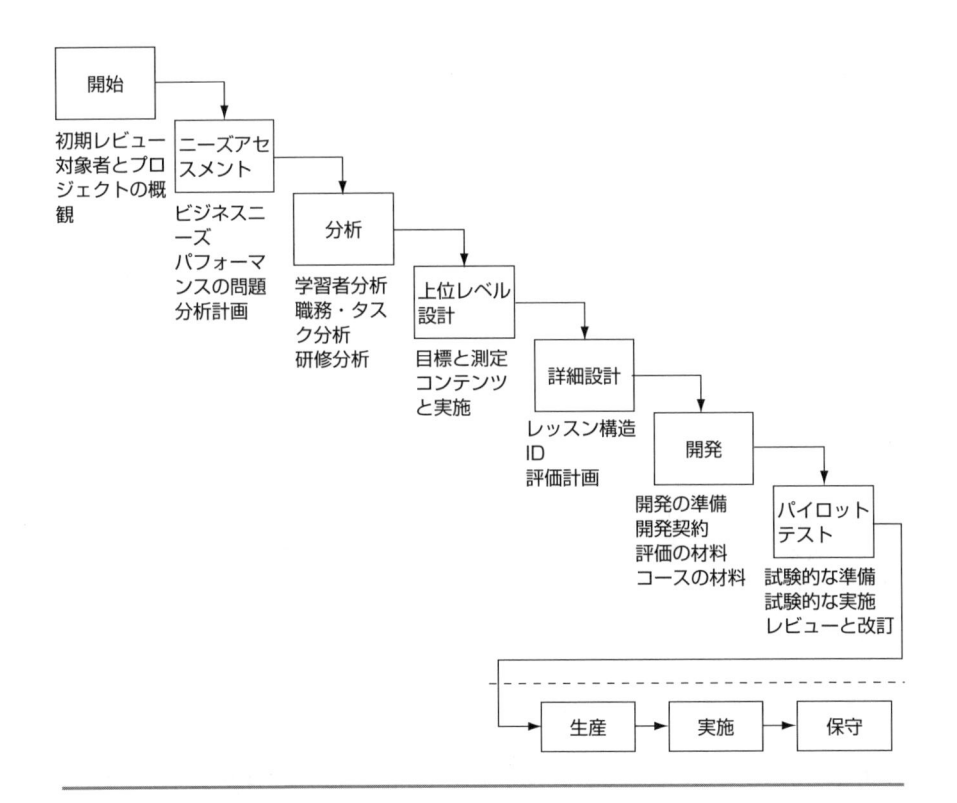

図2-3　実施環境依存モデルの例

ADDIE モデルと比較すると，この例では，分析・設計・開発のフェーズがより明確な言葉で表現されている。実施段階では，開発プロセスにおいて実施されるパイロットテストと正式な実施段階が明確に区別され，実施フェーズはコースの実際のリリースとして表されている。ここでは，評価活動はプロセスのすべてにわたって組み込まれているため，「評価」と呼ばれるフェーズはない。ある状況に関係する入力情報のすべてを集め，利益がプロジェクトを正当化するほど実質的なものになるかどうかを予想し，ビジネスケースを検討するための，開始フェーズが設けられている。また，興味をひく点としては，設計のためのフェーズが2つ存在することがあげられる。まず，上位レベル設計では，IBM での同様のプロジェクトから理念を取り入れている。このフェーズは，学習目標の準備，テストの仕様決定，コンテンツの有用性評価，適切な実施システムあるいはシステムの結合の選択，から構成されている。実施システムの決定後には，詳細な設計へと進み，実施システムに適したアプローチがとられる。

ISD プロセス 対 プロセスの表現

ID における問題として，複雑な認知的プロセスを伴う他の分野と同様に，プロセス自体とその表現とを区別しようとする試みがあげられる。ISD プロセスは，ニーズ，職務遂行要件や現在の研修対象者のパフォーマンス欠陥などの入力と，設計，開発，実施と評価という残りのフェーズとの間に論理的な連結を図ることと定義される。多くのプロセス「モデル」は，図2-1, 2-2, 2-3 のように，逐次的な要素の論理的なつながりとして表される。しかしながら，すでに本章で指摘したとおり，これらの表現は ISD プロセスのダイナミクスを十分に表してはいない。ISD プロセスは必ずしも線形であるわけでなく，実質的にプロセスのどのフェーズからも始められるものであり，プロセスを通じて反復や並列の活動を含んでいる。

これまでに螺旋や曲線型モデルのような，今までの直線型のものに代わるプロセスの表現が提案されている (Gustafson & Branch, 1997)。たとえば，ケンプら (Kemp et al., 1994) によるものや，1980年代のコントロールデータ社（Control Data Corporation）や1990年代のサムソンなどの組織により提案されたものなどがある。これらは，ISD プロセスのダイナミクスをよりいっそうよく表現しようと試みたものである。このようなアプローチには，Southwest Research Institute によるものがある（図2-4）。この表現は，プロセスのそれぞれのフェーズが，その他のフェーズにいかに依存しているかを表している。この螺旋状 ISD モデルでは，開発や改善の活動の性質やその影響範囲を考えながら，インストラクショナルデザイナーやデザイン・チ

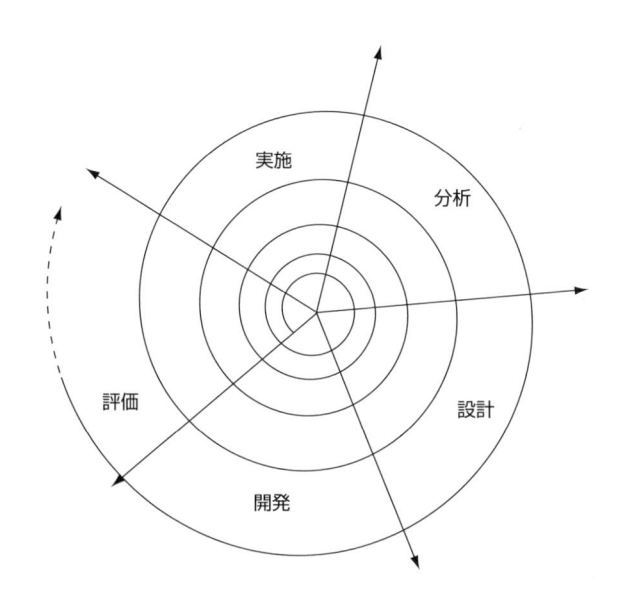

図 2-4　螺旋モデルとして表現された ISD
　出典：Southwest Research Institute proposal no.07-37413.(2003).

ームがプロセスのさまざまなフェーズに介入・再介入することが可能な連続的プロセスを表現している。
　「ウォータフォール（滝）」のような外見で，線形に進んでいく図 2-3 に示したモデルとは異なり，5 つの主要フェーズに基づくタスクが研修プログラムのライフサイクルにわたって継続することを表す螺旋状のモデルには，設計と開発の反復的な関係を強調するという利点がある。いったん研修プログラムが実施されたとしても，その他のフェーズは単純に終わるわけではない。各フェーズは，絶えず，さらなる改善が可能かどうかを確認するために定期的に繰り返される。
　図 2-4 に示されるように，螺旋が繰り返されるごとに ISD の成果は成熟していく。本図は，いかなる種類の教材開発にも合うように，ISD プロセスが調整されうることを表している。また，専門家がどのフェーズや成熟度においても参加することで，ISD プロセスをいかに効率的に利用できるかを表している。企業や行政では，ID 専門家が介入する地点は一般的にプログラムのスポンサーや，業績，そして，時間や資金といった制約に依存して決定される。インストラクショナルデザイナーや研修開発者の仕事は，ISD のタスクやプロセスへの介入地点に関係なく，総合的な研修の解決策の生成という目的を持った課題を追求することである。

結論として，ISDプロセスは高度に複雑であり，単一の構造や論理的なもの，もしくはダイナミックな表現へは落とし込みにくいことを認識する必要がある。ISDプロセスに関する表現の多くには，線形・並列・反復の側面を組み合わせていることが述べられている。その上，それぞれの表現には，プロセスの全体に関するコミュニケーションを別の面から促進するというメリットがある。しかしながら，表現の方法によっては，他のものより効果が上がることは疑いようがない。それぞれの表現が十分に効果的であるためには，ある組織におけるISDの専門家による用語体系，役割，あるいはタスクと結びついていなければならない。ある状況においては，要件を最もよく満たすという観点から，ISDは線形であり，手続き的なプロセスである。また，異なる状況においては，ISDプロセスは高度に複雑であり，4C/IDアプローチ（van Merriënboer, 1997）のように，構成主義者による学習目標に合わせた，複雑な認知的スキルのインストラクションを盛り込んでいる場合もある。インストラクショナルデザイナーにとって難しい部分は，与えられた状況において，どのようにプロセスを確立し，適用するかを知ることにある。もう1つは，視覚的な表現によって，そのプロセスをいかに他者に伝えるかということである。しかしながら，あるプロセスの表現を，そのプロセス自体の複雑性のすべてを十分に表している「モデル」とみなすべきではない。

⇒ 要約

　ISDモデルは，IDに対するシステム的なアプローチの概念を表現したものである。いかなる理論的な，もしくは抽象的な意味からも，唯一の最適なモデルとか，正しいモデル，もしくは間違ったモデルというものは存在しない。特定の文脈において利用可能で効果的なモデルを作成するためには，そのISDプロセスの表現には多くの方法がありうる。ISDプロセスの目的を達成しようとすれば，どのような名称が付されたり，どれほど細かく分解されたとしても，いくつかの共通要素を含んでいる必要がある。これが，ADDIEモデルがIDプロセスの原型的なモデルとされている理由である。ADDIEモデルには，どのフェーズにおいても，理論に基づく高度な指針を持つためには不可欠な要素が表現されている。方略を設計するフェーズにおいて利用される教授心理学の原理や，特定のタスクに責任を持つさまざまな人々に対して，各段階でとるべき手続きについての高いレベルの指針が含まれている。

第2部
学習とインストラクションの基本プロセス

第3章
インストラクションの成果

　インストラクションは意図的な活動であり，いわば目的のための手段である。目的は，しばしばインストラクションのゴールや目標として記述される。これらの用語は文脈によってさまざまな意味を持つが，一般にゴールとは望ましい成果の広義の表現とされ，目標とはより具体化された表現とされる。本章で5つの一般的分類として紹介し定義するインストラクションの成果は，本書全体を通してインストラクショナルデザイン（ID）が拠り所とする枠組みとして機能する。

ゴール・目標とインストラクション

　IDを行う基本的な理由は，教育や研修の一連のゴールを達成可能にすることにある。私たちが暮らす社会は，人々のニーズを満足させる特定の機能を担っている。その社会的機能の1つは，ニーズを満たすような学習がうまく行われることを保証することにある。どのような社会も，その存続に必要な種々の役割が実行されうるようにするために，何らかの方法で人々の教育や研修ができるように準備している。**教育や研修のゴール**は，社会における個人の役割実現をはじめとして社会の役割実現に寄与する人間活動に向けられており，これは，学習を通じて獲得することができる。

公立学校

　公立学校のゴールを設定することは重大な事業であり，社会は，他の学校や他文化の生徒のパフォーマンスとの比較で自分たちの学校の適切さを評価している。たとえば，アメリカ国内ではさまざまなレベルでゴール設定がなされている。1988年，連

邦議会は全米学力調査（National Assessment of Educational Progress: NAEP），通称「国家報告会議（Nation's Report Card）」の政策設定のために，26人の委員からなる国家評価管理委員会（National Assessment Governing Board: NAGB）を設立した。NAGBは種々の科目領域ごとのゴールと枠組みを設定し，NAEPはそれに基づいて試験を作成している。そして，NAEPは，サンプル校を選び，生徒が何を知っているか，何を行うことができるかを把握するための定期評価を実施している。この情報に基づき，「1人の子どもも置き去りにしない（No Child Left Behind）」とのスローガンを掲げた連邦プログラム（2001年）をはじめとして，種々のゴールが設定され，さまざまなプログラムが開発されている。政策遵守状況に応じて財源が配分されるため，このような統計情報の報告委員会は，しばしば直接的に公立学校のカリキュラムに影響を与えている。

産業界と連邦政府

「歴史的に，公共組織も民間組織も，組織にとって人材が最も有用な資源であることを認めてきた。組織は，その構成員に対して継続的な学習機会の提供を約束し投資することが有効な事業戦略であることを認識している」（Office of Human Resources Management [OHRM] Report, 2003a）。

アメリカ産業界では，一般的に，新入社員を対象とする研修，全従業員を対象として熟練度を高めるための継続的教育，そして，より高度なレベルの研修のために，それぞれゴールを設定している。高度なレベルの研修は，組織が新規あるいは新興のプロセスや技術，機能を採用する時に行われる傾向にある。ほとんどの企業内研修プログラムの根底にあるゴールは，従業員の業績を改善するとともに，潜在能力を完全に発揮して組織に価値ある貢献をするように奨励し支援することである。

連邦政府の各部門の重要な人的資源の問題への挑戦，つまり人材開発および研修への戦略的な計画と投資への取り組みを支援するために，管理財務局（Office of Management and Budget: OMB）は，2002年度初頭に通達No. A-11によって，すべての機関に対して，毎年の研修ゴールと測定手段を確立するように指示した（OHRM Report, 2003b）。この通達を支援するために，米国人事管理局（Office of Personnel Management: OPM）は，**戦略的な研修計画および結果測定のための手引き**を作成した。この手引きは，各機関の人材開発（Human Resources Development: HRD）の専門家およびプランナーが，各機関のゴールを達成するために職務要件に沿って作成された戦略的パフォーマンス向上計画に，研修ゴールを組み入れるための参考になるように作成されている。

軍　隊

　軍事訓練の最終的なゴールは，紛争状態に備えて任務を遂行できる隊員を養成することである。軍隊は，世界中で比類なく過酷な職業の1つであり，個々の隊員が受ける厳格な訓練によって，自分自身の高度なゴールを設定できる意欲の高い個人を育成することを目指している。陸軍が命じるとおり，兵士は「なりうるすべてのものになる（be all you can be）」ために懸命に努力しなければならない。軍事訓練は，隊員に対して，いかに困難な課題であろうとも目標を成し遂げるまで邁進しなければならないという考え方を植えつける。競争の過酷な軍事環境で必要なのは勝者のみである（Vet Jobs, 1999）。

教育成果としてのゴール

　教育研修のゴールに対する実社会のニーズは，一般的にさまざまな種類の**人間活動**を表現する言葉に反映される。ゴールは，たとえば「読む力」というように1語で言い表すよりも，「文章の意味に注意しながら十分に流れるように読む力」，あるいは，「積極的な読書の習慣と態度を身につけること」などのように，文で述べることが望ましいとされている（National Assessment Governing Board, 1993）。ゴールとは，教育研修システムの結果として望まれる成果のことである。明らかにすべきは，教育や研修で展開される個々の段階で学習者がどのような技能・知識・態度を身につけることが望ましいか，という問題である。

　このような教育や研修のゴールは，教師や研修担当者にとって有用なものとなるために，ゴールで示されるさまざまな種類の活動を可能にする**能力**（capabilities）との関連で分析されなければならない。このような能力は，まさにインストラクションの近似的ゴールに相当する。たとえば，流れるように読む力の近似的ゴールは，「学習者がある段落の主要概念を別の言葉で言い換える」ことができること，と言い表すことができる。読書の継続に必要とされる活動を実行するためには，学習者は特定の種類の能力（知識・技能・態度）を保持していなければならない。たとえば，主要概念を別の言葉で言い表すためには，主要概念を見つけ出して著者の意図を推測することができなければならない。ほとんどの場合，このような技能は，周到に計画されたインストラクション活動を通じて習得される。たとえば，読解力のような能力は，他の学習の基礎になるという点で明らかに複数の目的に役に立つ。

研修成果としてのゴール

　教育と研修の違いは何か？　それは，望まれる成果の具体性の程度や目的の違いである場合が多い。教育とは潜在的な能力や性質を引き出し発達させることであるのに対し，効果的な研修とは教示された作業のパフォーマンスが容認可能な範囲に達したかどうかによって判断される。ただし，技能の向上に重点を置く研修組織も，同時に組織としてより広範囲なゴールを持っている。軍隊での訓練のゴールは，実戦での負傷の危険を低減することかもしれないし，効果的で効率的な歩兵隊を育成することかもしれない。このようなゴールは，たとえば兵士が暗闇の中で感覚だけを頼りに5分以内に武器を組み立てられるようになるというように，個人の能力と態度に細分化されなければならない。これに関連して必要となるのは，兵士が武器の取り扱い時に安全規則を自発的に遵守するという態度である。

コースとその目標

　前章で述べたとおり，設計プロジェクトの対象範囲は，大規模システムから個別レッスンまで大きな幅がある。しかし，多数の単元で構成されるカリキュラム全体を対象とするよりも，単一のコースを対象としてインストラクションを設計するほうが一般的である。コースの長さが固定されている必要はなく，また，コース内容の詳細も固定されている必要はない。期間や内容量の選定に際しては，数多くの要因が影響する。特定の学期あるいは学年の長さが主要な決定要因となる場合が多い。軍隊では，1コースが1日8時間として1週間で構成される場合もある。

　どのような場合でも，個々のコースは一般的に特定の機関内部で通じる任意の名称を用いて，たとえば「アメリカの歴史」「初級フランス語」「新入生英語」「偵察」「航空管制」「データベース設計」などと呼ばれている。このような名称が具体的にどのようなコースを意味するのかは，言うまでもなく曖昧である。小学6年生の「アメリカの歴史」と高校3年生の「アメリカの歴史」とは同じではないと思われるが，コース名称は何の手がかりも与えない。「新入生英語」は，作文あるいは文学に関する科目であろうか，それとも両方に関係する科目であろうか。「データベース設計」は，データテーブルや書式，レポートの作成だろうか，それとも実務的な情報管理問題の解決だろうか。これはけっして無意味な疑問ではない。なぜなら，このような疑問は，学生が学習計画の作成時に特に強く感じる曖昧さを表現しているからである。

　名称や題目のみによるコース内容の曖昧さは，コースをコース目標に基づいて記述することにより容易に解消することができる（Mager, 1975; Popham & Baker, 1970）。

種々の内容領域の目標例が，ブルームらによって記述されている（Bloom et al., 1971）。このように，たとえば「新入生英語」のコース目標が，「1時間以内に，与えられた1つの話題について基準を満たした英語表現でエッセイを書くこと」ができるようになることだと記述されれば，誰の目にもコースの一部が何に関する学習なのかそのすべてが完全に明瞭になる。つまり，このコースは「現代詩の比喩的描写を特定できる」や，「虚構作品（フィクション）の衝突場面を分析できる」というような目標を達成するためには直接的な手助けとはならない。その代わりにエッセイ作成のための基本的技術を学ぶことができるコースである，ということが明らかになる。同様に，「データベース設計」の目標が「ある特定された性能が要求される問題に対してデータベースソリューションを構築できるようになる」ということであれば，学習要件はきわめて明確である。「データベースの動作の仕組みを説明できるようになる」という目標と混同されるおそれはないであろう。

ほとんどのコースは，複数の高次のコース目標を持っている。たとえば，社会科学のコースでは，学生が，①（特定の）歴史的出来事の文脈について説明し（情報・概念），②記述された歴史の出典物を評価し（分析および問題解決），③歴史の研究に対して積極的な興味を示すようになる（態度）ことが求められるであろう。科学のコースでは，学生が「仮説を立てて検証できるようになること」（問題解決），「科学的問題解決に参加すること」（ルールの使用），そして「科学者の活動を尊重すること」（態度）が求められるであろう。1つのコースでのおのおのの目標は，同等の価値を持つとみなされるであろう。重要な点は，これらの目標が，それぞれ異なるがそれぞれ妥当な学習要件や期待成果を表しているということである。インストラクションは，種々の目標が相互にどのように関連しており，どのような種類の活動が目標達成を最も確実に促進するかという点について敏感でなければならない。

異なる種類の学習成果

学習される能力に異なる種類があることは，長年にわたって知られてきた。軍では，知識・技能・態度について論じている。また，ブルームらは3つの領域（運動・認知・情意）があることを認めている。ガニェは，学習目標を5つに分類することにより教育計画が大幅に簡素化されうると確信した（Gagné, 1985）。各分類は，人間のパフォーマンスの異なる種類を表すとともに，後述するとおり，有効な学習のためにそれぞれ異なる組み合わせの学習条件を必要とする。次章に示すとおり，5つの分類のいくつかには，教育計画に有効な下位分類がある。しかし，さしあたりここでは，教育計画の一般的な外貌を見渡す上で，5つの主要分類が全体を示すと考えることにしよう。

学習成果の5分類

表3-1に5つの学習成果の分類を示す。おのおのの詳細については，以下の各段落で定義し，簡単に検討する。これらの成果は，学習能力の獲得によって実現され，学習者の記憶の変容として観察される。このような記憶の変容を促進する学習の条件と，個々の学習タイプの詳細については，第4章と第5章で説明する。

知的技能

知的技能（intellectual skills）は，たとえば事物の弁別，ルールや原理の適用，問題解決のように，シンボルを使いこなす能力として説明するのが最もよい。知的技能によって，記号化や概念化を介して環境と相互作用することが可能となる。学習は，読み書き計算の基礎に始まるが，個人の興味と知的能力に対応して学習レベルが進歩する。知的技能は，正規の教育の最も基礎的な根幹をなしている。知的技能の範囲は，言語使用（たとえば，作文）のような初歩的な技能から，高度の工学的技能（たとえば，橋の応力計算）や経済学などの専門的技能（たとえば，通貨切下げ効果の予測）まで，幅広い分野に及ぶ。

知的技能の学習とは，何かを実行する能力を獲得することを意味する。一般的に，このようにして学習された知識は，**手続き的知識**（procedural knowledge）と呼ばれ

表3-1 学習される5種類の能力（学習成果の分類）

能力	パフォーマンスの具体例
知的技能	長方形の対角線を同定する 前置詞に続く目的格の代名詞の使い方を例示する
認知的方略	1つの英単語に対応する外国語の単語を学習するためにイメージによるリンクを使用する 口頭で述べられた問題を逆順に再配列する
言語情報	合衆国憲法修正第4条を述べる 教授事象を列挙する
態度	SF小説を読むことを選択する 定期的な運動として，ランニングを選択する
運動技能	なわとびをする Eの文字を書く

る（Anderson, 1985）。この学習は，事物の存在や事物に特定の性質を学ぶこと，つまり**言語情報**（verbal information）や**宣言的知識**（declarative knowledge）の学習とは対照的である。ソネット（14行詩）を音韻パターンによって同定する方法を学習することは知的技能の習得であるが，ある1つのソネットの内容を覚えることは言語情報の習得である。学習者は，両方の能力を一緒に学習することもある（実際しばしば一緒に学習する）が，前者の能力（ソネットを同定できるようになること）は，後者の能力（あるソネットの内容を述べること）を習得せずとも学習できる。同様に，教師が十分に心得ているとおりに，学習者は，前者の能力を学習しないままに後者の能力を習得することもできる。このような理由により，**できるようになることと知っていることとの違い**を意識し続けることは，特定のインストラクションで期待される学習成果として両方が含まれる場合であっても，重要なことである。

　知的技能のもう1つの例を以下に述べよう。英語の授業では，比喩とは何かをいつかの時点で学ぶ。インストラクションが適切である場合，比喩を駆使して意味を豊かな表現で伝える方法を学習する（第4章で，この例に関連して，知的技能の特定の下位カテゴリとしてルールを活用する技能について説明する）。換言すると，比喩の知識を応用あるいは伝達することを学ぶことにより，コミュニケーション能力を高める。この技能はさらなる学習のための構成要素となり，説明的な文章の作成，場面や出来事の叙述，エッセイの作成など，より複雑な知的技能の学習に寄与するようになる。

　知的技能が習得されたかどうかを確認したい場合には，パフォーマンスを観察しなければならない。一般的には，1つまたは複数の事例をあげて，「メタファーとは何かを示しなさい」と質問することによって確認できる。この場合には，①猫の動き，②曇りの日，あるいは③月の表面などを比喩を使って述べるように求めることができる。

認知的方略

　認知的方略（cognitive strategies）は，特別できわめて重要な種類の技能であり，個人の学習・想起・思考活動を制御する能力である。たとえば，学習することを意図して読書するときに「問題の核心に迫る」ために使用される内的方法を制御する。**認知的方略**という言葉は，一般的にブルーナーの定義に帰する（Bruner et al., 1956）。ロスコフ（Rothkopf, 1971）は，認知的方略を「マセマジェニック活動」と呼び，スキナー（Skinner, 1968）は「自己管理行動」と呼んだ。このような技能は，個人が勉強・学習・思考に深く取り組む程度に応じて，比較的長期間にわたって向上すると考えられている。認知的方略の格好の例は，表3-1に示すとおり，外国語の語彙の学習に

おける言葉を連想させるリンクとしてのイメージの使用である（Atkinson, 1975）。メリエンボアーら（van Merriënboer et al., 2003）は，複合的な学習課題で使用される認知的方略を**問題解決方略**（problem-solving strategies）として定義した。そして，このような方略を発達させるためには，「支援情報」が有益であることを指摘している。支援情報には，問題と解決のモデル・事例・具体例などがあり，学習者が複雑な行動の要素プロセスのメンタルモデルを形成していくことを手助けする。

　ほとんどの認知的方略は，**領域固有**（domain specific）であると考えられている。たとえば，算数の文章題を解くための方略や，効果的な文章を作成する方略などがあるが，ほとんどの認知的方略は，特定の学習課題領域に焦点をあてており，通常は他の領域に転移しない場合が多い。しかし，中には「概観・設問・読解・暗唱・復習」（SQ3R：survey, question, read, recite, review）という文章読解のための方略などのように，さまざまな種類の学習に広範囲に使用できる，より一般的な認知的方略もある。

　もちろん，SQ3Rのような認知的方略は，ただ1回だけの学習で完全に習得されることはない。むしろ，この種の能力は，かなり長期間にわたって発達する。おそらく，このような方略が信頼に足るほどに役立つものとなるためには，学習者がきわめて数多くの異なる状況で帰納的な推論を伴う数多くの経験を積まなければならない。

　認知的方略は，ほとんどの場合，経験により発達する。ペターセンら（Pejtersen et al., 1999）は，Webからの情報検索に際して学生が使用した方略を，閲覧・分析的・経験的・公知のサイト・類似性の5種類に分類した。学生は，教師や図書館司書からWeb検索法について教えられていたにもかかわらず，個人的に種々の異なる方法を用いて検索作業にアプローチした。ペターセンらは，学生のアプローチが成功した場合，つまり，状況が満足された場合，そのアプローチ方略が類似の状況での行動パターンとなる，と結論した。

　メタ認知（metacognition）は，認知的方略の特別なタイプである。メタ認知は，「認知の認知」，すなわち認知過程の自己モニタリングである。内省や自己制御のような方略はメタ認知過程の一種であり，たとえば遠隔学習者がコースでの学習進度をモニターする方法について検討する場合などに重要である。メタ認知過程の支援としては，教材中に内省的な質問を含めることにより，学習課題の構成要素に学生が注意を向けられるように仕向けることなどがある。たとえば，「このレポートの目標が何であるか，はっきりわかりますか？」という質問や，「今読んだ章の要約を，他の人に説明できますか？」というような質問である。この種の質問がどの程度メタ認知過程をサポートできるかについては，あまり深くは研究されていない。

言語情報

　言語情報（verbal information）とは，言葉で述べることができるような知識である。それは，対象に関して**知っていること**，つまり**宣言的知識**である。私たちは皆，膨大な量の言語情報あるいは言語的知識を学習してきた。私たちは，一般的に使用される情報項目として，各暦月の呼び方，曜日の名前，文字，数字，市町村の名前，国や県の名前など，記憶の中からすぐに取り出して使用できる情報を大量に保持している。また，国の歴史の流れや数多くの歴史的出来事，政治形態，主要な科学技術の成果，経済の構成要素など，より高度に組織化された情報も数多く貯蔵している。学校で学ぶ言語情報は，「その科目のためだけ」の知識ではあるが，同時に，大人になったときにすぐに思い出すことが期待されているような知識でもある。

　学習者は，通常，正規の教育（学校教育）で大量の情報を獲得する。また，偶発的に獲得される情報も多い。このような情報は，学習者の記憶に蓄えられるが，必ずしも逐語的に繰り返すことができるという意味で「暗記」されているわけではない。1段落の長さ程度の文の要点のようなものが記憶に貯蔵され，必要場面に応じて想起されるのである。例として，表3-1には，合衆国憲法修正第4条の内容を思い出す能力と，記憶から一連の教授事象を思い出す能力を示している。たとえば，科学を学ぶ学生は，大量の言語情報を学習する。つまり，材料物質・対象物・生物などの諸性質についても学習する。このような科学的事実そのものの学習は，比較的低レベルの学習である。しかし，これらを記憶から想起する能力が，高次の知的技能の学習を援助する。

　たとえば，「水の沸点は100度である」ことを学習するとする。このような情報の主な機能は，次の学習のために進む方向を指し示すことにある。このように，液体から気体への物質の状態変化を学習する中で，学習者は，大気圧を気化（蒸発）に関連づける知的技能（**ルール**）を獲得することになる。こうした関係性を勉強していく中で，学習者は，このルールを応用して標高9000フィートの場所での水の沸点について説明するように求められる。この重要局面で，ルール応用学習が進むためには，例で与えられた**情報**が想起されなければならない。この言語情報は特に重要ではなく，むしろ**知的技能**の学習が重要であると主張する人がいるであろう。知的技能の重要性については異論がない。しかし，知的技能の学習にとって**言語情報は必須の要件**である。学習者は，特定の応用学習に使える言語情報を身につけていなければならない。

不活性な概念

　ホワイトヘッドは，**不活性な概念**（inert ideas）や**不活性な知識**（inert knowledge）

などの用語をつくったことで知られている(Whitehead, 1929)。不活性な概念とは,「利用されず,検証されずに心に受け入れられ,新たな結合作用を生じることのない概念」である。明らかに,使われることなく,練習することもない言語情報は,それに関連する有意味な文脈を持てないため,早期に忘れられる。ホワイトヘッドの言うとおりである。情報は,何らかの刺激と一緒に使用されて符号化および検索が可能な場合に,良好に想起することができる。

情報は,ある状況から別の状況へと学習の転移を促すために重要な役割を果たす。たとえば,政治学を専攻する学生が,官僚主義の頑固さは人体の癌の増殖に似たところがあるという考えを思いついたとする。この学生が癌について何らかの情報を持っていた場合,そうでない場合には気がつかない類推を用いて,官僚に特有な性質の因果関係を思いつくことがありうる。種々の認知的方略と知的技能が,今,この学生がこの問題に取り組むために動員され,その結果として新たな知識が生み出されることになる。このような場面での最初の転移は,いわゆる「観念連合（association of ideas)」によって,つまり,特定の情報の集合の保持とその使用によって可能になる。

学習者が特定の事実あるいは特定の組織化された情報項目を習得済みであることを確認するためには,このような情報項目を他者に伝達が可能であるかどうかを観察すればよい。もちろん,最も単純な方法は,口頭あるいは筆記によって,その情報についての説明を求めることである。これは,どのような情報が習得されているかを評価するために,教師によって一般的に採用されている基本的な方法である。低学年では,児童のコミュニケーション能力の評価に,簡単な口頭の質問を使用してもよい。また,児童が指し示し操作できる絵や対象物を採用してもよい。

運動技能

学習によって獲得されると期待されるもう1つの能力は,**運動技能**（motor skill）である（Fitts & Posner, 1967; Singer, 1980)。人は,スケートの滑り方や,自転車の乗り方,バイクの操縦法,缶切の使い方,なわとびの方法を学習する。また,文字の書き方（表3-1),直線の描き方,時計の針を文字盤上で合わせる方法など,正式な学校教育の一部として学習される運動技能もある。学校教育のほとんどが知的機能に関連した教育であるという事実にもかかわらず,適切な教育を受けた大人が日常生活に必要な特定の（たとえば文章を書くというような）運動技能に欠けているとは誰も思わない。運動技能は,最も顕著な人間的な能力の1つである。子どもは,紙の上に鉛筆で文字を書けるようになるために,1つ1つの文字について運動技能を学習する。能力としての運動技能の働きは,単に運動パフォーマンスの実現を可能にすることで

ある。もちろん，このような運動パフォーマンスが他の高度な学習につながる場合もある。たとえば，単語や文を構成すること（そして書くこと）を学習する場合，文字を書く技能を駆使する。

運動技能が学習されたことは，学習者がさまざまな文脈で運動行為を実行できる場合に合理的に推論できる。たとえば，子どもがEという文字を書く技能を学習したというときは，ペンや鉛筆あるいはクレヨンなどで，平面に任意の大きさで文字を書くという運動行為を実行できなければならない。もちろん，何らかの場面で紙に鉛筆でEの文字を1度書いたというだけでは，技能が習得されたと結論づけることはできない。しかし，いろいろな場面でEの文字をFやHの文字と見分けがつくように何度も書けた場合には，この種の能力が学習された確かな証拠となる。

態　度

さて，しばしば**情意領域**（Krathwohl et al., 1964）と呼ばれる種類の能力であるが，本書ではこの能力を**態度**（attitude）と呼び，学習される能力の1分類として区分している。誰でも，種々の事物・人・状況に対して，さまざまな種類の態度を持っている。態度の効果は，特定の事物・人・状況に対して個人の積極的あるいは消極的な反応を増幅するということにある。特定の事項に対する態度の強さは，種々の環境でその事項を選択あるいは回避する頻度によって示される。たとえば，他人を助けることに強い態度を持っている人は，数多くの状況で援助の手を差し伸べようとするが，これについて弱い態度を持っている人は，援助の提供を限られた状況に限定する傾向がある。学校では，他人に対する尊敬・協調性・個人的責任など社会的に認められた態度を形成するとともに，知識や学習に対する肯定的な態度や自己効力感などの態度を形成するように期待される。

それぞれの子どもは，さまざまな種類の活動に対する好みを持つことを学び，特定の人を他の人よりも好み，特定の事象に対して他の事象より深い興味を示すようになる。このような一連の観察が得られた場合，その子どもは，事物や人あるいは事象に対して，行為の選択に影響するような態度を持っていると推量することができる。当然，このような態度は学校の外で獲得される場合も多く，また，学校の教育機能との関連では適切に考慮できないものも多い。しかし，1つの可能性としては，学校教育では，学習対象への肯定的な態度の育成を目標に含めることができる（たとえば，Mager, 1968）。また，しばしば，学校の学習は，美的喜び（aesthetic enjoyment）をもたらす活動への態度の改善に有効である。表3-1には，特定の種類のフィクションの読書を選択する態度が示されている。

態度は，人間の１つの能力としてみなされ，個人の選択行動を方向づける恒常的な状態である。健康であることに対する肯定的な態度を持つ学習者は，できる限り規則的に運動することを選択する**傾向にある**。もちろん，これは，常時運動している，という意味ではない。というよりは，運動することを選択する可能性が顕著に高いという意味である。長期間にわたってこのような行動が観察できた場合，この活動が比較的頻繁に選択されていたということができるであろう。そして，このような一連の観察から，この学生が運動に対して肯定的な態度を持っていると結論づけることができるであろう。

　もちろん実際には，クラス全体どころか，たった１人の学生についてであっても，このような一連の観察を行うには非常に時間がかかりコストが高くなるであろう。結果として，一般的には，態度に関する「自己申告」に基づく推定評価がなされている。このような自己申告は，アンケート形式で，さまざまな状況でどのような行動を選択すると思うか（または場合によっては，選択したか）を答えさせることによって得ることができる。もちろん，態度評価に自己申告を使用するには，技術的な問題がある。質問の意図がかなり明白であるため，学生は現実を反映しない選択肢を最初から選んで自己申告を作成することができるからである。しかし，匿名で回答を提出するなど適切な事前措置を講じれば，このような報告に基づいて，特定の態度が学習されたり，特定の方向に修正されたと推定評価することが可能になる。

　このように，態度によって影響を受けるパフォーマンスは，**個人的行為の選択の仕方**となる。特定の事物・人・事象に対する選択傾向の強さは，学習者によって異なるであろう。態度の変容は，学習者が特定行為を選択する確率の変化として示される。前述の例では，時間の経過またはインストラクションの結果として，運動を選択する確率が変化するかもしれない。このような態度変容の観察がみられた場合，観察結果から，学習者の態度が変容した，つまり，肯定的な方向に「強固に」なったと推測することができる。

軍隊での態度訓練

　態度と基本的価値観（core value）の教育は，軍事訓練の真髄である。忠誠心・義務・尊敬・謙譲・名誉・誠実・勇敢な精神などの価値は，223年間にわたって米軍の揺るぎない特徴とされてきた（U.S. Army Posture Statement, 2000）。隊員は，いかに危険な軍の任務であろうと，その要求と使命を果たすことを学習しなければならない。個人的な危険性を一顧だにせずに，軍務と国家の最高の利益となる決断を行うことを学習しなければならない。命令に従うことを学習しなければならない。そして，人々の安全や人々の職業的・個人的・精神的安寧を気づかい，民族・宗教・性別にかかわら

ずすべての人々を尊重しなければならない（U.S. Navy Core Values, 2003）。

過去数年にわたって，軍は，世代によって異なる隊員のキャリア・家族・ライフスタイルに対する考え方を考慮しながら，基本的価値観と態度の訓練のための教授方法と方略を改訂してきた。キャリア志向の「ベビーブーム世代」（1943-1960 年）を訓練する方法は，家族・個人生活志向の「X 世代」（1961-1980 年）を訓練する方法とは異なり，また，共同体・テクノロジー志向の「21 世紀世代」（1980 年以降に誕生した世代）とも異なる。21 世紀世代の初期世代が，ちょうど今，軍に新人として入ってきている。軍務・家族生活・共同体の価値に対するさまざまに異なった態度や責任感が持ち込まれている。これがデジタル技術の進歩や他の急速な技術的変化，そして広範囲な文化的文脈での社会的変化によって条件づけられた学習スタイルと結びついたため，軍の教育指導者は，基本的価値観と態度の訓練に必要な教授方法と方略を再考するように求められている。職務遂行のもとに両立できる限りにおいて，仕事と家族の時間のバランスを支援することに重点を置く必要に迫られている（Command Briefing Resources, 2000）。

軍は，常に，基本的価値観のインストラクションを実施する方法として役割モデル法に強く頼ってきた。基礎訓練の指導者は，適切な行動を演示しながら，いかなる部隊においても，軍務哲学，つまり基本的価値観および職務への献身が相互の責任・尊重・信頼を構築するための共通の分母であることを継続的に訓示してきた。ここ数年，リアルなシミュレーション演習とインタラクティブな戦争ゲームが，基本的価値観と態度を強化するために導入されてきている。たとえば，海軍の「Battle Station」は，兵士の基礎的な態度である犠牲・献身・チームワーク・忍耐力を養うことを専らの目的として設計された。陸軍は，実戦兵士に対する違法な麻薬の悪影響を描写することを目的としたシューティングゲーム「Crimson Storm」を現在開発中である。

コースのゴールとしての人間の能力

個々の教育コースには，通常，複数の人間の能力分類に対応する複数の目標がある。種々のコース「内容」にまたがって適用できる主要な分類は，これまで述べた5種類である。インストラクションによって期待される成果の観点から，この5つの分類を区別する主な理由は，これらの分類がそれぞれ異なる種類の人間のパフォーマンスを可能にするからである。たとえば，自然科学の入門コースでは，一般的な目標として，①速度・時間・加速度についての問題解決，②仮説検証試験のための実験設計，③科学活動の尊重などの学習成果が期待されるであろう。1番めの学習成果は明らかに**知的技能**をさし，このため，学習者が演示することができる知的操作を含む何らかのパ

フォーマンスが示唆される。2番めの学習成果は，**問題解決能力**の活用に関係している。なぜなら，学生は，新しい状況でほとんど指導を受けずに前に学習したルールや概念を選択し使用することによって，この複雑なパフォーマンスを行うことが求められているからである。3番めの学習成果では，科学活動に対する**態度**あるいは一連の態度の育成が目指されており，行為の選択として行動に表すことが期待されている。

5種類に区別される人間の能力は，さらに重要な点で相互に異なる。つまり，これらの能力のおのおのが効率的に学習されるためには，それぞれ**異なる一連の学習条件**を必要とする。これらの能力を効率的に学習するために必要な条件とこれらの条件の区別を明らかにすることが，次の2つの章の主題となる。第4章では，5種類の能力の中で知的技能と認知的方略の獲得に適用される学習条件について説明し，第5章では残りの3種類の能力の学習の条件について説明する。

人間の能力の種類に着目したインストラクションの設計

この章で示した見解の要点は，インストラクションとは，必ず，教育や研修の適切なゴールを満足させるために設計されるべきであるという点にある。ゴールが社会的ニーズに合致する場合，教育のプログラム全体を計画するために理想的な条件が存在する。このような了解が得られるように努力がなされた場合，結果的に，第1ステップとして，社会のニーズを満足する上で重要と判断された活動の一覧リストが得られる。

ニーズ分析

ニーズを決定するプロセスは，ニーズ分析と呼ばれる。コーフマンら（Kaufman et al., 2002）によると，重要なことは要求（wants）とニーズとを区別することである。コーフマンらによると，ニーズとは状況の望ましい状態と現在の姿とのギャップである。たとえば，すべての3年生が3学年レベルの読解力を要求されていて，実際には80％だけがこのレベルにあるとき，望ましい状況と現在の状況の間にはギャップが存在する。ニーズ分析は重要な概念であるが，それは，望ましいゴールを同定するだけではなく，現状を定量化することによってゴール達成までの進度を測定できるようにするからである。

社会共同体のニーズから引き出される人間の活動が分析されるとき，この分析によって一連の必要とされる**人間の能力**が導き出される。それは，特定の社会における成

人が知るべきこと，とりわけどのようにやればよいかを知るべきことについての記述である。このような一連の能力は，従来の学校カリキュラムの教科区分とはあまり似ていないであろう。もちろん人間の能力とカリキュラムの教科との間に関連性はあるだろうが，単純な対応関係にはないであろう。

　これまでに実施されてきたほとんどの ID は，**コース計画と設計**を中心としている。本書でも，この枠組みを採用する。ただし，一貫してインストラクションのゴールに向かう姿勢を維持する。学習成果は，必ずしもコース名によって適切に同定できるわけではない。学習成果は，人間の異なるタイプのパフォーマンスを可能とする種々の学習される人間の能力として識別することができる。このため，本章では，ID の基本的な枠組みとして本書全体を通じて扱われる主要な 5 種類の能力について紹介してきた。

　運動技能を例外として，以上のすべての種類の能力は，たいていの場合どのようなコースの計画にも関係している。言語情報が不要なコースを計画することはできず，ある程度まで態度に影響を与えないコースを計画することもできない。そして最も重要なことは，知的技能が不要なコースを計画することはできないことである。

　なぜ知的技能が学習コースの構造を設計する上で中心的な役割を果たしているのか，それには 2 つの理由がある。第 1 に，知的技能とは，学習者が何をできるのかを判断するための基準となるような種類の能力であり，このため，学習成果の面でコースの説明に密接に結合しているからである。第 2 の理由は，知的技能には**累積的**な性質があるからである。知的技能は，予測可能な方法で構築され，相互に補完されていく。したがって，知的技能はコース構造の系列化のために最も有効なモデルを提供する。次章では，知的技能に関して次のような観点から，さらに詳細な検討を加えることから始める。つまり，「知的技能にはどのような種類があるのだろうか」「知的技能はどのようにして習得されるのだろうか」，そして，「知的技能はどの時点で習得され，習得されたことをどのようにして知るのだろうか」という観点から検討する。

⇒ 要 約

　本章では，教育や研修のゴールを定義することは複雑な問題であるということを明らかにした。その理由として，教育に対してあまりにも多くの期待があることがあげられる。人によっては，人類の歴史に対する理解の重要性を強調することを望み，人によっては，現在の文化や現在の学問分野を永続化させることを期待する。一方で，急速な社会の変化に子どもや若者が適応するための支援を与える必要性を強調する人がいるであろうし，また他方では，学習者が自分自身と社

会を改善する機能を果たすことができるための準備を教育に期待する人もいるであろう。

　教育ゴールの定義における複雑さの原因は，きわめて一般的なゴールを徐々に特定の詳細目標へと変換する必要性にも求められる。このようなゴールのいくつもの層で，カリキュラムにおける各トピックが，着実に学習者を遠いゴールに向かって一歩ずつ近づけ進歩させるものであることを保証する必要がある。おそらく，どのようなカリキュラムでもこのような細部の照合が完全には計画されたことがないだろう。このようにして，カリキュラム内の種々のコースについて一般的なゴールと特定の目標との間で大きなずれが生じがちである。この結果，最も一般的なゴールと特定のコース目標との間の全体的な連携ネットワークが不在の状況で，コース目標を定義しなければいけないという大きな問題が残されることになる。

　このような問題に含まれる困難な性質にかかわらず，コース目標を種類別に分類するための有効な手段として，コースが対象とする人間の能力タイプの範囲を吟味するための分類法を利用することができる。このような分類法（複数のパフォーマンス分類）は，目標1つずつを目標全体の中で評価するために有効である。本章で示した分類法では，学習される能力は以下の種類で構成される。

1．知的技能
2．認知的方略
3．言語情報
4．運動技能
5．態度

本章では，このようなタイプの能力のおのおのを学習することの有効性について検討したが，後続の各章ではそれをさらに詳細に取り扱う。このような分類法の利用は，コースが開発対象として意図する能力の種類を評価する上で役に立ち，さらに，以下のような効果がある。

1．類似の性質を持つ特定の目標をグループ化することで，全体的な教授方略の設計に必要とされる作業量を軽減する。
2．目標をグループ化することにより，学習コースの細目系列化の決定を支援する。
3．能力タイプ別に目標をグループ化することにより，効果的な学習に必要であると判断される学習の内的・外的条件を計画するために利用することが

できる。

　コースのおのおののパフォーマンス目標は，インストラクションの成果として期待される固有のパフォーマンスを定義する。目標を前述の5つの種類に分類することによって，各分類の対象範囲について妥当性を評価することができ，また同時に，1つの分類内では個々の目標について学習の諸条件が同一であるという事実を享受することができる。

　人間の能力の各タイプについて学習の条件を特定することが，次の2つの章の主題となる。

第4章

さまざまな学習：知的技能と方略

　私たちがインストラクションに学習原理を適用することを考え始めるとき，何が学ばれることになっているかと質問すること以上によいガイドはない。この問いに対する答えは，どのような場合であっても，①知的技能，②認知的方略，③言語情報，④運動技能，⑤態度の5つの分類のうちの1つに帰着することをみてきた。本章では，知的技能の学習に影響を及ぼす条件を考察する。知的技能とは，学校学習にとって中心となる重要なものであり，さらにインストラクショナルデザイン（ID）に対して最もよい構造的なモデルを与えるものである。それから，認知的方略の考察へ進むのが理想的なステップである。認知的方略は独立した分類として扱う価値がある，特別な種類の知的技能である。第5章では，人間の能力の残りの3分類のための，学習の必要条件を考察する。

学習成果を分類する必要性

　多くの教育学者たちはベンジャミン・ブルームのカテゴリである3つの学習領域（Bloom et al., 1956）に通じている。すなわち，認知領域（cognitive domain），情意領域（affective domain），精神運動領域（psychomotor domain）である。さらに，認知領域は，知識（knowledge），理解（comprehension），応用（application），分析（analysis），統合（synthesis），評価（evaluation）という6つの学習の型に分類された。ブルームは，目標の型のうち最も複雑でない知識と，最も複雑である評価を両極端に持つ階層構造として，この「分類学（taxonomy）」を考えた。下の3つのレベルである知識，理解，応用は低次の学習スキルとして，上の3つは高次の学習スキルとして，しばしば引用される。ブルームの分類学はガニェ（Gagné, R. M.）の分類体系とやや

表4-1 ブルームの分類学とガニェの認知的領域における学習成果の種類との比較

ブルーム	ガニェ
評価	認知的方略，問題解決，ルール活用
統合	問題解決
分析	ルール活用
応用	ルール活用
理解	定義された概念，具体的概念，弁別
知識	言語情報

異なる。第1に，ガニェは，言語情報がスキルの階層構造の一部ではなく，学習の独立した領域であると考える。第2に，理解・応用・分析・統合・評価は，ガニェの知的技能領域には同じように表されない。ガニェは，学習成果の種類とは対照的に，学習を証明するのに使われる過程として，理解・応用・分析・統合・評価をおそらく見るだろう。表4-1では，ガニェ (1995) の学習の分類体系と，ブルームの認知領域のカテゴリとの比較を試みた。理解・応用・分析・統合が，ガニェの多くの学習領域を横断することを示している。

　なぜ，学習成果の分類を試みるのか？　1つの目的は，私たちの考えを明確にすることと，望まれる成果をどう書き表すか，その過程を改善することにある。つまり，「ある1人の学習者が筆算による割り算の過程を理解できるようになる」というような表現では十分でない。私たちが話し合っている「理解 (understanding)」とは，どのレベルのことなのか？　もし学習者たちが単にルールを思い出すだけでなく，そのルールを適用できるようになることを望むのであれば，私たちは誰が読んでも理解できるように意図を明確にして，学習目標を述べなければならない。また，「割り算を行うためのステップを記入しなさい」と学習者に質問しても，適用能力を検証できないことも明らかだろう。たとえ学習者にとって，最初にそのルールを覚える必要があったとしても，その知識を適用するのには不十分な状態であるかもしれない。ブルームが述べているように，目標の分類学を開発した目的は，「まず，カリキュラム設置者が学習活動を計画し，評価装置を用意するのを助けること。そして（「理解」のどのレベルが達成されようとしているのかという）学習目標の意味を明確にすること。最後に，記憶・思考・問題解決の視点で，教授と学習の研究の枠組みを用意することであった」(Bloom et al., 1956, pp. 2, 3)。

　ガニェによる学習成果の領域の開発と，学習理論としての情報処理理論の採用よりも，ブルームの仕事は先行していた。ガニェは，ブルームによって提案されたカテゴ

リとは対照的に，知識の構造をよくみていた。ガニェは，宣言的知識（思い出す能力）と手続き的知識（ルール活用）の区別をした。宣言的知識が知的技能の獲得を促すのに重要である異なるタイプの学習であることは明確であったのだが，彼はそれを階層構造の一部としてはみなかった。その上で，彼は手続き的知識がルールの階層構造を構成する情報として最もよく説明できると信じるようになった。その知識を「知的技能」と呼んだ。

学習される能力の階層構造の特徴

　ガニェが知的技能の階層構造というもので示したいと思ったことは，階層構造の下位にあるスキルの遂行能力（パフォーマンス）が，高次のレベルのスキルの遂行能力の**前提条件**であることであった。問題解決がルールの活用を含むので，問題解決がうまくいくためには，ルールはその前に学ばれるべきなのである。このことはインストラクションの系列化を示唆するとはいえ，解くための前提条件を持っていない問題を学習者に提示するべきでないということを意味してはいない。すなわち，これは教授方略の問題なのである。問題解決の過程で，学習者は自分自身で新しいルールを見出すこともありうるし，それが成功すれば，これらのルールは他の類似の問題解決に転移するはずである。

　ガニェ（1985）の分類は，教育分野では，ブルームら（1956）のそれよりは，よく知られていない。しかしながら，私たちがこれから示していくように，ガニェの分類法には，インストラクショナルデザイナーのための数々の有利な点がある。

　知的技能は，たとえば言葉や数字などの記号を介して，個人が環境に反応したり，環境を記述することを可能にする学習される能力の集合である。言葉は，物や行為，あるいは物と物との間の関係（たとえば「上」「後ろ」「内側」）を「表す」。同様に，数は量を表し，記号（たとえば，＋，＝，x^2）はこれらの量の間の関係を表すのに用いられる。線・矢印・円のようなその他の種類の記号は，空間的関係を表すのによく用いられる。人は，このような記号を用いて自分の経験を他人に伝える。記号を用いることは，人々が環境について思い出したり考えたりする主要な方法の1つである。

知的技能の下位分類

　学校時代に，個人によって学習される知的技能は数多く，確実に何千という数になるであろう。ある1つの領域，たとえば言語スキルを考えただけでも，この事実をす

ぐ理解できる。音読，朗読，文の構成，段落の構成，会話，説得力のある演説のように，インストラクションで取り上げる項目は，学習されるべき多数の特定の知的技能を含んでいる。これは，数学のさまざまな分野におけるスキルでも，また同じことがいえる。空間や時間にかかわる多くのスキルは，幾何学や物理学のような教科の一部を形成する。知的技能を検討する際に，人間の知的な働きが持つ「きめの細かい」構造を見逃してはならない。

　どの教科領域のものであろうと，知的技能は複雑さという視点から分類できる。たとえば，学習者が2つのよく似ているが異なるイメージを見せられ，それらを区別する方法を教えられたと仮定しよう。その後，そのイメージを再び見せられるとき，学習者はその違いを指摘できなければならない。これに必要な精神過程は，あまり複雑ではない。この状況で学習され，さらにその後も利用できるのは「弁別」(discrimination) であるといえる。

　複雑さのまったく異なったレベルの知的技能の例を次に示す。インストラクションの後で，学習者は前に見たこともないドイツ語の形容詞を，(gemüt なら gemütlich のように) 接尾語「lich」を付けることでつくり出すことができる。この種のパフォーマンスがしばしば「ルールによる (rule governed)」ものとみなされるのは，その学習が要求する精神過程が「ルールを適用すること」だからである。学習者がルール自体を具体的に述べる必要はない。むしろ，学習者は，実際にその行為をすることで，ルールで支配された内的能力を学びとったことを示唆しているのである。彼らが学びとったものは「ルール」と呼ばれる。もちろん，その過程は，前の段落で言及した弁別の過程よりもずっと複雑である。

　そこで，精神過程の複雑さの異なったレベルに従って，知的技能の下位分類が可能になる。そのような分類は諸教科と関連しながらもそれらから独立している。知的過程の複雑さはどのくらいのレベルに区別されるだろうか，あるいはいくつ必要であろうか。インストラクションの目的のために役に立つ，知的技能の下位区分を図4-1に示す。

　図4-1で示唆されるように，学習は個人の知的発達に影響を及ぼす。インストラクションで用意された課題を解くことで，学習者は高次のルール（つまり，複雑なルール）を獲得する。問題を解決するには，学習者は，以前に学習した，より簡単な，いくつかのルールや定義された概念を思い出すことが必要である。ルールを身につけるためには，学習者はいくつかの具体的概念をすでに学んでいなければならないし，これらの概念を学ぶためには，学習者は，以前学んだいくつかの弁別を呼び起こさなければならない。たとえば，見慣れない印刷された言葉の発音をなんとかしたいと考えている読者は，この問題を解くのにいくつかの以前に学習したルール（解読スキル）

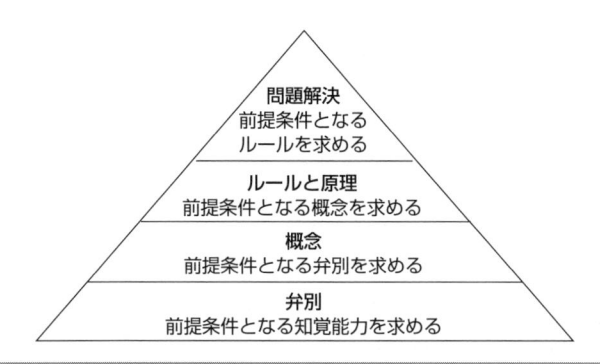

```
        問題解決
      前提条件となる
      ルールを求める
     ルールと原理
   前提条件となる概念を求める
        概念
    前提条件となる弁別を求める
        弁別
   前提条件となる知覚能力を求める
```

図4-1　知的技能の複雑さのレベル

を行使しなければならないが，それを学習するためには，音素と呼ばれる言葉の要素（定義された概念）と，印刷された文字を順番に確認できるという前提知識（具体的概念）を必要とする。活字体 E の文字を同定することを学習している子どもは，（区別をするための）E と F，さらには L との違いを理解できなければならない。E は記号であり，具体的概念でもある。文字の集まりの中で，ある文字が他の文字と異なるような，物理的な特徴を持っているということである。「E」と「D」の違いを見抜けない子どもに，他の文字ではその違いを見抜くことを期待することはできない。

弁　別

「弁別（discrimination）」とは，1つ以上の物理的あるいは感覚的な次元で，刺激の違いを検知する能力である。最も簡単なケースでは，人は2つの刺激を受けたとき，それらが同じであるか，それとも異なるかを反応の違いで示す。中等・成人教育における例をあげれば，美術・音楽・外国語・科学などで刺激とともに生じる反応がある。工業の例としては，木材・金属・繊維製品・紙・印刷の型などでの相違の弁別がある。

　弁別学習は低学年の子どものための標準的なインストラクションとなる。見本に合わせる作業は，一種の弁別課題の変形に他ならない。子どもは一群のさまざまな色のブロックの中から「これと同じ色のブロックを選ぶ」ように求められるだろう。音楽教育の初期に，子どもは2つの連続する音が同じ高さの音であるか，それとも違う高さの音であるかを弁別するのを学ぶように求められるだろう。

　このように，弁別は非常に基礎的な知的技能である。弁別の綿密な練習が，幼い子どものために頻繁に計画される。学校学習に関する限り，関係のある弁別はたいてい

人生の初期に学習されていると考えられる。しかし，時々特定の基本的な弁別学習がなされていなくて，学習済みと想定できないことがわかると，人々は驚いてしまう。フランス語のrの口蓋垂音と舌を前面にかける音を学習している人が，実際にこれらを区別して聞き取れるか（つまり，弁別として学習されてきたか）。顕微鏡を使って生物学を勉強している学習者は，実際に，後で細胞壁と確認される明るい部分と暗い部分の区別をしたであろうか。練習を積んでいない成人が（ワインの種類である）シャルドネとシャブリの味を正しく区別できるであろうか。

弁別の特徴を述べるにあたり，次に述べる知的技能の他の種類と同様に，学習状況の3つの構成要素を説明する必要がある。すなわち，

1. 習得されている，あるいはこれから習得されるパフォーマンス。つまり，学習者が以前にはできなかったことで，学習のあとにできるようになることは何か。
2. 学習が生起するために学習者が持っていなければならない内的条件。これらは学習者の記憶から思い出され，新しく習得した能力に統合される。

表4-2 弁別の学習条件

パフォーマンス	1つ以上の物理的次元で，異なる刺激を学習者が区別できることを示す反応がなければならない。しばしば，これには「同じ」あるいは「違う」という言葉が用いられる。
内的条件	感覚の側面で，物理的な違いが脳活動の違ったパターンを生起させているはずである。そうでなければ，学習者は，「同じ」や「違う」と言うなどの方法で違いがわかったかどうかを示すために必要な反応だけを（何もわからずに）していることになる。その他の可能な反応としては，指さししたり，印をつけたり，描かれた物のまわりを円で囲むといったものがある。もし，弁別学習がうまくできないとすれば，色覚異常や音感異常のような障害かもしれない。
外的条件	弁別を教えるためには，インストラクションでは，学習者に，よく見ること，匂いを嗅ぐこと，よく味わうこと，聞き分けること，そして刺激の違いを感じとる練習をさせるべきである。インストラクションは次のことを含む。 1. 学習者に取り組むことを知らせること。たとえば，「今日は，異なったスパイスの違いを味わう練習をしよう」など 2. 刺激を与え，それらが同じであるか，または異なるかを示させること 3. かすかな違いがあることを知らせて弁別を助けること。たとえば「これは一番最後のものと似た味がしますが，それがやや苦いことに注意しなさい」 4. フィードバックを与えながら学習者に弁別する練習をさせること。たとえば，学習者に，よく似ているスパイス群を照合させる

3．学習者に刺激を与える外的条件。これらは視覚的に存在する物体・記号・絵・音・意味のある言語によるコミュニケーションなどである。

弁別学習のための学習条件は，表4-2に示される。

具体的概念

　概念（concept）とは，刺激がお互いに著しく異なっていても，共通のいくつかの特徴を持つ集まりのある1つに属するものとして刺激を同定できる能力である。具体的（concrete）概念とは対象特性あるいは対象属性（attribute）（色，形など）を同定する（identify）ものである。そのような概念は「具体的」と呼ばれる。なぜなら，学習者が必要とするパフォーマンスが，あるモノの具体的物理的特性の「認識」であるからである。

　対象特性の例としては，円い・四角・青・3つ・なめらか・曲線・平たいなどがある。具体的概念が学習されているかどうかを確かめるためには，たとえばペニー銅貨，自動車のタイヤ，満月を示すことで「円いもの」という具体的概念を確認するといった，同じ対象特性に属する2つ以上のものを「指し示す」ことで同定させて判断できる。指し示すという操作は，実際には多くの異なったやり方でなされるであろう。それは選んだり，チェックしたり，円で囲んだり，つかんだりして行われる。しばしば，指し示すことは，名づけること（ラベリング）でなされる。学習者が示す具体的な反応方法は，彼らがそれをどういうときに行うかを知っていると推測される限り，重要なものではない。

　具体的概念の重要なものの1つは対象物の位置である。指し示すことによって確認されるから，モノの場所は対象特性として考えられる。けれども，対象物の位置は他の対象物との位置関係で捉えられなければならないことは明らかである。対象の位置の例としては，上部・下部・側面・周囲・右・左・真中・上・前がある。明らかに，私たちはそのような位置特性を何らかの方法で「指し示す」よう求めることができる。したがって，対象の位置は具体的概念の例として適格なものである。

　弁別と概念の区別はわかりやすい。最初のもの（弁別）は「違いに反応すること」である。第2のもの（概念）は，名前，あるいは，その他のやり方で同定することである。1枚の紙に書かれた三角形と長方形の違いを学ぶ場合を考えてみよう。これらは，選ぶこと，指示すること，または別のやり方で反応して，異なった図形として認識される。そのようなパフォーマンスからは，その人がこれらの特定の図形を弁別できるという結果だけが導き出されることになる。三角形の概念が学習されたかどうか

を試すためには，この特性を示すさまざまな図形（たとえば，大きさ，色，ふちの線の太さなど，他の性質がかなり異なる図形）を同定するように求める必要がある。言い換えれば，具体的概念を獲得するということは，学習者が（1つの対象物だけでなく）対象の特性の集まりを確認することができることを意味する。

　基本的に，具体的概念を同定する能力は，より複雑な学習をするために重要である。多くの研究者が，「抽象的概念の学習」の前提条件として「具体的なものの学習（concrete learning）」の重要性を強調してきた。ピアジェ（Piaget, 1950）は，この特徴を彼の知能発達理論の主要な概念とした。（次に述べる）定義された概念の習得には，定義に使われた言葉の意味することを学習者が同定できる必要がある。つまり，「円いもののふち」という定義によって「縁」という概念を獲得するためには，学習者が前提条件として「端」とか「円い」という具体的概念を持っていなくてはならない。もし学習者がこれらの概念を具体的に同定できないのであれば，本当の意味において，縁の「意味を知っている」と言うことは不可能である。具体的概念のための学習の条件は表4-3に説明されている。

表4-3　具体的概念の学習の条件

パフォーマンス	学習者は，対象の位置を含む，対象の特性の集まりについて2つまたはそれ以上を「指し示す」ことで同定する。ここでの「指し示すこと」は，実際には確認ができるという意味であり，さまざまな方法（チェックしたり，円で囲んだりなど）で行われる。例として，①たくさんの種類のワインを与え，「辛口の（dry）」ワインを選びなさい，とか，②多くのフォントを含んだ10語ほどの文を与え，すべての「o」に○をつけなさい，がある。
内的条件	具体的概念を習得するには，弁別が思い出されなければならない。加えて，分類候補となっているものの属性を，いま学習中の概念が持つ属性と比較しなければならない。たとえば，「辛口」という概念を学んでいる者は異なるワインの味を弁別し，「辛口」のワインの味であるかどうかを見分け，それと同時に，色の違いを無視できなければならない。
外的条件	具体的概念のインストラクションには以下のことを含むとよい。 1. 学習者に学んでいる概念は何かを伝えること 2. 関係のある属性を強調しつつ，その概念の事例（例題）を与えること 3. 後で学習者が混乱させられるかもしれないような「例でないもの」（nonexample）を示し，その概念の事例でないのはなぜかを説明すること 4. 学習者が事例を同定するというやり方で概念の適用の練習を促すこと 5. 保持と転移のための期間をあけて繰り返す練習の機会をもうけること

定義された概念

　もう1つの種類の概念は，**愛・母・家族・妬み・共感・保守党・民主主義**のように，物理的な属性や概念では同定できない種類のものである。あなたはそれを手にとることができないし，それらを指し示すことによって，それを同定できない。私たちは，行動の実例や言語のそれをそれらのカテゴリに**分類する**（classify）ことはできるけれども，その分類は物理的な属性によるのではなく，定義に従ってなされている。

　定義された概念（defined concept）の定義とは，その属性や属性間の関係についての言語的記述のことである。たとえば，メリアム・ウェブスターの New Collegiate Dictionary 第10版は，**保守**を「(a) 保守主義的な考え方の，あるいはそれに関連すること，(b) 保守主義の理念を主張する政党に参加すること」と定義している。さらに進んで，**保守主義**を「①保守政党の原理や政策，②確立されるものを守る政治的気質，③変化より現在または伝統的な立場を好む傾向」と定義している。

　誰かについて，その人が保守的な人の定義にあっているかどうかを決めたいとき，どんな属性を探すだろうか。1つは，物事をできるだけそのままにしておくとか，または物事をもとの状態にもどすことがよいとする考え方かもしれない。2つめとして，彼らが変化より伝統的な立場を好むかどうかであってもよい。3番めは，彼らが変化より伝統的な立場を好む政党に属している（たとえば，共和党員）かどうかでよい。今，それらの人たちに共通の物理的な特徴（たとえば，すべての保守的な人はグレーのコートを着て，青色のネクタイをしているなど）がなければ，保守的な人を見分けるのがどれくらい難しいかがわかっただろう。しかしながら，その人たちの個々の考え方について何かを知ることによって，私たちは彼らを（その定義に合う）保守的な人，またはそうでない人と分類できるかもしれない。

　別の例として，外国の市民を意味する**外国人**（alien）という概念を考えてみよう。この概念を学んだ人は，定義に従って，特定の人が，他の国の市民権を持っているか，その国の市民権を持たないで居住しているかで，外国人かそうでないかを見分けられる。その時の説明は，定義に沿った言葉を含みながらなされるだろう。つまり，その人が**市民**，**他の**，**国**といった言葉の意味を確かに知っているように使っているならば，それは適切な説明といえる。そのような言葉で述べる知識を持っていると思われない場合には，あるシナリオを用意し，それへの反応を求めるといった，他の方法での例示を求めることが必要になる。その意味の説明をさせることによって，「外国人とは外国の市民である」というような，丸暗記された言語情報に基づく反応と，概念を学習したことによる心的処理過程の結果とを区別することができる。

　いくつかの定義された概念には，それと同じ名前で，共通のある特徴を持つ具体

概念と対応関係を持っているものがある。たとえば，子どもの多くは三角形を具体的概念として学ぶ。かなり後になって幾何学を勉強するまで，子どもたちは「3点で交わる3つの線分からなる閉ざされた平面図形」という三角形の定義された概念に出会うことはない。三角形の具体的概念と定義された概念はまったく同じではないが，しかしかなり重複している。

もう1つの定義された概念の例は「境界線」である。その定義は，たとえば「領域が終わるところを示す線」などと述べられている。この概念を獲得したことは，外部の観察者がわかるように例示されなければならない。学習者によるそのような例示は，①土地や地図を指したり，紙に描くことによって，領域を同定することや，②領域の境界を表す線を同定すること，③何か動くものがその境界線で止まったようすで「終わり」を意味することを例示する，の3つのエッセンスが含まれているだろう。

「境界」とは何を意味するのかという単純な質問を，なぜしないのか。なぜ，このような入念な手続きを述べるのか。繰り返しになるが，学習者がある定義された概念の意味を学習したと確信するためには，その学習者が言葉の持つ意味を知っているからこそできる具体的な操作を実際に行えることを確認する以外に確かな方法はないのである。もちろん，実際には，質問に対して言葉で答えるという手続きがよく用いら

表4-4 定義された概念の学習条件

パフォーマンス	学習者は，その概念の事例であるものとそうでないものとに**分類する**ことによって，定義された概念を適用する。たとえば，学習者は保守的な見解を示す新聞記事を見つけるとか，その新聞記事と進歩的な見解を示す新聞記事とを比較することによって，「保守」を理解したことを示すように指示される。 　概念の適用が，定義を思い出すこと以上のことを要求していると気づくのは重要である。明らかに，学習者は，その概念の理解がなくても，「質量とは，ある特定の力が物体に伝える加速度の大きさを決めるような（物体のある種の）性質である」という定義を述べることを学習する（覚える）ことはできる。
内的条件	定義によって概念を習得するために，学習者は定義に含まれる構成概念のすべてと，それらの間の関係を表す概念（たとえば，「境界」の例の場合の終わり）も含めて想起しなければならない。
外的条件	インストラクションは，おそらく次の内容を含んだパターンに従うだろう。 1. 学習者が学んでいる概念，および概念の集まりを特定すること 2. 概念の定義を提示すること 3. 定義に合っている例と，合っていない例を示すこと 4. 学習者に定義であるか，ないかを区別させる練習をさせ，修正のためのフィードバックを与えること 5. 保持と転移のために一定期間をおいて練習を行わせること

れている。しかし，そのような手続きでは，問いに対して学習者が言語を繰り返して答えるだけで，結局は，概念の意味がわかっているのかわかっていないのか，曖昧さが残りやすい。この理由から，「～の定義を述べなさい」といった単純な課題よりも，「～の例を示しなさい」といった語句を用いるのである。私たちは，学習者に単に言語情報を思い出せることを示させるよりも，むしろ定義された概念を適用する能力があることを示させたいのだ。定義された概念の学習条件は，表4-4に述べられている。

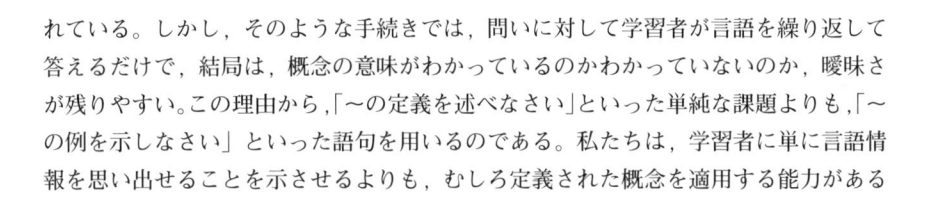

ルールまたは原理

　ルールとは概念間の関係についての記述である。たとえば，「neighborやweighのように，aと同じ発音のときは，iの前にe，ただし，cの後を除く」といったスペルのルールがある。このルールは，文字間の一連の関係を示し，「前」「除く」「後」「時」「～のように」といった要素概念を含んでいる。さまざまな条件において，一貫したやり方で，学習者がルールまたは原理（principle）を適用できるようになったとき，はじめてそのルールまたは原理が学習されたとみなされる。すなわち，学習者は，1つの事例だけにではなく，あるものや事柄の関係を持つ数々の事例に対して的確に対応できたことを示すことになる。

　ルールに導かれる人間の行動の事例はたくさんある。実際のところ，ほとんどの人間の行動はこのカテゴリに分類されるといえるだろう。私たちが「girl」などの与えられた言葉を使って「The girl rode a bicycle.」のような英文をつくるときには，たくさんのルールを使っている。たとえば，定冠詞の活用ルールを使って，「girl」ではなく，「The」で文を始める。文の主語が先で，主語が何をしたかを表す動詞，つまり述語が後に続く。私たちは「The girl rode」と言っても，「Rode the girl」とは言わない。目的語「bicycle」は動詞に続いている。1つのルールに従って，ある決まった順番に並べられる。そして，また別のルールに従って，（この場合には）不定冠詞「a」がその前に置かれる。最後に私たちは，文を終わらせるには終止符を使用するというルールに従ってその文を完成させる。こうして，これらのルールを習得したことによって，主語と述語として与えられた言葉を使って，同じような構造のどんな文も構成できるようになるのである。

　科学で学んだ原理についても，ルール活用による行動として学習者が示すものになる。たとえば，オームの法則 $E = I \times R$ を学んだ学習者には，ルールに込められた説明の中身を具体的に適用できるようになることを期待する。次のような質問がなされるかもしれない。「ある電気回路が12Ωの内部抵抗を持っているとして，120Vの電圧をかけたとき，その回路には何アンペアの電流が流れるでしょうか」。

ルール（法則）を適用できるということは，ルールを記述できることとは直接関係がない。たとえば，子どもたちは文法ルールを学ぶずっと以前に，会話文を構成している。反対に，ルールを述べることができたとしても，学習者がそれを適用できることを必ずしも意味するものではない。学習者は「電圧は電流に抵抗を掛けたものに等しい」と言うことができるかもしれないが，特定の具体的な問題に法則を適用できるとは限らない。

ルールとはどんなものかを示してきたが，こうしてみると，前に述べた定義された概念は，実際は形式的にはルールとあまり異なっていないものといってもよく，ほぼ同じ方法で学習されると認めてよい。言い換えれば，定義された概念とはルールのある特定のタイプである。そして，その目的は物体と事象を分類することである。すなわち，それは分類するためのルールである。しかしながら，ルールには分類することに加え，多くの他の種類がある。ルールは，「〜に等しい」「〜と似ている」「〜より

表4-5　ルールの学習条件

パフォーマンス	1つ以上の具体的な事例に適用できることを示すことによって，ルールの獲得が例示されたことになる。例；①電気回路の問題で，より太いワイヤを選べば抵抗が下がることを示すことができれば，電気抵抗が導線の断面積に関係するルールが獲得できていることの例示になる。②前置詞に続く代名詞をどうするかのルールの獲得は，次の文の中で代名詞の正しい選択をすることで例示できる。すなわち，「The secret was strictly between (she) (her) and (I) (me).」③分数の掛け算のルール獲得は，5/e × 2/aのような例題への適用によって見せることができる。
内的条件	ルールを学習するには，学習者が，関係を表す概念を含む，ルールのそれぞれの構成概念を想起できなければならない。インストラクターは，これらの概念が前もって学習され，すぐに想起できると想定する必要がある。ワイヤー導線の抵抗の例で，学習者は「断面」「面積」「導線」「減少」のような概念が想起できなければならない。
外的条件	ルールを教えるためのインストラクションの条件は次の内容を含む。 1. 学習されること（学習者ができるようになること）に関する概要を示すこと 2. 学ばれるべきルールの言語記述または手続きリストの形でルールを提示すること（今ここで行っているように） 3. ルールや手続きの適用を明示することで学習に関する指針を与えること 4. フィードバックを与えながらルール（またはルールの構成要素）を適用する練習をさせること 5. 転移を高めるためのさまざまな状況においてルールを適用する機会（一定の間隔をあけた練習）を与えること

大きい」「〜未満の」「前」「後」，その他のような関係を扱うものである。
　ルールの学習条件は表4-5に示されている。

高次のルール：問題解決

　問題解決はインストラクションの結果であるか，それともインストラクションの成果を導く過程であるか。人は，状況に対する解決策がすぐに明らかでないとき，問題を持つという状態に置かれている。たとえば，私が持っている50セントの売り物のペンを誰かが買いたいとしよう。買い手は私に1ドルをくれる。私は彼に50セントを返した。私は何らかの問題解決をしているだろうか。いいえ，単にルールを活用しているだけだ。なぜなら，私がすでに1ドルからのおつりの計算方法を知っているからである。今度は，買い手が私に1ユーロをくれたとしよう。私はどれだけおつりをあげるべきなのか。私にはわからない。どれだけのおつりを返すかを計算するだけの十分な情報を持っていないからである。私がその取引を完了するためには，問題解決をする必要がある。問題を解決する過程で，私は何かを学ぶことになる。私たちが学習するルールは，より単純なルールの複雑な組み合わせである場合がある。さらに，これらのより複雑で「高次（higher-order）」のルールは，しばしば現実的な問題を解くためにつくられたものである。

　当然，問題解決能力の育成は，教育の主目的である。学校が学習者に「いかに明確に考えるか」を教えることを優先すべきであるという見解に対しては，ほとんどの教育者が同意するだろう。学習者が実際の出来事から生じる問題を解く時，彼らは考えるという行為に没入している。もちろん，多くの種類の問題があり，いくつかの問題には多くの解決法がある。問題に対する実行可能な解決法を得ることで，学習者はまた新しい能力を獲得する。学習者は，同じような形式の特徴を持つ他の問題に適用できる何かを学ぶのである。つまり，彼らが新しいルールを生成している（generate）ということである。これを，学習者が知識を「構築（construct）」しているといってもよいかもしれない。しかしながら，学習の証拠は，後でこの新しいルールが思い出されて，類似の状況に適用されることによって確かめられる。

　小さな車が低いレンガ塀の近くに駐車されていて，前輪の一方のタイヤがパンクしているのが見つかったとしよう。ジャッキは利用できないが，10フィートの丸太と1本の丈夫なロープがある。車の前部を持ち上げることができるだろうか。この状況で，1つのありそうな解決法としては，てこのための棒として丸太を使い，てこの支点として壁を，そして，車が持ち上げられた時にてこの終点を固定するためにロープを使うことが考えられる。特定の問題の状況に直面して，この解決法が考案されるのであ

る。問題を解決している人にとって，それ以前には似た状況では適用されなかったルールが「寄せ集められて」，その解決法となったことは明らかである。1つのルールは，車を持ち上げるために車の下部に必要な力を加えることに関係している。他のルールは，てこの支点として壁を用いることに関係している。さらにもう1つのルールは，てこの棒として丸太の使用を考えることである。これらのルールすべてが，問題解決の行為に用いられるためには，個人によって寄せ集められなければならない。つまり，それらは前もって学習されていなければならない（ルールは問題解決者によって言語化されなければならないこともないし，また，必ずしもそれらが物理学で学習されているとは限らない，ということにもう一度注目してほしい）。

　複雑なルールが工夫発明されることは，数学の問題でも例証できる。学習者は，$2x$，$5x$，$3x^2$，$4x^2$，$2x^3$，$6x^3$のような単項を加えて多項式をつくることを学習しているとしよう。さて，学習者に次のような1組の多項式が示される。

$$2x + 3x^2 + 1$$
$$2 + 3x + 4x^2$$

学習者は，「これらの2つの式の合計はいくらだと思いますか」とたずねられる。この問いは以前に扱ったことのない（と推測される）問題であり，新しい問題の解決法を求めている。たぶん，学習者は最初は間違うかもしれないが，それはいずれ修正される。しかしながら，以前に学習した下位ルールを用いて，学習者はこの問題の解決を試みるであろう（たとえば，変数aに変数a^2を加えると合計は$a + a^2$であるというルール，$2a^2 + 3a^2 = 5a^2$のような多項式の加法のルールである）。それゆえ，複雑なルールを考案することは，学習者にとっておそらく難しい問題ではない。すなわち，同じ指数を持つ変数を加えて，＋の印によって結びつけられた1組の項として合計を表すというルールである。この例でも，問題解決者は，問題を解くためのより複雑なルールを導き出すために，より簡単なルールを思い出し，「結びつけ」ている。

　問題解決の1つのタイプに発見学習がある。そこでは，学習者には問題が与えられるが，およそ自力で問題を解くことを任される。発見学習は自然に行われるものでもあるが，問題解決学習を助ける目的のインストラクションでは，学習者にルールを探させたり，解く過程に沿って自分の解法を言葉にして言わせたりすることで，学習者を導いていくことができる（Gagné & Smith, 1962）。問題解決を教えるときに使われる別の手法には，**ガイド付き発見学習**（guided discovery）がある。ガイド付き発見学習では，学習者が必要とする時点で，彼らにヒントを与える。一般に，問題解決スキルは転移問題で試験される。転移問題とは，（同じルールを必要としている点で）学習済みのオリジナルの問題に似ているが，以前に学習者が遭遇していない問題で

ある。研究によれば，ガイド付き発見学習が，ルールや例を教える方法よりも早く問題解決を教えることができるだけでなく，よりよい転移へと導くことも示されている（Gagné & Brown, 1961）。

　問題解決は，学習者に問題を解かせることによって教えられるものである。問題となるのは，インストラクショナルデザイナーとして私たちが，これらのスキルの獲得を手助けする状況をいかにうまく用意することができるかということなのである。1つの方法は，**認知的徒弟制**（cognitive apprenticeship）である。歴史的には，徒弟制とは，学習者が熟達者と一緒に仕事をするような学習状況のことである。インストラクションの方策には，観察・コーチング・練習・学習者に対するフィードバックが含まれる。「私たちが思い描いている認知的徒弟制は，伝統的な徒弟制といくつかの点で異なっている。すなわち，課題や問題が（その解決に用いる）ある技法や方法が持っている力をうまく示すように選択されること，これらの方法を多様な状況において学習者に適用させ，ゆっくりと課題の複雑さを増やしていき，それによって構成スキルやモデルが統合できるようにしているという点で異なっている」（Collins et al., 1989, p. 459）。

　構成主義のデザイナーは，現実的な，あるいは「真正な（authentic）」問題を中心にすえたインストラクションを提案する。彼らは，真正な状況が転移を促進すると感じている。私たちは，この提案には同意するが，転移はもとより，学習を定着させるためには，学習者が新しく学習した知識を練習し実践する経験を持つ必要があることを付け足さざるを得ない。この種の学習には，共同作業のようなグループ学習がより効果的かもしれない。なぜなら，学習が社会文化的過程だからである（Coleman et al., 1997）。私たちはこの見方にも同意する。なぜなら，グループワークは解決されている問題に関する会話を促すからである。問題解決に関するグループワークは，問題解決に必要な知識（要素となるルール）の蓄積と社会的援助を提供する。グループは，しばしば個人よりも，より早く，よりじょうずに問題を解決するだろう。しかし，学習者が問題解決技能を発達させたかどうかを判断するためには，転移の状況において1人ずつ個別に試験をすることが重要である。

　一般に，協調学習の環境は問題解決を容易にし，そしてその結果として，知識の構築も促進すると思われる。グループ活動の仕組みをより批判的にみることで，これらの活動が問題解決過程をいかに援助するかについての情報を得ることができる。表4－6は問題解決技能の学習条件を表す。

表 4-6 問題解決技能の学習条件

パフォーマンス	個人にとって新しい問題解決を達成するためには，複雑なルールの**創出と使用**を必要とする。高次のルールが生成されたとき，物理的には異なるが形式的には類似の他の状況において，学習者がそのルールを使用できることを例示できなければならない。
内的条件	問題解決においては，学習者は適切な下位ルールと下位の情報を想起しなければならない。これらの能力は以前に学習されていると仮定される。
外的条件	インストラクションには次の活動が求められる。 1. 学習者に複合的なルールが必要な新規の問題を与えること 2. 直接的なインストラクションが不足している状況において，学習者が問題解決の方略を適用すること（そうならなければ，学習された能力はルール活用までと判断される）。インストラクターは，学習者が自分の進捗状況をモニターしたり，行き詰まりを認識したり，学んでいることと関係のあるルールを選んでいることを観察すべきである。観察とコーチングの過程を通じて，学習者が目標スキルへ段階的に接近できるように援助する。ここで，ヴィゴツキー（Vygotsky, L. S.）の概念である発達の最近接領域が関係してくる。この領域とは，学習者がより有能な仲間との共同作業や知識のある大人の存在によって達成できる領域と，その学習者が自力で達成できる領域との差の部分をさす（Dixon-Krauss, 1996）。言い換えると，提示された問題のレベルを設定する際には，学習者が問題を解決できるように，学習者がその課題解決に持ち込めるスキルが何かを考慮に入れるべきである 3. 学習者が激励あるいは微修正という形で前過程へのフィードバックを受けること 4. 学習者が成し遂げたことを振り返ったり，言語化することを奨励されること。これは新しく生成されたルールや手順の保持を強めるはずである 5. 転移を促進するために類似の問題で練習する機会を与えること 6. 学習者が問題解決に取り組む中で，問題解決力を学ぶこと。協調的グループワークの中で自然に設定され促進される

認知的方略

　学習や思考において，特に重要で特別な種類の知的技能に，「認知的方略（cognitive strategy）」がある。現代の学習理論の用語でいうならば，認知的方略とは制御過程であり，学習者が注目・学習・記憶・思考する方法を選択したり，修正したりする内的過程である（Gagné, 1985）。いくつかのブルーナーの著書（Bruner, 1961, 1971）は，問題解決における認知的方略の操作とその有用性について述べている。より最近にな

って，学習者の認知的過程の全範囲に関係する多くの異なった方略が同定されてきている（O'Neil & Spielberger, 1979）。

さまざまな学習者の方略

考えられる学習課題のほとんどすべてに対処する場面で，さまざまな学習方略が使われるが，制御機能を示す2～3のカテゴリに分類しておくのが便利である。ウェンシュタインとメイヤー（Weinstein & Mayer, 1986）によって，次の分類が示されている。

リハーサルの方略

リハーサルの方略（rehearsal strategies）を用いて，学習中の題材について学習者自身が練習を行う。その中の最も簡単な方法として，順序よく並べられたリストの項目名（たとえば，合衆国大統領や州の名前）をただ繰り返すという練習がある。もっと複雑な学習課題の場合，たとえば印刷されたテキストの要旨を学習することなどの場合には，リハーサルは要旨に下線を引いたり，テキストの一部をコピーすることによって果たされる。

精緻化の方略

精緻化（elaboration）のテクニックを使うとき，学習者は，他の容易に入手可能な材料に対して，学習されるべき学習項目を意識的に結びつけようとする。たとえば，外国語の語彙を学習する際に，外国語の単語を，学習者が正しい意味を知っている言葉と「音響的に結びつける（acoustic link）」ように心的イメージと関係づける（Atkinson, 1975; Levin, 1981）。散文テキストを学ぶときには，言い換え・要約・メモ・解答を伴う質問の生成などの精緻化の活動がある。

組織化方略

学習される教材を組織的な枠組みの中に並べ直すことは，組織化（organizing）方略の基本的なテクニックである。記憶されるべき一連の単語を，学習者が重要なカテゴリの中に分けて組み入れることがある。事実間の関係をうまく表現するために表の形に組織化することがあるが，これは，空間的に配置することで想起をしやすくしている例である。文章の要点を箇条書きにまとめることや，アイデアを新しい枠組みにまとめることは，また，別の方略例である。学習者は，文章を，「比較」「収集」「記述」など，複数の種類の関係を持つものとしてまとめあげる方略を学ぶこともできる（Meyer, 1981）。

理解モニタリング方略

　しばしば「メタ認知的方略（metacognitive strategies）」（Brown, 1978）とも呼ばれる理解モニタリング（comprehension monitoring）方略とは，学習のための目標を設定し，目標がかなえられる成功の度合いを見積もり，そして複数の可能な方略の中から目標をかなえるための方略を選択する能力をさす。これらはいずれもモニタリングの機能を持った方略であり，その存在は，たとえば理解のための文章読解をさせると明らかとなる（Golinkoff, 1976）。学習者は，文章の理解過程で，自分のパフォーマンスをガイドし制御するために，彼ら自身の言葉で書き換えたり問いを発する方法を教えられている（Meichenbaum & Asarnow, 1979）。

情意面の方略

　情意面のテクニックは，学習者の注意の集中や保持，不安の制御，そして効果的に時間を管理するために使われる。学習者に情意面が操作できることを気づかせて，その使い方の練習をする方法を教えることによって，情意面の方略を学ばせることができる（Dansereau, 1985; McCombs, 1982）。

その他の組織化システム

　ウェストら（West et al., 1991）は，認知的方略を，区分け・空間的・橋渡し・多目的のような群に体系づけることを提案している。これらの一般的なカテゴリには，認知的方略の下位分類が含まれている。たとえば，多目的のカテゴリの下には，リハーサルと記憶術の下位分類がある。さらに，それぞれの下位分類には1つ以上の特定の方略を含む。たとえば，記憶術方略には，キーワード，連鎖（連想），あるいは場所を用いるものがある。調査研究のテーマとして取り上げられてきた28以上もの異なった方略を確認し，分類している。

　数々の認知的方略があるが，情報処理過程においてどのような特定の機能を果たしているか不思議に思うかもしれない。表4-7は，左欄に第1章で示した情報処理モデルの段階，右欄に各段階を支持する認知的方略を一覧表にしたものである。

　たとえば，言語の学習課題のための選択的知覚は，重要な単語に下線を引いたり，あるいは強調表示することによって，焦点化するかもしれない。知的技能の課題のための選択的知覚は，学習課題の成果についての期待を描くことで促進される。この期待は，アウトラインをつくったり，補助の質問をしたり，あるいは先行オーガナイザを利用したりすることで達成できるだろう。

　方略は上のものだけでなく，他の情報処理段階も支える。たとえば，私たちは，情報が繰り返しリハーサルされなければ，短期記憶から失われることを知っている。ま

第4章　さまざまな学習：知的技能と方略　　87

表4-7　情報処理の各段階を支える認知的方略の機能

学習プロセス	支援的方略
選択的知覚	強調表示すること 下線を引くこと 先行オーガナイザ 補助の質問 アウトラインをつくること
リハーサル	言い換え メモ取り イメージ アウトラインをつくること 区分け
意味的符号化	概念マップ 分類法 類推・比喩 ルール／生成 スキーマ
想起	記憶術 イメージ
実行制御	メタ認知的方略 （第9章の目的スキーマを参照のこと）

た，短期記憶の収容力が，およそ7項目に限られていることも知っている。イメージをつくったり，言い換えたりする方略を用いることで，リハーサルの機能を果たすかもしれない。アウトラインをつくる方略は，選択的知覚とリハーサルの両方の機能を促進する。区分け（chunking）の方略もまた，別々の項目どうしをもっと一般的なカテゴリに体系化することで，容量の限られた短期記憶に保持できるようにするために用いられる。

　意味的符号化とは，短期記憶から長期記憶への情報の移動にかかわる過程である。この過程は，以前に学習された情報の構造（スキーマ）に結びつけることによって，あるいは，新しい構造をつくることによって，意味のある情報に変換するものである。この種の結びつけを実現するためには，教材の構造を学習者によく見えるようにする概念マップの利用が効果的であろう。概念マップは，学習者の長期記憶に存在している構造が弱い場合とか，あるいは存在していないときに，特に役立つ。反対に，共通点を利用する類推方略は，新しい情報を関連づけることができる構造がしっかり存在

している場合に，機能しそうである。さらに，符号化するための別の援助としては，新しい情報の学習のための精緻化された文脈をつくるストーリーを形成するスキーマ方略がある。記憶の想起（取り出し）とは，長期記憶から短期記憶へ情報を移す過程である。短期記憶に想起された情報は，新しく受け取られた情報をそれと結合させて，新規の学習をもたらす。それが短期記憶から作動，あるいは再符号化され，また長期記憶に戻される。記憶術とイメージ法は記憶の想起プロセスを支援すると考えられている。

　実行制御過程には，メタ認知的方略が含まれている。これらは，学習における情報の流れを活性化し，調整する過程である。おそらく，これらの方略は，あまり構造化されていない学習環境において，学習者が認知的方略を選択・決定することに関与する。声に出しながら思考をすすめさせて記録をとる手法（think-aloud protocol）は，学習者が問題解決の過程において何をしているのかの情報収集をするために使われてきた。彼らが実際に何を行うかは，彼らの期待あるいは向かう目標に強く依存しており，これらの目的を達成するために過去に用いたことがある学習方略にも依存する。どの方略が選択されるかは，目標スキーマ（Gagné & Merrill, 1990）により決定される。たとえば，学習者がテストのために勉強しようとしているならば（テストを受けることが目標），彼らがスキルを教えるために学ぼうとするとき（教えることが目標）の方略とは，異なった方略を使うだろう。目標スキーマと統合されたゴールについては，第9章で十分に議論される。

　私たちは，認知的方略をインストラクションの成果である学習された能力とみなす。一方で，インストラクションを設計する際に使うためのスキルとして，特に学習者への刺激を与える教材を用意するという観点で，認知的方略を捉える見方もある。前述のとおり，インストラクション過程の異なった段階に，適切な方略とそうでない多数の異なった方略がある。教材に方略を埋め込むことは，方略を教えることとは異なる。埋め込まれた方略はある特定の機能を果たすが，方略が学習された場合には，学習者自身がその方略の機能を自分で提供することになる。しかしながら，方略を学ぶ過程においては，自発的な適用を待たずに，ある範囲内の学習をするときに方略を学習者に適用させるように促す必要があるかもしれない。たとえば，認知的方略としてのアウトラインの作成を考えてみよう。おそらく，アウトラインを作成することは，文章の主な内容と補助的な内容との関係を構造化して，選択的に焦点化する機能を果たすだろう。テキストの概要を自分で構成しなければならない学習者は，はじめから用意された概要を使ってテキストを勉強している別の学習者とは違った「何か」を学ぶことになる。しかし，彼らは何を学んでいるのだろうか。どのようなテストをすると，学んだ違いを見出せるだろうか。概要を自ら構成した学習者は，アウトラインを作成

することがうまくなっただろうか。上位と下位の概念の違いをよく見分けることができるようになったのだろうか。彼らは，学習方略として教科をまたいでそのスキルを適用するだろうか。これらの質問とよく似た質問へは，実験に基づいた研究からの回答が必要である。

　デザイナーが教材に認知的方略を組み入れることは，学習者に役立つものだと捉えさせることも可能である。なぜなら，学習過程のいくつかの段階において，学習者が自ら実行する認知的方略に対して，それらは補足の機能あるいは重複する機能を果たすからである。しかしながら，もし，学習者に（成果としての）認知的方略を教えることが目標であるならば，他のタイプの学習成果に対してもそうするように，デザイナーはこれらのスキルを学習するために必要な条件を考慮しなければならない。常に教材によって提供されていては，学習者自らが認知的方略を使えるようにはならないことに注意が必要である。

認知的方略の学習

　認知的方略とは，学習や思考を含んだ内的過程を選択し，ガイドする認知的スキルのことである。スキルの対象となるものの差が，その他の知的技能から認知的方略を識別する鍵になることに注意しなければならない。概念とルールは，文章・グラフ・方程式のような環境にあるものや事象をその対象とする。それとは対照的に，認知的方略は学習者自身の認知的過程をその対象としている。個人の認知的方略の有効性が，その人の情報処理過程の質に決定的な影響を及ぼすことは明らかである。たとえば，学習者の認知的方略によって，いかに迅速に学ぶか，いかにじょうずに思い出し，学習していることを使うか，いかにスムーズに思考するかなどが決定する。

　教育目標について述べられるとき，しばしば認知的方略に最優先順位が与えられる。学校学習の目標の多くの記述が，「学習者に考える方法を教えること」に最上位の席を与えている。そのような目標の重要性に対して異論を唱えることは困難だが，一方で，目標に到達する実現可能性に関したいくつかの事実をもって，それらの人の熱意を鎮めるのが賢いように思われる。まず第1に，教育の影響を受けない遺伝的な要因が創造的思考の決定において重要な役割を果たしているように思われることである（Tyler, 1965; Ausubel et al., 1978，第16章を参照）。言い換えると，人々の知的能力には非常に大きな差異が確かに存在するのであって，それは教育のような環境の影響によっては完全に克服されないものである。第2に，内的に組織化される認知的方略の性質を考えると，インストラクションの条件がその獲得と改善に及ぼす影響は，間接的なものにすぎないということである。知的技能では，ある内的事象の可能性を増

やすように学習事象の系列を計画することができる。それらが，間接的に，認知的方略の学習を決定することになる。したがって，認知的方略のためのインストラクションは「好ましい条件（favorable conditions）」の整備という視点で設計されなければならない。一般的に，好ましい条件とは，認知的方略の発達や使用の機会を提供することである。さらに，換言すると，「考えることを学ぶ」ために，学習者には考える機会を与えなければならない。

デリーとマーフィー（Derry & Murphy, 1986）は，読解時のモニタリング・問題解決・感情の制御のような方略をまず直接的に教えることから始める，学習方略教育システムについて報告している。最初の直接訓練の後に，同じ方略を使う練習を，長期

表4-8 認知的方略の学習条件

パフォーマンス	認知的方略のパフォーマンスは，直接的に観察できないので，他の知的技能の使用を求めるパフォーマンスから推察されなければならない。学習者が学習したり，記憶したり，問題解決している時に，研究者はその学習者に「声に出しながら思考する」ように求めて，方略が利用されていることを見出してきた（Ericsson & Simon, 1980）。読解力の質に関して推測してみると，理解の方略を使ったかどうかがわかる。たとえば三角法のような新しいルールの学習の質に関して推測すると，組織化方略を使ったかどうかがわかる。そして，問題解決の質に関する推測では，思考の方略を使ったかどうかがわかる。
内的条件	学習あるいは思考する内容領域に関係のある前提知識（すなわち，知的技能と言語情報）が想起されなければならない。これは他の知的技能にもあてはまる条件と同じである。しかしながら，認知的方略が，しばしば本質的に，簡単な構造（たとえば，「要旨に下線を引く」「問題を部分に分ける」など）を持つことにも留意が必要である。
外的条件	インストラクションは次の段階を含む。 1. 学習者に，どのような方略であるか，そしてそれを学習することの目的を説明する。 2. 方略は，まず，言語によるコミュニケーションによって学習者に提示されても，あるいは簡単な形式で学習者に対して実演されてもよい。学習者に説明してもよいし，あるいは最初は一連のステップとして学習されてもよい。たとえば，幼児でさえ「そっくりな物をグループに分けて置いてみよう」のような組織化方略を使うことを促す指示に，適切に対応することができる。 3. 学習者が方略を発明すると，その方略はより採用されやすくなる。 4. ある方略が安定的に用いられるようになるためには，望ましい成果がもたらされる必要がある。 5. 方略が自動的に適用されるようになるためには，練習の機会が必要である。

間にわたって，さまざまな学習状況において行う。その際，それぞれの事例で適切な方略を使うことを思い出させる独特の合図が与えられる。つまり，この手法には，これらの高次の方略の学習にとって価値のあることとみなされている，間隔をあけた多様な練習というアイデアが取り入れられているといえる。認知的方略の学習を促す条件は，表4-8に示されるとおりである。

メタ認知

　他の学習や記憶過程を観察・制御するための認知的方略を活用する内的処理は，一般に**メタ認知**として知られている（Flavell, 1979）。問題解決に取り組む中で，学習者は，適切に知的技能を選択し，制御し，そしてさらにタスク指向型の認知的方略を用いることができるようになってくる。他の方略の活用を規定するこれらのメタ認知的方略は，「実行制御（executive）」あるいは「より高いレベル」であると言われる。学習者がメタ認知的な知識を持っているといわれるのは，彼らがそのような方略の存在を知っていて，それらの方略がどのようなものかを述べることができるときである（Lohman, 1986）。メタ認知的知識を直接訓練するような計画のモデルは，学習スキルや一般的な問題解決を教えるための多くの試みの中に含まれている。

　大まかにいえば，メタ認知的方略の起源については，2つの異なった見解がある（Derry & Murphy, 1986）。1つは，学習者がメタ認知的な知識（言語情報にあたる）を他人とのやりとりを通して獲得し，それを使う練習をすることによって習得されるという考え方である。たとえばルビンシュタイン（Rubinstein, 1975）が説明するように，このアプローチは問題解決方略を教えるコースで実証されている。2つめの考え方は，かなりの種類の問題解決の経験を経ることによって，メタ認知的方略が，そのとき用いられた多くの特定のタスク指向型の方略を一般化することによりつくられていくというものである。この視点は，多くの証拠に支持されており（Derry & Murphy, 1986），それゆえに，私たちはこれまでの議論でこの考え方を採用している。

問題解決の方略

　しばしばIDにおいて特別な関心の的となるのは，学習者がそれまで見たこともない問題の解決を行う際に使用される種類の認知的方略である。そのような方略は，多くの教育プログラムにおいて一番の関心事である反面，それらの学習をいかに保証できるかといった知識は不十分である（Gagné, 1980; Polson & Jeffries, 1985）。言語的

に記述された問題を解くときに大人が用いる多くの方略について，ウイッケルグレン (Wickelgren, 1974) がまとめている。これらの方略は，以下の内容を含む。①「与えられた条件」をわかりやすい行為概念に変換してみる，②それらの概念を無作為に選択するのではなく，意味のある行為の系列に分類する，③問題がどんな状態でも，目標により接近する行為と思われるものを選択する（「山登り法」），④与えられた条件から，目標の達成を不可能にするような矛盾点を見極める，⑤問題を部分に分ける，⑥目的から逆順に作業をする。これらのような方略は，明らかに，代数や幾何のような「頭の体操」の問題に適用できるものである。

　問題解決方略を教えるために設計されたいろいろなプログラムは，ポルソンとジェフリース (Polson & Jeffries, 1985) によって徹底的に調べられた。彼らは，問題解決の3つの異なったモデルの存在を指摘する。それらのモデルは，異なった前提を持っており，現状では互いに矛盾しているものである。モデル1では，一般の問題解決技能（たとえば，前述されたもの）は直接教えることができ，他の状況に対する一般化が可能であると仮定する。モデル2は，一般の問題解決技能は教えることはできるが，直接的には教えられないと主張する。その代わりに，一般の方略は，タスク特有の方略から一般化することによって，間接的に発達する可能性が最も高いとする。もちろん，後者のタスク特有の方略（たとえば，機械工学的な問題を解くための方略あるいは幾何学の証明を構成するための方略）は，すぐに獲得させることができるという信頼できる証拠がある。モデル3は，一般の問題解決方略を直接的に教えることは，広範に一般化できる方略（たとえば，「問題を部分に分ける」）であるとしても，問題解決をほんの少し助けるだけの弱い方略の獲得にしか効果的でないと主張する。結果として，モデル3で検討された方略は教えることは可能だが，あまり使いものにならない。

　教育プログラムにおける一般的な問題解決方略の価値を評価する際には，さまざまな分野における初心者の能力と熟達者の能力を対比する研究の成果を検討すべきである (Gagné & Glaser, 1986)。概して，これらの研究では，熟達者は初心者より必ずしも問題解決方略をよく使っているわけではないが，熟達者はより大きくて，よりよく組織化された知識ベースを使って問題に取り組んでいることがわかった。熟達者の組織化された知識には，知的技能だけでなく，多くの言語情報も含まれている。

4 学校の教科におけるさまざまな知的技能

　知的技能と呼ばれる人間の能力の範囲は，弁別・具体的概念・定義された概念・ルール・問題解決においてしばしば習得される高次のルールといったさまざまな種類を

含んでいる。内的に体系化された知識のもう1つの種類が認知的方略であり，それは学習や思考において学習者の行動を支配し，それゆえに，その質と効率を左右する。これらの学習の種類は，①それらが可能にするパフォーマンスの集合，②それらが生起するために必要な内的条件あるいは外的条件，および，③それらが個人の記憶の中に確立されていく内的過程の複雑さによって識別される。

　学校で教えているどの教科にも，どの段階かには必ずこれらの能力が含まれている。しかしながら，教科ごとでどの能力に遭遇するかの頻度は，ばらつきが大きい。弁別の例は，文字を書いたり，楽譜を読んだりといった小学校の教科においてみられる。それとは対照的に，歴史では，このタイプの例はほとんどなく，定義された概念が多い。しかしながら，弁別のかなり多くの事例が，第9学年で始められる外国語の勉強の初期でも生じる。同じ第9学年でも，作文の科目では，非常に頻繁に定義された概念やルールの学習を含むが，弁別や具体的概念の学習は要求しないようである。この場合，必要となるこれらのより単純なスキルの学習は，何年も前に達成されている。

　どんな教科でも，すべての種類の学習が関係していることを明らかにする分析が可能である。しかし，そうすることが常に有用であるとは限らない。なぜなら，特定の学年の特定の教科では，より単純な種類の学習がすでになされていることを前提にして始まるからである。2つの記号，＋と－の弁別はたしかに代数学の勉強に関連する。しかし，代数学は弁別の学習から始まらない。というのは，代数学を学ぶレベルの学習者はすでにこれらのスキルを持っていると仮定されているからである。しかしながら，皮膚がんの種類を分類することを学ぼうとする医学部の学生であれば，皮膚損傷の色や形状の微妙な弁別を学ぶことから始めなければならない。

　技術的および職能的教科における成人教育では，時には知的技能の限られた範囲が扱われ，またある時には知的技能のすべての範囲が学習対象となる。たとえば，木材や木製品の処理を扱うコースを考えてみよう。さまざまな木材の特性や利用に関するインストラクションが高度な段階に達する前に，材質の弁別から始め，木の木目に関する具体的概念へ進む練習をする必要があるかもしれない。

　それでは，カリキュラムのあらゆる教科のために「最高に効率的な学習の道（path of greatest learning efficiency）」を示す知的技能の構造があるのであろうか。理論的には，Yesである。私たちは，この構造が何であるかを知っているか。ただ，漠然とだけれどYesである。結局，教師，カリキュラムの専門家，教科書の執筆者らは，彼らの授業やカリキュラム計画でその構造を示そうと試みている。にもかかわらず，ほとんどのインストラクションの系列では，多くの可能な道の中の1つのみを示すのである。周知のことだが，たとえば教科書で示されるようなインストラクションは不完全である。本書の目的は，この問題にアプローチするための体系的な手法を述べるこ

とである。本書で述べる手法を適用することにより，教科の「学習構造」を記述することが可能になる。この構造が，コースのある地点から最終的な対象目標へと進歩していくときに取り上げられる領域に関する一種の地図として示されるであろう。

学習構造の地図化は，階層構造をなすスキルのための教授系列を示唆するが，一方で，多くの可能な出発点がある。道路地図が目的地に着くためのただ1つのルートを導かないのと同じように，地図化は，学習過程の「定型化」，あるいは「機械化」を導くものではない。地図には，出発点と，目的地，そしてその間の種々のルートが示されるが，どのような旅をするかは指示していない。「学習の旅」をするには，おのおののすべての人に，異なった一連の内的事象を要求する。原理的には，学習者と同じ数の学習する「ルート」が存在する。学習構造は単に許可される目的，あるいは学習成果を，その道中にある下位の段階と一緒に記述するにすぎない。

⇒ 要約

　教育システムの望ましい成果としての目標を確認する必要性から始めて，第3章で示したのは，特定のコース・単元・レッスンの設計を試みる際には，パフォーマンス目標を大まかな種類，すなわち知的技能・認知的方略・言語情報・運動技能・態度に分類する必要があるという提案である。そうすることが，①目標の妥当性の再確認，②インストラクションの系列の決定，そして，③成功するインストラクションに必要な学習の条件の計画，を促進することを示した。本章は，学習された能力の5つの種類によって示唆されるパフォーマンス能力の性質の説明を，知的技能と認知的方略から始めた。これら2つの領域のそれぞれについて，本章では，①異なった教科に関連して学習されたパフォーマンスについて説明し，②新しい能力に到達するのに必要な学習の内的条件の種類を示し，そして，③学習を促すための外的なインストラクションの条件を示した。

　知的技能については，いくつかの下位分類が同定された。すなわち，弁別・具体的概念・定義された概念・ルール・問題解決によって学習される高次のルールである。それぞれは異なった種類のパフォーマンスを示し，そして学習の内的条件や外的条件の異なった組み合わせによって支援される。認知的方略は，知的技能のように下位分類に分けられなかった。将来の研究によって，下位分類が提案できるであろうし，またなされるべきであると思われる。

　知識の特定の領域（たとえば，幾何学や詩など）に関連する認知的方略と，適用性においてより一般的である認知的方略の間で，重要な区別がなされた。後者

は時々，実行制御またはメタ認知的方略と呼ばれる。なぜならば，それらの機能が他の方略の使用を支配し，そして，それらは特定の知識領域とは独立的に，一般的な情報処理に適用されるからである。メタ認知的方略は直接的に教えられることであるかもしれない。しかしおそらくは，それらはさまざまなタスク指向の方略の経験から学習者によって一般化されるものであろう。

　第5章では，残る学習能力である言語情報・態度・運動技能に対して，類似の考察を行う。第4章と第5章の目的は，レッスン・単元・コース，あるいは全体のインストラクションシステムを実現するために，実際のIDに学習条件を適用する一連のガイドライン策定に向けて一歩近づくことにあった。それらはIDの次の2つの側面をいかに進めるべきかについて示唆している。すなわち，①新しい学習を始めるために，学習者に必要と考えられる前提学習をいかに考慮すべきか，そして，②タイプ別の学習成果の達成のために必要である適切な外的条件によって，新しい学習をいかに計画するか，である。

第5章

さまざまな学習：言語情報・態度・運動技能

　コースやレッスンでは，第4章でみてきたような知的技能や認知的方略をいつも発達させることを目指したものとは限らない。ある学習の単元，1つの教科はもちろん，あるいは個々の授業でも，通常，たくさんの種類の学習成果となるべきものを教える。本章では，**言語情報**の習得，**態度**の形成あるいは変容，および**運動技能**の獲得を可能にする諸条件について述べていく。これら多様な学習成果の重要性は，教育内容に依存して異なってくる。それぞれについて，以下の学習状況の3つの重要な側面を考えていく。すなわち，

1. 学習の結果として習得された**パフォーマンス**
2. 学習が生起するためになくてはならない**内的条件**
3. 学習者に与えられる必須の刺激としての**外的条件**

言語情報（知識）

　言語情報とは，理論によれば，言語ルールに適合した命題のネットワークとして蓄積されるものである（Anderson, 1985; Gagné, E. D., 1985）。これを，別名，パフォーマンス能力を強調する目的で，**宣言的知識**という。言語情報の主な機能は，別のスキルを構築するための構造体，あるいは基礎を，学習者に提供することで，「学習の上に学習を構築する」と考えればよい。たとえば，語彙の領域では，単語は，文章の中で用いられる以前に学習されていなければならない。

「データ」「情報」そして「知識」の区別

　知識に関する研究では，データ・情報・知識の関係性について，多くの説明が展開されてきた。**データ**とは，1つの数のように，ある種の刺激もしくは1つの実在である。たとえば，温度計の読みが華氏40度（40°F）を示す—これがデータである。このデータは，ある文脈の中で処理されてはじめて**情報**となる。たとえば，外気温が華氏40度というデータは，華氏32度以下で凍るという情報と組み合わされて，外は凍るほどの気温ではないという**命題**となる。記憶された言語情報が，事実としては記憶されてはいない一連の反応列を生成させる。つまり，その学習者は，33度，34度，35度，36度などの温度が凍る温度ではないという事実をいちいち記憶する必要はなかったのである。気温が32度に下がると凍るという宣言的知識を知ることによって，32度より高い温度では凍らないというルール（あるいは学んだ命題）を適用することが可能になる。

　個人が言語情報を適用できるようになると，しばしば知識があるとみなされる。このように，知識とは情報を拡張したものである。情報と違って，**知識**は，文脈・経験・洞察・価値観における情報が動的に混ざり合ったものである（Brooks, 2000）。知識とは，ブルームによる分類学では一番下に位置づけられており，他の種類の学習の基礎となるものである。また知識は，これらの命題が概念，ルール，および問題解決スキルが依拠する知識構造を形成するという意味で，R・M・ガニェ（Gagné, R. M., 1985）の学習の条件の概念化においても非常に重要なものである。

デジタル時代における情報から知識への変換

　今日のデジタル世界では，多くの人々は，**情報を見つけること**とそれを**使うこと**とを混同している。たとえば，インターネットを使えば，学校や職場や家で，私たちは非常に多くの情報にすぐにアクセスすることができる。しかしながら，大多数の人は，情報を見つけ，創造し，編集し，管理し，分析し，批判し，並べ替えをし，相互に参照することにより，情報を**役に立つ知識**に変換することができていない。研究者の中には，知識と情報を取り違えることが，現代のIT活用状況において最も広範囲に広まっている誤解であるとみなす人もいる。情報は，それが意味のある文脈の中で定期的に使用されなければすぐに忘れられてしまうものであるのに対して，情報がいったん知識に変換された後は，より容易に保持されるものになる。

　情報を見つけるテクノロジーが利用できるようになったことによって，学習者が

言語情報を使用する学習活動に積極的に参加させるための強力なツールが教師や設計者にもたらされた。デジタル的あるいは電子的検索方略が，学習者が膨大な量の情報を意味のある知識に変換するのをいかにうまく支援できるかを示す点で，オンライン新聞はたいへんよい例である。オンライン新聞の制限のない紙面と，情報をどんどん更新する機能は，ジャーナリストがニュースとして扱える事柄の境界を拡張可能にしている。オンライン新聞が送る情報は印刷したものと同じであるにもかかわらず，電子メディアの機能が付加されることによって，読者が情報を彼らにとってもっと役に立つ意味のある文脈へ**再構築**することを可能にしている（Letham, 2003）。実際には，ほとんどのオンライン新聞は，読者に，単なる情報収集を超越する方法でニュースを利用させている。そうさせることによって，情報は役に立つ知識，つまり，読者の個人的なニーズと関心に**適合**した知識になる。さまざまな情報源から読者が入手可能な情報が多ければ多いほど，またその文脈上で扱うことができればできるほど，あるストーリーが社会の他の出来事や信念といかに結びついているかの全体像をより完全に把握できるようになる。ほとんどのオンライン新聞は，読者に，閲覧している制約された部分からはみ出した外側の情報を見せるための検索ツールおよび他の対話型の技術を提供している。

たとえば，

- **検索エンジン**：読者がキーワードを入力することで，そのトピックと関係する記事が，政治，ビジネス，（ファッション）スタイルに分類されていようと，あるいは首都圏情報に分類されていようとも，すべての記事を受け取ることができる。
- **外部サイトへのリンク**：読者が，別の記者の視点を通してニュースを見，さらに補足情報を得てそのストーリーのあらゆるギャップを埋めることを実現する（Letham, 2003）。この種の仕組みは，単に記事内容を理解させるだけでなく，読者にジャーナリストが意図した文脈から離れてニュースを評価し，そうすることで，ニュースを新しく認識してもらうということへの新しい挑戦なのである。
- **バックナンバーへのリンク**：読者が以前の出来事に照らして現在の問題をよりよく理解するのを助ける。
- **分析ツール**：読者が，記者以外の人々がどのようにそのニュースを見ているかを確認できる。いろいろ分析することで読者に異なる視点を提供したり，その情報を，異なった文脈の中におくことができる（Letham, 2003）。
- **フォーラム**：読者が自分の考えをサイトに反映できるようにする。このサービ

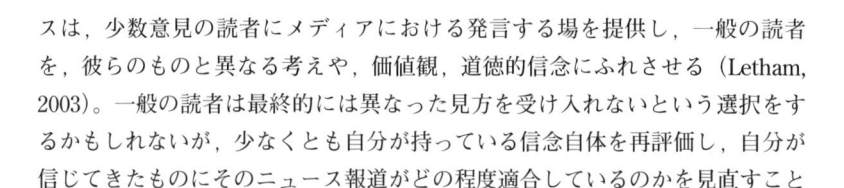

スは，少数意見の読者にメディアにおける発言する場を提供し，一般の読者を，彼らのものと異なる考えや，価値観，道徳的信念にふれさせる（Letham, 2003）。一般の読者は最終的には異なった見方を受け入れないという選択をするかもしれないが，少なくとも自分が持っている信念自体を再評価し，自分が信じてきたものにそのニュース報道がどの程度適合しているのかを見直すことになる。

学校での授業と言語情報

　多くの情報が，正規の学校教育における授業の結果として学習され記憶される一方で，学校外でもインターネット検索や，読書，そしてラジオやテレビから漠大な情報が習得されている。この理由から，大量の学習を生起させるために，情報を中継する特別の手段を提供する必要はまったくない。情報を解釈する基本的な知的技能を持っていさえすれば，多くの人々はさまざまなメディアを通じたコミュニケーションから多くの情報を学習することができる。
　さまざまな状況の中で，教師や研修担当者は，情報が習得されることを確認したいと望んでいる。一般に，読み書きができる人や，教養がある学習者は，こうした情報をWebサイトにアクセスして得ることができるだろう。しかし，そこで得られる情報の量は，個人の興味と以前の体験によって大きく異なってくるのである。それとは対照的に，伝統的な学校環境において実施される正規科目では，すべての子どもに，その教科の今後の勉強にとって必要不可欠で確かな情報が届けられる可能性が増す。学校の教科として計画された授業では，すべての子どもに情報がしっかり行き渡るようにすることと，確実に理解されるようにすることが必要である。
　すべての子どもに一定の情報を確実に学習してもらうのには，2つの基本的な理由がある。まず，子どもが単元あるいは教科の学習を続けていくためには，特定の情報が必要である。必要な情報はインターネットや本で調べることができるとはいえ，その多くは，教科の学習を行うとき，幾度となく思い出され用いられる必要がある。もしいったん習得され記憶されるならば，その後の学習がより効率的に行われるという意味で**基本的な情報**と呼べるものが存在する。
　一定の情報の学習を行わせるべき第2の理由は，その内容の多くが**生涯**に**わたって**，ずっと個々人にとって有益であるということである。どの人にとっても，他の人と効果的に対話するためには，文字，数字，一般的な物の名前や，彼ら自身とその環境に関する数多くの事実を知る必要がある。そのような事実に関する情報の多くは，正式な意図なしに習得される。その上，人は1つまたはそれ以上の特別に関心を持って

いる領域については，莫大な量の事実に関する情報を獲得するかもしれない。**より本質的な情報とそうでない情報**の区分をすることが，学校のカリキュラムを設計する際のよく知られた問題である。いくつかはその人の生涯にわたって，情報として用いられ，一方で，他の情報は個人的には関心を持たれたとしても，**本質的な**情報ではないからである。それぞれの人が持つ特定の興味や欲求ゆえに，人がもっと学びたいと望む情報の量を制限する理由はないように思われる。それゆえに，教師や研修担当者がどの人も本質的な情報を確実に学んでいるという状態をつくり出そうと考えるときに，そもそも何が本質的な情報なのか，という問題を避けて通ることはできない。

専門的知識と一般的知識

前述したように，情報が意味的に相互に関連を持った事実や一般的事項の体系の中に組織化されるとき，普通，**知識**と呼ばれるものになる。人々が専門とする特定の仕事あるいは研究の分野内で共通して所有される情報は，通常，「知識**体系**（a body of knowledge）」として組織化されている。たとえば，化学者は化学について学ぶ過程で，量の単位や測定法などについての**専門的**な知識体系を蓄積していると予測される。同じように，家具師は木材やその接合法や道具に関する知識体系を持っているはずである。このような専門的な知識の他に，**一般的**な知識を獲得する価値があるかどうかという問題がまだ残っている。ほとんどの人間社会において，1つの世代から次の世代へ社会に**蓄積**された知識を伝えることが重要であると信じられてきた。社会や種族，国の起源やそれらの歴史的発展，目的と価値観，世界の中での位置づけなどの情報は，通常，各個人に教育を行うときに含まれるべき知識体系であると考えられている。

私たちの社会において，以前には，いわゆる（大学に通った）「知識階層（educated class）」が学んだものであり，望ましいものとして大方の同意を得た一般的知識体系があった。その体系では，初期のギリシア文明にまでさかのぼる西洋文化に関する歴史的な情報が，文学や芸術の情報と関連づけられながら構成されていた。時代の経過とともにしだいに大衆教育が上層教育に取って代わっていき，これに伴ってすべての学習者が学ぶ必要があると考えられる一般的文化的知識量が付随的に削減された。1990年代初頭に「基本に返れ（back to basics）」という運動が起こり，一般的文化的情報にふれることが，社会の安定に貢献するとして，再び興味を集めた。

一般的文化的知識は，個人の生活の中でどんな機能を発揮するであろうか。そのような知識は，対話するという目的のために，特に毎日の市民生活の面で役立つ。地域社会，州，国についての事柄や，それらが提供する各種のサービスについて知ること，同時に，市民として負っている責任について知ることによって，個人が市民として参

加することが可能になる。文化的歴史的知識もまた，個人の「アイデンティティ（自己同一性）」の保持，つまり各個人が属している社会の起源との関連で個人の起源についても自分で意識して捉え，それを維持することに貢献するであろう。

　一般的知識のもっと重要な機能を提起することができるが，それに関する根拠はまだ不完全である。つまり，知識は思考と問題解決のための**媒介物**（vehicle）であるという考え方である。第4章で，問題解決という意味での思考には，前提となる知的技能と認知的方略が必要であることをみてきた。これらは個人が所有する道具であり，それによって明確に，そして正確に考えることができる。では，人はどのようにして**幅広く**考えられるのか。たとえば，ある科学者は高齢者の孤独という社会問題についてどのように考えることができるだろうか。あるいはまた，ある詩人は青年らしい反抗とか疎外感がもたらす基本的な葛藤をいかに言葉で捉えることができるだろうか。両者ともに，これらの問題解決をしようとすれば，他の多くの人々も持っているのと同じ知識体系をやはり持たなければならない。思考が起こるということは，いわばこれらの知識体系内での連想やメタファー（隠喩）や言語的類推が「もたらした」ものに他ならない。創造的思考における「知識背景（暗黙知）」の重要性については，これまでポランニー（Polanyi, 1958）を含む多くの著者たち，さらに最近ではグレイサー（Glaser, 1984）よって，論じられている。

　要約すると，事実か，その一般化されたものか，それとも組織化された意味のある知識体系として認識されるかには関係なく，情報の学習に対しては，少なくない数の重要な理由をあげることができる。事実に関する情報は，複雑さが増していくある科目や専門領域において知的技能を学習する際に必要である。そのような情報は部分的には調べれば手に入るものではあるが，記憶していると便利なことが多い。事実に関する情報のある特定の型やある特定のカテゴリはしっかりと学習されなければならない。というのは，日常生活上の種々の事柄をうまくこなすためのコミュニケーションに必要であるからである。情報は，しばしば知識体系として学習され記憶される。この種の専門的な知識は，勉強や仕事の特定領域で探究していく中で，蓄積されている。一般的知識，特に文化的伝統を反映しているものは，人々が社会においてコミュニケーションし機能するために望ましく，不可欠なものである。それに加えて，そのような一般的知識体系は，内省的思考（reflective thinking）と問題解決の基盤であるといってよいだろう。

4 言語情報の学習

　言語情報は、さまざまな方法で学習者に提示される。それは口頭のコミュニケーションを通して耳に、あるいは、印刷された言葉やイラストを通して目に伝えられる。伝達メディアの効果に関する研究には多くの興味深い研究課題がある（Bretz, 1971; Clark & Salomon, 1986）。その中で ID に関連のあるものについては、後の章で論じる。ここでは、さまざまな伝達メディアを横断する言語情報の学習に共通する次元に焦点をあててみたい。

　言語情報は、その量や組織において大きく変化するが、ID にとってより重要な変量とそうでない変量がある。3種類の言語情報の学習は以下のとおりである。①もののラベルや名称の学習、②独立した単一の事実の学習（その事実はより大きな意味のあるコミュニケーションの部分をなすかもしれないし、そうでない場合もある）、そして、③組織化された情報の学習。後ろの2つは、しばしば宣言的知識と呼ばれる。

ラベルの学習

　ラベルの学習とは、ものあるいはものの種類に対して、その「名前を言う」という形の一貫した言語による応答を行う能力を獲得することを意味する。「x- I」「ペチュニア」「ポケット辞典」「分光光度計」のように、あらゆるタイプの言語反応が存在する。こうした種類の情報は、単に短い言語的な連鎖である。言葉の対連合学習に関する研究の重要な結果については、多くの文献（たとえば、Hulse et al., 1980; Kausler, 1974）がある。

　ものの名前を呼ぶこと、あるいはものの「ラベル」づけをするという学習は、その名前の意味を学ぶこととはまったく違っている。後者は概念の獲得を意味しており、それについては前章で述べたとおりである。教師や研修担当者は、「あるものの名前を知っていること」と「名前が意味するものを知っていること」の区別を熟知している。子どもが特定のものの名前をただ単に言えるとき、彼はラベルを知っているのである。そのものを概念として知っている（すなわち、その意味を知っている）というためには、その種類を定義し範囲を定めるために、いくつかの例や、例にはならないものを具体的にあげることができなければならない。

　実際、概念の名前は、概念そのものが学習される時かあるいは少し前に学習される。ものの名前を学ぶ課題が、同時に1つあるいは2つであれば簡単だが、いくつかのものの異なった名前、あるいは多くのものの異なった名前を同時に覚えなければならな

い場合には，急速に難しくなる。そのような状況は，学校学習において，子どもがものの集合のそれぞれの名前，たとえば国会議員全員の名前を学ぶように求められるときにみられる。このとき，そのような課題に取り組んでいる子どもは，単に名前を暗記しているだけかもしれないが，そのこと自体に害はまったくない。子どもはしばしばそうすることを楽しんでさえいる。どんな場合でもラベルの学習は，非常に有益な活動である。覚えた名前にはさまざまな用途があるが，少なくとも，学習者と教師，学習者と別の情報源との間のコミュニケーションのための基礎ができる。

　名前の学習には，その大部分は長年の経験でよく知られているような，いくつかの**記憶術**を用いるとよい。犬―車のように，2つの言葉を関連づける学習においては，学習者はたとえば「その犬は車を追いかけた」といった文を構築する。このような方略は，通常，対連合学習の中で著しい効果をもたらす (Rohwer, 1970)。外国語の語彙の学習は，いくつかの記憶術をうまく用いることができる別の例である (Pressley et al., 1982)。**キーワード・メソッド**と呼ばれるこの方略は，外国語への英語の相当語句の検索に役立つようなイメージを学習者が生成するプロセスを含んでいる。たとえば，スペインの単語 carta（手紙）についていえば，相当語 cart を思い出しやすくするためのイメージ文として，「cart は手紙を配達するのに使われた」を用いることで，キーワードである cart（二輪荷馬車，二輪運搬車の意）を連結語として含むのである。

事実の学習

　事実とは，2つ以上の名称のついたもの，あるいは事象間の関係を言葉で表したものである。事実の例として，「あの本には青い表紙がついている」がある。普通のコミュニケーションでは，事実によって表される関係が実際に自然界に存在していることを想定している。つまり，事実を構成している言葉は，学習者の環境の中で具体的な**参照物**を持つ。事実は，複数のものと，それらの関係を示している。上の例でいえば，ものは**本**と**青い表紙**であり，関係は**ついている**である。強調しておきたいことは，ここで用いられている事実とは言葉での定義そのものであって，それが参照しているものとか，言及していることではないということである。(「事実」というような普通の言葉のさまざまに異なる意味は，他の文脈の中で容易に見出されるだろう)。

　子どもは，学校の勉強に関連して多くの事実を学ぶ。そのいくつかは，他の事実や情報の体系とは関連していないという意味で，孤立している。その他のものは，お互いにさまざまな形で関連して，統一された組織体の一部分を形成している。たとえば，子どもたちは「町のサイレンは 12 時に鳴る」という事実を学んだとき，それが他の情報と直接的に関連していなかったとしても，孤立した事実としてよく覚えているか

もしれない。孤立した事実はそれほど明白な理由がなくても，学習され記憶される。たとえば，歴史を勉強する時，ある子どもは，チャールズ・G・ドーズがカルヴァン・クリッジ政権で副大統領を務めたことを学習・記憶し，同時にアメリカ合衆国の他の副大統領全員の名前も覚えるかもしれない。しかしながら，学習されたある事実は，他の枠組み全体の中に，あるいは大きな情報の体系の中に関連づけられるのが普通である。たとえば，メキシコについての多くの事実を学習するときには，それらはメキシコの地理・経済・文化といった側面にすべて関係しているという意味で，互いに関連しあっている。そのような事実はまた，子どもの母国を含めた他の国々の文化・経済・地理についての事実という，より大きな情報体系にも関連づけられるであろう。

　大きな枠組みから孤立しているにせよ，それに結びついているにせよ，学習された事実は，次の2つの主要な理由のために，子どもにとって明らかな価値を持つ。第1に，それは日常生活にとって非常に重要である。たとえば，多くの商店や銀行は日曜

表5-1　言語情報のための学習条件

パフォーマンス	事実が学習されたことを示すパフォーマンスとは，その事実を構成する要素の関係について，構文的な形式に則って口頭あるいは筆記で述べることである。
内的条件	事実の獲得と蓄積のためには，まず宣言的知識の組織化されたネットワークが記憶の中に形成され，新しく獲得された事実が，このネットワークに関連づけられなければならない (Gagné, E. D., 1985)。たとえば，ホイットニー山がアメリカ国内で最高峰であることを学び記憶するためには，（各学習者にとって異なる）ある命題の組織化されたネットワークに（脳の中で）アクセスする必要がある。この命題のネットワークには，山頂や山脈の分類あるいはアメリカの山々の一連のカテゴリが含まれているだろうし，ホイットニー山が属する山脈の情報も含まれているだろう。学習者は，新しい事実を，この大きなネットワーク内の多くの他の事実と関連づける。
外的条件	外的には，言語によるコミュニケーション，写真，あるいは他の手がかりが，大きな組織化された知識のネットワークを思い出させるために提示され，新しい事実が関連づけられる。そのあとで，新しい事実が，普通，言葉による説明によって提示される。ホイットニー山はシエラ・ネバダ山脈の中で最も高く「そびえている」などの言葉で特徴を伝えながら，連合がうまくなされるように，いろいろな示唆が与えられる。山の映像と山の名前は，学習者にとって事実を覚えておく助けとなるかもしれない。ホイットニー山や山脈に関連する他の事実を提示しながらより詳細に説明することは有効かもしれない。また，学習者に間隔をおいて復習させ，繰り返しこの新しい事実を復唱させることも効果がある。間隔をおいた復習は，新しく学習した情報をさまざまな文脈で学習者に使わせる機会となる。

日には閉まっているという事実，糖蜜はねばねばしているという事実，あるいは，その子どもの誕生日は2月10日であるという事実は，重要であろう。第2の，より明白な理由は，学習された事実が将来の学習に用いられるということである。たとえば，円周を求めるためには，π（円周率）の値を知っている必要がある。化学方程式を完成するために，いくつかの元素の原子価を知っている必要がある。

　ある技能や付加的な情報を学ぶためにいくつかの事実が必要となった時，それらを学ぶ準備として，その事実をインターネットや書籍類で調べることができる。事実をこうして調べることが適切で望ましい手続きである場合が多くある。他の可能性としては，子どもが事実を学び，それを記憶し，必要な時はいつでもそれを記憶から引き出せるようにすることである。この覚えておくという選択肢は，しばしば便利さと効率の点から選ばれる。毎回調べるのは面倒なので，幾度も繰り返し用いられるような事実は記憶して頭に入れておくほうがよいかもしれない。しかしながら，インストラクショナルデザイナーは設定されたコースにおいて，非常に多くの事実のうちのどれが，①必要なときに調べたほうがよい程度に**めったに用いないもの**であるか，②比較的しばしば**参照する**のでその学習をしておくと効率的になるか，③生涯にわたって記憶されるべきであるほど**基本的に重要なもの**であるか，について決定する必要がある。言語情報の学習条件は，表5-1のとおりである。

組織化された知識の学習

　歴史上の出来事，あるいは，芸術，科学，文学の分野に属するような相互に結合した事実のより大きな体系も，また学習され記憶される。単一の事実を学習する場合と同じように，新しい知識を構成する命題のネットワークは，学習者の記憶の中にすでに存在するより大きな命題のネットワークにリンクされていく。

　多くの知識体系を覚える鍵は，それらが後で容易に検索できるようによりよく**組織化**しておくことである。言語情報を組織化するためには，学習者の記憶にすでに蓄積されている一連の情報に新しく学ぶ情報を関連させるための新しい考えを生成することが求められる。そのような組織化が学習プロセスにおいて実行されると，その時に検索のための効果的な手がかりが提供されるので，後でなされる情報検索の効率がよくなる（Gagné, E. D., 1985）。たとえば，化学の元素周期表は，それ自体，理論的合理性を示しているだけでなく，化学を学ぶ子どもが，多数の元素名とその特性を記憶するのを助ける。同様に，アメリカ史を学ぶ子どもは，学習し記憶をしやすくするために，多数の個々の歴史的事項を組み入れる歴史の「時代」という枠組みを獲得しているに違いない。このように，以前に獲得された情報がより高度に組織化されていれ

ばいるほど，この組織化された構造に関連づけられる新しい情報を獲得し，保持することがより容易になる。組織化された知識の学習条件は表5-2のとおりである。

手がかりは，他の蓄積された命題と干渉しないよう，できるだけ**区別しやすくする**必要がある。手がかりは，学習される教材内に，（たとえば，韻をふむような）容易に記憶できる形の刺激を導入することによって際立たせることができる。提示する情報を表にまとめたり，空間的に配列することは，手がかりを際立たせるまた別の方法である（Holley & Dansereau, 1984）。**精緻化**（elaboration）は，検索を支援する別の技法である。つまり，学習されるべき新しい情報に関連する情報を加えることは，検索のためのさらなる手がかりを付加することを意味する。手がかりは，学習者の環境内にあるものでもよい。たとえば，ちょうど人がスピーチをするときに必要な事項を順序よく思い出せるようにするために，部屋にあるいくつかのものに関連づけて記憶しておくというのが1つの例である。もっとも，手がかり自体は，単語，語句，あるいはイメージとして，学習者の記憶から取り出されている場合のほうが多い。

別の外的条件として文章の保持に一役買っているのは，学習者自身による**注意を喚起する方略**（attentional strategy）の適用である。学習が始まる前になされる「何を探すべきか」あるいは「何を覚えておくべきか」という示唆を与えることによって，

表5-2 組織化された知識の学習条件

パフォーマンス	段落の長さに（あるいはそれ以上長く）書かれた文章のエッセンスを学ぶとき，詳細な事実は必ずしも覚えているわけではないものの，全体としての意味を保つ形で学習され，保持されることがわかっている（Reynolds & Flagg, 1977）。より大まかな流れのほうが，個別の情報よりもよく再生される（Meyer, 1975）。細かい情報はしばしば学習者によって「構成」されるが，それは物語や文章の要点を一般化したスキーマ（schema）（Spiro, 1977）に沿ったものになることが多い。
内的条件	個々の事実の場合と同じように，体系化された言語情報のより大きな単位についての学習と蓄積は，学習者の記憶にそれまでに蓄積されて，互いに接続し，体系化された命題群がつくり出す文脈の中で起こる。新しく学習された情報は，より大きな意味のある構造の中に包摂（subsume）され（Ausubel et al., 1978），あるいは新しい情報は，学習者の記憶の中にすでにある命題のネットワークに結びつく（Gagné, R. M., 1985）。
外的条件	体系化された一連の言語情報の学習と保持をよりよく支援する外的条件は，第一義的に，手がかりの準備がどれだけされているかに関係している。よい手がかりを準備することによって，後になって学習者がその情報をうまく探し出し，使うための検索が可能になる。

学習者側の認知的方略を活性化させる作用がある。直接あるいは間接的にテキストに挿入された質問文によって示唆を与えることができる（Frase, 1970）。もう1つの方法としては，**先行オーガナイザ**（Ausubel et al., 1978; Mayer, 1979）として，テキストを学習する前に短い文章を与えることがある。これらは，これから記憶しなければならない事柄へ学習者を方向づける効果をもたらすものである。

　繰り返すことの効果は長い間，情報の記憶にとって著しいものとして知られてきた。孤立した事実でも，あるいはより大きな情報体系を扱う場合でも，このことはあてはまる。繰り返しは，学習者が情報を想起する復習を一定の間隔を空けて行うとき，最も効果的になる。記憶から情報を検索するために学習者が用いる心的プロセスは，何が思い出されるかに大きく影響する。

態度の学習

　知識よりも**情動**や**行為**に関連しているという点で，**態度**は，非常に異なる種類の学習成果である。信念から発生し情動を伴いながら，態度は，学習者の個人的行為の選択に直接的な影響を与える。態度の正式な定義は，「ある対象・人・事象に対する**個人的行為の選択**に影響を及ぼす内的状態」である（Gagné, R. M., 1985）。態度は，人・物・事象に対する行動に影響を及ぼす人間の複合的な状態である。多くの研究者が，態度を信念のシステムとして扱ってきた（Festinger, 1957）。これらの見解は，態度に**認知的**側面があることを支持している。他の研究者は，態度の**情意的**な構成要素，すなわち，それが引き起こす感情，あるいはそれに伴う好き嫌いといった感情に注意を向けてきた。「情意領域」における学習成果は，クラスウォールら（Krathwohl et al., 1964）によって述べられている。

　態度の特性や起源に関する理論はいくつかある。主要な理論の包括的なレビューとIDへの示唆については，マーチンとブリッグス（Martin & Briggs, 1986）によってまとめられている。彼らは，情意と認知的な目標を統合するIDの手続きについて述べている。

　態度は，個人の行動を観察した結果（あるいはしばしば本人からのレポート）から推察される。態度は行為に表れるものであるが，行為そのものではないことを覚えておくことが大切である。たとえば，もしある人がガムの包み紙をごみ箱に入れるのを他の人が観察したとする。そのたった1回だけのことで，その人がごみ処理に対する肯定的な態度，あるいは汚すことに対する否定的な態度を持っていると推察することはできない。もちろん，ガムの包み紙に対する態度が肯定的か否定的かも推察するこ

ともできない。この人の態度に関する推察をするためには、多くの異なった状況で同じような態度を示す種類の行動の事例が何度も観察されることが必要である。この推察というのは、その個人がある選択をしたという具体的事例の集合全体の傾向に対して、ある内的特性（すなわち態度）が影響を与えたとみなすことを意味する。

態度の測定

態度は、個別の個人の行為を目立たないように（unobtrusively）観察することによって最もよく測定される。いくつかの例では、長期間にわたり、行動の選択頻度を観察することで、測定することができる。たとえば、軍隊のインストラクターは、基礎訓練の間、1週間を通して新兵を観察し、別の新兵を妨害するのではなく、援助した回数を記録するかもしれない。その記録は、新兵の「**他者を援助することに対する態度**」の測定の助けとなる。もちろん、このような直接的な選択の指標がいつも得られるとは限らない。たとえば、同じ事例でも、インストラクターが新兵の「家族に対する態度」あるいは「お年寄りに対する態度」の行動測定を行うことは困難だろう。なぜならば、これらの態度を示す選択行動の多くが、基礎演習の環境外で行われるからである。それゆえに、態度測定はしばしば、質問紙で述べられる状況における選択の**自己申告**に基づくことが多い。典型的な質問としては、新兵に「週末のオフの時に、どのくらいの時間、家族と過ごしますか」と聞くことが考えられる。行動の選択を強調したこの態度測定の方法は、トリアンディス（Triandis, 1964）の著書に詳しく述べられている。

学校学習

学校学習における態度の重要性は強調してもしすぎることはない。学校に出席すること、教師や仲間の子どもたちと協力すること、教師に注意を払うこと、そして学習そのものに対する子どもの態度は、学習過程に重要な影響を与える。

態度の2つめの大きな種類は、（学校のような）教育機関が目標として掲げ、教育の成果としてその達成を目指している子どもの態度である。他人に対する寛容と丁重さの態度は、学校教育の目標としてしばしば言及される。新しいスキルと知識を学ぶことに対する肯定的態度は、重要な目標として位置づけられている。科学、文学、販売手腕あるいは労使交渉のような、さまざまな科目への特別の関心を持つこともまた、高く評価される。最後に、学校および他の社会機関は、価値観とみなされるより広範ないろいろな態度の形成に、貢献し、影響を及ぼすことが期待されている。価値観は、公平・正直・寛大さのような社会的行為に関係する態度で、より一般的な用語の**モラ**

ル・道徳性・倫理にかかわるものである（Gagné, R. M., 1985, pp.226 - 228 を参照）。

こうした態度の種類の内容はさまざまなものを示しているが，形質上の特性はすべて互いに似ている。つまり，態度の内容がどんなに特別であろうと，それは「接近」あるいは「回避」のどちらかの方向に影響を与えるように働く。そうしながら，態度は個人の1つ1つの行動の集合体に影響を及ぼす。態度の獲得と態度の変容に適用可能な，学習の一般的原則が存在する。

軍隊での訓練

第3章で述べたように，態度と基本的価値観についてのインストラクションは，軍隊訓練の最重要課題である。米国軍人が所有し，表出しなければならない態度と価値観は，非の打ちどころのないものでなければならない。軍隊では，忠実・義務・尊敬・献身的なサービス・名誉・誠実および個人の勇気という価値観を体現する指導者の育成に，懸命に努力している。軍隊の将校は，軍人を国家の戦争に勝つための戦闘に導くので，彼らが戦場にあって戦って勝つための勇気を持つためには，軍人はその指導者である将校に対して最高の信頼を置かなければならない。

規律は，軍隊にとって欠くことができない基本的な価値である。軍の規律は，次のように定義されている。「…あらゆる条件の下で，服従と適切な行動を常に無意識のうちになしうる精神的態度と訓練の状態を外に明示したもの」（U. S. Army, 2003）。軍の規律は，軍事訓練の中で最も容易に見ることができるが，軍隊生活のあらゆる面が規律の影響を受けている。軍隊の規律は，兵士個人や部隊における外見や動作の洗練具合いなどで，一般に認識される。さらに，制服や装備や宿舎の清潔さや整然としたようすによって，また，幹部将校に払う敬意によって，そして命令に対する迅速な執行によって示される。軍務における規律訓練プログラムでは，いくつかの肯定型あるいは否定型強化法のような直接的な方法と，（間接的方法としての）人間モデリング法に拠っている。それにより，陸海空軍の兵士たちを，命令にすばやく反応するようにしたり，さらに部下の行動を指揮する能力に自信を持つように，彼らの心と身体を条件づけるのである。

態度の学習

態度学習を促進する条件や変容をもたらす手段は複雑である。個人の態度を変容させる複数の方法の効果についてのいくつかの相反する見解については，マーチンとブリッグス（1986）によってレビューされている。望ましい態度を確立するために用い

られる教授方法は，知的技能や言語情報の学習に適用されるものとはかなり違っている（Gagné, R. M., 1985）。

どのようにして個人は，ある態度や価値を獲得したり変容させたりするのであろうか。数々の証拠によれば，説得的コミュニケーションのみを通して態度や価値を獲得・変容させることは**不可能**であることがわかっている（McGuire, 1969）。ほとんどの大人は，「他人に親切に」「よい音楽を聞きなさい」「運転に注意して」といった決まり文句を繰り返しても効果がないことをよく知っている。より手の込んだコミュニケーションの方法，たとえば，感情に訴えるとか念入りに理屈をこねてつくり上げたものでも，同様にあまり効果がない。これらよりももっと精巧な手段が，態度変容には必要である。

直接的方法

態度を形成したり変化させたりするために，直接的方法と呼ばれるものがあり，時には自然に，事前の計画なしに行われている。場合によっては，直接的方法を意図的に採用することができる。

ある種の古典的な条件づけ反応は，ある特定の物・事象・人物に対しての接近あるいは回避の態度を形成するために効果的である（Gagné, R. M., 1985, pp. 24 - 29 を参照）。何年も前に，ワトソンとレイナー（Watson & Rayner, 1920）は，子どもが以前に受け入れかわいがっていた白ネズミを「恐れる」（つまり身を避ける）ように条件づけられることを証明した。この種の反応は，また，他の小さな毛の生えた動物に対しても起こった。子どもの行動におけるこの顕著な変化をもたらすために用いられた無条件刺激は，この動物（つまり条件刺激）が提示された時にその子どもの頭の後で突然出される鋭い音であった。この発見は教育学的にはあまり意味を持たないだろう。しかし，態度はこのように形成される可能性があるので，子どもが学校で示すいくつかの態度は，より以前に条件づけられた体験によるかもしれないということを理解することは重要である。たとえば，鳥，クモ，ヘビなどを避ける傾向は，以前の条件づけに起源を持つかもしれない態度の例である。理論上は，ほとんどの態度がこのように形成される可能性がある。

もう1つの態度学習の直接的方法で，学校などで有益なものとして，**強化随伴性**（contingencies of reinforcement）の効果を期待して用意しておくという方法がある（Skinner, 1968）。スキナー（Skinner, B. F.）によると，初期学習は，新しい技能と知識に報酬を伴わせることで成り立つ。学習の間，報酬（「強化子」と呼ばれる）が好きになり始めた子どもは，新しい技能や知識に対しても同様の感情を持つようになる。この原理に従えば，たとえば，対話の前に適切に将校に敬礼できた者に対して，新兵

にとって望ましい活動（幹部将校と親しく会話する機会を用意するなど）をさりげなく付随させることが考えられる。このような活動をさまざまな状況において続けると，新兵は話をする前に常に上官に敬礼をするようになるだろう。また，成功経験を通じて，幹部将校とコミュニケーションをとるための敬礼という新しく学んだ形式そのものも，楽しめるようになる。つまり，幹部将校への敬礼に対する態度が，肯定的な方向へ向いたことになる。

　強化随伴原理を一般化すると，ある活動における学習の成功によって，その活動についての肯定的な態度が導かれるといえよう。新兵は，武器に慣れてくるとすぐに，武器の操作と維持に対する肯定的態度を獲得する。新兵は，仲間が怪我をする可能性がある状況を察知できるようになると，安全に対して肯定的な態度を見せ始める。

重要な間接的方法

　非常に重要で広汎な用途を持つ態度形成と変容の方法は，**人間モデリング**（human modeling）（Bandura, 1969, 1977）である。このモデルは，実在のものでも想像上のものでもかまわない。この方法は，学習のための手続きが直接的方法よりも長いため，**間接的方法**と考えられている。

　学習者は多様な人間モデルを観察し，態度を学習することができる。幼少の頃には，両親あるいは一方の親の行動が手本となり，態度が形成される。年上のきょうだいや他の家族のメンバーもまた，モデルの役割を果たすかもしれない。学校教育の期間は，幼稚園から大学院まで，教師が行動のモデルとなる。しかし，人間モデルの種類は，学校だけにとどまらない。公の人物，あるいは有名なスポーツ選手，有名な科学者，あるいは芸術家もモデルとなるかもしれない。人間モデルとしての役割を果たす人々は，個人的な知り合いだったり会ったことのある人である必要はない。テレビや映画やインターネットで見るだけの人でもよい。また，読んだ本を通してだけでもよい。インターネット上の情報や活字になった文学は，態度や価値の定着にとって，非常に大きな可能性を持つ。

　人間モデルは，学習者が尊敬する人物である必要がある。あるいは，いく人かの著名な作家のように，学習者が一体感を感じられる人物でなければならない。さらに，モデルの望ましい特徴は，**信頼性**があり，**力強い**と認識されるものでなければならない（Gagné, R. M., 1985）。モデルが個人の行為として，親切な態度をとったり，有害な麻薬を拒絶したり，あるいはごみを片づけたりするような，望ましい選択を行うところを，学習者が観察する必要がある。教師はそのモデルの行為に対して，一貫して公平に賞讃を与えるかもしれない。モデルの行為が何であるにせよ，その行為を学習者が見たあとには，モデルが自分の行為の結果として喜びを経験したことも学習者は

感じ取る必要がある。バンデューラ（Bandura, 1969）は，これを**代理強化**（vicarious reinforcement）と命名した。偉大なスポーツ選手は，記録を破った時に賞讃を受けたり喜ぶ光景を見せるであろうし，科学者は何か新しいものを発見したり，そのような発見に近づいた時でさえ満足した姿を見せるであろう。そして，ある教師は学びの遅い子どもを手助けして新しいスキルを獲得させることができた時には，喜びを表すだろう。

　態度学習の主要な特徴と，人間モデルによる態度学習の基本的条件を，表 5-3 に要約する。人間モデルを直接観察できない時でも，たとえば学習者がテレビを見たり，読書をしたり，Web サイトにアクセスしている時にも，必須の学習条件は満たされなければならない。

　人間モデリングの 1 つの変形として，**ロールプレイ**がある。そこでは，個々人が実際の人物ではなく，想像上の人物の行為を演じる。たとえば，学習者が公平な作業監督者の役割を演じ，想像上の監督者がするであろう選択行為をする。社会的あるいは個人的問題が議論となるクラス討議の場でも，人間モデリングは生じる。この状況では，個人的な行動の望ましい選択に関して，異なる立場の意見に接することによって態度形成・変容への影響を受ける。

表 5-3　態度学習の条件

パフォーマンス	すでに述べたように，態度はいくつかの個人の行動選択によって示される。これらの行為は，ある対象・事象・人物に対する肯定的傾向を示すものと否定的傾向を示すものとに分類できる。
内的条件	人間モデルは，学習者が尊敬でき，自分と一体感を持てる人物でなければならない。もしそうでないならば，まず敬意と一体感が確立される必要がある。さらに，学習者がモデルの行動を模倣するためには，その行動に関する前提条件となる知的技能と知識を前もって獲得していなければならない。たとえば，有害な麻薬を使わないという選択をするためには，主な麻薬の名前と，それが入手できる状況を知っておく必要がある。しかし，前提条件となる知識があっても，それだけでは態度を引き起こすものにはならないことには注意が必要である。
外的条件	次のような段階系列を経て確立される。 1. 人間モデルが，訴求力があり信頼性のある方法で示されること 2. 学習者が，適切な前提条件となる知識（取りうる選択肢とそれぞれの潜在的な結末）を思い出すこと 3. 人間モデルが，個人の行為として望ましい選択を伝えるか，実際に示すこと 4. 人間モデルが，行動の結果に対する喜びと満足の状態を示すこと。これがねらいとした行動の代理強化へと導く

個人の態度は時間がたてば変化するため，子どもが長い年月の間に出会うモデルは，社会的にも望ましい態度と**道徳的行為**の発達を決定づける上で，非常に大きな責任を負う（Gagné, R. M., 1985, pp. 226 - 227）。教師は，子どもの面前で過ごす時間が大きな割合を占めるため，人間モデルとしての自分の役割の重要性を認識するべきである。しばしば思い出すような「いい先生」は，肯定的態度のモデルを示した先生である。

態度変容のガイドライン

　態度を目標としたインストラクションを設計する際には，次のガイドラインを考慮するとよい。

1. 学習者には取りうる選択肢に関する情報を提供すること。態度を変容する際の問題の１つは，学習者が選択の可能性を知らないかもしれないということである。たとえば，もし管理職に協調的運営の原則を使うという選択をするように説得しようとするならば，まずこれらの原則に気づかせる必要がある。
2. 望ましい行動に関するプラス面とマイナス面を学習者に伝えること。多くの行動は習慣的に行われているので，それを変化させるためには学習者に望ましい行動の結末を伝える必要がある。結末にいたる期間が長期にわたる場合には，特に必要である。行動に伴うコストと，長期間かけて得られる利益に関する情報は，言語情報として示すことができる。シミュレーションを用いて，長期にわたる結果を学習者に示すよう設計することもできる。
3. 望ましい行動に関連性のあるモデルを示すこと。「私が**言う**とおりにやりなさい」は，「私が**する**とおりにやりなさい」ほどには効果的ではない。広告会社がスポーツ界のヒーローに商品広告をさせるのは，人間モデルが行動の選択に非常に重要な部分を形成するからである。人間モデルが学習者にとってより目立つものであればあるほど，学習者は行動を採用する可能性は高くなる。
4. 望ましい行動を支援する環境であることを確認すること。もし，雇用者が，従業員に，その日帰るまでにすべての顧客からの電話に返事するよう選択させたいなら，１日の終わりにそれをするための時間を残しておかなければならない。もし環境面の葛藤が解消できないようであれば，従業員は望ましい行動を採用しないだろう。
5. 可能であれば，望ましい行動を，より大きな価値の枠組みにあてはめること。態度は，価値観を反映する。たとえば，自分が組織の重要な一部だと感じる価値観を持てていれば，重要でないと感じている場合とは異なる選択をするだろう。

たとえば，従業員は，「プロフェッショナルとしての責任」という総合的な価値観に基づいて，突然の締め切りに間に合わせるために，時間外も働くことを選択するかもしれない。

6．望ましい行動を可能にする技能を特定し，教えること。もし，どの食べ物がコレステロールを含んでいるのかを特定できなければ，コレステロールの低い食べ物を食べるという選択をすることはできない。

7．望ましい行動が表れたとき，それを認識し，ほめること。もし教師が子どもに「自律的であることを選択」することを望むなら，この行動を見出し，ほめなければならない。

8．望ましい行動を不注意に罰しない。これは前のガイドラインの当然の結果である。たとえば，雇用主が生産的な従業員に対して，さらに多くの仕事を課すという「ご褒美」を与えることは，反感につながるので避けるべきである。

9．従業員がさらにやりたいと望み，より生産的になるような方法で，強化を提供するべきである。

10．望ましい行動に関する目標を，学習者自身に設定させること。効果的な行動を獲得する際には，いくつかの異なる段階がある。これらには，**気づき・受容・価値づけ**が含まれる。さらに，行動は一般に変容しにくく，また変容は非常にゆっくりと起こる。学習者自身に目標を設定させ，自分の成長を記録し，定期的に目標を再評価させることは，望ましい行動の採用に向けて動く上で，より大きな自信を築く助けとなる。

11．シミュレーションやロールプレイング，協調プロセス，あるいはその他の双方向的な教授方略を使い，その中で望ましい行動からの利点が明らかになる経験を与えること。これらの種類の経験は，モデリング経験を補完し，補足する。

12．不用意に，変容させたい行動と，関連のない行動を組み合わせないこと。たとえば，喫煙に対する態度は，ダイエットに対する態度とは直接の関係はない。習慣やその他の態度はしばしば，人間に「行動の強迫観念」を形成してしまうので，最も重要な行動を特定し，最優先するべきである。

運動技能の学習

単一の運動反応の系列は，しばしば**運動技能**（motor skill）と呼ばれる，より複雑なパフォーマンスに結びつく。時には，これらは**知覚運動技能**（perceptual motor skill）あるいは**精神運動技能**（psychomotor skill）といわれている。それらが意味す

るものは，運動技能を実行するときには筋肉だけでなく感覚器官と脳の活動も含まれるということである。

運動技能の特徴

　運動技能とは学習された能力であり，身体を用いた運動の速度・正確さ・力強さ・なめらかさとして，その成果が反映される。学校でこれらの技能は，すべての年齢のカリキュラムに組み込まれている。鉛筆やペンを用いること，チョークで書くこと，絵を描くこと，塗ること，さまざまな測定器具を用いること，そして，もちろん，さまざまなゲームやスポーツなどの活動を含んでいる。基本的な運動技能で，紙に数字を写すといったものは低学年で学習され，その後はずっと身についているとみなされる。それとは対照的に，もやい結びをつくるといったような運動技能は，幼少期には学習されていないであろうから，それ以後の教育にふさわしい目標となると考えられる。

　運動技能は練習を重ねると，中枢に組織化された**運動プログラム**が形成され，感覚からのフィードバックがなくても，熟達した動作を管理できるようになるとされている（Keele, 1973）。しかしながら，これがすべてではない。運動技能の練習からもたらされるすぐれた流暢さとタイミングのよさは，内的・外的双方のフィードバックに依存するとアダムス（Adams, 1977）は述べている。内的フィードバックは，筋肉と関節からの刺激の形をとり，**知覚の根跡**，すなわち一種の運動映像として，次の練習における誤りを学習者が察知するための基準となる働きをつくり出す。外的フィードバックは，しばしば**結果を知らせること**，すなわち，間違いの程度を学習者に外から示すことによって供与される。たとえば，ゴルフを学習するとき，通常，頭を下げてボールを見ていることを確かめれば，クラブが正しく振れているかどうかがわかるという。もし，振って失敗したら，外的条件（ゴルフボールがティーの上に残ったままであること）が，問題を映し出す。練習が進むと，技能の進歩はしだいに内的なフィードバックにより強く依存するようになり，外的に与えられた結果の知識に依存する割合が少なくなる。

　通常，運動技能は，時間的に同時に起こるか，それとも順序立てて生じるかという意味で，全体のパフォーマンスを構成する一連の段階のそれぞれに含まれる**個別の技能**に分けることができる。たとえば，水泳でクロールをするということには，水の中でのバタ足と腕かきという個別の技能が含まれ（その両方ともが同時に遂行される），同様に，息継ぎをするために頭を振る技能も腕かきの後に続くものとして遂行される。つまり，泳ぐこと全体としてのパフォーマンスは，高度に体系化され正確に手順をふ

んだ活動となる。水泳学習は，複雑さの程度においてさまざまな個別の技能の**統合**を必要とする。この個別の技能を学び，同様に，技能の統合も学習しなければならない。

研究者たちには，以前に習った（個別の）技能を統合する学習は，求められる全体の学習にとって大変重要であると認識されてきている。フィッツとポスナー（Fitts & Posner, 1967）は，この組織化機能を表現するために**実行サブルーチン**（executive subroutine）という計算機アナロジーを用いている。ある人が自動車の運転を習っていて，すでに，後退，車を任意の方向に曲がるようハンドルをきること，そして，前方に最低の速度で運転することをマスターしていると想定してみよう。この人が，まっすぐな道路上で自動車をＵターンさせるためには，まだどんなことを学ぶ必要があるだろうか？　この教習生は，2・3回の後退と前進とターン操作を適切に結びつけることにより，車の向きを逆向きにするための手順をマスターする必要がある。

このように車をターンさせるという教習例では，運動技能が持っている認知的な要素の重要性を示している。つまり，明らかに，実行サブルーチンそれ自体は**運動技能**ではない―そうではなく，それは**手続き**であり，第4章で述べたような手続き的ルール（すなわち知的技能）が持っている性質に合致する類のものである。運動技能パフォーマンスにおけるルール支配的な側面とは，最初の動作が実行され，次の動作，その次の動作，というふうに動作の連鎖を意識的に制御することなのである（Gagné, R. M., 1985, pp. 202 - 212）。

これに対し，水泳は興味深い対照的な例である。それは，また，バタ足や水をかく腕の動作，そして，息継ぎのための頭を傾ける動作のタイミングをとるための1つの実行サブルーチンを持っている。しかし，この場合，この実行ルーチンの練習がなされることで，それぞれ別々の技能のスムースな動きが同時に訓練され無意識に行えるまでに上達するのである。多くの研究が，別々の技能をまず個別に訓練をするほうが，全体の技能を最初から（実行サブルーチンを含めて）練習するよりも有利なのかどうか調べてきている（Naylor & Briggs, 1963）。はっきりとした答えはこれらの研究からは得られていないが，最大限言えることは，それは技能の種類によって異なるということである。つまり，実行サブルーチンと個々の技能を両方とも学ばなければならないことは確かである。それぞれのどちらかだけで，他方をしないという練習というのは，全体の技能を学ぶためには効率でないことがわかっている。

運動技能の学習

運動技能の学習は繰り返しの練習による。もし，運動技能の正確さ・スピード・なめらかさを改善したいとしたら，練習を避けてできる安易な方法はない。スポーツ

表5-4 運動技能の学習条件

パフォーマンス	運動技能のパフォーマンスには，筋肉運動の動きを連続的に構成する知的技能（手続き）が含まれる。運動技能として観察されるときには，その行為が，速度，正確さ，力強さあるいは遂行の円滑さのある水準（言及もしくは示唆されたもの）に達していることが要求される。
内的条件	運動技能の手順を統合する実行サブルーチンは，先の学習から引き出されるか，初期段階に学習されなければならない。車を「後進する」と「曲がる」のような個別の技能は，すでに獲得されていて，車を「方向転換する」技能を学ぶときには，その一部として取り出される必要がある。技能全体をつくり上げる個別の技能に関しては，個別の反応あるいは単一の連鎖として取り出せるかどうかに依存する。
外的条件	実行サブルーチンを学習するためには，インストラクターは学習者に，いくつかの異なる種類のコミュニケーションのうちの1つを提供するだろう。

や，音楽や，体操の選手たちが気づいているように，十分に長い期間にわたっての練習を継続して続けることが運動技能のさらなる向上につながっていること（Fitts & Posner, 1967; Singer, 1980）はたいへん興味深い。表5-4は運動技能学習の諸条件を示している。

しばしば，「ひざを曲げて，体重を左足にかけて」といった言語的な指導が用いられる。実際，手順を記号化する（第4章を参照）ことを意図してこれらの言語コミュニケーションがなされる。練習の中で身につけてもらうという期待を込めて，必要な動きの順序を示したチェックリストが選手に示される。写真やダイアグラムなどもその順序を示すために使われる。**個々の技能の質・正確さ・スピード**（もちろん**技能全体**も）の向上のために学習者は，望まれる結果が得られるように練習し，動きを繰り返さなければならない。運動技能は，情報付加的な（informative）フィードバックを伴う練習を継続することで大きく上達するものである（Singer, 1980）。

［簡単な例］
縄跳びが与えられたとき，子どもは100回続けてジャンプするという基準へ向かって，縄跳びを実行する。

［部分的な技能］
1．わずかにひざを曲げて，まっすぐ跳び上がって降りる。
2．手首を腰のあたりに置き，腕を体の近くで固定して，縄を回す。
3．縄が足にあたらないようにジャンプするタイミングを調整する。

［実行サブルーチン］
縄を回し，鼻の近くまで縄が来たら約1インチ飛ぶ。

これを次のように拍子をつけて学習することもできる。
　　縄を回して
　　回ってきたら
　　鼻を通り越す時
　　1インチ跳ぶ

⇒ 要 約

　この章では，言語情報，態度，運動技能の3つの異なった種類の学習について述べた。それらはいくつかの共通した特徴を持つが，実のところ非常に異なっている。まず，成果を確認するパフォーマンスの種類が異なっている。

1. **言語情報**：言葉で事実や一般化・組織化された知識を述べること。
2. **態度**：個人的行為の道筋を選択すること。
3. **運動技能**：身体運動のパフォーマンスを実行すること。

　2番めに，学習の条件についての分析が示したように，3種類の学習は，その効果的な達成に必要な条件が互いに異なっている。言語情報の学習にとって主要な条件は，先の学習から**組織化された知識のネットワーク**に，新しい情報を関連づける外的な手がかりを準備することである。態度の学習には，個人の行為選択についての直接的強化を確実にするか，あるいは**人間モデル**に依拠して，学習者に代理強化を引き起こすかのいずれかが必要である。そして，運動技能の学習には，実行サブルーチンを早期に学習することや，個別の技能の統合を促すことに加えて，学習者への頻繁なフィードバックを伴った**練習**が重要な条件となる。

　これらの能力に関連するパフォーマンスの種類と効果的な学習の条件は，知的技能および認知的方略に関係するものとは異なるが，重要であることに変わりはない。特に組織化された知識の形で言語情報を記憶し，容易にアクセスできるようになることは，公式・非公式の教育および研修の場において，適切で望ましいインストラクションの目標である。態度の確立は，多くの分野，特に軍隊において，非常に重要な目標であることが広く認知されている。運動技能は，学校学習での認知的指向と相反するように思えるかもしれないが，運動技能のそれぞれは，美術や音楽，理科，スポーツなどの基礎的技能の基本的要素としての正統性を持っている。

　3番めに，これらの学習成果の特徴として，知的技能と比べたとき，前提とな

第5章　さまざまな学習：言語情報・態度・運動技能　119

る内的条件が異なるばかりでなく，インストラクションが効果を発揮するために整えられなければならない外的条件も異なっている。知的技能が互いに持っている関係が**下位技能としての必須の前提条件**であるのに比べて，言語情報，態度および運動技能が先行学習との間に持つ関係は，**必須**ではなく**支援的**なものである（Gagné, R. M., 1985, pp. 286 - 272）。このことは，大きな差の1つである。この特徴は，後の章で検討するように，**インストラクションの系列化**に対して特別な意味合いを持つ。

　本書で展開している ID のシステムでは，知的技能を中心的な計画の構成要素として，最優先している。つまり，インストラクションの基本的構造は，学習が生起した時に学習者が**できるようになること**を中心に設計されており，この能力は次に，学習者が以前に何を学習したかに関連してくる。この ID の方略では，最初の段階で目標となる知的技能を確認し，次にその前提条件の分析と確認へと展開する。この基本的な系列に，基本的な技能によって可能となる認知的方略が適切なタイミングで付け加えられる。別の場合では，インストラクションの主要な目標が，言語情報，態度変容，あるいは運動技能の熟達にすえられるかもしれない。これらの場合にも，先行学習の支援的な効果と，複数の目標が学習されなければならない典型的な事例を明らかにするために，分析が必要である。

　この後のいくつかの章で，ID の手続きについて直接述べることになる。その技法は，大部分，今まで述べたさまざまな学習成果に関する知識から派生しており，この知識の直接的な適用から成り立っている。

第6章

学　習　者

　学習されたものというのはどんなものであれ，第4章・第5章で述べた1つの能力か，あるいは複数の能力の組み合わせとして確認することができる。たとえば，学習者は数学的手法について，一連の知的技能を習得することと，それを積極的に活用しようとする態度を獲得することの両面を期待される。あるいは，ファスナーの歴史についての言語情報とそれをどう組み立てるかについての知的技能を併せて学ぶことを求められるかもしれない。ファスナーにまったく初めて接する幼い学習者であれば，その操作のための運動技能も必要になるはずである。

　このような幅広い学習課題に取り組むのは，さらに幅広い多様性を持つ学習者たちである。学習者は，生まれつきの能力・背景知識・経験・学習への動機づけなどの点で，幅と詳細さにおいて多様である。つまり，新たな学習課題に挑戦している学習者は，彼らの本来の特性においてきわめて異なっているのである。これらの多様な個人差に対して，インストラクショナルデザイン（ID）の手順としては，以下のことをしなければならない。

1. 合理的な方法で，学習者の持つ特性の多様性をインストラクションの計画が可能な程度の数に減らすこと。
2. 異なった指導法を必要とする共通の学習者特性の次元を明らかにし，そして，それに対応するよう異なった設計をすることが学習効果にどのような差をもたらす可能性があるかを明らかにすること。
3. いったん共通の学習者特性を明らかにできたら，学習成果に影響を与える学習者の差異に応じた設計を提供すること。

　本章で私たちが明らかにしようとするのは，これらの手段であり，IDにおけるよりよい意思決定を導く知識を提供することである。ここでの議論は，学習者はどんな

人たちであり、どんな要因が学習に影響を与え、個人の差異に対してどのように ID を行うか考察しながら進めていく。これらすべての文脈において焦点をあてるのは、学習者中心アプローチ（learner-centered approach）の ID を実現するための、心理学的・環境設計的な原理である。

学習者特性

　学習者は、インストラクションと関係のあるいくつかの特性を持っている。たとえば、彼らは口頭の伝達内容を聞き取れ、テキストに書かれたものを読むことができ、それを実際に読みたいかどうかを決められる。これらの一般的な特性は学習者によって異なる。ある学習者は書かれたテキストをすばやく読むことができる一方で、他の学習者の読むスピードは遅く、つっかえながらであり、さらに読もうとさえしない学習者もいる。これらの差異は個人の能力と動機づけの違いによるように思われる。しかし、環境的な要因や発達的な要因もまた、学習者のパフォーマンスを左右する。アメリカ心理学会の支援を受けて設置されたワーキンググループ（APA Work Group, 1997）は、文献のレビューを行った。さまざまな領域にわたる心理学研究から、学習者特性と学習環境に関連する要素を明らかにしようとしたのである。学習者中心の心理学的原則を導き出すことが目的であった。その結果、14 の心理特性と原則を見出し、それを以下の 4 つの要素に分けて示した（表 6-1）。認知とメタ認知・動機づけと情意・発達と社会性・個人の差異である。

　これらの要因と原則は、インストラクショナルデザイナーにとって関心のある学習者の内的特性を明確にするのに役立つ。なぜならそれらの内的特性は、学習に関する情報処理の一連の流れと学習への動機づけ全般に影響を与えるからである。これらの特性は、感覚情報の入力や内的処理、貯蔵、検索、そして最後には学習者の反応として組織化するまでの処理過程全般に関連する。さらには、何が学習されるかに影響を与える要因と原則も存在する。これらにもまた、動機づけの変数、発達と社会性にかかわる変数、そして個人の差異にかかわる変数が含まれている。

生来の学習者特性

　学習に関連する個人の特性のいくつかは、生来的に決まっている。たとえば、視力は、眼鏡の助けを借りることはできるが、人々に「組み込まれた」基本的な属性であり、学習によって変えることのできない感覚系である。このような特性はインストラ

表6-1　学習者中心の心理学的な因子と原則（APA, 1997-）

認知・メタ認知の因子

1. 学習プロセスの特性
   情報と経験から意味を意図的に構築するとき，複雑な題材を最も効果的に学習できる。
2. 学習プロセスにおける目的
   成功する学習者は，時間をかけて，適切な支援とインストラクションによるガイドがあれば，意味があって，一貫性のある知識表現をつくり出すことができる。
3. 知識の構築
   成功する学習者は，新しい情報とすでに持っている知識とを，意味のある方法で結びつけることができる。
4. 戦略的な思考
   成功する学習者は，複雑な学習目標を達成するために，思考や推論の方略をつくり出したり，活用することができる。
5. 考えることを考える
   心的処理の選択とモニタリングなどの高次の方略は，創造的・批判的思考を引き出す。
6. 学習の文脈
   学習は，文化や技術，そして，提供されるインストラクションなどの，環境的因子の影響を受ける。

動機づけと情意に関する因子

7. 動機づけと感情の学習への影響
   何をどれだけ学ぶかは学習者の動機づけに影響される。その動機づけは，個人の感情の状態や信念，関心事，目的，考え方のクセに影響される。
8. 内発的な学習意欲
   学習者の創造性，高次の思考，生まれつきの好奇心は，学習意欲や個人的選択行動と制御に寄与する。
9. 動機づけの努力に対する効果
   複雑な知識や技能を獲得することは，学習者の長期間の努力と指導者のもとでの練習を必要とする。学習者に学習意欲がなければ，努力することに喜んで立ち向かうような姿勢は強制なしには生まれてこない。

発達的・社会的因子

10. 学習への発達の影響
    個人の発達につれて，彼らはさまざまな学習の機会に出会い，さまざまな学習への制約を経験する。学習は，物理的・知的・感情的・社会的領域の内側，あるいはその間にあるさまざまな個人の発達状態が配慮されたとき，最も効果的なものとなる。
11. 学習への社会的影響
    学習は，社会的な相互作用，個人間の関係，他者とのコミュニケーションに影響される。

個人の差異に関する要因

12. 学習における個人差
    学習者は，それ以前の経験や遺伝的なものに強く影響されて，学習への異なる方略・アプローチ・能力を持っている。
13. 学習と多様性
    学習は，その学習者の言語的・文化的・社会的背景を考慮されたときに最も効果的なものとなる。
14. 基準と測定
    適切な難度で簡単には達成できない基準を設定することと，学習者と学習の進捗状況の評価（診断と処理と成果の評価を含む）は，学習プロセスにおいて欠くことのできない部分である。

※注：オリジナルの内容を本旨に合うように並べ替えた。
出典：American Psychological Association (1997).

クションにおいて考慮される必要があるが，それは，学習者の知覚要件に適応させることを目指したものになる。

しかしながら，インストラクションを計画する際により重要な意味を持つ情報処理との関係で，学習に影響を与える学習者特性もある。たとえば，ワーキング・メモリ（作業記憶）と呼ばれる学習された事柄が格納され，処理される記憶機能には，生得的な容量制限があると指摘されてきた。1度に「頭の中に保持できる」要素数は即時記憶によって7プラスマイナス2程度だと明らかにされている。また，すでに学習された概念が想起されて活用される時の速度は，測定可能である。たとえば，Aとaや Bとbのように見た目で異なった文字が同じ音かどうか，できるだけすばやく反応するよう要求した場合にである。見た目の違いがある文字どうしをマッチさせるには，概念として読み取られる必要があるからである（Hunt, 1978）。このプロセスの速度や効率もまた，生得的な個人特性であると考えられている。

ここにあげたものやそれ以外の遺伝的に決められている学習者特性について，IDは，学習によってそれらの特性を変化させるという目的を持つことはできない。その代わりに，インストラクションは人間の許容量を超えないように設計されなければならない。たとえば，読解の初期段階では，文字数が多い単語を含む文の読解は，子どもの作業記憶の容量を大きく超えてしまうかもしれない。一般的な人にとっても，長文は作業記憶に負荷を与え，その上限を超えるような要求をすることがある。このような場合のデザイン手法としては，単語，文章，図式や他の多様なコミュニケーションの手段を用いることであり，それにより作業記憶の容量内でうまく処理できるようにして，メモリ容量の上限を試すような行為は避けることができる。

学習された特性

特性には，生まれつきで学習によって変化させることができないものの他に，多くの学習される特性がある。それらの多くは，学習に対し重大な影響を及ぼす。学習された特性こそが，前の章で学習成果の種類ごとに取り上げた内的条件を構成する要素でもある。

知的技能

典型的な知的技能であるルールは，構文的に組織化された概念の集まりとして記憶されていると考えられている。具体的には，ニューウェルとサイモン（Newell & Simon, 1972）によれば，ルールはプロダクション・ルールと呼ばれる機能的な形式を持つ。

プロダクション・ルールの例：

　　　IF（もし）目標が，xインチをセンチに換算することならば，
　　　THEN（そうであれば）xに2.54を掛ける。

概念も，同様に，次の例のとおりにプロダクション・ルール形式で表現される。

　　　IF（もし）2次元の図がすべて同じ辺を持つならば，
　　　THEN（そうであれば）その図形を正多角形と分類する。

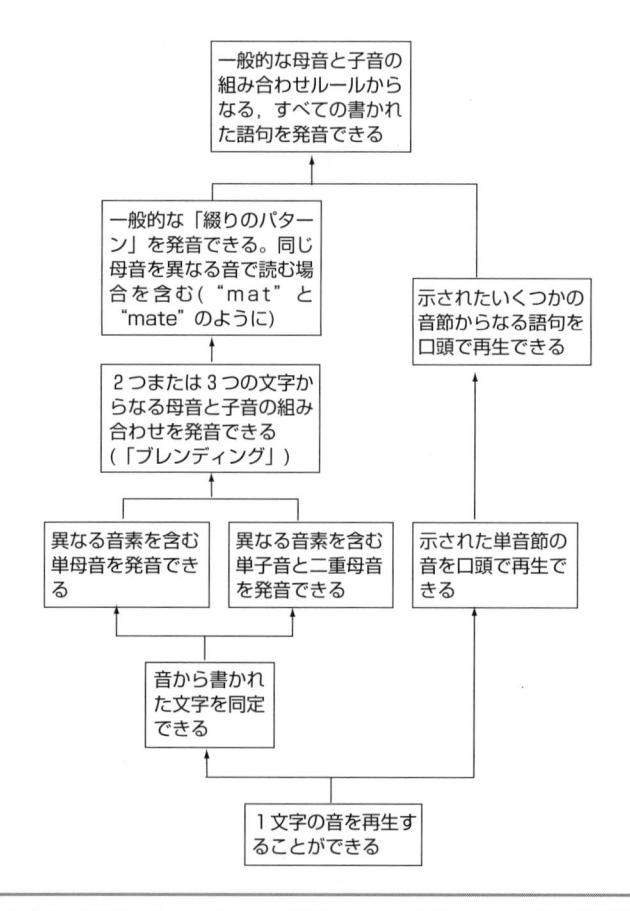

```
                    ┌──────────────┐
                    │一般的な母音と子音の│
                    │組み合わせルールから│
                    │なる，すべての書かれ│
                    │た語句を発音できる │
                    └──────────────┘
                           ↑
        ┌──────────────┐        ┌──────────────┐
        │一般的な「綴りのパター│        │示されたいくつかの│
        │ン」を発音できる。同じ│        │音節からなる語句を│
        │母音を異なる音で読む場│        │口頭で再生できる │
        │合を含む（"mat"と  │        └──────────────┘
        │"mate"のように）   │
        └──────────────┘
                ↑
        ┌──────────────┐
        │2つまたは3つの文字か│
        │らなる母音と子音の組み│
        │合わせを発音できる  │
        │（「ブレンディング」）│
        └──────────────┘
          ↑            ↑
 ┌──────────┐ ┌──────────┐ ┌──────────┐
 │異なる音素を含む│ │異なる音素を含む│ │示された単音節の│
 │単母音を発音でき│ │単子音と二重母音│ │音を口頭で再生で│
 │る       │ │を発音できる  │ │きる      │
 └──────────┘ └──────────┘ └──────────┘
         ↑        ↑            ↑
         ┌──────────┐        │
         │音から書かれ │        │
         │た文字を同定 │        │
         │できる    │        │
         └──────────┘        │
               ↑            │
         ┌──────────────────┐
         │1文字の音を再生す   │
         │ることができる     │
         └──────────────────┘
```

図6-1　多音節の単語を発音するスキル獲得のための前提スキルを示す学習階層図

ここで記述されているのは明らかに手続きである。それゆえ、蓄積された一連の知的技能の集合をさす言葉として、**手続き的知識**という表現が習慣的に用いられている。また、記憶された実体としてのプロダクション・ルールは、命題が持つ統語的および意味的な属性を持っている。典型的な知的技能としての複雑なルール群は、より単純なルールや概念から構成されている。後者は、目指したインストラクションの目標となっているスキル獲得に対する前提条件として通常学習される。記憶から取り出されたとき、複雑なスキルはすぐにこれらのより単純で前提条件的なスキルを活性化させる。なぜならば、それらは命題の構成要素であるからである。例として、図6-1では、「印刷された多音節の単語を（見ながら）発音する」スキル獲得を目的としたときの要素となるスキルを示している。

認知的方略

ここでいう方略とは心的な手続きなので、認知的方略は知的技能の一形態といえる。したがって、認知的方略はプロダクション・ルールの一種とも考えられ、実際、そのように表現できる。たとえば、子どもたちは、自分で書いた文を「自分で編集」できるようになる認知的方略を身につけ、そうすることで、よりしっかりした文を生成できるようになる。最初の文が「ジョンはお店に行きました。」だった場合、作った文に対して（いつ、どこへ、どんな、どうやって、…といった）いくつかの質問を考えて、それに答えるという認知的方略をあてはめる。その結果、「朝方、ジョンは町の中心にある金物屋まで歩いて行きました。」といった文に成長する。

この事例でのプロダクション・ルール（方略）は、以下のように記述することができる。

　　　IF（もし）目標が、十分に通じるような文に改善することであるならば、
　　　THEN（そうであれば）「いつ、どのように、どこで、なぜ？」などの質問の
　　　　答えとなるようなフレーズを加える。

認知的方略の以下に示す2つの特性は注目に値する。1つめは、知的技能の選択と活用をつかさどる手続きであることである。先ほど述べたとおり、「自分で編集する」方略は、文をつくったり、フレーズを作成する知的技能をすでに身につけているときにのみ使うことができる。次に、認知的方略には比較的シンプルなものから複雑なものまで幅がある。「自分で編集する」例では、方略の構造そのものは複雑でもない。「いつ、どのように、どこで、なぜ？」など特定の質問を投げかけるだけである。チェスをしたり、ある組織の力関係を分析するなどの他の文脈では、認知的方略はずっと複雑になり、認知処理容量の観点から困難な課題になる。このことは「認知負荷（cognitive load)」と呼ばれており（Pass & van Merriënboer, 1994），近年の ID 研究では，このような複雑な認知的スキルをよりよく獲得するための教授法の開発に焦点があてられている（van Merriënboer, 1997）。典型的に，認知的方略は広い適用範囲を持つ。先の自分で編集する例でいえば，そこでの方略は，どんな科目のどんな文にも適用可能である。けれども，認知的方略は領域限定的でもある。自分で編集する方略は，文章編集やその改善には役立つが，研究論文を査読したり，映画を批評するといった，より包括的で複雑なガイドラインが必要な場合には十分なものとはいえない。

言語情報

言葉や宣言的な形式の知識である言語情報は，個別の命題（事実）もしくはネットワーク状につながった命題群として記憶に蓄えられており，中心になる考えや一般的な概念に関連づけられている。図 6-2 に示したとおり「高温・高圧にさらされてできたから火成岩はとても固い」という命題は，それ以外の関連した命題とともに形成

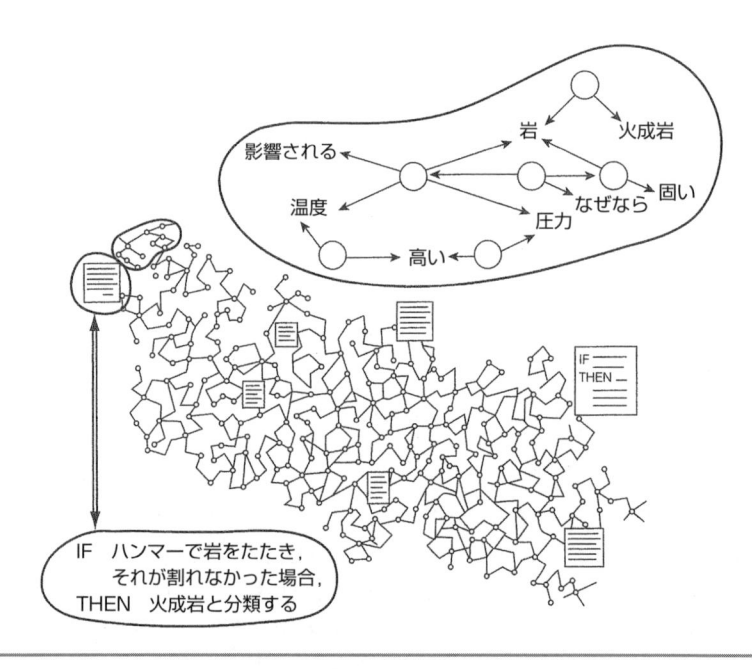

図 6-2　相互に関連する命題のネットワーク
注：数多くの言語情報とちりばめられた知的技能（プロダクション・ルール）を上図にボックスで表現して示した
（出典：E.D. Gagné, (1985). *The cognitive psychology of school learning*, Little, Brown ; Boston.)

されるより大きなネットワークにつながっている（Gagné, E. D., 1985）。さらに，この複雑なネットワークの要素は，さまざまなところでプロダクション・ルール（知的技能）とつながっている（図6-2を参照）。

記憶をたどって1つの命題に行き着くと，他の関連する命題も同様に「頭の中に浮かび上がってくる」。このプロセスは**活性化拡散**（spread of activation; Anderson, 1985）として知られている。これは，長期記憶から知識を取り出す（retrieval）原理だと考えられている。

学習者がある1つの考えを想起しようとしたとき，最初に検索したその考えだけでなく，多くの関連した考えが活性化される。たとえば，ヘレンという名前を検索している最中に，活性化拡散作用によって，トロイ，ポエ，ギリシア，ローマなどを通して，ブリテンの戦いに赴いた皇帝クラウジウス，その他の多くの事柄に到達する。活性化拡散は，ランダム思考や自由連想として私たちが知っている認識過程を説明するだけでなく，内省的に思考する場面で明らかなように，想起の柔軟さの基礎でもある。

態　度

記憶における態度は複雑であるため，図として表すのは難しい。記憶に保存されている態度には，第5章で述べられたように，以下のような認知的・情意的な動機づけの要素が含まれている。①人間モデルが示す個人的行為の選択，②人間モデルが示す基準に準拠した自分の行為基準の表出，③選択した行為がもたらす強化によって得られる満足感や，代理強化によって得られる満足感である。心の中で正反対の考えや意見の不調和で悩まされるような場面では，何層にも積み重なっている記憶が，感情として立ち現れる。

態度もまた，ネットワーク状に相互につながった複雑な命題の中に埋め込まれているように思われる。しばしば観察される現象として，個人の行為選択に作用する内的な心理状態が，状況的な因子の影響を強く受けるということがある。したがって，態度とは，ある状況に組織化された命題のネットワークの中で生起する現象だとすることができよう。たとえば，周囲をこぎれいにする態度を持っている人がいるとする。その態度は，台所用品にはあてはまっても，机の上の書類整理にはあてはまらなかったりする。ある状況のことを思い出した時，物事だけでなく，態度についても同様に想起される。

911という数字は，そうした想起と状況依存性のきわだった例である。ほとんどの米国人は，（単なる911にすぎない）この数字を「9・11」とか「9・1・1（救急車を呼ぶための番号）」という意味で捉えることだろう。その数字は少なくともアメリカでは，救急車を呼ぶ際の電話番号と関連していたから，これまでの何年もの間，2つ

めの意味が生起し，救助が来る途中であるとか，安全の意識を呼び起こすものだった。しかしながら，2001年9月11日に世界貿易センタービルが攻撃されて以来，人々はこの数字を「9・11」とも感じるようになった。それは恐れ，恐怖，怒りなどを呼び起こし，この数字にはこれまでと正反対の感情的な関連づけがされている。今，ある状況が与えられることで他の要素が，この数字によって思い起こされる態度や感情に変化を及ぼすこともあるだろう。

　人が表出する一連の態度において特に重要なのは，その人にとって人間モデルとなっている人物に結びつけられた特定の記憶である。ここでの人間モデルとは，個人の行為を選択するときに参照すべき，信用でき実力のある立派な人物として思い出される人である（Gagné, R. M., 1985）。記憶にはそのモデルによる行為の選択も含まれている。このモデルは，害のあるドラッグを拒むときの姿とか，運動のためランニングを好む姿とか，あるいはクラシック音楽を聴くことを選ぶ姿として思い出される。こうした記憶が適切に状況要因とともに思い出されることで，ある態度を示す個人の行為選択にふさわしい状態になるのである。

運動技能

　運動技能の核となる記憶は，高度に組織化され，中心に位置している運動プログラムだと思われる（Keele, 1968）。このような運動プログラムは，練習によって形成され，自動化され，さらに，外部の刺激や運動感覚へのフィードバックのさまざまな変化に付随的に対応できるようになる。それは，たとえば，車が道からそれそうになったとき，ドライバーが何も考えずにハンドルを修正するのと同様である。加えて，運動技能には，知的技能の場合と同じように前提条件がある。1つの運動技能を構成するより単純な要素の集まりは，たぶん，その1つずつが部分スキルにあたるだろう。ただ，それらは，特定しやすいこともあればそうでないこともある。例として針に糸を通す場面を考えてみよう。次のような部分スキルがあることがわかる。①針をしっかり持つこと，②糸を針穴に通すこと，③通した後，糸の端をつかむこと。

　運動技能として記憶されることのうち，より本質的なものに，その実行手順（実行サブルーチン）がある。それらは通常，運動技能の1要素として最初に学習されたものである（Fitts & Posner, 1967）。スムースさやタイミングのよさを伴うレベルにいたるまでは，基本的な動作の流れは，ある種の知的技能（手続き的なルール）の特徴を持っている。これらの手順は運動技能の前提条件として獲得されるか，練習の初期段階に学習される。運動技能が何年も使われることがない場合，そのパフォーマンスがぎこちなく錆びついているとしても，実行サブルーチンが失われることはあまりない。たとえば，クラリネットの演奏者も，演奏しなかった何年かの影響がパフォーマ

ンスの質に現れるとしても，演奏の仕方は覚えているだろう。

　自転車の乗り方のように自動化レベルまで学習されたスキルは，なぜ何年間も使っていなくても運動技能が完全に失われないのかを説明してくれる。けれども，運動技能が自動化段階にまで達した後も，さらに継続的にスキルを向上させてきわめて高いレベルの熟達者レベルにまで高めていくことについては，どんな説明が成り立つのだろうか？　エリクソン（Ericsson, K. A.）の広範囲な研究成果とこの分野における文献レビュー（たとえば，Ericsson et al., 1993; Ericsson, 1998 など）によれば，以下のとおりである。きわめて高いレベルの熟達者は，子どもの頃から練習を始め，コーチの教えを早い段階から請い，そして，最も重要なこととして，彼らはよく練られた高いレベルの練習に，同じ領域の到達度がその人ほど高くない人に比べきわめて高い集中度で取り組んでいた。

学習に影響を与える特性

　学習の量と質に影響を与える特性は山のようにある。内発的動機づけ，発達面の因子，個人の能力の差異などは，学習者の内部特性である。その他の，刺激や注意に与える環境的影響や，社会の規範・価値，基準や評価は外的な要因である。APAのワーキンググループ（APA Work Group, 1997）が示したカテゴリにならい，特性を，動機と情意に関する因子，発達と社会性に関する因子，個人の差異に関する因子の3つのグループに分類してみよう。

動機づけに関する因子

　インストラクションを設計する際に考慮されるべき特性の1つに，動機づけがある。動機づけはグッドとブロフィー（Good & Brophy, 1990）により，「目標を指向した行動の開始，方向づけ，その熱心さと持続性を説明する仮説的な構成概念」（p. 360）と定義づけられている。言い換えれば，学習者を学習活動に駆り立て，学習目標に注意を向けさせ，与えられた以上のことをしようとする力が存在するということである。動機づけを直接測定することはできないが，学習者の行動を観察することによって推察することはできる。

　動機づけ要因は，学習者にとって**外発的**（extrinsic）（外的；external）なものと**内発的**（intrinsic）（内的；internal）なものに分類される。内発的動機づけの1つとして，好奇心（curiosity）があげられる。一方でまったく異なる内発的な動機づけ要因とし

て，達成動機（need for achievement）がある。どんな内的要因が人々を動機づけるかを理解することによって，私たちは動機づけられるインストラクションを設計できる。好奇心を引き出すためにいろいろな疑問点を示したり，あるいは達成動機を組み入れるためには，学習者に個人的なゴール設定の機会を与えたり，競争を取り入れることができる。インストラクションにおける外的な事象と同様に，外的な条件が意欲を引き出したり，動機づけの過程を活性化させることがある。しかしながら，すべての個人が同じ方法で動機づけられるわけではない。ある特定の状況では，既存の学習，経験，期待のゆえに動機づけられる人がいたとしても，他の人には同じように働かないかもしれない。動機づけの研究者らは，教材を設計する上で考慮に値する一般化可能な多くの原則や条件を明らかにしてきた。

　ケラー（Keller, 1987, 1999）は，**ARCSモデル**と名づけた動機づけ設計のモデルを開発した。この名称は，動機づけの条件である注意（attention），関連性（relevance），自信（confidence），満足感（satisfaction）の4つの頭文字をとったものである。ARCSモデルは，大きく2つの部分に分かれている。1つめは，多くの異なる動機づけ理論から得られた命題と指針を1つに統合したものである。2つめは，動機づけ設計のプロセスである。それは，学習者の実態を分析する過程を経ながら，さまざまな動機づけ要因を統合して，適切な動機づけ方略の処方の基礎を与えるものである。

　表6-2に示すとおり，ARCSの各カテゴリには，デザイナーが学習者の動機づけを考える際に問うべきいくつかのポイントが示唆されている。たとえば，注意のカテゴリでは，教師またはデザイナーが，学習者の興味をひくために，漫画やカラフルな図を使うことができるとされている。レッスンの関連性を高めたければ，学習者自身に学習目標を設定させるとよい。学習者に自信を持たせるには，成功する確率が高い練習の機会を設けるべきである。また，学習者に満足感を与えるためには，よいパフォーマンスにはある種の報酬を与えるべきである。これらは，ケラーのモデルから引き出せる具体的な提案の一部でしかない。ARCSモデルの目標は，動機づけに関する理論や研究の成果を，より簡単に実際のインストラクションに生かせるようにすることである。IDにおいて動機づけへ関心を払う目的は，学習者に求められる知識とスキルを学ぶために必要な努力にかけるだけの時間と熱心さを学習者に持たせることである。

表 6-2 ARCS モデルによる動機づけの分類

カテゴリと下位カテゴリ	設計プロセスにおける問いかけ
注意	
A.1. 知覚的喚起	学習者の関心をひくために何ができるだろうか？
A.2. 探求心の喚起	どのようにすれば探求的な態度を引き出せるだろうか？
A.3. 変化性	どのようにすれば学習者の注意を維持できるだろうか？
関連性	
R.1. 目的指向性	どのようにすれば学習者のニーズにこたえられるだろうか？（学習者のニーズを知っているか？）
R.2. 動機との一致	いつ，どのように学習者にとって適切な選択肢を与え，責任を持たせ，影響を与えられるだろうか？
R.3. 親しみやすさ	どのようにすれば学習者の経験とインストラクションを結びつけられるだろうか？
自信	
C.1. 学習要求	どのようにすれば学習者が成功への期待感を持てるように支援できるだろうか？
C.2. 成功の機会	学習経験はどのように学習者の有能感を支持したり高めたりするだろうか？
C.3. コントロールの個人化	学習者はどのように，成功した結果を自らの努力と能力によるものだと明確に認識できるだろうか？
満足感	
S.1. 自然な結果	どのようにすれば学習者が新しく獲得した知識やスキルを活用する意味のある機会を提供できるだろうか？
S.2. 肯定的な結果	何が学習者の成功を強化するだろうか？
S.3. 公平さ	どのようにすれば学習者が自らの成果を肯定的に捉えることを支援できるだろうか？

出典：Keller（1987）を改変。

発達と社会性の因子

　発達心理学は，子どもの認知発達に関しての洞察を与えるとともに，子どもたちの学習パターンとIDとを適応させる方法についての知見を提供している。ピアジェ（Piaget, 1963）は，幼年期から10代半ばにかけて4つの際立った発達段階を同定している。第1段階の**感覚運動期**では，幼児は対象物の永続性（物体は視界から消えた

時に存在しなくなるわけではないということ）や，目的指向の行動（ブロックを入れ物から取り出す，といった，系統だった行動は常に予測できる結果—ブロックが入れ物の外に出る—をもたらすこと）などを学び始める。2歳児あたりから**前操作期**に入る。幼児は物体や行動を表現する記号として言語概念を発達させる。しかし，ピアジェがいうところの「操作（operation）」はまだ獲得していない。操作とは，実際に手を動かして物理的に行動しないで，心の中で実行をイメージしたり，行動を逆順に再構成できることをさす。その**具体的操作期**は，およそ7～11歳に相当する。子どもがよく知られている**保存**（conservation）の原理を獲得するのがこの時期である。前操作期の子どもは，同じ量の液体であっても，細長く背の高い管状の容器に入っている液体のほうが，背が低く太いほうに入っている液体よりも多いと判断してしまう。具体的操作期の子どもは，1つの場面で認識した量が，見え方が変わっても量は保存されると判断できる。最終段階の**形式的操作期**は，11歳以降に到達する。抽象的な問題を論理的に解決したり，社会的な問題に関心を示すようになり，「非自己中心的」な視点から物事を考えられるようになる。こうした発達段階の子どもを対象にしたインストラクションを成功させるには，学習者のこのような発達面の特性に配慮する必要がある。

　ピアジェとは対照的に，ヴィゴツキー（Vygotsky, 1978）の発達学習理論はより社会的であり，ヴィゴツキーの研究は，現代の構成主義の学習理論に強い影響を与えている。ピアジェは発達段階について，主として学習者の内面的な過程であり，子どもは認知発達の初期段階では自己に着目していると考えていた。ヴィゴツキーはそれとは対照的である。子どもが自らの行動を言語化したり，認知的方略を発達させるときに，所属文化の成員であるより能力のある他者との相互作用に直接的な影響を強く受けているとした。どの発達段階においても，子どもにとって心地よい課題と認知プロセスが存在する。しかし一方で，子どものレディネス（readiness）が及ばない領域がある。子どもは，これらの自力が及ばない難しい領域にあたる学習場面では，他者からの援助や励まし，あるいは他者からの思いやりのある支援を受けながらであれば，物事を達成したり，成長できる。

　ヴィゴツキーはこの外側の領域のことを，「発達の**最近接領域**（zones of proximal development）」と名づけた。この領域において，よく設計されたインストラクションや指導が効果を発揮する。なぜならば，子どもの潜在能力から見て手の届く範囲にあるからである。子どもの発達を手助けするこのような方法は，ジェローム・ブルーナー（Bruner, J.）によって，**足場づくり**（scaffolding）と呼ばれている（Wood et al., 1976）。もともと，足場づくりという用語は，発達の最近接領域の中で，子どもの認知容量とスキルの向上を支援することを厳密にはさしていた。しかし現在では，足場

づくりという用語は，さまざまな種類の学習を支援する合図・刺激・説明・道具やその他の伝統的な方策に広く用いられている。

個人の差異に関する因子

　学習者中心の心理学的な原則は APA のワーキンググループによって整理されており，そこには，学習事項に対する個人差や，環境の与える影響が含まれている。すなわち，個人が受け継いだ遺伝的特性，学習スタイルの好み，獲得している学習方略，社会的・文化的な価値観や信念，外的に定められた目標や，学習環境で用いられる評価ツールで表現された達成基準についての期待値，などである。これら数多くある個人の差異に関する因子については，本書のさまざまな箇所に織り込まれている。特にID プロセスと方略についての部分において詳しく取り上げた。

　評価に関していえば，学習のパフォーマンスに対して自己評価することも，学習者の動機づけとパフォーマンスに影響を与える。だから，インストラクショナルデザイナーは，自己評価という方策を組み込むことができる。自己評価では，学習者に自分自身のパフォーマンスを評価し，その記録をとり続けることを求める。学習者たちは，自らの行動を比較的正確に評価できるようである（Rhode et al., 1983）。そして，自己評価に目標設定と学習時間の記録が組み合わせられているとき，自己評価は学習に対して肯定的な影響を与える（Morgan, 1985）。しかしながら，学習者たちが成功を焦って過度に不安になったり，達成することに対する自己概念が貧弱な場合には，自己評価をさせることは否定的な影響を及ぼすことがある。

記憶の組織化

　学習された結果として長期記憶に保存されるまとまった事項は，命題（記述型のものと手続き型の双方），イメージ，そして態度であると，便宜的に考えてよいだろう。その実態は相互につながったネットワークとして組織化されている。学習者はネットワークを検索し，そこから取り出すことで，記憶した事項を何らかの活動やさらなる学習に活用する。

　ネットワークが表現するのは，さまざまな種類の学習された能力であり，それは**スキーマ**（schema）と呼ばれる構造体の存在を前提としている。一般的なトピックや機能を活用する場面についてアイデアが（スキーマとして）組織化されている。スキーマの研究者らが指摘しているように（Rumelhart, 1980; Schank & Abelson, 1977），

私たちは「レストランに行く」とか「スーパーで買い物をする」といった一般的なトピックに関して組織化された知識構造をいつも持ち歩いている。

　学習者が獲得する資質（capability）についての概念の中でも，さらに一般的なものが，**能力**（ability）という概念である。さまざまな活動におけるパフォーマンスの質を抽出した心理学的なテストを用いることで，能力は測定される。よく知られている能力の領域としては，言語的・数的・視覚的・空間的なものがある。それらの能力は通常，さらに特定の能力に分けられる。たとえば，言語の流暢性，数的推論，視覚的記憶，空間認知などである（Cronbach, 1970; Guilford, 1967）。学習者の一般的な特性には，上記以外に，情意や性格の領域に関するものがある。それらは**特性**（trait）と呼ばれており，学習に対する不安や意欲などの性質を含んでいる（Tobias, 1986）。人間の性質としての能力と特性は，インストラクションの質的な差異に呼応して，学習に異なった影響をもたらす可能性がある点で，とても重要である。たとえば，高い言語能力を持つ学習者であれば，簡潔に書かれたテキストを使ったインストラクションでも，十分効果的である。不安を抱えている学習者にとっては，高度に組織化された構造を持つインストラクションが最も適切かもしれない。これらは簡単な例であり，後でさらに詳しく検討する。

スキーマ

　スキーマとは，命題・イメージ・態度の記憶要素を組織化したものであり，一般的な概念について意味のある情報のまとまりを表現している（Anderson, 1985）。一般的な概念とは，家・オフィス・木・家具といった事物のカテゴリのことをさす。それ以外にも，レストランに行く，野球の試合を観戦する，といった出来事についての概念もある。主題にかかわらず，スキーマは，そのカテゴリの事物や出来事に共通の特徴を備えている。**家**についてのスキーマであれば，よくわかっている特徴として，建設材料，部屋，壁，屋根，窓や人間が住む機能を含んでいる。これらの特徴は**スロット**（slot）と呼ばれ，何枚の窓か，どんな種類の屋根か，といったように特徴が持つ値でスロットが「満たされる」（スロットがその値をとる）ことを意味している。

　出来事についてのスキーマも，スロットを含めた同様の属性を備えている。たとえば，レストランのスキーマを考えてみよう。レストランに入る，席を決める，メニューを見る，ウェイターに注文する，食事をする，勘定を頼む，代金を払う，チップを残す，レストランを出るといった行動がスロットとして含まれている（Schank & Abelson, 1977）。レストランで食事をした経験が十分ある人は誰でも，おおよそこの

ようなスキーマを記憶の中に持っている。食事をするたびに，持ち歩いているスキーマのスロットに新しい食事経験から得られた新しい事実（値）を入れるのである。明らかに，各人の経験に依存しているので，ある人の「レストランのスキーマ」は，他の人のそれとは異なる。スキーマは，スロットに保存された細部での違いと同様に，スキーマ全体の包括性という意味でも他人と異なるだろう。この差異は，そのスキーマに関連する内容のインストラクションを計画する際にはきわめて重要である。

　新たなインストラクションのもとで学習する際，学習者はすでに記憶の中にあるさまざまなスキーマを持ち込んで課題に取り組む。フランクリン・ルーズベルト大統領の任期中の米国史について学習し始めた際，学習者は利用できるスキーマとして，相互に結合した概念である，大恐慌・ニューディール政策・第2次世界大戦などを想起する可能性が高い。新しいレッスンで得られる詳細な歴史上の情報によって，それらのスキーマのスロットやそれ以外の特徴が埋められていく。算数の文章題を解く学習では，子どもたちは，**変換**（change）・**結合**（combine）・**比較**（compare）などのスキーマを用いて問題を解くだろう（Riley et al., 1983）。たとえば，結合算スキーマは，次のような問題に適応できる。「ジョーとチャールズは2人合わせて8ペニーを持っています。ジョーは5ペニーを持っています。チャールズは何ペニーを持っているでしょうか？」。**大気汚染**についてのスキーマには，硫黄酸化物や窒素酸化物とその原因についての情報が含まれるほかにも，関連する法案に対する投票行動に影響する態度も含まれているかもしれない。

　ウェストら（West et al., 1991）は，**知識（状態）スキーマ**と**プロセススキーマ**を区別した。ウェスト（1981）の考えは，スキーマが知覚をコントロールするというものであった。つまり，人は，スキーマを参照しながらしか，出来事や刺激を認識しないというものである。スキーマは，そのスキーマに関連する刺激へ注意を向けさせる（より正確には，刺激を関連あるものにする）。そして既有知識と協力して，その出来事に対して意味を与える。この見方が意味することは，学習は高度に個人的な活動だという点である。そうであったとしても，スキーマが多かれ少なかれ似通った人間社会における成長経験の結果として発達する限りは，各個人が皆同じようなスキーマを所有し活性化させる，と期待してもよいだろう。たとえばアメリカでは，引き算の手順を学ぶ際，上の桁から**借りてくる**手順を教えられる。一方オーストラリアでは，借りてくる手順を伴わない別のアルゴリズムが教えられている。よって，この算数の例では，引き算という語が呼び起こすスキーマは，アメリカとオーストラリアではまったく異なっている。

　インストラクターが知っておくべきことは，個々の学習者がそれぞれ異なった知識スキーマやプロセススキーマを持っているということである。したがって，ほとんど

の学習者にとって自明であることであっても，他の学習者にはまったく意味をなさないこともありうる。特定の個人の知識スキーマを注意深く分析してみると，スキルや知識の前提条件が欠如し，それが欠けているために提示した刺激が意味をなさなくなっていることが明らかになるかもしれない。このような場合の解決策は，インストラクションの最初に前提条件を教えることである。

能力と特性

特定の学習や経験の結果としての組織化に加えて，**能力**と呼ばれるより広い影響力を持つ構造体によっても人間のパフォーマンスが質の点で影響を受けることが，長い間に明らかになっている。何年もの間，新しい問題をどのようにうまく解決するかという能力は，本来の研究目的であった一般的な能力の評価とは区別されてきた(Cronbach, 1970)。一般的にいえば，心理学的なテストによって評価できる能力は，人間個人の安定した特性についてであり，長い期間持続し，厳しいインストラクションや練習を経験しても，そう簡単には変わらないものを意味していた。

人間個人のパフォーマンスは，能力の他にもその人の性格を反映しており，それは**特性**と呼ばれてきた。特性も能力と同様に比較的長期間，変化しないものであり，それを変えようとするインストラクションの影響もすぐには受けないとされている。特性の例としては，**内向性・誠実さ・衝動性・自己満足**などがある。あまりにも多くの特性がさまざまな方法で評価されてきたために，その経過を逐一たどることは困難であり，あまり意味がないともいえる。ただし，1つか2つの特性の差異が学習に異なった影響を及ぼす可能性はあるので，この差異をしっかりと意識した教授法を採用することが望ましい。たとえば，心配性の学習者には，不安のない学習者向けとは異なるインストラクションを提供することで，効果を上げることが期待できる。

能力の差異

まだ答えが得られていない問題が残っている。すなわち，個人の一般的な能力（または知性）の差を測定することが最も有益なのか，それとも，複数の異なる能力差を測定するのが有益なのかという問題である。後者の種々のテストの成績はお互いに正の相関関係を示す。一方，それらは，一般的な能力に関するテスト（スタンフォード・ビネーの知能テストやウェクスラー成人知能検査）の結果とは低位から中位の相関にとどまる。つまり，能力はそれぞれが完全に独立しているわけではない。その結果，一般的な能力として知性を捉えることを好む人は，異なる能力を測定するさまざまなものさしがすべて「g因子（一般知能を表す）」を含んでいることに満足してし

まうのである。異なる能力の背景にあるさまざまな因子が提案され，調査の対象となってきた。その中で，最もよく知られている能力分類の体系は，サーストン（Thurstone, 1938）とギルフォード（Guilford, 1967）によるものである。それぞれに別々の能力としてよく知られているいくつかを以下のリストに示す。リストには，個々に測定に使われてきた道具立ても含めてある。

- 推論：意味をなさない三段論法を完成させる
- 言語的理解力：印刷された文章を読み解く
- 数的能力：足し算や割り算のスピードテストを実施する
- 空間認知：回転させた図形を特定する
- 連想記憶：物体や数のペアを想起させる
- 記憶範囲：数字のリストをすぐに思い出させる

これらの能力を測定する市販のテストは何種類か存在する。能力テストについては，アナスタシ（Anastasi, 1976），クロンバック（Cronbach, 1970），ソーンダイクとハーゲン（Thorndike & Hagen, 1985）を参照されたい。

特　性

人々がさまざまな状況に対し，ある特定の反応をいつも示すことから，彼らは比較的安定した個人の特性を持っていると推論できる（Cronbach, 1970; Corno & Snow, 1986）。さまざまな年齢やタイプの学習者について，数多くの種類の個人特性が定義され，研究されてきた。近年では，学力だけでなく人間の能力と概念的な意味で強い関係が認められる特性について，膨大な研究がなされている。そのうち最も広く研究されてきた特性は，動機づけに関連するものである。達成動機（McClelland, 1965），不安傾向（Tobias, 1979），統制の所在（Rotter, 1966），自己効力感（Bandura, 1982）などである。

達成度に関連した特性の研究では，**適性処遇交互作用**（aptitude treatment interaction: ATI）の枠組みが用いられることが多い。この枠組みにおいて検証されてきた仮説は，インストラクションの方法（**処遇**と呼ばれる）による学習効果が，ある特性の得点（**適性**と呼ばれる）が高い学習者と低い学習者とで異なる（**交互作用**がある）というものである。この考えに沿って研究がなされ，上で述べたいくつかの特性について，交互作用的な関係が存在することを明らかにしてきた（Cronbach & Snow, 1977; Snow, 1977）。たとえば，インストラクションがかなりの程度，学習者自身による制御を許容する場合には，高い**達成動機**を持った学習者は，達成動機の低い学習者よりも，よりよい成績を収める傾向にある（Corno & Snow, 1986）。他のATI研究

には、**不安傾向**についての研究がある。不安傾向のある学習者の場合，インストラクションをビデオテープで再度復習できるオプションありで受けたほうが，復習できる選択肢なしでグループ視聴した学習者よりも効果的に学ぶことが明らかになっている(Tobias, 1986)。運のような外的要因が学習の成果に大きく影響をしていると感じている学習者がいる一方で，その結果は自らの努力に依存するものだと考える者もいる。この特性の違いは，**統制の所在**と呼ばれている（Rotter, 1966）。自らの努力に成功の原因を求める内的帰属の学習者は，懸命に努力し，学習に積極的に適応しようとする。この仮説は，ATI研究のこの特性に関する代表的な成果である。

記憶の組織化のまとめ

　学習された結果として人間の記憶に保存された一まとまりの事柄を，**学習成果**と呼ぶ（Gagné, R. M., 1985）。学習成果は，知的技能・言語情報・認知的方略・態度・運動技能に分類されている。適切に設計されたインストラクションの結果として，これらの学習成果は無理なく短時間で学習により獲得できる。統合された能力（特定の概念やルール，言語的な命題など）は，より大きく複雑な**スキーマ**と呼ばれる構造に組み込まれて記憶される。
　スキーマとは，命題を通じて相互に関連した記憶のネットワークであり，中心となる一般的な概念のもとに組織化されている。スキーマには，出来事スキーマ（スーパーで買い物する），物体や場所のスキーマ（あなたのリビングルーム），問題スキーマ（経過時間を求める）など，たくさんの種類があり，平均的な人間の記憶に多く存在している。スキーマは，共通に存在する性質で特徴づけられるが，その性質は**スロット**と呼ばれ，新しく学んだ情報がはめ込まれる入れ物になる。つまり，スーパーマーケットのスキーマには，カート・売り場・パン売り場・肉売り場・冷凍庫・レジなどの事柄のスロットが含まれている。買い物を経験した際に新たに獲得された情報は，このスロットの値としてはめ込まれて記憶されていくのである。
　スキーマに表される学習した膨大で複雑な情報とスキルに加えて，心理学が明らかにしたより一般的な性質として，**能力**と**特性**がある。人間のパフォーマンスにおける能力と特性は，長期間にわたる学習の影響は受けているが，インストラクションによってすぐに変わることのない，比較的安定したものである。しかし，空間認知のような能力は，地図の読み方を学習する際には，学習の容易さに影響を与える。同じように，不安傾向のような個人の特性は，厳しい時間の制約がある場合に，学習者のレディネスに影響することがある。この種の関係については，適性処遇交互作用（ATI）研究で成果が蓄積されている。実用面からいえば，これらの研究は，インストラクシ

ョンが能力や特性における個人差を許容できるように適応的な設計法を探索したものといえる。

学習者たちが成功するためには，本章の冒頭で示したAPA（アメリカ心理学会）の学習者中心の心理学原則（APA Work Group, 1997）のとおり，意味のある有効なスキーマを構成する能力が必要である。そのスキーマが，彼らを戦略的な思考に取り組ませたり，意味のある知識の構築を可能にするのである。言い換えれば，知的技能・言語情報・認知的方略・態度・運動技能といった学習能力は，複雑な認知スキルの発達を構築するブロックであり，スキーマを発達させ，学習を成功へと導くのである。

4 インストラクションの参加者としての学習者

学習者は，何らかのパフォーマンス傾向を持ち合わせて，学びの場面や新しい課題に対面する。最も単純な場合には，学習者はある教科やトピックのインストラクションに，すでにその内容を知っている状態で向きあっているかもしれない。しかしながらもっとよくある場合には，新しい事項を部分的には知っていて，残っている知識のギャップを埋める必要がある。その他にも，学習者は新しい事項を学ぶ前提条件となる知識や背景的な知識を持っている可能性もある。こうした既習事項と新しい学習の間の直接的な関係だけでなく，学習者間，グループ間にはより一般的な能力の差があるので，IDを行う際に，逆にその差を有効に活用することができる。

学習者の差異に応じたID

ここまでの議論から導かれる帰結として，種々ある学習者特性は，IDに際して異なる配慮を要求する。既習事項として最も直接的な影響を与えるのはこれまで学んできた**学習成果**であり，知的技能・言語情報・認知的方略・態度・運動技能が含まれる。学習者がこれらの既習事項を想起することは，新しい学習に明らかな影響を及ぼす。同じような効果が，スキーマによって組織化された情報が想起されることからももたらされ，それが，新しい課題の達成を直接支援することもある。より間接的なものとしては，学習者の能力と特性の影響がある。これらの要素は直接新しい学習と結びつくわけではないが，学習プロセスを容易にするという点で大きな影響を与えることがある。

新しい学習課題に取り組むときに，学習者は，すでに所持しているいくつかの記憶構造を用いて，新しい学習内容を処理しようとし始める。既習事項がもたらす影響の

種類は，主として，新しい学習目標の種類によって異なる（Gagné, R. M., 1980）。つまり，新たな学習で期待されている成果が何かを知ることによって，どのような既習事項の影響を受けるのか明らかになる。以下の段落では，新たな学習の対象である学習成果の視点で，この問題を考えていこう。

知的技能の新たな学習

知的技能の学習は，前提条件となる他の知的技能が想起されるかどうかに最も強く影響を受ける。分析してみると，一般的にはより単純なスキルや概念が，新しく学ぶスキルの構成要素になっていることが明らかになる（Gagné, R. M., 1985）。この分析の結果は，図6-3にみられるような**学習階層図**（learning hierarchy）に表すことができる。位置と時間のグラフから速度を求めるスキルには，前提条件としてさまざ

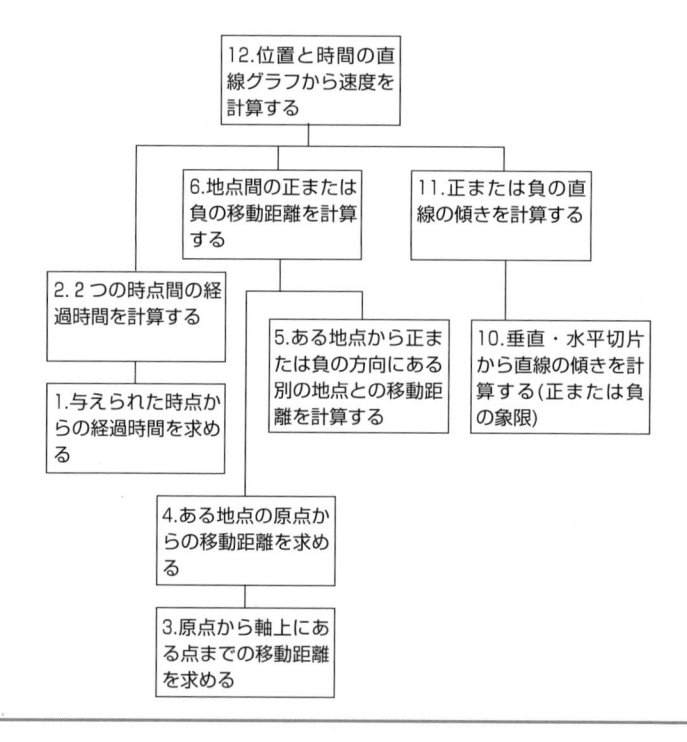

図6-3　課題への前提スキルの関係を示す学習階層図
注：スキル7～9は妥当でない前提条件と判定されたので，本図からは削除されている。
出典：R. T. White & R. M. Gangé (1978). Formative evaluation applied to a learning hierarchy, *Contemporary Edcational Psychology*, **3**, 87-94.

なスキルの下位要素があることが図示されている。ホワイト (White, 1973) の研究によれば，前提条件になるスキルは，目標とする知的技能を直接支援する効果を持つことがわかっている。実際，下位にあるスキルのどれかが欠けていると，関連する上位のスキルを学ぶのは著しく困難になる。つまり，知的技能にとって最も直接的な影響を与える既習事項は，他の前提条件となる知的技能なのである。

　新しい学習を効果的にするには，前提条件を完全に習得（**マスター**）している必要がある。マスターレベルにいたった学習からは，前提条件が想起しやすい状態が生まれ，新しい学習に際してよりアクセス性が高くもなる。その他の取り出しやすさにつながる条件には，記憶を探索する**手がかり**（cue）の数がある。記憶を探索する助けになるのは，手がかりとしてのスキーマである。したがって，前提になるスキルをスキーマのネットワークに埋め込んでおくことで，インストラクションに有利な影響を及ぼすことが期待される。

　では，能力と特性は，どのように知的技能の学習に影響するのだろうか？　この疑問に対しては別の見出しを立てて回答するのがよいだろう。なぜならば，その回答は，知的技能のみならず，他の種類の学習成果にも適用できるからである。

新たな学習に対する能力と特性の効果

　人間の能力は，新たに学習する際に，学習課題やその教材を処理する方略に作用しているように思われる。たとえば，**数的能力**が高ければ，その能力が低い人に比べて，数学の課題をより早く簡単に処理することができる。**言語的理解力**もまた同様に，関連する文章として示された課題の処理を支援する効果を持つ。**空間認知の能力**は，図形や空間的に配置された情報として表現された学習課題を処理する助けになる。それぞれのケースでは，能力は学習に対して，学習プロセスを楽にするという**間接的な**役割を果たしている。このことは，下位要素やスキーマが直接，本質的な意味で新たな学習に与える影響とは対照的である。

　特性もまた，知的技能やその他の学習に対して間接的な影響を及ぼす。不安傾向の強い学習者が新しく学んだスキルの練習をする際には，そのパフォーマンスについて頻繁なフィードバックを与えることで，学習者は安心感を得ることができる。その結果，フィードバックの少ない状況よりも，比較的楽に学習できるようになる。達成動機の高い学習者は，発見学習に取り組むことで早く学習できるが，達成動機の低い学習者のパフォーマンスは落ちてしまうかもしれない。

　インストラクションにおける能力と特性の影響について，コルノとスノウ（Corno & Snow, 1986, p.618）は以下のように整理している。個人の学習者が持つ能力と特性は，ある特定場面のパフォーマンスにおける**適性の複合体**（aptitude complex）を形成する。

この複合体が，**目的指向**（purposive striving）の態度を生じさせる。学習者の知的な能力とともに，この効果的な態度が学習の質を左右する。パーソナリティ特性に加え，目的指向の態度が「努力レベル」や「持続性」といった学習活動の量に影響を与える。学習の質的と量的なこれら2つの要因の相乗効果が学習者の**没入度**（engagement）を決定し，それがひいては，学習の**達成度合い**を左右するのである。コルノとスノウが，能力と特性を学習に対して間接的に影響を与えるものとみなしていたことは明らかである。つまり，個人の特性はどのように学習に取り組むかに影響を与えるのであって，学習内容そのものに関与はできないのである。

このことを頭に入れて，どのようにIDは能力と特性を扱うことができるのだろうか？　コルノとスノウは，2つの代替案を示している。①適性の欠如を回避する，②適性を育成する，の2つである。第1の方法は，たとえば言語的理解力に欠ける学習者に対して，単純で読みやすいテキストや詳細な学習ガイドを提供するといったような，単純なID上の工夫として示すことができる。適性を育成するというもう1つの方法には，認知的方略に対するインストラクションと練習が含まれる（O'Neil, 1978; Snow, 1982）。この分野についての研究の進展は著しいが，慎重な見方をするならば，特定領域の課題に適用できる認知的方略はすぐに学習可能であるが，一般的な方略を育成するには何年もかかってしまうだろう。

認知的方略の新たな学習

知的技能と同様に認知的方略は，学習のはじめの段階では，それまでに学習した記憶を参照する。新しい認知的方略の学習に役立つ想起すべき前提スキルは，容易に特定できると思うかもしれない。たとえば，「リストにある名前を見慣れた部屋の家具と関連づけて暗記する」といった認知的方略を考えた場合，どんな前提スキルがその学習の助けになるだろうか？　もちろん，この質問への答えは，この認知的方略を実際に支援する前提スキルがある，である。しかし，前提条件となるスキルは，あまりにも単純で，よく知られているものであるという事実に注意したい。ここで前提スキルは単純に，①なじみのある家具を同定する，②その家具のことをイメージする，③リストに書かれた名前と家具を音でマッチさせる（**髪**（hair）と**椅子**（chair）のように），となる。一般的な認知的方略であればあるほど，前提条件はより単純なものになる。たとえば，一般的な問題解決の方略の1つに，「問題に取り組む際は，ゴールのほうから一歩ずつ逆順に取り組む」というものがある。この方略を身につけるには，学習者は次のような既習のスキルを活用しなければならない。①問題のゴールを識別する能力，②ゴールからたどって複数のステップに分ける能力，である。

それでは，新しい認知的方略の学習において，スキーマを想起することは有効に働

くだろうか？　ここでも，知的技能の場合と同じように，スキーマは認知的方略とその前提スキルを想起するきっかけを提供するだろう。リストをなじみの部屋に対応させる認知的方略の学習では，なじみの部屋それ自身が1つのスキーマである。記憶から取り出すことを容易にするという意味で便利に使うことができる。「後ろから始める」認知的方略などの，課題の領域をより強く指向した方略も想起されるだろう。なぜならこの方略は，他の異なる問題で使われたものと似ているからである。以前に遭遇した問題を反映しているスキーマ全体が想起されて，類推に用いられることもあるだろう。

　能力と特性に関していえば，前節で述べたものと同じように働くと想定できる。能力と特性は，新しい認知的方略を学ぶ際に間接的な影響を及ぼす。認知的方略におけるインストラクションの目的は，**適性の発達**を図ることにあるとする研究者がいる。この場合，インストラクションは能力を使う作業から始まる。ここで使われる能力とは，部分的な獲得にとどまっていて，さらに発達させる必要のある能力である。たとえば，ある個人の「頭の中で図形を回転させる（空間操作の心的可視化）」能力が低い評価だったとする。主に練習とフィードバックからなるインストラクションによって，この能力の育成を図ることが試みられてもよい。キロネンら（Kyllonen et al., 1981）は，この空間操作の可視化の能力開発が可能であることを実証している。

言語情報の新たな学習

　新たに言語情報を学ぶ際には，言語を理解し，活用するために関連する多くの知的技能が必要とされる。ここでのスキルには，同義語や比喩の利用や，文を組み立てる構文ルール，関連する命題の論理的配列などが含まれる。これらの言語理解とその利用にかかわる基礎的なスキルは，学習者がどのくらい容易に新しい知識の数々を獲得するかに大きく影響を与え，さらに究極的には，どの程度の量の知識を長期記憶にとどめておけるかにも影響が及ぶ。

　言語情報を新しく学ぶときには，これまでに学習した情報がどれだけ想起されるかに強く影響を受ける。すでに学んである情報がもたらす手がかりによって，長期記憶にある概念が活性化される。これは，**活性化拡散**（Anderson, 1985）として知られ，命題ネットワークでつながった他の要素に活性化が拡散する現象である。これらのアイデアが精緻化処理の影響を受ければ受けるほど，より容易に知識が想起されると考えられている。つまり，知識の精緻化が進めば進むほど，これまでの学習から想起されたより大規模で複雑に入り組んだアイデアの集合体が形成され，その結果として，より容易に新しい言語情報が学習され，記憶されるのである。

　新しい情報を組み込むために想起される学習済みの言語情報の複合体は，しばしば

スキーマの形をとる。この形式の言語情報は，単なる情報の集合体ではなく，ある組織化概念の意味（たとえば，「飛行機に乗って旅行をする」）を伴っている。スキーマは新しい情報を取り込むスロットを備えており，このスロットが後で想起を確実に起こすために役立つ。したがって，言語情報に関するIDを行う際には，デザイナーは，対象となる学習者にとって，どんなスキーマがすでに利用できる状態かを判断する必要がある。たとえば，エリザベス女王1世について新たに学ぶ場面を考えてみよう。少なくとも当時のイギリス王室の繁栄についてのスキーマが習得済みであると，効果的に学習が進められるだろう。

推察のとおり，言語情報の学習において最も重要な能力は，**言語的理解力**に分類されるものである。この能力の測定には，簡単な言語理解と言語使用に関連する認知的方略の評価が含まれる。つまり，言語的理解力の測定は，前にも述べたように，部分的には，単語・構文言語・意味言語の使用といった知的技能も評価していることになる。そうであるならば，多くの研究が，言語的理解力が新しい言語知識の獲得を容易にすると指摘していることには何の不思議もない（Cronbach, 1970）。もし仮に，新たな言語情報を学んでいるあるグループの学習者の能力を測る指標を1つだけ手に入れられるならば，言語的理解力が選ばれるべきものとなるだろう。

態度の新しい学習

学習者が新しい態度を獲得する際，それに関連する知的技能と言語情報を想起することが必要になるだろう。たとえば，ある化学物質を安全に取り扱うという態度を学ぶには，その物質の濃度を測定する知的技能が前提となる。食事療法の指導に従うかどうかにかかわる態度には，摂取カロリーを計算する知的技能が必要となる。多くの理由により言語情報もまた，態度の修正を学習する上で重要である。もし人間モデルが個人の行為選択を伝えるならば（第5章を参照），そのモデルとなる人物が親しみがあり，尊敬される人物であることを認識し，その人物の信頼性を証明できるような言語情報がすでに学ばれていなければならない。

態度の学習における必須の言語情報は，最も典型的にはスキーマ形式をとる。この場合，スキーマは，その態度が示されるのに適した状況を表現する**機能**を果たす。たとえば，民族の異なる人々の集団に対する態度は，いろいろな状況でどのような行為を選択するかを見ればわかる（Gagné, R. M., 1985）。その集団が大群衆だとしたら，親密な家族の一員だったら，あるいは仕事中のグループメンバーだったらどうだろうか？　これらの可能性は，その態度が表明される状況になりえる。これらの状況を表現するスキーマは，新たに（あるいは再び想起された）学ばれるべき態度の前提としてアクセスできる状態になければならない。状況スキーマが必要になる他の事例とし

て，「飲酒後の運転回避」を紹介しよう。この態度が望まれる社会的な状況は，たとえば友人とのパーティや夕食後の2次会といったスキーマによって示される必要がある。もし，運転を拒否するという態度を学習すべきときに，状況スキーマがうまく呼び出されれば最も効果的になるはずだ。

　能力や特性が，態度の学習をより容易にしたり，より速くすることはあるのだろうか？　能力は，態度の学習に対しても，他のタイプの学習成果の場合と変わらず同様の効果をもたらすだろう。ある種の能力，たとえば言語的理解力は，インストラクションにおいて使われる言語コミュニケーションの理解を助ける働きをする。特性に関しても可能性はある。たとえば社会性や外的な統制の所在は，人間モデルが伝える態度を学習者が獲得する上で影響を与えるかもしれない。しかし，この関係を証明するものはほとんどないし，実際のところ，あまり重要ではないと判断されている。いずれにせよ，前述のとおり，これらの効果が間接的なものであることは明らかである。

運動技能の新たな学習

　運動技能を新たに学ぶ際には，2種類の既習事項が重要である。1つは，獲得されるべきスキルの要素としての**部分的なスキル**である。水泳でクロールを学ぶ際，足の使い方（バタ足）については別に学ぶことができる。それを再利用しつつ，他の部分のスキルと組み合わせることで，クロール全体の学習になる。子どもが文字を書くことを学ぶときには，曲がった部分と直線の部分をそれ以前に部分的なスキルとして学んでおくこともできるだろう。もしそれ以前の学習で獲得しているのであれば，それらのスキルが想起され，文字を書くスキル全体に統合される。

　もう1つの新しい運動技能を学ぶ際に重要な前提条件は，知的技能の中でも**手続き的ルール**に関するものである（第5章を参照）。これは，運動技能の学習についてフィッツとポスナー（Fitts & Posner, 1967）が明らかにした，初期の認知学習の段階である。的にダーツを投げる運動技能の例で考えてみよう。このスキルが必要とするのは，ダーツの持ち方の手順，投げ方のバランスをとること，ねらうこと，ダーツを放つことである。練習でスキルがどの程度上達しているとしても，スキルをより向上させるためには，常にその手順に沿って練習されなければならない。それ自体は知的技能であっても，手順がまずあり，それがスキーマの一部として想起されるのである。たとえば，テニスのバックハンドとゴルフのスイングはそれぞれスキーマであると考えてよい。

　能力は，運動技能を学習する上でも，他の領域での学習と変わらない機能を担っている。**速く動くこと**や**運動調整力**といった能力は，運動技能の学習に役立つだろう。同様に，運動技能の学習はしばしば**空間を可視化する力**や**空間関係力**などの，空間認

知能力の影響を受ける。これらの能力と運動技能の学習の間の相関関係は，小～中程度であるのが普通である。

⇒ 要 約

　新しい教材の学習に影響を与える学習者特性は，人間の記憶における何種類かの構造を前提としている。学習成果は，知的技能・認知的方略・言語情報・態度・運動技能からなり，同種の資質を学ぶ際に直接的な影響を及ぼす。もう１つの記憶の構造は，**能力**という概念である。それらは心理学的なテスト（推論や数的処理能力など）によって測ることができる。これらは，異なる学習者がどの程度のパフォーマンスを達成できるかを予測する諸特性の指針である。さらに他の学習者特性として，不安傾向や統制の所在などの特性が存在する。能力と特性は，新しい学習に対して間接的な影響を及ぼす。

　学習者特性と学習の容易さや効果の関係は，IDを実際に行う際に多くの示唆を与えてくれる。デザイナーは，前の章で述べた学習成果を考慮に入れ，異なる学習者に対して，どのように異なった結果をもたらせばよいのかを意識しておく必要がある。結局のところ，さまざまなタイプの学習者が，インストラクションの対象となるのである。学習者は子どもの場合も大人の場合もあり，したがって，それまでに学習した経験の量に違いがある。彼らは，異なった学習成果や，スキーマ，あるいは能力や特性を身につけているだろう。これらの違いの主要な点については，表6-3に要約した。

　この表からもわかるとおり，知的技能と認知的方略は新たに学習する際の助けになる。そして，それらを想起する場面を与えるように設計する必要がある。言語情報を想起させることは，手がかりを検索する機会を提供し，新たな情報を含む意味のある文脈を活性化させることになる。それまでに獲得した肯定的な態度は，学習への動機づけに貢献する。部分的なスキルとなる一連の運動技能は，新たなスキルを学ぶ際の要素として想起されなければならない。

　過去に学習した成果の多くは，スキーマと呼ばれる意味のある複雑な構造に組み込まれる。これらの意味ある命題と概念のネットワークは，新しい学習にとってとても重要である。IDの手順には，関連する既存スキーマを見つけ出し，質問や先行オーガナイザなどの手段によってそれらを活性化させる準備が含まれる。

　新しいことを学ぶためのインストラクションは，学習者の能力や特性における差異に対し，実現可能な範囲で対応することができる。言語に依存する比重が

表6-3 異なる学習者特性に対応したID

学習者特性	新しい学習のための設計手順
知的技能	次のことを想起するような刺激を与える。①新しいスキルの一部となる前提スキル，②認知的方略に必須の下位スキル，③言語情報・態度・運動技能の学習に関連する基礎的スキル。
認知的方略	使用可能な場面で想起させる。
言語情報	新しく学習した知的技能を再び利用する手がかりになる命題を想起するよう刺激する。新しく言語情報を学ぶために，意味のある文脈（スキーマ）を想起させる。態度学習のための状況的な文脈を想起させる。
態度	学習意欲を高める。
運動技能	重要な部分スキルを想起させる。
スキーマ	複雑な事象のネットワークからなるスキーマの想起を活性化させる。それによって新しく知的技能・認知的方略・言語情報・態度・運動技能を学ぶことを助ける。
能力	能力の差にインストラクションをできるだけ合わせる。 例：言語的理解力が低い学習者には，容易に読めるテキストを使う。
特性	特性の差にインストラクションをできるだけ合わせる。 例：不安傾向の強い学習者には，詳細な学習ガイドと頻繁なフィードバックを与える。

大きいインストラクションの場合，言語的理解力にかかる負担を軽減することがIDにとって特に重要である。

第3部
インストラクションの設計

第7章

パフォーマンス目標の定義

　これからの2つの章では，パフォーマンス目標とタスク分析について議論する。この2つのトピックは，情報理論に基づいたインストラクショナルデザイン（ID）モデルと構成主義的デザインモデルとの間で，議論の的となってきた（Wilson, 1997 を参照）。この章では，構成主義の考え方も考慮しながら，目標を定める理由について議論していく。

　学習者のパフォーマンスによってインストラクションが評価および改善されるためには，インストラクションによってどのような能力が引き出されるように設計されたのかを考慮することは理にかなっている。この推論の線に沿って進めると，設計されたインストラクションによって期待される成果が明瞭に記述されることが重要である，との考えにいたる。さらに，学習の成果を定義することは，カリキュラム開発の段階において重要なステップである。なぜなら，管理者や，教師，保護者，および学習者に対して，学習の意図が明示されるからである。それによって，どのような知識やスキルを学習者が習得すべきだと仮定されているかを知る助けになる。

　IDの構成主義モデルを推奨する人は，学習目標をあらかじめ決めておくことに問題性があると主張する。なぜなら，目標は私たちが知っていることのほんの一部しか表さない，それゆえに，目標をインストラクションの内容として表現することは，学習者が学ぼうとすることを制限する危険性がある，とみなすのが彼ら構成主義者の立場だからである。この立場は，分析の重要性を受け入れることにマイナスの影響を及ぼしかねない。ウィルソン（Wilson, 1997）は次のように述べている。

　　　分析の役割というのは…非常に地味である。分析は，インストラクションの全体的な枠組みを提供する。そして，いくつかの注意が必要な部分に対し，少しの手助けを提供する。たとえば，学習内容を理解しようとする学習者の努力を妨げるような，前提知識の中にあるいわゆる誤概

念を明らかにすることなどである。(pp. 72-73)

　ウィルソンはさらに次のように述べている。デザイナーの役目とは，「学習者の効果的な学習を助けるために，一連の経験（相互作用・環境・あるいは制作物）を設計することである」(p. 73)。これは，私たちの ID の定義と完全に一致する考え方である。さらに私たちは，そのような立場をとることによって，学習者が何を学習するのを手助けしようとしているのかをより厳密に定義する必要性が高まると感じている。

　構成主義学習環境においては，学習者はしばしば学習のゴールや方向性の決定に加わる。これは少々流動的なプロセスになるだろう。目標が明確になるにつれて，学習者のニーズに一致するまでインストラクションを適合させることは可能である。

　近年，この分野の研究論文には，構成主義者（constructivist）か，あるいは教示主義者（instructivist）かを 2 極化して，学習のゴールや環境の特徴づけをするものがみられる。多くの伝統的なインストラクショナルデザイナーは構成主義的視点を排除し，一方で，多くの構成主義者も教示主義者の手法を否定している。私たちの立場は，2 つのアプローチは目標にいたる手段であり，それら自体が最終目標でないというものである。構造化された知識の発達をより多く達成する目的で環境を設計することができると同様に，構成主義的な目標と調和した知識や技能を獲得していく学習者を支援することを目的にして環境を設計することもできる。本書では，**意図的な**(intentional) **学習**に焦点をあて，学習活動を設計する前に学習目標が設定されている場合に，最もうまく設計できるということを主張していく。したがって本書では，前もって設定された学習成果を達成するための学習環境構築の可能性を高める基盤として，厳密な分析と目標を扱っていく。

　分析と目標から導き出される成果は，**行動目標**，**学習目標**，あるいは，**パフォーマンス目標**などと，さまざまに呼ばれている。私たちは，パフォーマンス目標の定義を，「その能力の正確な記述として，学習者が獲得したならば，1 つのパフォーマンスとして他人に観察可能なもの」とする。あらゆるインストラクションあるいは学習経験を開発する前に，設計者が答えなければならない問いとは，「以前にはできなかった（あるいはやらなかった）ことで，学習経験の後に学習者ができるようになることは何か？」または「学習者がどのように変わるのか？」である。

　パフォーマンス目標を掲げる 1 つの目的は，インストラクションのねらいを，学習者，管理者，そのほかの教師や，保護者に伝えることであり，そして，インストラクション活動および学習評価法の開発のための基盤を与えることである。目標は，その記述のされ方は異なるが，みな同じアイデアを表現している。学習者が何を知り，行い，あるいは感じるべきかを表している。よい意味のある目標をたてることは，時と

して困難なことである。それは，設計者や内容の専門家（SME）は継続的にどの目標が重要であるかを決定しなければならないからである。

これまでしばしばいわれてきたように，コースの目的記述の曖昧さを克服してより正確さを高めるための手続きは，まず，一般的なインストラクションの目的の記述に始まり，続いて，その目的を反映したパフォーマンスの明確な指標についての記述へと続く。ここでの疑問は，目的が達成されたときに，それをいかにして知るのか，ということである。たとえば，

- 学習者が「交換法則の概念を理解している」ことをいかにして知るのか。
- 学習者が「『真夏の夜の夢』の寓話の意味を正しく認識している」ことをいかに知るのか。
- 学習者が「フランス語の話し言葉を理解している」ことをいかに見分けるのか。
- 学習者が「短編小説を楽しんで読んでいる」ことをいかに知るのか。

授業の一般的な目的について教師の仲間と話し合う中で，自分のインストラクションの目的を述べると，案外うまく伝わるかもしれない。しかし，そのままでは，インストラクションを設計するためには十分に詳細化されているとはいえない。これらは，学習者がゴールに到達したかどうかをどのように観察できるかについては述べていない。一方で，正確な学習目標は，子どもたちに何が期待されているかを知りたい保護者にとっては，興味があることだろう。そして，それはパフォーマンスが順調になされたかどうかを知りたい学習者本人にとっても，興味があることだろう。

期待を伝えるための目標

インストラクションの後に学習者が何ができるようになるべきなのかを伝えるために，目標は有用である。その記述が曖昧であれば，有用度は下がる。次の例を考えてみよう。

1. 「ほとんどの植物の生長には日光が必要であることがわかる。」
   このような記述は，学習者が何をするのかを伝えていない。これは，植物の生長に必要な日光の役割を学習者が説明できるという意味なのか，あるいはただ単に，日光が必要な要素の1つであることを知ることを意味しているのか。
2. 「光合成の過程を説明することで日光がどのように植物の生長に寄与するかを例示することができる。」

この記述では，学習者が光の役割を含む光合成過程について説明するという事例を教師が確認しなければいけないことを示唆している。教師は，日光と植物の成長との関係が説明されていることも観察しなければならない。この目標はさらに，学習者が学習したことをいかにして示すか，その方法（過程を説明することで示すこと）を明確にしている。重要なことは，どのような点を観察する必要があるかを伝えていることである。

伝わる目標の書き方

私たちは，パフォーマンス目標を5つの要素で構成することを提案する。

1. 状況（学習の成果がパフォーマンスとして実行される文脈）
2. 実行される学習の種類（学習の種類に対応する「学習した能力」を示す動詞：能力動詞で）（後で示される）
3. パフォーマンスの内容あるいは対象
4. 行動の観察可能な部分（動作を示す動詞）
5. パフォーマンスに適用される道具，制限あるいは条件（受け入れ可能なパフォーマンスのレベル）

次の到達目標に，5つの構成要素がどう含まれているかに注意して，読んでみよう。

　　コンピュータ実験室において，簡単な仕様のデータ一覧が与えられたとき［状況］，学習者はマイクロソフト・アクセスのデータベース・テーブルの構築［対象］を，適切なデータ型を用い，適切なキーを選択し［道具，制限あるいは条件］，コンピュータに入力することで［動作動詞］，例示する［学習した能力動詞］。

目標には，5つの構成要素を含むべきであろうか。いや，そうではないが，より多く構成要素を含めば，より明確に伝達できる。最も重要な構成要素は学習した能力動詞と内容である。つまり，上記の目標は，単に「データベース・テーブルの構築を例示する」と書くことができ，そのほかの構成要素は推定することができる。パフォーマンス目標を記述する場合の一般的な誤りの1つは，状況にインストラクションを含めることである。たとえば，「この章を読んだあと，学習者は・・・ができる」。要求されるパフォーマンスは，インストラクションとは独立であるべきである。学習者が要求されるパフォーマンスを例示できるなら，「この章」を読む前でも彼らはすでにスキルを習得していることになるからである。

目標の構成要素

　明瞭な目標を立てるという目的の1つに，設計者が教材に含むべき**学習の条件**を決定できるようにすることがある。目標の5つの構成要素は，他の著者（Mager, 1975; Popham & Baker, 1970）が提案している定義よりもより明確である。より明確に規定する理由は，期待される学習成果の種類についてのより詳しい情報を伝達することにある。人が能力を向上させたことを，直接観察することはできない。学習者がその能力をタスクに適用するパフォーマンスを観察することで，新しい能力が獲得されたことを推論するだけである。しばしば，学習者によって示された1つのパフォーマンス（動作）が，能力と混同される。目標記述の**5要素構成法**は，2つの異なる動詞，すなわち1つは能力を定義し，2つめは観察可能な行動を用いることで，この混同を避けようとしている（表7–1に動詞の例を示す）。5つの目標要素のそれぞれは，次の段落で述べるような役割がある。

表7–1　人間の能力を説明する能力動詞と動作動詞を含む文の例

能力	能力動詞	例（下線は動作動詞）
知的技能		
弁別	弁別する（discriminate）	フランス語のuとouの発音を照合することで弁別する
具体的概念	同定する（identify）	それぞれの植物の根，葉，茎の名前を正しく言うことで同定する
定義された概念	分類する（classify）	家族の概念の定義を書くことで分類する
ルール	例示する（demonstrate）	計算過程のすべてを示しながら，正の数と負の数の足し算を書いて例示する
高次のルール（問題解決）	生成する（generate）	ROIの見積もりを含めたビジネスプランを書くことで生成する
認知的方略	採用する（adopt）	合衆国の地図を思い浮べて州の名前を思い出す方略について，利用する方略を説明することで採用する
言語情報	述べる（state）	1932年の大統領選の争点について口頭で述べる
運動技能	実行する（execute）	車をバックさせることで車道へ出る動きを実行する
態度	選択する（choose）	余暇の活動としてゴルフを選択することを，プレーすることで証明する

状況

　学習者が直面する刺激状況は何か。たとえば，「手紙をタイプする」ように言われたとき，学習者は手書きの手紙の一部を与えられるのだろうか。それとも，音声メモあるいはノートから手紙をおこすのだろうか。明らかに，学習者のパフォーマンスは状況に大きく依存している。目標には，インストラクションの一部にも取り入れられるように，この状況を明確にしておかなければならない。

　職場においてパフォーマンスが，どのような環境条件の下で実行されるのかを目標に含めることが望ましいときもある。たとえば，手紙をタイプする目標を扱う場合，邪魔されることのない静かな部屋でなされることなのか，あるいは，電話の邪魔や，人の行き来があり，あるいは別の仕事が舞い込む，忙しいオフィスでなされることなのか。多くの学習行動の種類については，行動がなされる環境はさほど重要ではない。しかし，ほかのパフォーマンスでは，たとえばガスマスクをつける場合のように，重要であることもある。

習得した能力動詞

　示された行動がどの種類の学習成果を実際に表すかが曖昧であることが，行動目標を使うときに問題になることがある。たとえば，「マイクロソフト・ワードを用いて，学習者は15分以内にビジネス文書をタイプすることができる」とする目標の記述は，曖昧である。それは，「手で書かれた原稿をタイプ入力する（運動技能）」ことかもしれないし，まったく異なる能力「ワープロソフトの使用法を例示する（ルールを使用する知的技能）」を意味するかもしれない。あるいは，顧客の問い合わせに対する返事をタイプすること（おそらく問題解決スキル）を意味するのかもしれない。目標の中に実演される学習した能力の種類についての指標を含めることで，この曖昧さは軽減できる。

　表7-1に示すとおり，9つの異なる**学習した能力を表す動詞**がある。これらは，前の章で述べたとおり，態度，認知的方略，言語情報，そして運動技能に対応し，知的技能の5つの下位スキルの種類それぞれに対応している。これらの動詞は，9つの学習成果を分類するために用いることができる。目標にこれらの動詞の1つを含めることで，学習で求められていることがより明確に伝達され，学習成果の種類に適した学習の条件が適用されやすくなる。

対象

　対象の構成要素は，新たに学習する内容を含む。たとえば，学習する能力が3桁の数字どうしの足し算の方法ならば（ルール），学習の能力とその対象は次のように表

現されるかもしれない。すなわち、「3桁どうしの足し算（対象）を例示する（学習能力動詞）」。他の例は、以下にあげる目標を参照のこと。

動作動詞

　動作動詞はパフォーマンスがどのようにして完了するかを描写する。たとえば、「タイプすることでビジネス文書のコピーづくりを実行する」は行動（タイプすること）を観察することで、タイプするという運動技能が習得されたことを推測することを意味する。問題解決の目標「顧客の問い合わせに対する返答をタイプすることでビジネス文書を生成する」でも、観察可能な行動は、タイプすることである。しかし、私たちは運動技能のみならず、その文書の内容にむしろ関心がある。数え切れないほどの動作動詞がある。たとえば、合わせる、書く、話す、議論する、指し示す、選択する、描く、などである。表7-1は、いかに学習した能力と動作動詞がともに働いてタスクを説明するかの例である。ここで、手短に、パフォーマンス目標記述の過程について述べるが、1つのルールを心にとどめておいてほしい。**動作動詞として9つの学習能力動詞をけっして使わない**、ということである。そうすれば、後になって目標を順序立てるときに曖昧さを避けることができる。

ツール，制約，または特別な条件

　パフォーマンスを実行するときに、特別なツールの利用、何らかの制約、または特別な条件が要求されることがある。前述した手紙の例では、マイクロソフト・ワードでタイプすることを条件として指定している。しかし、注意すべきは、目標はMSワードのスキル習得をねらいとしているのではないということである。それよりも、手紙のタイプを実行するときの特別な条件として課せられているということである。制約の例には、パフォーマンスの**合格基準**がある。たとえば、文書をある制限された時間内に3つ以内の誤りで書き上げる、などである。状況の場合と同じように、特別な条件あるいはツールを記述することで、目標となるスキルが適切に評価される前に学習しておかなければならない前提スキルが示唆されることがある。

目標の5構成要素をつくる

　5つの構成要素を含む学習目標をつくることは、問題解決のタスクにあたる。たくさんの適用されるべきルールがある。まずはじめに解決すべき問題は、インストラクションがねらいとする学習の成果がどの種類であるかを決めることである。この節では、まず、知的技能の5つの下位分類から始めて、5つの構成要素を持つ目標が9つ

の学習の種類それぞれのために，どのように書かれるかについて議論していく。

弁別

弁別（discrimination）というパフォーマンスには，いつも，複数の刺激が与えられたとき，それを同じか異なるものかを見て，聞いて，あるいはふれて判定することが含まれる。人には，弁別できない多くの理由が存在する。たとえば，視覚障害の人は赤と青とを弁別することはできない。しかし，肉体的に有能な人でも，重要な弁別能力を学習しなければならない。たとえば，目の見える人が読むことを学習するなら，bとdを弁別できなければならない。この種類の目標は，次のようになるであろう（略語 LCV は学習した能力動詞（learned capability verb）を表す）。

　［状況］2つが同じで他の1つが異なる組み合わせで3つの絵を与えられたときに，［対象］異なる絵を［行動］指し示すことで［LCV］弁別する。

もう1つの弁別目標は，次のようになる。

　［状況］印刷された文字bが表示され，d, p, bそしてqが含まれる見かけが似ている1組の中からこれと同じに見える文字を選択するように口頭で指示が出されたとき，［行動］丸印で囲んで［対象］bを［LCV］弁別する。ここでは，学習者は，文字bを丸で囲んで，とは指示されていない（「これと同じに見える文字」と指示されている）ことに注意。文字bを囲むことが要求された場合は，概念の目標になる。

すべての弁別問題が視覚的なものというわけではない。聴覚，触覚，あるいは臭覚の弁別課題もある。たとえば，次の弁別目標は，シェフになろうとしている人に適しているかもしれない。

　［状況］与えられた新鮮な牛肉を参考にして，［行動］匂いが同じかあるいは異なるかを示すことで，［対象］新鮮な肉の匂いと腐る寸前の肉の匂いを［LCV］弁別する。

この弁別課題の評価は，学習者が牛肉の匂いから，違いを区別できるかどうかをみることである。これは腐っている牛肉を同定するスキル（具体的概念スキル）の前提条件となっている。

直前の目標の例には，状況の記述に，行動が起こされる環境の説明は含まれていなかった。明確に記されているほうがよいであろうか。おそらく厨房で仕事をする場合，

準備している食べ物のたくさんの匂いがするであろう。これによって，匂いの弁別は隔離された状況でよりもより難しくなるであろう。

1つ重要な指摘をしておきたいことは，弁別はしばしば概念の前提となっていることである。たとえば，未来のシェフが腐った牛肉の匂いを弁別できなければ，腐った牛肉かどうかを匂いで同定することを学ぶことは不可能である。

具体的概念

具体的概念（concrete concept）は，学習者が物理的属性に着目して，1つまたはそれ以上の例を同定することを要求する。たとえば，学習者が細胞壁の概念を理解したかどうかを，どのように知りえるであろうか。学習者に，細胞壁について説明を求めることはできる。もし学習者が説明できたら，その概念を本当に知っていると推測することは可能だ。しかし，よりよい方法は，イラストの細胞壁をなぞらせたり，顕微鏡を覗いて細胞壁を指し示させたりすることかもしれない。これらはすべて，学習者が細胞壁という概念を理解したことを例示させる方法として許容できる。

具体的概念に用いる学習した能力動詞［LCV］は，**同定**（identify）である。もちろん，あるモノを同定するためには，学習者はまず，重要な物理的属性を弁別できなければならない。視覚障害者が細胞壁の概念を獲得するのは困難である。彼らは定義された概念としては学習できるであろうが，細胞の構成要素を同定する術を持たない。なぜなら，彼らは，前提となる視覚的弁別力を持たないからである。

多重の弁別を必要とする具体的概念の目標例は，次のようになる。

　［状況］10組の腹部のエックス線ネガティブ画像（ネガ）が与えられたとき，［行動］ワックスペンで丸印をつけることで［対象］ネガ中の胆嚢を［LCV］同定する。

多くの概念は，はじめに物理的な物体と名前をセットで学習する。たとえば，木製の鉛筆を見たら即座に鉛筆であることがわかる。子どもは動物を，名前と絵に関連づけることにより学習する。したがって，子どもたちは実際に象を見るかなり以前に，象を同定できるようになる。しかし，多くの概念は，さまざまな物理的形状をしている。たとえば，椅子という概念を例にとってみよう。ダイニング・ルームの椅子を同定しようと学習している子どもは，折りたたみ式の椅子を椅子として同定するだろうか。しばしば，物理的なものは，その物理的属性だけでなく，機能に関係づけられる。椅子の属性を，物理的特性に加えて，人が座るものと定義するかもしれない。もちろん，私たちは椅子と踏み台は，似たような機能を持っているが物理的特性が異なるものとして区別している。

定義された概念

定義された概念（defined concept）とは，概念の属性や機能の間の関係を説明するような定義によって関連づけられた具体物あるいは出来事の集合である（Gagné, 1985）。たとえば，社会学的な概念である核家族は，両親と子どもを含む対象のクラスであり，それは定義の評価基準「父，母，子どもだけで構成する家族群」(*Merriam-Webster's Collegiate Dictionary*, 第10版) に対応する。このルールには，他の定義された概念（家族，群，母，父と子，そして関連づけの概念「only（〜だけで）」）も含んでいることに注意したい。

定義された概念に結びつける LCV は，**分類する**（classify）である。それは，学習者がなすべきことが，言葉の定義に基づいて，あるいは，与えられた文脈で概念を適切に利用して，いくつかの具体的な事例を1つあるいはそれ以上のカテゴリに分け入れる（分類する）ことであるからである。定義された概念は，ある学問領域や勉強対象の領域における語彙の大部分を構成する。そして，学習者はその学問についての会話の中で，こうした概念を適切に学習することが期待されている。

境界は定義された概念の一例であるが，しばしば，最初は，具体的概念として学習される。たとえば，「柵は私たちの所有地の境界である」のように。しかし，それはより専門的な以下の定義を持つ。「境界とは，何か（線，点，または面）によって，限界や限度を示すもの，あるいは固定するもの」(*Merriam-Webster's Collegiate Dictionary*, 第10版)。

境界の概念の学習目標は，次のようになる。

　［状況］境界とは何かの説明を求めたられたとき，［行動］口頭で説明あるいは視覚的に境界の図を使って，［対象］境界を［LCV］分類する。

境界の概念の目標を記述するもう1つの方法は，学習者が境界という概念の属性を理解できるかどうかをみることである。

　［状況］領域の範囲を示す線と示さない線が与えられたとき，［行動］定義に適合する輪郭をなぞることで［対象］境界を［LCV］分類する。

さらに，学習者が定義された概念を獲得したかどうかを観察するもう1つの方法は，学習者にある文中でその言葉を正確に使わせることである。たとえば，「湖の境界はその岸の線で記される」。

ルール利用：ルール，原理，そして手続き

　ルール（rule）の利用は人のふるまいを支配する内的能力の1つであり，ある状況の集合において概念の関係を例示することが可能となる（Gagné, 1985）。その推測される能力は，確立された関係を持っている刺激の集合に対して，適切な反応を例示する能力である。たとえば，学習者が236/4 = nという刺激（＝確立された関係を持つ刺激の集合の一例）を見たときには，適切な計算ルールを適用することである。異なる刺激（515/5 = n）に対しても，同じルールの適用を例示することができる。ルールには，しばしば名前が与えられている。上の場合，そのルールは「短除法（暗算による割り算）」と呼ばれ，このルールを適用する能力のある学習者は，あらゆる数字の短除法問題を解くことで習得したことを示すことができる。

　ルールのための習得した能力動詞としては，**例示する**（demonstrate）を提案する。典型的なルール適用を表す目標は次のとおりである。

　　[状況] 短除数（*abc/d*）という10組の数式が与えられたとき，[ツールと条件] 90％の正確さと，特別な支援なしで，[行動] 答えを書くことで [対象] 割り算の手続きを [LCV] 例示する。

　この目標は，上に示した短除数の典型的な例であろうか。問題が示されたタイプに限られるのかどうかは，十分にはっきりしているとはいえない。より正確な目標の記述では，「3桁の数字を1桁の数字で割る，余りが出ない短除法」がその [対象] となる。余りが出る割り算や，除数が2桁の割り算の場合，ルールは異なるであろうか。異なるルールが適用される程度までは，目標の記述は特定化されるのが望ましい。そうすることによって，タスクの構成要素が正確に記述され，それに従って正確なインストラクションが設計されるようになるからである。

　このルールを学ぶためには，学習者は掛け算や引き算についての他のルールについて熟知していなければならない。掛け算をするためには，学習者は足し算のルールについて熟知している必要がある。長除法（筆算による割り算）は，複雑なルールとして分類される。それは，以前に学習した概念やルールを必要とするからである。

問題解決

　ガニェ（Gagné, 1985）は，新しい状況において，学習者が解決策を見出すためにルールを選択し使用する活動を，**問題解決**（problem solving）と定義している。学習者が問題解決の過程で構成するものは，新しい高次のルールである。その新しいルールは他のルールや概念と統合し，同じタイプの他の問題を解決するために学習者によ

って使用されるだろう。

　問題解決の技能獲得に関連した学習成果を書く上での1つの課題は，問題の特定の解を得ることと問題解決の過程とを切り離すことである。ある1つの問題には，多くの受け入れられる解決策を持つことがある。期待される学習成果は，問題解決の過程で学習する過程やルールである。すなわち，学習者は高次のルールを生成しなければならないし，そのルールを新しい問題解決場面で適用できなければならない。問題解決の目標を書くとき，何が学習者によって構成されるのかに焦点をあてるとよい。

　問題解決に関係づけた能力動詞は，**生成する**（generate）である。問題解決の目標例は次のとおりである。

　　［状況］考古学的人工物と，それが発見された場所の情報が与えられたとき，学習者は［対象］人工物の年代や，それをつくり出したであろう文化の性質に関する仮説を，［特別な条件］それを支持する推定原理を含めて［行動］書くことで［LCV］生成する。

　問題解決目標は，いつも記述しやすいとは限らない。それは主に，問題解決技能が通常，公式に教えられないからである。その代わりに，多くの教師は問題型の状況を提示し，学習者に問題解決技能があるかどうかを確かめている。初心者のデザイナーが混乱する原因は，ルール利用と問題解決の目標を区別することにあるかもしれない。「教えたルールを学習者に適用してほしいのか，それとも，問題を解決するためのルールや手順を生成してほしいのか」と問い続けることで，明確に区別することができる。前者であればルール利用であり，後者であれば問題解決である。

認知的方略

　認知的方略（cognitive strategy）は，他の学習過程を統制・調整する内的な制御過程である。ガニェ（1985）は，注意を払うこと，記号化すること，記憶の中を検索すること，および問題解決の制御を含む多くのタイプの認知的方略を説明している。ブルーナー（Bruner, 1971）は問題解決と**問題発見**（problem finding）のスキルを区別している。後者は「不完全さ，異常さ，問題点，不公平さ，および矛盾」（p. 111）を突き止めるような1つの認知的方略である。認知的方略の成果物と，学習成果としての方略そのものの記述を，区別することは重要である。たとえば，十分な時間が与えられれば，ほとんどの人が10項目のリストを暗記できる。しかしながら，ある人は，そのリストをはるかに速い時間で覚え，そしてその記憶を長く保持する。おそらくこれは，より効率的で効果的な記号化の方略があることの結果であろう。研究によると，学習を促進する記号化の方略は，学習者に容易に提示することができる（Rohwer,

1975)。

　注意の集中，学習すべき教材の符号化，あるいは，以前に学習した知識を引き出す新しい方法を会得したとき，学習者は自分で発見した新しい認知的方略を使っているかもしれない。さもなければ，直接説明を受けて，次にそれを練習することで，方略を会得した結果かもしれない。一般に，学習者は過去に有効であった既存の方略を適用する。私たちが認知的方略のために使う能力動詞は，**採用する**（adopt）である。すなわち，学習者は，方略を学習するだけでなく，学習の方法として自ら採用しなければならない。

　　　［状況］10項目のリストが暗記されるために与えられたとき，［行動］リストを暗記するために，機械的補助はなしで，30秒以内で，49時間以上記憶保持するために［対象］キーワード記憶技法を［LCV］採用する。

　この目標では，学習者に記憶術を与えないことに注意したい。代わりに，学習者はすでに知っている技法を記憶術として採用することを意味している。学習者は実際に，自分なりの認知的方略を「編み出す（originate）」ことができるだろうか。もちろん，できる。私たちは，知らないうちに多くの認知的方略を学ぶ。しかし，もし，私たちが，認知的方略を教えるためのインストラクションをつくろうとしているならば，学習技能コースでもあてはまるように，学習目標を，方略を編み出させることに置くのではなく，教えられる方略を採用することに置くだろう。

言語情報
　言語情報（verbal information）とは，さまざまな形式で想起できる情報（名前・事実・提案）を意味する。またそれは，**宣言的知識**（Anderson, 1985）とも呼ばれる。ガニェ（1985）によると，**言語的連鎖**（verbal chain）の学習と言語情報の学習とは区別されるべきである。言語的連鎖の学習は，連鎖学習の一種であるが，そこでは，連鎖全体が再構成される以前に，連鎖の各要素について学習されていなければならない。人は，その単語の意味を何も理解することなしに，非常に長い言葉の連鎖を学んだり，それらを逐語的に思い出すことができる。他方で，言語情報の学習の本質的特質は，語義に関して意味のある命題から成り立っているということである。
　言語情報に関連づける能力動詞は，**述べる**（state）である。述べるという能力と，「書いて」あるいは「口頭で」述べるという行動は区別される。言語情報の目標の例は次のようになる。

[状況] 口頭で質問が与えられたとき，[制限] 何も参照することなしに，[対象] 南北戦争の3つの原因について [行動] 口頭または書いて [LCV] 述べる。

このとき，学習者は言語連鎖として南北戦争の3つの原因を丸暗記してきて答えたとしたとき，教師が上に述べた目標を習得したと結論づけることができるだろうか。答えは，できる，である。そして，多くの学習者が実際にそうしているだろう。なぜならば，教師が他の方法で情報を提示することを学習者に要求していないからである。しかしながら，学習者が逐語的に何かを思い出せたとしても，必ずしもそれが意味を伴う命題として記憶に格納できた結果だとは限らない。この目標は，変更すべきである。目標に「自分自身の言葉で」という条件を付加すればよい。何らかの意味のある方法で同じ情報を使用することを要求されたとき，言語情報として学んだことが証明されるであろう。たとえば，ハムスターがレタスを食べることを学ぶことを例にとってみよう。教師が，「ハムスターは何を食べるか」とたずねるなら，学習者は，記憶としてあるいは丸暗記として「レタス」と答えるであろう。しかしながら，異なった質問「あなたはハムスターにどんな餌をやるか」に対して同じ答えが得られれば，学習者が意味のある形で情報を習得したことが示される。

運動技能

　運動技能（motor skill）は，連携のとれた正確な筋肉の運動による表現を必要とする学習成果である。このような種類のパフォーマンスの例としては，後方宙返りなどの体操の技能や飛び込みのジャックナイフ潜水がある。それほど明白でないのは，徒歩や自転車に乗ることなどの一般的な技能である。紙に文字を書くことや，ペンを使うことは筋肉の連携使用を必要とする。大部分の教師が認めるように，ある学習者はこの技能がほかの学習者よりも堪能である。運動技能に関連づけた LCV は，**実行する**（execute）である。たとえば，次の目標は運動技能の例である。

　[状況] 3メートルの飛び込み台から [制約] なめらかな動きで，垂直に水に入り最小量の水しぶきで [対象] ジャックナイフ潜水を [行動] 潜水で [LCV] 実行する。

「潜水で（by diving）」という行動の文は，その前の「ジャックナイフ潜水」と表現が重複するが，潜水の実行を例示する唯一の表記方法である。

　次の目標をみてみよう。「血圧測定器が与えられたとき，誰かの血圧を測定する手順を実行する」。これは，運動技能であろうか。それは違うだろう。なぜなら，学習者はすでに運動技能を獲得しており，単に手順（ルール学習）を適用するだけである

からである。しかし、「皮下注射器が与えられたとき、20回のうち1回以上の失敗をせずに静脈注射を実行する」という目標は、精度、タイミング、および目と手の連携が必要な運動技能である。

態　度

　態度（attitude）は、望まれる行動の選択として記述される。たとえば、パフォーマンスの記述は「学習者は、機会があれば投票することを選ぶ」である。明らかに、選択の概念は、人々がそう望むのであれば「投票しない」自由もあることを意味する。態度を決定する多くの要因があり、それには状況的要因が含まれる。たとえば、ある人は、物理的に都合がよければ投票することを選ぶだろうが、都合が悪ければ投票しないことを選ぶであろう。学習成果として目指すのであれば、「たとえ都合が悪くても投票することを選ぶ」ことを目標として態度変容を指定することになるかもしれない。

　態度目標を分類するのに使用される学習能力動詞は、選ぶ（choose）である。教育プログラムに焦点をあてた典型的な態度目標は次のとおりである。

　　［状況］有害薬物を使用している友人から［対象］薬物を提供されたとき、［行動］拒否することを［LCV］選ぶ。

　マーチンとブリッグス（Martin & Briggs, 1986）は、多くの認知的行動には情意の要素があると指摘している。たとえば、数学的演算は知的技能として教えられる。しかし、学習者が数学の知識を（コース成績をもらうという以外の理由で）学ぶことが重要であると感じること（を選択すること）が期待されている。デザイナーが態度の要素に配慮したいのであれば、知的技能が実行される文脈に注意を払うとよい。学習者にとって新たに学習した技能が意味ある（関連する）ようにするとか、学習環境にできるだけ多くの強化の工夫を盛り込むようにするとよい。

目標の記述とパフォーマンスの基準

　パフォーマンス目標記述のいくつかのシステム（Mager, 1975）では、その目標の中にパフォーマンスの合格基準を含めることを求めている。5要素構成システムでは、この基準の記述を選択とすることを提案する。なぜならば、それはあとで全体的な評価計画の中で検討することになるからである（第13章でふれる）。しかしながら、目標を書く時点で与えられたタスクのパフォーマンス基準がわかっているならば、基準

の記述は目標の構成要素になりうる。「道具，制約および特別な条件」のカテゴリに書くのがよい。たとえば，次のような目標は完全に許容できるであろう。

　3ページの手書きの原稿が与えられたとき，20分以内に6つ未満の誤りで原稿をタイプすることを実行する。

目標の例

　5要素構成法について新しい学習者から出される最初の疑問は，「5つの要素全部を明確にする要求は本当に実用的なのか」というものである。私たちの答えは，目標は，その意図についての不明確でないやり方でコミュニケーションを図るために書かれるということである。だから，5つの構成要素がすべてそろっていなくても，明瞭な形でコミュニケーションができるならば，そうしてよい。たとえば，目標「アメリカの50州とその州都の名前を述べる」を例に取り上げよう。これは，かなり明確な記述にみえるが，含まれているのは能力動詞と対象だけである。このように記述された目標になんら問題はないが，いくつかの構成要素の解釈が自由な状態のままになっている。次にあげる例は，異なった内容領域で漠然と述べられた目標をより明確なものにするために，どのように5要素構成法を用いることができるかを示している。

科学教育における例

　インストラクショナルデザイナーが達成される科目の目的を文書として記述していると仮定してみよう。それが科学の講義であるなら，次のような目的が考えられる。これは中等理科カリキュラム研究（Intermediate Science Curriculum Study, 1973）が作成した中学校向け科学教育の目標リストからの抜粋である。

1．電気回路の概念を理解する。
2．科学におけるメートル法の主要な利点は，その単位系が10の因子で関係づけられていることだ，ということを知る。
3．収納場所に機器を戻すことについて個人的責任を負う。

目標1―電気回路の概念

　目標1は，かなり簡単な目的である。インストラクショナルデザイナーによって問

われるべき最初の質問は「ここで，私はどのような種類の能力を求めるべきなのか」ということである。つまり，「電気回路とは何かを述べる」ことだと「理解」することを捉えているのか。違う，それでは説得力がない。なぜなら，単に学習者がおそらく自分の言葉を用いて，いくつかの言語情報を繰り返せるようになった，つまり，単に言葉の上で獲得したことを示すだけだからである。「2つ以上の回路の例が提示されているときに，電気回路でないものと電気回路を区別する」ことを意味しているのだろうか。それも違う。それでは私がこの場合に願っているような理解を学習者がしているとは確信できない。学習者が単に提示された例の開放状態になっている配線部分を手がかりにして，選んでいるだけかもしれないからである。私が本当に学習者にしてほしいことは，1つ以上の状況で，学習者が電気回路をつくるためのルールを活用できることを示すことである。学習されるべきルールは，電源から連結された導体のセットを通り，そして電源へもどる電流の流れである。学習者は1つ以上の状況において，そのパフォーマンスを実行するように要求されてもよい。この論理の流れの結果として，必要な構成要素を組み合わせた目標の記述は次のようになる。

　　　［状況］電池，電球，ソケット，および何本かの電線が与えられたとき，［行動］電線を電池とソケットにつなぎ［制限］電球の発光試験ができるように［対象］回路を組み立てることで［LCV］例示する。

目標2―メートル法について知る

　目標2の目的の記述は，何らかの言語情報が学習されることを意味している。繰り返すが，インストラクショナルデザイナーによって問われるべき最初の質問は「メートル法に関する事実を『知る』とはどういう意味か。つまり，何によって学習者が『知っている』と私を納得させるのか」である。この場合，デザイナーはメートル法に関する特定の事実を述べることができることが「知る」ことを意味するという結論に容易に達するであろう。したがって，言語情報が必要な能力であるという識別はかなり直接的なものとなる。その結果，目標は次のとおり構成される。

　　　［状況］質問「メートル法の単位には科学的研究のためにどのような主要な利点があるか」が与えられたとき，［制限］自身の言葉で［対象］単位間で「10」が倍数・約数になっている関係について［行動］書くことで［LCV］述べる。

目標3―使用機器に対する責任を持つ

　目標3の教授目的を考える際に，学習者が，機器を元の場所にもどすことができる

かどうかではなく，むしろ，彼らがすべてのそうした場面で，それを行う**傾向がある**かどうかに関心があることにデザイナーは気づく。**責任**という単語は，学習者の行動がいつでも必ず起こるものであり，ある特定の指示や質問が与えられたから生じるのではないことを示唆している。デザイナーは，「何が，学習者がこの種の『責任をとっている』と私に納得させるのであろうか」と自問する必要がある。この質問の答えは，目標がこの場合，個人的行動の選択，言い換えれば，態度についてのものであることを示唆する。したがって，目標を構成する標準的な方法は，次のような形になる。

　　［状況］実験室での活動が完了したか中断した状態になったとき，［行動］使用機器を保管場所へもどすことで［対象］返却することを［LCV］選択する。

英文学の例

　目標を記述する手順の2つめの例は，仮想的な英文学コースからのものである。このコースには，次のような目的があったと仮定する。

1. ハムレットの主要な登場人物を特定する。
2. 「To be, or not to be」というハムレットの独白を理解する。
3. 隠喩を認識できる。

目標1—ハムレットの主要な登場人物を特定する

　私たちのモデルに従えば，目標1は分類された定義を使用することが含まれる。この場合，学習者は，演劇の筋の中でのそれぞれの役割に沿って，ハムレットの登場人物を分類することを求められる。ほとんどの状況では，学習者が言葉による説明をしながら分類していくのを観察することが，学習の成否について説得力を持つ確認方法であると思われる。すなわち，学習者は「クローディアスとは誰か」という質問に対して，クローディアスはデンマークの王で，ハムレットの叔父であり，ハムレットの父を殺したとハムレットから疑われている者だ，と説明しながら答える。目標は，次のように構成される。

　　［状況］ハムレットの登場人物について口頭で（「クローディアスとは誰か」などの）質問をされたとき，［行動］登場人物の演劇の筋との関係を定義することで［対象］登場人物を［LCV］分類する。

目標2―ハムレットの独白を理解する

　目標2は，はるかにおもしろく，そしておそらくより重要な，教育の目的である。インストラクショナルデザイナーは「学習者がこの一節を理解しているかどうかをどのように知るのか」と問う必要がある。十中八九，その質問に対する答えは，「学習者に，その一節の考えを短い言葉に置き換えるか，またはその意味を説明するように要求する」であろう（たとえば，ある学習者は，「To be, or not to be」の意味を，「生きて残るか，あるいはそうではないか」と説明する）。このタスクを達成するためには，たとえば同義語を使うルール，定義するためのルール，言葉のあやの概念など，これらを支える多くの知的技能を動員して，学習者は一連の問題を解決しなければならない。要するに，学習者は独白の言い換えを求められることになる。したがって，これは問題解決タスク，より正確には，1組の問題解決全体である。そこでは，より高次のルールを生成するために，多くの下位ルールが適用されなければならない。ところが，用いるべき下位のルールは明確には特定化できない。というのは，誰も，学習者がそれぞれの問題をどう解いていくのか，明確に知ることはできないからである。このような分析の結果，次のような目標が構成される。

　　［状況］ハムレットの「To be, or not to be（生きるべきか死ぬべきか）」の独白の意味を簡単な言葉で解釈するように指示されたとき，［行動］書くことで［対象］独白の解釈を［LCV］生成する。

目標3―隠喩を認識する

　目標3は，その表現からみても，目標2よりはいくらか単純な目的を表している。学習者が先の独白の解釈を生成できるようになるためには，「to take arms against a sea of troubles（苦難の海に向かって武器を取る）」のような句の隠喩的な意味を検出できるようにならなければならないのも明白であろう。このより単純な目的の例では，インストラクショナルデザイナーが問いかけることは「学習者が隠喩を『認識できる』ということを，どんなことで自分は納得するか」である。明らかに，隠喩は概念であり，それを明示的に指し示すことができるものではないので，（具体的概念でなく）**定義された概念**である。学習者に期待されるパフォーマンスは，定義に従って隠喩を**分類**することである。結果として，目標は次のように記述されるであろう。

　　［状況］隠喩とそうでない句のリストが与えられたとき，［行動］定義に合うものを選び，そうでないものを取り除くことで［対象］隠喩を［LCV］分類する。

代替の目標（おそらくよりよいもの）は，次のようになる。

[状況]（「resisting corruption（不正に抵抗する）」のような）動詞の分詞形と目的語を含む句が与えられたとき，[行動] 定義（たとえば「不正に対して防壁を構築する」）と一致する例を選ぶことで [対象] 隠喩を [LCV] 分類する。

社会科の例

中学校の社会科で，次のような目的があるとする。

1．議会の二院それぞれの議員の任期を知る。
2．農業生産の成長を示す棒グラフを解釈する。
3．最高裁判所の「再審」過程の知識を適用する。

目標1―議員の任期

ここで意図している成果は，言語情報である。もちろん，単純な情報である。目標として，この目的は次のように記述されるであろう。

[状況]「二院の議員の任期はそれぞれ何年か」という質問が与えられたとき，[行動] 口頭で [対象] 上院と下院の任期を [LCV] 述べる。

目標2―棒グラフを解釈する

社会科では知的技能がしばしば重要である。たとえば，図を解釈するのはルールを利用する技能である。そこでは，いくつかの複雑さを増す技能を学ばせることができる。その結果，状況を説明するためには，特別な注意を払わなければならない。より複雑な図は，いくつかの知的技能，あるいは，その組み合わせを要求する。その目標は次のように説明される。

[状況] 1950 年から 1960 年の間の綿花の生産量を示す棒グラフが与えられたとき，[行動] 適切な棒グラフの値を検討することで [対象] 年間平均生産量を見つけることを [LCV] 例示する。

目標3―再審の知識を適用する

このゴールの記述は，多少曖昧である。これは，最高裁判所の再審の役割に関係する問題解決をして，それを行うことで知識を示すものとして解釈されるのが最もよい

であろう。そのような目標は，次のように記述される。

　［状況］議会に出された架空の法案の中に含まれる合憲性の課題と合憲となる原則に関する文献が与えられたとき，［行動］記述によって［対象］提示されるべき裁判所の見解を［LCV］生成する。

計画段階での目標の利用

　インストラクションの目標がここで説明した方法で定義されると，インストラクション過程のきめ細かい性質が明らかになっていく。これは，学ぶべきことのきめ細かい特性を反映していることでもある。1つのコースの1つの単元に対して多数の目標があるだろうし，各レッスンにおいてもいくつかの目標があるだろう。単元，コースあるいはカリキュラムを開発する場合に，インストラクショナルデザイナーは，どのようにしてこれらの目標を用いていくのか。そして，教師たちはどう目標を用いていくのか。個々のレッスンデザイナーとしての教師は，あの長たらしい目標リストをうまく使っていけるのだろうか。特筆すべきことだが，すべての学校種の各学年について，多くのこのようなリストは入手可能である。

学習目標とインストラクション

　インストラクショナルデザイナー，または，デザイン・チームは，個々のレッスンの一部として目標を記述する必要性がある。一般に，レッスンにはいくつかの性質が異なる目標がある。そして，それぞれが「この目標はどのような学習成果を表しているか」の質問に答えるために用いられるであろう。決められるべき分類は，学習した能力の種類を示す主要な各動詞に対応するものである。つまり目標は，言語情報，知的技能の下位技能の1つ，認知的方略，態度，および運動技能のいずれかを表す。学習目標の分類が決まると，デザイナーは，次の事柄について判断できるようになる。

1．レッスンの目的は適切に表現されているか。
2．レッスンは期待される学習成果間の「バランス」がとれているか。
3．レッスンはどのように教えられるか。
4．学習はどのように評価されるか。

目標間のバランス

　それぞれのレッスンの目標が特定されたとき，学習成果のいくつかの異なる種類を含むことになるだろう。主目標を特定することも可能だろう。それは，その目標がなければ，そのレッスンがほとんど意味を持たないようなものである。しかしながら，期待する目標の習得以前に，学習しておかなければならないその他の目標がある。したがって，レッスンの主目標が知的技能であった場合，その主目標は，認知的方略，言語情報，あるいは態度に分類される他の目標によって支援を受けることになるだろう。たとえば，あるレッスンが，その主目標として，「金属の酸化過程の化学式を例示する」という知的技能を求めているとする。そこには，一般的な金属酸化物の情報と化学に対する肯定的態度にかかわる目標も含まれるだろう。これらの複数の目標を反映させるレッスンの設計方法は，後の章で扱うことになる。しかし，第1の段階は，期待される複数の成果が，適切なバランスを保っているかどうかをみることである。

インストラクションの設計

　このように，単元あるいはコースを構成するレッスンをシステム的に設計することによって，目標の記述の相当量の集まりをつくり上げることになる。レッスンが開発され，単元の中に組み込まれるに従って，この集まりは増加する。単元やコースのもともとの意図と目標の決定や，目標のバランスをとるための判断は，より大きなインストラクションの単位を参照しながらなされる。個々のレッスンの場合と同じように，これらの決定は，学習目標を学習する能力の種類に分類することで可能になる。
　教師が行う1つのレッスンの設計でも，個々の目標の記述や，各目標が属する能力の種類を利用することができる。教師がよく利用する教材（教科書，マニュアル，その他）には，レッスンの目標が直接的に特定されている可能性がある。しかし，もっと頻繁には，教師自身が，①目標は何かを推定し，②教科書に表された目標が，他の目標によって補われるように，そのレッスン全体を設計する必要があるだろう。効果的なインストラクションの計画のためには，期待される学習成果の分類を決定することが，教師にとっても，デザイン・チームにとっても重要である。教師は，明日のレッスンのために，どうすればそれを最適に教えられるか，それをどう以前の学習と関係づけるかを決定する必要がある。

目標と評価

　幸いなことに，システム的設計の取り組みの中で開発された個々の目標のリストには，第2の利用法がある。これまで述べてきたように，目標には，期待された学習がなされたことを証明するために，何を観察しなければならないかが記述されている。その結果目標の記述そのものは，学習者を評価するときに，そのまま直接的に応用することができる（第13章を参照）。教師は，学習者のパフォーマンスがその中で観察されるように状況を設計するために，目標の記述を用いることができる。これは，特定の学習成果が実際に起こったことを確かめるために行われることである。次の目標について考えてみよう。「アメリカの地形図と季節風の情報が与えられたとき，地図を塗りつぶすことで，多量の雨が降る地域を示す（ルールの適用）」。この記述には，期待する学習が起こったことを確かめるための，教師が使うことのできる状況について，かなり直接的な表現が含まれている。個々の学習者あるいは学習者のグループは，地形図と季節風の情報が与えられ，この課題を実行することを要求される。彼らのパフォーマンスの結果を記録することで，彼らの適切なルール学習を評価することにも役立つ。

　ある程度の妥当性をもって，目標の記述は，教師の自作テスト開発のための基盤としても役立つといえよう。教師の立場から望ましいものとみなされるのならば，これらを学習者のパフォーマンスの正式な評価としても利用できるであろう。あるいはまた，学習者が個別学習あるいは自学自習に取り組むときに，「自己診断」用のテストとして用いることができる。

　この章で述べた目標の種類は，一種の分類法を構成しているが，それは多くの種類の評価手段や試験の設計に適用できるものである。それとはいくらか異なるが，必ずしも相容れないわけではない1つの目標の分類法が，ブルーム（Bloom, 1956）およびクラスウォールら（Krathwohl et al., 1964）の研究にまとめられている。後者の分類に基づく試験およびその他の評価技法の設計が，多くの科目分野でなされており，ブルームら（Bloom et al., 1971）が編集した書籍に記述されている。この研究では，学校のカリキュラムの大部分の領域での評価計画の手法を，詳細に説明している。この章で述べた学習成果の分類に基づいたテストとテスト項目の開発手法は，第13章でさらに検討する。

要約

　パフォーマンス目標の識別と定義は，IDの重要な段階である。目標は，インストラクションを開発するガイドラインとして，また，学習者の能力がコース目

標に達成したかどうかを測る手法の設計のために役立つ。

　まず，インストラクションの目的は，しばしばコース目的としてつくられる。これらの目的は，さらに，パフォーマンス目標の定義の過程で洗練され，操作的用語に変換される。これらは，計画されたインストラクションによる学習成果を述べており，意図した成果によって，インストラクションが成功したかどうかを評価するための基盤となる。もちろん後で観察すると，意図しなかった，あるいは期待していなかった成果が得られており，それが望ましいことと判断されたり，望ましくないと判断されることもしばしばある。

　この章では，パフォーマンス目標を記述するための5つの構成要素の指針を提示した。その5つの構成要素とは次のとおりである。

1．状況
2．学習した能力
3．対象
4．行動
5．道具あるいは制約

　異なる教科での明確な目標記述のために，これらの構成要素がどのように使われるのか，例をあげて示した。これらの例は，学習成果のさまざまな領域の目標を示している。

　観察されたパフォーマンスから推察される学習成果の説明と，パフォーマンスそのものの性質を説明するために，妥当な動作動詞の選択の必要性には特別な注意を払った。表7-1は，学習成果の能力動詞と動作動詞の例を要約して示している。

　このような，学習成果のさまざまな種類を説明するパフォーマンス目標は，この本で提示したID手法上の本質的な役割を果たすものである。それぞれに分類された目標についての厳密になされた定義は，学習成果についての曖昧さが伴わない伝達を可能にする技術的な基盤となる。5要素で構成する手法以外に，目標についておよその共通の意味を伝えるための異なる伝達方法が，教師，学習者，または親たちには必要になるだろう。それと同時に，第13章で議論するように，学習者の能力を測るテストをつくる段階で，厳密に定義された目標によって達成されたこの共通の意味が，深い役割を持つことになる。

第8章

学習課題の分析

　インストラクショナルデザイン（ID）は多くの場合，コースの目的の確認と学習目標の分析から始まる。デザイナーが最初に問うべきことは，「学習者がどんな勉強をするのか？」ではなく，むしろ「学習後に何がわかっていて，何ができるようになっているのか」である。本章では，インストラクションの計画や条件の特定に必要とされるシステム的な情報を得るために，①**情報処理分析**（information-processing analysis）と②**学習課題分析**（learning-task analysis）という2つの分析手続きを紹介する。両分析法とも，コースの目的の調査と，対象となる学習目標の作成から始める。

　この章では，IDに必要とされる2種類の目標として，①コース終了時に達成される目標（**対象目標**：target objective）と，②コース中に達成される目標（**下位目標**：enabling objective）について説明する。下位目標は，対象目標の前提条件か，補助的な（他の目標の学習を促進する）目標かのどちらかである。ここでは，対象目標を決定する方法を説明し，それから下位目標を決定するための「トップダウン型」の手続きを説明する。

　本章は，レッスンやコースにおける**多重で統合的な目標**に基づいて学習目標を同定したガニェとメリル（Gagné & Merrill, 1990）によって概念化されたIDへの要求事項の議論で締めくくる。ガニェとメリルは，人々の活動がより包括的であるという点を考慮して，複数の目標の統合を提案し，それを**エンタープライズ**（enterprise）と名づけた。

4 分析の範囲

　広範囲にわたる課題は，課題分析時に注意深く検討しなければならない。その分析

は，コース（一般的に多くの技能をカバーする）に関連しているのか，それとも1つのレッスン（一般的にある特定の技能に焦点化する）に関連しているのか。課題分析のプロセスは，コースとレッスンで同じだが，分析の範囲とステップ数で2つは有意に異なっている。あるコースの分析を開始しようとすると，デザイナーはコースの目的を最初に同定しなければならない。この段階では，目標を5つの要素に分けて詳細に検討する必要はないが，同じガイドラインの多くが適用できる。

1. 学習者がコース**中**に行うことではなく，インストラクション**後**にできるようになることで，コースの目的を記述しなければならない。たとえば，「化学器具を用いた滴定を学習者に体験させる」という記述では，学習して獲得することを述べているのではなく，コースの中で何をするのかが述べられているだけである。滴定を体験することの最終的な**目的**は何なのか？ 望ましいコースの成果としては，たとえば，「滴定によって未知の液体の濃度を測定できる」となるであろう。
2. かけ離れていることとか，遠い未来を目的に設定しがちであるが，それは避けなければならない。目的は，インストラクションに**期待される直後の成果**で記述するべきである。たとえば，「社会に有用な化合物を開発する」という目的よりも，「化学反応によって化合物がどのようにつくられるのかを理解する」というような目的を設定するほうがより現実的である。生涯にわたる目標というのは悪いことではないが，1つのコースの結果としては成立しないだろう。

要約すると，コースの課題分析プロセスは，コースの目的を定義することから始めるとよい。コースの目的にふさわしい例としては，次のようなものがあげられる。

1. IDのプロセスを理解する。
2. 自分で選択した楽器を演奏することができる。
3. 短編物語を読んで楽しむ。
4. 1つの映画をつくる。

第7章で論じたように，コースの目的は，次のようなより特定の学習成果の表現に言い換えることができる。

1. IDモデルを適用して，教育モジュールが開発できることを例示する。
2. オーケストラに加わって，楽曲の演奏を実行する。
3. 短編物語を何編か選んで読み，レポートを書くことを選択する。
4. 短編映画のために概要・ストーリーボード・台本を生成する。

これらの例は，**コースの目的**がたとえ広範囲に定められていたとしても，学習成果

の種類に分類でき，期待される学習パフォーマンスで表現することによって，明確に作成できることを示している。

4 課題分析の種類

　課題分析は，主に2つの種類がある。1つめは，**手続き型（procedural）の課題分析**と一般的に呼ばれているが，**情報処理分析**とも呼ばれるものである。2つめは，**学習課題分析**と呼ばれているものである。

手続き型の課題分析

　手続き型の課題分析は，たとえばタイヤ交換のステップのような，課題を実行するためのステップが何かを記述する。不定代名詞の入った英語の文を作成することに関する手続き型の課題分析の例を図8-1に示す。

　手続き型の課題分析は，課題を達成するために学習者が実行すべきステップに分解する。図8-1に示した課題は，観察可能なステップ（不定代名詞を書く）と，頭の中で行われるステップ（行為動詞を思い出し，単数形か複数形のどちらを用いるかを決める）の両方があることに注意すべきである。つまり，分析は観察できる行動以上のことも対象とする。その分析はまた，課題全体の構成要素である知的技能についても明らかにする。このことから「情報処理分析」と名づけられている。

　また，選択と行動を区別していることは，ひと続きのステップより多くのものを同

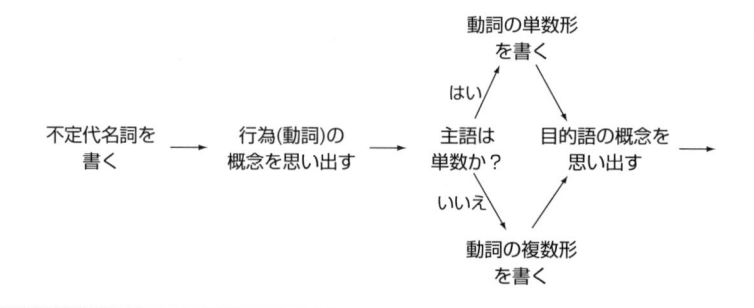

不定代名詞を書く → 行為(動詞)の概念を思い出す → 主語は単数か？ →（はい）動詞の単数形を書く →（いいえ）動詞の複数形を書く → 目的語の概念を思い出す →

図8-1　主語に不定代名詞を用いる文を作成するプロセスのステップ

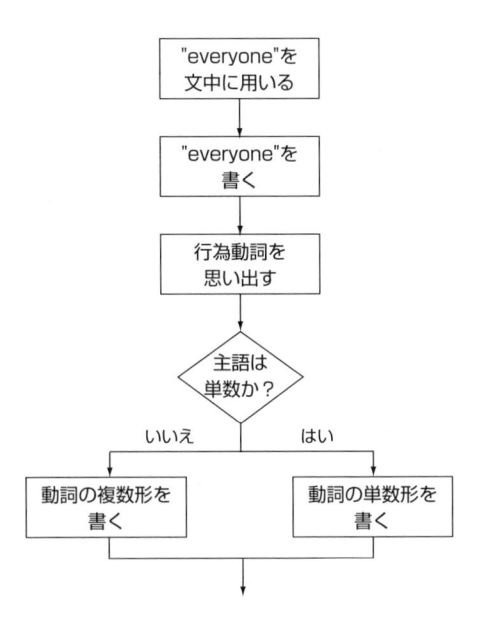

図 8-2　対象目標に適用するフローチャートの開始部分：主語に代名詞 "everyone" を用いる文を書く

定する必要があることを意味している。つまり，異なる**種類**のステップがあることを区別する必要がある。したがって，伝統的なフローチャートで表現すると，図 8-2 のようになる。

　フローチャートの書き方にはさまざまなものがあるが，台形のシンボルが**入力**，四角が**行動**，ひし形が**選択や意思決定**を表すことによく使われている。

　情報処理分析のもう 1 つの例として，2 桁の引き算の課題を図 8-3 に示す。数学の分野での他の多くの課題における情報処理分析図は，レスニック（Resnick, 1976）とグリーノ（Greeno, 1976）によって示されている。翻訳と理解の両方の技能を含む読解に関する分析は，レスニックとベック（Resnick & Beck, 1977）によって行われている。小切手帳を清算する課題のためにこの種の分析を応用した例が，メリル（1971）によって記述されている。より完全な考察と他の課題分析手法は，ジョナセンら（Jonassen et al., 1989）に示されている。

情報処理分析の利用

　情報処理分析を行うことで，2つの主要な情報が得られる。1つめとして，情報処理分析から，手続きに含まれるステップに関する**対象目標**の明確な記述が得られる。たとえば，図8-3は，引き算をするときの一連のステップを示すことで，引き算のパフォーマンスの詳細を描いている。これは「2つの数が与えられたとき，引き算を行う過程を例示できる」という目標提示よりも，多くの情報を伝えている。インストラクショナルデザイナーは，フローチャートを作成することでパフォーマンス系列を明らかにできる。

　情報処理分析の2つめの活用は，分析しないと明らかにならないようなステップを記述することである。このことは，表立って実行されるステップよりむしろ，内的に処理される意思決定のステップに関して特に重要となる。たとえば，図8-3に示される意思決定によれば，学習者が引き算の課題を実行するためには，2つの数の小さいほうと大きいほうを区別することができなければならない。これは，まだそれを理解していないのであれば，獲得されなければならない特定の技能である。したがって，

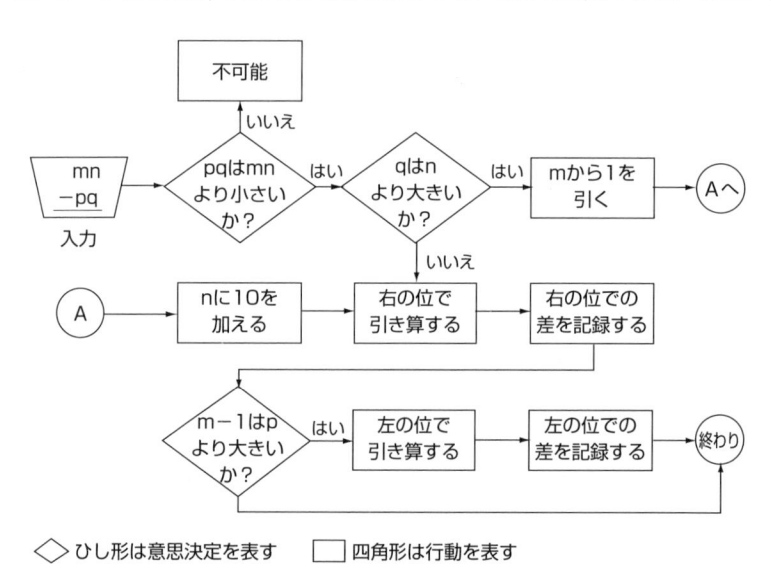

図8-3　2桁の数の引き算の情報処理分析

出典：R.M.Gagné(1977). Analysis of objectives. In L.J. Briggs (Ed.), *Instructional design*, Englewood Cliffs, NJ: Educational Technology Publication.

これは，2桁の数字の引き算の課題全体を構成する対象目標の1つになる。

　情報処理分析が終了すると，構成技能は，5要素の目標として書き出せる。これらは1つまたは複数のレッスンにおける対象目標になる。5要素の目標を記述する際には，学習成果の種類に従って対象技能を分類するためにインストラクショナルデザイナーが必要となる。この時点で，2つめの課題分析，すなわち学習課題分析を行うことが可能になる。

学習課題分析

　いったん対象目標が特定されると，前提条件のコンピテンシーや下位技能を同定する分析を行うことができる。対象目標と下位目標の両方が，IDの中で検討される。

　最も一般的な意味で，前提条件とは，対象目標の学習に先立って学ばれる課題であり，対象目標の学習を「補助する（aid）」か「可能にする（enable）」ものである。1つの課題は，特定のレッスンの対象目標であると同時に，続くレッスンの下位目標にもなりうる。なぜなら，後に学習される課題の前提条件となるからである。たとえば，長方形の形をした土地の対角線の距離を求めるという対象目標は，①長方形の周囲の辺の長さを測定できることと，②直角三角形の斜辺を計算するルールを適用できることの2つの前提条件を持つ。これらの2つの前提能力は，対象目標（対角線の距離を求める）を教えるために設計されたレッスンの数年前に学んでいたかもしれないし，あるいは，レッスンの直前やレッスンの一部として学ぶかもしれない。

前提条件の種類

　前提目標は，**必須**（essential）前提条件と**補助的**（supportive）前提条件という2種類のうちのどちらかに分類することができる。必須前提条件の例として，ドイツ語で文を書く場合に，名詞に「定冠詞をつける」という課題を考えてみよう。この能力を獲得するには，学習者は，①（名詞の）性を同定する，②数（単数形か複数形）を同定する，③文法規則を適用する，という3つの事前課題を学ぶ必要がある。そのような能力は，正規の授業によって学習されるか，あるいはドイツ語を話す経験によって偶発的に学ばれているかもしれない。偶発的な学びであるかどうかは，インストラクションのシステム的な設計には関係しない。関係しているのは，「下位」の能力が，定冠詞をつけるという総合的な技能の一部であるということである。このことは，それらが前提条件として必須であり，単に援助的や補助的なものではないことを意味している。定冠詞をつけるという総合的な課題が学ばれて正しく実行されるためには，これらの構成技能が学習されていなければならない。

ただし，前提条件には単に補助的なものもある。それは，前提条件が新しい学習を，より容易に，あるいはより速くする場合である。たとえば，ドイツ語の作文学習への肯定的な態度は，インターネット上でドイツ人のペンフレンドと交流することによって獲得されるかもしれない。

そのような態度は，外国語を学ぶ学習者の助けとなるであろう。それは，学習にとって補助的であって，必須ではない。もし学習者が，ドイツ語の名詞の性を覚える際に，新しく出てきたそれぞれの名詞と視覚的イメージを関連づけるという認知的方略を事前に習得していた場合には，その方略も補助的前提条件といえる。なぜなら，それは定冠詞をつける学習をより容易により速くさせるからである。

課題のそれぞれの種類ごと（課題分類によって同定される）に対して，必須前提条件と補助的前提条件の両方を同定できるが，それぞれにかなりの違いがある。その差異を明確にすることは ID にとって重要であり，前提条件を確認する前に，課題を分類して課題の種類を決める主な理由である。次節では，前提条件の議論を，必須なものから始めて，補助的なものをいくつか述べていく。

知的技能の学習における前提条件

知的技能は，他の種類の学習のように，必須前提条件と補助的前提条件の両方から影響を受ける。特に，必須前提条件は，より直接的になる。

知的技能の必須前提条件

第4章で示したように，知的技能は階層的であり，一番上に問題解決があり，それは定義された概念と具体的概念から構成される法則を必要とし，さらにそれらは弁別を必要とする。知的技能の対象目標は，典型的に2つ以上の下位技能やより単純な技能から構成される。より単純な技能は，それらを「まとめる」前に，最初に学んでおかなければならないという点で，対象目標を学習するための前提条件である。前提条件の学習は，すでに事前になされている場合もあるが，目標を学習する直前に行われている場合も少なくない。

必須前提条件の例として，整数の引き算の課題について，ガニェ（1977）の例をみてみよう。引き算の課題では，次のような問題が提示される。

| (a) 473 | (b) 2132 | (c) 953 | (d) 7204 |
| －342 | －1715 | －676 | －5168 |

　引き算においては，よく繰り下がりが行われる。この4つの例は，整数の引き算に必要とされる4つの前提条件（ルール）を示している。(a)の例は，最も単純であり，「繰り下がりなしで，各位ごとに引き算していく」である。(b)の例は，「複数の繰り下がりが必要な引き算」である。(c)の例は，「隣接する位から連続して繰り下がる」必要がある場合である。つまり，1の位では繰り下がることで，13から6を引くことができ，そして次に10の位もまた繰り下がることで，14から7を引くことができるようになる。(d)の例は，上の段に「0」がある場合の特殊な繰り下がりルールを用いることが要求される場合である。

　これらの前提技能は，整数の（すべての組み合わせの）引き算という総合的な技能に必要とされるルールを示している。例(d)の課題は，下位技能を前もって学習することなしに，完全な意味で学べるはずがない。このことは，それらが**必須前提条件**と呼ばれる理由である。

　知的技能の前提条件の他の例は，本章の前半で述べた情報処理分析の結果を調べることで見つけられる。図8-3で取り上げた引き算の分析は，例(a)と類似した繰り下がりの技能を含んでいる。主語が**everyone**となる文を書くという目標のときは，図8-2に示されている必須前提条件が，①行動についての動詞の名前を確認し，②動詞を単数形か複数形にするためのルールを用いるとなる。

前提技能の階層

　学習課題分析は，対象目標の前提条件を分析するときによく用いられるが，同様に前提技能にも適用される。なぜなら，その前提技能自体が前提条件を持つからである。よって，同定される技能がかなり単純になる（すべての学習者がわかっていると想定される）まで，学習課題分析を続けることが可能である。

　学習課題分析が対象目標のより単純な構成要素に対して連続的に行われていくとき，その結果は**学習階層図**（learning hierarchy）になる（Gagné,1985）。この成果は，連続的に同定された下位技能（つまり，必須前提技能）を箱に入れて描いた図として示される。図8-4は，「整数の引き算」という対象目標の学習階層図の例である。この学習階層図の分析の最初の段階では，先述した引き算の4つの前提技能が組み込まれている。それらは，図8-4のⅦ，Ⅷ，Ⅸ，Ⅹに該当する。目標Ⅹ，Ⅸ，Ⅷ，Ⅶを上から下に分析することで，「どこかの位で1回の繰り下がりが要求される引き算」という，より単純な目標Ⅵを同定できる。目標Ⅵは，より複雑な繰り下がりの目標

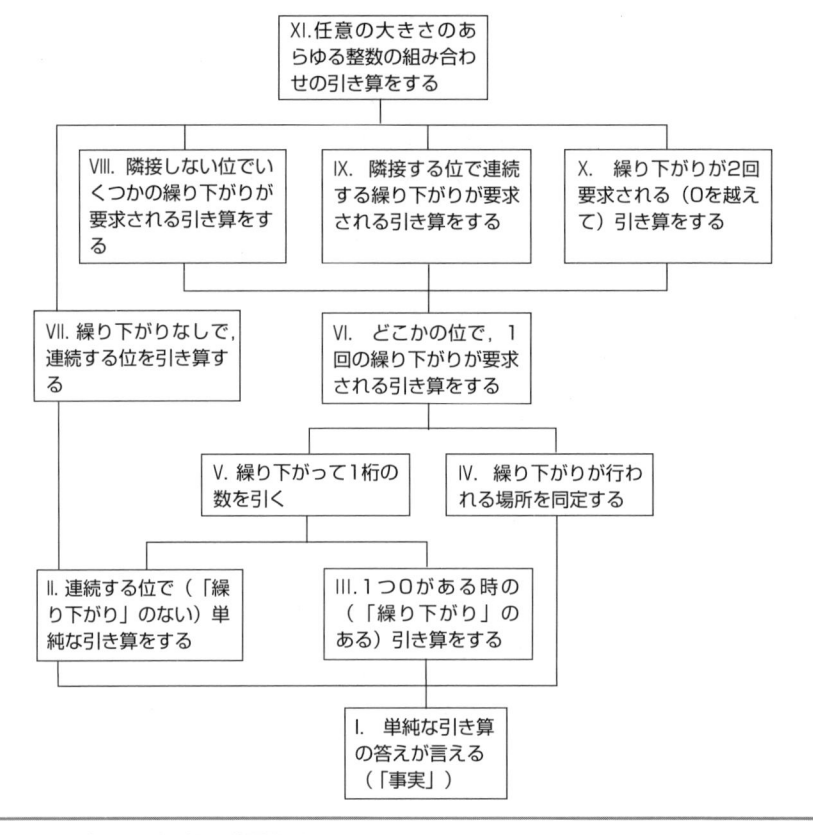

```
                    ┌─────────────────┐
                    │ XI.任意の大きさのあ │
                    │ らゆる整数の組み合 │
                    │ わせの引き算をする │
                    └─────────────────┘
     ┌───────────────────┬─────────────────┬─────────────────┐
┌─────────────┐   ┌─────────────┐   ┌─────────────┐
│VIII.隣接しない位でい│   │IX. 隣接する位で連続│   │X. 繰り下がりが2回│
│くつかの繰り下がりが │   │する繰り下がりが要求│   │要求される（0を越え│
│要求される引き算をす │   │される引き算をする │   │て）引き算をする  │
│る           │   │             │   │             │
└─────────────┘   └─────────────┘   └─────────────┘
```

図8-4 整数の引き算の学習階層図

（VIII，IX，X）のための必須前提条件である。目標VIを分析すると，IVとVに書かれている前提条件が明らかにされる。このプロセスは，単純な引き算の答えが言える「事実」（I）のレベルまで続けることができる。

　学習階層図は，しだいに単純になっていく知的技能のパターンを示している。これらの技能は，与えられる対象目標（これも知的技能）のための前提目標であり，それらはまた他の下位技能で構成される。知的技能のためのIDにとって最も重要な前提技能は，**直近の前提条件**である。学習課題分析の最も重要な部分は，学習階層図で隣接する2つのレベルどうしの関係である。すべてのレベルの前提技能を含む全体像を表す学習階層図を作成する理由は，インストラクションの系列を設計するためのガイドとして役に立つからであり（Cook & Walbesser, 1973），また単位時間への割り振り

を計画する際に学習者や教師の助けになるからでもある。

知的技能の学習課題分析

　知的技能の分析は，対象目標からの「逆順の作業」あるいは「トップダウン」というやり方で行われる。この分析の目的は，対象目標を構成する，より単純な技能を明らかにすることにある。情報処理分析で構成されたステップと，学習課題分析での要素技能は，分析の最初の段階でしばしば一致する。しかし，連続的なステップと下位技能とは，注意深く区別すべきである。つまり，連続するステップとは，課題をこなしていくときに個人が（学習された能力として）行うことを，実行時の時間軸に沿って示したものである。それに対して，下位技能は学習すべき内容を最も単純なものから順を追って，学習時の時間軸に沿って示したものである。

　知的技能の下位技能は，「**学習者がこの技能を学ぶために獲得しなければならない，より単純な技能は何か？**」と問うことによって，決定する（Gagné, 1985）。いったん下位（必須前提）技能の最初の組が同定されると，それぞれの下位技能に同様の問いを投げかけていくことによってプロセスが繰り返される。そうすることで，下位技能が徐々に，より単純なものになっていく。普通，学習者に関する知識に基づき，階層の最も低いレベルにある技能がすでに身についていて学習する必要がないと判断した段階で，プロセスを停止する。停止位置は，学習者が持っている教育的な背景によって変わってくる。たとえば，外国語の文法規則の学習階層図には，母国語の文法規則をこれまでに学んだことがない学習者のために，より多くのレベルが用意されることになるだろう。

知的技能のための補助的前提条件

　多くの種類の学習が事前に学習されている場合，知的技能を獲得する上での補助となることがある。つまり，事前に獲得された能力が，必須ではないが，対象技能の学習にとって役に立つ。

　たとえば，言語情報は，知的技能を獲得するのに学習者にとって役立つ。言語情報がインストラクションの一部である言語コミュニケーションを促進するからである。知的技能の学習のための言語情報に関連するよい例として，ホワイト（White, 1974）による研究がある。ホワイトは，「（ある物体の）位置と時間の関係を示す曲線のグラフ上の指定された位置での速度を求める」という問題に必要な知的技能の学習階層図を開発・検証した。最初に試行的に作成した学習階層図には，「位置と時間のグラフの傾きが速度であることを述べる」や「2つの軸を表す単位を用いてその傾きの単位

を述べる」のように，言語情報の目標が含まれていた。ホワイトの研究の結果は，これらの能力は知的技能の学習の助けとなるものであったが，必須ではないということを示した。さらに，情報の補助的な性質に関する実証研究として，必須前提条件との比較が，ホワイトとガニェ（1978）によってなされている。

IDプロセスにおいて，数種類の補助的前提条件を考慮することが，時に必要となる。インストラクションがどのように提供されるかによって異なるが，補助的前提条件は1つのレッスンの中に導入されるか，もしくは大きなトピックやコースの系列の中で提示されることになる。知的技能の学習に対する，3種類の補助的前提条件を以下に示す。

補助的前提条件としての言語情報

前述したように，言語情報は，コミュニケーションを支援することによって，知的技能を補助する。たとえば，ラベルはルール学習の概念として利用される。言語情報のもう1つの機能として，知的技能の検索のための手がかりを提供するということがあげられる（Gagné, 1985）。普通，知的技能が学習されている時には，かなりの量の言語情報が同時に含まれる。言語情報は学習プロセスを補助するのだが，大事なことは，IDプロセスで知的技能と言語情報を「混同」しないことである。

補助的前提条件としての認知的方略

知的技能の学習は，認知的方略を用いることによって補助される。たとえば，もし「正と負の整数の足し算」を学ぶ学習者が，「数直線」をイメージする認知的方略を身につけていたならば，必要なルールの学習が促進されるであろう。認知的方略は，知的技能の学習を加速し，その再生を容易にしたり，新しい問題への転移を補助したりする。

補助的前提条件としての態度

知的技能の学習において，肯定的な態度が及ぼす補助的な効果は，広く認知されている。学習する科目に対する肯定的な態度は，科目が学習され，保持され，利用されることが容易になるかどうかに強く影響を与えている（Mager, 1968）。態度と学習の関係は，数学のような科目に対する学習者のふるまいから容易に観察される。学校の科目の成績に「情意面の開始時の特徴」が及ぼす影響についての証拠が，ブルーム（Bloom, 1976）によってレビューされている。また，マーチンとブリッグス（Martin & Briggs, 1986）による文献のレビューでは，学習することへの態度が認知的技能の学習に強く関係することを示している。

学習課題分析と他の学習の種類

　学習課題分析の原理は，知的技能以外の学習課題にも使うことができる。すなわち，認知的方略・言語情報・態度・運動技能の学習に対してである。分析の目的は同様で，必須前提条件と補助的前提条件を同定することにある。しかしながら，応用のためのプロセスは，まったく異なっている。たとえば，言語情報や態度のような能力は，知的技能の場合のように下位部分をまとめることによって学習されるものではない。したがって前提条件は，必須というよりむしろ補助的な性質になる傾向がある。表8-1は，学習成果の5分類に対して，必須・補助的前提条件を要約したものである。

前提条件：認知的方略

　学習・記憶・思考という認知的方略の前提条件は，非常に基礎的で単純な精神的能力である。たとえば，項目のリストを記憶するための効果的な認知的方略には，それぞれの項目に対して異なるメンタルイメージを生成することがある。この場合の必須前提条件は，**視覚的なイメージをつくる能力**であり，かなり基本的な能力である。複雑な数学の問題を解くための効果的な認知的方略には，問題を細分化して，それぞれの部分の解決策を探すことがある。その前提条件は，**言語で記述された状況をいくつかの部分に分ける能力**である。これはまた，かなり単純な並べ替えという基本的な能

表8-1　学習成果の5分類の必須・補助的前提条件

学習成果の種類	必須前提条件	補助的前提条件
知的技能	知的技能のより単純な構成要素（ルール，概念，弁別）	態度，認知的方略，言語情報
認知的方略	特定の知的技能	知的技能，態度，言語情報
言語情報	意味のある形に組織化された情報	言語技能，認知的方略，態度
態度	知的技能（時々） 言語情報（時々）	他の態度，言語情報
運動技能	部分的な技能（時々） 手続き的なルール（時々）	態度

出典：R. M. Gagné (1977). Analysis of objectives (p.141) In L. J. Briggs (Ed.), *Instructional design*, Englewood Cliffs, NJ: Educational Technology Publications.

力といえる。

　認知的方略の必須前提条件が何であっても，生得的要因に依存したもので成熟とともに発達していくと考えるのか，あるいは，どれだけ学んだかによるものと考えるのかについては,意見の一致がみられていない。これらの問題については,ケイス（Case, 1978）とガニェ（1977）により議論されている。そして，ピアジェ（Piaget, 1970）の発達理論の中では，成熟の要因が大きな役割を果たすとしている。対照的に，ガニェ（1985）は，たとえば系列の中で事物を組織化するような実行型の認知的方略は，学習された知的技能から一般化されたものであるという考えを提唱している。どちらのプロセス（成熟や学習）も，知的な発達の観点からみると，認知的方略に長期間効果を与えるということに注意すべきである。

　認知的方略の学習のための補助的前提条件には，学習者へ提供される特定の教材を学習することか，特定の問題を解決することに役立つ知的技能が含まれる。関連する言語情報も，補助的な役割を果たす。他の種類の能力を学習するのと同様に，学習への好意的な態度は，学習の助けになるであろう。

前提条件：言語情報

　言語情報を学習し蓄積するために，学習者はいくつかの基本的な言語上の技能を身につけていなければならない。学習理論の多くは，命題の形で情報が蓄積され検索されることを示している。もしそうであるなら，学習者は文法規則に従って，命題（文章）を形成する必須前提条件の技能を前もって獲得していなければならない。こうした技能は，生活の中でかなり早期に学習されているはずである。

　言語情報は，1つの項目か長い節かのいずれにせよ，それが意味のある情報の大きな文脈の中にあるとき，最も簡単に学習され保持されるようである。このときの意味のある文脈は，情報が獲得される直前に学習されるか，もしくは以前に学習されていたものである。この意味のある文脈を用意するということは，すでに第5章において学習の条件として述べられており，言語情報学習の補助的前提条件として分類される。

　態度は，他の種類の学習を補助するのと同様に，言語情報の学習をも補助する。いくつかの異なる認知的方略が，単語リストの学習を補助することがわかっている（Gagné 1985; Rohwer, 1970）。テキストの要点を覚えておくことのような種類の認知的方略はまた，その文章の保持を支援する（Palincsar & Brown, 1984）。

前提条件：態度

　特定の態度を獲得するためには，学習者は特定の知的技能や言語情報を学習しておく必要がある。このような意味で学習された知的技能や言語情報は，態度学習のための必須前提条件である。たとえば，包装された食料品の「ラベルの真偽」に対しての肯定的な態度を獲得させるためには，学習者に①ラベルに印刷された説明を理解するのに必要とされる知的技能と，②食材についてのさまざまな言語情報を身につけさせることが必要である。

　表8-1に示すように，態度は，互いに補助しあう関係にある。たとえば，ある候補者へ好感を抱くことで，その候補者の所属する党の政策にも好感を持つことが容易になる。より一般的な意味では，人間モデルが尊敬される程度に応じて，その人間モデルが示す態度が受け入れられるかどうかのレディネスに影響を及ぼす。

　必須の役割に加えて，言語情報はまた，態度を確立するための補助的な機能も持っている。個人的活動の選択にかかわる状況の知識があると，態度の獲得が容易になる。たとえば，「飲んだら乗らない」のような態度は，そのような行動をしたくなるような（仲間からの精神的圧力など）社会的状況を理解することで，より容易に獲得されるようになる。

前提条件：運動技能

　第5章で述べたように，運動技能は，いくつかの部分的技能から構成される。そして，部分的技能が個別に練習されて総合的な技能の練習に結合されるとき，効果的な学習になる。そのような事例では，部分的技能が，総合的な技能を学習するための必須前提条件として機能している。

　運動技能のもう1つの構成要素は，**実行サブルーチン**（Fitts & Posner, 1967）である。それは時には最初のステップとして学習される。たとえば，クロールを泳ぐには，腕・足・体・頭の動きの流れを選択する実行サブルーチンが含まれる。総合的な技能を練習する前にも，学習者はこの流れの正しい実行方法のインストラクションを受けるかもしれない。表8-1では，これらのサブルーチンが**手続き的なルール**として参照されている。その技能そのものに先立って別々に学習されるとき，それらは必須前提条件として分類される。運動技能の学習と，それによって可能になるパフォーマンスに対する肯定的な態度は，しばしば重要な補助的前提条件となる。

教授カリキュラムマップ

　私たちは，概念の前提条件としての弁別，ルールの前提条件としての概念，問題解決の前提条件としてのルールという，技能間の階層的な関係で表される知的技能領域の技能を図示した。これらの関係を，図8-5に示す。

　知的技能と態度の関係のように，異なる領域からの目標間の関係を図に視覚化することはより難しい。ブリッグスとウェイジャー（Briggs & Wager, 1981）は，これらの関係を描くための**教授カリキュラムマップ**と呼ばれるシステムについて述べている。教授カリキュラムマップは，学習目標間の機能的な関係を表している。この手法は，対象の知的技能の目標を同定した上で，「この目標の到達に関係するほかの目標は何か？」（必須な技能か補助的前提条件のどちらも含む）と問うことから始める。知的技能の必須前提条件の階層的な関係は，図8-5に示したものと同じ方法で描かれる。図8-6に示される補助的な目標は，同じ領域からのものでない場合は，それを示すしるしをつけて，対象目標につなげられる。

　たとえば，コンピュータリテラシーコースの知的技能の対象目標が，「学習者がMicrosoft Wordを使いこなせることを例示できるようになる」（複雑なルールを使う技能）であるとする。関連する態度の対象目標は，「学習者が課題を手書きで出すより，コンピュータのワープロを用いることを選ぶ」のようになる。学習者はこれらの技能適用を必要とするような知的技能を学習することになるが，これらの技能学習だけでは，おそらく態度を形成するには不十分だろう。ワープロを使うという目的に関連づ

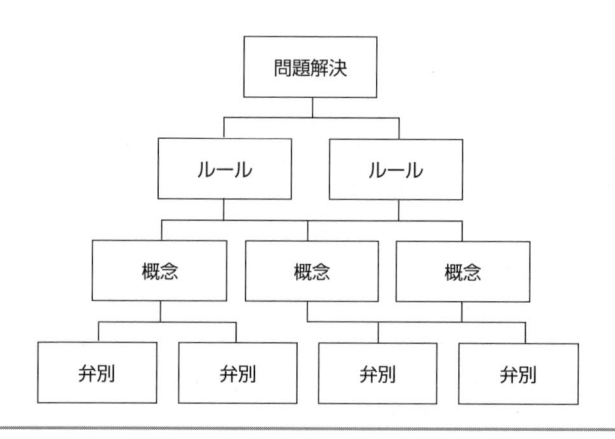

図8-5　知的技能領域の目標間の階層的な関係

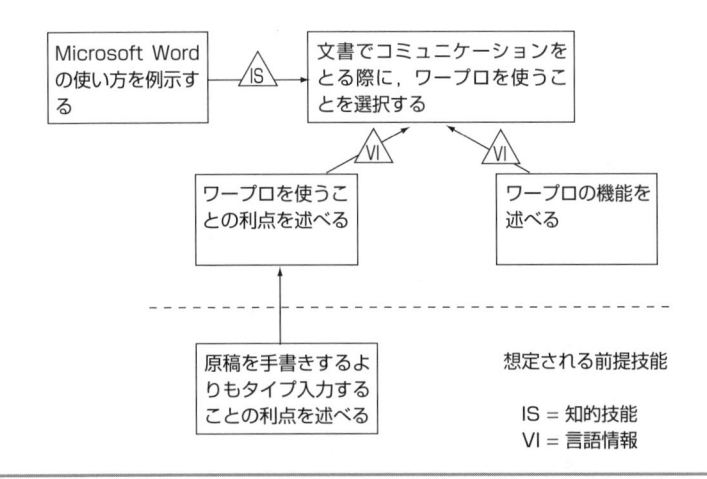

図 8-6　態度の対象目標と言語情報の目標の補助的な関係を示す教授カリキュラムマップ（ICM）

けられた補助的目標が役に立つ。たとえば，以下に示すようなものが考えられる。

1. 編集・スペルチェック・文法チェック・印刷・保存のような，ワープロの異なる機能を述べる。
2. ワープロを使うことの利点として，草稿の簡単な改訂・画像の追加・ファイルの転送などを述べる。
3. タイプ入力することが手書きにまさる利点（きれいさ・書式・カット＆ペースト・画像利用）を述べる。

　上にリストした言語情報の目標は，ワープロの操作にかかわる知的技能の学習に要求されることではない。つまり，それらは必須前提条件ではない。しかしながら，学習者はおそらくすでに，学校に通った結果として，見た目がよいものを提出することの利点について，かなりわかっているはずである。言語情報は，図 8-6 に示すようにコンピュータの利用に対する態度の形成を補助する。言語情報の目標と態度の目標の間にある三角形は，2つの目標が異なる領域にまたがっていることを示している。また，異なる学習条件を用意することが両方の対象目標を達成するためにはおそらく必要とされることについて，デザイナーに注意を促す。この3つの言語情報の目標は，互いに必須前提条件ではないが，（補助的な）文脈の流れの中で教えられるだろう。同じ領域からの目標の間は，実線でつながれる。

図8-7は，この対象目標と関連する最上位レベルの知的技能を示している。すなわち「文章を入力，編集，印刷することでワープロの使い方を修得していることを例示できる」というルール使用の目標である。この目標は，必須前提条件として態度の対象目標に機能的に関係してくる。その関係を図的に表すために，学習目標をつなげている線の間にIS（知的技能）という（△の）シンボルを挟むことによって，異なった領域間に学習目標が属することを表現できる。この場合は，知的技能が態度の達成に機能的に関係するということを意味する。

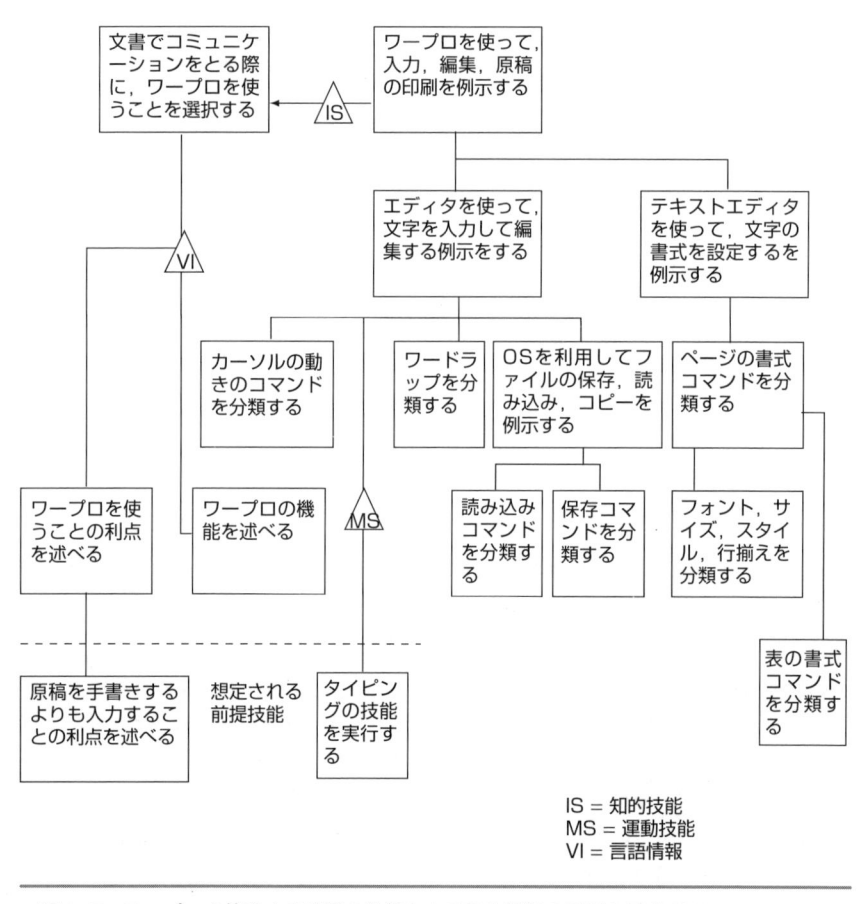

```
                              ┌──────────────┐
  ┌──────────────┐     IS     │ワープロを使って，│
  │文書でコミュニケ│    △      │入力，編集，原稿│
  │ーションをとる際│◄──────────│の印刷を例示する│
  │に，ワープロを使│            └───────┬──────┘
  │うことを選択する│                    │
  └───────┬──────┘         ┌───────────┴──────────┐
          │              ┌─────────────┐   ┌─────────────┐
         △VI             │エディタを使って，│   │テキストエディタ│
          │              │文字を入力して編│   │を使って，文字の│
          │              │集する例示をする│   │書式を設定するを│
          │              └──────┬──────┘   │例示する        │
          │                     │          └──────┬──────┘
          │         ┌───────────┼───────────┐      │
          │    ┌────┴───┐ ┌────┴───┐ ┌────┴────┐ ┌┴─────────┐
          │    │カーソルの動│ │ワードラ│ │OSを利用してフ│ │ページの書式│
          │    │きのコマンド│ │ップを分│ │ァイルの保存，読│ │コマンドを分│
          │    │を分類する  │ │類する  │ │み込み，コピーを│ │類する      │
          │    └────────┘ └────────┘ │例示する        │ └──────┬────┘
          │                            └──┬─────┬───┘        │
  ┌───────┴──┐ ┌──────────┐     △MS     ┌─┴────┐ ┌┴────┐ ┌───┴─────┐
  │ワープロを使│ │ワープロの機│             │読み込み│ │保存コマ│ │フォント，サ│
  │うことの利点│ │能を述べる  │             │コマンド│ │ンドを分│ │イズ，スタイ│
  │を述べる    │ └──────────┘             │を分類す│ │類する  │ │ル，行揃えを│
  └──────┬───┘                           │る      │ └──────┘ │分類する    │
         │                                 └──────┘           └──────┬────┘
  - - - -│- - - - - - - - - - - - - - - - - - - - - - - - - - - - - - │- - -
  ┌──────┴──┐ ┌──────────┐ ┌────────┐                              ┌─┴──────┐
  │原稿を手書きす│ │想定される│ │タイピン│                              │表の書式│
  │るよりも入力す│ │前提技能  │ │グの技能│                              │コマンド│
  │ることの利点を│ └──────────┘ │を実行す│                              │を分類す│
  │述べる        │               │る      │                              │る      │
  └────────────┘               └────────┘                              └────────┘

                                      IS ＝ 知的技能
                                      MS ＝ 運動技能
                                      VI ＝ 言語情報
```

図8-7　ワープロを使用する課題の前提となる知的技能の目標を示すICM

つまり，三角形のシンボルは関係する領域の変化を示すもので，支援する領域からの技能の影響を示している。学習課題の系列を開発する場合に，いくつかのそのような領域の変化があるかもしれない。この特別なシンボル自体はさほど重要ではない。図には「言語情報」を示す VI を入れた三角形,「知的技能」を示す IS を入れた三角形,「運動技能」を示す MS を入れた三角形を示した。重要なことは，領域の変化が認識されるということである。なぜなら，それが重要な設計上の意味を持つからである。

「ワープロを使うことを例示する」という目標は知的技能であり，**編集・ワードラップ・ファイル管理・ブロック・書式**などの概念を含む，他の前提条件となる知的技能を伴う。これらの概念に関連する目標について，学習階層図を，図 8-7 に示す。ここで，入力するという運動技能は，ワープロを使うことの前提条件であることに注意すべきである。タッチタイピングができることは，学習者がワープロを使うことの助けにはなるが，タッチタイピングの技能が，ワープロの使い方を学ぶために必須というわけではない。

教授カリキュラムマップの手法は，互いに関連する目標が異なる領域からのものであるとき，デザイナーの作業の助けになる。それはまた，計画に抜けている箇所があることや，どの対象目標にも関連しないような「不要な」目標があるといった欠陥をデザイナーに気づかせる。

下位技能と前提技能

前提技能と**下位目標**は，一般的に，特定のレッスンに関連する目標の記述に利用される。たとえば，1 つのレッスンは，1 つ以上の対象目標を持つ。それらの目標の下に，**下位目標**がくる。学習者がレッスンを開始する前に獲得しているものと期待される前提技能もまた，**対象目標**の下位にある。前提技能は必須か補助的な前提条件であるが，レッスン中に**教えられる**ものではない。**前提技能**は，点線の下にリストされた技能として，学習階層図と教授マップの両方で確認される。このことを，図 8-8 に示す。この手法によって前提技能を確認することで，学習者がレッスンを受けるのに必要な技能を身につけているかどうかを把握するための前提テストを作成することができる。

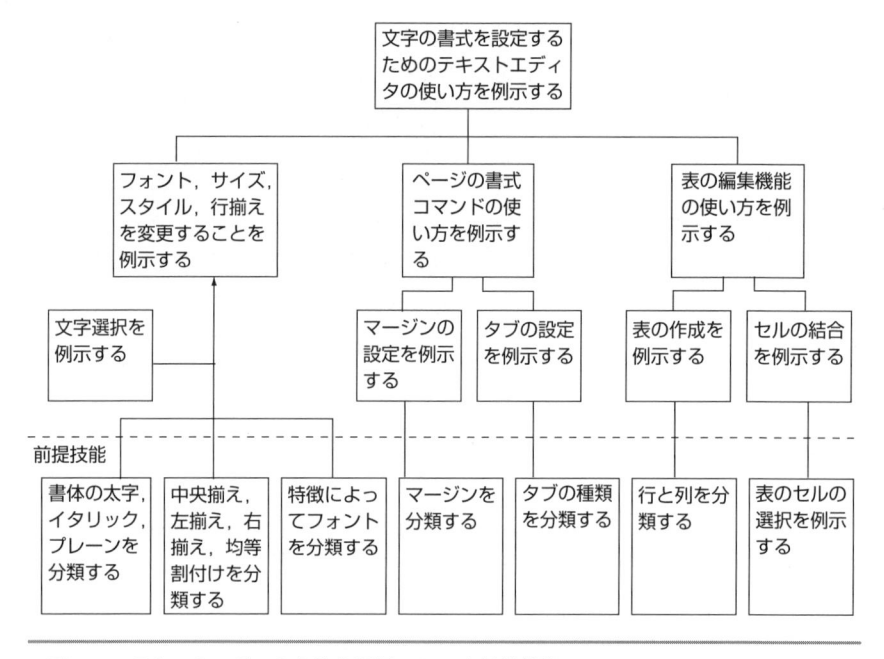

```
                    ┌─────────────────┐
                    │文字の書式を設定する│
                    │ためのテキストエディ│
                    │タの使い方を例示する│
                    └─────────────────┘
           ┌────────────┼────────────┐
  ┌────────────┐  ┌────────────┐  ┌────────────┐
  │フォント，サイズ，│ │ページの書式  │ │表の編集機能 │
  │スタイル，行揃え │ │コマンドの使  │ │の使い方を例 │
  │を変更することを │ │い方を例示す  │ │示する       │
  │例示する         │ │る           │ │             │
  └────────────┘  └────────────┘  └────────────┘
         │          ┌──────┴──────┐    ┌──────┴──────┐
  ┌────────┐  ┌────────┐ ┌────────┐ ┌────────┐ ┌────────┐
  │文字選択を│  │マージンの│ │タブの設定│ │表の作成を│ │セルの結合│
  │例示する  │  │設定を例示│ │を例示する│ │例示する  │ │を例示する│
  │         │  │する      │ │          │ │          │ │          │
  └────────┘  └────────┘ └────────┘ └────────┘ └────────┘
```

前提技能

| 書体の太字，イタリック，プレーンを分類する | 中央揃え，左揃え，右揃え，均等割付けを分類する | 特徴によってフォントを分類する | マージンを分類する | タブの種類を分類する | 行と列を分類する | 表のセルの選択を例示する |

図8-8　テキストエディタを使う課題のICMと前提技能

統合されたゴール

　ガニェとメリル（1990）は，レッスンやコースにおいて，**多重に統合された目標**に基づく学習目標を同定するというIDの要求を概念化した。統合されたゴールは，学習成果（事実・概念・ルール・方略）のさまざまな種類に取って代わるというよりむしろ，それらを組み込むものとして捉えられている。ガニェとメリルは，多様な目標の統合を，人間が行う包括的な活動と捉え，それらを**エンタープライズ**（enterprise）と呼ぶことにした。エンタープライズの実行には，言語情報，知的技能，認知的方略や，共通の目標に含まれる関係するものすべてが総動員される。エンタープライズの種類によっては，運動技能や態度もまた動員される。エンタープライズのスキーマは，学習成果がより複雑な活動の構成部分になることで，1つ以上の学習成果の種類で構築される。インストラクショナルデザイナーは，対象とされたエンタープライズのゴールを，構成される技能や知識と一緒に同定する必要がある。それから統合された成果を達成するための能力を学習者が獲得できるように，インストラクションを設計す

第8章 学習課題の分析　193

```
        目標
   エンタープライズのシナリオ
  ┌──────┬──────┬──────┐
知的技能  認知的方略  言語情報
     └ラベル
```

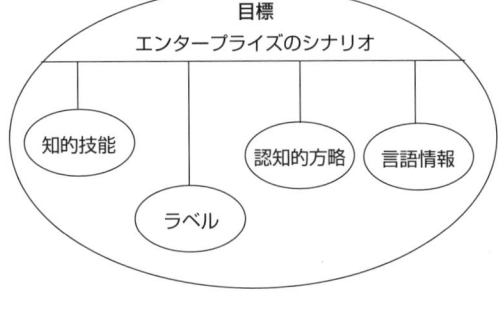

図 8-9　エンタープライズの一般形
出典：R.M. Gagné, & M.D. Merrill (1990). Integrative Goals for Instructional Design. *Educational Technology Research and Development,* 38（1）：23-30.

ることになる。

　ガニェとメリルは，さまざまなエンタープライズの異なる**統合されたゴール**（integrated goal）が，異なる種類の認知構造として記憶に表現されるということも提唱している。それぞれの種類のエンタープライズは，スキーマの形をとって記憶の中で表現される。そのスキーマは，エンタープライズの分類に応じた目的や目標，エンタープライズの実行に必要とされるさまざまな知識や技能，エンタープライズによっていつどのように知識や技能の一部が必要とされるのかを示すシナリオを反映したものになっている。そのような統合されたゴールを表現するスキーマの一般形を図8-9に示す。

要約

　課題分析は，インストラクションの計画や条件の特定に必要とされるシステム的な情報を得るために実行される，いくつかの異なる相互に関連した手続きをさす。この章では，①情報処理分析と②学習課題分析の2つの手続きについて説明した。両分析とも，レッスンやコースの対象目標から着手することになる。
　情報処理分析は，学習者が学んだ後に与えられる課題を遂行するときにたどるステップを記述する。これらのステップに含まれるものは，①入力情報，②活動，そして③意思決定である。特に重要なのは，この種の分析によって，普通，表立ったふるまいとして直接観察できないパフォーマンスにかかわる心的操作を明ら

かにすることができるという点である。同時に、パフォーマンスのさまざまなステップは、フローチャートで表せる。分析の結果は、対象目標として記述されるパフォーマンスの構成要素として学習されなければならない能力を表す（もしくは示唆する）。

これらの構成要素は、それ自身が、対象目標の学習を補助する**下位目標**と呼ばれる教授目標である。加えて、追加的な下位目標を明らかにするために、さらに（学習課題分析という手法で）分析していく必要がある。

課題分類は、効果的なインストラクションに必要な条件を設計するための基礎を提供することを目的としたものである。学習目標は、知的技能・認知的方略・言語情報・態度・運動技能に分類される。前章までで示したように、それぞれの分類が、インストラクションの設計に組み込まれる学習に必要な条件について、異なる示唆を与えている。

学習課題分析は、対象目標と下位目標の両方の前提条件を同定することを目的に行われる。2種類の前提条件は、必須なものと補助的なものに区別される。必須前提条件は、学習される能力の構成要素であるので、先行の事象としてそれらの学習が成立している必要がある。もう一方の前提条件は、より簡単により速く能力を身につけるという意味から補助的なものである。

知的技能の対象目標は、複雑な技能から単純な技能へと分解していくことで、前提条件の連続的なレベルに分析される。この分析結果は、学習階層図となり、教授系列を計画するための基礎を提供する。学習目標の他の分類の前提条件は、学習階層図の形になることはない。なぜなら、それらの前提条件が知的技能のような形でお互いに関連しあうことはないからである。

多くの補助的前提条件を、特定の種類の対象目標のために同定することができる。たとえば、課題に関連した言語情報が、よく知的技能の学習の補助になる。レッスンやコースの目標に対する肯定的な態度は、学習支援の重要な源である。注目する・学習する・記憶することの認知的方略を、それらのプロセスを補助することに学習者が利用するかもしれない。これらの補助的な関係は、教授カリキュラムマップによって図示される。

1つより多くの目標に対するインストラクションを計画することは、単に1つずつ順々にインストラクションの手続きを設計するにすぎないこともある。これは、たとえば単分数の足し算のレッスンが、次に仮分数のレッスンに移り、さらに分数の単純化のレッスンに移るというような、主に知的技能で構成される領域で特に明らかである。しかしながら、レッスン目標の直線的な系列化では、複数の目標に対しては十分とはいえない場合もある。なぜなら、さまざまな構成要素

の目標の相互関係の習得において学習者の支援に失敗するからである。それよりも，目標を混合して表現する方法として，これらの目標を統合することが考えられる。そのような統合では，モジュールかコースの目標を構成する複数の目標を1つに置き換えることではなく，その代わりに異なる目標を実際に組み合わせて設計することになる。

　インストラクションが，モジュール・セクション・コース単位のより包括的なものとみなされるとき，**複数の目標**が含まれることが明らかになる。ガニェとメリル（1990）は，統合的な目標が**エンタープライズスキーマ**によって認知空間に表現されることを提案した。その焦点となる中心概念が，統合的なゴールである。統合的な目標に関係するのは，必要とされるパフォーマンスを補助するために学習されなければならない言語知識，知的技能，認知的方略のさまざまな項目とエンタープライズのシナリオである。これらのパフォーマンスは，**エンタープライズ**として知られる，目的的な活動に集約される。エンタープライズの例としては，装置を操作すること，科学のトピックを1つ教えること，就職について誰かをカウンセリングすること，除草カッターの使い方の指示を与えること，などがある。目標に関連した知識や技能を含む，エンタープライズの目標を表すスキーマが，**エンタープライズスキーマ**である。

　IDは，エンタープライズスキーマを獲得するための条件を特定しなければならない。知識と技能の要素に加えて，このスキーマには，これらの技能と目標を関連づける宣言的知識のシナリオが含まれる。このシナリオは，達成されるエンタープライズと関連するさまざまな事実と技能を学習する目的を学習者に気づかせる役割を担う。これらの特徴から，エンタープライズスキーマは，研修の内容の転移に対してプラスの影響を与える要因となる。

第9章

教授系列の設計

　学校教育の目標の達成に向けた学習は，長期間にわたり多くの機会において取り組まれる。ある能力を学習する前には，前提条件となる能力を学習し，その次には，より複雑な能力を学習する。それらの一連の能力の組み合わせは，一般的に，**カリキュラム**あるいは**コース**と呼ばれている。

　カリキュラムやコース内では，目標を**系列化**（sequencing）することが必要である。教育やトレーニングを実施する機関では，効果的な学習を推進するために，コース内の系列を定めることが必要になる。最も明らかな系列は，単純なスキル（前提条件となるスキル）から達成するのに時間がかかる複雑な（対象となる）スキルの順番に並べるというものである。他の系列化の原則として，学習されている意味の程度が徐々に増すように目標を系列化することがある。学習者が何をどの程度速く学ぶかには，彼らがすでに何を知っているかが重要な要素とされるが，それは認知学習理論（Anderson, 1985）から明らかになっている。ライゲルースとステイン（Reigeluth & Stein, 1983）は，彼らが提唱する「精緻化理論（elaboration theory）」において系列化の問題をマクロレベルで扱っている。精緻化理論では，まず学習者にこれから学ぶ概念・手続き・原理の**縮図**（epitome）（概論）を提示することによって，系列を構造化する手法を提案している。その後に，縮図が精緻化されたものや延長形が提示される。概念・手続き・ルールは単純なものから複雑なものへ，また一般的なものから特殊なものへという順番で組織化される。

　系列化の問題は，カリキュラムやコース設計のさまざまなレベルで扱われるが，問題となる点はレベル間で互いに異なる。インストラクションを効果的に系列化することは，コース編成に密接に関係している。本章では，一般的なものからより特殊な目標へ，全体から細部にわたってコースを編成する手続きについて述べ，前章でふれられた学習のタイプ間の機能的な関係を利用することを試みる。まず，教授系列の3つ

の基本的なタイプ—**階層型**，**知識基盤型**，**螺旋型**—を取り上げ，本章の最後では，多様かつ異なった目標をどのように統合するかについて述べる。

　第8章で述べたように，カリキュラムやコースのための目標がいったん明確にされると，次に主要な**コース単元**（それぞれの学習に数週間が必要な単位）が明確化できる。各単元では，その終わりまでに到達すべき明確な目標が定義される。それぞれの単元目標のうち最もレベルの高いものは，コースの最終目標のための前提条件となる技能である。それらをすべて学ぶことが，コースの最終パフォーマンスを可能にするからである。それぞれの単元目標は支援目標，あるいは下位目標に分析され，レッスン単位にグループ化される。最終的に，各レッスンに割り当てられた目標を分析し，その下の支援目標，あるいは下位目標が列挙される。そのプロセスは前提スキルが定義された時点で終了する。前提スキルとは，教えたい目標に関連したもので，学習者がすでに身につけていると期待されるものをさす。

　一般的に，低いレベルの目標がまずはじめに教えられるようにレッスンどうしが系列化されている。知的技能には階層的な関連性があるので，このことは特に重要である。他のタイプの学習目標よりも，知的技能の系列化の関係性についてのほうが，よりよく知られている。知的技能の学習を支援するそのほかの学習領域の目標は，知的技能の構造に織り込まれることが多い。なぜならば，知的技能の目標が，主な対象となると想定されるからである。一方で，もし最終目標が，たとえば職務遂行上の安全管理を教えるコースの場合のように，知的技能というよりは態度であるとすれば，態度形成を支援するために必要な知的技能が明確化されるべきである。異なる領域における目標の統合については，第8章で述べている教授カリキュラムマップの形などで表現することができる。究極的には，個々のレッスンで学ぶ関連技能が統合されて，コースの目的を達成できるように，カリキュラム全体を統合することが重要である。

　「コース」という言葉には，多様な意味があるため，用語上，注意が必要である。たとえば，心肺機能蘇生法（CPR）に関する「コース」はコンピュータリテラシーの「コース」とまったく異なる。前者には，要求される技能の完全習得を判断するかなり明確な基準が存在する。これはCPRを教える人々の間で，目標やパフォーマンスへの評価基準やコースを教えるための時間量について，明確な合意が得られているためである。しかもCPRのコースにおける目標の数は相対的に少ない。逆に，コンピュータリテラシーのコースに関するカリキュラムはずっと幅があり，最終的な目標に関する合意はあまり得られておらず，目標の総数もとても多い。

　「コース」とは何かを定義する際のもう1つの問題は，インストラクションの時数を明確にすることで生じる制限である。たとえば，大学における3単位のコースは，通常，1セメスターについて48学習単位時間に相当する。公立学校では，1コース

は，正規の授業時間約180時間に相当する。軍隊では，1つの訓練コースは1時間から1000時間まで存在するのである！　コースの長さは，単元やコース全体の目標を計画する際には十分注意すべきである。

　コースを編成する際に用いるべき標準的な時間数の設定はない（2つ以上のレッスンから構成される，つまり2時間以上の長さである，という仮定以外には）。どんなに長いコースであったとしても，パフォーマンス結果を次のような5つの異なったレベルで表現することが可能である。

1. **生涯目標**（life-long objective）：これは学習されたものをコース終了後も継続して将来的に利用することを意味している。
2. **コースの最終目標**（end-of-course objective）：これはコースに関するインストラクションが完了した後，すぐに期待されるパフォーマンスを述べたものである。
3. **単元目標**（unit objective）：これはコース全体の構造において共通したねらいを持った目標（トピック）群としての単元ごとに期待されるパフォーマンスを明確化したものである。
4. **特定のパフォーマンス目標**（specific performance objective）：これはインストラクションのある一定のまとまりで得られる特定の学習成果であり，課題分析に適切な大きさである。
5. **下位目標**（enabling objective）：これはある対象目標への必須，あるいは支援的な前提条件である。

４　コース編成の実例

　本書の内容の本質を考え，インストラクショナルデザイン（ID）に関する大学院コースのための編成の各レベルをまとめておく。このコースは，教授システム設計を学ぶ博士課程カリキュラムの一部であると想定できる。このカリキュラムに関連する他のコースとしては，学習理論・研究方法・統計・IDの多様性・設計理論・教授実施モデルなどが考えられる。このコースに入る大学院生は普通，修士号を持っていると考えられるが，その分野は科学教育のような教科教育の領域，あるいは教育メディアや教育行政の分野などであろう。彼らのほとんどはID理論についての入門コースを修了しているだろう。

　学生はいくつかの教授ニーズや目標に基づいて，自分自身のコースを設計する方法を教わる。「一般から特殊へ」というコース設計の基本に従って，学生はいくつかの

水準においてコース目標を述べるように要求される。IDに関する大学院コースの目標水準は次のように例示されよう。

1. **生涯目標**

   このコースを修了した後，①その他の設計コースを受ける，あるいは，②学習したモデルを修正したり，新しいモデルを生み出したりすることが必要となる環境で設計スキルを適用するための多様な機会を探し続けることを通じて，コース設計スキルを磨き続けるようになる。理論，研究成果，一貫性がある解釈に基づいて，システム的なコース設計手続きを採用したり，生み出したりすることを自ら選択するようになる。自分たちの手による設計を評価・改善するために，実証的なデータを利用することを選ぶようになる。

2. **コースの最終目標**

   コースの終わりまでに，IDのシステム的モデルのニーズ分析から総括的評価における各段階を実行できる能力を示すようになる（この想定されたコースでは，表2-2にあげる事象4から事象9までを主に取り上げる）。

3. **単元目標**

   次にあげるコース単元についての設計段階を終了することで，4つの連続した課題を達成する。

   単元A　生涯目標，コース終了時の目標，単元目標について，各レベルでの学習成果の評価方法とともにコース編成マップを生成する。

   単元B　学習階層における前提条件となる技能がどのように相互に関連し，また他領域における目標とどのように関連しているかを示すために，知的技能目標についての学習階層図を描き，教授図を作成する。

   単元C　レッスンプランあるいはインストラクションのモジュールを1つ生成し，提案する学習活動に対する論理的根拠を示す。

   単元D　ユニットの学習目標と関連づけて，学習者評価方法を生成する。

4. **特定のパフォーマンス目標**（上記単元Cについて）

   目標1．計画中のレッスン目標やそれを実現可能にする下位目標を述べる。

   目標2．目標を領域ごとに（もし適切であれば下位領域ごとに）分類する。

   目標3．用いられる教授事象，ならびにそれらに対する理論的根拠をあげる。そして，省略する事象の理論的根拠（なぜ省略するのか）を示す。

   目標4．各事象に関する内容と活動を記述する。

   目標5．各事象において必要なメディアや教材を記述する。

   目標6．目標4と目標5での決定に対して，学習の条件に基づいた理論的根拠を

提供する。

目標7．レッスンを開発するために必要な教授計画，あるいは処方を書く。

　このコースでは，学習者は教科内容の専門家（SME）とともに業務に従事し，現実に存在するコースを分析・設計する。設計プロセスの学習を容易にするため，インストラクターはコース全体を数多くの単元に分割し，各単元で受講者にプロセスの各ステップを振り返らせるために，詳細な評価基準シートを用意している。受講者は単元の課題としてその評価基準シートを提出し，インストラクターからのフィードバックを得る。コースの系列はいくらか暫定的であるが（プロセスの第1段階はまずはじめに教えられる），各段階の中では，より下位の目標はより高次の目標の前に教えられる。

　このように目標にいくつかのレベルを持たせることは，コースを編成するための1つの方法である。このコース編成は，コース全体の目標から個々のレッスン目標のレベルまで，上から下に進んでいく。一方で，1つのレッスンの中の活動も編成され，系列化されなければならない。すなわち，レッスンを構成する教授事象の系列も計画されるべきである。この計画の部分は，学習者にどの程度支援が与えられるかどうかに大きく依存している。なぜならば，レッスンに組み込まれる教授事象を選択するということは，組み込まれない教授事象は学習者自身によって補われなくてはならないということを意味するからである。

　系列計画の4つのレベルの例として中学校レベルの英作文におけるカリキュラムを示す（表9-1参照）。系列化の問題は，コース全体でも起きるし，「段落を書く」と

表9-1　教授系列に関する問題の4つの異なるレベル

	系列化の単位	例	系列の問題
レベル1	コースあるいはコース系列	随筆，ショート・ストーリー，創作	前提条件となる概念を教えたり，学習者の注意をひきつけるために最適なコース系列とは何か？
レベル2	トピックまたは単元	テーマの構成 段落の執筆 転調の配置 人物の設定	コース全体の目標を達成するために，コースの主要な単元をどのようにして系列化するか？
レベル3	レッスン	トピック文を構成する	トピック文を構成する際に下位目標となるスキルをどのように提示すべきか？
レベル4	レッスン目標	トピック文，その支えとなる文，転調となる文を定義する	個々のレッスン内の目標をどのように系列化するか？

いったコース内の単一トピックでも起きる。第3の，そしてきわめて重要な系列化の問題は，「従属節の文を組み立てる」といった個々の授業内でのスキルの系列化に関して起きている。そして最後に，「主語と動詞の単数・複数形を一致させる」というような，個々の授業目標を身につけさせるために生起させたり生起するように計画する教授事象の系列化に関する問題がある。こうした4つのレベルでは，異なった留意点に注意が必要となる。

コースとカリキュラムの系列化

コース系列を決定するときには，「どの系列で単元を提示するか？」という疑問に答えることが主たる作業となる。与えられたトピックに対する前提条件となる言語情報と知的技能が，前もって確実に学習できている必要がある。たとえば算数では，分数の足し算というトピックは，子どもが整数の掛け算と割り算を学んだ後に置かれている。分数の足し算を行うためには，より簡単な計算が必要だからである。理科のコースでは，「変数間の関係を図示する」というトピックの前提として，「変数を測定する」スキルを学ばせるようにするだろう。社会科では，「多文化間の家族構造の比較」を教える前には，「文化」の概念を理解していることを期待するだろう。

コース内における系列化のモデルは，マクロレベルの系列化としてライゲルースとステイン（1983）が**精緻化理論**の中で言及している。この理論では，概念，手続き，原理を扱っている。教える内容を構造化することで，まず，**縮図**（epitome）と呼ばれる特別な形の概観を示すことが提案されている。縮図には，一般的かつ単純，基本的な例を含むようにする。そして次に，縮図を精緻化した，より詳細な例を提示し続けていく。最後に縮図を復習し，最も精緻化された最後の事例とそれ以前に提示された事例との関係を説明していく。この**縮図・精緻化・要約・統合のパターン**を，教科学習に求められるすべての側面を網羅するまで続けていくのである。

コースとカリキュラムの系列は「**領域と系列**（scope and sequence）」の表に典型的に示される。その表には，1つのコース全体あるいは複数のコースを通じて学ばれるトピックがすべてあげられている。このアプローチはタイラー（Tyler, 1949）によって利用され，内容トピックにまたがる異なったスキルレベルを定義づける際のはじめの段階としてとてもよいものとなっている。たとえば，コンピュータの入門コースは表9-2のように示される。

この領域と系列の表はけっして完全ではなく，4つのタイプだけの学習成果を表す。しかし，それは，設計者がどのようにトピックとスキルを組み合わせることができるかを示すものである。この手法は，望まれる情意面の成果を特定する際に特に有用で

表9-2 コンピュータ利用に関するトピックの領域と系列表，および学習目標の類型

学習内容	学習目標のタイプ			
	言語情報 述べる	定義された概念 分類する	ルール利用 演示する	態度 選択する
コンピュータの構成要素	定義—ハードウェア，ソフトウェア，記憶装置，オペレーティングシステム，ネットワーク	外部記憶装置，メモリー，入力／出力装置，CPU	機材のセットアップ—多様な装置を接続する	コンピュータを世話する—メンテナンス
基本操作	操作の定義と目標：（例）アプリケーション，ファイルのコピー，ショートカット，フォルダ，コピー，移動，削除	システムの構成要素：Cドライブ，CDネットワークドライブ，リムーバブルディスクドライブ，デスクトップ，フォルダ，ファイル，ごみ箱	プログラムを見つける，ファイルを見つける，フォルダをつくる，ファイルをコピーする，ファイルを移動する	気楽にファイルを見つけ，ある場所から他の場所へファイルを移動させる
言語	定義，目標，一般的な言語の名称	命令，命令文，エディタコンパイラ，インタプリタ	入力，実行，デバッグ，プログラムの編集と保存	コンピュータ操作能力を高く評価することを選ぶ
社会的問題	5つの社会的問題	コンピュータ窃盗，詐欺行為，著作権法違反，公正さ，破壊行為の事例	ウイルス・スキャナーの使用，知的情報の適切な引用	倫理的なコンピュータユーザーであること

ある。このコンピュータのコースでは，多くの成果は知的技能の達成に向けられているのは明らかである。しかし，社会的問題の単元で，学習者が前向きな姿勢でコンピュータを利用することを期待するのであれば，態度としての学習成果が最も重要である。

　対象となる単元の学習目標は，コースレベルの教授カリキュラムマップ（instructional curriculum map: ICM）上に示されるコースの目標や最終目的に関連づけることができる。図9-1は，コンピュータ入門コースのICMである。この例では，単元1と4を学ぶ順序は，あまり重要ではない。それは，知的技能の目標が十分に独立しているからである。しかし，単元1で学ぶスキルは単元2で学ぶスキルの前提条件となっており，単元2のスキルも同様に単元3のスキルの前提条件となっている。また，コンピュータの基本用語や利用方法（単元1）は，単元5のルール利用のスキルの前提条件となっている。

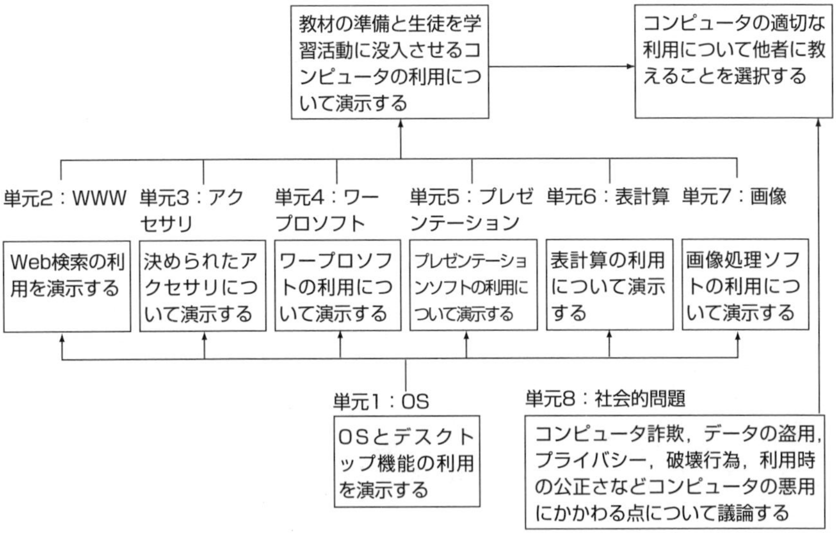

図9-1 コンピュータとその教育利用コースに関する教授カリキュラムマップ（ICM）

トピック内のスキルの系列

　トピック内の指導系列を明確にする作業を容易にするためには，システム的な方法を用いることが有効である。よくあることであるが，トピックにはいくつかの構成要素がある。たとえば，コンピュータのハードウェアに関するトピックには，①マイクロコンピュータの構成要素を同定する，②どのようにコンピュータを起動させ，アプリケーションを動かすかを演示する，③周辺機器やソフトウェアを壊さないように取り扱うことを選択する，というような目標を含むことが多い。これら3つの目標すべてがパフォーマンスの形で（行為動詞を用いて）記述されていることに注意してほしい。「コンピュータを理解する」あるいは「コンピュータ機器を大切にする」というような目標では，トピック内の教授系列を明確化する助けにはならない。こうした文は曖昧であり，人によって違った意味に受けとめられてしまう。

学習成果を決定するためにトピック目標を分析すること
　パフォーマンス目標を利用するのは単元レベルにおいて特に重要である。それは，どんなレッスンが必要とされているかを決定する必要があるからだ。各単元の目標に

単元1：オペレーティングシステム

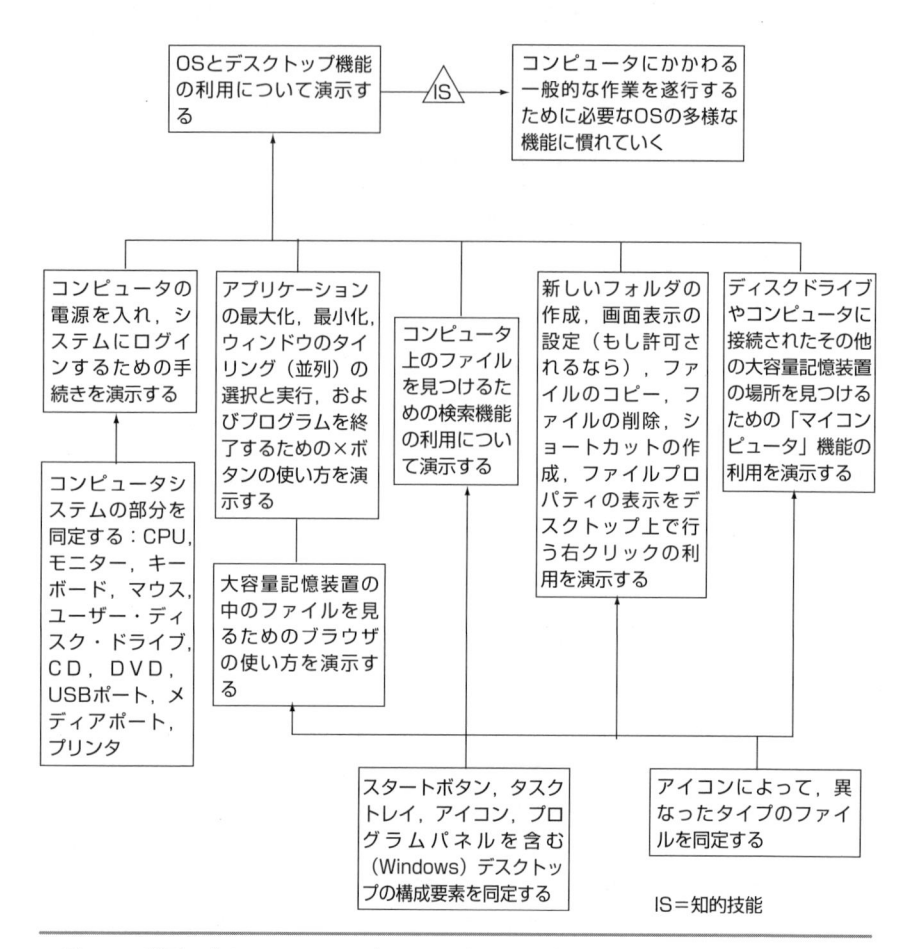

```
                    ┌──────────────┐         ┌──────────────┐
                    │OSとデスクトップ機能│  /IS/  │コンピュータにかかわる│
                    │の利用について演示す│ ────→ │一般的な作業を遂行する│
                    │る             │         │ために必要なOSの多様な│
                    └──────┬───────┘         │機能に慣れていく   │
                           │                  └──────────────┘
       ┌────────┬──────────┼──────────┬──────────┬──────────┐
       │        │          │          │          │          │
```

| コンピュータの電源を入れ，システムにログインするための手続きを演示する | アプリケーションの最大化，最小化，ウィンドウのタイリング（並列）の選択と実行，およびプログラムを終了するための×ボタンの使い方を演示する | コンピュータ上のファイルを見つけるための検索機能の利用について演示する | 新しいフォルダの作成，画面表示の設定（もし許可されるなら），ファイルのコピー，ファイルの削除，ショートカットの作成，ファイルプロパティの表示をデスクトップ上で行う右クリックの利用を演示する | ディスクドライブやコンピュータに接続されたその他の大容量記憶装置の場所を見つけるための「マイコンピュータ」機能の利用を演示する |

| コンピュータシステムの部分を同定する：CPU，モニター，キーボード，マウス，ユーザー・ディスク・ドライブ，CD，DVD，USBポート，メディアポート，プリンタ | 大容量記憶装置の中のファイルを見るためのブラウザの使い方を演示する | | | |

| | スタートボタン，タスクトレイ，アイコン，プログラムパネルを含む（Windows）デスクトップの構成要素を同定する | アイコンによって，異なったタイプのファイルを同定する | | |

IS＝知的技能

図 9-2　単元1「オペレーティングシステム」のICM（図 9-1のICMの一部）

　多くの必須下位目標や支援的な前提条件がある場合，作業が複雑になってしまう。この段階では，アウトラインは比較的広範囲に保ち，単元の主要な目標だけを特定することを提案する。ここで特定する目標は，複数のあるいはすべてのタイプの学習成果を含むことになるだろう。特定の単元目標は，ちょうどコースと単元目標を分析したように，ICMとして示すことが可能である。コンピュータコースの単元1のICMは，

図9-2のように表される。

このマップはより詳細なものであり，本単元内の目標間の関係性を示している。コースマップと単元マップの関係は，地球儀と各国の平面地図のような関係にある。平面地図はより詳細だが，地球儀より小さい範囲しか示せない。

単元マップはさらに学習成果の異なる領域からの目標との関係性を示してくれる。いくつかは他への前提条件となるので，より早い段階で教えられるべきである。

レッスンを同定すること

レッスンは定められた時間の中で成立すると一般的に考えられている。つまり，学習者はあるレッスンのために一定の時間を過ごすことを期待されている。明らかなことであるが，レッスン時間の長さはさまざまである。幼少の子どものためのレッスン時間は，大人向けのものよりも短い。それは子どもの集中時間が大人よりも短いからだ。時々，設計者は1つの学習成果を1つのレッスンの中で実施しようとする。これは学習成果の各タイプには第4章，第5章で述べたように，異なる学習の条件が必要だからである。しかし，1つの目標を教えるのにかかる時間はとても短いことがあるため，目標1つずつのためにすべて別々のレッスンを用意しようと考えることは現実的でない。このような理由で，複数の目標をグループ化して1つのレッスンを組み立てることがよくある。

同じレッスンにおいて異なる学習成果が混在することを心配することよりも，パフォーマンス目標の学習が最もよく進む順番にレッスンを配列することのほうがより重要である。実際に，学習成果間の機能的な関係や1回のレッスンで使われる時間に基づいて，異なったタイプの学習成果をまとめることがいったん決まれば，学習に必要な条件を統合するプロセスは実に簡単なものとなる。

図9-3の単元マップは，前掲のマップにある目標どうしがレッスンの単位にどのように編成されるかを示したものである。この事例では，単元に1時間の長さの2つのレッスンを含んでいる。もしレッスンの時間が2時間であるならば，単元全体を1回のレッスンで教える可能性がある。

単元におけるレッスンの系列化は，目標間の前提条件の関係を基本とするべきだ。これにはとても緩やかなガイドラインではあるが，以下の点が要求される。①新しい学習が前提となる学習によって支援されること，②系列を守って教えられるスキルがどれであるかを決定するためには，学習分析が行われるべきであるということ，③系列は完成していなければならないこと，④関係のない目標は，除外されるか異なる時間に教えられること。

表9-3は，学習成果の各タイプに応じて，トピック内をどのように系列化すべき

単元1：オペレーティングシステム

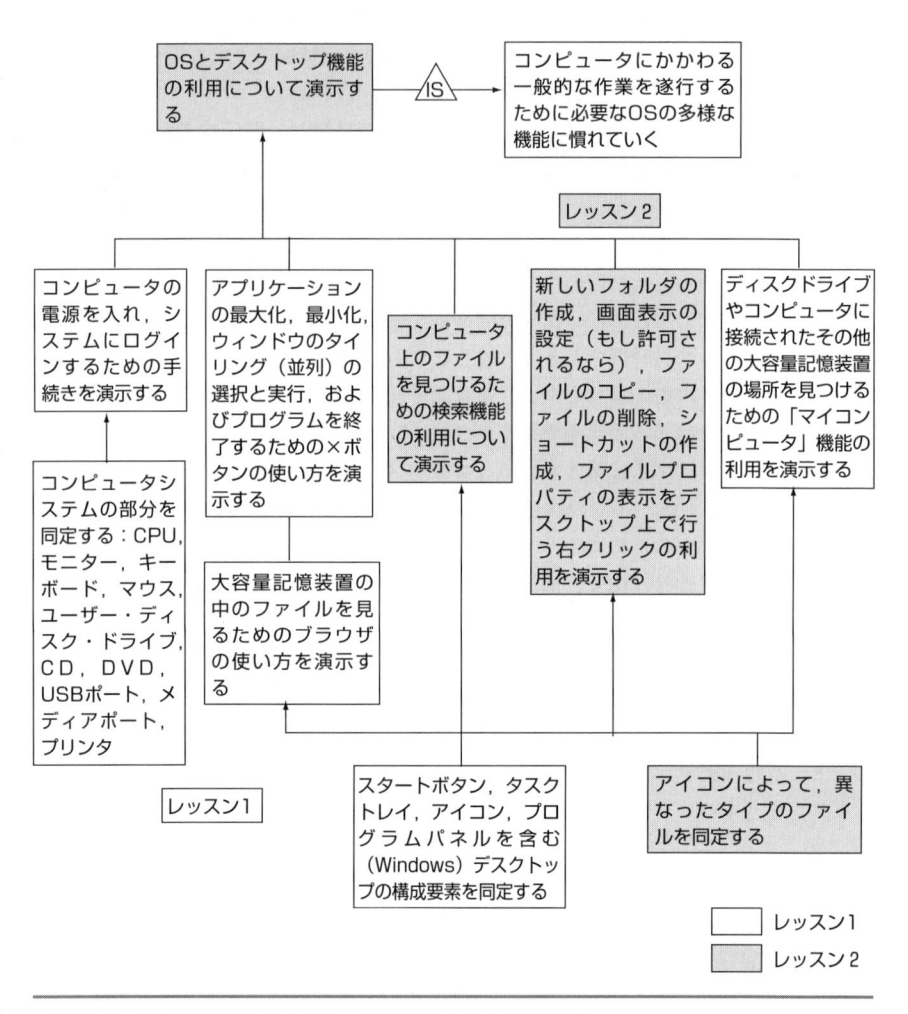

```
┌─────────────────┐    IS    ┌─────────────────┐
│ OSとデスクトップ  │ ─────→ │ コンピュータにかか │
│ 機能の利用につい │          │ わる一般的な作業を │
│ て演示する       │          │ 遂行するために必要 │
│                 │          │ なOSの多様な機能に │
│                 │          │ 慣れていく        │
└─────────────────┘          └─────────────────┘
```

レッスン2

- コンピュータの電源を入れ，システムにログインするための手続きを演示する
- アプリケーションの最大化，最小化，ウィンドウのタイリング（並列）の選択と実行，およびプログラムを終了するための×ボタンの使い方を演示する
- コンピュータ上のファイルを見つけるための検索機能の利用について演示する
- 新しいフォルダの作成，画面表示の設定（もし許可されるなら），ファイルのコピー，ファイルの削除，ショートカットの作成，ファイルプロパティの表示をデスクトップ上で行う右クリックの利用を演示する
- ディスクドライブやコンピュータに接続されたその他の大容量記憶装置の場所を見つけるための「マイコンピュータ」機能の利用を演示する
- コンピュータシステムの部分を同定する：CPU，モニター，キーボード，マウス，ユーザー・ディスク・ドライブ，CD，DVD，USBポート，メディアポート，プリンタ
- 大容量記憶装置の中のファイルを見るためのブラウザの使い方を演示する
- スタートボタン，タスクトレイ，アイコン，プログラムパネルを含む（Windows）デスクトップの構成要素を同定する
- アイコンによって，異なったタイプのファイルを同定する

レッスン1

凡例：□ レッスン1　▨ レッスン2

図9-3　下位スキルを2つのレッスンにまとめたICMの例

かを判断する際の留意点をまとめたものである。表の中央の列には，学習の中核となる学習成果タイプに適用できる系列化の原理を示している。右の列には，学習の中核となる領域以外についての関連する系列化にあたっての留意点があげられている。

表9-3　5つのタイプの成果に関係する系列の特徴

学習成果のタイプ	系列化の主要な原理	関連する系列要因
知的技能	まず下位技能を習熟させ、それから各新技能のための学習活動を提示する。	各技能の精緻化やその利用状態を提供するため、言語情報を思い出させたり、新しく示したりする。
認知的方略	学習や問題解決場面では、それ以前に獲得された関係する知的技能を思い出させる。	新しい学習に関連する言語情報を、事前に学ばせたり学習中に示したりする。
言語情報	主要な下位トピックを提示する順番は単純なものから複雑なものにする。新たな事実には意味のある文脈を先に提示する。	読む、聞くなど必要な知的技能が先行して学習されていることが、一般的に想定されている。
態度	情報源への信頼は重要なことである。選択の状況に置かれる前には知的技能を習得させておく。	選択に関する言語情報は事前に学習しておくか、学習中に提示する。
運動技能	重要な部分技能の強化練習と技能全体の練習をさせる。	まずは、実行サブルーチンを学習させる。

レッスン内におけるスキルの系列

　マッピングの次のレベルは、図9-4に示すようなレッスンマップである。単元マップとレッスンマップとの関係は、アメリカの地図と、その中のある州の道路マップのようなものである。レッスンマップは単元マップよりも小さい領域をカバーする一方で、より詳細な水準で記述されている。第12章では、個別のレッスンをデザインすることについて述べられているが、ここではコースや単元マップにどのように関連しているかという点からレッスンマップを紹介したい。
　図9-4に示すようなレッスンマップにおいて対象となる目標には、単元マップから、1つあるいはそれ以上の目標を持ってくる。さらに、これらの対象となる目標の到達に関連する下位目標がレッスンマップには含まれる。下位目標は、「これらの新しいスキルを学ぶために知らなければならないことは何か？」という質問に答えていくことで導き出される。さらに、「新しいスキルを学ぶ際に助けとなることについて、学習者はすでに何を知っているか？」という疑問にも答える必要がある。学習者が現在知っている一般的な知識は、レッスンでの彼らの前提スキルとして反映される。設計者は、受講者の情報を収集して、特定の学習に取りかかるときに彼らがすでに学習済

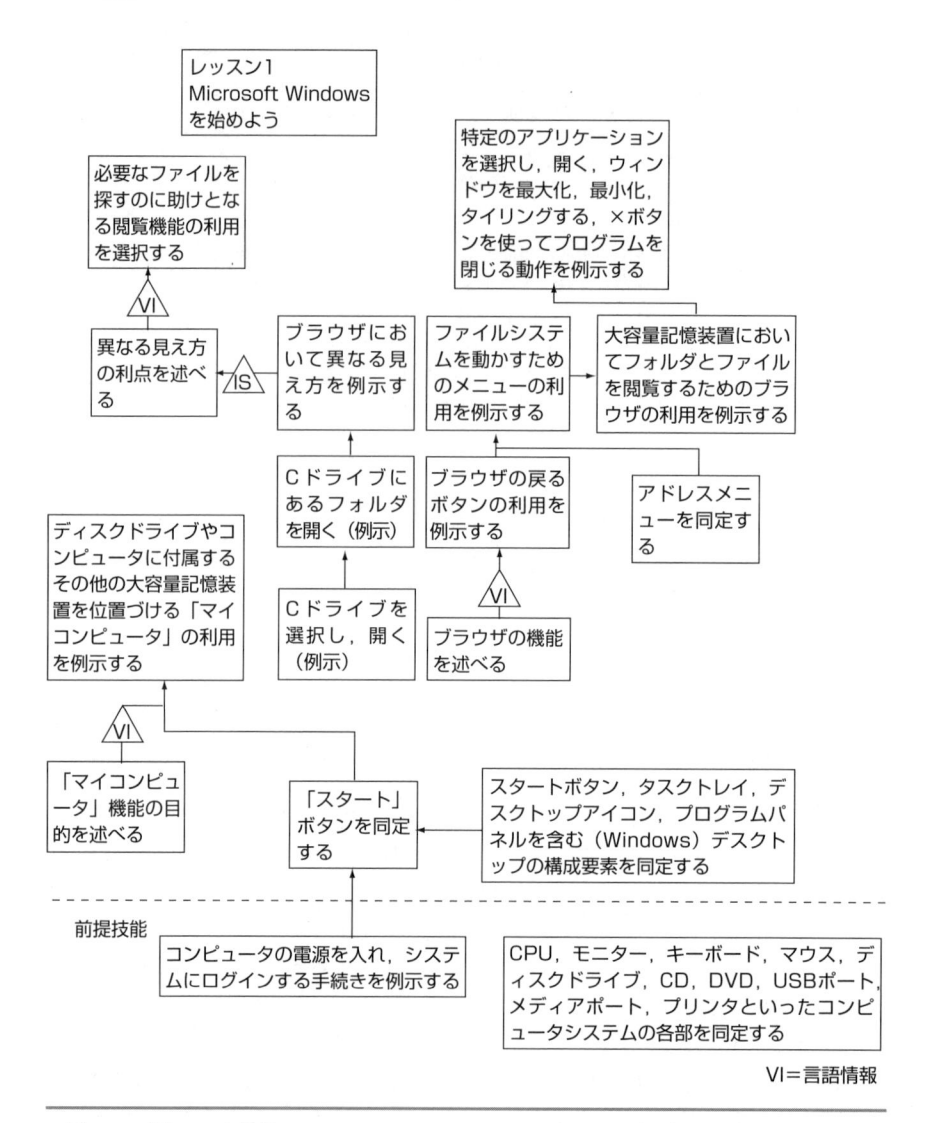

```
                    ┌─────────────────┐
                    │ レッスン1       │
                    │ Microsoft Windows│
                    │ を始めよう       │
                    └─────────────────┘
```

図9-4　図9-3の最初のレッスンについてのレッスンレベルのICM

VI＝言語情報

みのスキルについて想定しなければならない。通常，このことは設計者が，そのレッスンにかかわる知的技能の詳細な分析を実施しなければならないことを意味している。これがレッスンを編成する際の最も重要な要素であり，系列化に必要な要素を解き明

かす手法を，これからさらに詳細に述べていく。

　レッスンマップを構築するプロセスでは，教える必要のあるスキルが1回のインストラクションだけでは成立しないことが明らかとなるかもしれない。この場合には，レッスンマップが2つに分割され，それぞれが1回ずつのレッスンとして実施されることになるだろう。また，単元によっては，運動技能，言語情報，知的技能，態度，認知的方略のいずれかの特定領域が中核となる場合もあるだろう。

学習階層図と教授系列

　知的技能の本質は，学習の条件を詳細に設計することを可能にする点にある。適切な前提条件のスキル系列が用意されれば，知的技能を学習する際に，教師やトレーナーは簡単に管理することができるようになる。加えて，学習のプロセスは学習者に強い強化を与える。それは彼らが突然，以前はどのようにするのかを知らなかったことができるようになったということに気づくからである。学習活動は「ドリル」や「機械的復唱」とはまるで正反対の刺激的なものになる。

　第5章でふれたように，学習課題分析の結果として生成される学習階層図には，知的技能目標が前提条件間の関連性に従って配列されている。学習階層図のもう1つの例として，物理学でのある特定のタイプの問題を解く際のスキルにかかわるものを図9-5に示す。

　ここでのレッスン目標は，平衡系のベクトルとして，力の水平要素と垂直要素を求めることである。このタスクを正しく実行するためには，階層の第2レベルに示す前提条件が備わっていなければならない。具体的には，①物体が平衡に保たれている状況で，互いに反作用する力を同定すること，②垂直と水平を含む三角形の辺として，反作用する力を示すこと，③（サイン，コサインなど）直角三角形の辺と角の三角法の関係を同定すること，ができなければならない。これらの各下位技能もまた，学習階層図のそれぞれの下部に示す前提条件を有する。

　前提条件とは，いったい何か？　前提条件は，より単純な知的技能であるといえるが，それでは十分に定義できたとはいえない。なぜならば，図に示されるレッスン目標よりも単純な知的技能は，数多く存在するからである。前提スキルは，上位目標となるスキルとの関連で定義することが不可欠である。前提スキルとは，もし学習者にその前提条件がない場合，上位目標を達成することができないスキルをさすのである。物理学を学ぶ高校生が「平衡系のベクトルとして，力の水平要素と垂直要素を求める」ことを演示しているとき，彼らはいったい何をしているのかを考えてみよう。彼らは，

第3部　インストラクションの設計

```
                    ┌─────────────────┐
                    │量である力の水平成分と│
                    │垂直成分を同定する  │
                    └─────────────────┘
                             ▲
        ┌────────────────────┼────────────────────┐
        ①                    ②                    ③
┌──────────────┐    ┌──────────────┐    ┌──────────────┐
│互いに反作用する力│    │力とその方向を三角│    │三角形における三角│
│を同定する       │    │形の一部として示す│    │法の関係を同定する│
└──────────────┘    └──────────────┘    └──────────────┘
        ▲                    ▲                    ▲
┌──────────────┐                        ┌──────────────┐
│力の平衡に関する条件を述べる│              │三角形の部分を同定│
│ΣFx=0; ΣFy=0   │                        │する             │
└──────────────┘                        └──────────────┘
                             ▲
                    ┌─────────────────┐
                    │力の大きさと方向に │
                    │気づく            │
                    └─────────────────┘
```

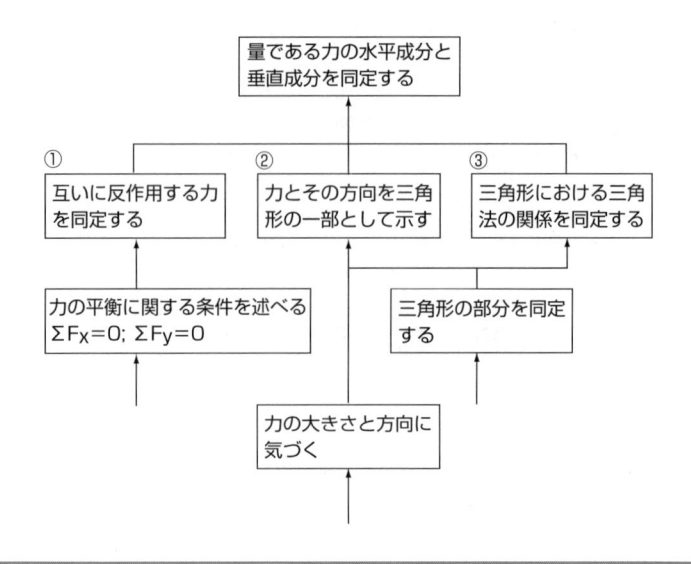

図9-5　ベクトル量である力の水平成分と垂直成分を同定する目標スキルの学習階層図
出典：R.M.Gagné, (1985). *The conditions of learning*, 4th ed., Fort Worth, TX: Holt, Rinehart and Winston.

水平および垂直ベクトル空間の値と方向を示せなければならない。平衡状態となる反作用を生み出すための力の方向はどこかを「分解」できなければならない（前提条件①）。そして，これら力ベクトルの値を，直角三角形の三角法を利用することで求められなければならない（前提条件②③）。もし生徒にこれらの前提スキルがなければ，彼らはねらいとなる（レッスンの）目標を達成できないだろう。逆に，もし彼らが下位タスクのそれぞれを実行する方法をすでに知っていれば，レッスン目標を習得することは簡単で，うまく進むであろう。その場合，おそらく「発見」という言葉で示唆されるほどにすばやく，この課題を達成することができるだろう。

　あるスキルの前提条件を同定するためには，「学習者がこの（新しい）スキルを学ぶために必要なスキルで，それなしでは学習が不可能になるようなスキルとは何か」ということを問う必要がある（Gagné, 1985）。言い換えれば，前提条件となる知的技能は，新しいスキルをすばやく円滑に学習させるために必須のものなのである。質問に答える最初の試みが成功したかどうかを確かめる方法として，新しいスキルが学習者に何を要求したかを調べ，彼らがどこで間違う危険があったかを確かめることがある。このことを図9-5にあるレッスン目標に適用すると，もし彼らが①〜③のようなことができなければ「平衡系のベクトルとして，力の水平要素と垂直要素を求める」

ことに失敗するかもしれないということがわかる。すなわち，①（平衡系で）反作用する力を同定できない，②三角形の一部として，力を表すことができない，③直角三角形における三角法の関係を同定できない場合は，レッスン目標に到達できない。つまり，前提条件スキルを特定することによって，すでに学習されたスキルのうちのどのスキルが，新しいスキルを容易に獲得するために必要となる要素かを，完全に記述することが可能になるのである。

　学習者が失敗しそうな点が前提スキルを確認することで明らかになるということは，学習階層図と教師による診断作業が直結していることを意味する点で重要である。もし新しいスキルの獲得がうまくいかない学習者を発見した場合，第1の診断的な質問はおそらく「どの前提スキルがまだ学べていなかったのだろうか？」とすべきだろう。信頼できる診断をするためには，学習者が学ぶ必要性のあることを発見しようとする必要がある。学ぶ必要性があることは，学習階層図に示される前提条件の知的技能である可能性が高い。もしそうならば，学習者を「正しい軌道にもどす」ために適切なインストラクションを設計して，肯定的な強化を継続させる学習系列にもどすことが可能となる。

インストラクションの系列化のその他のタイプ

知識ベースの系列化

　ハイパーメディアを利用した教育での適応型のナビゲーション支援に関する先駆的な研究では，Webを用いたインストラクション（WBI）のリソースにおける系列化の考えを適用していた（Brusilovsky, 2000）。今日のデジタル（オンライン）適応型のハイパーメディアアプリケーションでは，教材を通した学習者の系列化を注意深く計画することによって，インストラクショナルデザイン（ID）が部分的に達成されている（Thomson, 2000）。このインストラクションの系列化の方法は，ある決まったパターンを教育的ハイパーメディアアプリケーションの設計をガイドするために使用することができるという考えに基づいている（Thomson, 2000; Merrill, 1998）。この分野の研究は，ソフトウェア工学，ID，ハイパーメディアデザイン，人間モデリングを含むいくつかのフィールドにまたがっている。

　ほとんどのハイパーメディア開発プロセスではアプリケーション設計に系列化の概念を含んでいない一方で，ハイパーメディアIDへのパターン適用（APHID）と呼ば

れるモデルは，インストラクションの領域における概念と関連する構造を概念マップ（concept map）として表現する手法を提案している（Thomson, 2000）。IDは概念マップ上に編成されたパターンとして示され，ある特定のインストラクションの目的に合致したハイパーメディアアプリケーションを自動的に生成するために，開発段階において用いられる（Thomson, 2000）。

　ここ数年来，コース教材の自動系列化は，特に教育リソースのメタデータ（meta data）標準化およびオンライン学習へのインターネット導入が進むにつれて，重要な研究テーマになっている。系列化をうまく用いることによって，学習者のニーズをかなえるハイパーメディア文書を生成する助けにすることが可能となる（Fischer, 2001）。学習者中心の概念や学習者が制御できるインターフェースによって，以下のことが可能になる。①学習が必要とされている事項や現在学習中の事項に基づいて，学習者ごとに個別化されたトレーニング内容を提供し始めること，②学習者個々の学習スタイルや好みに合わせること，③個々の既有知識上に学習事項をマッピングすること。

オンライン学習での系列化

　オンライン学習でのカリキュラムの系列化の目的は，学習者に最も適するように，学習する内容単元を系列化することと，単元内で実際に取り組む学習タスク（例：質問・問題など）の系列化という2つの次元がある（Fischer, 2001）。すなわち，カリキュラムの系列化によって，学習者が教材の中に「最適な道筋」を発見する助けを提供することを目指す。現代の系列化プログラムは，「次の最善の」タスクをただ選ぶだけではなく，利用できるすべてのタスクを「関係のないもの」と「関係のあるもの」に分類することができるエキスパートシステムとなっている。たとえば，すでに完了していたり，前提条件となる知識や経験がないため学習者が学ぶ準備ができていなかったりするタスクは，「関係のないもの」とみなされる。「関係のないもの」とみなされたタスクが除かれた後，系列化エンジンは検索を実行し，関係のあるものの中から「最適」のタスクを見つける。ハイパーメディアでは，個別ページにおいて各学習タスクが示されるので，「できる」「まだできない」，あるいは「最適」といったタスクを区別できることが，適応型のナビゲーション支援（adaptive navigation support）を実現するための直接的な前提条件となる（Fischer, 2001）。適応型のナビゲーション支援は機械の力と人間の英知が統合可能なインターフェースである。利用者は「知的な」システムが提案するオプションを見ながら，自分で自由に選択できるのである。この観点からみれば，適応型のナビゲーション支援という方法が，適応型のハイパーメディアシステムに知能を追加するための自然な方法であると推測できる（Fischer, 2001）。

インターネットの進化は，適応型の教育ハイパーメディアシステムの量的な増加だけではなく，開発されるシステムの**タイプ**にも影響を与えた。早期のシステムはすべて，適応型学習を教育的な文脈で用いるための新しい学習方法を探求するために実質的に研究室のような環境で使われてきたといってよいだろう。一方で，より最近のシステムの多くは，オンラインコース開発のためのオーサリングツールも含んだ，完全なフレームワークを提供している。多くの適応型学習向けオーサリングツールが誕生した背景には，適応型の教育ハイパーメディアが成熟しただけでなく，ユーザー適応型の遠隔教育コースの需要が Web によって掘り起こされたという事情もあった（Fischer, 2001）。

知識に基づいたインストラクションの系列化の技法

上述したように，ハイパーメディアの利用によって，教材の系列化はとても柔軟性のあるものになった。設計者は，支援を必要とする学習者のためだけに，**全員に強制的に使わせることなく**，補足的な学習支援を行うことができる。また，設計者は，学習レベルが進み理解度が高まるにつれて，次にたどる学習の道筋についての選択肢を提供することができる（Distance Learning Resource Network, 2003）。ハイパーテキストを使うときでもなくならない設計者の責務として，なにがしかの構造化を提供することが残っている。このことは，教材そのものが特定の系列化を示唆しない自由度の高い場合に，特に重要である。設計によって構造を示すことによって，新しい教材と学習者がすでに知っていることとの関係をつかんだり，新しい教材内における学習事項間の関係性を学習者が把握することが容易になるからである。

ハイパーメディア利用者の観察できる特徴として，彼らがアプリケーションを通り抜ける**道筋**（path）がある。ハイパーメディアの ID を対象とした系列化技法として，**行動観察の記録**がある。これは，ハイパーメディアアプリケーションにおけるユーザー行動を記録し，ユーザー間の行動を比較したり，行動のパターンに基づいたユーザーのグループ化を可能にする（Thomson, 2000）。同じハイパーメディアアプリケーションを利用する各ユーザーは，もし彼らの目的やスキルのレベルが比較的似ていれば，ハイパーメディア上で似たような行動をとるだろう。よって，特定のグループに属するユーザーは，同じグループに属する他のユーザーが閲覧したページから有益な情報を得ることができると仮定できる。

ハイパーメディアの ID に関する第 2 の系列化の方法として，**教材閲覧記録**（record material view）がある。これは，ハイパーメディアでの利用行動（道筋）ではなく，ユーザーがどのページを閲覧したかを調査するものである（Yan et al., 1996）。ユーザーのアクセスする各ページ，そしてそのページにかける時間量は，ベクトルの一部と

して示される。その後，異なるユーザーのベクトルはクラスターに分けられ，ユーザーを分類する手段として利用される（Thomson, 2000）。

螺旋型の系列化

　螺旋型の系列化（spiral sequencing）は，カリキュラムを概念化するもう1つの方法である。螺旋型の系列化をイメージするためには，基盤から上部まで上昇しながら円を描くバネを思い浮かべるとよい。円のまわりは異なるトピックやスキルが配置されており，それはコースがより高いレベルに進むにつれて，再び扱われる（図9-6を参照）。螺旋型の系列化は，外国語のコースや多くの職業スキルにおいて特に顕著にみられる。コースを通してスキルを洗練するにつれて，コンピテンシー（能力）が積み上げられるものである。

言語学習モデル
　語学のコースには，語彙（言語情報），文法（ルール活用），発音（ルール活用と運動技能），会話（ルール活用と問題解決）のような多くの異なる種類のスキルが含まれている。カリキュラムは各トピックから構成される一連の螺旋である。それぞれのループを回るたびに，今までより高く，複雑なレベルでの目標を含むこうしたインストラクションの系列化の進捗を示すのに最も適切な表現は，図9-6のような拡張していく螺旋形であろう。この拡張する形によって，すべてのレベルにおいて，前提となる学習が含まれているということが示されている。たとえば，もしスペイン語入門レベルで「Buenos Días（ブエノス・ディアス）」「¿Cóma está?（コモエスタ）」というような挨拶や「Muy bien, gracias（ムイビエン・グラシャス）」というような返事を学ぶとすれば，この挨拶はコース内の会話に何度も登場し，何回もの練習が行われることになる。これらの技法は，語学学習が総合的であり，単に積み重ねだけではな

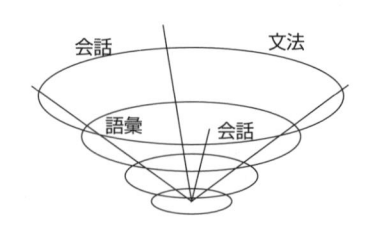

図9-6　螺旋型系列化モデル

いことを気づかせてくれる。螺旋型の系列化では，付け加えられるそれぞれの新しい要素が，以前からの学習全体に統合されなければならない（Saskatchewan Education, 1997）。

　この種の連続性を利用することはまた，学習者間の違いに応じた教育を提供することにもなる。たとえば，初めて文法構造が明示的に教えられたときに，数名の学習者は認知的にそれを学習する準備ができていないこともある。同じ構造を再三登場させることによって，初回で学ぶことができた者は自分の学習をより強固なものにすることができる一方で，初回で学べなかった者は，それを獲得するためのより多くの機会を得ることになる。

　螺旋型にコースを構造化し，教材を系列化すれば，だんだん複雑さを加えながら繰り返し練習する機会を提供することができる。螺旋構造の学習プロセスは，初学者ができることが限定的であることや（Berliner, 1988），構造化されるに従ってスキーマの複雑性が徐々に増大すること（Sweller, 1993），あるいは，練習とフィードバックを通してスキル学習が洗練されていくこと（Fitts, 1964, 1963）を強調する研究成果や理論と一致するものである。語学学習のほかにも，熟練を要する職業訓練の多くのコースもまた，あるスキルの単純な適用からより複雑な適用までを積み上げていくという意味で，螺旋型モデルを使用すると最もうまく設計できるといえる。

精緻化理論
　ブルーナー（Bruner, 1966）の理論的枠組みにおける主要なテーマは，学習者が現在や過去の知識に基づき新しいアイデアや概念を構築するという意味で，学習が動的なプロセスであるというものである。ブルーナーには，子どもたちが学んだことを継続的に積み上げるようにカリキュラムが螺旋型の手法で編成されるべきであり，容易に教材内容を把握できるように構造化されるべきであるという信念があった。1980年代，ブルーナーの螺旋型のカリキュラムモデルの個々の主張を裏づける一連の研究が蓄積された。このうち最もよく知られるようになったのは，ライゲルースとステイン（Reigeluth & Stein, 1983）による精緻化理論（Elaboration Theory）である。この理論は，螺旋的な系列化を，いくつかの段階において徐々に学習されるものとして示した。課題別系列化では，ある1つのトピック（あるいはタスク）について，要求される理解・能力の深さまで1度に学び終えてから次のトピックに進む。一方で，螺旋型系列化では，1つのトピック（またはタスク）を複数段階に分け，他の課題の学習を織り交ぜながら，徐々に難易度を高めて学習する。精緻化理論はコースを構造化するとき，単純なものから複雑なものへ，一般的なものから詳細へ，抽象的なものから具体的なものへ編成されるべきだということを提案している。この提案は，ICMづ

くりや知的技能の系列化ルールと両立するものである。

もう1つの原理として，コース内の個別のレッスンの配列に適用されたように，学習の前提条件となる系列に従う，というものがある。学習者を単純なものからより複雑なレッスンへと進ませるためには，前提条件となる特定の知識やスキルがまずはじめに習得されなければならない。この前提条件に着目した系列化によって，コースの中で学習が螺旋的にレベルアップしていく際にレッスン相互をつなぐことができる。新しい知識やスキルが次のレッスンにおいて紹介されるとき，すでに学習されたものが強化され，以前学習された情報と新しい情報が関連づけられる。このようにして徐々に達成されるのは，豊かな範囲と深さを持った情報の習得である。それは各トピックが個別に，あるいは無関係なものとして教えられているカリキュラムでは通常，実現できないものである（Dowding, 1993）。

複数の学習目標の統合

第8章において取り上げたように，1つのレッスンの中にいくつかの異なる目標があることはめずらしいことではない。しばしば，コースのトピックやコース内の包括的なモジュールとして複数の目標が選ばれることがある。たとえば，主たる目標として大きな古時計の時報機能をセットするための手続き的なルールを学ぶレッスン，またはトピックを考えてみよう。このインストラクションのために系列化を考える際には，前提条件を明らかにできる学習階層図が有用であろう。しかし，時報機能を調節することについて学ぶ際，たとえば，さまざまな時報機能の種類とその特徴に関する言語情報のように，付加的な目標が求められることがある。時計を動作させる際の注意深さ，正確さ，あるいは危険回避の態度学習も求められるかもしれない。教授カリキュラムマップを採用することで，異なるタイプの目標の相互関連を見せることが可能になる。

総合的な目的のための計画を立てるときには，学習階層図や教授カリキュラムマップのような技法を利用して目標の適切な系列を決めることが重要なステップとなる。第8章でふれたように，そのような計画を達成するためのもう1つの側面として，学習目的をスキーマとして記述することがあげられる。このスキーマには，目指すべき目的と前提知識を結びつけるシナリオが含まれている。スキーマによって，新しい学習に前提知識を関連づけ，関連性の有無によってコミュニケーションをモニターし，学習の転移を支援するために必要な，熟考の結果得られる抽象的概念を拡張するなどの，メタ認知の機能が供給されることになる。

要 約

　本章は，全体的なコース編成がインストラクションの配列についての疑問にどのように関係があるかについての説明から始めた。系列化の決定はコース，トピック，レッスン，およびレッスンを構成する要素の4つの水準で下される。ここでは，コースとトピックの水準で教授系列を決定するための方法を提案した。トピックの系列に関するコース計画は，通常，常識に基づく論理の範囲で行われる。1つのトピックが他のものより先になるのは，それがより早い事象の記述であったり，構成要素の一部であったり，あるいは，次のトピックに意味のあるコンテクストを提供するからであったりするからである。

　コースの目的からパフォーマンス目標に移る際，トピックごとのパフォーマンス目標の完全なリストの形で中間レベルの計画をすべて記述する必要は必ずしもない。ここで提案した方法は，学習成果の各領域から，代表となる学習目標を選択することであった。

　知的技能の系列の設計は，学習階層図に基づいて行う。これらの階層図は，対象となる最終目標からトップダウンに作業を進めることによって引き出される。また，そうする際に，学習すべきスキルの系列を分析することができる（第8章を参照）。新しいスキルを学習することは，それを構成する下位目標となるスキルすべてを学習者が思い出せるとき，最も容易に達成される。教授系列が知的技能を中心に設計された場合，言語情報の学習が要求されるか，態度の修正が求められる時を捉えて，適切なポイントでその他の能力に関連する学習機会が挿入されるとよい。その他の場合は，知的技能以外の習得を目的としたインストラクションは，学習階層図に示される知的技能を学習する前か後に実施することができる。知的技能以外のタイプの学習成果のために系列を設計するときもまた，前提スキルを分析することや，支援的目標や下位目標を同定することが要求される。

　次章以降の3つの章では，単一のレッスンやレッスン内の構成要素の設計に，教授系列の計画がどのように引き継がれていくのかを説明していく。教授事象が導入されるのはその時，ということになる。これらの事象は，教師，コース教材あるいは学習者自身によって提供される学習のための外的支援に関係する。計画された系列に従って達成された，それまでの学習成果の上に成立することになる。

第10章

9教授事象

インストラクションの本質

　この章では，前章でふれた異なる種類の学習のための原則を用いてどのようにインストラクショナルデザイン（ID）ができるかに焦点を置く。

　それぞれの学習成果ごとに異なるインストラクションを用いることが効果的であることはすでに経験から知られている。それに加えて，学習を確実に促進させることが検証されている確かな方法と方略が存在する。おそらくよいスピーチをするための経験的ガイドラインについて聞いたことがあるのではないだろうか。内容は次のとおりである。聞き手に対してこれから何を話すのかを伝え，その内容について説明し，最後に聞き手に何を話したかを伝えなさい。この経験的ガイドラインは，スピーチ内容を設計・構成するためのモデルとなっている。この章では，構成要素と推奨される手順を持ち，情報処理，つまり学習を促進するために設計されたIDモデルを紹介する。

インストラクションと学習

　ここでさす情報処理の種類とは，現代の認知学習理論に関与しているものである（Anderson, 1985; Estes, 1975; Klatzky, 1980）。図10-1に例示されているように，認知学習理論が想定する一連の学習処理系列はおよそ以下のようになる（Gagné, 1977, 1985）。

1. 学習者の受容器に影響を及ぼす刺激は，感覚登録器によって一時的に「登録された」神経作用のパターンをつくり出す。

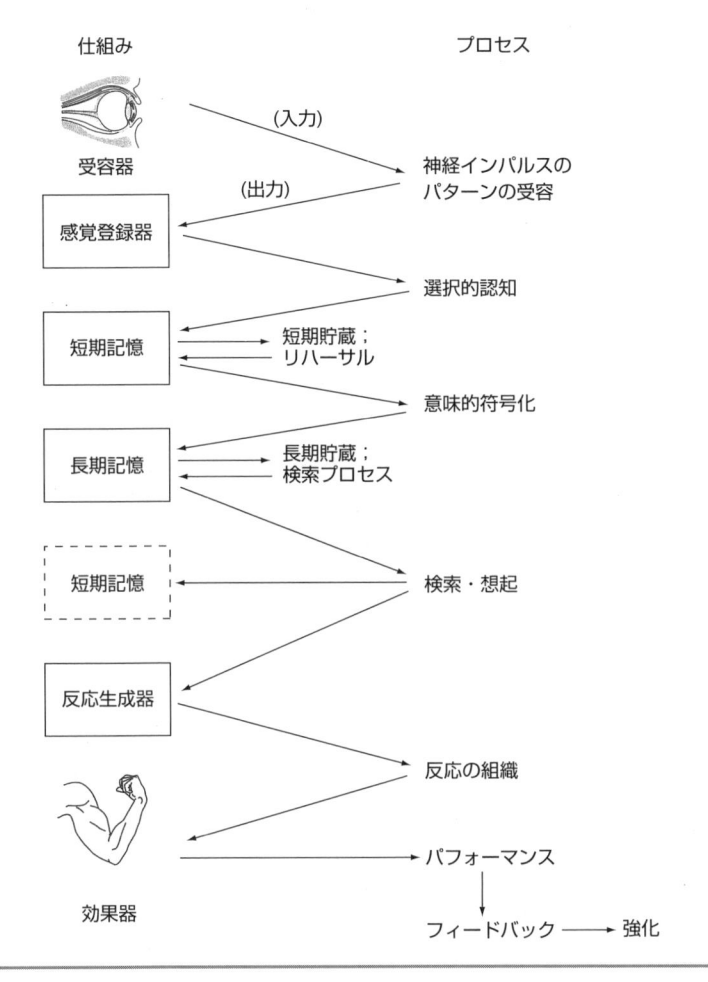

図 10-1　認知的学習理論が想定する情報処理の仕組みと関連するプロセス

2．この情報は最初の刺激の顕著な特徴が保存される場所，つまり短期記憶に格納される形式に変換される。この短期記憶は，頭の中で保持できる容量が限られている。しかしながら，保持される項目は内部で繰り返されることで維持される。
3．次の段階では，情報が長期記憶に渡された時，意味的符号化と呼ばれる重要な変換が行われる。この名称が示唆するように，変換後は，情報がその意味に従って貯蔵される。(学習理論の文脈では，本書で識別される5つの学習能力を含む

一般的な定義で情報という用語が用いられていることを念頭に置くこと。)
4．学習成果を示すことが必要になったとき，貯蔵された記憶またはスキルが検索され取り出される。
5．反応生成器を通して，直接的な行動に変換される場合もある。
6．しかし，多くの場合，取り出された情報は作業記憶（短期記憶の別名）に呼び出され，ほかに入ってきた情報と組み合わせることで新しく学んだことを符号化できるようになる。
7．学習成果を実行することによって，強化としてよく知られている外側からのフィードバックに依存するプロセスが始まる。
8．上記の学習系列に加え，認知主義的な学習と記憶の理論では，メタ認知制御処理の存在を提案している。これらは，学習と記憶に関係する認知的方略を選択して実行するプロセスである。この類の制御プロセスによって，他の情報の流れが変更される。制御プロセスによって，たとえば，短期記憶にある内容を繰り返し暗唱するという方略が選択される場合もあれば，学習される文をイメージ化するという認知的方略が選択される場合もある。注意の向け方を制御したり，入ってきた情報の符号化を制御したり，また，記憶された内容の引き出し方を制御したりする。

教授事象

　学習を成立させるプロセスは，その多くの部分が，内側から始動する。つまり，図10-1 からもわかるように，どの仕組みからの出力も（またはどの処理から出た結果でも）次の段階への入力になる。しかし，どのプロセスも外的な事象によって影響を受ける場合があり，そのことがインストラクションを可能にする。たとえば，選択的知覚は，外側に用意された刺激の配列方法次第で明らかに影響を受けると考えられる。文字をマーカーでなぞったり，下線を引いたり，太文字で印刷をしたり，その他の視覚的強調を行えば，文字や図の特徴が目立つようになる。
　これによって，インストラクションとは学習の内的処理を支援するように設計された学習者の外側に存在する事象の集合体であるという定義が導き出される。教授事象は，情報処理プロセスを稼動させるためか，あるいは少なくとも情報処理プロセスの発生と並行して提供され，その処理の支援を行うために設計されるものである。
　表10-1 は，さまざまな教授事象が学習活動の中で果たす機能を，一般的に用いられる順序に即して示している（Gagné, 1968, 1985）。最初の事象である学習者の注意を喚起するとは，刺激とそれによって作成される神経インパルスのパターンを受け取

表10-1 教授事象と学習プロセスとの関係

教授事象	学習プロセスの保持
1. 学習者の注意を喚起する	神経インパルスのパターンの受容
2. 学習者に目標を知らせる	実行制御プロセスの活性化
3. 前提条件を思い出させる	以前に学習したことを作業記憶に想起
4. 新しい事項を提示する	選択的知覚ができるように特徴を強調
5. 学習の指針を与える	意味的符号化，検索のためのヒント
6. 練習の機会をつくる	反応の組織化の活性化
7. フィードバックを与える	強化の確保
8. 学習の成果を評価する	検索の活性化，強化を可能に
9. 保持と転移を高める	検索のためのヒントと方略を提示

る学習プロセスを支援することである。学習がさらに進む前に，学習者が残りのプロセスに向けて準備を整えることができるように，もう1つの教授事象が用意されている。それは，事象2の学習目標を学習者に知らせることである。目標を知らせることによって，学習者が学ぶべき課題と期待される成果に適した方略を自分で選択し，実行制御のプロセスが始動することを想定している。事象3も学習の準備段階であり，この事象はこれから学ぶ内容の中に組み込まれる必要がある前提条件を思い出させることを示す。表10-1に示す事象4から事象9は，図10-1で提示してある学習プロセスとそれぞれ関連づけられる。

　もしすべての教授事象がこの順序どおりに学習者に提示されれば，教授方略の1つの形を表したものといえるだろう。しかしながら，これらの教授事象は必ずしも順序どおりに提示される必要もないし，すべてのレッスンにすべての事象を入れる必要もない。学習者に自力で学習する責任を与える場合には，その学習者自身の手によって教授事象の1つを満たすような活動をするように指示されるかもしれない。教授事象の役割は，内的な情報処理を刺激することであり，内的な情報処理に取って代わるものではない。IDにおいてこの教授事象のリストは，ガイドラインとみなすのがよいだろう。設計者は，「学習者がこの学習課題をこなすためにこの段階で支援を必要とするだろうか」と考えながらこのガイドラインを活用できるだろう。提示順序に関しては，教授事象を情報処理サイクルの一部として考えるとよいかもしれない。この情報処理プロセスは継続的であるが，いくつかの段階はおそらく瞬時に起きる。注意は一連の学習課題間で維持されると思われるので，一度注意が喚起された後は，必要になった時だけたまに刺激を与えればすむだろう。

　インストラクション活動と学習活動に分けて考えると整理が進むことがわかってきた。インストラクション活動とはインストラクター（または教材）が行うことをさし，

学習活動は学習者が行うことをさす。それぞれの教授事象は，1つまたはそれ以上のインストラクション活動，あるいは学習活動で構成される可能性がある。

学習者の注意を喚起する

さまざまな種類の活動が，学習者の注意をひきつけるために用いられる。注意を喚起する基本的な手段としては，アニメーションを用いたり，実演したり，その他予想できないようなことを行うといった，ものめずらしさ（新奇性）効果（novelty effect）を用いる例が多くある。これら以外に基本的で頻繁に用いられる方法としては，学習者の好奇心をひきつけることがあげられる。たとえば，「科学者はどうやって地球が何歳であるかを確認できるのか，知ってる？」というような質問を投げかけることが考えられる。また，ある学習者は，「野球選手の打率はどうやって調べるの？」という質問から，割合に関する学習に興味を持つかもしれない。当然ながら，上記のような問いを標準的なものとして扱うことはできない。なぜならば，学習者はそれぞれ異なる関心を持っているためである。学習者の注意を喚起するようなスキルは，特定の学習者を洞察する能力などの教師の技芸（art）に属するものといえるかもしれない。しかし，ARCSモデル（第6章を参照）は刺激的でかつ持続する動機づけを可能にするための拡張されたシステム的な手法を提供している。

あらかじめよく計画されたレッスンでは，教師や研修担当者に1つまたはそれ以上の注意を喚起させるための選択肢が提供されるだろう。個別化されたインストラクションの場合には，個々の学習者の興味に合わせることが必要であれば，いつでも教師がその内容やコミュニケーションの形を場に応じて変えることができる。

学習者に目標を知らせる

学習目標を学習者に知らせることは，達成してほしい知識やスキルが何であるかを学習者に伝えることである。しかしながら，学校教育では，はじめのうちは子どもにはわかりにくい目標が多く存在する。たとえば，合衆国憲法の序文が学習対象だとすると，そのままそっくり暗唱することと，主要な考えについて話し合いができるようになるという目標は異なるものである。もし小数が学習内容だとすれば，①小数点を読めるようになる，②小数が書けるようになる，あるいは③小数の足し算ができるようになるのうち，どれができるようになると期待されているかが，どの授業でも明確になっているといえるだろうか？ 学習者に期待していることを伝達することは，彼らが学ぼうとするスキルに集中することに役立つ，というのがここでの考え方である。

ガイダンスが不足していると学習者は自分自身で期待を膨らませるが，それ自体はけっして悪いことではない。しかしながら，学習者が構築した学習目標が，教師が考

えている目標と一致しているとは限らず，それが誤解を生じさせる場合がある。学習目標の提示にはほとんど時間はかからないし，学習者が完全に学習内容から外れてしまうことを少なくとも回避することができる。学習目標を伝達することは，よい教師が備えるべき率直さと誠実さに一致している行いとも言える。さらに，目標を言葉で表現することで，教師自身が横道にそれないようにするのにも役立つだろう。

前提条件を思い出させる

　新しい学習の大半は（全部という人もいるかもしれないが），すでに自分たちが知っていることの上に成立する。質量の法則（ニュートンの第2法則）を学習するときには，掛け算ができることや，加速度と力に関する概念がその基礎として必要である。現代数学の用語を使えば，8という数の概念学習には数字の7，1の集合，そして加算の概念が必要だと言い換えられる。新しい学習をうまく進めるためには，その学習の構成要素(概念やルール)は事前に学習していなければならない。学習時においては，以前に学習したことが学習事象の一部として自由に活用できる状態に置かれている必要がある。以前学習したことを思い出させるためには，どの選択肢が正しいかを選ぶ再認方式の質問か，あるいはより確実には，自分で正しい答えを思い出させる再生方式の質問を与えるのがよい。たとえば，山と降雨量の関係について学んでいる子どもには，「誰か，暖かい空気と水蒸気について知っていることを教えてください」，または，「山頂の気温について何か知っていることはありますか？」と聞くのがよいかもしれない。

新しい事項を提示する

　この事象の性質は，比較的明確である。学習者に提示された（伝達された）刺激情報は，学習成果を反映するパフォーマンスの中に生かされる。もし学習者が歴史上の出来事などのような事実の順序を学ぶ必要がある場合，口頭または印刷された形のいずれかで，それらの事実が伝達されなければならない。もし，初級レベルのリーディングクラスで，学習者が印刷された文字を発音するという課題を与えられるのであれば，印刷された文字が提示される必要がある。もし学習者が，フランス語で口頭質問に答えることを学ばなければならないとすれば，課題の刺激であるそれらの口頭質問が提示される必要がある。

　自明に思えることではあるが，適切な刺激を提示することは，教授事象の一部として重要なものである。たとえば，学習者がフランス語で口頭質問に答える能力を養おうとしているのであれば，適切な刺激は英語の質問でもないし，印刷されたフランス語の質問でもない（これらの質問形式が，以前の学習課題として学んだことのある

下位スキルに相当することは否定しない）。もし，学習者に口述問題を解くために正数と負数を使う能力を習得させるなら，口頭質問が適切な刺激であり，それ以外のものではない。もし学習に適切な刺激を使うことを軽視すると，結果として学習者は異なるスキルを学ぶことになるかもしれない。これを例証するある逸話がある。ある軍用基地で基礎訓練を受けた兵士が問題として17+ 45 の解を求めるように問われた時，困惑しているように見えた。教官がその兵士に近づき問題を解くように求めた。その兵士は以前にこのような問題を見たことがないと答えた。彼が解答してきた問題はすべて，$\begin{bmatrix} 17 \\ +45 \end{bmatrix}$ のような縦書きの計算式で記述されており，彼はどのようにこの横書き形式を変換して計算してよいのかわからなかった。

　刺激の提示形式によって，選択的知覚を決定づける特徴を強調することができる。たとえば，文章の中で提示される情報の重要な特徴に気づくように，イタリック文字，太文字，下線その他の工夫を凝らして提示されるかもしれない。イラストや図解などを盛り込む場合は，表示される主要な概念を太い輪郭で描いたり，○で囲ったり，矢印で示したりする。弁別力をつけるためには，区別されるべき対象物どうしの違いを大きく取り上げることでどこが違うのかを強調できるかもしれない。たとえば，読み書きの準備段階のプログラムにおいては，（丸や三角といった）形の大きな違いをはじめに提示し，そのあとで徐々により小さな違いを提示すると，弁別力が鍛えられるだろう。a, b, dの文字を弁別する課題では，大げさに特徴の違いを際立たせた文字を最初に提示し，徐々に普通の文字に戻せば，見分けにくい小さな違いでも弁別できるようになるだろう。

　概念やルール学習における刺激提示は，たいていの場合，ルールを示してから事例を提示するパターンか，事例を先に示してからあとでルールを提示するパターンの2つのうちの1つにあてはまる。目標が円のような概念学習の場合，大小の円を黒板や教科書内に提示するだけではなく，緑，赤といった色のついた円や，ロープや糸などで作った円を提示するとよい。中には，子どもを立ち上がらせて，手をつないで円をつくらせる教師がいるかもしれない。特に幼児に対しては，この事象の重要性を強調しすぎることはない。

　実用度の相対的な差は，ルール学習の事象として用いられるさまざまな例に現れる。$A= x \times y$という式を用いて長方形の面積を計算するためには，面積を求めるルールを思い出すだけでは十分でない。Aが面積を意味し，面積とは何であって，xとyが平行ではない辺を意味し，xとyの間にある×は乗算することを意味することを知っていなければならない。しかし，たとえ上記のようなすべての下位概念とルールを知っていても，学習を成立させるためには，さまざまな例題を解く必要がある。文章や図を用いたり，またはそれらの組み合わせを用いて長期にわたって問題を提示するこ

とで，学習の保持と転移を高めることができる可能性がある。

一度このようなルールが学習されると，これらのルールの組み合わせがさらに難しい問題を解決するために選択的に思い出され，組み合わされ，そして活用される。さまざまな例を問題解決に活用すると，変わった形をした図形を学習者がすでに知っている図形に徐々に分解していくことができるようになる。たとえば，図形を丸や三角，長方形といった形に分解し，これらを最終的に図形の全面積を求めるための方法として適用できるようになる。

概念とルールの学習では，学習者は帰納的または演繹的どちらかの方法で学ぶ。円や長方形といった具体的概念の学習では，概念の定義を説明する前に複数の例を紹介することが望ましい（4歳の子どもに対して，さまざまな種類の円を見せる前に正式な円の定義を教えたらどうなるか想像してほしい！）。しかし，年長の学習者が定義された概念を学ぶ場合は「根は土の下にある植物の一部である」というような簡単な定義が最初に来ることが望ましい。学習者が説明の中に含まれる構成概念を理解できることを想定すれば，この始め方が効果的であり，写真などを用いてすぐに定義の説明を加えるとよい。

学習の指針を与える

学習の指針を与えることの本質は，学習者がすでに知っていることと今学ぼうとしていることを結びつけることである。前の事象（第4事象）の中で，学習者は今学ぼうとしている内容に出会っている。この事象では，学習者は学ぶための文脈をつくり上げる。学習の指針は，**足場づくり**（scaffolding）という別の言い方をすることもできる。足場づくりとは，学習者がつくり出す学習構造のための認知的支援である。たとえば，ある人が素数を定義された概念として学ばせたいとする。素数は，単に見ただけでは素数かどうかを判断することができないため，**定義された概念**として扱われる。分類のためのルールを応用することでのみ，**分類**することが可能になる。

たとえば，1から25までの連続した数字を提示することから授業を始めるとする。教師は学習者に，それらの数字が複数の因数の積で表現されていることを思い出させる（例：8 = 2 × 4 または 2 × 2 × 2 = 8 × 1 など）。次に，30までの整数の因数をすべて書き出すように指示する。学習成果として得るべきことは，因数（除数）がその数そのものと1だけで構成されている整数の集まりが存在するということを学習者が「理解する」ことである。最終的には，与えられた数字が素数であるか，またはその他の因数を持つかどうかを判断させたい。つまり，学習者が素数を分類できるようにしたい。

学習者は，上記のことにすぐに「気づく」ことができるかもしれない。もしそうで

なければ，ヒントや質問などを用いてコミュニケーションをとることによって，答えが導かれるであろう。例：「この数字の並びの中で，何か規則のようなものを見つけられた？」「数字に含まれるさまざまな因数の数について，何か差がありますか？」「4, 8, 10と3, 5, 7とは，どのように違いますか？」「7は23とどのような点で同じですか？」「7や23と同じような数字をすべて取り出せますか？」

このようなやりとりは，学習の指針を与える機能を持っているといえる。上記のような問いかけは，学習者に直接答えを教えているわけではない。むしろ，下位概念の望ましい「組み合わせ」につながる思考を促し，「その数字自身と1でのみ割り切れる数字」という新しい概念を形成させられるように導いている。具体的な質問またはヒントの形式や内容は，そのとおりの言葉で書き出せないのは明らかである。教師や教科書が言っていることそのものは，重要なポイントではない。むしろ，このようなやりとりが「足場づくり」の機能を果たすようにすることが重要である。思考をある方向に向けて刺激し，学習が順調に進んでいくように支援する。この機能が実現されると，学習の効率を高めるのに役立つようになる。

学習指針の量，すなわち，質問の数や「直接的または間接的なヒント」になる度合いは，学習している能力の種類によって明らかに変わる（Wittrock, 1966）。たとえば，学習者にとって新しい名前を覚える（例：ざくろの実）といったように，学習内容が恣意的に決まっている場合，間接的にヒントを提示したり質問したりすることで，その名前を「発見させる」ことを期待するのは明らかに時間の無駄である。ざくろの実の場合，大・小・緑・完熟したもの・丸ごと1つ・カットしたものというように，学習者にさまざまなざくろの実を提示したり，概念を精緻化させることのほうが，後々ざくろを認識するためのよりよい指針となるだろう。

しかしながら，ざくろの実の場合と対照的に，直接的ではないヒントが適切である場合もある。なぜなら直接的ではないヒントを与えることは，答えを見つけ出させるために有効な方法であり，学習者が答えを発見した場合は，答えを直接的に伝えられるよりも，学習の永続性が高まるからである。学習の指針は，第6章に述べられているように，学習者の違いに容易に適応できる事象の1つである。「インカ族が他の種族との貿易に使用したものは何か」というような，かなり教示的で，レベルの低い質問を用いるインストラクションは，不安感の高い学習者にとって魅力的でかつ効果的になる。一方で，あまり不安を感じない学習者であれば，難しいことに挑戦することや，「黒曜石の分布を調べることによって，インカ族の貿易経路についてわかることは何かないだろうか？」というような高いレベルの質問に対して，積極的な態度を示すかもしれない。前述したように，図解や口頭でのやりとりをふんだんに用いて指針を与えることは，読解力の低い学習者を支援することになるだろうが，一方で，高い

読解力を持つ学習者に対しては，きわめて効率の悪い方法となるだろう。

　学習指針の事象の中でどれぐらいのヒントやきっかけを与えるのがよいかは，対象となる学習者によっても変わる。学習者の中には，学習指針を他の学習者よりも必要としない者もいる。つまり，彼らはより速く内容を「つかむ」ことができる。飲み込みの速い学習者にとっては，指針を多く与えすぎることは恩着せがましく感じられるだろう。一方で，学習スピードがゆっくりである学習者にとっては，指針が少ないと，フラストレーションがたまり挫折につながってしまう可能性がある。最も実践的な解決法は，まず少量の学習指針を適用し，その後は学習者自身が必要に応じて指針を使えるように準備しておくことである。スピードの速い学習者にとっては，1つのヒントだけで十分である場合でも，ゆっくりと進む学習者にとっては，3つまたは4つのヒントが適切であるかもしれない。このような適応型学習を提供することは，コンピュータ支援教材のシステムの一部として手軽に組み込むことができる(Tennyson, 1984)。

　態度の学習では，第5章で示したように，人間モデルが適用される。人間モデルが伝達する情報と並んで，人間モデルの存在それ自身も態度学習の学習指針になっていると考えることができる。つまり，態度学習の事例における事象5は全体として，知的技能や言語情報の学習のための教授事象よりもやや複雑な形になる。しかしながら，意味的符号化を支援する機能を担うという点は同じである。

練習の機会をつくる

　十分な学習指針を与えられ，学習者は頭の中で学習したことを結び合わせる事象にきたといえるだろう。おそらく，学習にそれほど困惑はなく，多少の喜びが彼らの表情にみられるはずだ。この場合，彼らは理解しているということになる！　この事象では，学習者にどのように問題を解けばよいのかわかっていることを実際に見せてもらう。教える側が確信するだけではなく，同じように彼ら自身が確信するために，である。

　学習者は，まず最初に，インストラクションの中で遭遇した実例を思い出すことを求められる。たとえば，学習者がixで終わる単語の複数形について学習し，matrixという単語が例示されている場合，最初に求められるのは複数形のmatricesをつくることになる。インストラクターは次に，appendixという例をあげ，学習者が新しい事例に学習したルールを適用できるかどうかを確認する。練習の機会を与える事象6は，少なくとも次の2つの機能を果たしている。1点めは，学習者が課題を達成するために，学習した内容を長期記憶から短期記憶に呼び起こすことである。これは，あとで学習者が何か新しいことを学ぼうとするためにすでに学んだことを思い出さな

ければならないときに重要になる。2点めは,「理解していること」が正確で十分であるかどうかを確認し,フィードバックを与える機会を提供することである。

フィードバックを与える

　学習者が正解したらすぐに,学習に必要な事象がすべて終了したと考えることは誤りである。実際何が学習されたのかを見定めるためにも必要なこととして,学習後の効果に十分注意を払わなければならない。つまり,学習内容の正確さや学習成果の程度について確認できるフィードバックが,少なくとも必要である。

　多くの例で,このようなフィードバックは学習活動そのものによって提供される。たとえば,ダーツの投げ方を1人で学習している場合,ダーツの的の中心からどれぐらい離れて刺さったかは,すぐに確認することができる。しかし,もちろんのこと,学校での学習の多くは「自動的に」フィードバックを与えるものではない。たとえば,生徒がさまざまな状況で代名詞の I と me の使い分け方について練習していたとしよう。生徒はどちらが正解でどちらが誤りかを,自分で決定することができるであろうか？　このような例では,外部からのフィードバック情報は,通常教師から与えられるであろうが,必須のものである。

　フィードバックを与える方法や用いる語句に関する標準的な方法は存在しない。印刷教材において正解を確認する手段として,ページ横の余白や次のページに印刷しておくことがよくある。数学や科学などの標準的な教科書では,慣習的に,本の巻末に正解を掲載している。教師が学習者のできばえを観察している時には,学習者に対するフィードバックは教師のうなずきや笑顔,または言葉遣いなど,さまざまな方法を用いて行われる。再度確認になるが,この事例でも重要なのは,コミュニケーションの中身そのものではなくそれが果たす機能である。学習者の出した答えに対して,正解かどうかの情報を提供することが重要になる。しかしながら,学習者の解答が正しくない場合には,矯正的な（corrective）フィードバック（再治療）が必要になるかもしれない。答えが正しくなかったということを知るだけでは,どのようにその誤りを直したらよいかを知ることにはならないからである。

学習成果を評価する

　適切な行動が引き出されたその時,期待していた学習成果に到達したということが直接的に示される。実際には,これが学習成果の評価となる。しかしながら,これを評価として受け入れてしまうと,インストラクションの効果を評価する上で,すべてのシステム的な学習成果に関しての信頼性と妥当性という,より大きな問題が持ち上がる。

学習者が学習目標に合致する成果を1度だけ示したとき，観察者または教師が信頼性の高い観察をしたといえるのだろうか？　その要求された成果は，偶然，あるいは憶測で出されたものではないことを，どのように知るのであろうか？　もし，学習者が異なる例を用いて同じように行うことができた場合には，学習が成立したことをより強く確信できるだろう。ある小学校1年生が，mat と mate を弁別できる能力があることを示したとする。その子は，偶然 mat と mate を区別できただけなのだろうか，それとも，同じルールを用いて pal と pale を区別できるのだろうか？　一般的には，単なる偶然ではなく学習成果が示されたという推測の信頼性を高めるためには，2回めの事例が起きることが期待される。さらに，3回めの例を用いて確認できれば，そのルールは学習されたという高い確信につながるだろう。教師は，学習者が示す成果の妥当性をどうやって確信することができるのだろうか。これには，2つの異なる判断が求められる。第1に，学習者が示す成果と学習目標が正確に対応しているかどうかである。たとえば，もし学習目標が「学習者が文章の要点を自分の言葉で詳述すること」である場合，目標達成の判断は，その学習者が話していることが本当に文章の要点の説明かどうかで行われる。2番めの判断は，けっして簡単な方法ではないが，公正な観察が可能な状態で成果が確認されたかどうかである。一例として，学習者が「答えを暗記」したり，以前の状況からその答えを思い出すことができたりしないような条件を整える必要がある。別の言い方をすれば，学習者が示した成果が，学習が成立したことを示す正真正銘の観察結果であったと納得できるものでなければならない。

保持と転移を高める

　この段階までで，知識またはスキルは学習されている。ここでの問いは，学習した内容をどのように忘れないようにするか，そして学んだ知識とスキルを必要なときに呼び出す能力をどのように学習者の中で拡張していくかである。学習したときと同じ文脈で情報または知識が思い出される場合に，最も確実に情報が復元できるといわれている。知識やスキルが新しく学習されたときに組み込まれた関係のネットワークによって，学習したことを取り出すための手がかりが提供されると考えられている。

　知的技能を呼び起こすための準備としては，検索と想起を「練習すること」がしばしば含まれる。このように，もし定義された概念・ルール・高次のルールなどがより保たれるようにするためには，コース設計にあたって，何週間あるいは何か月もの間，適当な間隔をあけた復習を，システム的に組み込まなければならない。一定間隔で行われる反復練習の効果は，毎回スキルを思い出し，活用することが要求されるため，初期学習に続けて事例を繰り返し与える方法よりは高いとされている（Reynolds

& Glaser, 1964)。

　学習の転移を確保するためには，学習者にとって多様な新しい課題を与えること，そして課題の1つ1つが初期学習のときと大きく異なる場面でのスキル応用を要求するものであることが効果的なようである。たとえば，動詞と代名詞の関係を一致させるためのルール群を学ぶことを想定しよう。代名詞と動詞を変えた課題が，学習成果の評価場面ですでに用いられたかもしれない。だが，転移のための条件を整えるためには，場面全体をさらに広げることが必要になる。この例では，（教師から動詞と代名詞が指定されるのではなく）子ども自身が動詞と代名詞を自分で決めて，複数の文をつくり上げるようにさせることで達成できるかもしれない。もう1つの異なる場面として，図の中に描かれているいくつかの行動を表現するために代名詞と動詞を用いて文をつくることを学習者に要求することが考えられる。教師側の創意工夫として，学習の転移を確保することを目的とした多様な新しい「応用」場面の設計が求められる。

　問題解決のための課題の多様性と斬新性を実現することは，認知的方略の継続的な発達と特に関連している。前述したとおり，問題解決に用いられる認知的方略を身につけさせるためには，問題解決場面をシステム的に導入し，それらを他のインストラクションの中にちりばめる必要がある。学習者に新しい問題を提示する場合，特に注意を要するもう1つのポイントとして，学習者に期待されている解決法の本質を明らかにすることがある。たとえば，「実践的な」解決策は「元来の」解決策とはまったく異なっているかもしれないし，学習の成果は目標の伝達方法の相違によっても影響を受けやすい（Johnson, 1972）。どのレベルに到達してほしいかを示す方法として，学習者が自分自身の成果と比較が可能な，達成事例またはよくできた事例を提示することが考えられる。

教授事象と学習成果

　教授事象は，第4章と第5章で説明した5つの学習成果と組み合わせて用いることができる。たとえば注意を喚起するといったようないくつかの教授事象は，その事象を実現するために行われることが態度学習の目標でも知的技能学習の目標でも必ずしも異なるわけではない。しかしながら，学習の指針を与えるための事象では，事象の性質がまるで違うものになる。前項でみてきたように，知的技能の符号化は，言葉による説明（たとえば学習されるルールの提示を口頭で行うこと）によって導かれるかもしれない。それに対して，態度を効果的に符号化するためには，人間モデルの観察を含む複雑な事象が必要となる。異なる教授事象が必要なのは，事象3（事前の学習内容を思い出させる）と事象4（興味をひきつける教材を提示すること）にもあてはまることである。

表10-2には，事象3，事象4，事象5が学習成果の種類ごとにまとめて詳述されている。各事象によって提供されるべき機能も例示されている。各学習成果の種類に対して適切な学習条件が，3つの事象それぞれの中に記述されている。すべてを網羅するという意図はなく，むしろどのように事象の本質が異なるかの例を示そうとした

表10-2 事象3,事象4,事象5の機能と学習成果の5種類についての事例

知的技能
- 事象3　前提知識またはスキルを思い出すように刺激する
  - 以前学習した内容を問うことで，前提となるルールや概念を作業記憶に抽出させる
- 事象4　刺激を提示する
  - 例と一緒に，構成概念の特徴を強調しながら，ルールや概念を提示する
- 事象5　学習ガイダンスを提示する
  - さまざまな文脈でのさまざまな事例を提示し，検索の手がかりとなる詳細情報を提供する

認知的方略
- 事象3　前提知識またはスキルを思い出すように刺激する
  - 課題方略と関連する知的技能を思い出させる
- 事象4　刺激を提示する
  - 課題とその方略を説明し，方略が何に役立てられるかを提示する
- 事象5　学習ガイダンスを提示する
  - 方略を提示し，1つまたは複数の応用例を述べる

言語情報
- 事象3　前提知識またはスキルを思い出すように刺激する
  - 親近感があり，新しく学習することと関連のあるよく構成された知識を思い出させる
- 事象4　刺激を提示する
  - 顕著な特徴を強調した印刷または口頭の説明を提示する
- 事象5　学習ガイダンスを提示する
  - より広範囲の知識と関連させて学習内容を精緻化する。記憶術や図などを用いる

態度
- 事象3　前提知識またはスキルを思い出すように刺激する
  - 個人の選択に含まれる行動内容や場面を思い出させる。学習者に人間モデルを思い出させる
- 事象4　刺激を提示する
  - 人間モデルが，個人の選択行動についての一般的な性質を説明する
- 事象5　学習ガイダンスを提示する
  - 人間モデルが，選択行動の結末や影響などを語る

運動技能
- 事象3　前提知識またはスキルを思い出すように刺激する
  - 実行制御ルーチンや関連する部分スキルを思い出させる
- 事象4　刺激を提示する
  - スキル実行の初期段階の状況を提示する。実行制御ルーチンを提示する
- 事象5　学習ガイダンスを提示する
  - 有益なフィードバックを受けながら練習を続ける

ものである。

　表の記述をみれば、3つの教授事象それぞれが別々の形式をとるのは、各事象に求められる機能が学習成果の種類に依存しているからであることがわかる。たとえば、ある知的技能が学習される場合は、前提となる概念またはルールを思い出すことが必要となる。一方で、言語情報が学習される場合には、言語情報の文脈となる関連づけられた情報が呼び起こされる必要がある。事象3においてみられる同じような学習成果ごとの違いが、事象4、事象5それぞれについても表から読み取れるだろう。それぞれの処遇は、必要とされる種類の学習を促進するための異なる「教授方略 (instructional strategy)」とみなすこともできる。自分の好きな教授方略を思い浮かべてみて、どの教授事象を実現しようとしているものなのか、また、そのやり方ではどの事象が実現され、どの事象は含まれていないのかを考えてみるとおもしろいかもしれない。

レッスンの中の教授事象

　単位時間ごとのレッスンを組み立てる際に教授事象を活用する場合は、まずそのレッスンの目標に留意しながら、柔軟性をもって構成する必要がある。教授事象に関する説明が示していることは、明らかに1つの標準でもないし、定式化されたコミュニケーションや行動の機械的手順でもない。教授事象は、インストラクションの中で実現されるべき機能を示している。これらの機能は、特定の学習状況、達成されるべき課題、課題が属する学習成果の種類、そして学習者の事前学習などに応じて変形されていく。

　ここで教授事象が実際のレッスンでどのように用いられるかの例をみてみよう。今回はコンピュータ教材の設計者向けの指示書を例として取り上げ、各教授事象を画面ごとの設計にどのように適用できるのかを説明する（Gagné et al., 1981）。このレッスンは、英文法での定義された概念である「目的語」に関するものである。設計者に対する指示書の概要を、表10-3に示す。

　この英文法のレッスンは、より長期にわたるコースの一部であり、文・主語・述語などの概念はすでに学習されていると考えるのが自然である。もしもこのような基礎概念の学習経験がない学習者が対象であれば、目的語の概念を教えるためには、より簡単な前提概念の説明から開始する必要が生じる。この指示書は、この章で述べたそれぞれの教授事象を反映するという意味において、注意深く設計された事例であることを指摘しておく。求められる学習成果の達成を支援するための教授事象の枠組みの

表10-3 コンピュータ教材設計書の教授事象

教授事象	手順
1. 学習者の注意を喚起する	秒単位で変化する画面をいくつか含みながら、最初の操作指示を画面に提示する。「見て！」「注意！」といったメッセージを用いて注意をひく。
2. 学習者に目標を知らせる	学習が終了したときに何が達成できているか簡潔に学習者に説明する。 例 "Joe chased the ball."（ジョーがボールを追いかけた。） "The sun shines brightly."（太陽がまぶしく輝いている。） これらの2つの文のうち1つには目的語にあたる語句が含まれていますが、他の文には含まれていません。目的語を選択できますか？ 最初の文で ball は動詞「chased」の目的語です。2番めの文では、目的語は含まれていません。ここでは、どのように文の中にある目的語を見分けるかを学びます。
3. 前提条件を思い出させる	前に学習したことを思い出させる。 例 どの文も主語と述語を含んでいます。主語は普通、名詞または名詞句です。述語は動詞で始まります。この文の主語は何ですか。 "The play began at eight o'clock."（ゲームは8時に始まった。） この文の述語はどんな動詞で始まっていますか？ "The child upset the cart."（子どもがカートを倒した。）
4. 新しい事項を提示する	概念の定義を提示する。 例 目的語は、動詞によって示す行動の対象となる述部内の名詞です。たとえば次の例を考えてみましょう。 "The rain pelted the roof."（雨は屋根を強くたたいた。） 「roof」という語は、動詞「pelted」の目的語です。
5. 学習の指針を与える	次のような文を用いて説明する。 "Peter milked the cow."（ピーターは牛に牛乳を与えた。） この場合の答えは牛で、それが動詞の目的語です。 けれども、目的語を持たない文もあるので注意が必要です。 "The rain fell slowly down."（雨がゆっくりと下に落ちてきた。） この文では、動詞の「fell」は何かに向けられた行動ではありません。つまり、この文には目的語がないのです。
6. 練習の機会をつくる	3つから5つの例文を順に提示する。次のように指示する。文の中に目的語が含まれていたら「0」を押してください。そのあとで、目的語にあたる単語をタイプしてください。 例 "Sally closed the book." "The kite rose steadily."
7. フィードバックを与える	正解と不正解についての情報を与える。 例 最初の文の中で、book は動詞「closed」の目的語です。2番めの文には目的語がありません。
8. 学習の成果を評価する	3つから5つの文をペアにして、新しい概念の例と例ではないものを提示する質問をして答えを求める。もし習得レベルに達成したらそのことを学習者に伝え、もしそうでなければ次にすべきことを伝える。
9. 保持と転移を高める	3つから5つの概念に関する例を、さまざまな形で提示する。 例 「Neoclassical expressions often supplant mere platitudes.」といったような文を使いなさい。定期的な間隔をおいて、復習の質問を導入しなさい。

注：R.M. Gagné, W. Wager, & A. Rojas (September 1981). "Planning and authoring computer-assisted instruction lessons", *Educational Technology* p.23 より抜粋

中でも，設計者の創意工夫を生かすチャンスが大いにあることは明らかである。

年齢が上の人を対象とした授業との比較

　中・上級学年向けのインストラクションを計画する場合，教授事象は教材かあるいは学習者自身によって制御される機会が増えることが予想できる。数学や外国語初級クラスなどのように教科課程の中にある各単元が構造的に類似している場合，それぞれの連続した単元目標は学習者にとってわかりやすいので，1回ずつ言い直す必要はないかもしれない。動機づけが比較的高い学習者に対しては，注意を喚起するための特別なことを特に行う必要がないことが多い。なぜならば，その事象も学習者自身によって適度に管理されるからである。

　テキストを使って学習することを求める宿題では，学習者が可能な認知的方略を採用し，教授事象を自ら管理できることが前提となっている。テキストは，太字で印字したり，標題をつけたり，そのほか一般的な方法によって，学習者の選択的知覚を支援しようと試みる。また，よくあることだが，新しい情報とすでに学習者が習得して頭の中に構成されている知識を関連づけることで意味的符号化を手助けできるように，学習者が意味を理解できる文脈をテキストに盛り込むこともできる。しかし，勉強を進める上で重要なのは，学習の成果となるパフォーマンスを練習する必要性である。学習者自身の言葉で情報を言い換えたり，新しく学んだルールを適用したり，あるいは，新しい問題への独自の解決法を創出したりする練習が必要である。自己学習を進めるためのこれらの事象を実現し，さらに即時的なフィードバックを得るために正誤を判断することが求められるので，多くの場合，学習者は，学習者自身が駆使できる認知的方略に頼る必要がある。

要 約

　この章では，学習成果を得るために1つのレッスンの中に含む教授事象について検討した。これらは通常，学習者の外側にある事象であり，教師やテキスト，あるいは学習者と交わるその他のメディアによって提供される。自己学習の場合は，学習者の経験が増えるに伴い，より多くの教授事象を学習者自らがもたらすことが期待される。どのように実現されたかにかかわらず，教授事象の目的は，学習の内部プロセスを支援し活性化させることにある。

　学習を支援する外的事象についての一般的な説明は，学習と記憶の情報処理モ

デル（または認知モデル）から派生しており，外見的には異なって見えるかもしれないが多くの現代の学習研究者によって用いられている。このモデルは，1つの学習活動には，いくつもの段階で構成される内部プロセスが伴うということを提案している。

　感覚器官によって受け取った刺激から始まり，これらの段階には次のものが含まれている。①知覚事象の短期的な登録，②短期記憶への刺激の臨時的な格納，③短期記憶から長期記憶に情報を格納する準備に向けて，短期記憶での滞在時間を長くするためのリハーサル，④長期記憶への意味的符号化，⑤事前に学習した内容を呼び起こすための検索と想起，そして，⑥学習した内容を適切に実施するための反応の組織化である。さらに，多くの理論では，⑦正解に対する外部からのフィードバックによってもたらされる強化が，明示的に，あるいは暗示的に含まれている。加えて，この学習モデルは，⑧他の学習プロセスに影響を与えるような認知的方略を学習者が選択し活用させるいくつもの実行制御プロセスの存在を主張している。

　この学習モデルから導き出される教授事象は以下のとおりである。

1．学習者の注意を喚起する
2．学習者に目標を知らせる
3．前提条件を思い出させる
4．新しい事項を提示する
5．学習の指針を与える
6．練習の機会をつくる
7．フィードバックを与える
8．学習の成果を評価する
9．保持と転移を高める

　これらの事象は，前述してきた学習成果の種類すべてに適用することが可能である。紹介した例はそれぞれの事象がどのように計画され，実行されるのかを表している。レッスンまたはその一部を構成するこれらの事象の順序は変更可能であり，目標によっていくらか変化するかもしれない。これらの事象のすべてが，いつも必ず用いられるというわけではない。いくつかの事象は教師が，いくつかは学習者が，そしていくつかは教材が実現する。より年上で，経験のある学習者は，事象の大半を自分自身の努力によって実現するだろう。幼児に対しては，事象のほとんどを教師がアレンジすることになるだろう。

　これらの事象が習得されるべきさまざまな種類の学習成果に適用されると，異

なる特徴を持つようになる（Gagné, 1985）。これらの相違は，次の事象に最も顕著に現れる。事象3：前提条件を思い出させる，事象4：新しい事項を提示する，事象5:学習指針を与える。たとえば，弁別を学習するための刺激を提示する（事象4）ためには，刺激間の差異がしだいに細かくなるいくつかの条件が必要になる。しかしながら，概念学習には，一般的な分類枠に関するさまざまな事例と例外を提示することが要求される。学習指針の条件（事象5）としては，ルール学習には応用の例を含む必要があり，言語情報の学習には，広い範囲での学習文脈と関連づけることを特に考慮する必要がある。態度学習に関してこの事象は，人間モデルとそのコミュニケーションを含むことで，より顕著な特徴を持つものになる。

英文法の定義された概念を学ぶコンピュータ教材を設計するための教授事象が，一例として紹介されている。

第11章
テクノロジー・アフォーダンス

　教育工学の独創的な考えの1つとして，教師の代わりをするという目標があった。1960年にラムスデン（Lumsdain, A. A.）はこう記している。

　　自動化をインストラクションのプロセスにどのように応用することができるのだろうか。自動化されたインストラクションの方法には，学習プロセスを指導したり，仲介したりする教師のあらゆる機能をモデル化することが含まれる。それによって，要望どおりに教師機能を削除したり，時間や空間を越えて拡張したり，複製することができるようになるだろう。(Lumsdain, 1960, p.136)

　今日，教師の代用は無理であることを私たちは知っている。しかし，学習プロセスにおける教師の役割は変化しつつある。インストラクショナルデザイナーが取り扱わなければならない問題の1つに，どのようにして学習の外的条件を学習者に与えるのか，というものがある。この外的条件には注意をひく仕掛け，先行オーガナイザ，新しい情報，学習や練習のための文脈，フィードバック，転移などが含まれている。
　この10年間での爆発的なデジタル技術の発達によって，いつ・どこで・何を・どのように人々が学ぶのか，ということは根本的に変化した。今日の社会の一員として成功し貢献するためには，まぎれもなく，以前とは大きく異なるスキルが必要となる。テクノロジーが，教師や指導者，生徒や親，研修開発者や管理者に新しい課題をもたらしたことで，教育機関やアメリカの企業，連邦政府に変化が起こりつつある。デジタル時代を最大限に活用するためには，教育者や研修開発者は学習・教育・研修の方法を見直し，テクノロジーがどうすればそれぞれを支援できるのかを判断する必要がある（Resnick, 2002）。
　私たちは**アフォーダンス**（affordance）という用語を，私たちの学習や知覚能力を

広げるテクノロジーの性質や働きと定義する。アフォーダンスは，データを検索する際の高速性のように経済的なものかもしれない。また，非同期コミュニケーションや共同作業を支援してくれるような社会的なものかもしれない。あるいは，情報検索やデータ共有のような認知的なもの，さらには，魅力ある方法でメッセージを豊かに表現できるメディアミックスのような情緒的なものかもしれない。認知的アフォーダンスは，どのように人が学習するのかに関連した基準を網羅する。社会的アフォーダンスは共有された人間の活動に関連した基準を網羅し，情緒的アフォーダンスは学習の動機づけの側面に関連している。経済的アフォーダンスは，インストラクショナルデザイン（ID）や実施に関するリソース（資源）や他の現実的な問題に関係している。認知的アフォーダンスとは，コミュニケーションや情報検索・計算・データ操作・データ変換など，コンピュータユーザーに提供された能力を意味している。

本章では，それぞれのアフォーダンスについて検討し，テクノロジー，特にインターネットが，どのように学習や研修のプロセス，成果や結果に影響を及ぼすのかについて議論する。今日の教育者や研修担当者が利用できるリソースやテクノロジーの種類に言及し，教授事象や学習成果との関連性や，これらを利用する際の課題について扱う。

デジタル時代の学習

情報通信技術によって，組織は変わりつつあり，新世紀で成功するために社会で要求される知識やスキルが再定義されるようになっている。個人レベルにおいては，「デジタル技術を使いこなせること（デジタルリテラシー）」（Gilster, 1997）とは，情報通信技術を理解し，活用できる能力があるということを意味する。これは，職業的な成功，市民参加，そして，教育や研修において絶対不可欠なものである。デジタル技術は，私たちがどのように働き・生活し・遊び・学ぶかに，革命をもたらしつつある。

人が何を学習するかに対するコンピュータの影響

学校のカリキュラムは，デジタル時代の課題やスキルを反映するために，絶えず更新されなければならない。新しいテクノロジーは，子どもたちが何を**学ぶべきか**だけでなく，彼らが何を**学ぶことができるか**をも変化させつつある（Resnick, 2002）。黒板・紙と鉛筆・本といった伝統的な教授メディアや配信方法の制限のため，学校のカリキュラムから除外されていた多くの考えや題材を，今なら導入することができる。たと

えば，コンピュータシミュレーションを使用することで，子どもたちはどのようにシステムが働くのか，あるいは，火山や竜巻，地震などの現象の背景にある数学を調べることができる。たとえば，フラクタルを利用して実世界の物体を理解するなどの，以前は大学生の段階でしか紹介されなかった考えが，もっと早い時期に学校の学習で紹介できるかもしれない。「知るべきこと」を減らし，「知らないことを学ぶ方略」により多くの焦点をあてるように，カリキュラムを変える必要がある（Resnick, 2002）。デジタル時代においては，インターネットを通じて大きく拡大された世界の情報の利用法を知っているといった，より方略的な学習者になるための学習は，機械的な暗記などの単純な学習よりもずっと重要である。

批判的で独創的な思考や，情報に基づく意思決定，あるいは現実世界の問題解決は，デジタル時代において学習者がより発展させて広げておかなければならない高次なスキルの例である。学習者が，解決方法を計画・設計・実行・評価できるようになるためには，論理的な推論スキルを習得しなければならない（Committee on Information Technology Literacy, 1999）。図書館や書籍とは違い，オンラインで利用できる情報は本当に膨大なので，情報を探し，分類し，評価するという新しいスキルを必要としている。無関係な情報を取り除き，情報源が妥当かどうか判断し，情報間の矛盾を解消することなども重要である。インターネットの検索エンジンや開発ツールのような電子的な資源を使うためには，人々はテクノロジーを使いこなせる必要がある。それらの技能すべてを習得することで，批判的思考が促進される。

人がどう学ぶかに対するコンピュータの影響

レスニック（Resnick, 2002）は，21世紀の学校では，教師の役割が講義者というよりはむしろコンサルタントとなって，子どもたちがより活動的に自立できるように学校を再編成する必要がある，と指摘している。カリキュラムを数学・理科・語学・社会科というような教科分野ごとに分ける代わりに，異なる領域の知識間の豊富なつながりを活用するために複数の分野を横断したテーマやプロジェクトに焦点をあてるべきであると主張している。

インターネットは，調査のための主要な情報源となった。インターネットの多くのコンテンツがテキスト情報で保存されているため，読むことの重要性が高まっている。しかしながら，テキスト情報だけが情報源ではない。インターネットは，**多モード**（multi-modal）である。音や画像，ビデオ，あるいは動画なども配信できる。学習者は，彼らのリスニング能力やグラフを読み取る力，動画を把握する力などを磨く必要がある。この本の旧版では，メディア選択に焦点があてられていた。コンピュータによっ

てモニター画面にすべてのメディアが収束したため，私たちはもはやこれを問題として考える必要はない。多モードという言葉には，単体のテクノロジーを通じて配信されるさまざまなタイプの刺激があるという考えが含まれている。多モードの実施システムを使うとき，学習を支援するために必要な刺激はどのモードなのかについて考えることが重要である。

いつ，どこで学習するのかに対するコンピュータの影響

　学校は，最もゆっくり変化する文化的組織の1つである。学校教育は，伝統的に6〜18歳の間に幼稚園から高校まで，月曜から金曜の午前8時30分から午後3時まで行われる。教室は，教師が話したり黒板に図を書いたりして新しい情報を与え，子どもがそれを聞きやすいように設計されていた。今日，レスニック（2002）の学習へのより起業家精神にあふれるアプローチでは，年齢で別々の学年に分けたり，典型的な時間単位の授業のように時間で分けたりしない。その代わり，すべての学年が一緒になって，長期間のプロジェクトに参加するように促される。これによって，子どもたちは互いに学びあうことができ，学習のプロセスの中で出てきた考えについて，より意味があるように考え続けることができる。学習は，生涯続く経験となりうるのである。公的な学習は，学校だけでなく家庭や公民館，あるいは職場でも行われるかもしれない。教育改革を主張する多くの提案者（Resnick, 2002）は，学校は広範囲の学習生態系（ecosystem）の一部にしかすぎず，さらに近い将来もデジタル技術が新たな学習の機会を開き続けることになるだろうと指摘している。その際に，テクノロジーは新しい形の「知識創造社会（knowledge-building communities）」の発展を支援するだろう。そこでは，子どもも大人も時間に制限されず，世界中のプロジェクトに共同で取り組むことができるとしている。

インターネットの衝撃

　インターネットは，情報社会における必要不可欠なツールである。すでにかなり多くのコンテンツが，「Webで利用可能な（Web-enabled）」形になっており，インターネットで利用できる。インターネット技術は，人々がオンラインで日々の活動を行うための豊富な選択肢を提供している。人々は，たとえば，預金・株の売買・買い物・手紙のやりとり・調査・研修講座の受講など，日々の活動をインターネット上で行っている。ビジネスにおいては，マーケティング・採用・広告，そして顧客サービスの

提供にインターネットを利用している。コンピュータの知識を持ち，ネットワークにつながっていることは，国家の教育的・経済的・政治的そして社会的な前進にとって欠かせないものとなりつつある。インターネットのようなデジタル時代のテクノロジーを使うアメリカ人を増やすことは，かなり重要な国家目標となった。そのため，アメリカ国家は，教育者と研修担当者に対して，とても原理的な観点から教育インフラの目的とアーキテクチャを再考するように促している。このことによって，インストラクショナルデザイナーは，ある分野で学んだ知識が関連性を深め，他でも利用できるような複合的なカリキュラムを開発するために，インターネット技術を利用する機会を得ることができたといえよう。

テクノロジーの挑戦

テクノロジーの革新は有益だが，同時に問題もある。たとえば，オンライン学習では，一般的に教師と学習者，また学習者どうしの個人的な対面コミュニケーションの機会が減る。この学習の社会的な側面は，多くの学習者たちがかなり重要視することである。たとえ，参加者どうしのインタラクションが双方向の音声や映像を通して同時に起こるような同期型コミュニケーション技術の進歩があったとしても，オンライン学習が，学習者と教師間，または学習者どうしのインタラクションに取って代わることはない。オンライン学習では，チャットや「スレッド型」掲示板による議論，あるいは他の共同作業のためのテクノロジーを通じて，社会的関係を強化できる。テクノロジーは，学習者―教師間のコミュニケーションの質を高める可能性を秘めている。しかしながら，前にも言及したとおり，デジタル技術が教室の目的や機能をかなり変化させる可能性を持っている一方で，変化に対する抵抗もまだかなり残っている。インターネットは強力な教育ツールであるため，伝統的な教育や研修と同じように開発と実践の規則に従わなければならない。つまり，十分な教育機能を有する実践とすぐれたIDが必要ということだ。

より多くのアメリカ人が日ごろからインターネットで日常の活動を行い，アメリカの企業はインターネットを多くの商業取引の重要な資源として受け入れているため，インターネットにアクセスできず，知識がなく，使い方の研修を受けられない人々は圧倒的に不利になっている。結局，彼らは社会で機能することが難しいことがわかる。テクノロジーツール，特にインターネットにアクセスできる人々とできない人々の間の格差を，**情報格差**（digital divide）と呼ぶ。政府が人々に手軽にインターネットを利用できる機会を持てるように保障しようとする一方で，生活の質を高めるためには，テクノロジーを国民が利用するために必要となる知識や能力を身につけるための技術

的な研修が必要となる。

コンテンツの検証

インターネットを教室で使用することに賛成する人でも，巨大なネットワークは（クリントン元大統領はこれを「何百万の学童のための普通の百科辞典」と呼んでいた），実際には扱いにくく，むらがあり，しばしば信頼性のない情報源だと認めている。インターネットは今日世界で最も巨大で広範な情報源であり，オンラインでのカリキュラムに豊富な情報を組み込むことができるように大きく進歩した一方で，**妥当な教材**とするためには，残された課題が大きい（Golas, 2000）。事実に基づく知識は豊富にあるが，教育者はしばしば情報の本当の価値に疑問を抱く。情報を有益な知識システムに変換するためには，大きな努力が必要となる。これは，学習者共同体の役割である（Riel & Polin, 2002）。

大部分において，インターネットは「インストラクション」ではない。それは，膨大な量の情報をもたらすリソースである。しかしながら，私たちは本書の冒頭で，インストラクションを，学習を促進するための外的事象を整備することとして定義した。だとすれば，インターネットは，どのような形で学習支援プロセスに役立てられるのだろうか？　私たちは大いに役立つと信じている。なぜなら，インターネットはいつでもどこでもやりたい時に学習者が勉強できるような柔軟性と便利さを提供し，インターネットによって学習者たちは，他の学習者を含む広い範囲の情報源にアクセスできるからである。

低下するコスト

教育は，いつでも費用と関係がある。私たちは，最小のコストで質の高いインストラクションを望んでいる。メディアやコンピュータ技術は，インストラクションの資源である。しかしながら，規模や投資回収率（ROI）に関する問題がある。

オンライン学習は伝統的な教授メディアよりも開発や実装の費用が必ずしも安いわけではない。しかし，学習や研修のために必要な時間を削減し，以前であれば必要だった旅費や宿泊費のコストを節約できることによって，長期間でみれば投資回収率をかなりよくできる可能性はある。加えて，オンライン学習のコンテンツは，本のような伝統的な学習メディアよりもずっと短期間に更新し，修正し，再放送することが可能である。ビデオシナリオ，複雑でインタラクティブな練習，3Dシミュレーションのようなマルチメディアを開発するときには，オンライン学習の費用はより高くなる。ハードウェア，ソフトウェア，あるいはネットワークなどの初期コストや維持費は，すぐに高くつくものになる。また，オンライン学習は管理者やインストラクショナル

デザイナー，技術開発者にとって特別な研修の必要性も生み出した。それぞれの専門家は，デザイン方略やツール・プロセス・基準について研修を受ける必要がある。

テクノロジーへの対応

インターネットは急速に変化し，電話線からケーブルテレビや衛星放送に移動し，出現するデジタルメディアの集中に対応したブロードバンドを使えるようになった。政治や教育，産業のリーダーたちは，その変化に対して常に対応し，真に社会のためになるテクノロジーを見分ける義務がある。次の30年には，20世紀全体で私たちが目にしたものよりも大きな変化が起こるだろう。特にそれはテクノロジーに集中し，その変化が次々と起こることは確実である（Mehlman, 2003）。インターネットを使った研修を表現する多くの言葉の数に匹敵するだけ，多くのID方略，技術的な機能，そしてオンライン学習を設計・開発・配信するための開発ツールがある（第15章を参照）。

効果的な協調作業

オンライン学習プログラムの成功は，学校や親，子ども，そして研修産業が世界規模で効果的に協調できる能力に依存している。Webとネットワーク技術は，分散された学習リソース，つまり個々の教室を越えたさまざまな資源と，時間や場所の違う学習者たちがつながることを可能にした。オンラインの学習リソースには，教師や他の学習者，教科領域の専門家（SME），参考文献，シミュレーション，そしてインタラクティブな練習問題も含まれている。テクノロジーの進歩によって，学習者や教師，指導者が，学習者と学習の支援者の両方の役割を果たせるような環境が提供されている。現職教師の研修は，教室において多くのデジタルコンテンツをつくるための欠かせない要素である（Trotter, 1999）。

テクノロジーは何ではないのか

テクノロジーは，それ自体が**目的ではない**。研修にテクノロジーがうまく利用されるためには，必ず明確に定義された教育目的から始める必要がある。新しい技術が教育や研修において使用されている多くの場合，単に従来の学習アプローチを強めるために存在しているようである（Resnick, 2002）。すべての学校ですべての子どもがインターネットや高機能の学習教材を利用することができる。しかし，もし教師が教室にデジタル技術を使う方略や内容をどのようにして取り入れればいいのかがわからなければ，学習への効果は期待できないだろう。

デジタルリテラシーは，よいしつけや効果的な教師の**代わりではない**。デジタルリテラシーを定義し，普及するためのあらゆる努力によって，親や教師が果たしている重要で代替不可能な役割が，いっそう強められなければならない。テクノロジーは，世界をより安全に・よりおもしろく・より豊かに，そしてより公平な場所にすることによって，私たちの生活をよりよくすることができる。しかし，問題を悪化させる危険性もまた，抱えている。たとえば，私たちのプライバシーを守る暗号化技術は，テロリストの情報通信をも隠してしまう。インターネットによって，北米の子どもたちがブラジルの熱帯雨林を調査し，オンラインで理科のコースをとることができるが，その一方で，ポルノ写真や爆弾のつくり方，兵器の隠し方を説明したページにアクセスすることもできる。

デジタル技術によって提供されたオンライン学習は，すべての問題を**1度に解決する方法ではない**。たとえば，非同期型のコースはいつでもどこでも受けることができ，自分のペースでの学習や，補完教材や補講授業として，また継続的な学習にとって完璧なものである。それに対して，同期型のコースはたいていの場合，オンラインのモデレータによって特定の時間に配信され，地理的に分散した学習者に授業を届けるためには最高の方法である。

オンライン学習には，2つの方針となる原則がある。1つめは「カンバン方式（just-in-time）」もしくは「対象者を狙った配信（targeted delivery）」である。必要な場所や時間に，必要な分量だけを，しばしばユーザーが好むフォーマットで，重要な情報やインストラクションを正確に届ける。「カンバン方式」や「対象者を狙った配信」では，教育的な負荷がユーザーにとって大きすぎず，意味のあるものにするために，必要以上の余分な情報を省いている。2つめの方針となる原則は，**モジュール学習**である。さまざまなトピックに及ぶ情報を，特定のコースやインストラクション単位に分割して学習者に配信する。モジュール学習では，学習者は各自のペースで教材を使って学習を進めることが多い。

オンラインでの学習や研修は，実践的なハンズオン型研修や学習に**取って代わるものではない**。3Dアニメーションやビデオ音声，あるいは双方向性を通して，学習者の視覚化を手助けし，情報を生き生きとさせることはできる。しかしながら，教育メディアだけで，学習者の達成に影響を及ぼすものではない。それらは教育メッセージの配信や保存を可能にするが，学習自体を決定するものではない。

デジタルリテラシーは，単にインターネットにアクセスし，技術的な熟練度を高めることだけを**意味しない**。それは，デジタルの善悪を学ぶことである。たとえば，知的所有権の尊重やセキュリティ配慮の習慣化，あるいは他人のプライバシーの尊重などは，機能的に洗練された情報社会にとってすべて重大なものになりつつある

(Mehlman, 2003)。

学校学習におけるテクノロジー

大 学

　高等教育機関がほぼ全面的にインターネットを採用したことで，オンライン上の学習ツールや教育が広がる基礎が整えられた。大学は，教室での経験を高め，学生の教育機会を拡張する手段として，オンライン学習を採用してきた。会計状況が厳しいにもかかわらず，大学のテクノロジーに対する支出は 2000 年から 2001 年の間に 9％以上増加し，47 億ドルに達した（National Center for Educational Statistics, 2002）。
　2002 年にインターナショナル・データ・コーポレーション（IDC）が行った調査によると，アメリカの大学の 90％が 2005 年までにある程度のオンライン学習を提供する予定であり，高等教育機関による情報技術（IT）への支出は 2005 年まで毎年 10％ずつ増加するという。高等教育のオンライン学習の市場規模は，2005 年までに 50 億ドル相当になり，ハードウェアやソフトウェア，支援サービス，コミュニケーション技術を供給する会社にとって，主要な競争市場の 1 つになると予測されている。大学が，購入するパソコンの台数が減少する一方で，ネットワークサービス市場は成長する。より小さい組織は特に，IT 支援サービスとコンピュータ研修を高い割合で外注するだろう。

高等学校

　広範囲なマルチギガビット・ワイヤレスネットワークが増える中，2030 年の高校生は，それより以前の誰よりも，より能力を与えられた挑戦的な真のデジタル世代となるだろう（Mehlman, 2003）。
　双方向教育システム設計（Interactive Educational Systems Design, 2003）の調査によると，2003 年度には 40％以上の高校がオンラインコースを提供しており，17％が将来提供する予定であることがわかった。またその調査では，公立学校区の 32％が 2003 年に初めてオンライン学習を採用する予定であることも明らかにされた。全国教育統計センターのデータ（National Center for Educational Statistics, 2002）は，2001 年にアメリカの全公立学校の 98％がインターネットに接続していたことを示した。

94%の公立学校で教師がインターネット利用を監視し，74%の学校でアクセス制限またはフィルタリングソフトウェアを取り入れていた。ほぼ3分の2の学校が，インターネット利用に関する倫理規定を制定していた。

サイバーアトラス（CyberAtlas, 2002）の調査は，オンラインコースを購入する時に高等学校が最も考慮する重要な要因は，認証を受けたカリキュラムであるということを示した。値段が手ごろなこと，実施のしやすさ，スピードもまた重要であった。調査によると，高校がオンライン学習に移行する主な理由として，コストパフォーマンス，教育の公平さの提供，スケジュールの衝突の解決をあげていた。しかし，この調査では，アメリカの84%の教師がコンピュータやインターネットは教育の質を向上させたと思っている一方で，3分の2がインターネットは，教室での授業にうまく統合されているわけではないと言っていることも示した。

ネットデイの調査報告書（NetDay, 2003）によると，ほぼすべての教師は彼らが働いている学校でインターネットに接続でき，80%は教室でインターネット接続ができる。これらの高い数値と実際にほぼ半数の教師がここ2年でインターネットは教えることにとって重要な道具になったと言っている事実があるにもかかわらず，大多数の教師は，学校でのインターネット利用は1日30分にも満たないと報告している。インターネットを使わない主な理由として，彼らの4分の3以上が時間の不足をあげている。設備の不足や接続速度の遅さ，技術支援の不足もまた，インターネット利用の障害として指摘されている。また，この調査からは，ほとんどの教師がインターネットを生徒や保護者，他の教師とのコミュニケーション，課外活動の計画や授業の組み立て，プロジェクト作業の完成，授業計画の更新などに利用していないことも明らかになった。

生涯学習と学習者中心のシステム

リン（Linn, 1996）は，自律した（autonomous）生涯学習を支えるオンライン学習のいくつかの特徴を明らかにした。学習者は，以下のことができる。

- 効果的な決定をすることや新しい考えをつくり出すこと
- いつ，どのように，なぜ自分が新しい教材を学ぶのかを認識すること
- 自分の強みと限界を診断すること
- 自分の目的や強み，限界に矛盾のない活動を選ぶこと
- ある学問分野の中で，自分の個人的な目標に合った独立的プロジェクトを構築すること

- 自分自身の学習に責任を持つこと
- 自分自身の進捗状況をモニターすること
- 自分の教材の理解を振り返ること
- インストラクターからだけでなく，仲間にもガイダンスを求めること
- 学んだスキルが実践できる活動を創り出すこと
- 指導や支援を受けながら，考えを関連づけること，選択肢を比べること，進歩を振り返ること，考えを批評することなどの自主的な学習活動を通して専門分野の知識・実践・文化を理解すること
- 学習に社会的側面があることや，協調実践に参画することで学習活動に貢献ができることをふまえて，コースを構造化すること

近い将来，学習者が制御可能なインターフェースによって，以下のようなことが可能になるだろう。

- 学習要件または現在の取り組みに基づいて，個別化された研修内容を開始すること
- 各自の学習スタイルや好みに学習環境を適応させること
- 教授内容に対する学習者の事前知識をマッピングすること
- 他者ともっと効果的にやりとりする能力を磨くことができるように，学習者の情緒的な反応を記録すること

学習者中心のシステムでは，学習者が行うすべての反応や活動がシステムに送り込まれ，学生が何に興味を持ったかについてよりよく理解できる情報をシステムに提供する。学習者中心のシステムでは，以下のようなことができるだろう。

- 学習者の興味や不安，動機づけのレベルをモニターし，特定の対象（言語・文化的背景・学習能力）に適応すること
- 学習者が誰なのか，何を知っているのか，何を学習してきたか，そして学習キャリア全体の中で何を成し遂げてきたのか，という情報を集めること

評価ツールは，以下のことをするだろう。

- 学習者に，彼らの注意をどこに焦点化すべきか，あるいは，次に何をするのかを気づかせて，すばやく，その状況に応じた個々のフィードバックを提供すること
- それぞれの学習者が抱えている問題をモデル化し，考えや誤解に対応するための問題や説明をつくること

- 自動的に学習者の進度を記録し，説明の順序や流れに関する統計モデルを提供し，学習者自身やインストラクター，あるいは管理者にカリキュラムやその説明の問題点についての即時フィードバックを提供すること

研修におけるテクノロジー

　研修費を削減する必要性によって，多くの企業・政府機関・軍隊は，先進的な遠隔教育などのデジタル技術に投資することになった。伝統的な教室で行なわれる研修コースは，急速にインターネット上のオンライン学習へと移りつつある。アクセスしやすい「カンバン方式（just-in-time）」の非同期型の研修を提供し，学習者1人当たりの費用をより安くするという要求は，オンライン学習の研修市場を拡大する手助けともなっている。オンライン学習は，企業や組織の他の資源をよりよく利用・保存しながら，ネットワークやイントラネット，あるいはパソコンといった既存のインフラを活用している。本や教室はなくなってはいないが，インターネットは急速にアメリカの産業界や連邦政府における学習の不可欠な一面になりつつある。新しく雇用された人は，まず1人で勉強し始めることができ，準備が整い次第，インストラクターやメンターとともに活動的な学習段階へ移ることができる。

産業界で

　企業にとって，洗練された教育や研修のための製品に即時的にアクセスすることは，世界市場での競争に勝つために必要不可欠である。研修プログラムは，経営戦略に則っている必要があるし，従業員や供給者，顧客が持つ直近の学習ニーズを満たさなければならない。現在の世界的な景気の停滞によって企業や政府は研修予算を縮小しており，研修プログラムは投資に対して常に高い回収率（ROI）を維持しなければならない。従業員はより効率的に学ぶ必要があり，また彼らが学んだものは，急速に変化し続ける職務環境へと転移させる必要がある。

　eマーケッター（eMarketer, 2002）の報告によると，従業員を研修させるためにオンライン学習を使っているアメリカの組織は，2001年の16％から2002年には24％となった。インストラクター主導による研修に頼っていると答えた者は，2001年の65％から，2002年には57％に減少した。従来の本やマニュアル，CD-ROM，ビデオテープ，あるいは衛星放送はかなり一般的ではなくなっていた。フルクラム・アナリティックス（Fulcrum Analytics, 2002）によると，社会人教育のサイトへのアクセス

は 1997 年から 60％も増えた。これらのサイトでは，研修や共通テストの準備，セミナー，あるいは大学院の学位などが提供されている。

2001 年の IDC 研究によれば，世界規模の企業におけるオンライン学習市場は 2004 年までに 230 億ドルを超えると予測されていた。オンライン学習の成長は，インターネット利用の増加，より速くてより安いインターネットへのアクセス，そしてオンライン学習関連製品の品質向上によるものである。北アメリカは，2004 年には世界的収益の 3 分の 2 を占めて，市場の優勢を保持できると期待されている。IDC は，2 番めに急速成長する市場は西ヨーロッパであるとしている。1999 年から 2004 年まで年 97％の複合成長率で，企業のオンライン学習の売上げが増えるだろうと予測している。オンライン学習の最大の市場が，IT 研修のための内容から IT 関連ではない教材に移行することが予測されている。2004 年までに，IT 関連ではない教材は 2000 年の 28％を上回り，世界的需要の 54％を占めるだろう。

連邦政府で

アメリカ政府は，新しくてよりよい研修技術を迅速に取り入れている。この傾向は続き，加速するだろう。リーダーたちがテクノロジーの進歩の選択・制御・評価を通して，より効果的な経営を求めるからである。デジタル技術は，よりよく機能し，コストがかからず，アメリカ人が好意を持つ結果を出す政府をつくり出す方法であるとみなされている（Warnick et al., 1999）。

情報時代のテクノロジーによってはじめて，連邦政府関係機関が職員と市民の両方にとっての関心事について総合的な情報を探し，提供することが可能になった。政府機関は厳しい予算案に直面したため，コスト削減に向けて，多くの専門的職能開発プログラムの主要部分をオンライン学習に移行している。政府機関は，知識集約型の労働力を構築するために最新のツールと技術，そしてそれらの使い方を知る必要がある。多くの切迫した国家的なセキュリティ問題への対応に重点が置かれ，政府組織が情報を収集し共有する規制が強化され続けたとき，政府全体の情報システム構造に知識管理を組み込むことについての関心が高まるだろう。情報システム構造（enterprise architecture）とは，共通のハードウェアとソフトウェアを使用することによって，政府組織内のコンピュータシステムを能率化し，標準化する計画である（Hasson, 2001）。それは組織全体が使うメールシステムを共通パッケージ化するような，組織システムの運営方法についての設計図を意味している（Hasson, 2001）。

全米情報基盤（National Information Infrastructure）の発展と家や職場でのパソコンの増加によって，分散型オンライン学習の新しい機会が提供されつつある。ネット

ワーク技術と遠隔通信の進歩が，インターネットや他のネットワークを通じて得られる情報のアクセス性とスピードに革命をもたらしつつある。帯域と速度が増すにつれて，世界中のデータや情報源を利用してネットワーク上で分散型マルチメディア研修アプリケーションを実行することさえもが可能になるだろう。2地点間ビデオ会議の技術によって，場所に関係なく，仮想教室でコースを開くことができるようになるだろう。自国防衛が，軍隊や連邦法執行機関，アメリカ産業界における労働力開発と技術的な研修に大きな影響を与えている。組織は，学習者1人当たりのコストを低くし，研修効果を高めるためにテクノロジーに頼りつつある。

リハビリテーション法508条

政府はアクセス委員会と呼ばれる独立した連邦政府機関をつくった。視覚・聴覚・身体の障害などを含む障害を持つ従業員や市民がデジタル時代の電子的情報技術を使えるようにアクセス性を改善することを唯一の使命とした機関である。アクセス委員会は，1998年に議会によって可決されたリハビリテーション法修正508条に基づいて規格を開発した。この法律はすべての連邦政府機関に適用され，オンライン学習やコンピュータソフトウェア，電子オフィス機器を含んだ情報普及のさまざまな方法までカバーしている。

軍隊で

教育と研修は，すべての兵士が戦時に向けて備えるために不可欠なものである。それぞれの軍事部門は，軍事力を訓練するためにデジタル技術にかなり高く依存している。それは，これまでよりも反応がすばやく，すぐに配備につけ，鋭敏かつ万能であり，強力で維持力のある組織に軍隊を鍛えあげるためである。シミュレーション技術はすばやい速度で進歩しており，兵器システムをまだつくりつつある段階でさえ，軍隊を訓練できるところまできている。昔は，兵器システムが製造ラインからできあがり，訓練に提供されて使われるまで，実践に近い訓練をすることは不可能であった。今日では，実際のシステムを使った実践訓練は，デジタルシミュレーション技術の進歩のおかげで，かなり減りつつある。3Dグラフィック技術の成熟とパソコンへの移行によって，軍事机上シミュレーションシステムを広く利用することが可能になった。

アメリカの軍事活動は，空・陸・海そして宇宙からの連携を必要としている。シミュレーションとデジタル技術の進歩のおかげで，陸・海・空軍，そして海兵隊が彼らの戦闘能力を統合することができるようになった。任務を支援するためにどの軍事力を配備するか，どのようにそれらを移動させ，供給し，戦わせるかといったことが調整できる。これらの訓練目標を果たすために，アメリカ合衆国統合戦力軍(USJFCOM)

が設立された。USJFCOM では，司令官が意思決定のプロセスを演習することができるコンピュータシミュレーションを主に使って，軍隊を訓練している。

訓練にかかるコストを減らす要求が高まったことで，軍隊における双方向遠隔教育技術に大きな衝撃が及んだ。従来からの教室でのコースは，オンライン学習に急速に移行してきている。軍隊では，遠隔学習の効果について大規模な調査・分析が行われてきた。バリーとルンヤン（Barry & Runyan, 1995）やウィッシャー（Wisher, 1999）は，訓練に適した遠隔学習の有効性についての文献を調査した。「事前トレーニング」としてオンライン学習を使用することによって，教室中心の訓練演習はより意義深いものとなることを明らかにした。兵士たちが仲間と同じレベルで訓練を開始でき，受ける訓練のための準備を十分にしているからだった。

インターネットや軍事ネットワークとつながった電子的教室は，軍隊での訓練の中心的存在となった。電子的教室には，インストラクターのための双方向制御端末が備えられているものが多い。目の疲れを減らすための窪みのある傾斜モニターつきの机，学習者からの個別回答システム，特定の環境用に特注された音声・照明システムなどがある。電子的教室では，新しいインストラクター主導の訓練を創造し配信することを可能にするように，電子データの保管や通信，表示の技術を活用している。インストラクターと学習者は互いに交流することができ，ある点やプロセスについて説明するために最も適切なメディアを選択することもできる。インストラクターは，学習者がついていくことができるように手順を実演することができ，学習者は個々のコンピュータで個別練習することもできる。練習中には学習者の画面をモニターすることができ，インストラクターが簡単に彼らの活動を制御し，フィードバックを与えることもできる。

学習者中心のアプローチ

教育研究の文献は，軍事訓練における学習者中心アプローチの研究動向を明らかにしている。訓練のアプローチは認知・動機づけ・社会的要因・個人差といった心理学的な原理に由来している。主な調査範囲には，以下のものを含む。

- オンライン学習でのインストラクターの役割
- オンラインモデレータの活用
- 学習者の知覚
- オンライン協調作業の方法
- インタラクションの計画
- 協調ツールの活用

- オンラインコミュニティにおける感情
- 個人の学習スタイルの影響
- 電子的教室の効果

キャロルの学校学習モデル（Carroll, 1963）は，学習においてテクノロジーが果たす役割を考える時に役立つ。キャロルのモデルによると，学習者によって達成された学習の度合いは，彼らが学ぼうとした時間の量を彼らが必要とする時間量で割った関数である。インストラクショナルデザイナーとして，私たちはよいインストラクションを開発することによって，学習者が必要とする時間を減らそうとしている。しかし，テクノロジーを使用することによって，私たちはより長い時間を必要とする学習者に多くの時間を割り当てることもできる。インターネットで私たちは，他の学習者とつながることができる。ある科目に対して理解力が低い学習者でも，理解力が高い学習者たちのグループに入ることが可能であり，理解力の高い学習者たちによって開かれた知識を活用することができる。インターネットは学習者が勉強したいと思う時，ほとんどいつでもアクセスすることができる。さまざまな学習ニーズを持つ学習者は質問に対する答えを聞くために教室の先生を待つ必要がなくなった。

コース管理システム（CMS）

WebCTやBlackBoardのような，インターネット上にコースを「置く」ためのコース開発・配信ツールが数多くある。これをコース管理システム（Course Management Systems: CMS）という。CMSは，登録されたユーザーが利用できる教材や資源，あるいは活動を保存するための構造化されたデータベースであると考えることができる。それらは一般的に，協調的な学習環境になるように設計されていて，クラスの学習者の参加が重視されている。考えを共有したり，1つの話題について意見交換したりする場所として，「掲示板（discussion board）」がある。そのコースの教材は，インターネット上に置かれている場合とそうでない場合がある。たとえば，そのコースのための主要教材として教科書が指定されているのは一般的である。それに加えて，教科書の内容を補足したり練習の機会を与えるような，他の教授事象はWeb上で公開されている。テストは，セキュリティ要件次第で，Web上で行われるかもしれないし，Web以外で行われるかもしれない。

先進的な分散学習の標準化団体（ADL）

国防省（OSD）の支援を受けている標準化団体ADL（The Advanced Distributed

Learning initiative）は，世界規模での学習ツールとコースコンテンツの相互運用性（interoperability）を可能にするような，新しい分散学習環境を構築するために政府・産業界・研究団体が協調的に努力している活動である。ADL 構想は，個々のニーズに応じ，いつでもどこでも安いコストで配信される，質の高い教育や学習へのアクセスを提供することである。OSD は産学と連携することによって，ツール，規格，ガイドライン・政策・プロトタイプの利用に関する共同作業を支援している。以下のようなコースをつくろうとしている。

- メタデータ（データに関するデータ）やパッケージを標準化することで，複数の遠く離れた場所からアクセス可能であるコース
- 個々や組織のニーズに応じて適応できるコース
- 時間やコストを減らす一方で，学習効率と生産性を高めた手ごろなコース
- OS やソフトウェアの改訂に対する耐久性があるコース
- 多様なソフトウェア設計・開発ツールや，IBM PCs や Apple Macintosh やワークステーションなどのハードウェアプラットフォームにおいて相互運用が可能なコース
- 複数のアプリケーションにわたって，学習コンテンツやツールの設計・運用・配布を通して再利用ができるコース

　ADL は，将来の兵役と国家労働力の教育と訓練のニーズを満たすために，関連製品の効果的な市場を活性化し，活動的で費用効率の高い学習ソフトウェアとシステムの大規模な開発を加速させるために設立された。「インストラクショナル・オブジェクト（instructional object）」として再利用可能な学習コンテンツの作成を支援するコンピュータやインターネットベースの学習のための共通の技術的な枠組みを開発することによって，ADL はこれを達成するだろう。ADL は，共有可能なコンテンツの参照モデル（Sharable Content Object Reference Model: SCORM）のような仕様書とガイドラインの開発と実装を行っている。SCORM は，学習コンテンツを同じモデルに準拠したシステム間で共有するために，コースの要素とデータモデル，プロトコルの相互関係を定義したものである。SCORM は，世界中のさまざまな先進的な団体によって開発された複雑な分散学習の仕様書をまとめて適応させた設計仕様書の集合体である。Web 上での学習コンテンツの相互運用性，アクセス可能性（accessibility），再利用性（reusability）などを可能にしている（ADL Co-lab, 2003）。

研修技術の未来

教育や研修に応用するためのデジタルテクノロジーの設計・作成・実践に関して，未来は大いに有望である。これらの先進的な研修技術のいくつかを，下記に述べる。

統合的没入テクノロジー

動作や触覚，つまり「ふれる」インターフェース，あるいはディスプレイや音響技術，コンピュータシミュレーション，センサー技術，次世代の通信・情報技術などを統合することによって，体験による学習（learning by doing）を支援するための没入感を達成するモデルが実現可能になっている（Golas, 2003）。これを**統合的没入テクノロジー**（integrated immersive technology）と呼ぶ。次世代の通信技術とは，音声の配信や高速インターネット，デジタルビデオサービスを支援するシステムをさす。実体験のように感じる環境（つまり，コンピュータによって生成された仮想空間の中で感覚的経験を提供する環境）の中で学習者とのインタラクションから自動的に取得したデータは記録され，コースの展開を最適化するために利用されるだろう。パソコンでアクセスできる現実世界の3Dソフトウェアツールから共用アプリケーション経由で，模擬的な職業体験学習が提供されるだろう。支援または拡張された仮想現実のシナリオは，学習者の問題の認識を高め，ロールプレイ活動を支援するだろう。

統合的没入テクノロジーのための研修アプリケーションでは，下記のような任務が扱われる。

- 人が傷つけられる，または装備に損害を与えるもの
- 現実世界でのトレーニングがとても費用がかかるか，不可能であるもの
- 航空管制のように，2次元データから3次元のメンタルモデルを学習者が生み出す必要があるもの
- 工学や科学のコースの内容が求められたときに，ある現象の背景にある数学的関係を明らかにすることが学びを促進するもの

統合的没入テクノロジーの一例として，国防高等研究計画局（DARPA）によって開発された戦闘負傷者を手当てするための総合的な仮想現実（VR）訓練プログラムがある。研究者たちは，仮想現実技術を部分的な任務訓練と戦闘負傷者チームの現場訓練の両方に使用した。高性能の部分的任務訓練シミュレータは，医療従事者の縫合やシヌソイド検査（sinusoscopy），内視鏡検査，膝関節鏡検査，カテーテル挿入，傷

の創倍清拭，管のステント留置術などのさまざまな処置の練習を可能にしている。仮想現実訓練における DARPA の研究は，触覚センサーや仮想嗅覚装置の使用を通して複数の感覚の経験を提供する。仮想嗅覚装置によって，煙や化学薬品などのさまざまな臭いを，実際にその臭いの素に触れることなく嗅がせることが可能になっている。これらや他のテクノロジーは戦闘負傷者の手当てにおける革命の始まりであり，21世紀の医療行為に確固たる基礎を築きつつある。

無線コンピューティング

　無線や光学，携帯，有線などによる通信を用いて，無線で Web にアクセスできるハンドヘルドまたはウェアラブルコンピュータにインタラクティブなマルチメディアによる研修が配信されることになるだろう (Golas, 2003)。高性能の音声認識は入出力の標準方法となり，「現実の」会話を可能にする。研修の間，学習者は彼らの相互作用や仮説，前回の動きなどを記録している装置とコミュニケーションをとることが可能になるだろう。持ち運び可能な無線装置によって，実際的な訓練活動中にガイダンスやフィードバック，あるいは仮想的な反応が提供されるようになり，実地訓練に衝撃を与えるだろう。小型で無線式の位置や定位を感知するセンサーを用いることで，シミュレータ内での学習者の動きを高精度で追跡することが可能になるだろう。たとえば，学習者の手にセンサーがつけられ，シミュレータの中で彼が武器を取り上げるために手を動かせば，シミュレーション上では学習者の手に武器があるように表示される。

　無線コンピューティングによる研修は，下記のような任務を含む。

- いつでも，どこでも可能でなくてはならないもの
- 迅速に内容を配信するため，統合型か組み込み型で提供されるべきもの
- 拘束されない，もしくは拡張された仮想現実システムを実装するもの（拘束されない仮想現実システムは，コンピュータシステムにワイヤやケーブルで学習者をつながないもの。一方の拡張された仮想現実システムは，学習者は何らかの種類のハードウェアによってシステムにつながれる）
- 屋外で器具類や以前の観察者の経験に合わせて実施されなくてはならないもの
- 現実世界の状況下で実際の設備で実行されるもの
- 環境の制約により机上のコンピュータの使用ができないもの
- 初期対応訓練や法執行研修のように，チームに分かれて行うもの

最先端広帯域シミュレーションと教育用ソフトウェア

　近い将来，最先端の超広帯域（ultra broad band）技術によって，超高速の通信速度に達することが可能だろう。迅速な接続と驚異的なデータ送信能力は，Webベース研修の姿を大きく変えるだろう（Golas, 2003）。最先端の超広帯域によって，音声やデータのネットワーク，プライベートネットワークや公衆ネットワーク，無線や有線ネットワークなどで構成されるネットワークが支えられるだろう。高解像ビデオや没入型3D共有環境では，物理的に離れた参加者の間での議論や共同作業，相互作用が可能になるだろう。インターネットの発展によって，過去の講義やインタラクティブな発表・シミュレーション・検定試験などを含む，分散された大量のオンラインアーカイブが実現するだろう。教科書も，代替され始めるだろう。情報エージェントが，マルチメディアやマルチソースの情報を管理，分析，表示するだろう。また，知識の貯蔵庫（repository）へのアクセスを提供し，知識の共有，グループによる著述，離れたツールの制御を容易にするだろう。サーバー・クライアント関係を基盤にした知的デジタルアシスタント（IDAs）は個人的なアシスタントとして，利用者に成り代わって働き，活動するだろう。研修のときには，IDAsはアドバイザーとして，内容領域の専門家（SME）として，相談相手として，そして個人的な記録係としての役割を果たすだろう。最先端の超広帯域シミュレーションやコースを用いた研修は，下記のような任務を含む。

- 学習目的を達成するために複雑なシミュレーションや高い双方向性が求められるもの
- 業務遂行支援システム（EPSS）に複雑なシステムが求められるもの
- 分散型任務の研修が支援されなくてはならないもの
- 次世代の仮想現実ゲームが組み込まれるもの
- 仮想プライベートネットワークを介して研修が提供されるもの
- 同期型ビデオ会議が求められるもの
- 新しい様式の電子商取引が求められるもの

　フルモーションビデオのストリーミングが必要となる。ストリーミングビデオとは，圧縮された形でインターネット上を通して送られる動画の連続体で，到着時に展開されてビューアに表示されるものをさす。ストリーミングメディアのおかげで，Web利用者はビデオを見たり，音を聞いたりする前に重いファイルをダウンロードするのを待つ必要がない。その代わりに，次々に送られてくるメディアが到着すると，すぐに再生される（Miller, 2003）。

分散知能

　分散知能 (distributed intelligence) システムは，オンラインロボットやエージェントのようなコンピュータによる人工物で，あらかじめわかっていない環境や，作業の実行中に動的に変化する環境のもとで共同作業を行うために，認知や推論，行動を統合したものである (Parker, 2002)。そのエージェントまたはロボットは，検出や対応行動を通して複雑で予測できない環境に投入され，環境との相互作用をする。移動ロボットのような物理的エージェントや，Web 検索エンジンといったソフトウェアエージェントも含まれている。エージェントやロボットに予測不可能な環境で知的にふるまうことを可能にさせるソフトウェアの設計という重要な研究が，今日行われている。エージェントやロボットの設計には，人工知能や制御理論・機械学習・ロボット工学・オペレーティングリサーチを含むさまざまな分野の研究を統合する必要がある。

　分散知能システムは，空間や時間または機能性を本質的に分散させた状況での使命を担う可能性を持っている。分散知能システムにとっての特定の応用領域には，次のものがある。

- 自国の安全確保，監視，偵察
- 惑星探査
- 捜索と救助
- 有害廃棄物の浄化
- 採鉱と建設工事
- 自動化した製造業
- 産業または家庭の維持
- 原子力発電所の廃炉
- 輸送配管の監視

分散型研修は分散知能と似ている。なぜならば，分散型研修システムは，ネットワークにつながった机上のコンピュータに課題を配信することで，実際のシステムを模倣する。そして，地理的に離れている参加者や「人工物」が共通の統合的な環境にいるようにふるまうからである (Golas, 2003)。分散型研修によって陸上部隊の司令官は，すぐれた状況認識と分散型の支援，そしてすばやい意思決定の能力を育成することができる。人が介在して進行するシミュレーション (human-in-the-loop simulation) によるテストでは，分散型訓練システムの中で可視化・音声認識・文脈追跡・対話運用技術の効果を評価することができる。ハイレベルアーキテクチャ (HLA；協調シミュレーションの標準規格) は，アメリカ国防総省内における新旧シミュレーション間の

相互運用性を確保するために防衛モデリング・シミュレーション局（DMSO）によって開発された。

分散型研修を応用した研修での課題は，以下のようなものを含む。

- 現実世界の経験を模擬体験するために，詳細で統合的な環境と物理モデルを利用してチームが訓練されるもの
- 仮想会議や協調的な研修環境が必要なもの
- 実際の設備による現実世界での訓練が，とても高額であるか不可能であるもの

教授資源

　教授資源（instructional resource）とは，教材の設計や開発，実施のためのあらゆる方法を意味する。教授資源には，教師やインストラクター，コンピュータ，シミュレータ，あるいは実在システムなどのように実施場面で必要なものばかりでなく，小規模でのグループ討議，事例研究，メンタリングのような教授方略，さらには，教科書やビデオといった教育メディアも含まれる。既存のメディアを利用した提示は，別々に設計・作成されたというよりも，より大きい教育計画の一部として選択されることが多い（Gagné et al., 1992）。IDチームはもとより教師たちも，さまざまな方法や方略，メディアを選択したり，組み合わせたりすることによって複雑な設計プロセスを実行するだろう。今日のデジタル世界では，さまざまなメディアなどが1つの教育コースとして組み合わされることが多い。これは，**ブレンド型学習**（blended learning）といわれる。

ブレンド型学習

　ブレンド型学習という用語は，共同作業用ソフトウェアやオンライン研修コース，電子的職務遂行支援システム（EPSS），知識管理（knowledge management: KM）実践といった，いくつかの異なった実施方法を組み合わせた研修製品やプログラムのことをさす。また，ブレンド型学習は，対面式教室や同期型オンライン学習，あるいは自己ペース学習など，さまざまな形態の活動を組み合わせた学習をさす場合もある。学習の成立を保障するベストな組み合わせが決まっているわけではなく，ほとんどの場合，さまざまな学習方略が1つのコースや学習機会の中に組み込まれている。たとえば，インストラクター主導のコースだと，下記のことと統合されうる。

- オンライン教材とシラバス（文書の共有）
- オンラインまたはコンピュータ上のソフトウェアやコースウェア，チュートリアル
- グループ活動（対面，もしくは，オンライン上で）
- 仲間どうしのチュータリング，共同作業
- メールや音声メールでの討議
- 日誌・日記（省察的な学習）
- 行事予定，授業の連絡，掲示板
- チャットルームでの討議，スレッド型掲示板での討議，あるいはガイド付き討議
- ビデオ遠隔会議，オーディオ会議
- Web 検索（批判的な評価）
- 探究活動または発見学習
- オンライン上の画像，ビデオ，音声クリップ
- オンライン上の対話的クイズや他の評価ツール

　これらの方法を最適に選択し組み合わせるためには，対象となる学習者の特性と学習内容の特性，そして，技術の利用可能性に基づく必要がある。1つまたはそれ以上のオンラインレッスンを終えた後でようやく，学習者どうしがオンライン上か対面かで会い，インストラクター主導の学習を行う場合もある。あるいは，同期型の学習が，1週間に1度というような定期的な間隔でビデオ会議を用いて行われ，残りの時間は自分のペースで印刷した資料やデジタルメディア（CD-ROM など），あるいはオンライン上の資料を組み合わせて活動する場合もあろう。ブレンド型学習では，教室を拠点とした従来の教育とオンライン上の遠隔配信のためのツールを組み合わせた学習環境をつくることができる。この組み合わせは，いくつかの利点を生み出す。たとえば，決められた授業時間やオフィスアワー以外の交流を容易にするツールを提供することができるので，学習者相互や，教師と学習者間のコミュニケーションの支援が可能になる。さまざま学習スタイルや学習方法を支援することもできる。たとえば，学習者はオンライン上での議論に参加するときに，振り返る（省察する）時間を持つことができるし，自分の都合に合わせて時間や場所を選んで参加することができる。オンライン教材は1日24時間，1週間のうち7日間ずっと存在し続けるので，学習者はいつでも課題や他の配布物にアクセスできることが保障されている。オンライン上での試験には，学習者が事前テストや練習として取り組むことも可能である。また，対面授業の間に行なうオンライン上での討議では，学習者が難しさを感じていること

が何かが浮き彫りになり，次の授業で対応することができる。オンライン上の採点簿とeメール管理ツールを使うことによって，コースの運用と管理が簡易化できる。歴史的にみると，軍隊がブレンド型学習の目立った取り組みを行ってきた。軍隊のブレンド型学習では，教室を拠点にした学習とオンライン学習，実地訓練と定期的なスキル評価が組み合わされる。ブレンド型学習の取り組みに欠けているものは，長期間にわたって知識を取り込む能力とその後タイミングよくそれを提供する方法である（Battersby, 2002）。

　スタンフォード大学とテネシー大学が，ブレンド型学習の効果について早期の報告書を出している。スタンフォード大学では，予定通りに個別学習教材を完成させるための動機づけとして生中継イベントを行った。それによって，eラーニングプログラムにおける学生の歩留まり率が上昇した。テネシー大学では，ブレンド型学習を医師の経営 MBA プログラムに利用した。学習時間が 50%節約でき，従来の教室での学習よりも学習結果が 10%改善された（Singh, 2003）。

教授方略・メディア・実施方法

　インストラクションは，ある**学習場面**の中で行なわれている。この学習場面によって，最も効果的であろう教授方略・教授メディア・そしてインストラクションの実施方法が制限されている。

教授方略

　教授方略（instructional strategy）とは，学習を設計・支援するために教育者やインストラクショナルデザイナーが利用できるツールや技術をさす。コースやカリキュラムを効果的に教えたり，設計するための方法は，たくさんある。インストラクションは，適切に設計された学習経験と，知識豊かな教師やインストラクター，あるいはコンピュータなどその他の配信方法によって支援されて効果的なものになる。人々は異なる学習スタイルを持っているため，インストラクショナルデザイナーや教師は各学習者に対して最適な学習環境を提供するために，異なる学習形態を伴う活動を設計することが多い。

　コース設計においては，複数の教授方略を活用することによってこれが達成される。インストラクショナルデザイナーや教師たちは，特定の学習目標を達成するために最も効果的な教授方略を選ばなければならない。双方向マルチメディア技術やパソコン

などのハードウェアの進歩によって，従来の教室場面で実施されてきた多くの教授方略をオンライン学習やその他のより進んだインストラクションの実施方法にうまく適合することが可能である。たとえば，大小のグループ討議は，同期・非同期型の配信方法を用いてインターネット上で行うことができる。同期型配信では，教師と学習者が「リアルタイム」で互いに交流することができる。双方向ビデオ会議システムやインターネットのチャットルームは，同期型配信方法の例である。非同期型配信では，学習者と指導者もしくは学習者どうしの交流は，同時には起こらない。たとえば，教師がWebを使って指示を送り，しばらく経ってから学習者のフィードバックや回答，質問がeメールを通して送られるかもしれない。

　かつては実際の設備と道具を使って行うしかなかったフィールドおよび研究室での実験が，今では，広域ネットワークにつながっているシミュレータを使った分散任務訓練装置を通して実現可能になった。分散任務訓練装置とは，戦争のすべての段階における訓練を，兵士たちが個人的に，または共同で行える，中継型・仮想型・構築型シミュレーションを含んだ共有訓練環境のことである（George et al., 2003）。中継型シミュレーションでは，実際の人間が実際の運用条件下で現実のシステムを操作する。仮想型シミュレーションは，実際の人間が仮想システムを操作し，使用する。構築型シミュレーションは，仮想上の人間が仮想システムを操作し，使用する。分散任務訓練では，中継型・仮想型・構築型の環境を組み合わせることによって，訓練の効果を制限する現在の制約を克服し，兵士たちに対してオンデマンドで現実的な訓練機会を与えている（George et al., 2003）。

　かつて実生活でのみ可能だった実演は，現在，仮想現実システムを使ってモデル化し配信することができる。表11-1では，さまざまな教授方略と教授メディアについて，それぞれの方略を実行するための最も効果的な配信方法を表している。

教授メディア

　教授メディア（instructional media）とは，オーディオ・ビデオ・フィルム・テキスト・写真・アニメーションやグラフィックなど，コミュニケーションができるさまざまなインストラクションの方法ということができる。**マルチメディア**は，これらのメディアの組み合わせといえる。選択されたメディアに応じて，学習効果を最適化するために教授方略を適応させることができる。マルチメディアコンテンツは視覚的な学習者の学習を劇的に進歩させ，研修プログラムにマルチメディアを使用することで50％も記憶保持率を高められたという調査もある（Hall, 1995）。マルチメディア教材は，さまざまな学習モダリティに対してもさらなる利点を加えた。今日のパソコンは，

表 11-1　教授事象と学習成果ごとの方略・メディア・実施方法

教授事象と学習成果*	実施方法	パネル・フォーカスグループ・フォーラム	大人数・少人数グループ討議	協調学習	自律的・発見的学習	メンタリング	仲間どうしの教えあい	デモンストレーション（実演）	講義・チュートリアル	シミュレーション	練習	代表的な教授メディア
4,6,8 I,M	実際のハードウェアシステム			X**				X			X	なし
4,6,7,8,9 I,M	十分に忠実なシミュレータ			X**				X		X	X	3次元アニメーション
4,6,7,9 I,M	仮想現実			X**				X		X	X	3次元アニメーション
4,6,7,8,9 I,M	分散任務訓練装置			X				X		X	X	2・3次元画像・アニメーション
5,7,8,9 I,M	表示・報告システム		X					X	X			2・3次元画像・アニメーション
4,6 I,M,V	部分的なタスク訓練装置							X			X	マルチメディア
4,5,6 I,M	埋め込まれた研修				X				X	X	X	マルチメディア
4,6 I,M	システムエミュレーション（模倣）							X	X	X		なし
3,4,5,6,7,8 I,C	知的指導システム・認知的ツール				X				X	X		マルチメディア
4,6,7 I	業務遂行支援システム				X				X			マルチメディア
4,6,7,9 I,M,V	シミュレータ（デスクトップPC／ノートPC）			X**	X			X		X	X	マルチメディア
4,6 I,V	ハンドヘルドコンピュータ／PDA			X**	X			X			X	文書
1,2,3,4,5,6,7,8,9 I,V,C,A	CBT（オンライン）	X	X	X	X	X	X	X	X	X	X	マルチメディア
1,2,3,4,5,6,7,8,9 I,V,C,A	CBT（単体）				X			X	X	X	X	マルチメディア
1,2,3,4,5,6,7,8,9 I,V,C,A,M	構造化されたOJT		X	X		X	X				X	音声／文書
4,5 I,V,A	ビデオ会議						X					音声／映像／文書
1,2,3,4,5,6,7,8,9 I,V,A	教室・教師						X	X				音声／マルチメディア

*　注　教授事象：1.学習者の注意を集める　2.学習者に目標を知らせる　3.前提記憶を刺激する　4.刺激となる教材を提示する　5.学習の指針を提供する　6.練習の機会を与える　7.フィードバックを提供する　8.パフォーマンスを評価する　9.保持と転移を高める
　　　　学習成果：I＝知的技能　V＝言語情報　C＝認知的方略　A＝態度　M＝運動技能
**　注　協調学習のために，WANもしくはLANを介してネットワークにつながっている

これまでに述べたものや表11-1で示されたメディアのそれぞれの様式を表すことができる。

さまざまなメディアの特徴

個々のメディアには，特定の教授方略に対応するための性能を決定する**属性**（attribute）がある。あるメディアは，事物や事実，あるいは考えや過程を表すのに他のメディアよりも適している。また，行動や人間の活動をモデル化したり，空間的な関係を示したり，運動能力を発展させることにもメディア間で差がある。テキストというメディアは，特に多くの情報を伝え，簡単に復習できる手段を与えるのに適している。テキストは，読解力が高く，抽象的な表現や抽象的な考えを比較し扱う能力にすぐれ，そして議論を発展させるような能力が高い学習者に適している。画像は，テキストや音声を支援・強化し，より具体的な表現を提供する。短い音声ナレーションは，学習を強化できる。また，環境音や音楽といった他のさまざまな表現でも学習を強化できる。ビデオや映画，あるいはアニメーションは，特に手続き的なスキルや対人的スキルを教えたり，具体的な例を伝えたりするのに最適なメディアである。また，解釈が必要となる複雑で現実的な状況を表すときや，あいまいな部分を描写することが学習目標を支援するようなところで役立つ。対象の動的な特徴を表示することが重要であるときには，映像や映画，アニメーションは欠かせない。たとえば，嵐雲の動きを説明するときや，ガソリンエンジンの内部の働きを表すときなどである。これらのメディアは，適当な（または不適当な）行動をモデル化するために，人間の行動を写実的に表したい場合に特に役立つ。

インストラクションの実施方法

インストラクションの**実施方法**（delivery method）とは，インストラクションを実施するための実際のメカニズムを示す。表11-1には，実施方法のタイプと関連するメディア・教授方略・教授事象，そしてそれらが最もよく支援する学習成果を一覧表にしている。多くのメディア選択のモデルは，望ましい結果のすべての種類にとって，またすべての学習者にとって，その他のどれよりも普遍的に優位なメディアは存在しないことを示している。たいていの場合は，さまざまな方略や方法を組み合わせることで，効果的な学習を達成することができる。この結論は，メディア利用に関する研究によっても支持されている（Aronson, 1977; Briggs, 1968; Briggs & Wager, 1981; Clark & Salomon, 1986）。

実施方法を選ぶ際，選択過程において致命的な誤りを避けるため，まず最初に，イ

表11-2　実施方法の排除と選択に関する示唆

学習成果	排除	選択
知的技能	・インタラクティブ性を持たない実施方略 ・識字力が低い人に対するプリント教材	・学習者の反応に対するフィードバックを与える方法 ・識字力が低い人に対する映像や音声
認知的方略	知的技能と同じ	知的技能と同じ
言語情報	・言語を伴う実際の設備またはシミュレータ ・識字力が低い人に対する複雑な散文	・メッセージや詳細を含まない言葉を表現する方法 ・識字力が低い人に対して音声や絵で表す
態度	言語情報と同じ	言語情報と同じ
運動能力	現実環境において直接的な練習ができず，学習者の反応やフィードバックを提供できない方法	有益なフィードバックを伴って，直接的な練習ができる方法

ンストラクションの結果（学習成果）として学習者に期待される能力や学習成果の分類を考慮するべきである。たとえば，読み書きが苦手な学習者に対しては，文章中心のテキストを開発すべきではない。録音は，知的技能を教えるための唯一のメディアにはするべきではない。講義は，運動技能を訓練するために適した方法ではない。学習成果の種類に基づいた基礎的な決定をすることによって，最も効果的に教育を支援できる方略や方法を選択できる。言語情報が目指される学習成果（たとえば，病気の予防に関する知識）であるときには，印刷かナレーションで情報を提示できる実施方法が選ばれなければならない。態度の学習は，映像やアニメーションのような人間モデルを表示できるメディアによって最もよく支援できる。表11-2に，それぞれの学習結果において排除または選択すべき実施方法についての示唆をまとめた。おそらく最も明らかなメディアの違いは，インタラクションの質についてであろう。知的技能が学習されるとき，学習者のパフォーマンスが正しいか間違っているかについての正確なフィードバックを与えることが重要である。空間的配置や時空間的な流れを含む具体的概念やルールが学習されるときには，言語による説明ではなく，画像が必須となる。

教授方略・メディア・実施方法の選択

　教授方略・メディア・実施方法を選択するときには，インストラクショナルデザイナーはさまざまな要因を考える必要がある。ムーアとケアスリィ（Moore &

Kearsley, 1996）は，多くのメディア選択モデルには，次の4つの段階が含まれているとした。①教授方略と学習活動にとって必要なメディア属性を同定する。②学習者の特徴を同定し，学習者のニーズに適した特性があるメディアかどうかを判断する。③特定のメディアに適した（排除する）学習環境かどうか，その特徴を同定する。④特定のメディアを使用したり維持したりすることが現実的かどうか，経済的・組織的な要因を同定する。メディアと実施方法は次の観点からも評価される必要がある。すなわち，学習者をやる気にさせたり，以前学習した内容を思い出させたり，新しい学習刺激を与えたり，生徒たちの反応を活気づけたり，適時なフィードバックを提供したり，練習を促したり助けたりする機能である（Moore & Kearsley, 1996）。

さらに，メディア選択を考える上では，手配上の問題や，心理学的・社会学的・経済的な要因がたくさんある。だいたいの場合，排他的なプロセスが使われている。言い換えれば，もし役割を果たせるメディアであれば，最もすぐに利用でき，コストが少なくてすむものを選択する，という方略である。しかしながら，学習とそれを支援する方法についての今日的な考え方に基づくとすれば，メディア使用についても新しい考え方が必要である。おそらく，講義形式のコースを提供するテレビのような商業メディアは，公的教育において大きな役割を果たすことはないだろう。学習コミュニティを持ち，知識豊かな教師によって指導される遠隔コースのほうが，まだ可能性が高い。しかしながら，すべての新技術は私たちが定義した観点からの学習アフォーダンスを持っているが，同時に，制約も伴っている。これらの制約は，経済的なものかもしれないし，文化的なものかもしれない。1つでも欠点があれば，それを除外するための理由になってしまうかもしれない。

学習のための認知的ツール

認知的ツールの定義

認知的ツール（cognitive tool）とは，一般化できるコンピュータツール，つまりさまざまな状況や領域で使用できるツールであり，認知プロセスに関与し，それを容易にするためのものである（Kommers et al., 1992）。利用者の思考プロセスを支援し，ガイドし，拡張するための，心理的または計算的な装置である（Derry, 1990）。それらは知識構築と支援のツールであり，さまざまな内容領域に利用することができる。ジョナセン（Jonassen, 2002）は，学習者は自分が学んでいる内容を深く考えること

をせずにこれらのツールを使うことはできない，と主張する。もしこれらのツールを彼らが学ぶ手助けとして使うことを自ら選んだ場合には，その道具は学習プロセスを支援する，と述べている。

　認知的ツールとしてのコンピュータ技術は，テクノロジーの伝統的な概念を大幅に拡大している（Steketee, 2002）。認知的ツールにおいては，情報や知性は，学習者に知識を効果的に伝達するためにデザインされた教育的コミュニケーションの中にはコード化されないとみなす。ジョナセン（Jonassen, 2002）は，あらかじめ処方された（prescribed）コミュニケーションやインタラクションのためにツールを使うことで学習者の学習プロセスを制約してしまうインストラクショナルデザイナーからツールを取り上げ，知識を**伝える**メディアとしてではなく，知識を**構築する**ツールとして学習者にそれらを与えることを提案している。学習者は，自分が知っていることを表現し発信するためのメディアとしてツールを使い，彼ら自身がデザイナーとして機能し始める。世界を分析するツールとして，情報にアクセスし，個人的な知識を解釈し組織化し，そして他の人たちに知っていることを伝えるために，テクノロジーを利用し始めるだろう。パパート（Papert, S.）（Jonassen, 2002）が**構築主義**（constructionism）と呼んでいる，これらのツールを使って基礎的な知識を構築するプロセスからは，学習者がより没入し，結果として学習者にとってより意味のある，転移可能な知識がもたらされるだろう。

　認知的ツールを用いて，学習者は，他人がつくった考えを吸収するというよりも，彼ら自身の知識の意味を構成するように導かれる（Jonassen & Reeves, 1996）。サロモンら（Salomon et al., 1991）は，学びを構成したり，支援したりするためにコンピュータで作業することと，単に研修を**受ける**ためにコンピュータで作業することを区別した。コンピュータ技術が認知的ツール（学習者がそれと**ともに**学ぶもの）として使われるのではなく，教示ツール（学習者がそれ**から**学ぶもの）として使われるとき，コンピュータ側に多少知が存在するということを含意している（Steketee, 2002）。理論上は，コンピュータ化された教育システムは，学習者の認知能力とニーズを診断する点では，人間の教師と置き換えるのに十分な知力を有することになる（Reusser, 1993）。出来合いの知識を与えるだけでなく，学習者が学ぶべき知識の量やそれを学ぶべきペースをも決めることになる。もしコンピュータが，学習者自身が持つ学習プロセスへの責任を放棄させたり，活動的な知識の構成者でなく受動的になることを奨励したら，このレベルの知性をコンピュータが持つことは学習にとって有害になりうる（Lajoie & Derry, 1993）。これに対して，認知的ツールは，リフレクション（Norman, 1983），批判的思考（Jonassen & Reeves, 1996），あるいは学習者による知識の構成（Jonassen & Rohrer-Murphy, 1999）を推進する。ふさわしい教室環境の中に配置さ

れることで，認知的ツールは，認知的思考やメタ認知的思考を促進し（Lajoie, 1993），最終的には学習のペースや方向の決定を学習者に委ねる。

認知的ツールの例

批判的思考や高次の学習を保障・促進し，学習者の知的なパートナーとしての機能を果たす認知的ツールと学習環境が，さまざまな形で試みられてきた。データベース，表計算ソフト，意味ネットワーク（対象または概念を表すノードとノード間の関係を表すリンクから構成される知識表現），エキスパートシステム（人間の専門家から得た知識から推論して，与えられた分野やアプリケーションにおける問題解決を支援するシステム），マルチメディア教材，コンピュータ会議，そして，例は少ないがコンピュータプログラミングや文脈依存ツールにまでいたる。学習者がデータベースや，エキスパートシステム，あるいは知識ネットワークシステムを使って知識基盤を構築するときには，領域を分析し，表現するためのメンタルモデルを開発し，用いるツールの構造に則して理解したことを表現しなくてはならない（Steketee, 2002）。

認知的ツールの設計

レウサー（Reusser, 1993）は，効果的な認知的ツールを設計するためには，認知心理学の最新の研究をもとにしなくてはならないと主張する。さらに具体的にいうと，学習者によって知識が活発に構成されることや，その知識は問題を解決するためにグループで活動する中で生み出され，共有され，転移されることを認識しておくべきである，とする。効果的なものだとみなされるためには，認知的ツールは学習の認知的・社会的側面を支援しなくてはならない。

これに加えて，レッパーら（Lepper et al., 1993）は，認知的ツールの情意的な側面も学習の成功にとって重要であるが，この点は従来の文献ではまだ詳細には取り組まれていない，と主張する。これまでの研究では，もし，認知的・社会的な問題が適切に扱われるならば，その時には高いレベルの動機づけが自然に起こると仮定されてきた。しかしながら，ケラー（Keller, 1979, 1983）とパーキンス（Perkins, 1993）は，この仮定について警告し，認知的ツールと学習環境は，(a) ふさわしいレベルの挑戦的課題を提供すること，(b) 学習者が自己管理できているという感覚を維持できるようにすること，(c) 学習者の高いレベルの好奇心を導き出すこと，に気をつけて，学習意欲の状態に広く関心を向けなくてはならない，と主張する。

さらに，ジョナセン（1996）は，実用的な面は効果的な学習に必ずしも絶対不可欠

ではないが，教師や学習者が管理的な作業に費やす時間を減らすために，認知的ツールには，自動的に履修管理やクイズや試験の採点ができるような管理機能を持たせるべきだ，としている。また，ジョナセンは，認知的ツールは多数の学習者が利用できるように，手ごろで容易に利用可能であるべきだ，とも主張している。

　視覚的な要素は，認知的ツールのきわめて重要な特徴である。グラフィックインターフェースの操作を通して，学習者は認知的ツールを用いて概念ネットワークや図形・階層構造・グラフや表・記号システムなどをつくることができる（Steketee, 2002）。これらの視覚的なものは，意味を説明するために見出しをつけたり考えを具体的に表現するだけではなく，メンタルモデルを意図的に構築したり，外化したりする作用を支援する。メンタルモデルは一般的に偶然に，つまり非体系的で型にはまらない手法で構成されるので，一般的に振り返りにはすぐには利用できず，簡単に操作することもできない（Wild, 1996）。しかしながら，認知的ツールによるメンタルモデルの構築は，学習者の活発な知的参加を必要とする意図的な試みである。したがって，コンピュータを利用して構築されたメンタルモデル表現に示される理解は，より利用しやすく，順応性があり，何よりも実用的である（Steketee, 2002）。

要約

　情報通信技術は組織を変革し，21世紀に成功するために社会から要求される知識と能力を再定義している。デジタルリテラシーは，仕事での成功や市民参加，教育や研修にとって必要不可欠であり，デジタル技術は人々がどのように働き・生き・行動し・学ぶのかを変革している（Gilster, 1997）。テクノロジーによる学習という考えは，学習成果を達成するために学習者とコンピュータがともに活動するという知的な共同作業を発展させることを暗示している。テクノロジーの効果は，学習者がコンピュータから学んだ結果として獲得する知識や能力である（Steketee, 2002）。モデル化やシミュレーションの技術の進歩・画面提示や音響装置・ワイヤレスや光通信・モバイル・有線コミュニケーション・超広帯域・仮想現実，そしてインターネットは，どのように・何を・いつ・どこで人々が学ぶのかということを根本的に変えつつある。批判的で創造的な思考や情報に基づいた意思決定，あるいは現実世界における問題解決は，学習者がデジタル時代に向けて発達させなくてはならない高次の能力の例である。コンピュータの知識に長けていてデジタル的につながっていることは，わが国（アメリカ）の教育的・経済的・政治的・社会的な進歩に重要な意味を持つようになってきている。学習

結果の質向上に貢献するためには，研修技術は認知的・社会的・経済的・情意的な機能を持たなくてはならない。

　メディアを選ぶときには，さまざまな論理的，心理学的，社会学的，経済的要因がある。たいていの場合，インストラクショナルデザイナーはすぐに利用でき，最も経済的なメディアを利用することになる。しかし，学習の支援についての新しい考えは，メディア利用についての新しい方法を必要としている。テレビのような商業的なメディアは公教育の大事な役割を果たすものにはならず，インターネットによる遠隔教育コースがその役割を果たすだろう。すべての新しい技術が学習のアフォーダンスを持っている一方で，制約もあることを知っておくことは重要である。制約はおそらく，文化的，あるいは経済的なもので，1つの欠点が，ある特定のメディアを採用しない理由になるかもしれない。

　本章では，学校で，産業で，連邦政府で，あるいは軍隊で，テクノロジー，特にインターネットが研修のプロセスや成果，学習成果にどのような影響を与えているのかをみてきた。教育者や研修担当者が今日利用できる資源や技術のいくつかを紹介し，またいくつかの新技術についても紹介した。テクノロジーの利用に関する課題について，教授事象や学習成果と関連して議論した。教育メディアや実施方法の選択方法や，それらをさまざまな教授方略を支援するために利用する方法に関するガイドラインを提供した。本章は，学習のための認知的ツールを設計するための定義・例・ガイドラインで締めくくられた。

第12章

単位時間ごとの授業設計

　インストラクショナルデザイン（ID）の最終目標は，効果的なインストラクションを生み出すことにある。この目標が達成されれば，その結果は，ある1回のレッスン，もしくはあるひと続きのレッスンで利用される**モジュール**（個々の教材）として実現される。モジュールとは，授業を行う教師や研修担当者が用いる視聴覚教材やワークシート，またはオンラインコースのための自学自習教材などである。各レッスンやモジュールは，単独で1回で完結するように計画され，多くのレッスンをまとめてコースとして組み上げていく。第9章では，レッスンの学習目標の定義や序列を行う手順について述べ，第10章では，各教授事象がどのように学習者の情報処理を促進するかについて議論した。本章では，学習を促進するための教授事象の選定や序列について議論するとともに，異なった種類の学習成果をもたらすための教授事象について，その例を示しながら，学習の条件とともに考える。その後，多くの目標を達成する学習活動を開発するためのガイドとして教授事象を活用しながらレッスン計画の方法を議論して，本章は締めくくられる。

　レッスンを設計する上で，教授事象は学習支援の活動を入れ込むためのテンプレートである。その教授事象の内容は，教えようとしている学習成果の種類に依存する。教授事象の支えとしてなされるべきことを，処方箋（prescription）や教授処遇（instructional treatment）と呼ぶ。

レッスン計画とモジュール設計

　しばしば，教師や研修担当者は，教材を開発するのではなく教材を選択する。また実際には，彼らは「教えながら設計する」という。つまり，事前に抽象度の高いレベ

ルでレッスンを設計する，もしくはレッスンの流れだけを考えることを準備だとみなし，授業を始めるまで授業の詳細を設計することはしない。現場の状況によって，たいてい，教師や研修担当者（その多くは内容領域の専門家）は，レッスンを実施するため「これで準備OK」と言うに十分な程度までしか詳細に準備しない。なぜなら，彼らは授業の進展に合わせてその場で即興的に詳細を考えることができるからである。このことは，一概に望ましくないというわけではない。なぜならば，教師や研修担当者に「その場で」再設計させる柔軟性を与え，授業の状況や学習者の反応に応じて教える順番を調整することが可能になるからである（Briggs et al., 1991）。

　後に第14章で述べるように，大グループでは，小グループで可能なほどに実施の精度は高くない。計画する時間が制限されることと相まって，大グループにおける学習者からの反応は予測不能であり，学習の条件をある程度までしか制御できない状況下で，インストラクションがしばしば計画され実行されることになるからである。逆に，小グループや教授が個別化できる状況では，より学習者のニーズに合わせてインストラクションを制御したり適合させたりすることができる。さらに，学習者が個別にペースを設定したり，個別に修正したりすることが許されているインストラクションであれば，授業開始時の個々の能力や知識にインストラクションを適合させる可能性が生まれる。それらの機能は，知的教育システムの中で，あるいは，学習者に最も必要とされ役立つ練習問題を「ブランチング（分岐処理）」により提供する教材群を用いることによって，可能となる。そのようなブランチングは，たいていのCBT（computer-based training）で採用されている。また，ブランチングは，自己診断テストを頻繁に利用することで，学習者自身が教材を適応的な方法で利用できるようにすることによっても，実現されている。

個別化された自己ペースの適合的教材

　個別化教材・自己ペース教材・適合的教材という言葉は，それぞれ多少意味が異なっているにもかかわらず，しばしば同義語として用いられている。ここで，**個別化されたインストラクション**を，学習者の特有なニーズが考慮されたものと定義する。このようなインストラクションでは，学習者がはじめに持っている力をまず調べ，個々のニーズを正確に反映させて後のインストラクションを行う。**自己ペースのインストラクション**とは，学習者が学習プロセスを調整し，目標を達成するために必要な時間を必要なだけ費やしているものを意味する。自己ペースのインストラクションは，一般的には完全習得学習を行う手順と関連しており，費やした時間よりもその到達度が，インストラクションによる学習者の進捗度を決定する。**適合的インストラクション**に

は，常に学習者の進捗をモニターし，その進捗に合わせて教授内容を変化させるオンライン学習管理システムなどがあてはまる。適合的インストラクションは，複雑な記録作成と意思決定を必要とし，それはコンピュータを利用することで支えられている。しかしながらその手順は，個人や小グループの学習に対しては，人の手で行うこともできる。通常これらの種類のインストラクションは，電子的に伝達する方法に依存している。なぜならば，1つのクラスに属するすべての学習者が，どの時点においても，異なった学習段階にいることになるからである。

　端的にいえば，IDの目的は，学習者のニーズや実施システムの状況に合わせて，1回の，あるいは連続する数回のインストラクションの計画をつくり上げることにある。そしてインストラクションの性質は，その計画がどのように用いられるかで決まる。教師や研修担当者が中心となるシステムにおいては，レッスンプランはいくぶん不完全であろう。なぜならば，教師がギャップを埋めることができるからである。それとは対照的に，個別化された，もしくは自己ペースのインストラクションは，より詳細に計画され開発される。それは，しばしば教師や指導者が直接介在することがないからである。ここからは，これまでの章で示してきたIDの原理を，教師や研修担当者主導，もしくは自己ペースの自主学習レッスンに，いかに適用できるかについて注目していく。どちらの形式のインストラクション実施でも，以下の中心的な課題を重要視する。

1. 学習成果の分類を用いて学習目標を分類する。
2. 前提条件に注意しながら学習目標を系列化する。
3. 全領域の学習成果に適用できる教授事象を適切に導入する。
4. レッスンの学習目標が属する学習成果の領域に特徴的な学習の条件を組み入れる。

　ここからは，さらにインストラクションの系列について議論を深めた後，教授事象や学習の条件について話を進める。本章の終わりでは，レッスンを計画するいくつかの段階について議論するとともに，レッスンの設計と実施のどちらをも行う教師が一般的に用いるモデルを組み入れた，レッスンプランの例を示す。

学習目標の系列化

　第9章では，知的技能のトップダウン的な分析と，異なった領域における学習の機能的な関連について述べた。また，教授カリキュラムマップ（ICM）を用いて学習目

標間の関連を図示化する方法と，ICM をカリキュラム作成の大小さまざまな単位で利用する方法についても示した。どの ICM においてもインストラクションの系列は暗黙的に示されている。その系列は，階層的な前提条件関係や促進的な学習系列といった原理に即している。たとえば，図 12-1 は，知的技能領域のみの目標を含んだ学習階層の ICM である。

知的技能学習のための系列設計

　ある知的技能の目標を達するために必要とされる下位技能は，学習階層図から導か

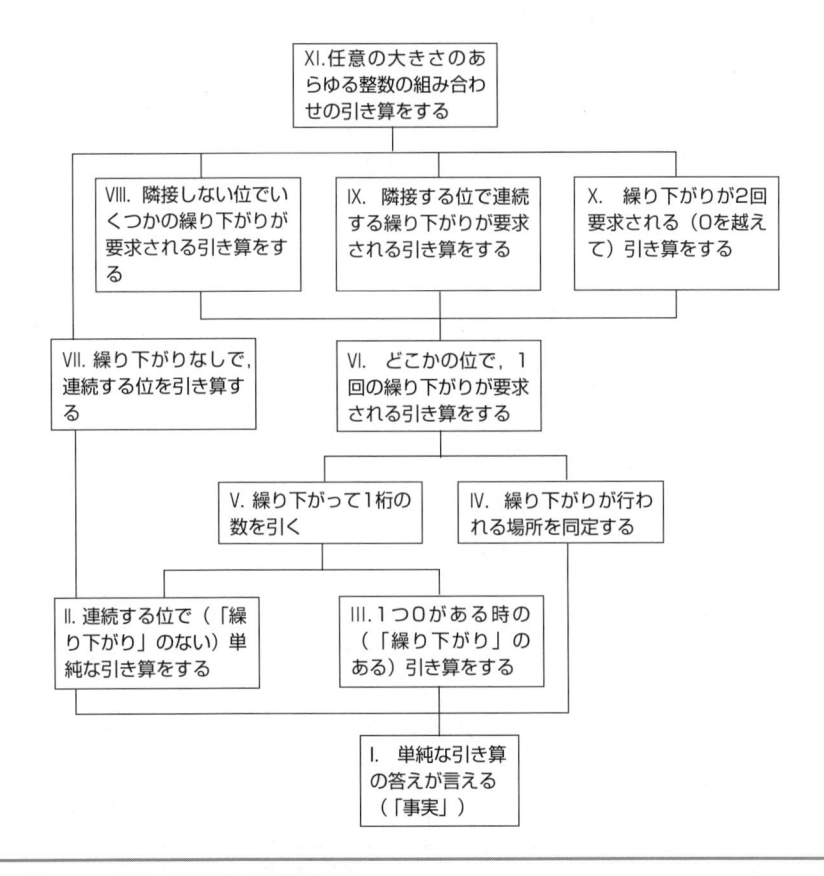

```
                    ┌─────────────────────┐
                    │ XI.任意の大きさのあ  │
                    │ らゆる整数の組み合わ │
                    │ せの引き算をする     │
                    └─────────────────────┘
        ┌────────────────┬────────────────┐
┌───────────────┐ ┌───────────────┐ ┌───────────────┐
│VIII.隣接しない │ │IX. 隣接する位 │ │X. 繰り下がりが │
│位でいくつかの  │ │で連続する繰り │ │2回要求される   │
│繰り下がりが要  │ │下がりが要求さ │ │（0を越えて）引 │
│求される引き算  │ │れる引き算をす │ │き算をする      │
│をする          │ │る             │ │                │
└───────────────┘ └───────────────┘ └───────────────┘
```

（ASCII図は省略し、以下のテキストで記述）

- XI. 任意の大きさのあらゆる整数の組み合わせの引き算をする
- VIII. 隣接しない位でいくつかの繰り下がりが要求される引き算をする
- IX. 隣接する位で連続する繰り下がりが要求される引き算をする
- X. 繰り下がりが2回要求される（0を越えて）引き算をする
- VII. 繰り下がりなしで，連続する位を引き算する
- VI. どこかの位で，1回の繰り下がりが要求される引き算をする
- V. 繰り下がって1桁の数を引く
- IV. 繰り下がりが行われる場所を同定する
- II. 連続する位で（「繰り下がり」のない）単純な引き算をする
- III. 1つ0がある時の（「繰り下がり」のある）引き算をする
- I. 単純な引き算の答えが言える（「事実」）

図 12-1　整数の引き算の学習階層図

れる。たとえば，図12-1の10個のボックスが示すとおり，あらゆる種類の整数どうしの引き算を身につけるためには，10個の必須前提条件が必要となることが，学習階層図よりわかる。

ボックスIについて見てみると，単純な引き算はすでに学習済みのものとみなしている。教師は，学習者があらゆる整数の引き算ができるようにするために，1回もしくは連続した複数回のレッスンを設計しなければならない。ボックスIIからボックスXまでに示されるスキルの指導序列はいく通りか考えられるとはいえ，一番下にあるボックスが一番はじめに教えられるべきことで，その次の高さのものが次に教えられ，しだいに一番上に近づくべきであることを，学習階層図は示唆している。ボックスIIからボックスXまでの，各ボックスにつけられた数字の番号に従った系列が，一番効果的な指導順序だといえよう。

端的にいうと，もしある1つのグループの学習者全員に対してある1つの指導順序を採用したいのならば，学習階層図の最下位からの縦方向の系列については固定して，横方向の系列については選択の余地を与えるよう，工夫されるべきである。このことは，系列の経験則から逸脱して学ぶことができないといっているのではない。もし，階層的でない順番で学習が成立したとすれば，それはおそらく下位スキルの一部をすでに遂行できていたからか，あるいは，直接的なインストラクションを受けずとも自身の応用力でいくつかの規則を発見できる認知的技能を持っていたからであろう。

開始地点の決定

ここでも引き算問題を例として取り上げれば，何人かの学習者はいくつかの前提条件をすでに学習している可能性がある。ある学習者はボックスIIとIIIのスキルを身につけているかもしれないし，またある生徒はIIとVのスキルを身につけているかもしれない。明らかに，設計者は，おのおのの学習者が「今，いるところ」からインストラクションを始める必要がある。これは第15章に示すような個別化プログラムにおいては都合よく機能する。しかし，グループ全体のために計画されたインストラクションでも，ある活動を必要としない学習者へ別の活動を用意することによって，この手法は有効に機能する。また，場合によっては，復習という名目ですでに知っている学習者にもインストラクションを受けさせるという方法もあるが，これは常に最善の解決方法とはいえないだろう。新しい学習を行うときに既習事項を思い出しやすくする準備として，それぞれのレッスンの冒頭で既習事項を復習する必要があるかもしれない。しかし一般に，既習の知的技能を思い出すことは，事実や用語を思い出すことに比べて，比較的容易であるといわれている。

系列化されたスキルの達成

　それぞれの学習者がボックスXIという最終的なスキル目標を達成できるようにレッスンを計画していく中で，次の階層の技能を学習する前に，その前提条件となるスキルが到達されていることを示す必要がある。たとえば，繰り下がりが2回要求される（0を越えて）引き算というボックスXのスキルに取り組ませる前に，どこかの位で1回の繰り下がりが要求される引き算や，繰り下がりなしで連続する位を引き算するVIとVIIのスキルについて，学習者がマスターしていることを確認する必要がある。

　完全習得の考え方が一番重要になるのが，知的技能を扱うときである。学習階層の中でより複雑なスキルの学習に取り組む前に，前提条件となるスキルについては十分な自信を持ってこなすことができるようレッスンが設計されるべきである。前提条件の学習が完全でない場合，少なくとも当惑，遅れ，低効率，あるいはミスの原因になりうるし，最悪の場合には，それが失敗，挫折，さらなる学習への努力を絶つ原因ともなる。このような理由から，学習者自身に学習系列を自由に選ばせることは，最も効率的な方法ではないのである。

診断と再学習機会の提供

　知的技能の学習階層図をレッスンプランへ活用することで，研修担当者は学習の難易度を診断しやすくなる。学習者が取り組んでいる課題に問題を抱えているならば，多くの場合，その理由は前提条件の1つもしくはいくつかをこなすことができていないことにある。学習者に前提条件を想起させることにより，診断的な情報を得ることができる。1つ，もしくはいくつかのスキルを思い出せないならば，次の学習に進む前に，それらを再学習する必要がある。あるスキルを獲得するためのレッスンで，その一部として行われるスキルの到達度評価は，前提条件の習得を確認する評価に続けて行うことが可能である。これによって設計者は，学習を進める前に再学習したり，それに必要となる前提条件の習得度を確認したりする機会となる「再学習ループ」を，系列の中に組み込むことができる。

認知的方略学習のための系列設計

　認知的方略がいつ学習されたかについて把握することは難しい。なぜなら，どの学習が認知的方略の獲得につながったかを特定することができない場合が多いからである。インストラクションが始まる時に，学習者はすでにいくつかの認知的方略を持っているということを忘れないでほしい。それにはたとえば，新しい情報を処理するた

めの自動化したルールとしての認知的方略があるだろう。ある新しい認知的方略を教えるとき，学習者に新しい情報処理の方法を教えているのである。このことは，彼らがすでに持っている方略を修正したり，あるいは新しい方略を採用するために今までの方略を忘れる努力をしたりしながら，学習を進める必要に迫られることを意味する。

認知的方略を学習するための必須前提条件は，事前の学習によって確立された単純なスキルであることが多い。たとえば，関係がない名称どうしを1つの文の中で用いて関連づけしたり，複雑な問題を部分へ分解することなどがあげられる。そのような方略については，言語的な表現を介して学習者と容易に意思疎通を図ることができる。加えて，認知的方略を上達させるために設計されたインストラクション系列は，通常，その方略の応用場面を繰り返し与えるという形をとることが多い。そのような練習の機会はインストラクションの随所に間隔をあけて組み入れられ，典型的には比較的長い期間にわたって繰り返される。このようにして，新しい認知的方略を応用できる力を段階的に上達させることができる。この事例のようなメタ認知的方略（第4章を参照）については，たった1度や2度のレッスンだけでは識別可能なほどの上達を確認することが難しいと思われる。

認知的方略がインストラクションの目標となるとき，それらはしばしば学習者が自身の情報処理に新しい手法を用いる活動を繰り返させる，多段階形式のインストラクション系列となる。そのような方法の例として，テキスト教材を読むためのSQ3R技法がある（Robinson, 1970）。この段階リストや各段階における活動についての説明は，運動技能における段階の系列と同様に，実行サブルーチンとして役立つ。インストラクション活動では，学習者に実行サブルーチンの応用を練習させることになる。学習者がその方法を長期間にわたって活用することによって，認知的方略の実行がより無意識的で流麗になっていく。ただ，学習者がその方法を認知的方略として採用したのかどうかを，どのようにして知ることができるのだろうか？　その指標の1つは自己申告であり，もう1つは学習者がテキストを読む時の扱い方を直接観察することである。しかしながら最善の指標は，その方略の応用初期（方略を学習中）と後の応用（方略を「採用」後）で比較した場合に，作業に要する時間が減少し，正確さが向上することである。その方略が「採用」されたとは，それが学習者の情報処理レパートリーの一部となり，効率的・効果的に活用できるようになったことを意味するのである。

言語情報学習のための系列設計

第5章に示したように，言語情報を学習する上で最も重要な前提条件とは，新しく学習する情報を組み込むことができる，もしくは何らかの意味において関連づけられ

ることができる有意味な文脈である。系列化のために適用できる原理は，その学習が，名前（ラベル）のセットを学ぶものなのか，断片的な事実を学ぶものなのか，もしくは，論理的に構成された文章全体の意味を学ぶものなのかによって，いくぶんか異なる。

名前やラベル

　名前のセットの学習（たとえば，いろいろな木の名前について）は，学習者の記憶の中にある組織化された既習の構造を活用することによって促進される。学習者は，獲得した新しい知識を符号化するためにさまざまな方法を用いることができる。符号化は，たとえば新しいフランス語の le journal（新聞）という単語と英語の journal という単語が関連づけられ，ひいてはそれが newspaper と関連づけられるといった単純な関係の形式をとるかもしれない。もしくは，starboard（右舷）と right（右）を関連づけるために，「star boarder（たらふく食べる人）はいつも right（大丈夫＝右）だ」といった文を用いることがあるかもしれない。また，符号化の方法として視覚的なイメージを用いるため，たとえば Crowe という人の名前とカラス（crow）のイメージを結びつけることもあるだろう。イメージやキーワードを記憶術として取り入れることについては，プレスレーら（Pressley et al., 1982）に詳しい。符号化に利用されるイメージはまったく恣意的で無関係なものが使われるかもしれない。たとえば，有名な通りにあるお店のイメージと，お店とはまったく関係のない新しく知った名前を結びつけたりするのである（Crovitz, 1970）。

個別的な事実

　歴史の教科書のある章の中で起こるような個別的な事実の学習にも，符号化のプロセスが関係する。このような事例の場合，一般的に符号化とは，その事実をより大きくて有意味な構造，つまり，これまでに学習して組織化されたより大きな「知識の体系」へ関係づけることである。

　事実情報を扱うとき，インストラクションの系列化では以下の2つの方法が利用可能であり，それらはどちらもが用いられるべきである。1つは，オーズベル（Ausubel, 1968）が**先行オーガナイザ**（advance organizer）と呼ぶ，（連続する系列の中での）事前学習である。たとえば，自動車について学習をする場合，ボディーの形状・エンジン・フレーム・トランスミッションなどといった自動車の特徴を表す代表的なカテゴリについて，学習者に対して情報として最初に与えることが組織化の道筋になる。そして，このあとで，ある自動車についての具体的な事実を続ける。

　2つめの方法は，1つめとまったく無関係ではないが，望まれる学習に対して，事

柄の代表的なカテゴリを識別させる質問や文章を用いることである（Frase, 1970; Rothkopf, 1970）。たとえば，歴史のストーリーに登場する人物の名前を覚えることが，最も重要な情報である場合，見本的なストーリーを用いてその名前についての質問を交えた事前の経験をしておけば，その人物の名前の学習とその後の保持を助けるだろう。年号を覚えさせることが目標ならば，その年号を事前のストーリーの中で示しておくのがよい。

組織化された情報

　言語情報の学習目標について学ぶときには，多くの場合，有意味で組織化された方法を用いて，関連した事実や原理について説明できるようになることが求められるだろう。この種の組織化された情報の学習は，学習者の記憶にある既習の構造を呼び起こす符号化の方法に影響を受ける。アンダーソン（Anderson, 1984）は，このような記憶の構造を**スキーマ（schema）**と呼んだ。彼は，スキーマを「期待の集合として思い出されるような情報の抽象的な構造」(p.5) と定義した。このような期待は，学習者の知識構造の中にある「スロット」であり，それは新しい情報を統合するためのものである。たとえば，社会科学習における目標を，合衆国議会における法律作成の筋道を記述できることとする。このような場合，スキーマには少なくとも，法律の草案作成や法律の施行などといった基本的な手続きが含まれているだろう。

　構造化された知識を系列化するには，既存のスキーマに新しい知識が包含されうるように考慮すべきである。そのため，教師や研修担当者は，学習者がすでに知っていることの上に新しい情報を構築する必要がある。その一例をオーズベル（1968）の仕事の中にみるならば，仏教についての情報を得るために異なった宗教である禅についての既習事項が使われることを，「相関的な包含（correlative subsumption）」と呼ぶ。仏教についての新しい要素を学習するとき，学習者は禅についての既習知識と新しい知識とを比較する。両者の情報は似ているため，新しい情報は禅のスキーマに包含される。そして，それは禅と仏教をカバーする禅・仏教スキーマとなる。

運動技能学習のための系列設計

　運動技能の学習に必要となる前提条件は，部分的なスキルと，そのスキルの実行を制御する実行サブルーチン（手順的なルール）である。これら2つの前提条件のどちらがより重要かは，習得を目指すスキルそれ自体の複雑性に依存する。たとえば，ダーツを投げることが目標であれば，とてもシンプルな1段階のルールなので，部分的なスキルを同定したり訓練したりすることは不要だろう。それに対して，泳ぐことが

目標の場合は，いくつかの前提条件としてのスキルを習得することが必要であり，前提スキルを同定したり訓練したりすることはとても重要である。

運動技能のインストラクション系列の中では，実行サブルーチンの学習は，それぞれ異なる技能を完全に習得する前に行われるべきである。たとえば，砲丸投げの学習では，学習者である運動選手は，すべての部分スキルを完全に習得する前に，実行サブルーチン（ラインの位置に着くこと，重心を移動させること，手と体を曲げること，球を放り投げること）を獲得する必要がある。

部分スキルのうちのいくつかは，それ自身が重要な前提条件を持っている。たとえば，標的に向けてライフルを発砲する学習では，照準が合ったときに見られる像はどんなふうに見えるか，という具体的概念（照準が合っているときと合っていないときの像を区別できるスキル）は，射撃の全動作を実行するにあたって必要となる重要な下位技能の1つである。

態度学習のための系列設計

他の種類の学習成果にもあてはまることだが，態度についての学習もしくは修正にも，学習者の記憶の中にある既有知識やスキルを呼び起こす必要がある。たとえば，詩を読むことに対する肯定的な態度は，具体的な詩に対するいくらかの知識や，詩の意味の解釈を可能にする言語的スキル抜きには，形成することが難しい。

態度学習のインストラクション系列は，その態度に関係する知的技能や言語情報についての学習から始められることが多い。その次に，第5章で述べたとおり，肯定的もしくは否定的な傾向（それが態度と呼ばれるものになる）を助長する手続きの導入につながっていく。たとえば，異なる人種と交流することに対する肯定的な態度を身につけるための学習では，まず，さまざまな「交流」の仕方（ともにゲームをすること，働くこと，食事をすることなど）についての情報を与える必要がある。マーチンとブリッグス（Martin & Briggs, 1986）が述べているように，態度学習は知的技能や言語情報の事前学習を必要とするので，学習領域間の相互作用について考慮する必要があるだろう。このような相互作用は「監査証跡（audit trails）」という手段で分析することができる。そこでは，獲得されるべき態度がその獲得を促す別の技能とどう関係しているかが分析される。監査証跡には，他の態度や，言語情報，もしくは知的技能も包含されており，それは態度の変化をもたらすための経験を系列化するためのガイドを提供する（pp.275-289）。

態度を変えさせるために人間モデルが用いられるときにも，その系列において前提条件となる段階が必要となる。尊敬される対象（通常は，ある人物）によって，目標

となる態度が「メッセージ」として示される必要があるので，その前に，その人に対する尊敬の念を確立するもしくは「形成する」必要がある。たとえば，現代の有名な科学者であっても，アインシュタインのような尊敬を集めることはないだろう。アインシュタインの業績について学習者が知るならば，絵に描かれたようなモデルとしてのアインシュタインは，より尊敬されるようになり，彼の発するメッセージは学習者の態度形成に対してより有効に機能するであろう。

各学習成果のためのレッスン計画

学習階層図（知的技能について）や一連の前提条件（他の種類の学習成果について）によって示された学習成果の系列は，連続するレッスンを計画する基礎として用いられる。1回のレッスンをデザインするにあたり，学習者が，1つもしくはいくつかの前提条件や支援的能力を使える状態となっている必要があるからである。もちろん，レッスンを計画するためには，これ以上の考慮すべき点がある。既習の下位知識やスキルを学んだ段階から，新しい能力を獲得した段階まで，学習者はどのように進んでいくのだろうか？　ここが実際の学習が行われている間であり，そこでまさに教授事象が必須となる。これらの教授事象には，望まれた学習を引き起こすための学習者や教師による行為が含まれる。

教授事象と効果的な学習の条件

教授事象の最も一般的な活用目的は，学習を引き起こす外的な学習の条件を整えることにある。教授事象は一般的に，個々のレッスンやモジュールに組み込まれる。教授事象は，目指す学習成果の種類にかかわらず，どんなタイプのレッスンにも適用される。また，教室での対面授業やコンピュータを介したオンライン学習など，すべてのタイプの配信方法にも適用される。インストラクションをある一定の原則に従って系列化することが必須であるのと同じように，学習効果を確実にするためには教授事象を組み込むことも必須である。

表12-1と表12-2は，レッスン設計に影響を与えるいくつかのアイデアを整理したものである。まず，第10章で述べたような教授事象の一般的な枠組みを用いている。次に，各種類の学習目標に特に関連している最適な学習条件を実現する手順について示している。これらは外的な学習の条件である。そして最後に，学ぶべき学習成果のそれぞれのタイプに必要となる前提能力を想起させるように，レッスンの系列化問題

を扱っている。

このようにしてできたのが，学習目標を達成するために教授事象の一般的な枠組みの中に組み入れられるべき，効果的な学習のための特徴的な条件のリストである。このリストには，事象3：前提事項を思い出させる，事象4：刺激を提示する，事象5：学習の指針を与える，事象6：練習の機会を与える，の4つの教授事象だけが示されている。そのほかの教授事象については，第10章に述べたとおりである。

知的技能を学習目標とするレッスン

さまざまな種類の知的技能について，効果的な学習の条件を表12-1に示す。2列めにある学習条件のリストは，直前のレッスンなどで学んだ既習の学習成果を思い出すように指示する文で始まり，他の教授事象（たとえば，刺激の提示，学習指針の付与，練習の機会など）を実現するための学習の条件へと続く。この列の内容を理解するためには，これらの種類の学習目標を学ぶための内的・外的な学習の条件について，第4章と第5章に示した解説を見直しておくとよいだろう。

表12-1　知的技能と認知的方略の学習に組み込む効果的な学習の条件

目標の種類	学習の条件
弁別 (discrimination)	どのような違いかを想起させる 同じ刺激や異なった刺激を，その特徴を強調しながら提示する 同じ刺激と異なった刺激を，フィードバックを伴いながら繰り返す
具体的概念 (concrete concept)	対象と関係する特徴の弁別を想起する 対象と無関係な性質（"それはこれと同じではない"）を変更しながら，いくつかの実例（"それはこれと同じ"）や実例以外のものを提示する フィードバックを伴いながら学習者に実例を識別させる
定義された概念 (defined concept)	要素となる概念を想起させる 定義を用いた概念を例示させる 学習者に概念の例を提示させる
ルール (rule)	下位概念やルールを想起させる 言語的な表現を用いたルールを例示する 学習者にルールの応用を例示させる
高次のルール (higher-order rule)	関連する下位ルールを想起させる 新しい学習課題（問題）の提示 問題解決における新しいルールを学習者に例示させる
認知的方略 (cognitive strategy)	関連するルールや概念を想起させる 方略を言語的に表現したり例示したりする 新規な状況において方略適用を練習する

表12-2 言語情報，態度，運動技能の学習に組み込む効果的な学習の条件

目標の種類	学習の条件
言語情報（verbal information）	
名前やラベル (names or labels)	言語的なつながりを想起させる 名前をイメージや有意味な文と関連づけさせる（学習者による符号化） 名前を他の知識の文脈で活用させる
事実 (facts)	関連する有意味な情報の文脈を想起させる 言語情報のより大きな文脈において事実を復元させる その事実を他の知識の文脈で活用させる
知識 (knowledge)	関連する情報の文脈を想起させる 新しい知識を関連する情報の文脈で復元させる 他の事実や知識体系に関連づけて知識を活用させる
態度 (attitude)	選択されるべき個人行動に関連する言語情報や知的技能を想起させる 「情報源（通常，人間モデル）」への尊敬を確立または想起させる 直接的な経験，もしくは人間モデルの観察という代理的な経験を伴う個人行動をほめる
運動技能 (motor skill)	反応や部分的技能を想起させる 実行サブルーチンを確立もしくは想起させる（手順ルール） 一連の技能を練習させる

認知的方略を学習目標とするレッスン

　認知的方略に関する効果的な学習を促進するための条件を，表12-1の下部に示した。このリストは，学習すること，記憶すること，問題解決することについての方略に関するものである。認知的方略の学習のための外的・内的条件については，第3章で議論したとおりである。

言語情報・態度・運動技能を学習目標とするレッスン

　言語情報，態度，運動技能のための教授事象を設計するには，表12-2に示した効果的な学習の条件を考慮する必要がある。このリストは，第4章で述べた学習の内的・外的な条件に関する詳細な議論から導かれている。

レッスン計画のステップ

　教師や研修担当者が，コース全体を大きなユニットやトピックから構成し，それぞ

れの中でのレッスン系列を計画し終えたとき，次に，彼らは1単位時間あたりのレッスンをどのように計画するのだろうか？

　教授事象を組み入れてインストラクションの効果を高めることは重要であるので，教師や研修担当者には，以下に示す4つの要素を持ったプランニングシートを用いることを勧めたい。

1. レッスンの学習目標とその分類（つまり，学習成果の種類）を示す文
2. 用いられるべき教授事象のリスト
3. 各教授事象を達成するためのメディア，教材，活動のリスト
4. 選択されたそれぞれの教授事象を実現するための教師や研修担当者の役割や活動についてのメモ（インストラクションのための処方箋）

　このようなプランニングシートでは学習目標を上部に示し，それに続けて前述のリストにある他の3つの項目それぞれを示す欄を設けるのがよい。プランニングシートを完成させると，レッスンの完全なデザインができあがり，用いる教材を開発することができる。完成したレッスンプランニングシートの例を表12-3に示す。以下に，プランニングシートの4つの要素に関連した多様な詳細を示していく。

レッスンの目標

　すでに述べたように，レッスンには1つの学習目標しかないこともある一方で，いくつかの関連する学習目標が含まれるレッスンもある。たとえば，表12-3に示したレッスンは，複雑な知的技能を表す学習階層図に含まれる1つの学習目標を扱ったものである。このレッスンを行う際には，教師はその前提条件に注意を払うとともに，次のレッスンで扱う学習目標へ転移させる準備を提供することも必要である。第9章で述べたとおり，レッスンの目的は，統合的なゴールを達成するために必要とされるインストラクションの一部を提供することにある。

教授事象のリスト作成

　教授事象は，人間の情報処理の内的段階における流れに基づいている。外的な教授事象が目的とすることは，内的な情報処理を促進することであり，ゆえに，順序よく提示することが自然である。しかしながら，教授事象はレッスン開発のガイドラインとしてのみ機能する。教授事象をすべて組み入れようとしたり，それらをかたくななまでに直線的な順番で提示したりする必要はない。レッスンを設計するとき，教師や

表 12-3　具体的概念についてのレッスン例

目標：いくつかの異なる種類の幾何学図形を見ながら，それらを円で囲むことで，台形を同定できるようになる。

教授事象	方法／メディア	教授処遇や方略
1. 学習者の注意を喚起する	対面指示と黒板	黒板に図形を描き，図形の外観的特徴に注目させる。
2. 学習者に目標を知らせる	対面指示と黒板	弁別的な特徴（4辺いずれもが直線で，うち2辺が平行）が異なるいくつかの図形ペアを提示し，台形を識別する方法を学ぶということを伝える。
3. 前提条件を思い出させる	教師とOHPやパワーポイント	直線とそうではないもの，平行なものとそうではないものといった線のペア，4辺，5辺，3辺の図形で，辺が閉じたものや開いたものといったペアを提示する。各ペアについて，学習者に口頭で説明させたり図を指し示させて説明させたりして違いを識別させる。
4. 新しい事項を提示する 5. 学習の指針を与える	教師とOHPやパワーポイント	台形と他の図形をペアにして続けて提示する。それぞれの場合において，どちらが台形かを学習者に識別させる。特徴を表す名前（例：直線かどうか，平行かどうか）についてすでに知っている場合は，各図形についてその特徴を持つのか持たないのかを指摘させる。
6. 練習の機会をつくる	ワークシート	ワークシートに20の平面図形を示す。うち8つは台形とし，他は決定的な特徴を1つもしくは複数満たさない図形とする。学習者に台形を○で囲ませる。
7. フィードバックを与える	OHPと教師の説明	学習者がワークシートを終えたら，そのコピーをOHPで投映する。各サンプルについて台形かどうか識別させ，台形ではない場合には何が不足しているかを確認させる。
8. 学習の成果を評価する	対面授業	ワークシート同様のテストを用い，学習者に台形を○で囲ませる。
9. 保持と転移を高める	ワークシート	垂直な線，水平な線，斜めの線から始まる台形をそれぞれ学習者に描かせる。その際，教材が利用できるならば，さまざまなもの（例：家具，道具）の絵の中から，台形の形をしているものを識別させる。

　研修担当者もしくはインストラクショナルデザイナーは，レッスン目標の性質と同じくらいに，学習者がどのくらい自己管理的になれるのかといった学習者自身の素養を考慮する必要がある。状況によっては，単一の教授事象のために単位時間のすべてを費やす必要があるかもしれない。たとえば，連続したレッスンのための動機づけを行う場合などがそうである。また，学習者に複雑な目標を提示するには，1単位時間の

ほぼすべてが必要になることもあるだろう。たとえば，その目標自体を理解させるために下位に含まれる構成要素についてのディスカッションやデモンストレーションを行い，それぞれに対して学習者が定められた形式で反応することが必要な場合などである。学習目標がレッスンレベルではなく単元レベルで記述されているコースにおいては，単元開始時に，実際のインストラクションが始まる前に1時間を費やして，その単元で期待される学習成果について詳しく紹介し，正確に把握させるのが合理的である場合もあろう。この種の編成は，レッスンに求められる主な学習成果が問題解決能力であるときに適している。

メディア・手法・方略の選択

　IDのプロセスで，教師主導の教室でのインストラクション開発と，学習者のペースで行う自習教材開発との間に大きな違いが出てくるのはこの段階である。学習者のペースで行う自習コースでは，すべての教授事象を組み入れることがデザイナーに求められる。一方の教師主導によるインストラクションのためのモデルは，教師自身がそのギャップを埋めることができるので，それほど厳密である必要はない。しかしながら，外的な教授事象を計画するための基本的な原理は，その両者に共通している。たとえば，遺伝についてのレッスンにおいて学習者の注意を喚起するために，教師はWebサイトを探し，固有の特徴が誇張されたために滑稽にすら見えるようなさまざまな種の動物を見つけようとする。そして，遺伝子がこれらの違いをどのように決定するのかを学ぶという目標につなげるために，それを用いるだろう。そのようなWebサイトが見つからないならば，教師はその事象を達成するためにカラー写真やビデオテープを使うかもしれない。同じ内容のオンラインレッスンを開発する場合にも，どのように教授事象を達成したらよいか決定するために，デザイナーはこの教師と同じようなプロセスを経るべきである。場合によっては，すでに存在する教材をレッスンの中に組み入れることができるかもしれないが，多くの場合は，新しい教材の製作が必要となるだろう。

他タイプの学習成果についてのレッスンプランニングシート例

　表12-3では，具体的概念を教えるレッスンにおいて，どのように教授事象が実現できるのかについて例を示した。表12-4から表12-8は，その他の種類の学習（定義された概念・ルール・問題解決・言語情報・態度）についてのレッスンプランニングシートの例である。表12-1と表12-2に示した学習の条件がどのように組み入れられたのかに注目してほしい。

表 12-4　定義された概念についてのレッスン例

目標：大文字を含まない文から，固有名詞を分類できるようになる。

教授事象	方法／メディア	教授処遇や方略
1. 学習者の注意を喚起する	対面指示と黒板	大文字を使わずに2つの文を黒板に示す（例：the team's name was the wildcats. the woman's name was mrs. brown.）。これらの文について何か普通ではないことに気づくかどうか学習者にたずね，大文字で示されるべき語を指し示す。
2. 学習者に目標を知らせる	対面指示と黒板	この授業は固有名詞についての授業であることを学習者に伝える。固有名詞は大文字から始まる。固有名詞のはじめの文字を大文字で書けるようになるため，名詞と固有名詞の識別ができるように学習することを伝える。
3. 前提条件を思い出させる	教師と OHP やパワーポイント	名詞とは人，場所，ものの名前であることを思い出させ，学習者に名詞の各分類の中から例をあげさせる。注：文頭の文字は常に大文字にするが，本レッスンでは重要ではない。
4. 新しい事項を提示する	教師と OHP やパワーポイント	固有名詞の定義を OHP で投映する。「固有名詞とは，特定の人，場所，ものを指し示す名前である。」
5. 学習の指針を与える	教師	普通名詞と固有名詞を比較し，「一般名詞」と「特定名詞」の応用を示す。たとえば，boy-John; girl-Alice; mother-Mrs. Smith; building-Pentagon; monument-Lincoln Memorial。
6. 練習の機会をつくる	ワークシート	学習者に，普通名詞のリストに続けていくつかの固有名詞を書かせる。その際，人，場所，もののカテゴリを含める。
7. フィードバックを与える	教師の説明と全員参加	学習者の解答が正しいかどうか教える。必要があれば，固有名詞は常に大文字から始めることを学習者に思い出させる。
8. 学習の成果を評価する	筆記クイズ	10 の文の中の固有名詞に下線を引かせる。その中には，固有名詞をまったく含まないもの，文頭に1つ含むもの，文中に1つ埋め込まれているもの，複数の固有名詞や代名詞が含まれているものを含むこと。
9. 保持と転移を高める	ワークシート	各学習者に，人，場所，ものの固有名詞を含む文を5つ書かせる。それらの文の中で誰が最も多くの固有名詞を使うことができたのかコンテストを行う。

第12章　単位時間ごとの授業設計　287

表12-5　ルールについてのレッスン例

目標：電気回路の電圧と電気器具のワット数から，電流＝ワット／電圧という公式を利用して電気器具のアンペア数を求めることが例示できるようになる。

教授事象	方法／メディア	教授処遇や方略
1. 学習者の注意を喚起する	ビデオやアニメーション	朝，家族のみんなが仕事や学校へ行くための準備をしているシーンが始まる。お母さんはホットカーラーをコンセントにさし，お父さんはYシャツにアイロンをかけている。サリーがヘアドライヤーをコンセントへさした途端，突然画面が真っ暗になる。そこで，何が起こったのかを学習者に問いかける（答え：サリーのヘアドライヤーが電気回路に過負荷をかけてヒューズが飛んだ）。
2. 学習者に目標を知らせる	教師	電気器具にはどれだけの電気（アンペア）が必要とされるかを計算できるようになることが本レッスンの目標であることを示す。
3. 前提条件を思い出させる	教師とOHPやパワーポイント	一般的な家庭におけるコンセントの電圧は115Vであることを学習者に思い出させる（公式を利用するときは，この数値をおよそ100Vとする）。たいてい，電気器具のワット数は器具に付いている金属ラベルに印刷されている。電気回路のヒューズは，その回路に流すことができる電気のアンペア（量）に応じている。流れる電気の量が超過すればヒューズが飛ぶ。
4. 新しい事項を提示する	教師とOHPやパワーポイント	電気器具が消費するアンペア数の計算ルールを学習者へ提示する。器具のワット数を電圧で割る（ワット数／電圧＝アンペア数）。よって，もし，サリーのヘアドライヤーが1200Wならば，1200/100=12により12Aが必要とされる。
5. 学習の指針を与える	教師の説明と全員参加	ワット数／電圧＝アンペア数というルールを例示するために，いくつか異なった例を用いて学習者に質問をする。①サリーのヘアドライヤーで15Aのヒューズが飛ぶだろうか？（ドライヤーは12Aしか消費しないので，ヒューズは飛ばない）②同じ回路にお母さんがカーラーを差し込んだら何が起こるだろうか？（何人かはまた"ヒューズが飛ぶ"と答えるだろう）それをどのように証明できるだろうか？　カーラーに書かれているもの（1000W）からアンペア数を計算するときや，カーラーとヘアドライヤーの両方にスイッチを入れた場合の回路の全アンペア数を計算するとき（12+10=22A; よってヒューズは飛ぶ）などは手助けをする。
6. 練習の機会をつくる	ワークシート	他の電気器具についていくつかアンペア数を計算させる。
7. フィードバックを与える	教師の口頭による説明	学習者の解答が正しいかどうかを教え，間違った答えは修正する。その際，電圧／ワット数のように分数が逆になっていないかどうか気をつける。
8. 学習の成果を評価する	筆記クイズ	学習者にアンペア数を計算させる問題を10題与える。
9. 保持と転移を高める	ワークシート	アンペア数を求める必要があるいくつかの異なった実践状況を示し，ヒューズが飛ぶのか飛ばないのかを考える2～3の問題へ学習者を取り組ませる。その後，ヒューズを飛ばすことなく20Aの回路へどれだけの電気製品（ワット数を示したリストから選ぶ）をつなぐことができるかといったゲームを行う。

表 12-6　問題解決技能についてのレッスン例

目標：与えられた農地の図を見て，できるだけ少ない設備で農地の 90% をカバーするようなスプリンクラーシステムの計画を生成できるようになる。

教授事象	方法／メディア	教授処遇や方略
1. 学習者の注意を喚起する	ビデオやアニメーション	矩形の土地におけるスプリンクラーのカバー範囲を示した図をいくつか見せる。あるものは広範囲をカバー（90%）し，あるものは未成功（70%）に終わり，あるものはとても多くのスプリンクラーヘッドを用いている。これらをすばやく見せ，それらの違いについて気づかせる。
2. 学習者に目標を知らせる	教師	解決すべき問題は，図示された土地に最も効果的なスプリンクラーシステムを計画することである。少なくとも 90% をカバーし，パイプの長さと散水バルブの数を最小にしなければならない。
3. 前提条件を思い出させる	教師と OHP やパワーポイント	適用可能なルールを学習者に思い起こさせる。スプリンクラーヘッドは円形もしくは部分円で用いられるため，①円形の面積，② 3/4 と 1/2 円形の面積，③矩形の面積，④円形と直線でつくられる変則的な形の面積などの計算の仕方を思い起こさせておく。
4. 新しい事項を提示する	教師と OHP やパワーポイント	一般的な用語で再び問題を示すとともに詳細な条件を付け加える。① 50ft × 100ft の矩形の土地，②スプリンクラーの半径は 5ft，③水源は土地の中心
5. 学習の指針を与える 6. 練習の機会をつくる	教師と OHP やパワーポイント	学習者はスプリンクラーの試験的なレイアウトを考え，書き表し，相対的な効率を計算する。ルールが正しく適用されていないように見えるプランには，学習者に対してさまざまなオプションがあることを知らせる。たとえば，「コーナーに 1/4 円のスプリンクラーヘッドを用いてより効果的にしてみたら」などや，「重複しているところがとても多いように見えるけど，10% はカバーしなくてもいいんだよ」などと声をかけながら，スプリンクラーの配置にどのルールを活用しているのか問いかける。
7. フィードバックを与える	教師の口頭による説明	適切な方向で考えているとき，よい方向であることを確認する。もし，学習者に可能性がある解決方法がみえていないならば，たとえば，「4 つの円をすれすれに描いてみたらどう？　その円のエリアを計算してごらん。その後に円を囲むように矩形を書いて，そのエリアのカバー率を計算してごらん」といった提案をする。
8. 学習の成果を評価する	教師	別の形や大きさの土地で，同じ形のスプリンクラーを用いて解決する別問題を提示する。カバー率と設備の使用量の点から，学習者が考えた解決策の効果をチェックする。
9. 保持と転移を高める	ワークシート	土地の形や水源の位置，スプリンクラーのカバー率を変えた，いくつかの別問題を提示する。学習者がこのような新しい状況に適した問題解決をどのように導き出すのかを評価する。

表12-7 言語情報についてのレッスン例

目標:「合衆国の独立宣言の立案者にならうならば,どのような真実が自明と考えられるだろうか?」という質問に,学習者なりの言葉で真実について述べることができるようになる。

教授事象	方法／メディア	教授処遇や方略
1. 学習者の注意を喚起する	教師	「1776年,この大陸のイギリス植民地は,母国イングランドからの独立を宣言した。彼らはどんな理由でこのような大胆な宣言をしたのだろうか」と教師は語る。
2. 学習者に目標を知らせる	教師	真実は自明であると考えたことにはいくつかの理由がある。本レッスンでは,この「真実」について学ぶ。
3. 前提条件を思い出させる	黒板と配付資料	この場合の前提条件は文章もしくは文章中の言葉から意味を得ることである。定義される必要があったであろう言葉の意味は,self-evident(自明な),endowed(与えられた),unalienable(奪うことのできない),instituted(組織された),deriving(根源となる)であろう。構文上の文構造もまた,認識され理解される必要がある。
4. 新しい事項を提示する	配付資料	独立宣言から,関係のある文の一節を提示する。
5. 学習の指針を与える	配布資料にリストと評価の記入欄を入れる	①「すべての人間は生まれながらにして平等である」において,「真実」を数え上げさせる。それぞれの「真実」について,他の有名な考え方と関連づけながら彼らなりに深めさせる(例:「生きる権利」は死刑制度論争と関連し,「自由の権利」は人質を取ることと関連する)。
6. 練習の機会をつくる	学習者に反応を読ませ,別の反応を引き出す	「どんな真実が自明であると考えるか?」という質問に,その一節を復唱させることなく答えさせる。
7. フィードバックを与える	教師	その一節の意味についての学習と保持を確認する。間違いや抜け落ちているところがあれば修正を与える。
8. 学習の成果を評価する	教師	文章全体を思い出すことを求め,「意味単位」の観点で採点する。
9. 保持と転移を高める	教師	言語情報は,練習される(用いられる)ときに最もよく思い出される。独立宣言の中で提案されたそれぞれの「真実」について,イギリス政府はどんな反応をしただろうかと質問をする。他には,「なぜ植民地の人々は,そのような権利が侵されていると感じたのだろうか?」といった質問もある。このような種類の練習によって,学習した言語情報を活用させる必要がある。

表12-8 態度についてのレッスン例

目標：コレステロール値を低く抑えるために，脂質やカロリーが低い食品を選ぶようになる
（注：本レッスンは，子どものためではなく，高コレステロールに悩む大人向けである。また，本クラスは事象6〜8を1週間ごとに続ける）。

教授事象	方法／メディア	教授処遇や方略
1. 学習者の注意を喚起する	ビデオやアニメーション	脂質が多く含まれる食品（バター，アイスクリーム，ペストリー）とともに動脈を詰まらせた心臓のイメージを示す。対照的に，脂質が少ない食品（サヤインゲン，セロリ，魚）とともに動脈に詰まりがない心臓のイメージも示す。そして，「あなたはどちらの心臓がほしいですか？」と問いかける。
2. 学習者に目標を知らせる	看護師が話しているビデオ	「このワークショップの目標は，カロリーや脂質が低い食品の摂取によって，コレステロール値をコントロールする方法を理解することです。」（背後に隠された課題は，学習者がそれを選択するようになること。）
3. 前提条件を思い出させる	看護師が話しているビデオ	一般的な食品の中でカロリーや脂質を含むものを思い起こさせ（教え），その中でカロリーや脂質が高いものと低いものについて言及する。また，ダイエットと運動とのバランスについても強調する。
4. 新しい事項を提示する	教師またはビデオ	本レッスンの内容は，よい栄養摂取のモデルとしてふさわしい人によって紹介されるべきである。
5. 学習の指針を与える	教師またはビデオ	このモデルは尊敬され，信頼できる人である必要がある。食品選択の変更について説明し，それに伴う体重の変化，結果としての満足感について語る。このモデルによって伝えられるメッセージは，「私ができるんだから，あなたもできるはず」というものである。
6. 練習の機会をつくる	OHP，パワーポイント，ワークシート	先週1週間に食べたもののレポートを作成させる。この際，どの食品をどういった状況（食中，食間）で選択したのかについても含めるようにさせる。
7. フィードバックを与える	教師	食品摂取についての自己レポートにおいて，望ましい選択を示したものに肯定的なフィードバックを与える。賞賛や支援を与えつつ望ましい選択（望ましい行動への傾向）を再確認する。
8. 学習の成果を評価する	教師	態度は目立たない指標で評価する。学習者を何週間にもわたって観察し，非日常的な体重の増加を避けることができているかどうか，食品選択についての会話の中に前向きな発言があるかどうかをみる。
9. 保持と転移を高める	ワークシート	態度は環境からの支援によって強化される。支援グループによるウィークリーミーティングで個々人の努力を支えることができる。

統合的なゴール：複数の学習目標のためのレッスン計画

インストラクションの中で，複数の学習目標が存在することはよくある。また，しばしば単一のレッスンから大きな単元が形づくられることもある。第9章で議論したように，インストラクションは学習者を，ガニェとメリル（Gagné & Merrill, 1990）がエンタープライズと呼んだような包括的な目的へと向かわせるものであるべきだろう。たとえば，インストラクションの後で，学習者は「分析（denoting）」や精緻的な議論を行うことによって，新しい知識を活用することが期待される。この「分析」をするためには，言語情報，態度，関連する概念やルールなどを含む多種多様な学習成果の統合を必要とするだろう。

第8章で紹介したICMは，統合的なゴールを異なった領域からなる要素目標に分解するための1つの方法である。ここでは，異なった領域にまたがった複数の学習目標を持つ場合のレッスン設計と，単一の目標のためのレッスン設計とがどのように異なるのかについて説明する。レッスン系列の計画過程において，教授マップを描くことは有益である。これらのマップは，コースをデザインする中で生じる系列化の3レベルに対応させて描き表すことができる。このようなマップでは，異なった領域からなる目標を統合しているようすが概観できるとともに，より大きなゴールへ到達することを支援するためにそれぞれの目標が果たすべき役割を視覚的に表現できる。図12-2は，伴性形質の遺伝的性質についてレッスンを行うためのマップである。このレッスンでは，多くの目標のためのインストラクションを相互に結びつけることが可能であると容易にわかる。たとえば，教師はAとBの言語情報に関する学習目標を寄せ集め，その両者に関係づけられたコンテンツを1度に示すかもしれない。

インストラクション活動の計画

複数の学習目標を持つレッスンと単一の目標を持つレッスンとの計画における主な違いは，教師やデザイナーが教授事象をどのように提示すべきかにある。レッスン設計のための私たちのモデルでは，教師やデザイナーが目標や教授事象をグルーピングしてインストラクション活動に仕立て上げることによって，レッスン方略を決定することを提案している。インストラクション活動とは，教師がすること，もしくは生徒にさせることをさす。1つのインストラクション活動が，1つもしくはそれ以上の目標のための1つもしくはそれ以上の教授事象として機能する。たとえば，ビデオ教材を見せることは1つのインストラクション活動である。その活動の目指すものは，学

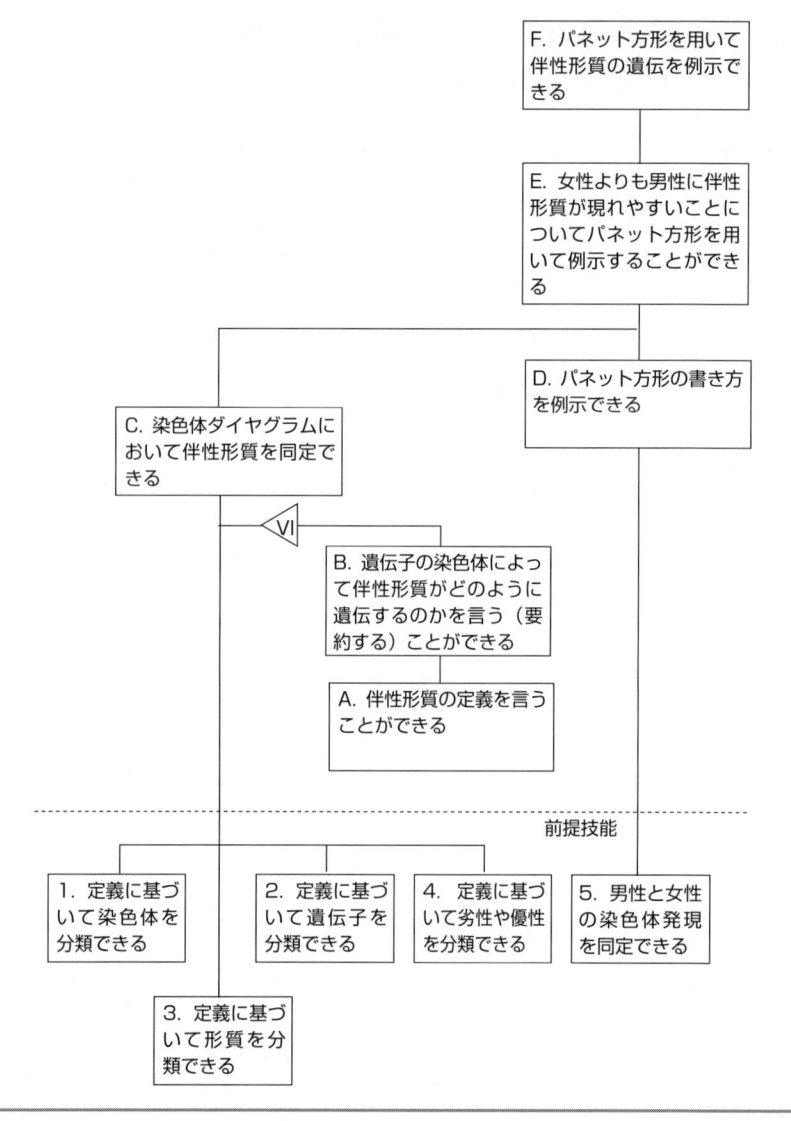

```
                                    ┌─────────────────┐
                                    │ F. パネット方形を用いて │
                                    │ 伴性形質の遺伝を例示で │
                                    │ きる            │
                                    └────────┬────────┘
                                             │
                                    ┌────────┴────────┐
                                    │ E. 女性よりも男性に伴性 │
                                    │ 形質が現れやすいことに │
                                    │ ついてパネット方形を用 │
                                    │ いて例示することができ │
                                    │ る             │
                                    └────────┬────────┘
                                             │
                                    ┌────────┴────────┐
                                    │ D. パネット方形の書き方 │
          ┌──────────────────┐      │ を例示できる       │
          │ C. 染色体ダイヤグラムに │      └─────────────────┘
          │ おいて伴性形質を同定で │
          │ きる           │
          └────────┬─────────┘
                   ◁VI▷
              ┌────┴─────────────┐
              │ B. 遺伝子の染色体によっ │
              │ て伴性形質がどのように │
              │ 遺伝するのかを言う（要 │
              │ 約する）ことができる │
              └─────────┬────────┘
                        │
                 ┌──────┴──────┐
                 │ A. 伴性形質の定義を言う │
                 │ ことができる     │
                 └─────────────┘
```

―――――――――――――――――――――――――――――――――――― 前提技能

| 1. 定義に基づいて染色体を分類できる | 2. 定義に基づいて遺伝子を分類できる | 4. 定義に基づいて劣性や優性を分類できる | 5. 男性と女性の染色体発現を同定できる |

| 3. 定義に基づいて形質を分類できる |

図12-2　伴性形質についての遺伝学レッスンの教授カリキュラムマップ（ICM）

習者を動機づけることや，学習内容を提示すること，もしくはその両方だろう。同様に，1クラスを2つのチームに分け，学習したルールを使って競争するゲームを取り入れた場合は，動機づけにもなるし，彼らが何を知っているのかを披露する機会（つまり，教授事象の1つである「練習の機会を与える」）にもなる。それぞれのレッスンは，1つもしくはそれ以上のインストラクション活動から構成され，既定の枠組みの中で行われることになる。オンラインコース中の1レッスンのように，個人ペースで行う自学自習のレッスンでさえ，既定された時間内で完結するように計画される。CBT（computer-based training）において，これは，**学習者の相互作用時間**もしくは**コースウェア完了時間**として知られている。デザイナーの仕事は，指定された時間分のインストラクション活動を計画することである。これをするためには，図12-3に示すような「目標と時間軸の表（objectives/time-line matrix）」と呼ばれるものをつくることができるだろう。「目標と時間軸の表」を用いてレッスンをデザインするためには，前提技能から高次のスキルに向かっていくことと，情報処理を促進する順序でインストラクション活動の中に教授事象を組み入れることが指針となる。

　図12-3は，図12-2に示したレッスンレベルのICMの内容を「目標と時間軸の表」として表したものである。表の左側には，レッスンの学習目標が教える順番で並んでいる。表の下に示した時間軸は，各目標を教えるために必要とされる学習活動に対する，望ましい総時間数を表している。この例では，このレッスンに対して合計で115分が見積もられている。表のセルには，組み入れられた教授事象の番号が書かれている。複数の目標もしくは1つの目標に対して，教授事象をいくつかまとめて実現できることが読み取れるだろう。

図12-3の詳細な説明

活動a　　はじめに，インストラクターに約5分間を預け，学習者の注意をひきつけさせる。ビデオ教材を見せたり，さまざまなWebサイトへアクセスしたりして，伴性形質の例（男性型はげ頭症，赤緑色覚異常，血友病，デュシェンヌ型筋ジストロフィーなど）を示す。

活動b　　次に，インストラクターは約7分を割き，前提スキル1〜5（図12-2参照）を復習する。以前のレッスンを確認することで保持と転移を高める（教授事象9）と同時に，本時に達成すべき目標のための前提条件を学習者に思い出させる（教授事象3）こととなる。OHPやプレゼンテーションソフト上のスライドを用いながら，染色体や遺伝子（劣性や優性）について復習することになるだろう。

活動c　　この活動は，約5分間続く。インストラクターが，「このレッスンでは，

目標 / 活動	a	b	c	d	e	f	g	h	i	j	k	l	m	n	
F. パネット方形を用いて伴性形質の遺伝を例示できる	1										4	5	6,7	9	
E. 伴性交配についてパネット方形を用いて例示できる	1														
D. パネット方形の書き方を例示できる	1				2			4	5-7						
C. 染色体ダイヤグラムにおいて伴性形質を同定できる	1	3			2		4								
B. 遺伝子の染色体によって伴性形質がどのように遺伝するのかを言う(要約する)ことができる	1	3	2	4	2,4	5-7									
A. 伴性形質の定義を言うことができる	1	3	2	4											
5. 男性と女性の染色体発現を同定できる		9													
4. 定義に基づいて劣性や優性を分類できる		9													
3. 定義に基づいて形質を分類できる		9													
2. 定義に基づいて遺伝子を分類できる		9													
1. 定義に基づいて染色体を分類できる		9													
各目標に対するインストラクション活動の時間（分）	5 a	7 b	5 c	11 d	10 e	8・10 f	5 g	5 h	5 i	7 j	15 k	5 l	7 m	12 n	~115 総時間数

図 12-3　図 12-2 のレッスンのためのインストラクション活動における目標 / タイムライン系列と時間配分（各活動における外的教授事象のグルーピングを同時に示した）
教授事象：1．学習者の注意を喚起する　2．学習者に目標を知らせる　3．前提条件を思い出させる　4．新しい事項を提示する　5．学習の指針を与える　6．練習の機会をつくる　7．フィードバックを与える　8．学習の成果を評価する　9．保持と転移を高める

伴性形質とは何であり，それがどのように遺伝していくのかについて最初に学びます」と話すことによって，学習者にAとB（図12-2）の学習目標が何であるかを知らせる（教授事象2）。これらは言語情報の目標であることに注意してほしい。これらを最初に教えるように計画するのは，前提技能として必要とされるからではない。主な

学習目標となる知的技能の目標C, D, E（図12-2参照）への移行を手助けするための，支援的な文脈を与えるからである。

活動d　約11分間続く活動dにおいて，インストラクターが伴性形質の定義を示すことによって，目標AとBについての刺激情報を提示する（教授事象4）。

活動e　約10分間続く活動eでは，インストラクターが，染色体対の伴性形質に関連する特性を新しい写真やスライドを使って見せながら，目標Cのための学習目標と刺激となる材料（教授事象2および4）を提示する。インストラクターに，3つの例 X_cY, X_cX, X_cX_c を用いて，それぞれの遺伝子がどのようにX染色体を受け継ぐのか説明させるだろう。

活動f　活動f（8分間）では，以下のような質問を学習者に問うワークシートを配ることによって目標Cのための練習機会（教授事象6）をつくる。

1. X_cY は伴性形質を示しているだろうか？　それはなぜ？
2. X_cX は伴性形質を示しているだろうか？　それはなぜ？
3. XY_c は伴性形質を示しているだろうか？　それはなぜ？

この練習を，活動fの中でフォローするため，インストラクターに学習者とともに正解を確認（教授事象7）させる（10分間）。

活動g　インストラクターは「これからみなさんは，これらの形質はなぜ女性よりも男性に多いのか，そして，その形質が発現するかどうかがどのように決まるのかについて学びます」などと話して，学習者に目標DとEを提示する（5分間）。

活動h　5分間ずつ用いて，インストラクターが目標DとEについてそれぞれ刺激教材を示す。ここでは，異種交配により発生する可能性を見出すための，パネット方形（下記）の書き方を提示する。

		Female	
		X_c	X
Male	X	XX_c	XX
	Y	X_cY	XY

活動i　次に，インストラクターは目標Eのための刺激教材としてパネット方形を用い，子孫に存在する可能性がある染色体と遺伝子の組み合わせを提示する。

活動j　次に，インストラクターは目標Eのための学習の指針と練習の機会を学習者に与え，フィードバックを行う。ワークシートを配り，異なった例を用いて学習者にパネット方形を埋めさせる方法をとる。

活動k 約15分間かけて,「Y染色体はX染色体内の劣性遺伝子を隠すことがないため,伴性形質は常に男性に確認される」という規則のための刺激教材をインストラクターが提示(教授事象4)する。

活動l 5分間かけて,目標Fのための学習の指針を提示する。ここで再びパネット方形を示し,その形質の発現はセルを調べることによって決定できるということを,以下の中から少なくとも2つの例を用いて解説する。

$$X_cX; X_cY$$
$$XX; X_cY$$
$$X_cX; XY$$

ここで,2つのX染色体が劣性形質を運ぶときだけ劣性形質が女性に発現するということを表す。キャリアという概念もあわせて導入する。

活動m 約7分間かけて,形質の発現決定についての規則を適用するいくつかの問題を学習者に解かせる(教授事象6)。

ここで,いくつかの異種交配についてたずねる。

1.男性は形質を示すだろうか?
2.女性は形質を示すだろうか?
3.男性もしくは女性が形質を示さない,または受け継がない確率は?

インストラクターは,学習者からの反応へフィードバックを与える(教授事象7)。

活動n 最後に,保持と転移を高める(教授事象9)ために約12分間をかけ,伴性交配に関連する文章問題を学習者に与える。「もしあなたの母方のお祖父さんがはげていたら,あなたもはげる可能性はどのくらいあるだろうか」とインストラクターが質問を投げかけながら,このレッスンと次に続くレッスンでの課題との関係を解説する。

当然ながら,デザインの過程で各活動に割り当てた時間配分は推定にすぎない。そしてそれは,教科領域の専門家(SME)の経験に照らして推定されることになる。しかしながら,学習目標とそれに結びつけられた教授事象を考慮しながらデザインすることが,望ましい教授事象を確実に含めるための1つの方法となる。

インストラクション活動の系列化とメディアの選択

教師や研修担当者は,レッスンの枠組みの中で,どの教授事象を組み込み,どれを省き,どれを複数の目標と相互に結びつけるかなどについての裁量範囲を広く持って

いる。しかしながら，系列化時に前提技能について考慮するならば，補助的な目標に関するコンテンツをはじめに提示し，その後にターゲットとなる目標に関するコンテンツを示すことでより効率的な方略を達成できる。

　以前に言及したように，目標と時間軸の表をつくるのと同時に，教授方略として各活動の中で何を行うのかレッスンプランニングシートへ記述する。ここで，メディアや実施方法の属性について検討し，レッスンでどのように教授事象を提供するのか考える。私たちのモデルが提案する一貫した原理は，以下の２つである。①インストラクションの効果は，メディア，配信方法，そして教授事象を提供するために用いられる教授方略が持つ力に依存している。そして，②教授事象の選択は，学習成果の種類や学習者の特徴に依存している。

　もし，メディアや実施方法を選択する前に，処置や方略を決定できるのであれば，デザイナーはかなり広い選択範囲の中からそれらの決定を下すことができる。これはIDのための**オープンメディアモデル**（Briggs & Wager, 1981）として示されてきた。それとは対照的に，もしメディアや方法がすでに選択されている場合には，用いるメディアや方法の制約を考慮しながら教授方略を決めなければならなくなるだろう。たとえば，図12-3では，教師が介在する教室内での実施システムにおいて，どのような方略を用いることができるのかという例を示した。もしこのレッスンがオンライン配信向けに設計されるならば，そこで用いられる方略は非常に異なってくる。注意をひくためにアニメーションや漫画を用いたり，刺激教材を提示するために，グラフィック，アニメーション，ビデオ，あるいは音声ナレーションを用いる。練習や評価のためには，自動でフィードバックが与えられるインタラクティブな練習問題や「ブランチング（分岐処理）」を用いるだろう。もしそのレッスンが，印刷されたテキストを用いて行う個人ペースのインストラクションならば，同様に方略が変更されるだろう。第11章で議論したように，学習者が読解力に乏しいと想定される場合，視覚的に表示される練習やフィードバックが必要になるため，メディア，実施方法，教授方略の決定は最も重要になる。

インストラクション開発の役割と活動

　デザイナーは，多くの種類のメディア，実施方法，教授方略が選択可能である。レッスンやコースを開発する教師や研修担当者にとって，これらのものは学習活動へ適用することができる範囲でのみ価値を持つ。メディア，方法，方略を最適に用いるためには，教師や研修担当者はそれらの活用によって効果的に実現可能な教授事象は何

かについて適切に理解した上で，レッスン計画の中に注釈として書きとめる必要がある。そうすることで，利用可能なメディア，方法，方略を用いながら，必要とされるすべての教授事象を実現するレッスン計画を作成することができる。

　新しい教材を開発するとき，インストラクショナルデザイナーと教科領域の専門家（SME）は，学習タスクを分析したり，適した実施システムを決めたり，レッスンのための処置や全般的な教授方略を準備したりするために，しばしば連携して作業する。この過程の中で，デザイナーと SME は既存の教材についてレビューし，それらを新しいコース内で利用することが妥当かどうかを検討する。そして，教師や研修担当者がするように，どの教授事象，学習活動，レッスンに既存の教材が関連しているか（使えそうか）を見定める。この時点で，デザイナーはまだ実現されていない教授事象や活動をどのように補うかについても決定する必要がある。デザイナーは，選択したメディア，実施方法，教授方略がどうしたら教授事象を最も適切に支援できるかに関心を向ける。その際，表 12-1 や表 12-2 で例示した教授事象と学習の条件が，レッスン設計に指針を与えるだろう。レッスン設計をまるで「料理本のレシピ」のような完全な正確さで示せるほどにまで，学習活動の選択や開発のプロセスが特定化できるようになるとは思えない。レッスン設計とは，科学であるのと同じ程度に芸術でもある。教授事象を応用することで，学習について今現在私たちが知っていることに基づいた，レッスンの構築や形成的評価後に行うレッスン改善の手助けとなる着眼点が得られるのである。

⇒ 要　約

　本章では，①コース，単元，トピックのそれぞれにおけるレッスンの系列化，②効果的な学習の条件を各レッスンの教授事象へ組み入れた個々のレッスン設計，という 2 つの主な活動の仕上げとして，レッスン設計を扱ってきた。

　レッスン系列の決定については，学習成果の領域ごとに分けて議論した。知的技能以外のタイプの学習成果について系列を決定する際には，他の点も考慮する必要が生じる一方で，知的技能目標に関するレッスン系列を設計するためには，学習階層図を利用することが最も重要な点であることを示した。

　レッスン中のそれぞれの教授事象を成功させるには，目標として示されている学習成果に適した学習の条件をレッスン中へ組み入れる必要がある。レッスン設計をする際には，直感・工夫・創造性・経験のすべてが有用だが，関連する学習の条件を参照し，さまざまな望ましい機能を確実に利用することによって，イン

ストラクションの質を磨くことができる。

本章ではまた，①レッスンの目標をリスト化する，②望ましい教授事象をリスト化する，③教授事象が達成されるよう，メディア・教材・学習活動を選択する，④教師，研修担当者，デザイナーの役割を整理する，といった，レッスン設計の4段階についても議論した．具体的には，伴性形質の遺伝に関する複数の目標を持つレッスン設計を例として取り上げ，教授事象やその処置と教師の活動の方略について，タイムスケジュールを示した．

カリキュラム全体をチームで設計するにしても，単一のコースを1人の教師が設計するにしても，レッスン設計にいたるまでは同じIDのステップを踏んで行われる．しかしながら，レッスン設計においては，個人ペースの自学自習教材を設計するデザイナーは，レッスン中に必要とされる学習活動をどのように提供するのかをあらかじめすべて決定しなければならないのに対し，教室で授業をする教師は，自分がレッスンに何を持ち込むべきか（どのような役割を演じるべきか）を検討する必要がある．だが，この両者の設計目的は等しく，それは，すべてのレッスンやモジュールに対して，効果的な学習の条件を教授事象として組み入れるということにある．

第13章
学習者のパフォーマンス評価

　インストラクションは，何種類かの能力の学習のために設計され，学習者のパフォーマンス向上によって証拠づけられる。前章では能力の5つの領域が示され議論された。すなわち，知的技能，認知的方略，言語情報，運動技能，そして態度である。多くの学習は，毎日の生活経験の中で，学校の外で起こるにもかかわらず，学校は，組織的な方法以外では達成しにくい目標に向けて，カリキュラムとインストラクションを編成し提供する責任を負う。計画されたインストラクションの成果は，学習者がさまざまな能力を習得したことを表すパフォーマンスとして示される。インストラクショナルデザイナー，教師や研修担当者ともに，クラス全体として，また，学習者個々に対し，どのくらいインストラクションが成功したかを判断する方法を必要とする。アセスメントは，新しく設計されたインストラクションが，その目標に達したかどうかを示すものである。本章では，学習者のパフォーマンスについてのアセスメントを行うための手続きを開発することによって，これら両方の目的がどのようにかなえられるのかについて議論していく。

　本章では，**アセスメント**（assessment）という言葉をパフォーマンスの測定として用い，**評価**（evaluation）という言葉を，評定（A, B, C），あるいは質（すぐれている，普通，不十分）のどちらかを用いたアセスメントの解釈として用いる。**テスト**という言葉を，ある目標において記述されたパフォーマンスを評価するために用いられるすべての手続きを表すための用語として用いる。**テスト**という言葉は，記述式テストと口頭式テストと同じように，エッセイ，音楽作品，（建築などの）模型，あるいは芸術作品などのような学習の成果物を評価するための手続きすべての形式を含む。**アチーブメント**テストという言葉よりも**アセスメント**という言葉を用いる。なぜなら，アチーブメントテストはしばしば，本章で議論する集団準拠測定と関連づけられるからである。ここでは，**テストとアセスメント**は，目標準拠のパフォーマンス・アセスメ

ントを表すために用いている。

評価のタイプ

評価を意思決定のためのデータの収集と分析と定義する。基本的に2つのタイプの評価がある。それは，**基準準拠**（criterion-referenced）**評価**と**集団準拠**（normative-referenced）**評価**である。その違いは，評価の目的と基準がどのように設定されるかに基づいている。基準準拠評価においては，たとえば90％以上がAというように，パフォーマンスに対する基準はアセスメントの前に設定される。すなわち，満足できるパフォーマンスの基準は前もって学習者に知らされており，もしあるクラスのすべての学習者が基準に到達した場合は，インストラクションが成功したとみなす。基準準拠評価の目的は，単に学習者が基準に到達したかどうか，もし到達していないならば，どのレベルに到達したかをみることである。

集団準拠評価における基準は，クラス全体のパフォーマンスの関数として，アセスメントの後に設定される。これは一般的には，テストにおける平均得点を中心とした分布として解釈される。集団準拠評価の目的は，学習者のパフォーマンスに基づいて彼らを比較することである。評定は，学習者の達成度が他の学習者と比較してどのあたりに位置するかをもとに決定される。集団準拠評価システムにおいては，すべての学習者がAに到達することはできない。なぜなら，そうならないように基準が動くからである。

コースの目標についての学習者のパフォーマンスインストラクションの効果を同時に評価するために，基準準拠評価の考え方を取り入れた**目標準拠テスト**（objective-referenced test）が最適なアセスメントのタイプであると考えている。本章では，それに焦点をあてる。SATやGREのような基準準拠評価の使用については後の章で議論していく。

アセスメントの方法

多くの異なるアセスメントの方法がある。ここでは，真正な（authentic）アセスメントおよびルーブリック（rubrics）を用いたアセスメントを考察していく。

真正なアセスメント

　真正なアセスメントとは，現実生活の文脈においてパフォーマンスを測定しようとする試みである（McAlpine, 2000）。全体像を捉え，複雑な相互関係を考え，複合領域的なアプローチを重視する手法である。トンバリとボーリッヒ（Tombari & Borich, 1999）は，ケラー（Keller, 1987, 1999），および第6章で述べられているように，真正な学習とアセスメントを取り入れると，学習者は現実生活の問題解決，およびアセスメントに留意するようになり，内発的な学習意欲を高めると指摘している。現実性の高さが学ぶこと自体に報酬を予感させ，学習者をより高いレベルのパフォーマンスへ動機づける。真正なアセスメントは，作家，エンジニア，建築家，そしてビジネス人が成し遂げるパフォーマンスとして，大人社会の典型的な活動，課題，あるいは挑戦の種類を反映し，学びの意義（関連性）を高める（McAlpine, 2000）。

　真正なアセスメントには，次を含む多くの方法で学習成果が反映されている。①本，演劇，地図，および展示品のような成果物。②習得，体系化，情報利用におけるスキルと並んで，分析，総合，評価，および創造力などを含めた高次の思考のような認知的プロセス。③実験と研究を行うこと，発見を発表すること，あるいは演劇で演ずることのようなパフォーマンス。④文化の多様性，科学，あるいは個人やグループへインタビューすることなどに対する態度と社会的スキル（McAlpine, 2000）。

真正なアセスメントとインストラクショナルデザイン（ID）との関係

　インストラクショナルデザイナーは，インストラクションを計画し開発する際に，目標，方法，そしてアセスメントを合致させようとする。いうまでもなく，学習者には，知識やスキルがどのように使えるのかという視点から，自分が学習しているものの関連性に気づいてほしい。真正のアセスメントは，アセスメントを学習目標やより高次のレベルの成果へ結びつけようとする。もし学習者に批判的思考や問題解決ができる人になることを望むのであれば，その目標にふさわしいタイプのアセスメントを用いて，彼らに挑戦させなければならない。そしてさらに，学習者がこれらのスキルを学習できるように，学習環境と活動を設計しなければならない。バンダービルト大学のジャスパー・ウッドベリープロジェクト（CTVG, 1990）は，どのように問題解決スキルが教えられ評価されるかの一例である。ジャスパー・ウッドベリーは，生活によくあるような多くの問題場面に主人公ジャスパーを立たせるビデオ教材である。学習者はそのビデオを見て，ジャスパーが直面する課題を与えられる。それから彼らは，たいていはグループで，その問題を解決することになり，彼らの解決策をクラス

全体に発表する。ジャスパーの問題を解決する過程において，多くの異なるタイプの結果が学習される。その中で，正確に評価されるべきものは何であろうか？　数学的スキルはあるタイプのアセスメントを必要とし，問題解決スキルは別のアセスメントを必要とし，そしてプレゼンテーションスキルはさらに別のアセスメントを必要とする。グループの解決策を発表するときのパフォーマンスのアセスメントは，プレゼンテーションスキルの真正なアセスメントの一例になるだろう。

　真正なアセスメントは，次に示す属性によってさらに特徴づけられる（Resnick, 1987; Wiggins, 1989, 1992）。

1. 学習の文脈とアセスメントの文脈との間に密接な関係がある。言い換えれば，アセスメントが学習の中に自然に埋め込まれている。このことは，アセスメントを学習者に対してより自然なものにする効果がある。
2. 真正なアセスメントは複雑であり，多くの異なるスキルや知識の側面を含んでいる。たとえば，関連する文献を探すこと，インタビューすること，地図を作成すること，実験を行うこと，および製品を開発することが含まれるかもしれない。アセスメントは異なるスキルに関係づけられ，その結果として，真正なアセスメントはしばしば多様な解答をもたらす。
3. アセスメントの過程は，教授と学習が進むとともに，比較的長期にわたって続けられる。このことは，30分あるいは1時間で終了するテスト場面とは対照的である。ウィギンズ（Wiggins, 1989）によれば，真正なテストは，非現実的で恣意的な時間の制約を信用せず，また選択式の質問や課題も信用しない。それらは，ポートフォリオのようになる傾向がある。すなわち，本質的な課題とスキルについての長期的な能力を評価することを使命としている。
4. 真正なアセスメントは非アルゴリズム的である。すなわち，行動の道筋は前もって完全に規定されていない。現実生活でのプロジェクトと同じように，全体的な計画はあらかじめ用意されるかもしれないが，驚くことが起こったり，急展開が図られたりする。いくつかの点で，課題とアセスメントに曖昧さと不確かさが多少残るだろう。なぜなら，課題に影響を及ぼすものすべては，最初に知られていないからである。
5. 真正なアセスメントは，1人あるいは小さなグループで作業している全員を対象にすることができる。ウィギンズ（1989）は，真正なアセスメントが自己調節と高次の思考を促進すると述べている。学習者は自分自身のスキルの成長をモニターし，批判的な評価や創造性を要求する課題への挑戦を受け入れていく。
6. 真正なアセスメントでは，学習者はより自律性を高める。学習者はまた，自分

の課題とアセスメントの手続きを計画することにかかわることになる。真正なアセスメントでは，管理の中心はしばしば学習者に委ねられる。たとえば，調査するトピックの選択，調査の方法，そしていくつかのアセスメントの手法までもが委ねられる対象となる。

7．ハースト（Hast, 1994）は，真正なアセスメントにおいてテストを受ける人は，受け身的になるのではなく，アセスメントの活動への活発な参加者になると述べている。学習者の弱点を強調するのではなく，何ができるかを明らかにするために設計された活動だから。同様に，トンバリとボーリッヒ（1999）は，真正なインストラクションとアセスメントが，学習者の**典型的な**パフォーマンスではなく，**最高の**パフォーマンスを生み出すために設計されることを強調している。

8．真正なアセスメントは，現実の課題に基づいた現実的な挑戦を与える。ウィギンズ（1989）は，真正なアセスメントにおける課題は，「やさしいもの」ではなく「積み上げられるもの」であることを強調している。彼は，真正なアセスメントは「努力を要する」ものであり，生じる問題を解決するために，かなりの知的活動を必要とすることを指摘している。学習者は，分析，総合，評価，そして応用といったブルーム（Bloom, 1968）の高次のレベルの思考スキルを用いるように励まされる。真正なアセスメントでは，学習者はしばしば，教科書には示されていない新しい挑戦や問題に出会う。時にはそのような問題を解決するために，新しい考え方を取り入れることが必要となる。

9．ウィギンズ（1989）は，真正なテストはしばしば，学習内容が目的としてではなく手段として習得されながら，学習者自身の研究や成果物として結実すると述べている。真正なテストは学習者の習慣とスキルのレパートリーを評価する。単に記憶したものを思い出すという方法に限定されず，1回限りの解答に付き物の運・不運を反映しない。

10．アセスメントの課題を得点化することは，幅広い得点化の技法が求められるという点で，複雑になりうる（McAlpine, 2000）。たとえば，多くの課題が単なる正解・不正解の答えを持つことはありそうもない。時には，ある特定の成果物を評価する前に得点化の基準が決定されなければならない。あるいは，尺度とチェックリストが作成されることが必要であるかもしれない。得点化の基準はしばしば学習者との連携でつくられ，時には真正な課題を得点化することは，教師にとって手腕を試されることにもなりうる。もし教師がいくらかの教育評価に関する背景知識を持っていれば，それを役立てられるだろう（McAlpine, 2000）。

11．信頼性と妥当性の問題は得点化に関連する。等価なフォーム間の相関，再テストによる比較，そして折半法といった技法に基づいて，伝統的で心理測定学的な

信頼性の推定値を算出するために，同等の真正なテスト（平行形式）を2つつくることは不可能である。真正なアセスメントの信頼性を主張するためには，主に，長時間をかけて行われる「繰り返し測定」または「繰り返されるパフォーマンス」が用いられる（McAlpine, 2000）。真正なアセスメントの内容妥当性については，現実世界に沿う内容の広い領域を例として取り上げている点が強調される。また，高い予測的妥当性も主張されている。たとえば，真正なアセスメントは，長期間にわたって頻繁に用いられれば，従来の紙と鉛筆のテストよりも成人のパフォーマンスをよく予測するといわれている（McAlpine, 2000）。

アセスメント・ルーブリック

　真正な場面においてパフォーマンスを評価するときには，評価者がパフォーマンスの要素を比較するための基準リストを持つことは有益である。チェックリストの1つの様式に，**アセスメント・ルーブリック**と呼ばれるものがある。パフォーマンスに関連するそれぞれの基準に対し，たいへんすぐれている（excellent）から悪い（poor）までの質的レベルで表現した1〜2ページの文書である。表13-1に，例を1つ示す。通常，長期プロジェクト，エッセイ，または研究論文のような比較的複雑な課題に用いられる。その目的は，学習者に彼らの進行中の活動に関する有益なフィードバックを与え，最終的な成果物の詳細な評価を行うことにある（Andrade, 2003）。

　教師は毎日，クラス活動，宿題，あるいはクイズやテストでのパフォーマンスについて，正式な，あるいは略式な方法に基づいて，学習者についての判断を行っている。学習者の達成の目安（ベンチマーク）を一覧にしたアセスメント・ルーブリックは，学習成果を測定し評価するための客観的な指針を示すことに役立っている。これらのルーブリックはまた，学習をも改善する。なぜなら，プロジェクトの締め切り前にルーブリックを理解した学習者は，活動を完成させる中で，当然，評価基準に留意することができるからである（Holzberg, 2003）。

　アセスメント・ルーブリックの形式にはさまざまなものがあるが，すべてのルーブリックは，表13-1に示すもののように2つの特徴を共通に持つ。①プロジェクトや宿題における基準，あるいは「評価点がもらえるもの」のリスト，②たいへんすぐれたレベル，満足できるレベル，そして問題のあるレベル作品がどのようなものかについての説明がついた質の評価段階。

　アンドレード（Andrade, 2003）は，ルーブリックがなぜ教育において非常に広く用いられるようになったかの理由を次のように示している。

　ルーブリックは使いやすく説明しやすい。ルーブリックは人々に一目で理解させる。

表 13-1 ビジネスプランとプレゼンテーションを評価するためのルーブリック

基準	不十分 1〜4点	十分 5〜7点	すぐれている 8〜10点
ビジネスプランには，望まれる状態と現実との相違として表されるニーズアセスメントを含んでいるか？	裏づけ文書なしでのニーズに関する個人的な意見の記述がある。	信頼できる出所からの文書に裏づけされたニーズの記述がある。	データで裏づけられたニーズの記述がある。
ビジネスプランにはニーズに対応するための解決策の記述が含まれているか？	どのように解決策がニーズに合致するのかが，記述からは曖昧である。	ニーズに合致すると思われる解決策が示されている。	ニーズに合致する多様な解決策が議論され，1つの解決策が選択されている。
ビジネスプランには選択された解決策に対する理論的根拠があるか？	理論的根拠は妥当とは思えない。	理論的根拠は妥当である。	理論的根拠は，他の解決策と比較して，選ばれた解決策の利点を議論している。
ビジネスプランには実行計画とタイムスケジュールが含まれているか？	タイムスケジュールは非現実的で，経費やニーズに合っていない。	タイムスケジュールはよく，節目となる重要な段階が示され，人的資源も示されている。	実行計画は，資源の割り当てと作業スケジュールを示し，図表で表されている。
ビジネスプランには予算が含まれているか？	予算は，何の費用がかかるかの個人的な意見に基づいている。	予算の見積もりは，同じようなプロジェクトの一般的な指針に基づいている。	費用は調査され，実行計画と関連づけられている。
ビジネスプランは投資回収率（ROI）を見積もっているか？	預金額または利益は個人的な意見に基づいている。	預金額または利益はニーズアセスメントに関連づけられている。	預金額または利益は，ニーズアセスメントに関係づけられ，長期間にわたって計算されている。
そのプランは締め切りまでに提出され，形式はすぐれていたか？	遅く提出されたか，または，誤字を校正していない。	スペルと誤りのチェックに注意し，締め切りまでに提出された。	締め切りまでに提出され，よく構成され，注意深くチェックされている。

評定：56〜70点＝A（ただし，「不十分」と評価される基準がないこと）
　　　50〜55点＝B（ただし，「不十分」と評価される基準がないこと）
　　　35〜49点＝C（ただし，「不十分」と評価される基準がないこと）
　　　35点未満＝F

ルーブリックは簡潔でわかりやすい。これらの理由で，教師は学習者の活動を評価するときにルーブリックを用いることを好み，両親は自分の子どもの宿題を手伝うときにルーブリックに感謝し，そして学習者は新しい宿題が出されたときにはルーブリックを求めるようになる。

　ルーブリックは教師の期待をとても明確にする。教師の期待がルーブリックのような文書で明示的に与えられたとき，学習者は自分の評価結果の根拠をよりよく理解できるだろう。

　アセスメント・ルーブリックは，伝統的なアセスメントの形式で行うよりも，長所と改善の必要な箇所についてのより情報付加的なフィードバックを学習者に与える。作品がどうやったら輝くものになるのか，あるいは逆に，起こしやすい誤りにはどのようなものがあるのか，などが十分に書かれたアセスメント・ルーブリックは，学習者に役立つ情報を与える。学習者は，1文字だけの評定結果からは学習できない方法で，アセスメント・ルーブリックから学ぶことができる。

　アセスメント・ルーブリックは，評定（grading）に関する評価者間の信頼性を高める。複数の評価者が学習者の活動を評価するとき，彼ら全員が同じ基準を用いることは重要である。ルーブリックは基準を明確にし，評価者間における評価の一貫性をより高める。

　アセスメント・ルーブリックは，学習，スキルの向上，および理解を支える。ルーブリックと自己アセスメントによる学習とメタ認知（自分自身の思考のモニタリングと調節の行為（Goodrich, 1996））に対する効果に関する研究がある。アンドレード（1999）は，ルーブリックを用いた自己評価をすることが，内容の学習での増進に結びつくことを見出した。ルーブリックを用いた学習者には，伝統的な評価基準だけでなく，他のいろいろな基準をしばしばルーブリックから引用して言及する傾向がみられた。結論は，アセスメント・ルーブリックは，学習したものをより深く理解するのに役立つということである。

パフォーマンス測定の目的

　第2章では，学習者のパフォーマンス測定は，学校におけるインストラクションについて考えたときに，5つの異なる目的を持つことを指摘した。これらのことを次に手短に議論する。

学習者の配置（プレースメント）

　プレースメントテストはしばしば，学習者を教育カリキュラムに適切に配置することを目的にして，学習者がどのスキルをすでに習得しているかを判断するために用いられる。インストラクションの出発点を決めるために，おのおのの学習者の習得と未習得の領域の区別を示す。プレースメントテストは，個別化されたインストラクションのために最も適している。他方で，学習者がすでに習得済みのスキルを身につけるためのコースを免除するためにも用いられる。たとえば，大学相当試験プログラム（CLEP）テストの目的は，さまざまな教科における学習者の達成度を評価し，それと同じスキルを教えている大学のコースを免除することにある。

困難度の診断

　診断的テストは，前提スキルを測定するために作成される。これらのテストは，特に遅れている学習者に役立つ。特にグループでのインストラクションにおいて学習者が遅れるときは，彼らは以前に扱ったスキルを習得していない場合が多く，それゆえ後のスキルを学習することが難しい。診断的テストを用いれば，学習者は，前提スキルについての補習的なインストラクションを受けることができる。補習的なインストラクションでは，レッスンの中の同じ困難な箇所で2度めの失敗をしないように，もともと用いられていたものとは異なる方法や教材を取り入れるほうがよい場合もある。

学習者の進捗度チェック

　進捗テストやクイズはしばしば，レッスンの直後に行われ，学習者がレッスンの目標を習得したことを裏づける。進捗の「抜き打ちチェック」は，機会をとらえて，インフォーマルに実行される。コンピュータを用いた研修のような個別化されたインストラクションでは，学習者が遅れていないかどうかを彼らに知らせるために，進捗テストがよく取り入れられている。進捗テストの結果は，インストラクションにおける次のステップを計画するときに信頼できる情報を教師に与える。前に述べたように，これらのテストが目標および学習活動と合致していることは重要である。
　これらのタイプのテストやクイズは，範囲が狭く，せいぜい数個の学習目標にしか対応しない傾向がある。しかし，それらは学習者を勉強する気にさせ，それによりしだいに増えていく失敗を減らすという重要な役割を担う。抜き打ちクイズは，掲げられた目標についての実践的なテストとして用いることもできる。それらは評定に加味

せずに，むしろ，学習者が概念やスキルを学習できているかどうかを確かめ，学習者にフィードバックする目的で，授業時間内に解説を加えるとよい。

両親への報告

パフォーマンス・テストは，学習者と教師・研修担当者に，物事が順調に進んでいることを確信させるだけではなく，小学校，そしておそらく中等学校において，子どもたちがクラスで何を学習しているか，そしてどのように成し遂げているかを両親に示すための信頼できる方法でもある。一連のテストを通したパフォーマンスの傾向に着目すれば，特定の学習者の持つ学習の困難度，あるいは特別の才能が明らかになるだろう。

インストラクションの評価

パフォーマンス・テストは，インストラクションを評価し改善するための非常にすぐれた方法である。よく設計された教材は，個人，小集団，そしてフィールドテスト場面における大人数の集団を用いて，**形成的評価**（formative evaluation）の実施と修正を行う。おのおのの学習者によって達成されたパフォーマンス・テストにおける合計得点には，教材の全体的な成功の度合いがはっきりと示される。大部分の学習者がどの項目を達成し，どの項目は達成されなかったかを示す項目分析もまた重要である。項目ごとの得点は，インストラクションが改善される必要がある箇所を決めるために，特に役に立つ。形成的評価のための技法は，第16章でさらに議論される。

パフォーマンス・テストはまた，インストラクションの**総括的評価**（summative evaluation）を行うためにも用いられる。これらの評価は，コースの修正が終わり，修正されたコースが実施された後に行われる。総括的評価は，個人が習得したスキルを正式に確認する（通常は評定で示される）と同時に，インストラクションの全体的な効果を判断するために用いられる。総括的評価のための手続きは，ポファム（Popham, 1975），ディックとケリー（Dick & Carey, 1996），そして本書の第16章で詳細に述べられている。

パフォーマンス測定を準備するための原則は，レッスンのテストや，トピック全体のテスト，あるいはより大きな学習単位に対するテストの作成と同様である。本章の残りでは，特定の目標についてパフォーマンスを測定することに対する妥当性の点から，テストについて議論する。特定の目標とは，コース，単元，1回のレッスンの目標，あるいは下位目標のいずれをも含む。

目標準拠アセスメントのための手続き

目標準拠アセスメントという用語は，学習を評価するためには，目標として示されたパフォーマンスを**直接的に**測定するテストや他のアセスメントの手続きをつくる必要があるということを意味している。そのようなパフォーマンス測定によって，目指されたパフォーマンスの能力がインストラクションの結果として達成されたと推定できる，ということが可能になる。インストラクションを始める前，教師は普通，学習者の初期段階での能力を判断するために彼らに事前テストを行う。学習者の事前テストの得点が出されると，彼らは必要のないインストラクションを省略することができる。インストラクションの後で，教師は学習目標をカバーする事後テストを行うことによって，学習者のパフォーマンスを評価する。

パフォーマンス目標は，パフォーマンス・アセスメントを計画するための中枢である。目標を正確に表すためには，**動詞**の書き方が決定的に重要であることを示した（第7章）。動詞は，同様に，パフォーマンス・アセスメントを計画することにも決定的である。なぜなら動詞は，学習者がテストを行うときに，彼らが何を**する**ことが求められるのかを表しているからである。**能力動詞**（capability verbs）は，学習者が目標に含まれる**動作動詞**（action verb）が示す行為をうまく実現したとき，学習者のレパートリーにその能力が存在することが**示唆される**という意味で用いるものである。能力動詞は学習目標の**意図**を表す。他方で，動作動詞は，学習者がその意図を達成したことを**示す**ものである。

目標とテストの整合性：妥当性

目標準拠アセスメントは，パフォーマンス測定の**妥当性**確保を非常に容易にする。なぜなら，目標準拠アセスメントは目標の直接的な測定だからである。そうすることで，目標準拠アセスメントは，間接的な測定が行われるとき，あるいは明確なパフォーマンス目標への言及なしにテストがつくられたときに行われなければならないような，相関係数を用いてパフォーマンス測定を基準に関連づける必要性をなくす。テストの妥当性の問題は，次の質問に答えることによって解決できる。「テストのパフォーマンスは目標の中で示されるパフォーマンスと同じか？」。もしこの答えが「はい」であれば，そのテストは妥当である。

もしテストと目標が相互に整合していれば，目標の記述がトピックやレッスンの目的を確かに反映しているという意味で目標の記述自身が妥当である限り，テストの妥

当性も確保されている。第7章において示した目標を定義するための手続きによって，目標自身の妥当性は担保されているはずである。しかし，目標がテストに変換されたとき，時々不整合が発見されることがある。

第7章で扱ったパフォーマンス目標のいくつかを使って，テストの妥当性についての判断がどのように行われるかを説明することができる。ある目標の妥当性を推定するために，学習されるべき**能力**を示す動詞と，学習者がこの能力を表に出すときの**行動**とを比較してみよう。たとえば「タイピングによって手紙を生成する」という目標を考えよ。「生成する (generate)」というのは，学習者が，他の誰かによって構成された手紙をタイプするのではなく，むしろ，**学習者独自**の手紙を構成しなければならないことを示す。運動技能と知的技能の2つの領域が，その課題を遂行するために動員される。もし目標が，他の誰かによって構成され，手書きされた手紙をタイプすることであったならば，たった1つの領域（運動技能）のみが求められる。「生成する」という動詞は，問題解決能力（手紙を構成すること）が求められることを意味している。

第7章からの2つめの例は，学習者が，数式の中の欠けた因数を埋めることによって，ルールの使用を**例示する**という課題である。単に欠けた因数を教科書から写したり，すでに解答できた問題の値を思い出したりすることでは，この能力の妥当なテストにはならない。テストを設計するとき，意図された知的なプロセスとは別の手段によって正しい解答が出てくる可能性を最小限にするために，説明で用いられたものや教材に含まれるものとは異なる例がテストに用いられなければならない。

具体的概念の習得を示すために，学習者は図表上のそれに丸をつけることによって，概念を同定するかもしれない。このことは，概念の名称を紙に写したり，1字1字書いたりすることと同じではない。概念を言葉で説明することとも異なる。後半のパフォーマンスは役立つかもしれないが，それらは，概念を同定するという能力，または，能力が学習されたことを示すための概念に丸をつける活動の点でも，目標の意図を反映していない。

テスト項目を，対応するパフォーマンス目標と比較することによって，テスト項目の妥当性を判断する演習課題は，ディックとケリー (1996) によって示されている。

テスト場面の設計

第7章で示されたパフォーマンス目標の形式は，テスト作成の基礎として役立つ。目標の記述の5要素は，①場面または文脈，②学習される能力，③内容，またはパフォーマンスの対象，④行動，または観察可能な部分，そして⑤パフォーマンス実行時に適用される道具と制約である。すべてそろったとき，目標はテストされる場面の記

述になる。

　目標のタイプによっては、あるいは、年長の（より教養のある）学習者に対しては、いくつかの簡単な転換を行うことにより、目標をテストに変えることができる。たとえば、手紙をタイプすることに関する目標は、キーボード打鍵テストの方法の視点から記述されうる。すなわち、加えられる必要があるものは、「手書きの手紙」と「ワードプロセッサとプリンタ」だけである。目標とテストの指示は、次に示すようになる。「ワードプロセッサ、プリンタ、そして手書きの手紙が与えられると、手紙を10分以内に100%の正確さでタイプすることができるようになる」。テストを実施する人は、よい環境を保証することと、10分経過したときに「時間です」と呼びかけることと記録することを指示されるだろう。割り算の暗算をテストするために実施者がする必要があることは、割り算が適切な書式で表現されたテスト用紙を手渡して、学習者に答えをどこに記入するかを示すことただ1つである。

　第7章における要点によく従って目標を記述すれば、テストを計画するときに必要な決定事項が少なくなり、学習者への必要な指示も少なくなる。目標とテスト項目の両方とも、レッスンの目的を伝えるときと、インストラクションが終わった後にパフォーマンスのテストを行うときのどちらにおいても、年少の子どもに対しては単純な言葉で提示する必要がある。

いくつかの注意点

　テストを計画するために目標を活用する際、特に目標の記述が不完全なときは、いくつかの注意点が必要となる。

1. 目標において示された**能力**と**行動**のどちらにも、意味の変わる動詞を代用することを避ける。目標をテストに転換するために、同義語、あるいはより単純な説明を使う必要があるとき、言い直したものが目標の意図と一致していることを注意深く確認すること。たとえば、解答方法の指示を明確にするために、学習者が答えを組み立てたり、展開させたりすべきところで、単純に答えを選択したり記憶から引き出すことを指示・示唆する言葉を用いて、要求内容を変えないように注意してほしい。たとえば、目標が「自動車の燃料源を水素に変えたときの影響について3つの仮説をつくれ」であれば、多肢選択式テストから答えを選ぶことによってではなく、解答を口頭で述べたり書いたりすることによってのみ妥当なテストとなる。不十分に示された目標における動詞の意味を「推測する」ことによる曖昧さは、表7-1にある標準的な動詞を用いることによって防ぐことができる。「まとめる」「述べる」「一覧表にする」「分析する」および「完成させる」

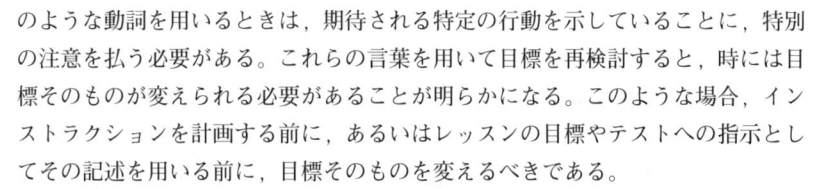

のような動詞を用いるときは，期待される特定の行動を示していることに，特別の注意を払う必要がある。これらの言葉を用いて目標を再検討すると，時には目標そのものが変えられる必要があることが明らかになる。このような場合，インストラクションを計画する前に，あるいはレッスンの目標やテストへの指示としてその記述を用いる前に，目標そのものを変えるべきである。

2．目標の他の要素を変えることは，テストに対する指示を簡単にする必要があるときを除いて，避けるべきである。よく考えた上での変更が意図されない限り，状況，目標，道具，ならびにその他の制約事項は，能力と行動を示す動詞と同様に，目標とテストの間で整合しているべきである。目標とテストの間の「最悪の」不整合は，それぞれが属する学習成果の種類が異なることである。たとえば，もし学習目標が「政治家を成功させる，すなわち投票により当選するための要因をあげよ」なのに，インストラクションがトーマス・ジェファーソンの奴隷制度に関する考え方のみで進められた場合，目標とインストラクションの間に不整合がある。もしテストが，どのくらい少数派の投票が政党の得票に影響を及ぼすかについての質問に答えることを学習者に求めた場合，最大の不整合になる。なぜならば，インストラクションそのものが，第3の種類のものになるからである。教師やデザイナーに，「目標」「テスト」そして「レッスン計画」を別々の3つの時期に作成させることを求めることはよい演習課題になるだろう。インストラクションが事実を取り上げ，テストが概念とルールの使用を求めている一方で，目標がある態度に対するものであるような不一致は十分ありうることである。

3．テストは目標より簡単でもなく難しくもなくすべきである。テストをすることのねらいは，目標を正確に表すことであり，単にテストを「難しく」することではない。

4．テストの得点が広範囲に分布すること，あるいは得点が正規分布することを目指そうとするべきではない。基準準拠パフォーマンス・テストの目的は，1人の学習者の得点が他の学習者の得点よりも高い，あるいは低いことを見つけ出すことではない。その目的は，学習者の成功を評価し，記録することにある。

完全習得という概念

完全習得（mastery）（Bloom, 1968）という考えは，アセスメントと同様に，IDについての考え方に変化を求める。従来のインストラクションにおいては，教師と学習者は，トピックやコースにおいて，少数の学習者だけがAと評価されるものだと

考えている。その他の学習者はある程度の成果を出してBやCと評価され、またある者は落第する。テスト得点を度数分布としてプロットしたときには正規曲線が描かれ、一定の割合で異なる評点が学習者に与えられる。

　ブルームら（1971）は、このような期待感が共有されると、教師と学習者双方が学習目標を不当に低いレベルに固定する傾向が生まれ、双方のモチベーションを低めると指摘している。これらの効果を生み出す特別な教育実践形態は、「集団ペース（一斉指導）」と呼ばれる。すなわち、すべての学習者が、同じ速さで、同じインストラクションの方式で学習しようと試みなければならない。ペースと学習方式の両方が固定されたとき、それぞれの学習者の達成度は、主として適性の関数になる。もし方式と速さの両方が学習者ごとに変えられるならば、より多くの学習者が成功を収める可能性がある（Block & Anderson, 1975）。

　学習者間で学習の**速さ**（rate）を変えることは、それぞれの学習者に最適の学習**方式**（mode）を決めるよりも容易である。自己ペースで行う自己学習のコースでは、速さの問題は解決され、（代わりとなる教材や教授方法が利用できるときには）学習スタイルの問題にもある程度配慮することができる。個別化されたアセスメントの診断的機能によって、学習への取り組み方を適切に再修正することにも役立つ。

　完全習得学習とは本来、適切な条件が与えられれば、おそらく90〜95％の学習者がほとんどの目標を、これまで「すぐれた学習者」だけによって達成されていた程度まで習得することができることを意味する。完全習得学習の概念は、単によく学習できる人とできない人がいるという考えを捨てさせる。その代わり、なぜ学習者が完全習得にたどり着かないのかを見出し、状況を改善する取り組みに向かわせる。学習問題を解決するためには、通常、次に示す方法の1つを必要とする。①学習時間をより多くする、②異なるメディア、方法、あるいは方略を与える、または③不十分な前提知識やスキルが何かを判断する。上記の方法のどれもが機能していないときには、教師自身が持つ個人的な知識を加えて、何をすべきかを決める。完全習得学習の全般的な目的は、大多数の学習者が、1人1人に適したプログラムによって、多くの課題をうまくこなすことのできる教材と条件を与えることにある。

完全習得の達成基準の決定

　学習者がいつ満足のいくように成し遂げたか、あるいはテストで完全習得に達したかをどうしたら知ることができるだろうか？　もし学習者が満足のいくように成し遂げなかった場合に、学習者に補習の方法を知らせるためには、どの程度詳細に結果を伝えたらよいだろうか？　学習者には、どこに努力を向ける必要があるのかを伝えな

ければならない。また，十分なフィードバックを彼らに与えるためには，教師はどのテスト項目がおのおのの学習目標に関連するかを知っている必要がある。

　知的技能の目標に対する治療的なインストラクションは，その目標の下位スキルに関する診断的テストを行うと，最もよく成し遂げられる。教師あるいは研修担当者は，最初に口頭でテストして，学習者の失敗がどこで始まったかを見つけ出そうとするかもしれない。個別化されたインストラクションではしばしば，下位スキルに関する診断的テストや練習問題を取り入れている。下位に属する能力についての診断的テストは，特にペースの遅い学習者が，それぞれの能力を次の能力の前に習得したことを確認するために役立つ。小さな失敗は，この手続きを用いて，それが全体のレッスン，トピック，あるいはコースの大きな失敗になる前に発見することができよう。頻繁にテストをすることによって，毎年のように続く失敗の繰り返しを防ぐことができる。少なくとも，特定の学習者に対してプログラムを見直す必要性があることを，学校により早く知らせることができるだろう。

　目標についてのテストに対して完全習得基準を定義することはまた，その目標に対する成功の基準を定義することでもある。最初の段階は，その目標について成功を示すためのテストにおいて，学習者が**どの程度**までうまく成し遂げなければならないのかを定義することである。次に，**何人の**学習者が完全習得基準に達したかの記録が作成される。そのとき，その目標に対するインストラクションがその設計の目標に達したかどうかを知ることが可能になる。コース全体の終わりでは，すべての目標（あるいは任意に指定された割合の目標）で完全習得に達した学習者の割合が計算される。このデータから，コース設計基準が満たされたかどうかを判断することができる。よくあるコース設計基準は，90％の学習者が目標の90％で完全習得基準に達するというものである。時には3つの設計基準が設定され，1つは成功として認められる最小限のもの，その他はより高い程度の成功を表すこともある。コース設計基準は，インストラクションを受ける学習者のパフォーマンスに対する**結果責任**（accountability）を示すために用いられる。

　テストを実施しておのおのの目標に対する完全習得のレベルを定義することによって，学習者個々のパフォーマンスを評価することが可能になると同時に，コースそのものを評価するための手段にもなる。たとえば，学習者はテストに基づいて次の活動に導かれ，テストの結果は，どこに修正が必要かを示すという意味でコースの**形成的評価**において用いられる（第16章を参照）。

　目標の完全習得を定義することと目標準拠テストを用いることは，主に，学習者の進捗をチェックし，コースがどのくらい成功したかを知るためのものである。しかし，同一のテストからのデータを，それが求められたときには，評定を割り当てるために

用いることもできる。この場合，評定はしばしば完全習得の達成度合いとして前もって設定される。たとえば，90％以上がA，80〜89％がBなどである。しかし，基準レベルを設定するときには，完全習得の意味を慎重に検討するべきである。たとえば，90％の確率で飛行機を無事着陸させたパイロットは，満足できるレベルで操縦をしているとはいえないだろう！

目標準拠アセスメントの基準

次に，各領域の学習目標に対して完全習得の基準を決める方法を考察する。各学習領域での手続きを述べていく。目標準拠テストのより網羅的な手続きは，バーク（Berk, 1984）を参照することができる。

知的技能の目標

問題解決

問題解決の目標に対するパフォーマンス評価基準を説明するために，表7-1に示した目標「ROIの見積もりを含めたビジネスプランを書くことで生成する」を用いる。

ビジネスプランをうまく得点化するためには，プランに含める必要がある要素のリストを準備することが必要である。逐語的な採点基準はこの種の目標には使えない。機械的な得点化もうまくできないだろう。表13-1は，この目標についてのパフォーマンスを評価するために用いられるルーブリックの例である。たとえ目標の記述に文法的な要求事項が含まれていなくても，ルーブリックは文法と句読法に関連した基準を含むものになっている。もし何人かの教師が同じ目標を教えているならば，彼らはアセスメントの基準を定義することに一緒に取り組むことができる。何個の活動とビジネスプランのどの側面が，文書の中に含められている必要があるかについて，あらかじめ同意を得ておく。また，最低いくつのルールが総合されていることを求めるのか，また，どの規則を必須でどのルールを任意とするかについても同意しておくことができよう。

問題解決の目標に対するテストは，「10の質問のうち8つ正解」といったような判断に基づくべきではない。基準は，たいてい質的・量的の組み合わせである。得点化には，単に解答例を用いて解答を事務的にチェックすることではなく，常に判断が求められるだろう。したがって，テストを得点化する方法についての教師間の同意の程度は，テストの信頼性を判断する上でも重要な要因となる。

ルールの学習

表7-1に示すルールの学習についての例は、「計算過程のすべてを示しながら、正の数と負の数の足し算を**書いて例示する**」である。この目標をテストへ変換するためには、まず目標を次のように拡張させる必要がある。「正と負の範囲を通して変化する物理的変数を含む例が言葉で与えられたとき、これらの値の足し算を、それらの合計が計算できるような適切な数学的表現を書くことで例示する」。このようにより詳細に記述することで、より確かなテスト項目を練り上げることに役立つ。たとえば、「街での夜の気温は17度であり、日中それは30度**も上昇した**。日中の最高気温はいくらだったか？　その夜、気温は40度落ちたが、その夜気温はいくらだったか？」のようなテスト項目になるだろう。

パフォーマンス測定に関して、残されている決定事項は、テストを何項目つくるかということである。目的が学習者が習得したものの真の測定を行うことにあることは、明らかである。慣習的に、10～20項目が、計算のルールをテストするための妥当な項目数であると考えられるだろう。しかしながら、ラスロップ（Lathrop, 1983）は、逐次解析（Wald, 1947）の合理的な仮定を用いることによって、完全習得と非完全習得についての決定が、わずか3項目でもできることを示した。多様なテスト項目を用いるねらいは、主に、1つの項目の望ましくない特異的特徴のために生じる測定誤差を避けるためである。テストの望ましい長さを決めるための追加的な手続きは、バーク（1984）によって編集された基準準拠テストの構成に関する書籍に述べられている。

定義された概念

定義された**概念**を測定する例として、次の目標を用いることとする。「地球上の観察者とその上空を写した写真が与えられたら、観察者から垂直の上空における点として**天頂**を分類できる」。ここでも、目標の記述で示された場面は、テスト項目にも直接的に利用することができる。テスト項目はまず、地球、空、そして地球上に立っている観察者を（名称が埋め込まれた図形を用いて）描く。それを用いて、「角度図形を用いて、**天頂**の位置を示しなさい」と指示することができる。学習者は、観察者が置かれた地点で地球の表面と90度の角度でつくられる垂線を空に向けて描き、線が描かれた空の点に天頂と名称を書き込むだろう。

このタイプの項目は学習者に解答を言語化することを求めないため、それだけでも測定のよい形式になる。あるいはこの代わりに、もし学習者がすぐれた言語能力を持っていると仮定できるのであれば、項目は次のように変更できる。「垂直に（表面に90度の角度で）地球上の観察者の上空における**天頂**を、口頭で定義をはっきり述べることによって分類できる」。この場合の測定は、ゆがみやすいことに注意すべきで

ある。学習者が下位概念（地球・空・観察者・90度）を習得済みであることが完全に確信されない限り，学習者の反応は**記憶された言語表現**として解釈されなければならないかもしれない。それにもかかわらず，言葉での記述（もしできれば学習者自身の言葉で）はしばしば，定義された概念のアセスメントのための基準として用いられている。

具体的概念

「5つのよく知られている植物が与えられ，主要な部分の名前をあげるよう求められたとき，それぞれに対し，根・葉・茎を，名前を言いながら指し示すことによって同定できる」のような具体的概念に属する目標のテストについて考えてみよう。このテストを行うためには，学習者に5つの植物を示し，それぞれに対して，根・葉・茎を示し，名前を言うよう求めるだろう。他方で，「5つのよく知られている植物の写真が与えられたとき，それぞれの根・葉・茎を，これらの名前が書かれた札を該当する部分に置くことによって同定できる」のような異なる場面を示す目標からは，明らかに異なる種類のテスト項目が示唆されるだろう。最初のテスト項目では，**根・葉・茎**の口頭での解答が誤りなく出てくると予測されるのに対して，2つめの例では学習者が名前が書かれた札を読めなくてはならない。

具体的概念のテストを行う他の例として，よく知られた幾何学的図形を同定する課題がある。目標は，「よく知られた幾何学的図形一式と，私に円をみせてと口頭で指示が与えられたとき，指し示すことによって円を同定できる」のように示される。テスト項目は紙の上に描かれた次の図を見せて，学習者に3つの円形の図を指し示させることで，概念を知っているかどうかを確認するものになる。

弁　別

識別を評価することは，学習者が**同じか異なる**かの別を示す刺激の提示を必要とする。表7-1における例は，「フランス語のuまたはouの発音を照合することで弁別する」である。この目標をテスト項目として示すためには，（「rue」と「roux」のような）多くのフランス語の音節や単語の音を，これらの母音を含めて提示し，学習者は2つの音節や単語に対して，**同じか異なる**かを答えるだろう。

視覚的な弁別の一例は，次のモデルと一致する図を選択することだろう。

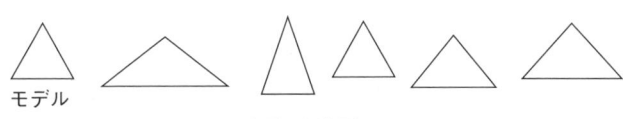

△　　△　　△　△　△　△
モデル
　　　　　反応用の選択肢

　この項目に対する指示は，「モデルと一致する図をすべて○で囲みなさい」となるだろう。弁別課題は完全に知覚による。すなわちそれらは，学習者が刺激の名前を言うことや，その属性を同定することは求めない。評価されるのは単に，学習者が違いを知覚できるか否かだけである。

認知的方略

　知的技能のアセスメント技法と比べて，認知的方略の指標は，いくぶん間接的であり，しばしば推論の長い連鎖を必要とする。たとえば，表7-1における認知的方略は，アメリカ合衆国の地図を思い浮かべることによって，州の名前を思い出すことを学習者に求めている。観察されるパフォーマンスは，州の一覧をつくることである。学習者は，アルファベット順に州の一覧をつくるといったような，ひょっとしたらより効率が劣る，異なる認知的方略を用いて州の一覧をつくることもできる。パフォーマンスそのものには，特定の方略の採用と使用があったかどうかは示されない。学習者がアメリカ合衆国の地図を思い浮かべる方略を用いたことを明らかにするために，教師は，学習者が地域の位置に基づいて州の名前をあげているかどうかを観察する必要があるだろう。

　複雑な図の角度間の関係を含めた，幾何学的な問題を解くためのいくつかの異なる方略は，グリーノ（Greeno, 1978; Gagné, 1985, pp.143-145 も参照）によって研究された。ここでも，方略は単に幾何学的な問題がうまく解けるかどうかだけでは明らかにならない。方略が使用されているかどうかは，問題を解いているときに「声を出しながら考えよ（think aloud）」と指示し，学習者の口頭での報告によって確かめられた。

　完全習得学習の考え方をすぐに認知的方略の測定に応用することはできない。方略が，注意，符号化，検索，あるいは問題解決のプロセスを制御していたとしても，評価されているのは，精神的なプロセスの質であり，単に精神的なプロセスがあるか否かではない。新しい問題はしばしば，ただ1つの解決策ではなく，多くの解決策を持つ。そのような場合は，認知的方略は，それがどのようなものであっても，解決策を成し遂げるために用いられる。したがって，アセスメントは，どのくらい解決策がうまくいったかの判断の問題となり，「達成・未達成」を決定することではない。

博士課程の大学院生の教育に関しては，たとえば，独自性（inventiveness）と創意性（originality）の基準が彼らの博士論文のアセスメントに適用される。徹底的で技術的にしっかりしていることに加えて，博士論文は体系的な学問の分野に「独自の発見や貢献」をすべきである。この質を判断するための正確な基準や範囲は，決められていない場合が少なくない。資格のある専門家どうしでは，人数の幅があっても，博士論文によって示された独自性およびその学問や領域への新しい貢献として受け入れる程度について，コンセンサスにたどりつけるのが通例である。

生産的思考

　生産的思考と，そのような思考の背後にある認知的方略の測定についての研究が，ジョンソンとキッダー（Johnson & Kidder, 1972）によって，学部学生の心理学の講義で行われた。学生は，講義と教科書の中の情報を超えた問題に，新しい仮説，疑問，および答えを創り出すことを求められた。問題は，①通常ではない心理学的現象の結果を予測すること，②新たに学習したばかりの（指定された）いくつかの概念を取り入れながら，想像的な文を書くこと，③示された状況に関連する新しい仮説を述べること，④行動についてのデータの表に対してタイトルを書くこと，そして⑤表やグラフから結論を導き出すことであった。10～15項目のテストに結合されたとき，**独自性**得点の信頼性が十分に高く得られた。短期間のトレーニングで評価の一致率が確保された2人の評価者によって，解答の質が評価された。

　ジョンソンとキッダー（1972）によって測定されたような独自性のアセスメントはしばしば，学習者の解答，作品および大学入学前のプロジェクトをもとに行われる。教師によるそのような評価はしばしば，ついでのようにインフォーマルに行われるが，学習者によって着手されたいろいろなプロジェクトや問題を意識している。

　学習の**成果**としての認知的方略や思考の独自性のアセスメントは，学習者の**特性**としての創造性（creativity）を測定するために用いられる目的や方法と同じではない。創造性は広く研究されており（Torrance, 1963; Guilford, 1967; Johnson, 1972），その成果はここでの議論の範囲を超えている。しかしながら，学習の成果として思考の質を評価するとき，2つの主な特徴が詳しく調べられるべきであることを提案している。まず第1に，学習者に設定される問題（あるいはプロジェクト）は，何年も前に習得されたものではなく，最近学習者によって学習された知識・概念・ルールの使用を要求しなければならない。第2に，アセスメントが行われる前に，学習者が関連する前提知識とスキルをすでに学習済みであることを示せなければならない。この条件は，すべての学習者が，必要な知識や知的技能がないことによって不利にならないように，また，独自性を発揮できる同等の機会を持つことを確実にするために，必要なことである。

言語情報

　この領域では，完全習得の概念は，前もって決められている事実，一般論，あるいは考え方について，学習者がそれらを完全に正確に述べられることに関するものになる。**目標準拠**測定と**内容準拠**測定の根本的な区別は，内容がインストラクターによって扱われたかどうか（内容準拠）を判断することよりも，目標が学習者によって達成されたかどうか（目標準拠）を決めたいということである。

　言語情報の目標準拠アセスメントは，学習されるべき名前，事実，ならびに一般論を正確に述べることによって達成される。テストでは，思い出されるべき情報の中心的な内容と，求められているレベルを超えた学習を表す周辺知識が区別される。

　言語情報領域で目標を多くつくり過ぎることは，非常に網羅的になり，他の領域に関連する目標を取り上げる時間がなくなるため，誤りである。**他の領域における目標の達成**に最もよく関連するような情報を慎重に探し出し，絞り込むべきである。

　典型的に，言語情報の学習を評価することは，量を測定することを意味する（Gagné & Beard, 1978）。たとえば，学習者が，特定の歴史的な出来事，年代，あるいは地震のような自然現象について**どのくらい多く**知っているかを評価することである。学習者はオークの木の品種について，あるいは丸木を材木に切ることについて，**どのくらい多く**知っているか？　量的な質問への解答は，内容がかなりよく定義されていることが前提となる。内容は（特定の長い文章の一節として）正確に定義されるか，あるいは，（特定のテーマに関する，講義，テキスト，および他の文献からの宣言的な知識から）おおざっぱに定義されるだろう。言語的な知識を表すテキストを分析するために，いろいろな方法が提案されてきた（Britton & Black, 1985）。これらのいくつかの提案は，知識の**質**が学習の成果として評価される可能性を示している。学習から生じるいくつかの種類の記憶組織が，言語情報の**より深い理解**を表していると考えることは可能である。これらの方法によって，主要な考えと下位の考えを区別することもまた可能である。しかし，質や知識の深さという言葉のより深い意味については，言語情報の測定が発展する以前に，研究や理論的発展によって示されなければならない。

言語情報の項目例

　言語情報のアセスメントのためのいくつかの典型的な項目は次のとおりである。

1. 教科書で議論されていたように，アメリカ独立革命の原因を少なくとも3つ述べなさい。

2．次の物質に対する化学名を述べなさい：重曹・硫酸銅・チョーク。
3．もし大統領選挙人団が選ばなかった場合，大統領がどのように選ばれるかを要約したパラグラフを書きなさい。
4．これらの写真にある20の動物のうち，任意の15の名前をあげなさい。
5．合衆国憲法修正第4条によって，何が保証されたか？

　これらの例が示すように，言語情報の目標準拠テストは，学習され，記憶される情報を正確に定めて行う必要がある。もし，名前や年代の一覧をつくることを学習するのであれば，このことは明確にされるべきである。また，一節の要旨を列挙するのであれば，そのことが学習者に明示されるべきである。そうすることで，完全習得のための学習は，実行可能で，公平で，そして合理的なものになる。

態　度

　第5章で述べたように，態度は強度が異なるもので，それが人の活動の選択に影響を及ぼす。アセスメントで評価したいのは態度の**強さ**であり，完全習得ではない。活動を選択しようとする，あるいは選択しようとしない態度の強度を評価することは，定義された場面例において，あるやり方で人が行動する回数を数えることによって行うことができる。たとえば，公共交通機関を使うという態度は，（私的なものよりも）公共交通機関のさまざまな形態を選択する度合いを観察することによって，評価することができる。そのとき，観察された事例は，その人が公共交通機関を使う，あるいは使わない**傾向**の程度を推論するための基礎になる。
　「他人への関心」のような態度を評価するときには，「達成・未達成」の基準を用いることはできないことは明らかである。ある教師は，小学校2年生の児童全員が，この1年間に，他人への関心を向上させるという目標を立てるかもしれない。ここから，1人1人の子どもが言語表現や目に見える活動のどちらかで，たとえば5月に去年の10月より月当たりの回数にして多く，他人への関心を見せるという基準を設定することは可能である。逸話的な記録が保存され，他人への関心が示された活動を書きとめながら，「改善」あるいは「未改善」の記録を学年の終わりに作成する。レポートには，肯定的な活動が活動全体（肯定的なものに否定的なものを加えて算出）に対する割合を求めて，数量化した報告が可能であろう。子どもの時間は勉強の時間にあてられることが多いので，どちらにしても他人に向けて行動する機会がほとんどないことから，どちらの活動にも属さない行動は記録されないことになる。教師は，自由活動の時間に学習者間の相互作用を観察し，名簿にある学習者の名前の隣に，マイナス，

チェック，あるいはプラスをつけるシステムを開発することもできる。

態度はしばしば，活動の直接観察とは対照的に，活動の可能性の自己申告を入手することによって測定される。自己申告に関する最も重大な限界は，学習者が自分の態度を正確に振り返ることよりもむしろ，承認を得るために答えを考えることから生じる偏り（バイアス）の可能性である。この目的のために多くの研究が行われてきたが（たとえば，Fishbein, 1967），自己申告から本当に正確な情報を得るという問題に対する明快な解決策は出ていないようである。最も望ましい結果は，アセスメントが敵対的プロセスとして意図されてはいない，すなわち，自分の答えによって裁かれることはないということを学習者が確信するときに得られる。集団に対して実施される質問紙には，回答が公表されることはないということが保証されるべきである。

前述したように，態度は，第5章で述べたような目標，人，あるいは出来事などへの**個人の活動の選択**の一貫性として最もよく捉えられ，測定される。これらの選択を定義するアセスメントの項目の領域は，いくつかの次元に沿って慎重に規定されるだろう（Triandis, 1964）。たとえば，公共交通機関に対する個人の態度を評価するときには，個人の選択のいくつかの次元（快適さ・速さ・費用・乗り物の清潔さなど）を扱う項目を含めるだろう。

運動技能

長年にわたって，児童の運動技能は，彼らのパフォーマンスをある承認された基準と比較することによって評価されてきた。たとえば，手書きの文字に評価点を与えるために，小学校の教室においてよく知られている道具として，パーマー尺度があった。学習者が書いた手書き文字が，90, 80, 70 などの数量的な値のついた「正しい」書き方の程度が示されている図表のサンプルと比較された。これは，基準があらかじめ決められ，教師が 60 は 3 年次で，70 は 4 年次で「合格」の基準とするなどと決めることができたことから，評定を与えるための**基準準拠**方式であったといえよう。

運動技能を評価するための基準は，たいていはパフォーマンスの**正確さ**と**速さ**である。運動技能は長期間の練習によって徐々に向上することが知られているため，完全習得が「学習された」あるいは「学習されていない」という二分法で定義できると考えるのは非現実的である。完全習得が達成されたかどうかを決めるためには，パフォーマンスの基準を用いる必要がある。

キーボード入力の技能は，多くの異なるパフォーマンスの基準が設定されうるため，運動技能のアセスメントのよい例である。たとえば，5つの誤字を含んで1分間に30文字という基準は，初心者のキーボード入力における妥当な基準として採用できるだ

ろう。一方，3つの誤字を含んで1分間に40～50文字というのは中間レベルのコースに対して考えられ，3つの誤字を含んで1分間に90文字というのは上級クラスにおいて用いられる基準だろう。

目標準拠測定の信頼性

目標準拠テストの開発には，目標それぞれに適したパフォーマンス基準の選択を必要とする。加えて，テスト項目は**信頼**できる測定ができることが必要である。この特徴は**信頼性**（reliability）と呼ばれ，主に2つの意味を持つ。

一貫性

まず，信頼性は測定の**一貫性**（consistency）をさす。ある目標に対する1つのテスト項目の学習者のパフォーマンスは，同じ目標を扱う他の項目におけるパフォーマンスと一貫していなければならない。たとえば，中学1年生が，方程式のルール：$3M + 2M = 25 ; M = ?$ の完全習得を示すよう求められる場面を考えてみよう。アセスメントの目的は，学習者がこの問題ただ1つではなく，このタイプの方程式の**種類**を解くことができるかどうかを知ることにある。同じ種類に属する追加的なテスト項目（たとえば，$4M + 3M = 22$ や $5M + 1M = 36$）が，測定の信頼性を保証するために用いられるべきである。

教師が1人ずつの学習者を教室内で指名して次々に質問するときのような，インフォーマルなテスト場面では，1人に対して1つだけのテスト項目でパフォーマンスを評価することもあるだろう。しかしながら，そのような場面で一貫性の測定はできない。学習者は偶然答えを暗記していたから，その項目に答えられただけかもしれない。その逆に，もしあるテスト項目に含まれる特性に惑わされて，間違っただけかもしれない。たった1つの項目への解答では，学習者が目標を習得したかどうかを知ることはできない。

目標によって表されるパフォーマンスが十分に定義されている場合（前掲した方程式の例のように），同じ種類の追加的なテスト項目を選ぶのはかなり簡単である。目指される結論は「何項目に正しく答えられたか？」ではなく，むしろ「完全習得を示すのに十分な正答数が得られたか？」である。2つの項目があることは明らかに1つだけよりもよいけれど，1問に正解しもう1問には不正解という困惑させる結果を生みかねない。学習者が完全習得したことを意味するのか，それとも学習者がなんとか

正答を記憶して1つめの項目に正しく解答したことを意味するのだろうか？　テスト項目が3つある場合には，完全習得について信頼性の高い決定をすることができるだろう。この場合，3つのうち2つが正答であれば，測定の信頼性が達成されたと安心していえる。より多くの項目を取り入れることもできるけれど，完全習得の信頼できるアセスメントの基礎としては，3項目が合理的な最小数であるように思われる。

　認知的方略がアセスメントの対象であるとき，アセスメント項目は，かなり長い問題解決的な課題になるだろう。たとえば，「学習者が選んだトピックについて1時間以内に300語の作文を書け」のような課題が考えられる。信頼でき妥当なパフォーマンスのアセスメントを得るためには，いくつかのアセスメント項目を必要とするだろう。なぜなら，以前学習した言語情報や知的技能から，独自の思考の質を切り離すことが必要だからである。学習者がパフォーマンスの質を表に出すことのできる多くの機会が与えられなければならない。その目的は，学習者がオリジナルな文書を作成する真の能力を持たずに，基準を満たすことがないようにすることである。

時間的な信頼度

　信頼性の2つめの意味は，時間的に離れた場合における測定の信頼度（temporal dependability）である。テストを行う周囲の条件が同じであれば，月曜日における学習者の完全習得の実演が，火曜日のものと，あるいは他の曜日のものと違わないことを確信したい。パフォーマンスは1日限りのものであるか，あるいはそれは，能力が学習されたといえるだけの永続性を持っているか？　良くも悪くも，パフォーマンスが，学習者がどのようにその日を感じたか，一時的な病気，あるいは，環境要因（暑すぎる，あるいは寒すぎる部屋など）によって，大きく影響を受けていなかったか？

　この2番めの意味での測定の信頼性は，たいてい1回めのテストと別に，数日あるいは数週間の間隔をおいた2回目のテストによって決められる。信頼性が，2つの時期における学習者のグループから得られる得点間の高い類似度によって示されるという，この再テスト法は，しばしばテストの形成的評価において用いられる。また，学習されたものがほどよい安定性を持っているかどうかを決めるために，実際のアセスメントにおいて一般に行われている。

集団準拠測定

　学習者のパフォーマンスを，集団のパフォーマンス，あるいはいくつかの集団得点

によって計算された標準と比較して得点化するために設計されたテストは，**集団準拠**テストと呼ばれる。特徴的なこととして，そのようなテストは，トピックやコースのようにインストラクションの内容の比較的大きい単位で，学習達成のアセスメントを行うために用いられる。それらは，少数の明確に判断できる目標について測定する目標準拠テストと異なり，一般的により多くの目標によって達成される累積的な知識を測定する。たとえば，集団準拠テストは，歴史を学ぶ上でのある特定の目標に関する個人の技能や知識の習得を測定することよりも，歴史全般の相対的な知識を評価することを目的に実施することが多い。前に議論されたように，テストが実施された**後に**グループのパフォーマンス平均が測定基準として設定されるという点でも，目標準拠テストとは異なる。

範囲が包括的であるという特徴のために，集団準拠テストは**総括的な**種類のアセスメントや評価のために最も有効である（第16章を参照）。それらは，「学習者は（この学年レベルの他の学習者に比べて）どのくらい多くアメリカの歴史を知っているか？」ということや，「学習者は方程式を用いてどのくらいうまく思考できるか？」あるいは「学習者は文法の規則を用いることに関してどの程度の技量を持っているか？」といった質問に対する回答を与える。明らかに，このようなアセスメントは，コースの中間や最終試験のような，かなり長期にわたって続いてきたインストラクションに適用されるのが最も適している。

集団準拠測定は，目標準拠テストと比べて，いくつかの明らかな限界を含んでいる。テスト項目は累積的な知識の測定を示し，しばしば個々に確認することは不可能であるため，前提技能の診断的なテストとしては簡単には使うことができない。同じような理由で，集団準拠テストは一般的に，1つあるいはいくつかの目標として表されるような学習についての直接的で明確な測定にはならない。

集団準拠テストは，知的技能，情報，および認知的方略の，集団の中の相対的な習得を測定するために用いられる。そうする中で，それらは同定できる目標に特有な習得ではなく，**全体的な**学習者の能力を評価する。この理由により，一連のトピックやコース全体における学習の結果を評価するのに特に適切である。得点全体は集団（1つのクラス，あるいは10歳児のような大きい**参照**グループ）の状態を示すものであるため，おのおのの学習者によって出される得点は，グループにおける他の学習者と比べることができる。パーセンタイル得点はしばしばこの目的で使われる。すなわち，ある学習者の得点を，たとえば「63パーセンタイルにあてはまる」のように表すことができる。

教師・研修担当者自作テスト

　教師は基準準拠のテストも集団準拠のテストもつくることがあるだろう。教師自作テストは，基準準拠にすることを勧める。なぜなら，インストラクションの目的は，あらかじめ決められた知識や技能のレベルに学習者を到達させることにあるからである。インストラクションが，目標の習得を確実にするように設計されたとき，テストは，本章のはじめの部分で示したように，目標そのものの定義から直接作成されるべきである。目標準拠テストがこの目的のために用いられない限り，次に示すアセスメントの2つの重要な目的が見落とされるだろう。①学習された特定の能力の完全習得についてアセスメントすること，および②特定の学習の不足を，前提技能と知識を習得することによって克服していく学習者への診断的支援の可能性。

　集団準拠テストを用いた場合，学習者のパフォーマンスを（昨年のクラスのような）参照グループと比較することが可能である。そのようなテストは，最も**識別力が高い**項目を選ぶための項目分析の方法を用いて，長い年月をかけて改良できる（たとえば，Hills, 1981; Payne, 1968 を参照）。このことは，識別力が低いテスト項目（多くの学習者，あるいはごくわずかな学習者が正しく答えるもの）は順次，捨てられることを意味する。この方法で改良されたテストは，しだいに問題解決力やその他の認知的方略を測定するようになる。直接的に学習されたものよりもむしろ，一般的な知能を測定するものになるだろう。目的がコースの全体的な効果を評価することにある場合は，このことは正当な意図ではあるけれども，集団準拠テストと目標準拠テストは，別々のアセスメントの目的に役立てるものであることは明らかである。

予測的テスト

　予測的アセスメント，あるいは予測的妥当性（predictive validity）は，テストが達成に関して推論を行うために使える程度を表す。予測的妥当性を実証的に担保するためには，検証中のテストでのパフォーマンスと，外的な基準に関するパフォーマンスとの妥当性の比較を含まなければならない（Sadoff, 2003）。このことは，予測的テストが将来の**状態**（教育的な文脈では，将来のパフォーマンス）を予測するために用いられる理由である（Darkwa, 2003）。たとえば，Scholastic Aptitude Test（SAT），および Graduate Record Examination（GRE）のように，多くの大学によって選別の目的に使われるさまざまな教育テストは，どのように学生が入学後に取り組むかを予測するために用いられている。SATで高い得点者は，低い得点者よりも大学でよりよい成績を収めると予測される。

標準テスト

　1つの学校システムや1つの地域の中で，あるいは国全体における多くの学校の間で，幅広く使われる集団準拠テストは，**標準化された**（standardized）基準を持つ。このことは，テストが特定の年齢（あるいは学年）集団の大きな標本に実施され，その結果の得点分布が，任意に与えられる学習者や学級の得点を比べる基準になることを意味する。時には，何％の受験者が，その得点以下であったかを示す「パーセンタイル」として得点が表記される。そのような標準テストではまた，1年生・2年生などの学年集団のすべての子どもたちが達した得点が，学年等価得点として示される。標準テストの開発と検証において用いられる手続きは，このテーマに関する多くの本に示されている（たとえば Cronbach, 1984; Thorndike & Hagen, 1986; Tyler, 1971）。

　標準テストは集団準拠である。したがって，標準テストもまた，前述した特徴を示す。すなわち，さまざまな学習目標が混ぜられて測定されるので，テスト項目は特定の目標から直接的につくられていない。テスト項目は学習者間で最も大きな点差の開きを生み出すように選出され，得点は，特定の学習の結果というよりも，知能とかなり高い相関がある。いくつかの例外はあるが，診断的な目的に重要となる前提能力の判断はできない。

　標準テストは，インストラクションの数年に及ぶコース全体の総括的評価の目的に適している。これらの目的のために用いたとき，標準テストは，コースやより大きいインストラクションのプログラムの長期間の効果についての役立つ情報を提供することができる。

⇒ 要 約

　本章までは，主に，教育の目的とパフォーマンス目標，それらが表す学習の領域，そして選択された目標にふさわしい教授事象や学習の条件を満たすためのレッスンの設計を扱ってきた。本章では，目標についてのパフォーマンスのアセスメントに注目点を移した。こうして，学習の**何をどのように**という側面から，**どのくらいよく**という側面に話を進めた。

　真正なテストやルーブリックを含めて，さまざまなタイプのアセスメントが議論されたが，本章の主な焦点は，基準準拠の解釈を採用した目標準拠テストについてであった。目標準拠テストは，次に示す重要な目的に貢献する。

1．それぞれの学習者が目標を習得したかどうか，そして，別の目標を勉強することを始めてよいかどうかを示す。
2．学習がうまくいかないことの早期の発見と診断を可能にし，必要な補習的勉強を見つけるのに役立つ。
3．インストラクションそのものを改善するためのデータを提供する。
4．学習者にあらかじめ示された目標についてのパフォーマンスを，学習すべきものの指標として測定するという点で，公平な評価である。

　目標準拠テストは，目標についてのパフォーマンスの間接的というよりも直接的な尺度である。それらは，1年間全体の勉強のように，非常に大きいインストラクションの単位よりも，むしろ各目標を別々に扱う。このような理由で，診断的な意義とともに，コースの形成的評価としての意義も持つ。

　目標準拠テストの**妥当性**は，目標とテストの整合性を判断することによって調べられる。**信頼性**は，パフォーマンス・アセスメントの一貫性と独立性を時間をおいて測定することによって得られる。**完全習得**の概念は，知的技能，運動技能，そして言語情報の領域における目標準拠テストで用いることができる。これらの学習成果の種類では，熟達レベルは，テストのパフォーマンスにおいて示される学習の度合いで定義される。認知的方略と態度の場合，アセスメントは直接的でなく観察が難しいため，完全習得を定義する基準はより決定しづらい。

　テストのもう1つ別のタイプが集団準拠と呼ばれるものである。集団準拠テストは，コースの目標1つ1つを別々に測定しない。むしろ，明示されているかどうかにかかわらず，目標を混ぜたもの，あるいは複数の目標をまとめて測定する。集団準拠テストが標準化されるとき，得点の変動性を大きくするために注意深く設計され修正されている。標準テストの得点は，大きい学習者集団に対するテストでのパフォーマンスをまとめた基準を参照することによって解釈される。ある生徒の得点と他の生徒の得点との比較を可能にすると同時に，ある集団の平均得点とより大きい基準集団の平均得点との比較をも可能にする。

第4部
インストラクションの実施システム

第14章
グループ学習における環境

　インストラクションの多くは，さまざまな規模の学習者集団に対して行われている。インストラクショナルデザイン（ID）において，特に重要な集団規模は，①**個別指導**が可能な2人のグループ，あるいは**1対1**，②**ディスカッション**，**対話式復唱**，または**共同作業**を行う約3～8人の小集団，③9人以上の**大グループ**である。大グループのためのインストラクションで最も一般的な形式は，たとえばスライドや実演のような視聴覚資料を用いた**講義**である。大グループに対するもう1つの指導法としては，外国語教育でよく用いられる**個人復唱**がある。しかし，科学技術の進歩および社会構成主義への関心が復活したことによって，大グループでの集団指導や協調学習（collaborative learning）への関心が高まり，学習共同体の確立がインストラクショナルデザイナーの集団指導に対する考え方を変化させた。今日のデジタル世界では，建物の四方の壁（教室）の外にいる大集団の学習者に対するグループ学習を支援する機能を備えた，電子的教室が急速に発展している。

　当然のことながら，学習者をグループで活動させる理由はさまざまである。小集団は，情報の獲得，分析，構築，およびそれを知識に変えるプロセスに学習者を参加者として関与させる能動的学習を実現するための多くの教授方法の実施に役立つ。先にあげた3つの集団規模の持つ意味合いは，教授方法によって異なるが，その区別はそれほど厳格なものではない。たとえば，8～15人の集団では，ディスカッションまたは講義で授業が始まり，その後さまざまな学習活動を行うために，より小規模のグループに分かれるということが考えられる。**非常に大きな集団**（100人あるいはそれ以上の学習者）に指導を行う場合は，席の配置，音響，視覚器材，その他学習者とのコミュニケーションに影響する要因が，設計プロセスにおいてきわめて重要な検討事項になる。多くの大講堂はグループ作業には適していないが，2人の隣り合う学習者が2人1組で学習活動を行うという方略もある。

第 14 章　グループ学習における環境　333

グループ指導の特徴

　さまざまな大きさの集団に対する指導の特徴を明らかにする1つの方法は，**講義・ディスカッション・復唱**などさまざまな教授方法を，対象となる学習者に提供しうる教授事象という観点から説明することである。それぞれの方法には，採用する集団の規模によってさまざまな特徴・長所・短所がある。また，講師のふるまい，あるいはディスカッションや復唱中の出来事も多種多様である。このような教授方法については，ゲージ（Gage, 1976）編の著書に知見が系統的に要約されている。

　本章では，さまざまな教授方法の特徴を説明するというよりは，1対1（2人のグループ）・小集団・大グループという異なる規模の集団に対して，どのようなインストラクションが設計可能かを検討していくことにする。本章の考察は，各集団のタイプに**可能な**，そして**最も効果のある**見込みの高いインストラクションの構成（教授方法を含む）について述べる。

学習グループにおける相互作用のパターン

　学習グループの規模は，教師と学習者間の相互作用のパターンに影響を与える。教師が学習者によってどのように認識されているかによって，相互作用のパターンが学習成果に影響を与えることもある。ウォールバーグ（Walberg, 1976）の説明によるものと類似した，教室における相互作用のパターンをいくつか図14-1に示す。

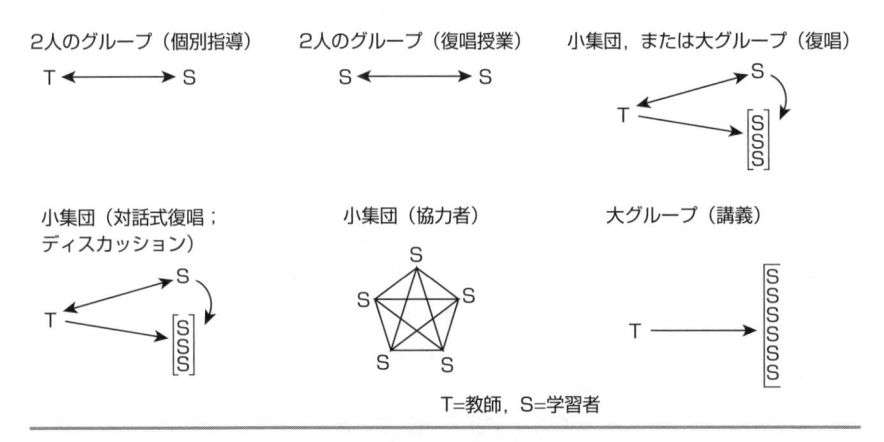

図14-1　さまざまな集団規模における教室での相互作用のパターン（矢印は作用の方向を示す）

この図に示されるように，教師と学習者の間のコミュニケーションは1対1の指導においては双方向に作用している。規模にかかわらず集団で復唱を指導形態として利用する場合，教師と1人の学習者との間には双方向の相互作用が発生するが，他の学習者は教師のコミュニケーションの受け手となるにすぎない。小集団における対話式復唱やディスカッションは，学習者どうしおよび教師と学習者の間に相互作用がある場合に成立する。大グループでよく用いられる講義方式の指導では，コミュニケーションの流れは教師から学習者へという方向になる。

教授事象の多様性

いかなる教授事象（第10章）もすべて，その形式およびそれが実施可能かどうかという点において，集団規模によって異なってくる。たとえば，1対1であれば注意をひきつけるという事象を的確に管理することができるが，大グループでは個々の学習者に対する制御は緩まざるをえない。ただし，電子的教室で行われる大グループでの指導は例外である。教授事象の実施という観点からみた電子的教室の利点については，この章の後半で説明する。

1対1の場合，学習指針は通常，チューター（インストラクター）の制御下にある。フィードバックが正解あるいは不正解を示すことであれば，大グループに対しても学習者が1人である場合と同様に的確に制御することが可能である。しかし，フィードバックの内容として，なぜ不正解かを説明するとなると，個々の学習者によって事情が異なってくる。集団規模の多様性からの影響を受ける主な要因は，教授事象と関連している。集団規模は，教授事象の重要な特徴の一部を決定するのみならず，学習の支援という点においても教授事象の有効性に制限を設けてしまう。以下の項では，このようなグループ指導の特徴について考察する。

学習者の前提能力の診断

インストラクションの有効性にかかわる重要な要因として，学習者の**前提能力**の評価がある（Bloom, 1976）。前提能力を評価する手順自体は教授事象ではないが，いくつかの教授事象に必ず影響を与える。教師あるいは研修担当者が実施する診断の手順は，集団の大きさによって異なる。

前提能力の評価は，学習コースを始める時や，学期や学年の最初に行われる。また，コースの中の各テーマに入る直前に学習者の能力を評価することも可能である。後者の場合，学習者の能力の弱点やギャップを明らかにする目的で診断的に用いられるの

が普通である。読解・数学・外国語の学習を開始するときは，きめ細かい診断手順をふむことが多い。その場合，学習階層図に基づいて行うことで，きわめて高い有効性を発揮することが多い。下位技能における特定のギャップを明らかにするために，簡単なテストを行ったり詳しく質問するというやり方もある。下位技能におけるギャップを診断するテストは，集団の大小を問わず効果的に実施することが可能なため，集団の大きさの違いによって重大な影響を受けることはない。

　しかし，前提能力の診断に基づいてインストラクションを設計し実施する時点では，集団の規模が大きな影響を与える。1コマずつのレッスンに直接関連する能力診断となる**直近の前提条件**が対象となる場合，特に集団の大きさがインストラクションに与える影響はきわめて大きい。これが，個別学習の基本的根拠となる。あるレッスンのために事前準備を行ったところ，グループ内の学習者それぞれに異なる前提能力のパターンが現れることがある。たとえば，20人の学習者集団において，20の異なる前提能力パターンが見出されるかもしれない。このような指導上のニーズには，個別指導で容易に対応することができる。事実，このような特徴が個別指導形式の最も顕著な利点であると考えられることが多い。しかし，さまざまな前提能力のパターンが見出されると，電子的教室でさえも，20人の学習者を1度に担当する教師や研修担当者にとって相当な困難となる。このような状況が何を意味するかについては，後に考察する。

2人グループまたは1対1におけるインストラクション

　2人グループは，1名の学習者と1名の研修担当者（またはチューター）から構成される。1対1の場合，2人の学習者のみで構成され，そのうちの1人が指導的な役割を担当することもある。学校では，上級生による下級生へのチュータリング（個別指導）が一般的に行われている。相互学習の一形式として，低学年を中心に，教え合い（ピア・チュータリング）も行われ，成果をあげている（Gartner et al., 1971; Palincsar, 1986）。多くの組織，特に軍隊では，1対1の訓練またはメンタリングが，現在でも重視されている。1対1の指導のもう1つの形式として，より年長の学習者あるいは社会人のペアの場合，学習者とチューターの役割を交換するという方法もある。上記のいずれの場合も，学習者のみならずチューター役のほうにも学習成果があることが頻繁に報告されており，このことは，注目に値する（Ellson, 1976; Devin-Sheehan et al., 1976; Sharan, 1980）。

　第13章で述べたように，個別学習のシステムは，通常，学習者の弱点（またはギ

ャップ）の診断テストをした後，そのギャップを補完するインストラクションを行うように設計される。教師や研修担当者が口頭で指導を行うときは，本質的にチューターとして機能しているので，その意味で，個別学習には1対1での個別指導が含まれることが多いといえる。

個別指導における教授事象

　学習者およびチューターそれぞれ1名ずつからなるグループは，理想的な教育方法であると長く考えられてきた。2人グループでは適時に**教授事象を柔軟に調整**できるというのが，その第1の理由である。たとえば，チューターは学習者の注意をひきつけるためにちょうど十分なだけの刺激を与えることができたり，もしも最初の試みがうまくいかなければ，刺激を増やすこともできる。チューターは，さまざまな方法で学習の指針を与えることが可能である。もし1つの方法でうまくいかなければ，次の方法がうまくいくかもしれない。新たな知識に対する理解度や記憶を即座に評価することが可能であるし，また，時間をおいて再び学習を確認し強化することもできる。

　以下に，1対1の場合どのように教授事象を柔軟に調整できるかについて，主な例をあげる。

1. 学習者の**注意を喚起**する。学習者が個別指導に積極的に参加しているのであれば，（集中力のある状態で）注意をひきつけるのは容易である。チューターは口頭で学習者に注意を向けさせ，学習者が集中しているかどうかを確かめればよい。学習者の注意力が落ちてくれば，即座に調整することができる。
2. 学習者に**目標を知らせる**。表現を変えながら目標を繰り返し伝えたり，期待される学習成果の実例を示すことにより，柔軟に対応できる。この事象は，学習者がすでに目標が何かを知っている場合には，完全に省略可能である。
3. **前提学習を思い出させる**。チュータリング（個別指導）においてこの事象を柔軟に実施できることは，決定的な利点となる。前提学習の診断結果に基づいて，チューターは（必要に応じて）ギャップを補完し，続けて学習者に前提条件を思い出すよう求めることができる。前提スキルをうまく作業記憶の中に引き出しておくことにより，チューターは学習が円滑に進むように準備することが可能である。
4. **新しい情報を提示する**。事象3と同様に，この事象においてもチューターが利用できる選択肢はきわめて多い。選択的知覚を簡単に支援できる。つまり，言い方を変える，指し示す，絵を描く，その他多くの方法を利用して学習の構成要素

を強調することができる。たとえば，外国語学習であれば，チューターは文法を説明するのに最も適した口頭表現を選択することができる。

5．**学習の指針を与える**。この事象も，1対1ゆえの柔軟性による利点がきわだつものの1つである。「学習者のニーズにインストラクションを合わせる」という表現は，学習の指針を与えるというこの場面において最も明確な意味を持つ。チューターはさまざまな手段を用いて，学習者の側に**意味的符号化**を促すことができる。さらに，必要に応じて最も効果的と思われる方略が見つかるまで，さまざまな方略を次々に試すこともできる。ルールの応用を例示する，視覚的イメージを持てるように絵を用いる，新しい知識を学ぶための重要な文脈として整理された情報を提供する，などである。

6．**練習の機会をつくる**。1対1の場合，大グループでは不可能な確実さで学習者のパフォーマンスを引き出すことが可能である。チューターは通常，時々刻々の学習者の変化を捉えながら，必要な内的処理が生じているか，学習したことをすぐに表現できるかを（学習者の行動から）判断することができる。

7．**フィードバックを与える**。1対1では，他の形態よりも的確にフィードバックを与えることができる。この場合の的確性とは，フォードバックを与えるタイミングではなく，学習者に提供する情報の質に関することである。学習者には，きわめて正確に自分のパフォーマンスについての正否を伝えることができ，誤りや不十分な点を修正するための指示を与えることができる。

8．**学習の成果を評価する**。評価における柔軟性は，学習後のさまざまな間隔でパフォーマンスの評価をチューターが行えるという意味で高い。確実な判断ができるまで，必要に応じて何回でもテストすることができる。

9．**保持と転移を高める**。この事象は，1対1ではかなり柔軟で的確な運用が可能である。チューターは，過去の経験に基づいて，その学習者が効果的に検索を行えるような手がかりを選択することができる。学習の転移を支援するために，ちょうど十分な量のさまざまな例題を選ぶこともできる。学習した事項を長期的に保持できるように，その学習者との過去のチュータリングの経緯に基づいて，一定の間隔をおいて復習を行うことが可能である。

チュータリングにおけるインストラクションの流れ

1対1のチュータリングでは，チューターが教授事象を最大限に制御できることは明らかである。チューターは，インストラクションの管理者として，どの事象を採用するか，どれを強調するか，そしてどれを学習者の制御に委ねるかを決定することが

できる。これらの事象を適切な時期に実施することによって，各学習活動の効率を最適化することができる。さらに，どの事象をどのように選択し，どのように配置するかを詳細に決定できる柔軟性があるため，チューターが個々の学習者のニーズに合ったインストラクションを提供することが可能になる。チュータリング形式では，インストラクションを各学習者のニーズに容易に合わせることができる。

実際面では，チュータリングにはさまざまな形式がある（Gartner et al., 1971）。チュータリングは，100％ではないにしろ，学習者の達成度において好ましい結果を出しているとされることが多い（Cloward, 1967; Ellson, 1976）。チュータリングの利点は，1対1の関係においてその学習者だけに注意が向けられることによるのではないということを示す証拠もある。むしろ，チュータリングが最も効果を発揮するのは，インストラクションがきわめて**システム的な**場合である（Ellson, 1976）。換言すれば，チュータリングだからこそ，可能な柔軟性ゆえに教授事象を的確に実現することができるために，きわめて効果的な形式になりうるといえる。しかし，1対1の関係が可能にする自由度も，インストラクション自体の設計が貧弱であればよい結果を生まない。

通常，チュータリングでは次のようなことが展開される。6歳児に読解を始めさせるときに，「知らない2音節の単語を見せられたときに，その単語を発音することによって音声学のルールを例示できる」という学習目標を持った課題を想定する。たとえば plunder（略奪する）という単語を示す。

まず，チューターは子どもの注意をひきつけ，「今までにお話を読んだときには見たことのない言葉がここにあるでしょ（plunder）。読んでみてくれないかしら」と言って，目標を伝える。ルールを正しく応用したにしろ，単語をすでに知っていたにしろ，即座に声に出してその単語が読めたならば，チューターは「そうだね」と言い，次の単語に進む。即座に単語が読めなかった場合には，まず最初の音節（plun），それから次の音節（der）を発音させ，その後で，続けて2つの音節を発音するよう促す。実際，この方法には，子どもがすでに知っているであろう知識（pl と un の読み方）を思い出させ（前提条件の想起），「ブレンディング」と呼ばれる方法でそれらを組み合わせる方法を示す（学習指針を与える）という，2つの事象が組み合わされている。その後チューターは，子どもに単語の後ろの部分を隠すように指を置くように言い，p と l だけが見える状態で，「pl ってどう言う？」とたずねる。正しく答えられたら，肯定的なフィードバックを与える。不正解の場合は正解を教え，それを後に続いて発音するように言う。各音について，さらに各音をつなげた部分についてこの手順を続け，単語全体を正しく発音できるようになるまで導く。正しくできるようになったら，その単語を再度発音するように言い，よくできたことをほめる（2次的目標として，その単語の意味も教えることもあるだろう）。

このようなチュータリングにおいては，前提条件を思い出させる，刺激となる教材を提示する，学習の指針を与える，パフォーマンスを引き出し，評価する，フィードバックを与える，というのがシステム的なステップとなる。より年長の学習者や成人に知的技能を学習させるチュータリングでも，本質的には同様のステップをたどる。ただし，必要な事象を学習者自身に始めさせるように促すことになるだろう。大学レベルのチュータリングは，通常，完全に自己学習で成り立っている。チューターの活動は，パフォーマンスの評価，そして，学習の保持を促進し，学習を他の状況に転移する方法を示唆することに限定されることになる。

小集団におけるインストラクション

公式に計画された教育課程や研修コースでも，8人以下の小集団が時々見受けられる。大学の教員あるいは社会人向けクラスの教員が，小集団を担当することもある。小中学校でも，特定の科目の学習でほぼ同じ水準まで進んだ子どもたちを指導するためには，クラス全体を小集団に分割することが望ましいと考えることがある。

企業研修，連邦政府，特に軍隊では，構造化された実地研修（structured on-the-job training: SOJT）という形式の小集団指導法がよく用いられる。SOJTでは，管理職や上司などの経験豊かな人物が，特定の課題について経験の浅い社員に小集団で研修を行うことが多い。実際に課題を遂行する際の経験者の技術的な熟達さやコツを把握し，文書化してSOJTガイドと呼ばれる指導用資料が取りまとめられる。このガイドは，行動・基準・条件・パフォーマンス尺度からなる学習目標に基づいて作成され，新人があらかじめ決められた測定可能な基準に沿って研修を受けることを可能にする。SOJTでは，事前準備・安全性・公開された技術指示内容の遵守に重点が置かれることが多い。

陸軍では，兵士の個別訓練あるいは新しい軍事専門職種（MOS）分野に入る再訓練のためにSOJTを長年実施しており，SOJTを部隊訓練プログラムの一環とすることを義務づけている。SOJTは，上官が当該職種分野において他の任務の訓練を行う場合は，交差訓練（cross training）と呼ばれる。陸軍は，SOJTによって部隊の戦闘即応性が向上する効果を示している。陸軍では，訓練にあたる者に対して兵士の新しい技能の習得進度の記録にSOJTガイドを使用することを義務づけている。また，訓練監督者には，認定された基準に照らしてマイルストーンを設置し，兵士のパフォーマンスをチェックすることにより進度を評価することを義務づけている。

小学校の読解や計算などの指導は，一般に，小集団で行われている。たとえば，小

学校1年生では，読解の準備として必要な声に出して発音する力を身につけていない学習者がいることもある。書かれた文字や音節の発音を習い始めたばかりの学習者もいれば，すでに流暢に文全体を読める学習者もいる。当然，このような学習者には，それぞれ異なる下位技能を教える必要がある。声に出して読むことに四苦八苦している学習者に，何ページものプリントを渡しても意味がない。字の読める学習者に対して，絵に描かれたものを口頭で説明させるような授業を受けさせたところで，今度は簡単すぎて，何の役にも立たない。現実的な解決方法は，クラスを小集団に分けることである。

より年長の学習者や社会人のクラスでも，いくつかの小集団に分けることがある。グループごとに「小テストの時間」を設けて別の時間に集合させる場合もあるし，あるいは，授業時間の一部を使って小集団で活動させる場合もある。いずれの場合も，小集団の利点を得られるように，また，一斉指導で達成できることに加えてインストラクションに少しの変化を加えられるようにすることを目指している。

小集団における教授事象

小集団（3〜8人）における教授事象の制御は，チュータリング（個人指導）に照らし合わせて考えることができる。「多学習者個別指導」と考えてもよい。小集団では，一般に教師や研修担当者は，通常，1人の学習者に対して，またある時は2人以上の学習者に対して，チュータリングの方法を使用することを試みる。最もよく行われるのは「順番に」チュータリングを行うような形をとることである。一般的には，柔軟性と的確性を多少犠牲にしながらも，小集団の中の各個人に適した方法で教授事象を運用するという結果になる。

診断手順を利用して，小集団を構築することができる。前述したように，これは初等学年の読解，文法，計算の授業では一般的に行われている。小集団の指導では，教師や研修担当者が学習者それぞれの**直近の前提条件**を診断することも可能である。順番に各学習者に質問をすることによって，すべての学習者が必要な下位技能を身につけているかどうかを，教師や研修担当者はかなり正確に判断することができる。学習の次の段階に進めるレディネスがあるかどうかの判断も，1対1の場合で行う評価とほぼ同様に的確なものである。

小集団でどのように教授事象を柔軟に調整するか，その主な特徴は以下のようなものである。

1．**注意を喚起する。**小集団では，教師や研修担当者は各学習者と頻繁にアイコン

タクトをとることができる。したがって，学習者の注意をひきつけ，それを維持するのはさほど難しいことではない。

2．**学習者に目標を知らせる**。この事象も小集団で運用するのは難しくない。教師がレッスンの目標を説明し，各学習者が確実にそれを理解したことを確認することができる。当然のことながら，学習者が1人の場合（1対1）に比べて，学習者が8人になれば目標が理解できたことを確認するためには，多少余分に時間がかかるかもしれない。

3．**前提学習を思い出させる**。順番に何人かの学習者に質問することによって，すべての学習者の作業記憶において必要な下位スキルおよび補足的な関連情報が利用可能であることをほぼ確信することができる。これまでの経験と判断に基づいて，ある学習者に関連事項を思い出す必要が生じるような質問を向ける。その質問によって，質問された学習者以外にも，新しい情報や課題の習得に必要な材料を思い出させる追加的効果をもたらす。

4．**新しい情報を提示する**。教材は，必ずしも個別の学習者特性に合わせる工夫をしなくても，目標に適した方法で提示することが可能である。たとえば，口頭でプレゼンテーションを行う場合は，声の変化によってポイントを強調することができる。絵や図では，対象や出来事の特定の性質を強調することができる。この教授事象に関しては，1対1の場合と比較して柔軟性の程度にはあまり差がない。

5．**学習の指針を与える**。この事象では，集団全体に対してコミュニケーションをとるか，集団のメンバー1人ずつと順番にコミュニケーションをとるかの選択になる。前者の場合は，教師は大グループを想定しているかのようにふるまい，後者ではチュータリング方式で1人，次に別の1人と順番にやりとりをしながらこの事象を実現する。当然のことながら，学習者の数が多いほど後者の手順ではより多くの時間を要する。小集団を担当する教師が，あるときは一方が，またあるときは他方のほうがより適切であると判断してこの両方のアプローチを使い分けることはめずらしいことではない。いずれにしろ，手がかりを与え，学習材料の意味的符号化を支援する方略を提示するというこの事象の機能は変わらない。

　メンバーが討議（ディスカッション）に参加しているとき，小集団ではまったく異なる種類の学習の指針が提供される。グループ討議では，教師がディスカッションを管理し，主導することもできる。あるいは，大きなクラスを分割した小集団では，学習者をディスカッションのリーダーとして指名することがある。ディスカッションによる学習指針の機能は，目標の性質に左右される。ディスカッションでは，通常，個々の学習者の自己学習方略への依存度が高くなる。グループ・ディスカッションに参加するメンバーは，自分が何を学びたいかを判断し，ディ

スカッションの参加者として吸収したものの中から必要な要素を選択するという方略を用いる。

6. **練習の機会をつくる**。この事象の場合，小集団で**各学習者**のパフォーマンスを確実に引き出す唯一の方法は，1人ずつ個別にこの事象を実施することである。しかし，相当の時間を要するため，常に行うことはできない。代わりに，教師は1，2名の学習者に学習内容を発表させ，他の学習者にも同様の学習効果があったと仮定することになる。授業の進行に従って，他の学習者にも発表させる機会を与える。明らかに，この手順は1対1の指導に近づけることをねらっているが，この事象の的確性は，相当程度，低下せざるを得ない。教師は，学習成果を厳密に判断することができず，確率的な予測に頼って判断することが多くなってしまう。

7. **フィードバックを与える**。この事象は，学習者のパフォーマンスに直接関係しているため，小集団としての同様の限界に直面することになる。指名した学習者にはフィードバックが的確に与えられる。しかし，他の学習者にとっては，（おそらく頭の中で）同じ反応をした者がいるという仮定が正しい場合は同様の効果が期待できる，という可能性があるにすぎない。

8. **学習の成果を評価する**。口頭での質問では1度に1名の学習者しか評価できないため，パフォーマンスの評価も制御の的確性に欠けるものになる。他の学習者は，自分の順番を待たなければならない。各学習者にとってはパフォーマンスの一部分を評価されるにすぎず，各学習者が学習したと考えられる範囲全体の評価はできない。当然のことながら，後にレッスンやトピック全体を網羅するテストを全員に行うこともある（大グループにも等しく適用可能な技法を用いて）。

9. **保持と転移を高める**。初等学年では，どのような例題がよいか，学習の保持と転移にとって望ましい状態を提供する上でどのくらいの間隔で追加的な復習を行えばよいかを推測することが可能である。このような推測は，集団のパフォーマンスを平均化することによって行われるため，1対1のチュータリングのような的確性はない。より年長の学習者や社会人の場合は，ディスカッションの主目的は保持と転移を促すことにある。

小集団における復唱

教師が小集団の学習者を集めて，分母の異なる分数の足し算を学習させるとする。その手順の1つは「分母の最小公倍数を求める」ことであるため，学習者が分子，分母，倍数などの前提概念，および小さい数の掛け算と割り算，分母が同じ分数の足し算などのルールをすでに身につけていることが診断テストで示されていると仮定する。

ひとたびすべての学習者の注意をひきつけたら，$\frac{2}{5}+\frac{4}{14}$ などの例を出して，授業の目標を説明する。順番に1，2名の学習者を指名して，前提概念やルールを思い出させる。たとえば，$\frac{2}{13}+\frac{5}{13}$ はどうなるか質問し，$\frac{7}{13}$ を求めさせる。前提スキルを使えることを確認した後，手始めに $\frac{2}{5}+\frac{3}{7}$ のような例題を出してみる。次に，最小公倍数を求めるのに必要なルールを学習するための適切な学習の指針を与える。この場合，(5×7＝35) という分母どうしの掛け算を示す。または，発見学習法を用いて，「この分数の足し算ができるようにするには，どこを変えたらいいでしょうか」などと質問することもできる。この場合は，1人の学習者が指されている間は，他の学習者は次に指されるのを待っている。$\frac{14}{35}+\frac{15}{35}$ という形に変え，和が $\frac{29}{35}$ になるという答えにたどり着くまでの手順を，他の学習者を指名して実演させる。その後，正解は肯定し，不正解は修正するというフィードバックを与える。

　このようなグループでは，別の例題を使用しながら，他の学習者を指名して教授事象を継続する。パフォーマンスに対しては順番に適切なフィードバックを与える。各学習者のその時々のパフォーマンスはこのような形で評価される。指名された学習者以外の学習者も頭の中で例題を解くことによって学習をしていると仮定すると，さまざまな例題を与えることにより学習の保持と転移が促される。

ディスカッション・グループにおけるインストラクション

　ディスカッション形式のインストラクションは，「双方向のコミュニケーション」が特徴であるといわれている（Gall & Gall, 1976）。1度に発言するのは1人で，他の者は聞いている。いつ誰が発言し誰がそれに反応するかは，あらかじめ決められていない。ある学習者が行ったコメントや質問に対しても，他の学習者が反応する。教師がコメントや質問を差し挟んだり，あるいは，個別の学習者に発言を促すこともある。この種の小集団は，学習者をディスカッションリーダーにして組織されるかもしれない。①内容領域の習得，②態度の形成，③問題解決力の育成といった学習目標は，グループ・ディスカッションによる指導が適切であると考えられることが多い（Gall & Gall, 1976）。クラスでのディスカッションでは，このような目標のうちの2つ以上が目指されることもめずらしくない。

　ジョイスとワイル（Joyce & Weil, 1980）による「法学型モデル」や「社会調査型モデル」の例にみられるように，態度形成および態度変容は，**問題指向型ディスカッション**（issue-oriented discussion）の主な目標である。問題指向型ディスカッションは，ある社会問題（言論の自由，職業差別など）を描き出す出来事の説明から始められる。教師またはグループリーダーがその問題について意見を求める。その意見に対してデ

ィスカッションのリーダーあるいは他の学習者がコメントする。ディスカッションが進むにつれて，さまざまな例を紹介したり，さまざまなグループのメンバーに意見を求めたりしながら，リーダーは，徐々に問題の鮮鋭化と明確化を図る。大きな意見の不一致を残さない形で声明をまとめるなどして，グループとしての合意形成を目指すことも多い。このような態度形成の方法は，まさしく多数の人間モデルがコミュニケーションに関与する独特な学習の指針とみなすことができる。これらの人間モデルは，グループのメンバーとリーダーである。態度形成に特に効果的なこの種の学習の指針を与えた後は，個々の学習者のパフォーマンス（行動の選択）やグループとしての合意を形成する過程でのフィードバックが続く。

問題解決も，ディスカッションを行う集団が目指すゴールであることが多い（Maier, 1963）。ディスカッション・グループに対して最も効果的なインストラクションを提供できるのは，複数の解決法がある課題と，態度的要素が含まれる課題である。メイヤー（Maier, 1971）は，大学の大きなクラスを小集団に分けることにより，学生が授業に参加する機会が増え，問題解決やそれに関連する目的のためのディスカッション・グループとして活用することができると指摘している。動機づけの手段として，メイヤーは学生の興味や感動を喚起する課題を提示することを勧めている。このような目標があると，小集団ではコミュニケーションスキルおよび問題解決方略の両方を実践する機会が与えられる。当然のことながら，このような小集団では，学生自身が教授事象を制御することに拠るところが大きい。学生は，自身で記憶を想起し，自身で符号化および問題解決の認知的方略をとらなければならない。態度変化は，必ずしも重要性が低いわけではないが，このようなディスカッションの成果としては2次的なものである。

大グループにおけるインストラクション

大グループにおけるインストラクションでも，主な学習目標に具体的に関連する教授事象を管理し，運用するという教師のコミュニケーション機能は，1対1および小集団の場合と変わらない。タイミングをはかり，重点を置くきっかけは1人の学習者というよりは複数（あるいは多数）の学習者を起源としてもたらされるため，教授事象の運用に著しい**的確性の低下**がみられる。大グループを担当する教師は，すべての学習者の注意をひきつけているかどうかの確信が持てない。すべての学習者が前提条件を想起したかどうか，あるいは教師が提示する意味的符号化がすべての学習者に効果があるのかどうか，常に確信があるわけではない。したがって，大グループについ

ての教授方略は，確率的な憶測に基づいた方略である。大グループにおける教授方略は，「平均的な」効果はあるが，個別の学習者に対して効果があるという保証はない(Gagné, 1974, pp. 124 - 131)。

インストラクションは一般に，大グループを想定して設計するべきであると広く考えられている。インストラクションそれ自体（すなわち，教師によるコミュニケーション）は「よいもの」だとしても，そこから何かを得ることができるかどうかは，学習者自身にかかっている。このような考え方からすると，学習者は自分自身で教授事象を組織化しなくてはならない。つまり，授業の目標を推測したり，前提スキルを思い出したり，符号化の方法を選択したりするのも，時には学習者次第なのである。大グループでの講義は，現在でも大学の授業で広く行われている。しかし，大グループにおけるインストラクションを良しとする考え方は，ブルーム（Bloom, 1974, 1976）が提唱した**マスタリーラーニング（完全習得学習）**という概念とは相容れない。ブルームの概念は，インストラクションの質は，与えられる**手がかり**，学生の**参加**，**強化**，そして**フィードバック**と**修正**などの事象の発生と関連づけられるものである。この一連のインストラクションの特徴は，私たちがこれまで論じてきた教授事象と酷似している。マスタリーラーニングでは，教師による「情報提供」以上の教授事象を運用することが求められている。インターネットやコース管理ソフトウェアなどの技術によって，リアルタイムにしろ非同期的にしろ，講義の形式を相互作用のある講義に変える可能性がもたらされている。複数の小集団の学習者どうしや仮想的な仕事場において，非同期的にディスカッションを行うことが可能になり，顔を合わせないのが不満だとは言わせないのである。

大グループにおける教授事象

小集団と同様に，大グループにおける教授事象の影響も予測の域を出ない。教師が学習者に接する際の有効性の程度もさまざまであり，効果を確実に監視することも困難である。指導に対するレディネス，動機づけおよび注意力の程度，意味的符号化の適切さ，関連する認知的方略の利用可能性には個人差がある。そのため，インストラクションは相対的に的確性に欠ける。ある個人に対するインストラクションの有効性が欠如しても，それは学習者の自己学習によって補うことができる。たとえば，講義を聞いたときには学習しそこなった点も，符号化方略を自ら用いて講義のノートから後で学習することもできる。人によっては，後でノートを見て行うような符号化は効果的でないと判断して，教材を身につけるための別の方法を模索するかもしれない。

大グループでどのように教授事象を柔軟に調整するか，以下に例をあげる。

1. **注意を喚起する**。教師なら誰もが認識しているように，この事象は集団に対して行うインストラクションの有効性を高める上できわめて重要である。実演や視聴覚メディアを利用することは，集団の注意をひきつけるのに役立つ。
2. **学習者に目標を知らせる**。学習目標は，大グループに対しても，容易に伝え，例示することができる。適切に示すことができれば，おそらくすべての学習者が理解するであろう。
3. **前提学習を思い出させる**。前述したように，この事象はきわめて重要である。しかし，大グループでは，妥当な確率で達成するのが最も困難な事象の1つである。通常，教師は1，2名の学習者を指名して，関連する概念，ルール，情報などを再生させる。多くの学習者は自分が指名されないことを願うばかりであり，指名された学習者以外の頭の中で必要な検索作業が行われていない可能性が残る。その結果，この事象を十分に達成できないことが多い。前提スキルを思い出せなかった学習者は，おそらく関連目標を学習できないであろう。不十分な教授事象の運用が積み重なって，深刻な影響が出る可能性がある。この事象の運用を改善するために，（グループ全体に「抜き打ち問題」を出すなど）さまざまな手段が用いられる。インストラクショナルデザイナーはこの事象に特に注意を払うべきである。
4. **新しい情報を提示する**。学習内容は，特徴を強調しながら提示することができる。これは，平均的には，最も効果的に学習内容を提示できる可能性があるということを意味している。たとえば，学習者が**エネルギー消費**の概念について学習する必要がある場合，教師は，さまざまなタイプの絶縁体で覆われた箱を並べ，その箱を電球の上に置いて絶縁体の違いによって熱の保持に差があることを示すことができる。
5. **学習の指針を与える**。大グループでは，集団のほとんどのメンバーに有効な学習の指針を容易に与えることができる。たとえば，絵やドラマチックなエピソードによって歴史的出来事の符号化を促すことは，グループ全体に対してたいてい有効である。しかし，小集団では可能でも，特定の符号化を各個人に適合させることはできない。
6. **練習の機会をつくる**。大グループでは，学習者のパフォーマンスを制御することは難しい。個人指導の場合は1回のレッスンの中で数回程度パフォーマンスを行わせることを期待できるが，大グループではそれは不可能である。典型的な事例では，1回に指名できるのは1人だけである。クイズやテストを使って，集団全員のパフォーマンスを引き出すことが多い。小テストは，最も効果的な教授事象として位置づけられるためには，頻繁に行われる必要がある。しかし，毎日小

テストを行ったとしても，個別指導でチューターが1人の学習者についてその都度パフォーマンスを引き出して学習したばかりの能力を確認できるような頻度には遠く及ばない。あるテーマについてのグループ・ディスカッションは，学習した情報の検索・確認・符号化を行う場であるため，練習の一形式と考えることができる。また，グループ・プレゼンテーションも練習の一形式である。グループのメンバーが共同で作業に従事するため，学ぶこととじょうずにやろうとすることに対する本質的な動機づけが生じる。

　フロリダ州立大学（Florida State University, 2004）で，テクノロジーを活用して練習と即時フィードバックを与えるための，LON-CAPAと呼ばれるインターネットを利用したオープンソース・システムを用いた興味深い試みがあった。LON-CAPAには，練習用ソフトウェアが含まれており，幅広い問題を学習者に提示する機能があった。練習問題と同じデータベースから試験問題がつくられると告げられたため，学習者はこのシステムの利用を奨励された。さらに，友人どうしで協力して問題を解くことも奨励された。その結果，1年生の数学コースの落第率が48%から19%に減少した。

7．**フィードバックを与える**。この事象は，学習者のパフォーマンスが起きたときに必要になるものであるため，**事象6**で述べたことと同様の限界に直面する。大グループにおける学習者へのフィードバックは頻度も低く，グループ全体のパフォーマンスを要約する形になることも多い。しかし，学習者どうしまたはグループどうしで互いのプレゼンテーションについて意見を述べたり批判しあったりすることで，フィードバックを拡大することができる。これによって，教授者側の能力は大きく拡張されることになる。

8．**学習の成果を評価する**。**事象6**および**事象7**と同様のことがこの事象についてもいえる。テストを行って頻繁にフィードバックを与えることが，よりよい学習習慣をつくり，よりよい学習につながる。たとえば，教材のある部分を終えるごとに行う定期的な小テストは，大学でコンピュータを利用したコースの最もすぐれた特徴であると考えられている（Anderson et al., 1974）。コンピュータを評価に利用すると，今まで大グループを担当する教師には不可能であったレベルの的確さで，この事象を運用することができる。

9．**保持と転移を高める**。この事象も大グループの教師によって達成可能であるが，あくまでも確率的に，である。すなわち，教師は，平均的に効果があるとわかっている方法で，さまざまな例題を使用したり，一定期間後に復習を行うことができるが，このテクニックで個別の学習者の差異に対応することはできない。

講　義

　大グループに対する最も一般的なインストラクション形式は，講義である。教師による口頭のコミュニケーションは，絵・図・ビデオ・スライドを用いて行われ，黒板を含むさまざまなメディアが使われる。学習者は講義を聞き，ノートをとる。あとでノートをもとに講義内容を思い出し，自分で意味的符号化をする際の手段として利用する。

　マックリーシュ（McLeish, 1976）が指摘したように，講義によって，肯定的な教授目的を達成することができる。特に，講義では，①講師が自分の熱意で受講者の意欲を刺激し，②人間の諸問題（すなわち受講者の興味）と当該の学習分野を関連づけ，③理論と研究を実際の問題と関連づけることができる。講義は，このような目的を最も経済的に達成することができるため，2千年を超える高等教育の歴史に輝く教授方法として存在し続けてきたといえる。

　マックリーシュの解釈には，よい講義がある種の教授目的をじょうずに達成することができるのは，教授事象のいくつかを効果的に実行できることによる，ということが示唆されている。たとえば，「講師が自分の**熱意で学習者の意欲を刺激する**」とは，学習対象に対して前向きな態度を形成する人間モデルとしての機能を講師自身が果たしていることを意味している。講義が対象とする専門分野と人間生活のより一般的な関心事とを関連させるときには，動機づけられる要素となる。研究成果と実際の問題とを関連づけてくれる講義ならば，学習の保持と転移に役立つ手がかりを与えてくれる。

　前項で述べたように，学習者のグループに対して講義で実施されるコミュニケーションは，確率論的な意味で多くの教授事象の有効性を最適化することを目標としている。たとえば，ドラマチックなエピソードによって注意をひきつける，教授目標を簡潔かつ明確に述べる，要約によって教材の符号化を示唆する，表や図を用いて視覚的に伝える，といったことなどが可能である。講義で多くの教授事象を提供することが可能であるが，的確性には欠ける。講義の効果はすべての学習者に対して確実とはいえず，各教授事象を実現するために採用されるある特定の形式を学習者の個人差に適合させることはできない。たとえば，注意を維持するのも難しい。講義方式の研究によれば，15～20分で注意力が低下するという。そうなったならば，教授者は，今話したことについて隣の学習者どうしで質問しあって議論させるといったような新たな方法で，学習者の注意を再喚起しなくてはならない。「アクティブラーニング」には，より効果的な講義にするために効果的な多種多様なテクニックがある（www.google.com を使って active learning で検索すると2004年4月2日現在で500万ものリンクがあった）。しかし，このようなテクニックは，講義に計画的に組み込

む必要があり，また，学習者には，それを使用する理由およびどのように学習に役立つかを伝えるべきである（Penner, 1984）。

教授事象という観点に立つと，講義の最大の弱点はおそらく，練習のためにパフォーマンスを引き出し修正フィードバックを与える上での制御の欠如にある。講師は質問をすることはできるが，それに答えるチャンスのある学習者は1人か2人にすぎない。通常，講師は自発的に答えたい者を募るので，解答を知っている学習者が挙手することになる。挙手する学習者は正解をわかっている可能性が高いので，正解に与えられるフィードバックは，理解していない多くの学習者にとって問題を解決するものにはならないだろう。講義を唯一の教授方法として用いる場合は，教授事象の実施を学習者自身に大きく依存することになる。自主学習への依存を前提とすることは，大学での指導や社会人教育ではめずらしいことではない。クイズやテストによって講義の限界を克服しようとすることは可能であるが，それらは通常，不定期で，ある特定の学習目標だけを対象とするため，克服できる程度は限られている。

復唱の授業

大グループのもう1つのインストラクション形式は，外国語学習のような教科でより頻繁に用いられる復唱の授業である。この指導形式は，講義が抱える限界を部分的に克服している。復唱の授業では，教師が次々に学習者を指名して質問に答えさせる。たとえば，外国語のクラスでは，1度に1名の学習者がその外国語を用いた質問に答えるか，さもなければ外国語での会話に参加している。

復唱の授業で出される教師の**質問**は，1回の授業の中でもその時々で異なる教授事象に相当することがある。ある質問は，学習者の前提能力の想起を促して，短期記憶に持ち出すことを意図する。あるいは，学習者にパフォーマンスを求める，つまり学んだばかりの内容を練習させるような質問であることもある。異なるタイプの質問を出すことにより，意味的符号化という意味で学習の指針となることを何か，学習者に考えさせることを意図するかもしれない。さらに別の種類の質問では，学習者に新しく学習したスキルあるいは知識の応用方法を考えることを求めることもある。このようなプロセスが，想起や学習の転移の手がかりを開発する上で役立つ。たとえば，恒常性保持という概念について学習した後，学習者に恒常性保持の実例をいくつか説明するよう求める質問をするといったことがあげられる。

復唱の授業では，教授事象の多くがその運用を学習者に委ねられることも多い。復唱の後に宿題が出される場合が，その典型例である。このような場合は，学習目標に関する情報の取得・意味的符号化・修正フィードバックの提供といった事象は，宿題

をする学習者自身が行うことになる。上記の事象は，テキストを読む，例題で新しいスキルを練習する，繰り返し確認するなどの学習者が行う活動に相当する。このような場合は，よい学習習慣を有していることが，学習効果を上げるための決定的要因となる。

　大グループでの復唱の授業で教授事象を制御する場合，個々の学習者への効果という点では明らかに的確性を欠く。どのような目的で質問をするにしても，数人の学習者が答える時間しかない。教師は，よくできる学習者を指名して，そのことによって自分で学習をうまく進められない学習者を無視してよいのだろうか？　あるいは，できの悪い学習者を指名して修正フィードバックを与えることで，すでに学習を終えている学習者を退屈させてもよいのだろうか？　通常，大規模な復唱の授業では，必要な教授事象はどの時点においてもわずかな学生にしか効果が及ばない。時間的制限があるためすべての学習者に順番が回らないし，学習者は指名されるのを避けようとすることがとても多い。

大グループにおけるチュータリングの特徴

　講義や復唱をはじめとする大グループのインストラクション方法は，さまざまな形で小集団のインストラクション，1対1のインストラクション，個別学習と組み合わせることができる。1つの簡単な方法としては，授業中のある時間帯だけ大グループを小集団に分ける，あるいは大グループで講義または復唱を行った後，クラスを小集団に分けて話し合いをさせることがある。このような措置は，教授事象の制御に一定の的確性をもたらすことを意図したものである。

マスタリーラーニング（完全習得学習）

　教授事象を的確に運用することを直接的に意図したきわめてすぐれたシステムの1つに，**マスタリーラーニング（完全習得学習）**と呼ばれるものがある（Bloom, 1974; Block & Anderson, 1975）。一般に，この方法では，大グループの教授方法の弱点を**進度診断テスト**および**修正フィードバック**によって補完する。

　完全習得学習では，教師が学習課程を約2週間ずつの単元に区切る。各単元にはそれぞれ明確な目標を設定する。各単元の授業を終えると，学習者のうち誰が目標を習得したかを確認するテストを受ける。完全習得を達成した学習者は，任意の発展的（enrichment）活動に自ら取り組むことを許される。たとえば，同じテーマについて

の追加的設問に解答する練習問題に挑戦したり,関連する読書課題をもらったりする。完全習得に達しなかった学習者は,小集団学習・個別チュータリング・自習用の補習教材をもらうなどの追加的な指導を受ける。スキルあるいは知識を完全習得したと思った時点で,学習者は再テストを受ける。診断的および修正フィードバックを伴うインストラクションを必要に応じて付加することによって,指導の的確性を向上する点で明確な効果を得ることができる。マスタリーラーニングの有効性については,ブロックとバーンズ (Block & Burns, 1976) によるまとめがある。

デジタル技術を利用した大グループのインストラクション

　デジタル技術およびインターネットの進歩により,大グループの教室でのインストラクションに興味深い方法が新しくもたらされている。多くの大学,政府機関や軍隊が,**電子的教室**(electronic classrooms)を設計・開発している。

　電子的教室には,一般に講師型と双方向型という2つの基本タイプがある (George Mason University, 2003)。講師型の電子的教室は,電子機器を備えた講師用のステーションあるいはモニターのついた講義台があり,標準的な学習者用の座席がある。双方向型の電子的教室は,講師型と同様の講師用ステーションがあり,さらに各学生用にコンピュータが備えられている。電子的教室の設備は,講師が使用するノート型あるいは据え置き型のパソコンを使ったプレゼンテーション機能があり,インターネットへの接続が利用可能となっている。

　電子的教室は,多種多様な技術的ニーズに対応できるよう設計されている。電子的教室の一般的設備としては,講義台の電子設備に接続されている学習者用のコンピュータ・投映用プロジェクターシステム・DVD および CD プレーヤー・スキャナー・電子黒板・VCR・オーディオシステムなどがある。典型的なソフトウェアとしては,標準的な応用ソフトウェアとインターネット関連ソフトウェアがあげられる (Landay, 1999)。

　大部分の電子的教室では,インターネットあるいはイントラネットへの高速接続が可能で,組織内ネットワークや Web 上のデータに迅速にアクセスすることができる。たとえば,講師は,大学の Web サーバー,自分のオフィスのコンピュータ,または他の大学や研究センターからの情報にアクセスすることができる。また,ネットワーク上で自分のファイルやプログラムの転送および実行もできる (Landay, 1999)。

　電子的教室は,動画・ビデオ・シミュレーションを利用したマルチメディア・プレゼンテーションの利用に対応している。ビデオ (アナログ・デジタルともに) は,実

演や難しい概念の説明にも使用される。双方向型の電子的教室では，シミュレーションや実演用の教材を各学習者用のコンピュータに映し出すことができ，学習者それぞれが教材を操作することを可能にしている。電子的教室では，講師が教材の提示や編集，あるいはファイルサーバーからのプレゼンテーションの閲覧をすることを容易にする。インターネットへの接続により，講師は容易に外部の資料にアクセスして自分の教材を改良することができる。さらに，学習者も教師も，(現地および遠隔地にいる)同僚やその分野の専門家（SME）とのやりとりができる。コンピュータを介することによって，質問に対する反応を記した電子黒板や発言や発表を記録したオーディオやビデオの録音・録画などを通じて，教室内の非公式のやりとりを講師が把握することもできる（Landay, 1999）。

電子的教室は，大グループにおける教師や研修担当者による教授事象の制御を技術的に強化することを可能にしている。たとえば，教師は，インターネット上のマルチメディア・プレゼンテーションにアクセスし，学習者の注意をひきつけることができる。学習者用のコンピュータに学習目標を提示させ，学習者は画面のボタンをクリックしてそれを読んだことを知らせる。学習者は，学習すべき内容が何であったかを確かめたければ，講義中にいつでも学習目標画面に戻って再確認することができる。講義に用いられる教材やインタラクティブな要素にはダイナミックな性質があるため，電子的教室では学習者は講義により集中する傾向がある。学習者は，後で教材をプリントアウトすることができるので，講義中には以前ほど多くのノートをとる必要はない。教師はグループ全体に対して短い講義を行う。それを受けて，学習者が個々のコンピュータ上で完結しなければならない演習問題を与えることができる。教師は各学習者の演習問題での進捗状況を「監視」しながら，ほぼリアルタイムで個別に情報付加的なフィードバックを提供することができる。学習の保持と転移を促す上でも，多種多様なシナリオを提供することが可能である。

グループの相互作用と反応を可能にするもう1つの電子的解決方法として，赤外線応答システム（infrared responder）がある。これは多肢選択問題に対する解答を収集・表示するためのシステムで，キーパッドが各学習者に対応している。反応の分布がヒストグラムで液晶プロジェクターに即座に表示されるので，講師はクラスに問題があればすぐにわかるようになっている。同様のシステムは，スキルの完全習得状況をテストするためにも利用することができる。

少ない例ではあるが，大グループの講義にも共同演習にも対応できるよう再構成可能なシステムとして設計されている電子的教室もある。たとえば，ジョージア工科大学の電子的教室は，机にも椅子にもキャスターがついており，ものの何秒かで講義形式からグループ学習用の「島（pods）」に変えることができるように設計されている

（Landay, 1999）。

⇒ 要 約

　集団で実施されるインストラクションの性質は，一般に集団の大きさに左右される。インストラクションのさまざまな特徴を区別するため，①1対1あるいは2人のグループ，②3〜8人の小集団，③15人以上の大グループの3つの集団規模について考察してきた。
　これら3つの集団規模の違いは，教師が教授事象を実現しようとする上で可能になる的確性の程度の差として表現できる。一般的に，チューターと学習者1名ずつからなる1対1形式では，教授事象の的確性を最大限に確保することが可能である。集団規模が大きくなるほど教授事象の実現に対する制御は低下し，学習成果は学習者の自己学習方略により大きく依存するようになる。
　集団規模が大きくなるほど運用が困難になる教授事象の代表的なものは，前提能力の診断である。個人教授のチューターならば，各レッスンの最初に学習者の知識の程度を測る手段を容易に講じることができるが，集団が大規模になるほどそれは困難になる。学んでいないものは思い出せないのが当然であるから，この点は，**前提学習を思い出させる**上で特に重要である。この事象の制御は大規模な集団ほど低下するので，学習不足が積み重なる結果をもたらすおそれが増す。
　1対1形式でのチュータリングでは，注意を喚起するといった初期の教授事象から学習の保持と転移を高めるという後の事象まで，的確に実施することが可能である。小集団では，多人数に対するチュータリングという形で，教授事象の直接的な対象になれるのは1度に1人ずつではあるが，教授事象を概ね制御することができる。このような状況では，時と相手によって（確実に，というよりは）確率的な意味でおそらく一部の事象が実施可能であるといえるにすぎない。小集団指導は，自己学習の方略が伴うことにより，非常に効果的なものになりえる。小集団は大グループを分けてつくることも多い。その例としては，初等学年で基本スキルの指導を行うグループや，大学の講義における学生主導のディスカッション・グループがある。
　大グループの指導の特徴は，教師が教授事象の効果を十分コントロールできないことにある。注意をひきつける，意味的符号化の手がかりを与える，学習者のパフォーマンスを引き出す，修正フィードバックを与えるといったことはすべて教授事象として計画・実施されるが，学習プロセスへの効果については予測の域

を出ない。電子的教室は、従来の講義形式と個別学習や協調学習とを融合させるすぐれたツールとして普及しつつあり、大グループ形式における学習者自身の自己学習方略にプラスの影響を与えている。

　大グループの典型的な教授方法は、講義と復唱である。大グループの教授方法の短所を克服するために、さまざまな方法が提案されてきた。教授事象の制御を強化するという利点を引き出すために、大グループを小集団に、あるいは1対1形式に分割することがよくある。大グループの指導を向上させるシステムの1つにマスタリーラーニング（完全習得学習）がある。このシステムでは、指導内容をいくつかの単元に分けて運用し、各単元の学習が終わるごとに進度診断を行い、完全に学習するまで修正フィードバックを与える。

　また、研究によれば、前提学習を促す、学習指針を与える活動への学習者の参加を促す、学習内容を検索するための精緻化の手がかりを付け加えるといった個別指導でみられるいくつかの特徴を実現することで、大グループ条件下での達成度が大幅に向上するという。

　学習および指導が電子的教室の利用によって強化されることには、疑問の余地がない。授業中に電子黒板に書かれたノートを取り込んでインターネットに載せることによって、学習者が後でそれを復習に利用することができる。講義のようすも取り込んで、復習させることができる。電子的教室では、たくさんの写すだけのノートをとる必要がないため、学習者はより集中することができる。電子的教室では、（全員に必要とされる時には）教師がグループ全体に「講義」を行うことができる。それ以外の時には、学習者が共同で、あるいは個別にプロジェクトに取り組むかたわらで、教師は「放浪するチューター（roving tutor）」として活動する集団学習を可能にする。

第15章

オンライン学習

　インターネットとネットワーク技術の出現は，あちこちに分散している教育上の資源を使うことで，時間と空間によって隔てられた学習者どうしがつながることを可能にした。分散している教授資源には，トレーニングコース・教育的な業務支援ツール・参考資料・トレーニングガイド・指導案などだけでなく，教師・研修担当者・他の学習者が含まれる。配信される教授資源とは，学習者がインストラクションの目標や目的を達成しようとするとき，アクセスすることができるすべての資源のことである。オンライン学習とは，インターネットに接続されるコンピュータによって媒介される指導と学習を意味する（Golas, 2000）。オンライン学習を意味する用語には，WBT（Web-based training），IBT（Internet-based training），e ラーニング，高度分散学習，遠隔教育などのさまざまなものが用いられている。それらはすべて，学習者がいる場所から離れた所にあるコンピュータシステムに接続していることを意味する。コンピュータシステムはキャンパスの反対側に置かれているかもしれないし，地球の裏側にあるかもしれない（Online Pedagogy Report, 1999）。

　本章では，オンライン学習を設計することの利点と問題点を探り，現在の傾向や技術的可能性，開発方略，そしてオンラインでのインストラクションを設計するときに考慮されるべき問題について議論する。

インターネット

歴　史

　1960年代初期に，アメリカ国防総省の指揮下で構築されたインターネットは，当初アーパネット（ARPANET: Advance Research Project Agency Network）と呼ばれていた。このネットワークは，1980年代に電話回線を通じて接続された軍と大学によって，広く使用された。科学者のコミュニティと軍からの研究員は，より容易に情報を共有し，伝え合うことによって技術的問題を解決することを可能にした。これは全体として，文書化されたコミュニケーションのほうが，口頭によるコミュニケーションより効果的であったためである。どのネットワークユーザーも同じネットワーク上で，どのコンピュータとでもアクセスすることが可能になるようにシステムが構築された。

　1980年代後半から1990年代初頭にかけて，インターネットは急速なペースで成長し，多くの新しいネットワークと何十万もの新しいホストコンピュータがインターネットに加わった。1990年代中頃までには，システムがとても巨大で複雑になったため，単独組織がシステム全体を制御することは不可能な状態になった。2002年9月には，インターネットは6億8000万人以上のユーザーをかかえる国際的なプラットフォームとなった（Global Reach, 2003）。インターナショナルデータ社（IDC）（International Data Corporation, 2002）の調査では，世界中のエンドユーザーが発生させるインターネットトラフィックの量は，次の5年の間，毎年ほぼ倍増すると予測している。それでもいまだインターネット技術は初期段階にあると考えられている。

統　計

　オンライン学習市場の成長に関するデータはさまざまなものがあるが，一般的にめざましい。学校総覧（Directory of Schools, 2002）によると，35万人以上の学習者がオンラインの学位授与プログラムに登録し，アメリカの教育機関における授業料収入17億5000万ドルを生み出している。また，100％オンラインの学位プログラム市場は年率40％の伸びを示しており，アメリカで遠隔教育コースをとる学習者は数年後には230万人以上になるというデータを示している。IDC（2002）によると，高等教育の遠隔学習市場は，毎年33.1％の年間平均成長率で成長している。

産業界と政府においては，オンライン学習技術と研修のプロバイダーは昨年の年間収入で1億2500万ドル以上を生み出し，これらの収入は年間およそ50％で成長し続け，2005年までに7億5000万ドルに達すると期待されている（Gallagher & Newman, 2002）。カスタマイズされたオンラインコース開発の最も大きな成長は，プロセスや方針，企業の製品知識など非技術系の研修分野にみられるだろうとアナリストは予測している（Beam, 2002）。

オンライン学習技術の特徴

1980年代初期以来，単独型のコンピュータ支援訓練（CBT）で応用されてきた多くのインストラクショナルデザイン（ID）に関する方略が，今日のオンライン学習のデザインにも，直接適用可能である。しかしながら，ネットワーク技術やデジタルソフトウェアツールや技術によって，IDの方略と方法に影響を与える多くの追加的機能がもたらされた。必要な帯域幅，ユーザーインターフェース，および対話性の程度において違いがあるが，オンライン学習のための技術は，教育と研修を異なる場所の学習者に提供するという方略を共有している（Golas, 2000）。さらに，次の点が特筆されよう。

- 学習者は対話方式の演習を通じて世界中とつながり，学習のための教材はプラットフォームに依存しないでWebブラウザを通してアクセスできる。そして，Webブラウザとインターネット接続が広く利用可能である。
- 学習センターポータルが，オンライン学習を媒介とした職業訓練の改善にますます使用されている。
- 適切な既存のコースをオンライン配信へ移行させることによって，組織がより多くの人をより速く，そしておそらくより安価に訓練することが可能になる。
- デジタルコンテンツの標準規格やコンテンツ管理ツールが最終収益の改善に役立つことが示されたため，デジタル技術が経営者の人材育成のカリキュラム決定を支えている。

利点と有益性

オンライン教育研修は伝統的なCBTに比べて，より多くの利益と恩恵をもたらす。

[利便性]
- Webブラウザとインターネット接続は，今日広く用いられている。

- 遠隔地の社員を研修のために中央の施設に集める必要がない。
- 学習者は自己のペースとスケジュールで進めることができる。

［効　率］
- 伝統的な通信教育で通常問題となるドロップアウトの割合は大きく減少する。
- 学習者は関連するコンテンツにより速くアクセスできる。
- 仕事や企業に特化したコースを通じて，労働効率が高まる。
- 関連するコースコンテンツが迅速に届けられる。
- 正規の学位，認定プログラム，継続教育ユニットを含んだ広範囲のコースが利用可能である。
- 世界的な規模でさまざまな協働の機会を持つことが可能である。
- 集団の知識と支援への幅広いアクセスできる。

［柔軟性］
- 学習スタイルと好みに対して，よりよく合わせられる。
- 学習開始時の技術や知識のレベルに合わせたインストラクションが提供できる。さらに，コースの中での達成度に応じた内容へ「分岐させる」リンクを備えることができる。
- 学習者は，インストラクター主導型か，自習型か，もしくはブレンド型のコースかを選択することができる。

［費用効果］
- 世界中に安価に広めることができる。
- コンテンツを即座に更新できる。
- サーバー上での変更によって，すべての配信コース教材が即座に最新の状態に更新されるため，コースの維持費は大幅に下がる。
- より多くの学習者をより安価に訓練できる。
- 投資利益率と企業の学習資産が高まる。
- 現存のコンテンツを，多くの教材の中で「そのまま」あるいは若干の手直しで使うことができる（Carliner, 1999）。

［インストラクションの効果］
- 幅広い学習スタイルと好みに適応することができるので，「すべての人に１つのサイズを押しつける」スタイルの教室のような伝達システムに比べて，より効果的に個々の学習者を重要なスキルの習得へと導くことができる。
- ビデオ，アニメーション，グラフィック，および写真を含む広範囲のメディア

を配信することが可能である。
- マンツーマンの展開，コーチング，情報や実習のためのオンライン共同体，授業の前後で用いるメーリングリスト，そして複雑なシミュレーションや実習訓練での個別指導など，多くの目的のために人々を集めることができる。
- オートメーション化されたガイダンス，評価，追跡，そして情報のフィードバックを提供できる。
- マネージャー，研修担当者，そして講師に対して，社員や学習者のスキルや知識と研修の必要性について，よりよい見通しを与えられる。
- 対象受講者の訪れるWebサイトを追跡することによって，どのくらい長い間滞在するか，サイトからサイトにどのように動くか，特定のサイトにもどるか否かなど，研修専門家が受講生をよりよく理解できる。
- 練習問題とテストから得られる統計的情報によって，コースの理解やパフォーマンス（達成度）に関して，学習者が他者と比較してどのような状態かが明確になる。
- より民主的な学習環境を可能にする。
- 相互作用の量と複雑さが増す。
- 動機づけは，しばしばゲーム的手法を通して高まる。
- 再研修が実行しやすい。
- マルチメディアと容易なフィードバックによって保持と移転が支援される。
- 学習者は楽しむことのできる話題に引き込まれる。

[ナレッジマネジメント（KM）アプリケーションと技術の支援]
- 人々と組織の中に存在する情報・技能・知識を最大化することにねらいを定めた複雑な情報システムのデータを獲得し，組織化し，送信する能力を提供することができる。
- KMシステムは1日24時間，週7日，リアルタイムで開発・更新・管理することができる。

課　題

　インターネットを使用してオンライン学習を提供することによって，情報へのより広いアクセスをもたらし，アイデアの交換を促進し，それが知識の増加へと導く一方で，それはまた，インストラクショナルデザイナーと開発者に対して，新たな教育学的問題点と課題を突きつけている。

情報へのアクセス

　限られた帯域幅が原因となる低速の接続速度，受信問題，および長いダウンロード時間は，学習者を苛立たせたり，立腹させたり，または放棄させたりすることにさえなりうる。別の頻発する問題として，コースに参加する間，インターネットにずっと接続している必要があることがあげられる。これは，数人の家族全員が1つのモデムを共有する家庭にとっては深刻な問題になる可能性がある。これらの問題をできるだけ避けるための方略として，複合型のアプローチがある。つまり，高帯域を必要とするリソース（デジタルビデオや音声など）を CD-ROM または DVD で提供する方法である。CD-ROM あるいは DVD には，コースのオンライン版の内容が含まれ，コース内容の伝達と表示のために Web ブラウザを使用する。一方で，Web サーバーからインターネットを通じて伝達内容のすべてを受け取る代わりに，主な伝達内容はユーザーの CD-ROM にあり，そこから必要に応じてコースのファイルにリンクされる。この複合型アプローチでは，オンラインコース機能の多くをサーバー側のプログラムによって管理することができる。これらの操作は，独立型のコースにクライアント側でのプログラム記述とハイパーリンクを追加することで達成される。クライアント側でのプログラムは，アプリケーションのためのインターフェースを実現するために使用される。たとえば Web ページのテキストを動的に変化させたり，ボタンクリックなどのユーザーの動作に反応させたりするなどである（Vadlakunta, 2004）。HTTP プロトコルと Web ブラウザは，クライアント側のコンピュータのファイルシステムとの頻繁なやりとりを防ぐように設計されている。また，学習者データ追跡のようなオンラインコースのサーバー側の機能は，単独型の仕様では提供されない。このため，コースによっては，取り扱い方が複雑になることがある。

　オンラインコースの情報アクセス問題として，もう1つ前述されたものがあった。これは，米国陸軍州兵が絶えず直面している問題でもあるが，すなわち，家庭に電話回線が1つしかひかれていないという問題である。他の家族，および特に学齢の子どもはインターネットへのアクセスを奪い合わなければならなくなる。モデムが高速の無線接続か衛星接続にかわるまで，CD-ROM と組み合わせる複合型のアプローチは，この問題の唯一の解決策である（Warren, 2002）。

情報過多と人間の学習過程への不適合

　人が同時に処理することができる情報量には，容量の限度がある。有効なオンライン学習コースへ仕事の内容を移すために，教育心理学，マルチメディア制作，グラフィック，プログラミング，およびインターフェースデザインなど，デザイン・チームにはさまざまな専門性が求められる。経験豊富なマルチメディア開発者によれば，オ

ンライン学習のよいコースウェアを制作するには，伝統的な教室向け教材の 10 ～ 20 倍もの作業量とスキルが必要である (Clark & Mayer, 2002)。あらゆる方向へ向かうあまりに多くのリンクとスレッドがあると，すぐに混乱を招き，学習者を目標からそらすことになる。オンライン学習の設計者には，学習者がより長い継続期間のオンライン学習経験から学んだ内容を保持・統合するための方法を開発し，学習者が長い期間にわたり学んだ莫大な量の情報の理解と記憶を支援することが強く求められている。クラークとメイヤー (Clark & Mayer, 2002) は，設計者は，あらゆるコースからの情報を集めて，ふるいにかけたような，学習者の記憶と理解を促進するための「コンテンツかばん (content briefcase)」をどのように組み立てることができるかについて，考える必要があると提言している。

個人的接触の喪失

第 11 章で言及したように，オンライン学習は一般的に，指導者と学習者，また学習者どうしの個人的な対面接触の機会を減少させる。しかし，学習のこの社会的側面は，たいへん意義があり，教育的な目的からも重要である。同期型ビデオの進展がみられる現代でさえ，チャットルームやスレッド型ディスカッション，仮想ミーティング，そしてその他の共同技術を通して，社会的な関係を強めるための ID 的な工夫が必要とされている。

無関係・不適当・不正確な内容

インターネット上で利用可能な豊富な情報をオンラインカリキュラムに取り入れることが進展した。一方で，第 11 章でも言及したように，依然として，**妥当な教育的・指導的なコンテンツをつくる必要性は高い** (Golas, 2000)。事実についての知識は，有用で関連性が高い知識に変換されなければならない。オンラインカリキュラムのデザイナーは，学習者が何にアクセスできるかを管理することに注意を払わなければならない。なぜなら，インターネットに載せられる多くの情報は，ほとんどの専門雑誌で発表される記事のように内容の専門家 (SME) によって審査されていないものだからである。

共同的演習やイベントでのコンテンツをコントロールする最も効果的な方法は，**オンライン上のモデレータ**を使うことである。オンライン学習でのモデレータの役割と責任に関するメーシー (Masie, 2000) による調査では，学習者の 88％，マネージャーの 91％がトレーナーやファシリテーターがオンライン学習経験の一部に含まれることを勧めるとの意見を示した。その調査の回答者は，無関係で，不正確な情報が広まらないように，スレッド型ディスカッションを読んだり，他の共同的な演習を監視

するトレーナーやファシリテーターを置くことに高い価値を示した。オンラインモニターはまた，学習者の進捗状況を確認し，必要であれば学習者に連絡をとる。そしてオンラインプロジェクト作業を評価し，フィードバックを与え，コース参加者のためにオンライン学習のコミュニティをつくり，促進する。そして，eメールやスレッド型ディスカッションを通して，学習内容についての質問に答える体制を準備しておく。本章の執筆時点では，米軍では，一般的にスレッド型ディスカッションやチャットルームなどのような共同的な教授方略をオンラインコースに組み込むことは許されていない。なぜなら，軍人の間で誤った情報が広まっていないことを確認するためのコースモニターを置けないことがあるためである。

互換性問題

　もし，コースコンテンツを孤立状態で開発し，他の開発者が再使用することができないとしたら，インターネットの主要なメリットがそこなわれてしまう。SCORM（第11章で述べられた）のような規格を用いることによって，政府や産業界，および大学の人々が世界中でコンテンツを共用することが可能になる。また，それをカスタマイズすることによって，異なる聴衆の多様な学習目的を支援するために使用することも可能になる。アメリカの産業界では，オンライン学習が戦略的経営計画に関連して拡大している。業務遂行支援，研修，コーチング，メンタリング，および共同作業を提供するオンライン教材の数は急速に伸びている。そして，製品や能力開発のさまざまなニーズに合わせて再目的化できる学習オブジェクトをつくる開発者によって，著しい投資対効果率の上昇を達成できるであろう。

学ぶための時間と空間を人々に与える

　オンラインコースの実行の深刻な問題として，特にアメリカの産業界で顕著にみられるが，多くの雇用者が，社員に中断をはさまないで必修オンラインコースを履修できる時間を，勤務中に与えていないことがある。連邦政府と軍においては，この問題は深刻ではない。「訓練するための時間」が，通常の就業スケジュールの間に明確に備えられているからである。さらに，インターネット上で圧縮された形式の動画を送り，到着時にビューアによって復元表示されるストリーミングビデオ（Miller, 2003）を使うといった方略も，大いに利用すべきである。もしオンライン講義が，非同期でいつでも見ることができるストリームビデオを使用せずに，特定の時間を指定して提供された場合，オンラインコースの受講者のうち何人かは参加することができないかもしれない。

　MASIEセンター（MASIE Center, 2001）によって行われた調査では，いつどこで

学習者がオンライン学習コースを行うかによって，学習者の満足度とコース達成の動機づけに大きく影響することが示された。オンライン学習者の76％は，コースを就業時間に，自分の机か共同で使う作業場か，あるいは現場の研修所で受講することを好むと回答した。この結果は，学習者の多くが，オンライン研修が私生活の妨げになってほしくないと考えていることに起因する。調査では，勤務中に必修トレーニングを与える雇用者のもとで働く者がより満足していることが明らかになった。家で，出張中に，あるいは顧客の所在地で必修コースをとった学習者は，オンライン学習経験に対する満足度が明らかに低かった。

学習者を動機づけ続ける

学習者を囚われた聴衆（captive audience）として，生身の指導者が注意をひきつけることができる教室とは異なり，社員の時間と注意力を奪いあうライバルにあふれた世界において，オンライン学習を修了するためには，学習者個人の規律と責任が必要となる（Clark & Mayer, 2003）。インストラクターや教師は，学習者が退屈し，無関心になっているのに気づくと，即座に自分たちのアプローチを変更することができる。これに反して，オンライン教材はインストラクションの間，変わることはない。オンライン学習者は，その経験が自分のニーズを満たすものとなることが確実であるとの予測を欠くとき，失望，苦境，または退屈が原因で「そっぽを向く」（Clark & Mayer, 2003）。有能なオンライン学習の開発者は，学習者の興味，関心，およびつまずきの原因を予測しなければならない（Clark & Mayer, 2003）。自発的な学習に必要な学習者の動機づけやスキルを支援するためには，たとえばオンラインディスカッション，対戦方式のゲーム，アニメーション，グラフィック，ストーリー，あるいは現実世界のシナリオなど，魅力的なコースウェアの方略を用いることができる。

管理職や上司は，オンライン学習コースが社員自身の発展に貢献するのだということを絶えず意識させる必要がある。そうすれば，それが次には，内発的な動機づけとなるような，組織内での包括的な学習文化をつくり出すことにつながる（Masie, 2001）。学習者の個人的な成長の計画に管理職が関与することは，特定のコースの意識と利益を増す助けとなるばかりではなく，社員が新しいスキルを獲得するようさらに向かわせ，動機づけるであろう。もし管理職が同僚による受容と支援を奨励すれば，自分と同等の人に勝ろうとする動因が，付加的で非常に競争的な動機づけとして働くだろう（Masie, 2001）。

4 オンライン学習の計画

学術的な教育，あるいは技術的な研修のためにオンライン学習を計画する際，オンラインコースをつくる前に考慮されなければならない運用上の，管理上の，技術上の問題についてのいくつかのキーポイントを以下に記す。続いて，学術機関のためのオンライン学習の開発に関係する特定の問題を論じる。

インターネットアクセス

オンラインコースを開発する前に，コンピュータ環境を分析し，どのようにユーザーがコースにアクセスするかを取り決めるべきである。これは①接続速度と②アクセス可能性の2点の理由で重要である。学習者は自宅でダイアルアップによって，また教室や研修室の設備を使って，あるいは彼らの職場のネットワーク接続を通じて，コース教材にアクセスするかもしれない。オンラインコースの開発者は学習者がコース教材にいつでも，どこからでもアクセスすることができるか，あるいは，ファイヤーウォールのためにアクセスや教材のダウンロードに問題はあるかを判断する必要がある。ファイヤーウォールは情報を保護するセキュリティ目的で使用されるが，時々，オンライン学習を妨げる場合がある。開発者は，オンライン学習の教材やシステムが，組織のファイヤーウォールソフトウェア環境で作動することを確実にするため，情報技術や管理スタッフと密接に連携しながら仕事をする必要がある。

以前にふれたように，学習者がオンライン教材にネットワーク接続からアクセスするか，ダイヤルアップモデムを使用してアクセスするかによって，接続速度は異なる。これはコース教材にどんなタイプのメディアを含むかを決定する際に，特に考慮する必要がある要素である。たとえば，学習者が高速ネットワーク接続を使用している場合のみ，フルモーションビデオは適切な選択肢となる。

設備とソフトウェア

先に第11章で言及したが，インターネットはコンテンツを配信するために広範囲の方法を提供する。これらの方法は，簡単なテキストから，オーディオ・ビデオ・アニメーションにまで及ぶ。この豊富なメディアが配信される可能性があるが，モデムスピードや帯域幅のために，すべての学習者がすべての形式のコンテンツを受け取ることができるわけではない。学習者のインターネットサービスプロバイダー（ISP）

の選択は，使用するコンピュータのプラットフォームと同様に，影響を及ぼすかもしれない。学習者が利用可能な設備を考慮し，学習者が受け取れて，快適に使うことができるコンテンツを選択することは重要である。

　コンテンツ配信方法の選択もまた，定期的に分析されるべきである。より多くの人が高速インターネットアクセスを獲得し，新しく，より高性能なハードウェアとソフトウェアが広まるに従い，コンテンツ配信はより豊かな学習経験を提供するように変えられるべきである。すでに高速アクセスとより高性能な機能を所有する法人向けのプログラムのような，狭い範囲の対象者にねらいを定めたものにおいても，この点での検討は必要である。

　エンドユーザーのコンピュータで利用不可能なオンライン学習の設計・開発方略は，クライアント（学習者，もしくはエンドユーザー）のコンピュータハードウェア，ソフトウェア，ネットワークの必要最低要件をはじめに設定することで避けるべきである。オンライン学習コースは，学習者が学校の机，職場，あるいは自宅のデスクトップ上に何を持っているかにかかわらず，作動する必要がある。もし，コースへのアクセスに特別なブラウザや，付加装置，あるいは補助プログラムが必要な場合は，コースが始まる前に，すべての受信ワークステーションや家庭・職場のPCを適切に構成しなければならない。学習者のマシンは，CPU（中央演算処理装置），RAM（ランダムアクセスメモリ），ディスクサイズなどの最低限のハードウェア仕様を満たす必要がある。また，Webブラウザやプラグイン，eメールやワープロソフトのようなOSとアプリケーションソフトウェアの必需品が決定されなければならない。

　最新の技術設備がすぐに利用可能である大規模な会社でさえ，ネットワークでつながれたコンピュータが例外なく，サウンドカードやWebブラウザのプラグインのような簡単なマルチメディアの要件を備えているとは限らない。適切なソフトウェア（たとえばプラグインなど）を簡単に組み込めるようにする目的で，Webブラウザを指定することも，場合によっては必要になる。また，サーバーマシンのためのハードウェアとソフトウェアの要件を同定することも重要である。Webサーバーの仕様には，ハードウェア（CPU，RAM，ディスクサイズなど），OS，およびアプリケーションソフトの必要要件（Webサーバー，メールサーバー，ニュースグループサーバー，CGI（Common Gateway Interface）サーバなど）が含まれる。ハードウェアとソフトウェアの要件はクライアントとサーバーマシンの両方で時とともに変化するため，要件は技術発展に伴って更新される必要があろう。

エンドユーザーの能力

　対象者のコンピュータリテラシーは，慎重に検討される必要がある。開発者は，基本的なコンピュータ技術と用語に関する参加者の知識について，多くを仮定するべきではない。最小限，彼らはコース教材へアクセスし，コースのはじめから終わりまでアクセスするためのツールを使用できる必要がある。エンドユーザーの中には，オンラインコースにおいて十分に「コンピュータに精通している」とは言えない者も含まれている。たとえば，コースで使うファイルにアクセスし，実行するためのWebブラウザのプラグイン，あるいは，補助的なソフトウェアのダウンロードやインストールができない人がいるかもしれない。時には，ユーザーに適切な技術支援を提供し，基本的な質問をするチャンスを与え，セットアップの過程をはじめから終わりまで指導することが必要になるだろう。エンドユーザーのコンピュータスキルを過大評価することは，オンラインコースの開発者によって見落とされがちな，よくある問題である。

　電子教材では，保持する情報の多くを容易に隠すことができるが，学習者がコースを修了するのにかかる所要時間については包み隠さないことが大切である。所要時間を知らせることで，参加者が自分のやろうとしていることについて，現実的に捉えられるようになる。開発者と学習者はともに，仕事を続けながら，家族を養いながら，社会活動に参加しながら，そして日々の活動を継続しながら，同時に，要求事項が多いオンライン学習プログラムを完了することが，どんなにたいへんなことであるかを理解する必要がある。

管理者方針

　Web上の情報公開に関する組織的な方針は，Web保守やWeb方針の責任者とともに，すべての関係者にしっかり周知されるべきである。たとえば，オンライン研修が複数の所在地へ配信されるのであれば，受け取るすべての支所のネットワーク管理者に照会し，コースがPC環境およびネットワーク構成と互換性があることをチェックしておくことが賢明である。

標準規格と仕様

　産業界，連邦政府，および軍のためにオンラインコースを開発している研修開発者は，SCORMのような標準モデルや，リハビリテーション法508条（SCORMと508条の記述は第11章を参照）のような基準の動向について，細心の注意を払う必要が

ある。

学術的・教育的な視点

学術的制度の視点からみた場合，Web を通してコースを提供することは，知的財産，教育手法上の厳密さ，教授法，コース管理，および教育的補償に関して特有の問題をはらんでいる。マカリスターら（McAlister et al., 2001）は，学術機関でのオンライン学習と教育を開発・提供する責任者は，次の質問に留意すべきだと提言した。

[オンラインの教育課程は，教育機関の使命と戦略に適合するか？]
　オンラインの教育課程には，教育機関の持つ資源を大きく投入する必要がある。教育とスタッフは常に不足している共有資源であり，オンライン課程を始めることによって，他のプログラムに損失を与えるかもしれない。オンラインの教育課程を開始する決断をする前に，機関の目的・目標・既存課程の存続・中心的価値，および職務遂行能力と適正に協調して作動するように分析・設計が行われるべきである。たとえば，目的として「勢力範囲（reach）」の拡大と外国人留学生数の増加が掲げられるかもしれないが，その目的を達成することで，大学の主軸プログラムと評判を弱めるかもしれない。オンライン学習へ切り替える学生が増えるにつれて，既存のプログラムからの「引き抜き」を招くことになり，それが大学の評判をひどく傷つける可能性もある。

[運営責任者からの支援があるか？]
　オンライン教育課程の開発は，新しい情報システムの開発とよく似ている。重要で共通の特性は，プロジェクトを首尾よく立ち上げるために必要な運営責任者からの支援の度合いである。この支援は初期段階を通じて，適切な資源配置を保障し，プロジェクトを首尾よく育むために重要である。コースコンテンツを開発し，配信するために技術的・人的資源を提供することが確約されなければならない。そして，この確約はプログラムが実現するために，初期の妨げと問題を乗り切ることができるくらい，強いものでなければならない。この確約の一部には，プログラムの進捗を評価するための現実的な目標と評価の操作的な定義を含むべきである。

[オンライン教育課程を採用することへの教育機関内の障害はあるか？]
　制度上，オンライン学習カリキュラムを採用することは，伝統的な大学モデルの根本的な変化を意味するかもしれない。そしてすべての大学や教職員が新しい

パラダイムを歓迎し，また，受け入れ実行する能力があるわけではない。教授陣は，インターネット技術に精通するためにかなりの時間を費やす必要があるだろう。そして，遠隔教育の環境の衝撃を最小化するためには，遠隔学習の特徴を生かした教授技法と教材を工夫しなければならない。学習者もまた，遠隔教育環境の衝撃を受け入れる用意ができていなければならない。学習者は，より高度な自己規律と動機づけが求められていることなど，彼らに課せられる要求を受け入れる用意ができていなければならない。また，オンラインクラスが学習者と教授陣のやりとりの本質をも変えることも覚悟する必要がある。通常，このタイプの環境では，文字によるコミュニケーションが増加する一方で，対面型や言葉での相互作用の量が制限される。学習者は，自分の学習ニーズを満たすためにはWebやeメールの使用に迫られるということを，早急に把握しなければならない。別の障害としては，新しい競争相手の進出がある。伝統的に高等教育機関は，地理的に近接したほかの似たような大学を競争相手としてきた。最近，有名高等教育機関と同様に出版会社や他の民間企業が，オンライン教育プログラムに投資している。これらの動きの中で，より小規模な機関が競争力のあるオンライン教育課程を提供するのは難しくなっている。

[どのように知的財産（IP）問題を扱うだろうか？]

ほとんどの教育機関では，教材は授業担当者の知的財産（IP）であると一般的に考えられる。インターネットを通じたコース配信では，どのように教材が著作され，使用されるかに関して，新しい選択の範囲が開かれる。たとえば，教材を開発した人以外の誰かが授業を実施するかもしれない。1つの教材が，複数の授業担当者によって，同じ科目名で複数回使用されるかもしれない。IPの所有権とその継続的な使用に関しては，多くの未解決の問題がある。解決策は，IP問題を無視することから，後に機関の財産となるオンライン教材を開発するために，事前対策としてインストラクターに特別報酬を支払うことまでに及ぶ。知的財産権問題に決着をつける事前対策的アプローチは，将来の問題化と訴訟の可能性を避けることにつながる。

知的財産権の問題は，コースの教育方法の一部として補助教材を使うときにも問題化する。他の著作権者の教材を使うときの手順を決めておくことは，オンライン教育課程の初期開発努力の一部であるべきである。実施段階において教材の利用を限定せざるを得ない状況に陥るのを避けるためには，これらの教材の知的所有権を獲得し，管理するための仕組みをつくることが重要である。権利関係を管理するための方針・手順・技術を適切に措置することは，オンライン教育課程

の重要な部分である。この分野におけるジレンマの一例として、出版社によっては補足教材の使用を制限するということがある。

[どのように授業担当者にオンラインコースの提供と管理の報酬を支払うか？]

　IP問題が満足のいく解決を得られたとしても、オンラインコースを教え、管理するための報酬の問題がまだ残っている。教育機関において、授業担当者に規定の授業負担に対する報酬を支給する伝統的なモデルは、もはや適切ではないかもしれない。はじめに何が授業を構成するかという定義を確立しなければならない。多くの大学では、教育的・経済的・物理的な設備制約によって、クラスあたりの学習者数の最小・最大値が設定されてきた。インターネットを通じたコース配信では、これらの伝統的な定義を根本的に変更し、新しく革新的な解決策が必要となる。

　さらに報酬問題を複雑にするのは、クラスがどのように運営されるかを決定する際の、広い許容範囲である。理論的に、オンラインクラスは非常に小さいものから、非常に大きい規模にまで及ぶことができる。そして、伝統的な学年暦を完全に無視した形で提供することも可能である。これらの問題がコース実施による収入と報酬に直接的なインパクトを持つため、早期にこれらの要素を定義すべきである。誤解と将来の問題を最小にするために、Webコースを提供する前に、時間的余裕をもって、授業担当者の報酬が取り決められるべきである。

[オンラインで提供される授業を選択するための、明確で、よく定義された評価基準があるか？]

　オンライン教育課程の開発は、多くの大学にとって学ぶべきことが多い経験になるだろう。マカリスターら（2003）は、オンラインコースの利害関係者（stakeholder）の初期段階での受け入れを促進するには、成功する最大の可能性を持つコースを選択することが重要だと述べている。多くの対象者をひきつけ、厳格な教育上の必要事項が少ないコースが、初期の選択としてはより適切であろう。オンライン配信のためにコースを選択する際には、学習者の相互作用が望まれる度合いと教育上の要件について、評価しておくことが重要である。インターネットを通じたコース配信では、コースを提供するときに使用できる教育手法と学習者間の相互作用に制限がかかることになる。体験型のスキルや複雑な問題解決を教えるような、指導者との個人的な強い相互作用を必要とするクラスは、オンライン配信に適さないだろう。すべてのコースがオンライン配信に適しているというわけではないが、教育上の創意工夫により、メディア特有の多くの限界を克服することは不可能ではない。

[どのような施設や機能を，コース教材の準備と配信に，利用することができるか？]

　オンライン配信のために，適切な形式で教材を準備するために必要な技術的専門知識を持つ授業担当者はほとんどいない。その上，教材が正しい形式に整えられたとしても，学習者にそれらを使用する能力があるという保証はまったくない。コースの授業担当者と学習者の両方の技術支援のために，適切な対策が用意されていることが重要である。必要な対策の中でも，特に ID についての専門的支援が，授業担当者がコースコンテンツを開発し，組織化するときに，利用可能でなければならない。

　オンライン配信のために教材を準備するには，グラフィック，ビデオ，オーディオ，およびテキスト内容の収集のための設備が必要である。ハードウェアとソフトウェア開発のシステムはすでに利用可能ではなく，適切な設備への投資が必要な場合もある。適切な支援を提供することなしに，適切なオンライン教材の開発を期待することは不合理である。オンライン学習の設計と開発のための新しいツールと技術が絶えず開発されており，継続したシステムとツールの更新と使用者向けの研修が重要である。

[学習者の進捗はどのように評価されるだろうか？]

　提供される授業とその教育方法を開発する場合，学習者の進捗がどう評価されるかは多岐にわたる。学習者の評価は，大学の履修単位を与えないコースでは重要な問題ではないかもしれないが，単位を与える機関にとっては重要なものである。選択肢は，オンラインでの評価方法から，学習者がテストを受けるために大学の学習センターへ行くことが必要な場合にまで及ぶ。学位を与える機関には，評価方法と評価実施形態を認定団体に確実に受け入れられるものにするという付加的な関心事もある。コースの厳格さを保持するために信頼性が高い認証方法が必要な場合は，監視員を配置した状態でテストを行う方法を手配しなければならない。そのためには，参加者が中心となる場所に定期的に集まるか，または参加者の付近の信頼できる機関で評価を行う必要があるかもしれない。

[学習者はオンラインコースをとるために必要な技能を持っているか？]

　すべての受講予定者が，高度なコンピュータ技能をすでに身につけているというわけではないだろう。よって，コースコンテンツを供給するのと同時に，学習者が配信方法を研修するプログラムを提供することが重要である。いくつかの大学では，オンラインコースに登録する学習者に，必要なスキルを教えるクラスへの参加を義務づけることでこの問題を解消している。他の大学では，すべての技

能レベルの参加者が使用できるように教材をデザインすることを目指して意識的な努力を傾けている。いずれにせよ，学習者に参加するために必要な技術的スキルを身につけさせる効果的なメカニズムを用意することは，実施機関側の責任である。学習者がコースを受講中にも引き続き，オンラインか電話などの手段によって，継続した支援へのアクセスを提供することもまた必要である。

[**どんな学習管理システム（LMS）を使用するか？**]

多くの会社がLMSをすでに開発したが，それは時としてコース管理システム（CMS）と呼ばれ，コース教材の編成と伝達を容易にしている。これらの製品の1つを選択することによって，コース教材を配信・維持する作業を大幅に簡素化することができる。これらのプラットフォームを採用することは魅力的な選択肢であるが，同時に，コース教材の配信に制約を課す可能性がある。LMSを選択するためのガイドラインについては，本章で後に述べる。

[**クラスの教材はどこで維持されるのか？**]

組織がコース教材を保持し，配信するために適した設備を持つためには，それらをどこで物理的に維持するかという問題は重要である。理論的にいえば，インターネット上であれば世界中のどこにでもコース教材を置いて維持することができる。しかし，実際的な観点から，意図する対象者に教材を適切に配信することができる場所を選択することが重要である。適切な設備には，コースコンテンツがタイムリーに配信されることと，これらの教材へのアクセス要求が配信サイトの性能をオーバーしないことが求められる。多くの組織は，オンライン教育課程を実施するために既存の設備で十分であると想定しているが，設備が不十分である場合もある。オンラインコースで提供される内容や様式によっては，適切なレベルのサービスを保証する商業施設を使用するのが，より経済的であるかもしれない。コース受講者がコース教材の劣悪で不安定な配信の悪影響を受けないように，この決定には十分な検討がなされるべきである。

IDの方略

概　要

このセクションでは，個別指導・協調学習・ハイパーリンク・ナビゲーション，そ

して，テストの方略を含む，オンライン学習のための高次のID方略と技法について説明する。これらの方略を探る前に，より専門的性格の研修コースと同様に，学術的・教育的なオンラインコースのために考慮されるべきいくつかのID上の課題について述べる。

[ビジョンの確立]

単一のオンラインコースか全体のカリキュラムを開発するかに関係なく，現実的なビジョンを確立することは最も重要である。ビジョンの声明には，意思決定の過程とオンライン学習実行組織の業務遂行についての理想的なあり方が述べられているものがある。それは，望まれる組織文化・マネジメントスタイル・クライアントへのサービス見解を反映する価値の記述を含む（Penrod, 2003）。また，ビジョンには，オンラインコースやカリキュラムを開発する基本的な目的や相対的な利益も定義されるべきである。ビジョンの確立に際しては，特定の期間に取り組む組織的な目的やそれを測定可能にする目標もまた，考えられるべきである。「将来のシナリオ」を用いて，機関や組織が定めた期間の中でどのようなステータスに到達していたいかを，大まかな書き方で表現することも可能である（Penrod, 2003）。

[試行コース・サンプルレッスン・またはプロトタイプの作成]

前述のとおり，学習目標と成果によって，オンライン学習のコンテンツを非常にダイナミックで対話的にするために，マルチメディア・協調学習・シミュレーション方略を取り入れることが可能である。多くのオンライン学習コースは，とりわけ技術研修においては，非常に視覚的で対話的な要素が多くなるため，全体のコースを開発する前にメディア処理と対話性を実証するサンプルレッスンやモジュールを作成することが不可欠である。コース全体からの1つのレッスンかモジュールを取り上げて開発し，オンラインコースデザインの「ルック&フィール（外観と雰囲気）」を確認すべきである。選択されたレッスンでは，登録機能の有効性，同期的・非同期的なすべてのビデオ形式の確認，メディア要素のダウンロード，学習者データ収集の機能，および他のLMS機能をテストできるように，オンライン配信のための支援手続きを確立していく。

開発初期にプロトタイプやサンプルレッスンを開発することには，対象受講者・内容の専門家（SME）・マネージャー・および顧客担当者からフィードバックを集めるためのメカニズムを確立することなど，多くの利点がある。特に，顧客やユーザーにとって，初めてのオンライン学習への挑戦である場合には，コース配信の新しい形式にどのように反応するかを判断するために使うことができるサン

プルレッスンは，特に重要である。オンラインコースをつくる上で最も大きな支出が，開発段階に見込まれることは間違いない。もしも顧客やユーザーが線で描かれただけの紙のストーリーボードを検討しただけで了解したとすれば，彼らはインストラクショナルデザイナーが考えたことを誤解し，誤解に基づいて設計書を承認したかもしれない。その後，完成製品を見て，彼らは間違っていると感じて，変更を主張するかもしれない。さらに，開発された製品の完成レベルが高いほど修正の費用はかさむということを覚えておくことは重要である。プロトタイプの開発により，顧客とユーザーは，コースが実際にどのように見え，どう機能するかを開発過程において非常に早い時期から理解することになる。誤りを初期に見つけることができ，そして，失敗は設計チームに大きな心配を引き起こすことなく，捨て去ることができる。顧客とユーザーに設計サイクルの早い時期にフィードバックを提供するチャンスを与えることにより，より自由にコースに関する他のオプションを探求できるようになるだろう。顧客やユーザーにプロトタイプで作業してもらうことにより，後にアプリケーションについて学習するために必要な努力は軽減される。オンライン学習のためのプロトタイプは，スレッド型ディスカッションを通じての協調やシミュレーションによる技能の実習のように，ユーザーがシステムを使ってできること，またはしたいことのすべてを例示すべきである。

[将来のためのデザイン]
　第11章で言及したように，インターネット技術は急速に変化しているので，インストラクショナルデザイナーは将来を絶えず見据えている必要がある。たとえば，コンテンツがすぐにイントラネットかインターネットに移行されなくても，教育製品の多くはWebで動作可能な状態にしておくべきである。デザイナーは，将来，そのコンテンツをWebに移すことが可能であるモデルをつくる必要がある。

[インストラクションの小ユニット化]
　特に技術研修のためのオンライン学習教材の大きさは，学習者を圧倒しないように短くあるべきである。また，ユニットは最小単位でモジュラー化された独立型にするべきである。SCORMは複数の学習目的にわたる再利用を実行可能にするために，5～15分単位の双方向や没入型教材を目指して可能な限り最小の単位に分けることを推奨している。

[聴覚刺激（オーディオ）の使用]
　ナレーションや音響効果のような聴覚刺激は，しばしばオンラインコースにお

いて軽視されてしまう媒体である。インストラクショナルデザイナーは，適切に聴覚刺激を使用し，学習者が使うかどうかを選択できるようにオプションとして柔軟に組み入れるべきである。多くの研究者は多くのオンライン学習プログラムで，聴覚刺激が将来重要な役割を果たすと考えており，それを適切に行うには綿密な計画を必要とする。たとえば，フルオーディオを使用するレッスンは企業内ネットワークでは完璧に作動するかもしれないが，学習者の自宅のパソコンでレッスンにアクセスするとき，圧縮されたオーディオの断片だけが利用可能な状態であるかもしれない。PowerPoint のための Impatica や PowerConverter のような新しいソフトウェアは，標準 HTTP サーバーからストリームするように音声を圧縮するので，ダイヤルアップモデム接続を使用する学習者が，オーディオ表現を受け取ることを可能にする。

［インストラクターやトレーナーへの重点化と役割の提供］

プロジェクトにおいて，オンライン学習の潜在的なユーザーを利害関係者にすることは，イノベーション採用のために重要な構成要素である（Rogers & Shoemaker, 1971）。これは産業界や連邦政府のために開発されたコースに関して，特に重要な問題である。トレーナーやインストラクターには，自分たちが蚊帳の外におかれているような，あるいはプロジェクトが自分たちなしで始められたような感じにさせるべきではない。トレーナーやインストラクターはコースを実施する際に重要な役割を果たすであろう。そして，自らが当事者である，もしくは設計にかかわってきた，という意識を強く感じることが重要であり，組織の任務と目的に価値を加える存在だと強く思わせる必要がある。

［オンライン教育設計における ID 原理の使用］

今日のデジタル世界では，教師・研修担当者・インストラクター・内容の専門家（SME）などの多くの人がオンライン学習の設計過程にかかわっていることに気づく。適切な ID 原理が適用されているとき，重要な質向上が可能である。学習者が理解していることを示す視覚的フィードバックが存在しないので，オンライン学習者のための支援教材は，教室の対面型指導よりも，より重要である。学習目標の重要性，関連性のある有意味な学習活動，練習の機会を与えること，そしてフィードバックを提供することの重要性は，言い過ぎるということはない。近年，オンライン学習プロジェクトのためにインストラクショナルデザイナーに必要とされるスキルは大きく変化してきた。以下のセクションでは，これらの変化について述べる。

インストラクショナルデザイナーに求められる新しい能力

　デジタルテクノロジーは，インストラクショナルデザイナーが今日オンラインコースを設計するために必要とするスキルのタイプに影響を与えている。インストラクショナルデザイナーは設計と同様に，インストラクションを開発できるようになる必要に迫られている。ちょうど作家が手書きで書いた後で「タイプを打つ」秘書を期待する代わりに，コンピュータでワープロソフトを使うスキルを習得することが必要となったように，インストラクショナルデザイナーは，彼らのデザインをつくり，それを視覚化するために，ソフトウェアプログラムの使用法を学ぶ必要がある（Shank, 2003）。長い目でみればこのアプローチのほうが，より少ない改訂とより短い時間で，よりよい結果を達成する（Shank, 2003）。紙の上にストーリーボードを描いて，コンテンツの台本原稿をつくり，それから他の誰かにそれを手渡して開発するという時代は終わった。まさに，ワードプロセッサを使うスキルが，より速く，よりよい文章をつくることを潜在的に可能にしたように，オーサリング技能は，より速く，よりよい教材をつくり出す潜在的可能性を持つ（Shank, 2003）。開発は設計の後に来る次のフェーズではない。それは設計過程を補い，向上させるものになった。ワードプロセッサのように，オーサリングツールは教育の理想が実を結ぶ過程で重要な認知的ツールなのである（Shank, 2003）。インストラクショナルデザイナーがある程度のレベルで開発を実行することができるとき，彼らは，何が可能であって，何が最適であるかを知り，多様なデザインと開発の決定事項に示唆するものを認識し，デジタル技術をより深く理解し，技術スタッフと意見を交わすことができる。また，開発過程の管理がよりよく準備でき，教材のつくり方を知り，他の人たちを待つことなく自分で問題を解決できるようになる。そうして，よりよいオンライン学習を設計できるようになる（Shank, 2003）。

　オンラインコースを開発するためにインストラクショナルデザイナーに必要なことは，次のとおりである。

- 十分な文書作成技能と編集技能
- 相当な文書処理（ワードプロセッサ利用）技能
- ID過程のすべてのフェーズでの要求を満たす能力
- インターネット用と紙での出版用テキスト開発の違いに関する洞察
- インターネットのユーザビリティとアクセシビリティ問題の理解
- オンライン学習のための学習理論と教授方略の応用に関する深い知識
- グラフィックデザインの原則とそれらの学習への影響の認識

- IT（情報技術）専門家と意見を交わす能力
- 複数の開発ツールを使用してプロトタイプを構築する能力

　これらのスキルを欠いたまま，あるいは，いつどのように助けを得るかを知らないままでいることが，多くのオンライン教材がつまらないものになっている理由の1つである（Shank, 2003）。教材としてつまらないサイトは，効果的かつ効率的な学習を支援しない。そして，それらはしばしば，多くの技術的スキルを持ちながら，IDスキルがない人々によってつくられている（Shank, 2003）。

　以上のように，オンラインコースのIDには，ソフトウェアの開発スキルを含む複数のスキルを必要とする。コンピュータ以外の配信システムや独立型のコンピュータベースの教材設計の経験や知識しかないインストラクショナルデザイナーに対して，シャンク（Shank, 2003）は，基本的なHTMLを学ぶことから始めることを勧めている。ここから出発することによって，インターネットページとWebサイトがどのようにまとめられるかを，デザイナーは理解できる。次に，シャンクは，Dreamweaver MXを学習することを勧めている。これはWebサイト構築における非常に強力なツールであり，オンライン学習を作成するためだけに設計された特殊なオーサリングツールに習熟しようとするより，よい選択である。Dreamweaverは，Web開発産業における標準規格であり，Macromedia Flashアニメーション，ストリーミングビデオ，および他のプログラムを結合する非常にすばらしい性能を持つ。マクロメディア社の無料eラーニングクイズ・評価のための拡張機能で，Dreamweaver MXとともに作動するコースビルダーもまた，インストラクショナルデザイナーにとって最優先にすべき有益な学習事項かもしれない。人によっては学習を進めるのがたいへんかもしれないが，シャンクはまた，インストラクショナルデザイナーは，他者が書いたスクリプトを読み再利用する方法を学ぶために，Flashといくつかの基本的なJavaScriptの学習を検討すべきであると主張している（Shank, 2003）。最後に，インストラクショナルデザイナーは，インターネット上のアプリケーションとして実行するソフトウェアシミュレーションツールを使用する方法を学習することを考えるべきである。シャンク（2003）は，RoboDemoを学習することを勧めているが，これはFlashとしての出力が可能で，学ぶことが容易なものである。学習することがたくさんあり，その進展についていくためにはさらにたくさんの学ぶことがあるように思われるだろうが，インストラクショナルデザイナーが学ぶべき最も重要なスキルは，デジタルワールドで絶えず変化する要件と技術についていく能力なのである（Shank, 2003）。

ID と開発チーム

　軍と多くの連邦政府機関や企業は対話的なコースウェアのレベルを次のように区分している。レベルⅠのコースは，通常，初歩的なデザインやオーサリングスキルを持つ人々によって開発される単純で受け身のコースである。レベルⅡのコースは，対話性とマルチメディアを組み入れ，学習者データを追跡する学習管理システムを用い，さまざまなスキルを持つ人々のチームによって開発される。レベルⅢのコースは，非常に対話的でシミュレーション方略を使用し，通常多様なスキルを持つデザイナーや開発者の大規模なチームによってつくられる。

　典型的なレベルⅡかⅢのオンライン学習プロジェクトを編成するスタッフメンバーのタイプは下記を含む。

- 学習理論や教授方略に関する知識を持つインストラクショナルデザイナー・開発者
- 2次元グラフィックアーティスト，写真家，オーディオ・ビデオエンジニア，および3次元アニメータを含む，マルチメディアデザイナー・開発者
- ソフトウェアデザイナー・開発者（オーサリング，プログラミング，およびデータベース）
- プロジェクト・マネージャー
- システム管理者
- 情報技術者（IT系の人々）とシステムアーキテクチャ設計・開発者
- ネットワーク・基盤設備の技術者
- ヒューマンファクター・グラフィカルユーザーインターフェースデザイナー・開発者
- 内容の専門家（SME）・テクニカルライター

オンライン学習での個別指導

　一般に，学習理論の研究者は，2人の人間がまったく同じように学ぶことはないことに同意する。そして，インストラクションともなれば，1つのサイズが全員に合うということはない。コンピュータ技術は，その初期から，学習のペース，コンテンツ，および教材の系列を学習者の個々の必要性に適合させるように，インタラクティブに使用されてきた。そうすることで，教育の有効性が飛躍的に高まる。リアルタイムに，要求があり次第，対話性を適応させる機能を生かすことで，インターネット技術は伝統的な独立型のコンピュータ支援研修（CBT）を超えて，個別化を大きく促進する

ことができる。インターネットはまた，学習者中心の学習に向いている。それは学習者自身が学習に対して，より大きな責任を持つということである（Golas, 2000）。第11章で述べたように，学習者中心のシステムと学習活動によって，学習者が活発に自身の学習をつくり，現実社会の問題に情報を関連づけるように仕向けことができる（National Research Council, 1997; Siegel & Kirkley, 1997）。認知心理学の研究成果によって，熟達した学習者が構成する意味のかたまり，すなわちスキーマが，知識の1つ1つの要素の獲得からではなく，トピックどうしの関連性を複合的・総合的な全体に組み立てることから生まれるとする主張は説得力を増してきた（March, 1995）。同様に，構成主義は，複合的なトピックの真の包括的理解は，事実や関連性，見解，変化，および非事例（nonexample）を文脈的に豊かな入力情報の配列から学習者がきちんと組み合わせることから生まれると提案してきた（March, 1995）。

個別指導を支援するためのインターネット技術の使用例として，「サイト内」のリンクの使用がある。サイト開発者によって作成されたページへリンクすることで，コースと同じサーバーに置かれた CGI スクリプトや Java スクリプトで作成された双方向的な機能を活用することが可能になる。そのような機能を使うと，インストラクターやファシリテーターによって提供される質問や演習問題に応答することを学習者に要求できる。そして，学習者の応答は外部に送られるか，またはプログラムが学習者に即時フィードバックを与えることができる。学習者は，1つ，あるいはいくつかのサイトを探索し，それを分析・比較・あるいは統合するように指示される（Dodge, 1997; Ritchie & Hoffman, 1996）。このような探索活動を取り入れることによって，学習者が自身のニーズに合った教材をつくることを可能にし，動機づけを増加させる働きが期待できる（Cornell & Martin, 1997; Duchastel, 1997; Keller & Burkman, 1993）。いずれの場合にも，学習者に情報を活発に処理させるためには，サイトの探求活動を他の学習活動に直結させることが重要である（Butler, 1997; Duchastel, 1997; Duchastel & Turcotte, 1996）。

学習スタイル

学習スタイルの妥当性については，大きな論争がある。さまざまな学習スタイルが指摘できるかのように直感的には思われるが，どのように学習スタイルを ID に応用していくかについてはあまり知られていない。ここでは，学習スタイルについての情報を，研究者がこのトピックに継続的な関心を持っていることを伝えるために，そして，学習スタイルがインストラクションに与える影響についての少なくとも1つの見解を提供するために，提示する。学習スタイルとは，一般的に中核となる知性や以前

に習得した能力に関連しないものであり（Miller, 2000），学習スタイルそのものには，「よい」も「悪い」もない。しかし，個人が学習する方法や教材が提示される方法，あるいはコースが教えられる方法と学習スタイルの組み合わせには，効果的・非効果的なものがある。

オンライン環境に適する学習スタイルと個人のニーズがある。たとえば，内向的な学習者は，対面型の状況よりもコンピュータを仲介するほうがコミュニケーションしやすいと思うかもしれない。また，オンライン環境は，階層的でないアプローチに向いているので，システム的・直線的な方法で新しい情報にアプローチしない人々の学習ニーズを満たす。オンライン学習環境は，協調学習に最高の可能性を発揮するので，多くの学習者の学習スタイルを補完することができる。また，自主的な学習者も，オンラインコースが自分のニーズによく合うと感じることが多い。

学習者は異なる学習スタイルを持っているので，オンライン教育者はそれぞれのクラスの参加者に意義のある経験を提供するために，学習スタイルの差を考慮した形態を取り込むように設計すべきである。これは，複数の教授方略を採用することによって，最もよく達成できる。以下に，最も一般的な学習スタイルを説明する（Miller, 2000）。以下の記述は，知覚の異なる経路を反映する。すなわち，読む（視覚），聞く（聴覚），見る（視覚），話す（聴覚），そして，行う（触覚・運動感覚）である。最初の3つ（読む・聞く・見る）は，学習の**受動的な**タイプを表す。一方，後の2つ（話すと行う）は**能動的な**学習のタイプである。人がどれぐらいよく覚えているかは，彼らが好む学習のタイプと学習に関与するレベル双方の働きによる。人はしばしば，複数のスタイルの組み合わせを通して学習する。

オンライン学習では，テキストを読む，音声クリップを聞く，ビデオ・グラフィック・あるいはアニメーションを見ることを通じて，かなりの量の受動的学習があるが，能動的な話すことや行うことの方式もまた，eメール・チャットルーム・スレッド型ディスカッション・同期型ビデオ，および対話的なシミュレーション経験を通じて，実現可能である。

視覚的・言語的学習スタイル

視覚的・言語的学習者は，視覚的にそして記述された言語形式で情報が提示されるとき，最もよく学習する（Miller, 2000）。視覚的・言語的学習者は講義の重要なポイントをリストするため黒板やOHPを使用したり，講義の概要を提供するインストラクターや教師から学びやすい。教科書と授業のノートから得られる情報から，多くの学びを達成し，単独で静かに学習することを好む傾向がある。学習内容の大部分が記述形式で掲示されるとき，オンライン環境は，視覚的・言語的学習者に特に向いたも

のになる。

視覚的・言語的学習者

- 情報を思い出そうとするとき，「心の眼（mind's eye）」で情報を見る。
- 教科書やノートの新しい情報を学習するとき，蛍光ペンを用いて「色分け」をする。
- 教科書や講義から得られる主要な情報を要約する文や語句を書き出す。
- 覚える必要のある単語や概念のフラッシュカードを作成し，蛍光ペンを使用してカードのキーポイントを強調する。

以下のリストは，主に視覚的・言語的学習スタイルを用いる人のためのオンライン学習方略である。

- 学習者が心の中に情報の「絵」をつくりながら覚えることができるように，フレームやページごとの情報の量を制限する。
- 技術的情報を学習している時には，学習者が図表やイラストレーション，文章やキーフレーズに提示された情報に関する説明をタイプして打ち込める手段を提供する。そして複数の段階の系列を学習している時には，それぞれの段階を成し遂げる方法をタイプして打ち込める手段を提供する。
- オンライン上にノートを提供し，ノートや教科書から学んだ主要な情報をコピーする機能を提供し，視覚的レビューのためにオンライン上のノートをプリントアウトするよう提案する。
- 試験の前に暗記しなければならない情報を視覚的に思い出せるものをつくるように促す。キーワードとコンセプトを含む付箋紙メモをつくり，鏡やノートやクローゼットのドアなどの，よく目につく場所にそれらを貼るよう提案する（Miller, 2000）。

視覚的・非言語的な学習スタイル

　視覚的・非言語的な学習者は，絵か図表の形式で視覚的に情報が提示される場合，最もよく学習する。これらの学習者はフィルム・ビデオ・アニメーションや地図やチャートなどの視覚メディアを使用するインストラクターや教材からよく学べる。オンライン環境は，このタイプの学習者によく適している。なぜなら，情報の視覚的な表現は，概念やアイデアを思い出すことを助けるためである（Miller, 2000）。視覚的な情報は，チャート・表・グラフ・他のイメージを使用して提示される。視覚的・言語

的学習者の傾向は，下記を含む．

- 静かに独りで作業をすることを好む．
- 何かを思い出そうとする時，学んでいることの絵を頭の中で視覚化することが多い．
- 芸術的で，視覚芸術とデザインにかかわる活動を楽しむ傾向がある．

主に視覚的・非言語的な学習スタイルを用いている人のためのオンライン学習方略として，次のことが考えられる．

- 語句やアイデアを，シンボル・絵・ダイヤグラム，および図面にできるだけ置き換える．
- 記憶する必要のある情報をまとめ，記憶を容易に呼び戻すシンボルや絵を使用する．
- キーワードを強調することにより，オンラインテキストに印をつける．
- 学習者が情報の「絵」を頭の中につくることができるように，フレームやページの情報量を制限する．
- 技術情報を組織化するチャートを作成する．
- 問題が複数の段階の系列にかかわるときには，順を追った適切な情報を少しずつ含む個々の四角形を用いて，フローチャートを描く．
- 主要コンセプトを図示するため，グラフィックを用いて，表，チャート，ダイヤグラムを作成し，学習者がコース教材を理解して保持することを助ける．
- さらに学習の必要性がある教材を系統立てるために，表計算とデータベースソフトウェアを使用する．

触覚的・運動感覚的な学習スタイル

　身体を使って「ハンズオンの」活動をするとき，触覚的・運動感覚的学習者は最もよく学習する．新しい情報を学ぶために，教材を操作できる実験室環境でよく学べ，新しい情報を学習するために教材を操作できることに最も満足する．学習環境で身体的に能動的な場合，最も大きい満足を得る．

　彼らはデモンストレーション・「ハンズオンの」学習・経験，およびフィールドワークからよく学べる．オンライン環境では，実物を用いたデモンストレーションを模写する3次元グラフィックを用いたシミュレーションを通じて，触覚的・運動感覚的な学習者に学習の機会を与えることができる．実験は学習センターや自宅で行い，その後，オンラインで議論することができる．

また，フィールドワークも，その経験に先行したり，後に続いて十分なオンライン上の議論とともに，コースワークに組み入れることができる。オンライン学習者は自発的であり，彼らが選択した分野で学習した結果を，即座に仕事に適用することができる。このため，多くのオンライン学習者は，伝統的な環境よりオンライン環境のほうが，よりよく学習し，よりよく記憶することができるという。最後に，オンライン環境は，グループ単位や個人単位のプロジェクトや活動のプレゼンテーションやディスカッションに適している（Miller, 2000）。

主に触覚的・運動感覚的な学習スタイルを用いる人のためのオンライン学習方略には，以下のものがある。

- 触感を通した学習を強化するためにコンピュータを使用する。
- 学習者がコースからの不可欠な情報をコピーしなければならないような，ワードプロセッサソフトウェアの活用と練習問題を組み込む。
- 教材の組織化をさらに助けるために，グラフィック・図表・表計算ソフトウェアを使用して，双方向の練習問題を展開する。
- 彼らが読んだり，聞いたりした情報について，キーワードを書きとめたり，絵を描いたり，チャートをつくったりするように指示することで，学習者がコースに継続して集中でき，さらによく覚えられるように助ける。
- オンライン時間が一区切りしたときに，学習者に，立ち上がって歩き回り，記述したノートやフラッシュカードを使用して，大声で学習した情報を読むように促す。
- 学習を触覚的なもの（tangible）（すなわち，学習者が手でつかむことができる何か）にする方法を考える。たとえば，学習者に主要な概念を図示するモデルを実際につくることを求める練習問題を組み入れる。
- 学習者を没入させ，科目内容の実地体験をさせるために，オンラインコースと実験室実習や野外実習を統合する。
- 段階の系列を学習するときには，各段階に関してのオンラインフラッシュカードを学習者にデザインさせ，それらをコンピュータスクリーン上に配置し，正しい順序に表示させるようなツールを組み込む。
- 学習者が情報を覚える助けになるように，フラッシュカードか何かに単語やシンボル，または絵を加えることができるツールを提供する。
- 重要なポイントを強調するために反対色を使用する。
- 思い出す手助けとなるように，1フレームあたりの情報量を制限する。

聴力的・言語的な学習スタイル

　聴力的・言語的学習者は，情報が声に出して語られる時，最もよく学習する。彼らは講義を聞いて，グループ・ディスカッションに参加することからよく学べる。彼らは録音・ナレーションの声・音響効果からもよく学ぶ。情報を思い出す時には，彼らに話された方法で情報を「聞く」か，または声を出して情報を繰り返す。話したり聞いたりして他者とやりとりする時，彼らは最もよく学習する。オンライン学習環境では，共同作業やグループ活動を取り入れることで，聴力的・言語的な学習者スタイルに対応することができる。情報は一般的に，テキストやその他の視覚的方法で提示されるが，聴力的・言語的な学習スタイル向けには，ストリーミング音声やコンピュータ会議をオンラインコースに組み入れることができる。

　主に聴力的・言語的学習スタイルを用いる人のためのオンライン学習の方略として，以下を考えるとよい。

- 声のナレーションと音響効果を含んで，オーディオの使用を最大化する。
- 学習者をグループ学習に参加させるために，同期型・非同期型の共同の実習や方略を組み込む。
- 主要な情報を学習中に復習し，試験に備えることを助けるために，オンライン上のメンターやインストラクターを調達・配置する。
- 学習者が思い出せるように，声に出して話すことを提案する。
- 学習者が情報を言葉に表し，オンラインでテープに録音し，それを再生できるように，オンラインコースに音声認識技術を組み込む。
- 技術的な情報を学習するときには，学習者が自分自身に向かって，もしくは学習パートナーと話をさせる。解決法を吟味し，自身の言葉と思考で問題を述べることにより，新しい情報について自分のやり方で話してもらう。
- 複数段階の系列を学習するとき，学習者に文書形式にしてタイプで打ち出させ，それらを声に出して読んでもらう。
- 調子よく響くフレーズをつくるか，記憶を助ける記憶術を用いる。
- キーポイントを示すために，言葉の比喩や物語の創作をコースに組み入れる。

協調学習

　協調的な学習アプローチでは，学習者を活発な学習に引き込み，学習チーム内の他のメンバーの共有知識・経験・洞察へ接する機会が与えられる（Golas, 2000）。学習者を新しい洞察と理解へ導く方法であり，情報を理解し・評価し・応用するという，

より「構成主義的な」参画に向けて，事実の受動的な記憶をはるかに超えて，高次で批判的思考技術を培うために特に重要である。学習者間のやりとりは学習，特に公式の学校教育の文脈において，非常に重要な変数となる。協調作業は，キャンパスまたは教室を基盤とした指導には存在する通常の社会的支援システムの恩恵が受けられない遠隔学習者にとって，孤立しがちなオンライン学習で特に重要である（Klemm, 1998）。

遠隔学習者は，遠隔教育の技術的環境下で起こる物理的な孤立という制約や制限に対処するため，より多くの動機づけを必要とする。このため，学習者が互いに助け合い，伝え合うことができるような電子手段を用いた遠隔教育の技術によって，インストラクションの配信を補完することは重要である。学習成果をあげるためには，学習者は知識に基づいて活動し，知識を再構築し，また独自の解釈を行い，他者と知識を共有することで同輩の対応や応答を受けながら，知識を構築する必要がある（Harasim, 1990）。コンピュータを媒体とするコミュニケーションシステムを活用することで，オンライン教育においても，豊かな社会的学習環境を構築することが潜在的に可能である。能動的な協調学習を支持・促進することができる（Brown, 1997）。最適条件としては，学習者が問題に一緒に取り組んだり，グループとして結束して何か配信可能な作品を製作する学習環境を必要としている。それはたとえば，グループ計画，研究プロジェクト・レポート，または事例研究などの形をとるかもしれない（Klemm, 1998）。LMS（学習管理システム）とトレーニング解決策を連結させることによって，協調的な学習環境を支援するためのインフラを提供することができる。

協調学習の例

同期型の協調学習の選択肢には，ライブで対面型のやりとりや，オーディオ・ビデオ・Web会議のようなライブでの遠隔学習のオプションが含まれる。**非同期型の協調学習**には，印刷されたニュースレターやeメールのメーリングリストのようなシンプルなものから，学習共同体（コミュニティ・オブ・プラクティス）専用のWebサイトのような精巧なオプションが含まれる。学習の共同体とは，同じ目標と関心を共有する人々のグループである。これらの目標と関心を追求するために，彼らは共通の実践を行い，同じツールを用いて作業し，共通言語で自己表現する。そのような共通の活動を行うことで，類似した信念と価値体系を共有するようになる（Collaborative Visualization Project, 2004）。オンラインの共同的なWebサイトは，大学環境でより頻繁に使用されている。一方，企業の研修組織は提案の中に，協調学習を含め始めようとしている（Bedinger, 2002）。オンライン上のディスカッションは，対面型のディスカッションに比べて，いくつかの利点があることが示されてきた。たとえばオンラインディスカッションの非同期的な性質によって，学習者が最も都合のよい時間

に応答することができ，応答の前によく考える時間を持ち，話題について調査してから応答することが可能になる。ヒルツ（Hiltz, 1986）は，「振り返りの時間（time for reflection）」が学習効果において重要な要因であることを確かめた。また，オンラインディスカッションは，より平等主義的な学習環境を提供する（Brown, 1997）。投稿者を匿名にすることは，非常に平等的である。より孤独な学習者でも，「自分が話す番」のために，もはや苦心する必要がない。すべてのメンバーによって，「聞かれる」という確信を持って，どこでも好きなところで議論へ貢献することができる（Brown, 1997）。多くの教科領域の教授陣は，オンライン上のディスカッションでの討議は，すべての学習者によるクラス討論へのより豊かな参加に通じうることを実感してきた。

協調学習とブレンド型学習

　研修でのシステム的アプローチ応用が一般的になったのと同様に，ブレンド型学習（blended learning）のシナリオの中に協調的な学習法を含むことの価値は，現在広く認識されている。協調的な要素には，インストラクター主導の研修や実験室での演習活動が含まれるかもしれない。協調学習はまた，OJTの中でも促進できる。実地研修での支援も，スレッド型ディスカッションやチャットを実装するWebサイト上での，モデレータ付きオンラインディスカッションを通して提供できるかもしれない。仮想的教室を使用したライブでのフォローアップの活動にもまた，協調的な要素を含むことができる。協調学習が活発であるためには，文脈とプラットフォームを必要とする。そして，ブレンド型学習には両方を提供する利点がある（Golas, 2000）。学習様式選択の振り子がブレンド型学習において安定するに従い，協調学習に関連するツールやシステムの市場は増加するであろう。そのようなツールは，ブレンド型学習を支援するプラットフォームと提携して，ブレンド型学習の一部として組み込まれることが必要である。協調学習に連結したブレンド型学習は，研修への投資効果を最大化し，個人とグループのパフォーマンスを高めるための鍵となる組み合わせである（Bedinger, 2002）。

オンラインモニター

　MASIEセンター（MASIE Center, 2001）によると，学習者の88％とマネージャーの91％は，トレーナーやファシリテーターがオンライン研修プログラムで積極的な役割を果たすことを勧めている。調査の回答者は，進捗をモニターし，学習者に連絡をとり，オンラインプロジェクト作業を評価して，コースの関係者のためにオンラインコミュニティを構築・促進し，またメールやスレッド型ディスカッションを通してコンテンツの質問に回答することができる研修担当者の存在に高い価値を置いている。

自己ペースの学習をファシリテーターの支援と組み合わせることによって，学習者が孤独感を持たないようにし，自己ペースのモジュールを首尾よく修了する助けになることは明らかである。

ハイパーリンク

　コースの中に関連する内容へのハイパーリンクを含めることは，オンライン学習における独特な教授方略である。学習者を関連するコンテンツやその他の観点に向かわせ，そして教材のための豊かなリソースになる。多数の適切なリンクを含むコースは，特定のトピックにおいてミニ百科事典を提供することができる（Rajamanickam & Nichani, 2003）。一般に，別の Web サイトかページが，コースの目標かその一部を扱っているならば，簡潔な要約を作成してそのサイトにリンクすることは効率的である。利用可能なリソースの調査から始まり，ハイパーメディア設計の選択へと続く，新しい構成方略を暗示している（Golas, 2000）。

　オリバーら（Oliver et al., 1996）は，異なるレベルと段階のハイパーリンクが奨励される条件について説明している。リンクが最小限であり，特定の系列の中でただ連結点どうしをつなぐように動くだけのハイパーリンクの形式は，従来のテキストに非常に類似しており，直線的であるといわれる。直線的な場合，学習者はインストラクターやファシリテーターによって計画された指導の流れに従うように励まされ，また従うことを強要されることがある。ハイパーリンクが階層的な構造を形成する場合，教材を学ぶ順序の選択がより自由になる。さらに進んだ状態では，ハイパーリンクは関連のある「ノード（連結点）」や情報の断片の間を多様にリンクすることでまったく不統一な学習環境を提供する。この環境では，学習者は参考のリンクを使用し，関連するノード（連結点）の間を自由に動くことができ，ある構造を強いられることはなくなる。

　オンライン学習におけるハイパーリンクの設計の選択は，何が意図された学習成果なのかと誰が訓練されるか（意図された対象者）に依存する。ジョナセンら（Jonassen et al., 1993）は，知識獲得目的のための教授方略を提案することにより，意図された学習成果の性質に最も適したハイパーリンクの形式を選択するガイドを提供している。たとえば，事実・手順・規則を提供することで学習者の初期の知識を発展させようとするときには，直線的なリンクが適切な方略である。しかしながら，複雑な概念や原理を理解するような高次の知識レベルのための教材やより進んだ学習者にとっては，あまり階層的に構成されていない参考的なリンクがより適切である。後者の例では，学習者は前に得た知識と学習への構えなどの要因によって，新しい教材を理解・吸収

することができる。既存の知識上に新しい学習を構築するときには，あらかじめ決められた経路の指導に従うよりは，あちらこちらに目を通し，探索し，自分自身で問題の解答を調べ，探し求める自由を与えたほうが効果的である（Oliver et al., 1996）。

注意を要することとして，ハイパーテキストシステムを用いた研究では，行き過ぎた学習者による制御が，学習効果を減少させることを示してきた（Large, 1996; Niemiec et al., 1996）。学習者が「サイバースペースで迷子になる」可能性を減少させるためには，学習サイトを明確でシステム的な構成にすることが勧められている（DeBra, 1996）。情報はよく構成された階層構造内でモジュールに分けて提示されるべきであり，学習者にとって要点が明白であるべきである（Shotsberger, 1996）。サイトがどのように構成されているのかの概要を学習者が知ることができるように，先行オーガナイザを含む設計にすることもできよう（Burbules & Callister, 1996; Cornell & Martins, 1997; Cotrell & Eisenberg, 1997; Dodge, 1997; Everhart, 1997）。

ホール（Hall, 1999）は多様な Web デザイン調査研究に基づいて，ハイパーリンクのための以下のガイドラインを推奨している。①明確な目的にかなう場合だけ，リンクをページに含むべきである（DeBra,1996）。実験において，1 ページに含まれるリンク数とサイトに含まれる情報についての学習者の理解の間に，負の相関関係が見つかった（User Interface Engineering, 1998）。②リンクは明確にラベルづけされるべきである（DeBra, 1996; Jones & Farquhar, 1997; User Interface Engineering, 1998）。③ 1 つのページ上でのリンク全体の配置は組織的・構造的意味を持つべきである（Jones & Farquhar, 1997; Nielson, 1997）。これは，リンクをクリックすべきかどうかに関して，情報に基づく決定を学習者にさせるだけではなく，学習者にサイトの全体的な構成について明確な情報を与えることにも寄与する。同じページ内の複数の場所へのリンクを並べて配置することは学習者を混乱させる原因となるので，避けるべきであるという（Jones & Farquhar, 1997）。

オリエンテーション

オリエンテーションとは，ユーザーがコース内での現在の位置を特定し，どのようにその位置に到達したか，また，どのように元の位置へもどることができるかを認識する手段である。出発点にもどるための，明確なルートを提供する構造にすべきである（Goldberg, 1997）。ブラウザを閉じること以外にどこへも行けないような，行き止まりのページにユーザーをけっして連れて行くべきではない（Shotsberger, 1996）。

電子的教材では，含まれる情報の多くを容易に隠すことができる。設計過程においては，情報空間の中で自分のいる場所を見定めて，自由に動ける手段を学習者に提供

することが重要である。オリバーら（1996）は，教材内のオリエンテーションを助けるための3つの方略を勧めている。位置の手がかり，階層構造とインデックス，および意味ネットワークである。

位置の手がかり

　直線的系列においては，学習者が歩いてきた距離と現在地を示すために，バーやグラフが一般的に使用される。これらのバーは，グラフィック要素としてつくられ，視覚的な合図を提供するためテキスト内に点在させる。

階層構造とインデックス

　システム内の情報ノードへのアクセスを可能にし，ノードが選択され，見られるに従いそれがマークされることで強化される全体的な構造を示す手段として，階層構造とインデックスが用いられる。フレームと対象ウィンドウを使用することで，学習者がコンテンツを選択し，アクセスしながらも全体構造を絶えず確認することが可能になる。フレームという用語は，同じスクリーン内で，同時に2つかそれ以上のWebページを表示することをさす。1つのフレームが，「制御フレーム」として作動し，その他は「対象フレーム」あるいは「対象ウィンドウ」であり，制御フレームでのアクションの結果が表示される。

意味ネットワーク

　関連情報間のつながりや関連が認識され，明確化される時に学習は促進される。情報ノードにアクセスし，行き先を選択できるツールとしてイメージマップを使用することによって，学習者にオリエンテーションを与えるだけではなく，含まれている情報間の関連やつながりを示すリンク構造を強調することができる。

ナビゲーション

　インターフェース設計は，オンラインコース設計の重要な一面である。学習者がインターフェースはどのように作動するかを考える必要に迫られる時，学習者の注意力は散漫になり，実際の学習活動には追加的な精神的労力を必要とする（Chandler & Sweller, 1991）。

　インターフェースの制御に関連する精神的・認知的な活動の量を最小化するための多くのガイドラインが提案されている。ブルックスとブルックス（Brooks & Brooks, 1993）は，設計についての**簡素化**と**一貫性**の必要性を提案している。スクリーンが変

わるとき，変わるべき唯一のものは学習者に注意を向けさせたい情報である。各ページに一貫したナビゲーションボタンを配置し，一貫したファイルとして全ページを組織化することで，ユーザーにサイト内のどこに自分がいるかの感覚を与える。学習者は，アイコンがその都度異なることを意味したり，ナビゲーションボタンの配置が変わったりすると混乱する（Brooks & Brooks, 1993）。画面上のナビゲーションボタンやアイコンの数は，5つプラスマイナス2が好ましい。

内容が「層」（ホームページを最初の層として他のページを次からの層に持つ）に構成されており，サイトマップや階層的なツリーを使うこともまた，ナビゲーションを容易にするために奨励される。学習者は，今自分がサイトのどこにいて，いつそこを離れたかをいつも知っているべきである。見出しや他の重要な情報は各ページで繰り返されるべきである。サイト内のすべてのページに一貫した外観を提供するためにスタイルシート（cascading style sheet: CSS）を使用することができる。CSSはドキュメント構造を傷つけることなく，開発者にフォント・色・行間隔・余白・書体・その他のWebドキュメントのスタイル表現の制御を可能にさせる。たとえば，サイトの外観は1つのファイル内で定義され，そのファイルを変更することで，サイト全体の外観を変えることを可能にする。

テスト

区切りのない評価

ヤング（Young, 1993）は，オンライン評価はもはやIDの「追加物」でもなければ，単に事前テスト・インストラクション・事後テストという直線的な過程の別々の段階であるとみなされるべきではない，と提案する。その代わりに評価は，オンライン学習に統合された，継続的な，**区切りのない（シームーレスな；seamless）**部分となるべきである。インターネットの高次の双方向的機能によって，学習の評価のために用いられてきた従来の論文や試験を超えた評価手段が提供されている。マクレラン（McLellan, 1993）は，より信頼できる評価は，ポートフォリオや教材を学んだ経路についての総括的統計・診断・振り返り・自己評価など，さまざまな形で実現することができる，と指摘している。

セキュリティとデータプライバシー

試験の形態にかかわらず，オンラインコース設計者は，自分で見ることも聞くことも対話することもできない学習者をどのように適切に評価することが可能か疑問に思うことがある。セキュリティ問題がこの問いの核心にあり，多くのモデルが参照可能

である。いくつかのオンラインコースにおいては，テストに厳密に制御された状態や高度のセキュリティが必要とされるため，監督された状況でテストを受ける目的で，実験室や教室へ行かなければならない。また，他の例では，インターネットの対話的な機能を使用して，テストが直接行われる。インターネット上でのテストは，リアルタイムの「ライブ」で行うこともできるし，テストをオフラインで受けて答案を提出することもできる。オンラインで教材が配信される科目でも，必ずしもオンラインで評価をする必要はない。学習者の進捗は，テストや他の評価手段をメールやファックスで学習者へ送ることでモニターすることもできる。

　セキュリティ問題への対策としては，サイトへのアクセス制限，テストバンクや正答バンクへのアクセス制限，テストの設問の無作為化，多肢選択式問題での解答項目順序の無作為化，登録した学習者以外の誰かがテストを受ける可能性の削減，日付と時間によるテスト利用の制限，テストを受けている学習者の認証などがある。オンラインテストと評価プログラムは，テストのセキュリティ機能を提供すべきである。たとえば，質問のデータベース開発と学習者の識別チェックのセキュリティを供給するプログラムは自動化されるべきである。学習者はテストを始める時には，暗証番号（PIN）を入力することが求められるべきであり，HTMLコードを読んで正解を知ることができるべきではない。そして，学習者の氏名と得点はパスワードの使用で保護されるべきである。

フィードバック

　どんなパフォーマンス活動でも，学習者にフィードバックを提供するべきである。オンライン学習では，学習者が正解したか誤答であったかによって，リンク先のページを変えることができる。リンク先のページでは，正しい答えを強化するか，もし正しくない答えが選択されたときには，論理的根拠を説明しユーザーをより適切な答えか他の改善策に導くことができる。CGIスクリプトを使用することにより，学習者がオンラインフォームやラジオボタン（選択肢リスト横の〇），チェックボックス，あるいは他のタイプのテストの中に入れる情報を，データベースやテキストファイルにあらかじめ設定された答えと比較することが可能である。フィードバックによって，個々の学習者に彼らの選択結果についてのさらに深い説明を与え，アクティブリンクによって，学習者に付加情報を与えることができる。CGIスクリプトはまた，学習者からの変数を捉え，それらをデータベースに保持して後日これらのフィールドにアクセスすることを可能にする。たとえば，客観テストのテストデータは自動化でき，自由形式の質問にはインストラクターかファシリテーターのコメントをファイルに保持することができる。CGIスクリプトによって，フィードバックをより知的にさせるこ

とが可能である。つまり，学習者ごとのスケジュールに合わせて，指導内容から離れたり，もどったりさせる個別化が可能になる。

知的エージェントや知識ロボットは，コンピュータコードのチェックや簡単な質問への回答，学習者に課題・練習問題・その他の学習タスクを完成させることを思い出させるような，日常的な課題のためのオンラインのファシリテーターの任務を実行するよう設計されている。オンラインインストラクションにおける，知的エージェントの有効性を評価した実証研究（Thaiupathump et al., 1999）では，学習者の学習継続率を向上させ，多くの学習者の完了率を劇的に増加させた。

データ追跡

オンラインテストと評価には，追跡機能を持たせることが不可欠である。追跡機能には，テストの質問と回答についての学習者のパフォーマンスの記録や，レッスン内での移動経路の記録が含まれる。学習者の成績を計算する機能に加えて，成績を学習者に提供する機能や，他の学習者の成績についてのプライバシーを厳密に保護する機能を持たせる。

学習管理システム（LMS）

LMS の機能は，総合的な分散学習過程を管理するために，オンライン学習の重要な構成要素である。商業的に利用可能ですぐに入手できる（commercially available off-the-shelf: COTS）多くの LMS があり，ビジネスプランや特定の研修要件に最もよく合う LMS を決定することは，複雑で手間のかかるプロセスである。多くの COTS 製品は，インターネットと登録のセキュリティ，システムの拡張性（ユーザーとプロセスが加えられても，パフォーマンス水準を一貫して維持するためのシステムの機能），組織レベルの情報資源管理システムへの接続性，Web 上の管理と第三者が制作したコンテンツのオーサリングとレポートツール支援などを含んだ，基本システム機能を提供している。しかしながら，共同作業や，コース・学習者スケジュール管理，あるいは学習標準規格のようなコアの特徴になると，非常に多様である。

教育 対 研修

さまざまな LMS 製品の機能を理解するためには，オンライン**教育**（大学機関）とオンライン**研修**（法人と組織）とを区別することが有効である。オンライン教育コー

スにおける学習目標は,学習者が課題について**知る必要があること**(すなわち「知識」)をカバーする傾向がある。一方,オンライン技術研修コースの目標は**できる必要があること**(すなわち「スキル」)をカバーする傾向がある。

オンライン教育

　航空総軍大学と海軍・陸軍軍事大学のような職業的軍事教育を提供する組織を含む,各種学校や大学における LMS は,それぞれの学習プロセスを実施することを可能にするのと同様に,管理的サービスを自動化する必要がある。高等教育機関における管理アプリケーションは,学習者の登録・記録の保管・奨学金制度・スケジューリング・交付金管理・図書館システム,あるいはその他の経営機能を管理する億万ドルの大規模システムになる。求められるサイズ・複雑さ・信頼性から,これらのアプリケーションは「エンタープライズ (enterprise) アプリケーション」として知られている。

　しかし,これらの機関においては学習過程のサポートも必要なため,教授がコースの情報を提示したり,教育リソースを掲示することを可能にし,同期的・非同期的ディスカッションを可能にし,制限付きの評価機能も供給する。企業アプリケーションとは異なり,学習過程を支えるアプリケーションは,大きくも複合的でもなく,それらの多くは,企業アプリケーションと同じくらいの拡張性や信頼性は担保できない。

オンライン研修

　研修アプリケーションにとって,管理機能の自動化はそれほど重要ではなく,むしろ学習過程を効果的にして,管理する機能に焦点が移行される。たとえば,いくつかの市販の LMS には,予定された学習経路との比較で学習者の進捗を追跡することに秀でた機能が埋め込まれている。さらに,修了要件を満たすために必要な研修と,学習者の開始レベルの知識を比較する機能を内蔵している LMS もある。

LMS の選択

　PC Lab 社の研究所 (Bethoney, 1999) は,オンライン開発者は,組織における必要性を明確に理解してから,製品の機能がこれらの必要性を満たすかどうかを確認することを勧めている。以下の評価基準は,1999 年 10 月の PC Week 誌の LMS 比較で,7 つの LMS を評価するために使用されたものである。

1. **インストール**:クライアント機とサーバー機にコースをインストールするときの要件は何か? LMS のどんな教育上の特徴とインターフェースデザインが,アクセスと使用を簡単にするか?

2．**登録**：学習者の登録を簡単にするためにどんな特徴が必要とされるか？　自己登録認証は必要か？　クラス全員が一度に登録される必要があるか？　LMSはどのようにコース受講者と授業料納入を扱っているか？
3．**機能**：LMS利用時のシステム要件を受講生が満たしているかどうかを確かめる機能があるか？　ユーザーがログオフしても元にもどれるブックマーキングや，学習者プロフィール，個人および集団の学習経路，学習者への登録結果の通知，コース受講資格証明，学習者の進捗追跡と評価，オンラインテスト，オンラインヘルプ，オンライン科目一覧，電子図書館，オンライン書店などの機能をLMSがサポートしているか？
4．**管理**：管理ツールは使用しやすいか？　コース，インストラクター，学習者，および資源のスケジューリング要件を製品はどのようにサポートするか？　スケジュール重複解決・プロフィール管理・学習記録管理・コース予算編成の計画をサポートするか？
5．**共同作業**：LMSは，スレッド型ディスカッションや文字の打ち込みによるオンラインチャットなど，非同期的なオンラインコミュニケーションをサポートしているか？　LMSは，同期的なコミュニケーションをサポートしているか？
6．**レポート作成**：LMSはどんな種類（質的・量的）のレポート作成をサポートするか？　報告書を作成することはどれほど簡単か？　第三者が提供するレポート作成ツールを，シームレスに使用できるか？
7．**セキュリティ**：LMSは，管理者・コース・登録アカウント・ファイヤーウォールのアクセスにおいて，セキュリティー要件をサポートするか？
8．**拡張性**：LMSはどのくらいの数のコースと学習者をサポートできるか？　複数のサーバーを加えることは容易か？
9．**接続性**：どんな帯域幅がサポートされるか？　どんなデータベースがサポートされるか？　どのような種類のデータがインポート・エクスポートできるか？　LMSは分散ネットワーク構造をサポートするか？
10．**コンテンツサポート**：LMSが第三者製のコンテンツのオーサリングとコース開設支援製品，そして，代替のコンテンツの形式をサポートできるか？　そうであれば，どの形式か？
11．**インストラクションの個別対応**：LMSはユーザーにインストラクションを合わせる機能があるか？
12．**標準規格と仕様**：LMSは大学・産業界・または連邦政府の規格を満たすか？

要約

デジタル化時代において，新しい情報の増加が加速するに従い，効果的な教育と研修から得られるものは，ますます大きくなっている（Beam, 2000）。競争的に有利な立場を求めるビジネスでも，個々の個人的なキャリアにおいても，競争力を保つためには最新であり続ける必要がある。この背景に対して，インターネットは私たちの人生のとても多くの局面と同じように，教育と研修を変革している（Beam, 2000）。オンライン学習は，研修時間と費用を削減することによってビジネスをより効率的にし，社員の知識のベースを広げることによってビジネスをより効果的にする。専門家たちは，通常の教室での研修に比べて，オンライン研修は，50％の時間を削減し，40％～60％のコストを削減するとの見方で一致している。しかし，最も意義のある利点は，コストでも速度でもなく，オンライン学習によって提供される利便性である。オンライン学習では，コースの一部として，学習者がデータ・音声・ビデオ・アニメーションなどのデジタル情報へアクセスすることを可能にする。

オンライン学習での孤立化と戦うため，最も効果的なオンライン学習プログラムは，以下の主要な課題に対応する必要がある。

インストラクターへのアクセス

学習者を「後押しして」コースの重要な締め切りに間に合わせるインストラクターの役割は，特にオンラインコースのすべてに自由が与えられているとすれば，学習を確実に続けさせるために不可欠な防衛手段であり，これはオンライン学習の成功のための重要な要素である。伝統的な教室での研修とは異なり，インストラクターへのアクセスは，学習者が他の学習者の前で質問しなければならない授業後の数分間や，インストラクターが面談可能な他の固定のスケジュールに集中するわけではない。オンライン学習では，個人的なメールを学習者がインストラクターに送るか，コースが自動的に学習者に提供するFAQ（よくある質問）のリストにアクセスすることができる。

行うことで学ぶ

オンラインテスト，シミュレーション実習，個人への課題，およびフィードバックを提供することにより，「行うことで学ぶ」ことが支援される。テストと課題の採点結果を通じたフィードバックは，オンライン学習過程の重要な要素である。オンライン学習の支持者の多くは，学習に関連する個人の努力と思考の時間を与えるためには，オンラインコースが少なくとも数週間は続くべき

であると考えている。

共同作業

　インストラクターや学習者間，あるいは同僚と交わされる頻繁で応答的なオンラインコミュニケーションは，オンライン学習の重要な機能である。多くのオンラインコースでは，グループミーティングやグループ課題をサポートし，メール，個人的なチャットルーム，掲示板，そしてスレッド型ディスカッションなどによって共同作業を促進している。たしかにこの形式のミーティングは，従来のグループミーティングより，特に1対1やグループワークで人に会うことより匿名のメールやチャットルームでの意見交換を好む人にとっては，より便利である。全地球上に及ぶクラスメートの人的ネットワークの力をこれに加えることで，強力な学習ツールを持つことになる（Beam, 2000）。

世界的なアクセス

　インターネットの速度と範囲に加えて絶え間なくコンテンツを更新する機能により，知識資源へのすばらしいアクセスが提供されている。インターネットの研究への応用可能性も重要である。世界中のどこかで新しい研究成果が得られたその日に，それがコースの一部となるクラスを想像してみよう。インターネットは急速にコースコンテンツに新しい可能性を開いており，人々がそれぞれ個人的に興味を持つ教材の深まりも日々増している。それは内容が無制限な教科書を持つようである（Beam, 2000）。

　これらすべてを考えれば，IDC（2002）がアメリカ単独で2003年までに，テクノロジー配信型の研修が11億ドルを超える市場になると予想したことは驚きではない。オンライン教育と研修の革命は，途方もなく大きい情報資源への高速アクセスを提供することにより，学習の可能性を広げるであろう。

第16章
インストラクションの評価

　インストラクショナルデザイン（ID）を行う者は，学校教育であれ，企業内教育であれ，設計した単元，コース，または教育システム全体がニーズを満たすものであるかどうかを確かめたいと思っている。つまり彼らは，少なくとも新しく設計したコースやシステムが学習目標を達成するように機能しているかどうかを知りたがっている。おそらく，より重要なのは，デザイナーは自分の設計したものが学習者の態度とパフォーマンスの向上に対して効果的であるか否かに興味を持っているということである。

　インストラクションの評価と教育システムの評価との間には関連があるが，それぞれは個別の問題である。インストラクションの評価では，学習者が学習目標を達成するかどうかに注目する。学習者がインストラクションの対象者として適切であるにもかかわらず，目標を達成していない場合には，インストラクションそのものに問題があるとみなされる。その際に評価は，変更や再考の必要性やその方法，あるいはその問題が困難を極める場合にはプロジェクト自体を中止するかどうかについて判断するための情報を，インストラクターに提供する。

　学習は，インストラクションの質以外にも影響を与える変数が数多く存在することから，複雑な事象であるといえる。これについてキャロル（Carroll, 1963）は，その古典的な研究において取り上げ，「学校学習モデル（school learning model）」を提唱している。このモデルでは，学習者の持続力，学習のために許される時間（機会），学習者の適性（主題特有のもの），学習者の理解能力（一般的な知能），および，インストラクションの質，といった変数を扱っている。それぞれの変数は，あるスキルについて学ぶために学習者が必要とする時間，または実際に費やす時間に影響する。ほとんどのIDモデルは，形成的評価を実施してインストラクションの質を改善することを重要視している。しかしながらキャロルのモデルに従うと，インストラクション

を評価するためには，必要な時間をかける機会といった環境に関する変数や，学習者の動機づけについても考慮しなければならない。

　システム的観点に着目することは，パフォーマンス開発でのさらに広い観点での進展にも反映されている。最も一般的には，**ヒューマン・パフォーマンス・テクノロジー**（human performance technology: HPT）と呼ばれており，これは，教育システム設計（instructional system design: ISD）の分野において起こったものである。インストラクションまたは研修は，パフォーマンス開発において影響力を持つ要素の1つにしかすぎない。キャロル（1963）やギルバート（Gilbert, 1978）らによって示されているように，パフォーマンスは，動機づけや学習機会からの影響も受ける（Keller, 1999b）。さらにHPTの観点では，教育システムの機能に対する重要な指標である，学習目標よりもすぐれた成果が存在するとの立場をとる。学習目標は，到達点そのものではなく，到達するための手段である。たとえばインストラクションの目的には，適用する環境への知識の転移や，教育システムの全体的なパフォーマンスの改善，または教育システムを包含する全体的な教育システム（上位システム；suprasystem）の改善がある。たとえば，中学3年生の数学クラスで掲げる学習目標をマスターすることは，最終的な成果であるとはみなされない。それは，他のコースのための準備や，人生における存続と生存の準備をするための，学校の総合的な目標の一部でしかない。上位システムでの成功は，学校の場合には学習者の成績の積み重ねによって，その一部が測定される。企業内教育環境では，教育システムを支援している組織は，教室から職場への技術の転移と，会社の総合的業績に対する教育と研修の貢献度について関心を寄せている。

　インストラクションの製品やシステムがどの程度うまく機能しているかは，体系的に集められた資料によって明らかにされる。そのような資料を集め，分析し解釈する手段は，全体として，**評価法**と呼ばれる。これがこの最終章の主題である。ただし，本章が最終章であるからといって，インストラクションの評価の計画が最終段階において実施されるべきであることを示しているわけではない。そのまったく反対である。評価のデザインには，本書の各章において述べてきたIDの原理が必要になる。

教育システム評価—5つのタイプ

　評価活動は，実施と維持の段階を含むISDプロセス全体の中で行われる。包括的な観点では，教育システムの評価には少なくとも以下の5つのタイプがある。

1. **教材の評価**：新たに開発された教材によって，学習者が効果的かつ効率的に学習目標を達成できたか？
2. **ISDプロセスの品質の審査**：ISDプロセスは十分な方法で遂行されたか？ また，プロセスを改善する方法はあるか？
3. **インストラクションに対する学習者反応の評価**：学習者は，インストラクションおよびその実施環境が魅力的かつ効果的であると感じているか？
4. **学習者の学習目標に対する成績の測定**：設置したコースの学習者は，学習目標を十分に達成しているか？
5. **インストラクションがもたらす結末の予測**：学習者は，知識とスキルを適切な環境に適用し，その組織における目標の達成に貢献するか？

評価におけるこれら5つのタイプ（分類）は，それぞれ異なる目的を表すものであり，モデルや系列を構成するようなものではない。いくつかのタイプが同時進行で行われることもある。また，5つめの評価が教材開発に着手する前に計画されることもある。しかしながら，通常は最初の2つのタイプがコースの開発過程において実施され，残る3つはその後に行われる。

インストラクショナルデザイナーによく知られている評価のタイプは，1つめの「教材の評価」と，4つめの「成績の測定」である。この理由には，①これらのタイプについてはIDの教科書に書かれていること，②多くのインストラクショナルデザイナーは，インストラクションが開発された後で，その実施のすべてにかかわるわけではないこと，③たとえ実施に関係のない場合でも，4つめの分類の中で使用されるテストは，たいてい開発中に準備される，といったことがあげられる。しかしながら，インストラクショナルデザイナーが5つのすべてのタイプを計画し運営すること，または少なくとも携わることを，より頻繁に要求されるようになってきている。

評価のタイプと判定のタイプ

この本で取り上げた5つのタイプの評価を，教育と研修の評価において普及している**形成的・総括的評価の区別**や**評価のレベル**の概念と混同してはいけない。まず，**評価のレベル**は研修の成果を評価することをさし，企業内教育において最も頻繁に使用されている。この枠組みの中では，4つの「レベル」が典型的に含まれる（Kirkpatrick, 1959）。

　　レベル1－学習者の反応（reaction）

レベル2－学習者の成績（learning）
レベル3－学習の転移（behavior）
レベル4－組織の結果（result）

1つめのレベルである**学習者の反応**は，学習活動の後に実施される学習者の態度に関するアンケートからなる。このアンケートには，学習者がどれくらい学習活動を楽しんだか，どのくらいうまく教えられたかについて簡単な4つ程度の質問による調査を行う程度のものから，インストラクター・教材・環境に関する要求・効果および効率性といった要素を詳述する長い調査を行うものまである。2つめのレベルは**学習者の成績**である。これは，学習者がどれくらいよくインストラクションの目標を達成したかを測定することをさす。3つめのレベルである**学習の転移**では，学習者が仕事中に新しい知識を使用している程度を検討する。学習と仕事でのパフォーマンスの関係を確立するのが難しいため，このレベルの評価は複雑になる。たとえば，社員が新しいスキルを学習したとしても，それを使用する機会や支援がなければ，仕事中にその新しいスキルを使用しない可能性がある。反対に，社員が研修において目的とするスキルを学習しなかったとしても，仕事中に目的のスキルを使用している場合もある。彼らは研修中ではなく，仕事にもどった後で，そのスキルを習得した可能性がある。したがって，このタイプの評価を実施する際には，コースの最終段階におけるパフォーマンスを仕事上のパフォーマンスに接続させる「証拠の連鎖（chain of evidence）」を確立し，パフォーマンスに対する他の影響も考慮することが重要である。4つめのレベルである**組織の結果**では，教育プログラムが成功した場合，組織のパフォーマンスにおいて明らかな向上が存在するかどうかを検討する。これは，教育プログラムが，実施環境において本当に問題となっていることに取り組んだかどうかをテストすることになる。たとえば，社員が新しいスキルを効果的に使用しているとしても，もしこれらのスキルが教育プログラムの開発時に示された実際の問題に関係がないものの場合には，他の方法で解決されない限り，もともとの問題は解消されたとはいえない。

研修評価についてのレベルの概念は，1950年代以降に数人の著者によって提案されている（Hamblin, 1974）。しかし，最も頻繁に参照されているのはカークパトリック（Kirkpatrick, 1959）によるレベルの分類である。彼は4つのタイプをそれぞれ「レベル1，2，3，および4」と呼んでいる。これらの用語は，典型的にISDの分野において使用されている。他の著者たちも似たようなモデルを提案している。たとえばハンブリン（Hamblin, 1974）は，5つのレベルからなるモデルを紹介している。最初の3つのレベルはカークパトリック（1959）のモデルと同様である。しかしながら，ハンブリンはカークパトリックのモデルにおける第4のレベルを2つにわけ，第5のレ

ベルを設けている。彼は,その2つをそれぞれ「組織の結果」および「投資回収率(ROI)」としている。この区分は,組織の結果を見積もるために集めるデータのタイプに基づいている。このデータには,取締役やステイクホルダー（利害関係者）に対するアンケート形式の感覚的な情報,生産力における改善などのパフォーマンスデータ,また学校の場合には,達成度の標準尺度における改善パフォーマンス,または解決策の発案や実行に関する全体的なコストに対する経済的利益を比較する投資回収率（ROI）の分析などがある。ハンブリンによる4つめのレベルは,感覚的データとパフォーマンスデータに基づく組織の結果の評価を含んでいる。一方で,5つめのレベルは投資回収率（ROI）の分析を含んでいる。この区別は,フィリップス（Phillips, 1991）によっても再提案されている。それに対して,コーフマンとケラー（Kaufman & Keller, 1994）は異なる視点から,評価における5つめのレベルを提案している。彼らは,既存のレベルを細分化し,かつそれを新しいレベルと呼ぶ代わりに,論理的により高いレベル（**社会的結果**：societal outcome）へとモデルを拡張した。これは,組織の目標が社会的な価値および期待に沿うものであるかどうか,もし社会的な法や期待に反した場合に,組織の成功が最終的に失敗する可能性があるかどうかについてのテストを提供する。特定の教育プログラムがそのような高レベルの影響を持ちうるかどうかを確認することは難しい。しかし,カリキュラムの決定においては,将来の社会的ニーズやシステムによってどのようなスキルや態度が養成されるべきかを考慮しなければならない。

　非常によく知られているものとして,他に2つの概念がある。これらは**形成的評価**と**総括的評価**と呼ばれ,下される決定のタイプを示している。形成的評価は,パフォーマンスの改善方法に関する学習者へのフィードバックや,製品の改善方法に関するインストラクショナルデザイナーへのフィードバックからなる。第2章における図2-1のフィードバックループによって例示したように,形成的評価はISDプロセスのすべてのフェーズにおける改訂や改善のためのデータを提供するものである。この文脈では,教材がうまく受け入れられ,効果があったかどうかを示しただけでは十分な答えにはならない。なぜ,学習者や他の評価者が教材に対してそのような結果を示したのかについて,その理由を判断する必要がある。たとえば,ある学習者が,インストラクションの一部が退屈であったと言うかもしれない。しかし,評価者の課題は,インストラクショナルデザイナーが何を改善すべきかわかるように,**なぜ**そこが退屈だと思ったのか,その答えを見つけ出すことにある。教材が退屈である理由としては,さまざまなことが考えられる。たとえば,言葉が非常に抽象的であること,適切な例が欠如していること,あるいは単にインタラクティブな学習方法がまったく含まれていない最後の部分であったことなどがその理由となりうる。

総括的評価は，学習者の成績とインストラクションの有効性に関する判断をするためのものである。学習者に対する総括的な判断は，設定した評価基準に対して満足なレベルに彼らが達したかどうかを判定することによって行われる。つまり，「合格，再試験，不合格」といった判定からなるといえる。インストラクションに対する総括的な決定は，提供したコースを継続するかどうかについて実際の学習者の学習目標への到達度合いに基づいて判定することや，そのコースが設定した目標のために役立っているかどうかについて判定することによってなされる。もし，学習者が目標を達成していない場合で，コースを適切なものにするための改善作業にあまりにも多くの問題がある場合には，プロジェクト自体の中止が総括的な判定として下されるかもしれない。同様に，組織の職務遂行における必要条件や目標が変更された場合など，コースにはもはや実際的な価値がないと判断された場合には，そのコースは中止されるだろう。肯定的な側面では，成功したコースの総括的評価は，ISDの成果を支持するものとなる。

評価のタイプと決定のタイプの間には関係がある。形成的評価はレベル1の学習者の反応とレベル2の学習者の成績に関係する一方で，総括的評価はレベル3の転移とレベル4の組織の結果によりあてはまると考えるインストラクショナルデザイナーもいる。これはある程度そうかもしれない。しかし，各タイプの評価は，たとえある組み合わせのほうが他の組み合わせよりも頻繁に行われるものであったとしても，どちらのタイプの決定のためにも実施することができる。たとえばIBMはその顧客にコースを提供しており，そこでのインストラクションは，学習者反応のアンケートにおいて評価基準のレベルを達成するか，あるいはそれを上回ることが期待されている。もしそうでない場合には，補足的な研修や研修への再割り当てが行われる。また，フロリダ州立大学では，学長が反応評価を審査し，その評価が基準未満である教授は授業改善ワークショップに参加し，彼らの評価の改善に必要な行動を起こすことが求められている。このように，レベル1の評価が上記のどちらのケースでも総括的な目的で使用されることがある。同様に，新しく獲得したスキルの適用を示すレベル3の評価が，将来提供するコースの改善方法について形成的なフィードバックを与えることもある。表16-1は，より頻繁に生じる組み合わせと，あまり生じない組み合わせを示す。インストラクショナルデザイナーは4つのすべてのレベルの評価に関係を持つが，カリキュラムを考慮する場合には特にレベル3と4，教材を設計する際にはレベル1と2が用いられる。本書では，主にレベル1と2に焦点をあててきたが，レベル3と4の重要性を強調しすぎることはできない。実際，レベル3と4の評価について1冊丸ごと書かれている本があり（Jackson, 1989; Robinson & Robinson, 1990），評価の専門家が主としてその任務にあたるのが通例である。以下に述べる各タイプの評価に関しては，発生しうる形成的・総括的評価の性質について解説する。

表16-1　評価レベルと決定のタイプとの関係

評価レベル	決定のタイプ	
	形成的	総括的
レベル1	××[1]	××
レベル2	××	××
レベル3	×[2]	××
レベル4	×	××

[1] 大きい××は頻繁に起こる関係を示す
[2] 小さい×はそれほど頻繁には起こらない関係を示す

インストラクションの教材と活動に対する評価

　開発過程においては，プログラムの改善方法を決定するために，教育プログラムの効果を示す証拠が求められる。つまり，設計中や開発中に収集され解釈される証拠は，教育プログラム自体を形づくるために用いられる。もし，評価の結果，レッスンが実現不可能であること，または新しくデザインされた単元がその目標を達成できないものであることがわかった場合には，この情報をもとにして，明らかになった欠陥を克服するためにレッスンの改善や単元の一部の交換が行われる。従来，ISDにはインストラクションの教材と活動の評価に関して4つのタイプの評価活動が用いられてきた。それは，① 専門家による審査，② 開発中の試行，③ パイロットテスト，そして，④ 実地試用，である。これらの評価活動は，通常は形成的に行われる。すなわち各活動の主な目的は，教材が「的確（on target）」であるかどうかを判断し，可能な改善方法を見つけ出すことにある。しかしながら，インストラクションの開発プロジェクトを続行するべきかどうかに関して総括的な判定が下されるケースとしては，専門家による審査で十分な結果が得られなかった場合や高品質の教材を生産するために大きな問題があるような場合が考えられる。

専門家による審査

　インストラクションの教材評価における第1の活動は，内容の正確さや完全さについての判断を行う領域の専門家（SME）による審査である。レッスンまたはコースの内容を作成するには，次の3つの方法がある。1つめは，インストラクショナルデ

ザイナーがトピックを調査し、関連教材や教科書、技術マニュアルなどから情報を収集して、内容の草案を書く方法である。2つめは、SMEが教授目標に従って内容を作成する責任を与えられ、プロジェクトに割り当てられる方法である。3つめのアプローチは、SMEとインストラクショナルデザイナーが協力してともに内容に関する情報を収集し、草稿を書く場合である。インストラクショナルデザイナーが内容の作成において責任を持つ場合、何人かのSMEによって審査を受けることが重要である。しかしながら、SMEが1人、草稿の作成に携わる場合にも、もう1人別のSMEによる教材の審査結果を得ることは有効である。これは、与えられた内容そのものと、その提示方法の適切さに関してSMEらの間に意見の違いが予想されるためである。この違いは、単に文体上のものであることもある。たとえば、提示順序や相対的な強調度、比喩の適切さなどについてSMEが賛同しないことを意味する。また他のケースでは、本質的な違いが存在することもある。あるSMEによる内容間違いや漏れが、別のSMEによって気づかれることがある。どちらの場合においても、複数の専門家によって内容の審査を行うことで、提示の正確さとスタイルを改善することができる。

　専門家による審査は、一般的に教材の草案、少なくとも内容部分ができあがり次第、できる限り早い時期に実施される。その際、SMEは内容の正確さをチェックするために、教材を読むことを求められる。この審査において、SMEは学習者の役割を果たすわけではない。もし、多くの問題が発見された場合には、次の教材の評価活動を実施する前に教材を改善することになる。しかしながら、専門家による審査では、学習者が教材を使った場合のインストラクションの効果に関するデータが得られるわけではない。この審査は、学習者に対するインストラクションの有効性の検証に先立ち、内容の正確さ、完全さ、および関連性を保証するために実施されるものである。

　このカテゴリのもとで実施される関連活動としては、**ステイクホルダー審査**がある。ステイクホルダーは、プロジェクトの承認と資金提供の責任を負う1人ないし複数のマネージャーからなり、同時に彼らはSMEであることもある。インストラクショナルデザイナーの指示によって、また時にはSMEと協力して、ステイクホルダーのグループは、教材の内容や全体的な教授方略が受け入れられるものであるかどうかを判断するために教材の通読を行う。これは、時に**ウォーク・スルー**（walk through）と呼ばれるものである。

開発中の試行（トライアウト）

　第2の教材評価活動は、ディックとケリー（Dick & Carey, 1996）によって「1対1評価（one-on-one evaluation）」と名づけられた開発中の試行（トライアウト）である。

教材のプロトタイプは，1対1（1度に1人の学習者が1人の評価者に付き添われる方法）で試される。ディックとケリーは，対象学習者の中から，適性の高い者・中程度の者・低い者の3名の協力者を教師が選ぶことを提案している。教材の修正を検討する場合，これら各タイプの学習者からは，それぞれ異なる種類の有用な情報が得られるだろう。開発中の試行では，インストラクションの内容がコンピュータ画面によって示されるような場合には，学習者がレッスンに取り組んでいる間，評価者がそれに立ち会う。1人のインストラクショナルデザイナーが2，3人の学習者を同時に観察することは可能である。しかし，重要なことは，プロトタイプが自習向けなのか，あるいはインストラクター主導向けなのかにかかわらず，各協力者を教材に1人で取り組ませるということである。さらに，調査の過程においてデザイナーが協力者に話しかけることは可能であるが，一般的には協力者に介入しないほうが好ましい。協力者が混乱したり，質問をしたりするようなことがあれば，デザイナーは必要なガイダンスを提供する。このアプローチの1つの応用例としては，協力者が教材に取り組んでいる間に，彼らが考えたことを「声に出して言ってもらう」方法がある。この即席的な情報は，有効な洞察を行うための情報源となりうる。

　インストラクショナルデザイナーは，開発中の試行を実施している間，協力者の表現，差異，あるいはコメントに関してメモをとる。試行の終了後，協力者にインタビューを行い，学習活動の内容と指示の明瞭性，テスト問題と指示の明瞭性，および期待される学習成果の妥当性などについて意見を求める。この活動によって，表現の明瞭性，構成，および学習者がレッスン中に遭遇するかもしれない実施上の問題に関する多くの情報を得ることができる。この情報に基づいて，インストラクションの内容についてシステム的な修正を実施する。

　インストラクションを改訂する代わりに選択できることの1つに，学習者分析を変更できるかどうかを検討することがある。レッスンを改訂するよりも，付加的な前提スキルを加えることのほうが望ましいこともある。たとえば，数学のレッスンのデザイナーが，試行中の学習者が一次方程式を含む課題において問題を抱えていることを発見したとする。学習者が，このレッスンのための前提スキルを持っていないことがわかった。さらに，他の協力者も，同じ問題を抱えていることがわかったとする。この場合，現在のレッスンに必要とされる数学の前提スキルを再学習するチャンスを提供するか，あるいは必要とされる前提スキルが習得できるように，前のレッスンの設計を変更するかどうかを検討しなければならない。

パイロットテスト

　第3のレベルは，ディックとケリー（1996）によって「小集団試行（small group tryout）」と呼ばれているパイロットテストである。このパイロットテストでは，対象者集団の代表からなる小人数グループの学習者によって教材を試すことになる。パイロットテストは，「実験室」条件のもとで行われる。つまり，インストラクショナルデザイナーと評価者が，通常の実施環境では行わない観察を行い，評価手段を用いるために介在する。パイロットテストは典型的に，インストラクション中に教えられるスキルと知識に関する事前テストから始められる。その後，インストラクションが行われ，引き続いて事後テストが実施される。さらに，教授事象に関するさまざまな側面に対する学習者の態度を測定するために，態度アンケートが実施される。学習者はまた，インストラクション，事前・事後テストについて議論するように求められる場合がある。
　パイロットテストから得られた情報を用いて，事前テストと事後テストの点数比較に基づいた学習の成立やその量について検討する。その他の結果からは，提示と質問の明瞭性などに関する指摘が得られ，修正を行うために利用される。

実地試用

　最終的な教材の評価は，**実地試用**（field tryout）である。実地試用においては，開発中の試行とパイロットテストに基づいて修正された教材を，より実際に近い実施環境で，クラス全体を対象にして評価する。この環境では，たとえインストラクショナルデザイナーや評価者がさまざまな確認作業を実施しているとしても，彼らの活動は可能な限り目立たないように行われる。
　教育プログラムは，その対象者として意図した人々を代表する適切な標本を選んで試行される。このより大きなグループにおいて，パイロットテストに基づいて改訂された事前・事後テストを実施し，インストラクション自体を提供するお膳立てを整える。態度に関する調査は，実地試用に参加したインストラクターに対して行われる。実地試用中の教材提示方法と指示の妥当性に関して観察がなされる。加えて，教材を使用する際のインストラクターのパフォーマンスの質と妥当性についての情報が集められる。
　実地試用は，教材とその使用の実現可能性，およびその効果に関する評価テストとして慎重に設計される。学習者とインストラクターの行動や姿勢から，レッスンの最終に近い段階での修正と改善を可能にする価値のある情報を得ることができる。レッ

スンの効果に関しては，ほぼ通常の実施条件の下での典型的な学習者の成績におけるテストの得点で示されることが，もちろん，一番興味をひくものであり，一番重要なものである。

証拠の解釈

　こうして得られたさまざまな種類の証拠は，教材評価の全段階において利用される。観察記録，アンケート調査やテストなどによって集められた証拠をもとにして，レッスンをこのまま継続すべきか，どのように修正・再構成すべきか（形成的フィードバックになる），あるいは，教材を廃棄すべきか（総括的な判断）の結論が導かれる。このような決定をする際には，実現可能性と効果の問題について熟慮する必要がある。
　たとえば実現可能性の問題は，レッスンを試用した際に得られた，インストラクターや学習者が経験した困難さに関する報告を考察することによって決定できる。一方の効果の問題は，多少より複雑な判断を必要とする。教材が指示通りに用いられなかったり，インストラクターが意図した手続きを遂行しなかったという観察者からの報告がある場合，効果に影響を及ぼしたことが推測できる。また，授業中に偶然に引き起こされた学習者の態度変容によって意図した効果が上がらなかったことが，インストラクターや学習者へのアンケート結果によって明らかにされるかもしれない。そして，テストによって明らかにされる学習者のパフォーマンスの成功の程度によって，効果の大部分が判断できるのは，いうまでもないことである。

検　証

　実際，最も頻繁に実施される教材評価活動は，専門家審査とパイロットテストである。パイロットテストと実地試用の両方を行うには費用がかかるため，この2つを取り混ぜて実施することが多い。実地試用の場合のように，実際の学習者グループに対してコースを提供するが，パイロットテストのように，内容・方法・結果の調査において通常より十分な配慮をする。意外にも，開発中の試行は，その利点の割にはそれほど頻繁に実施されていない。この点に関する重要な原則は，開発中の試行の実施には，そのために時間を費やすことができる人を集めて**とにかく実施する**ということである。試行の対象者が対象学習者と多少異なっていても，教材の明瞭性や実現可能性に関して多くの情報を得ることができる。
　また，この状況における重要な原則として，教材評価の大きな目標が**検証**（validation）にあるということに留意してほしい。この目的は，もし，学習者が適切

な前提条件となる知識やスキルを持っており,「知る必要」によって内容に対する動機づけが行われている場合で,かつ,インストラクションが設計通りに効果的に実施された場合に,インストラクションがその学習目標に対してよい成績を結果として残せるかについて判断することにある。

ISD プロセスの評価

ISD プロセスには,どのモデルに従った場合にも,強みとみなすことができる領域と,改善によってより多くの利益を得ることができる領域が存在する。全体的な品質管理の視点に立てば,プロセスをレビューすることが,プロセスの効果と効率を連続的に改善する見込みがあるという ISD の実施と評価の原理が導き出される。前節で述べたように,ISD プロセスには一般的に,形成的評価フィードバックのループが組み込まれている。しかし,正式なレビュー活動を含めることは,それほど一般的ではない。いくつかの企業における ISD モデル,たとえば IBM の教育に対するシステム・アプローチ (SATE: Systematic Approach to Education) モデルや,シティバンクの ISD プロセスモデルの中では実施されている。さらに,少なくとも 1 冊の ID 教科書には取り入れられている (Rothwell & Kazanas, 1998)。その本の中で著者は,ISD プロセスの各フェーズを説明する各章の最後に,質を判断することに関する節をそれぞれ設けている。

効果的なプロセス評価を行うためには,インストラクショナルデザイナーが状況に固有な各フェーズにおける評価基準を準備する必要がある。評価項目としては,プロセス自体がどの程度うまく実施されたか,そしてそのプロセスの結果として生まれた製品の質はどの程度よいか,について言及することができる。表 16-2 は,連邦航空局の航空認証サービス (Air Certification Service) 向けの教材開発プロジェクトで行われた,ニーズ分析フェーズのプロセスレビューに含まれていた質問の例である (Keller, 2000)。質問には 2 つのカテゴリがあった。1 つは,ニーズ分析プロセス自体へのもので,もう一方はこのプロセスの結果に関するものである。解答の選択肢は,「非常によい」「満足」「改善の必要がある」の 3 つで,それらとともに「コメント」を自由に記入できるスペースが設けられていた。

この種の評価は,プロジェクト・チームのメンバーによってしばしば非公式に行われている。また,インストラクショナルデザイナーが「新しい改善」バージョンのモデルを作成しようと決定した場合に行われる。しかしながら,レビュー,データ収集,そして実施される改善に関する議論を公式のシステム的なプロセスにすることによっ

表 16-2　ニーズ分析プロセス評価の質問例

ニーズ分析プロセスの質問
- ニーズアセスメント遂行のための明瞭な論理的説明があったか？
- ニーズアセスメントの計画に重要な要素が含まれていたか？（以下の要素のうち，適切な項目すべて：目標，対象学習者，サンプリング手続き，データ収集方略および手法，道具，プロトコル，データ分析方法，そしてデータに基づきどのように決定がなされるのかについての説明）
- 含まれるべき人が全員含まれていたか？（ステイクホルダー，ゲートキーパーなど）
- ニーズアセスメントは実際的であったか，また実施のコスト効果は高かったか？

ニーズ分析結果の質問
- 定められた目的や定義された問題は，その時の結果や予想された結果に内在するギャップに関係づけられているか。つまり，新しいシステムや手続きの導入に起因するパフォーマンスギャップや今後予期される問題に基づいて，目的が設定されているか？
- 定められた目的は，組織のビジョンと目的に一致する結果に基づいて設定されているか？
- その時の問題または予想された問題の原因が同定されているか。つまり，その時の問題または予想された問題の責任を負うべき「原因（誘因や政策など）」は何か？
- 組織がこの問題を解決し，そのビジョンを実現することを阻む，または阻む可能性のある障害は同定されているか？
- 組織が求められる結果を達成することを助ける促進要因は同定されているか？
- 求められる結果は，観察可能で測定可能な結果として記述されているか？
- 重要なマネージャー，従業員，「ゲートキーパー」およびその他のステイクホルダーは，問題と求められる変革の記述内容に賛同しているか？

出典：Keller, J. M. (2000). *Quality Review Guidelines for: Needs Assessment, Design, and Development.* Tallahassee, FL: John Keller Associates. より

て，最良の結果が得られるだろう。

学習者の反応評価

　教材の開発中に学習者の態度についての質問が収集されることもあるが，最も普及した学習者反応アンケートの使用方法としては，コースが完全に実施された時に行われるものがある。しかしながら，コースに対する学習者の反応評価は論争の的になっている問題でもある。たとえ「スマイル・シート（smile sheets）」と嘲笑され，実際の形成的・総括的判定において使用されないことが多いとしても，学習者の反応評価は企業内教育においては一般的に受け入れられてきた。この評価は，大学においても要求されることが多くなり，教授の年次報告に含まれている場合もある。しかし，その信頼度と有効性に関しては強く批評する教授もいる。それらは，初等中等教育(K-12)

レベルの学校では一般的に使用されておらず，ほとんどの教師は，人気の指標以外の何ものでもないと思うだろう。

なぜインストラクターは，生活における他の多くの側面の質については消費者の判断が大切であると受け入れているにもかかわらず，学習者の意見を自分のパフォーマンスの有効な指標としては拒絶するのだろうか。この種の評価の実際の利点は何なのか。

学習者反応アンケートには，形成的・総括的な目的のための多くの利点があり，それらは批判されているにもかかわらず，形成的・総括的な判定のために広く利用されている。概していえば，学習者反応アンケートの利用には3つの方法がある。1つめは，問題を感知するためである。このアンケートは，とても短いものであり，インストラクターと内容についての質問が4つ程度あるだけだろう。そこからは，特定の箇所をどう修正すべきかについての形成的なフィードバックのための十分な情報は得られない。しかし，より徹底的に調査されるべき問題がある場合には，それを指摘してくれる。

2つめの使用法は，形成的フィードバックのためである。このためにはより長いアンケートが必要で，コースのどの部分を修正するのがよいかについての洞察を得るための具体的な質問で構成される。質問例としては，「インストラクターは，各レッスンの目標について述べましたか」「レッスンの内容は目標と一致していましたか」「インストラクターはこの科目についての熱意をみせましたか」などがあげられる。質問のカテゴリには，通常，コースのデザイン（目標・内容・学習活動・テスト・仕事への関連性），実施手法，および環境的な要因がある。この評価を形成的フィードバックとして使用するためには，必要な修正を施すために十分な余裕を持って早目に実施されるべきである。フロリダ州立大学の授業開発サービスセンターでは，インストラクターからの依頼に基づいて，教育上の問題の可能性を識別するために，中間評価を第4週か5週めに実施している。これによって，インストラクターには，学習者の心配事を考慮して適切なコースの修正を行うための時間的猶予が与えられる。

アンケートの第3の使用法は，コースやインストラクターの受容度（acceptability）に関しての総括的な判断のためである。この目的のためのアンケートは，前の2つのタイプのアンケートのどちらかに基づくかもしれないし，それらを変形させたものである場合もある。しかし，通常，そのコースに時間と費用をかける価値があったと思うかどうか，仕事との関連性があったかどうか，そして他の人に勧める価値があったかどうかについての質問を含むことになる。インストラクターに関しては，企業は学習者反応アンケートの結果をトレーナーのパフォーマンス評価として，昇進のために利用される。また，教師と教授らも，この測定手段によって評価される場合が増えている。

妥当性に関しては、個人的な意見とは対照的に、学習者がコースに対する客観的な批評家である傾向があるとの研究結果が示されている。マレー（Murray, 1983）は、54人の大学教師による授業において、訓練された観察者を用いて調査を行った。6～8人の観察者それぞれが、1時間で実施される授業を3回ずつ訪ね、メモをとった。したがって、各インストラクターは1学期中に合計で18～24時間観察された。マレーは、観察者のメモを収集したときに、ティーチングに関するいくつかの特性に関してより高く評価されたインストラクターとより低く評価されたインストラクターとの間に差異があることを発見した。さらに彼は、観察者の結果と学習者による評価との間に正の相関があることを発見した。しかし、その他の研究では、さまざまに異なった結果が得られている。そのため、受容度に関する最低限度を設定する目的ではなく、ティーチングの効果について包括的な判断を下す場合には、学習者による評価と他の指標を組み合わせることが最善の方法であるといえる（Kulik, 2001）。しかしながら、妥当で有用な結果が得られるようにレベル1の学習者評価のプロセスを設計し実行することが可能である、という確固たる証拠も得られている（Centra, 1993）。

学習者の成績の測定

ISDプロセスでは、テストが準備され（第13章を参照）、教材が学習者にとって学習目標の達成に効果的であるかどうかを判断するために利用される。学習者がある目標を達成できない場合には、なぜそうなったのか、また、より効果的にするためにはコースのどの部分を修正するかについての判断を行う努力がなされる。したがって、この状況におけるテストの主な用途は、形成的評価向けであり、その目的は教材の検証である。

コースの開発後には、テストは主に学習者の達成度を測定するために使用される。それらは形成的なツールというよりは、より総括的なツールとなる。この理由の1つには、コースの実施後には、開発フェーズにおいてなされているような、誰にコースの受講許可を出すかといった制限がめったになされないことがあげられる。学習者は、本当に受講したかったコースに参加できずに、スケジュール的に都合がよかったから、という理由でそのコースを受講したのかもしれない。または、コースの内容に対して、適切な前提条件や「知る必要」があったから受講したのではなく、学習者のマネージャーやアドバイザーがそのコースを受けるように勧めたためだったかもしれない。

学習者の達成度評価における総括的なツールとして、テストは2つの方法で利用することができる。1つめは、個々の学習者の成績に関する判断を下すこと、2つめは、

コースの全体的な効果を評価することである。学習者の達成度は，通常，集団準拠方式か基準準拠方式で判断される。第13章ですでに議論したように，集団準拠方式では学習の成果が他の学習者の成績に関連があることを意味する。ここでは「正規曲線上」の評定を基本としており，学習者のある割合をA，そのほかをBなどとする。実際に同じ成績であっても，たとえばテストにおける85点の成績は，もし他の学習者の成績がほとんど85点未満であればAとなりうるが，もし，他の多くの学習者がもっとよい成績であればBの評価になる。一方の基準準拠方式では，基準は各評定のレベルごとに定義される。また，ある評定を受ける学習者について特定の割合が決められているわけではない。もし，学習者がその評定を得るに値する場合は，もれなくそれを受けることができる。

テストを用いる他の目的としては，あるコースが十分にその目標を達成しているかどうかを判断することがあげられる。クラスの平均点が低すぎる場合，コースが時代遅れなのかどうか，それとも，適切に教えられていないのか，あるいは，あまりにも多くの不適当な学習者が受講していないかどうかなどを調査するために，補足的な評価が実施されることになるだろう。既存のコースに欠陥を示す証拠が得られた場合には，どういった変更を加えるべきかを識別するために形成的評価を実施しなければならない。あまりにも多くの不適当な学習者が受け入れられているのであれば，受講をより厳格に制限するべきか，あるいは受講生により合致するコースに修正するかどうかについて，判断しなければならない。

教育プログラムの評価

本書の中で示す第5のタイプの評価では，教育システムと，研修の成果に影響を与える他のシステムの両方を検討する。評価方法は，レッスンまたはコースに適用することもできる一方で，インストラクションの全プログラムやシステムにも適用される。教育プログラムは，いくつかのコースとOJT研修のような他の学習体験で構成される。OJTはコースと共通の目的を持っているものとみなされ，数か月から数年間にわたって継続して行われる。さらに，キャロル（1963）やギルバート（1978）らによって指摘されているように，初期の学習と後の学習したものの利用の間には，時間や機会，動機づけなどのような，インストラクション以外の要因による影響がある。したがって，総合的な評価では，教育システムの効果をその他の要因から分離して推定するために，これらの追加的な要因からの影響を考慮する必要がある。

テストや他のタイプの測定手段を開発するだけでなく，得られた証拠が本当に説得

力のあるものになることを保証する役目を担う,注意深く,科学的な評価手法が必要になる。これらのアプローチの設計モデルとしては,スクリバン（Scriven, 1967）やスタッフルビーム（Stufflebeam, 1974）,ポファム（Popham, 1975）,ロビンソンとロビンソン（Robinson & Robinson, 1990）とフィリップス（1991）のものがよく知られている。スクリバン,スタッフルビームとポファムのアプローチは,「プログラム評価」という呼び名で,最も一般的には学校環境において適用されてきた。しかし,企業内教育においてもまた同様に利用されてきた。ロビンソンとロビンソンやフィリップスのアプローチは,主に企業内教育環境に焦点をあてている。企業内教育では,学習,パフォーマンス,そして投資回収率（ROI）においてより直接的な関係がある傾向にある。

本書の焦点は,このような評価,特に学校学習環境における評価をガイドする原理にある。この種の概観をすることによって,プログラム評価や教育評価,研修評価に関するトピックについて公表されてきた迷路のようなアプローチやモデルをうまく活用できるように,ガイドしていく。この題材は量が多く,また複雑でもあるため,本章では評価研究の論理だけを扱うこととする。まずは,すでに紹介した評価のタイプから始め,最後に,インストラクションの結果に関して有効な結論を引き出すための,教育システム評価のさまざまな要因の識別と制御に関する包括的な視点を紹介する。

評価研究における変数

教育プログラムを評価する目的は,知識・スキル・態度についての目指した学習成果の観点から,インストラクションの影響についての結論を導き出すことにある。しかし,それらの能力は,インストラクションそのものからだけではなく,教育環境における他の要因によって影響を受けている。そのため,インストラクションの評価について有効な結論を引き出すためには,**これらの他の変数を制御,もしくは説明**する必要がある。全体として捉えた場合,インストラクションが導入される教育環境には,以下に述べる変数が含まれている。

成果変数

教育的評価における変数について,まず成果変数からリストする。成果変数は,主な焦点となる従属変数（測定される変数）である。主な成果変数には,インストラクションの即時的な目標である知識,スキルおよび態度がある。加えて,成果変数には,スキルの仕事や以降のコースへの転移のような,インストラクションの2次的な影響も含まれる。教育の結果に影響を及ぼす変数のクラスとそれらのさまざまな原因につ

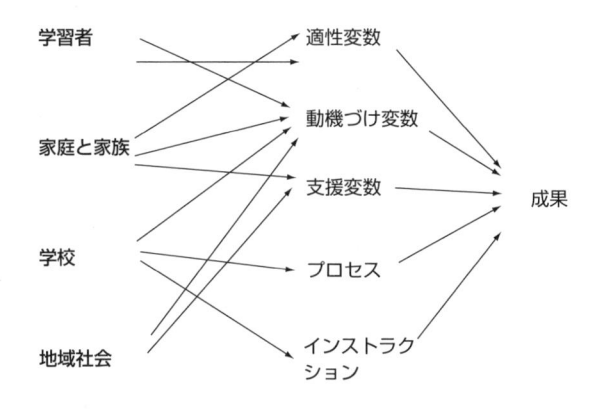

図16-1 教育プログラムの成果に影響を与える変数

いて，図16-1に示す。

プロセス変数

　学習環境と実行環境におけるどの要因が，教育システムの成果に影響を与えるだろうか。成果は，インストラクションを実施する環境における実施上の要因によって影響を受ける。たとえば，設計されたインストラクションには，教師による特定のタイプの質問とその頻度，知的技能の特定の順序（他のものに着手する前に習得しておくものがあること），または各レッスンに組み入れられるべき特定の種類のフィードバックが要求されている（第9章を参照）。評価者は，これらのものがシステム的に，一貫して実施されたかどうかを判断しなければならない。

　インストラクションが設計したデザイナーが意図するとおりに実施され，意図した種類のプロセス変数が期待された方法で必然的に実施されるとは，単純に想定することはできない。たとえ，デザイナーがインストラクターのための研修やインストラクションの適切な実施のためのガイドラインを提供したとしても，事態は間違った方向に進むこともある。インストラクターは，どのように教えるか，何を教えるかについて自分自身の考えを思いつくものである。また，テクノロジーはいつも適切に動作するとは限らず，管理者が適切な学習環境を提供しない場合もありうる。たとえば，職場のマネージャーは，社員たちが忙しくない時間を利用して仕事中に勉強することができるような自己学習パッケージの開発に対して肯定的な反応をみせるかもしれない。これは研修のために部下を送り出し，その穴を埋める措置をとらずにすむという理由からである。しかし，この環境で働いた経験のあるインストラクショナルデザイナー

なら知っているように，実際は，このようなマネージャーは，社員たちがWebを見たり，勉強したりするような，「座ってぼうっとする」ことができる時間を与えることができないかもしれない。結果として，プロセス変数の評価がなされることが必要であり，特に，新しく計画したインストラクションが初めて試行される場合にはなおさらである。

　一般的にプロセス変数は，教室あるいは他の実施環境のシステム的な観察によって評価される。これは教育の実施段階における，教師ではなく観察者の役目である。観察者は，観察の実施と記録時に，チェックリストや観察スケジュール，またはインタビューガイドを使用することができる。

支援変数

　教育プログラムの成果に対して潜在的に影響力のあるものとして，支援変数がある。インストラクションの環境における変数のほかにも，学習者の家庭や地域社会のような，学習過程を支援すると思われるインストラクション以外の環境で発生する変数についても考慮しなければならない。支援変数には，（教室や学校の図書館における）適切な教材の存在や，勉強するための静かな場所の有無，よい成績を促進するような教室の「雰囲気（climate）」，宿題やその他の学習活動に対する好意的な態度を強化するための親や保護者の行動など，多くのさまざまな要因が含まれている。この種の変数の数は非常に多い。また，それらの変数は，その相対的な重要度に関する確信的な区別を可能にするほどには知られていない。

　支援変数の一般的な性質は，学習のための機会に対する影響にみることができる。たとえば，教室における教材の質と利用可能度によって，提供できる学習機会がより多くなったり，少なくなったりする。また，学習者は，同級生や騒音，過度の暑さによってマイナスの影響を与えられる可能性もある。さらに，環境上のその他のストレスを与える要因が，学習への集中を妨げることもあるだろう。プロセス変数とは対照的に，支援変数は，学習過程に直接的な影響を及ぼすことはない。その代わりに支援変数は，プロセス変数が影響を及ぼす可能性のある間の，より一般的な環境条件を決定する。たとえば，インストラクションの計画では，ある学習者に対して自主学習をする時間を要求しているとする。教師は，プロセス変数の働きを保証するように，自主学習のための適切な時間を確保するだろう。しかし，①邪魔されずに学習できる比較的静かな場所を利用できる学習者と，②うるさい教室の片隅で自主学習を行わなければならない学習者では，結果としてどのような差異が現れるだろうか。この対比は，支援変数における差異を示すものである。評価者は，インストラクションの成果を評価する際にこれらを観察し，考慮すべきである。

支援変数は，さまざまな評価手段を必要とする。宿題を終わらせるために親が行う行動については，アンケートを用いて評価される。あるトピックやコースでの適切な教材の利用可能性については，本，パンフレットおよび他の参照資料の数を数えることで評価できる。教室の雰囲気については，システム的なスケジュールで観察することによって発見できる。学習者数や，教師1人あたりの学習者数の比率のような，支援変数に関するその他の測定手段も，調査の初期段階で容易に利用することが可能だろう。多くの支援変数のどれをとっても，与えられた状況に最も適した評価技法を選択，または開発することが必要であるといえる。

適性変数

　学習の成果を決定する変数のうち，最も影響力のあるものは，おそらく学習者の学習に対する適性である。そのような適性は，通常，知能検査，あるいは学校教育における適性テストによって測定される。この種の知能は，時に「結晶化した知能 (crystallized intelligence)」と呼ばれ (Cattell, 1963; Corno & Snow, 1986)，学校での成績と強い相関があることが知られている。改善されたインストラクションの方法，プロセス変数の配置，そして学習におけるできる限りの支援を保証したとしても，学習者自身の学習適性ほどには学習成果に影響を与えることはできない。

　学習に対する適性は，栄養やそれまでの学習，そして学習の機会のような，誕生の前後に起こる環境上の影響に加えて，遺伝によっても確かにある程度決定されるものである。適性はそれ自体が多数の決定要素を持つ変数である。しかしながら，評価研究の要因として適性は通常，入力変数として扱われる (Astin & Panos, 1971)。この役割では，適性は評価によって変更できるものではない。つまり，操作の対象ではなく，単に測定することができる変数である。知能検査によって計測された学習に対する適性は，言語情報，知的技能，そして認知的方略に関する成績における学習成果の変化量の50%をも占める可能性があるということは，長年にわたり十分に報告されてきた（たとえば，Bloom, 1976）。

　学習成果に対して学習適性が実際的，潜在的に大きな影響を与えるので，評価者はインストラクションの有効性を判定するための調査を設計する場合，学習適性の影響を制御する方法を考えなくてはならない。この影響を制御することが重要な評価研究では，学習者の適性は入力変数として扱われる。もし特定のレベルと適性のタイプが前提条件として定義されている場合には，評価者はこの前提条件が満たされていたことを確かめなければならない。もしこの変数が選抜という手段によって制御されない場合，前提条件を満たさない者が含まれている可能性があるので，評価者は前提条件を測定，または推定し，結果の分析に変数としてそれを含めなければならない。

学習適性の測定は，たいてい知能検査の得点によって最も簡易的に確認されているが，他の測定手段も時々使用される。いくつかの適性検査を組み合わせることで，学習適性を評価するための総合得点を算出する場合もある（実際には，ほとんどの知能検査は，それ自体がいくつかの異なる適性をサンプリングする下位テストの集まりである）。他には，かなり高い度合いで知能スコアと相関があることが知られている測定手続きを用いることがある。前の学年の成績は，特に読解と数学のような教科において，高い相関を示す。適性得点は，開発段階の（形成的な）試行のための学習者を選ぶときに有用である。前に述べたように，ディックとケリー（1996）は，高・中・低適性の学習者それぞれに協力を求めてインストラクションを試行することを提案している。それぞれの結果から，教材に関する異なる情報を得ることができる。

動機づけ変数

適性の次に重要な変数として動機づけがある。状況によっては，学習およびパフォーマンスに対しての適性よりも強い影響を示す。これは，学習者が学習できるかどうかの問題に対して，彼らが学習したいかどうかの問題として，古くから知られている。たしかに，この2つの間には，相互作用がある。私たちは，自分が得意なことをするときによりやる気を起こす傾向があるが，逆に言えば，自分がしたいと思うことについては，よりうまくできるようになる傾向がある。動機づけには，興味（好奇心，退屈），動機（達成の必要性，安全確保の要望），期待感（自己効力感，楽観主義 対 悲観主義），報酬（外発的な強化），および認知的評価（成果に対する内発的な満足感）といった要因が含まれている。

さらに動機づけには，感情的，あるいは情緒的な側面と，認知的な側面の両方がある。興奮・恐れ・喜び，および覚醒のような感情はすべて，学習者が学習に注ぐ努力の度合いに影響があるといえる。さらに，成功するための能力に関する学習者自身の信念（自己効力感）や，テストされるかどうかに対する彼らの認識，および報酬といった要素は，学習者の成功しようとする意欲に多大な影響を及ぼす。

学習者の動機づけという一般的な概念を検討するためには，社会的，文化的，そして他の環境上の影響が存在することをふまえる必要がある。教師の熱意，親や同級生の態度，学習者の文化的背景からみて教授プロセスと支援の要因が受容される度合い，あるいは，教材が学習者の興味を持続させるのに十分な多様性を含んでいるか。これらはすべて，学習者が学習に適切に動機づけられるかどうかを左右する潜在的な要因である。

動機づけの要因についての測定方法には，外的・内的制御のような特定の動機づけ変数を調査するものから，広く学習に対する態度の測定を意図するものまで，数

多くの手段がある。動機づけに関するモデルを使うことも有用である。ARCSモデル（Keller, 1999a）や，ウロッドコウスキーの時間連続モデル（Wlodkowski, 1999），ブロフィーによる学習の動機づけに影響する要因の一覧（Brophy, 1998），または自己効力感（Bandura, 1977）や好奇心（Berlyne, 1965）のような特定の変数に対するモデル，あるいは，与えられた状況において適切であると思われる特定の要因を識別するためのモデルなどがある。また，自己制御（Zimmerman, 1989）や，自己動機づけ（McCombs, 1984）のような個別要因で表される，動機づけ要因を組み合わせるという選択肢もある。いずれの場合にも，学習者が持つ動機づけ特性について適切な知識を持たずに，教育プログラムの有効性を完全に理解することはできないといえよう。

評価結果の解釈

　教育プログラムの成果の測定，すなわち学習した知的技能・認知的方略・言語情報・態度，および運動技能の測定は，プログラム自体のほかに，教育場面や実行場面の多くの変数によって影響を受けていることを指摘した。教育プログラム実行時のプロセス変数は，直接的に学習に影響し，その結果として，学習成果に影響する。学校，あるいは家庭における支援変数は，学習する機会を決定し，その結果として，観察される学習成果に影響を及ぼす。学習者の適性は，評価研究で測定される成果に強く影響を及ぼす。また，学習し，働こうとする学習者の動機づけは重大な要素である。

　設計されたインストラクションの効果を評価する場合，インストラクション「そのものの影響」を明らかにするためには，プロセス・支援，および適性変数を制御しなければならない。この制御を遂行するための手続きを，次の節で記述する。ここでは，これらの手続きの基礎的な論理のみを説明することを再び強調しておく。しかし，そのような論理をふまえることは評価研究の設計において非常に重要である。

適性の影響に対する制御

　学習目標が達成されたかどうかという意味でインストラクションの成果を評価する際には，適性変数の影響を考慮する必要がある。この問いの文脈では，学習者の知的レベルの状態について明らかにすることが望ましい。これは，知能標準テストにおける平均得点や，得点分布の散らばりの測定（標準偏差など）によって，最も簡易的に行うことができる。しかしながら，社会経済的地位（socioeconomic status: SES）のような相関がある測定結果が，この目的のために頻繁に使用されている。たとえば，

あるコースにおいて，ある学校の学習目標達成率が合計 130 個に対して平均で 117 個であったが，同じ地区の異なる学校では，学習目標の平均達成個数が 98 であったと仮定する。なぜある学校ではおよそ 90％ が成功しているインストラクションが，他の学校では 75％ にとどまる結果となったのか。もし，適性に関するデータが収集され，1 つめの学校における IQ の平均値が 115 であったのに対し，2 つめの学校では 102 であったことが示されたとすれば，適性を達成の差の理由とみなすことができる。もしこれらの学校のうちのどちらか 1 校だけが評価されていれば，評価者はおそらくインストラクションの効果に関して非常に不正確な結論を導き出すことになる。いくつかの異なる場所を調査対象として，それぞれの学習者適性が多少異なる範囲をカバーするようにして実態を把握することで，評価の目的は達成される。異なる場所には，異なる学校，異なる学級，あるいは異なるグループがありうる。それぞれの場所では，対象とする学習者グループの特性である能力の違いを表す代表的な標本を選択するのがよい。

　ある教育プログラムが別のものよりすぐれているかどうかを判定するための比較調査を行う場合には，適性変数の性質および量を単に報告するだけでなく，それ以上のことをしなければならない。この場合，新しい教育プログラムと比較対象との間にどのような違いが存在するかを明らかにすることが重要である。簡単にいうと，比較するには，2 つの学習者グループが開始時には等質であったことを実証することが求められる。学習者の適性が等質であることを実現するためには，同じ地域から通っている特定の学校におけるクラスどうしを比較グループとして使用するのが最も好ましい。これは，新しく設計したコースが教室や学校で導入され，前年度に実施された異なるコースと比較されることになっている場合にも適用できる。

　初期段階における適性の等質性を確保するためには，他の方法を使用することもできる。1 つの学校内において学習者を異なる教室に無作為に（random）分配し，その半分は新しく設計したインストラクションを受け，もう半分はそれを受けないことにして評価を行うことが可能な場合もある。その場合には，無作為性を保証するためには，学校経営上の手続きを事前にしっかり協議しておく必要がある。その他の手続きとしては，学習者の適性が可能な限り「一致する（matched）」学校を選び，それらの一方に対して新しいインストラクションを試し，新しいインストラクションを受けていない他方の学校で得られた成果との比較を行うものがある。これらの方法はすべて，妥当な比較を実施しようとする場合には注意深い管理を必要とする複雑な設計である。

　どのような手続きを使用するとしても，2 つ以上の学習者のグループについて，インストラクションの効果を妥当な方法で比較するためには，初期段階における適性の等質性を確保することが必要なのは明らかである。インストラクションの効果を示す

証拠を得るための学習成果の評価に関する調査では，この重要な変数を制御するための方法を必ず取り入れる必要がある。

支援変数の影響に対する制御

評価におけるさまざまな目的のために，支援変数は入力変数として扱われ，学習適性を示すために使用される変数に似た方法で制御される。したがって，関心が学習目標の達成に集中している場合には，成果を解釈する際に考慮できるように，支援変数の測定結果は成果の測定結果とともに報告される。ここで再び，有用な手続きとしては，教材・資源・教授スタイル，そして管理や指導のスタイルに関して，異なるタイプやレベルの支援をみせるさまざまな学校や職場環境でインストラクションを試すことがあげられる。

同様に，ある教育プログラムの効果を別のものの効果と比較するためには，その学習成果が比較されているクラス・学校，あるいはグループが等質であることを実証する必要がある。ある学校において，適性が等質な2つの異なる学習者グループの一方で新しく設計された英作文のコースを試験的に実施し，他方では異なるコースを続け，その成果を測定する場合を考えてみよう。インストラクションが異なるにもかかわらず，2つのコースの学習目標は大部分同じであり，成果に対する評価はこれらの共通の目標に基づくものと仮定する。一方のクラスでは，他方よりも，平均して著しくよりよいパフォーマンスが示されたとする。新しいインストラクションが「よりよい」というためには，支援変数において，何の違いも存在していないことが示されなければならない。たとえば，図書館や利用可能な教材の種類，およびインターネットでの調査を支援する技術などのリソースに違いがあるかもしれない。別の可能性としては，2つの教室の雰囲気がありうる。一方は，他方よりも，励ましあって達成する学級だったかもしれない。もし2人の異なる教師がかかわっていれば，一方は嫌われ，もう一方は好かれていたかもしれない。さらに，学習者の態度に違いがあったかもしれない。一方のクラスでは，他方のクラスに比べて，より多くの学習者が学習の新しい機会を強く求めるような特徴があったかもしれない。この種の変数は学習成果に影響する可能性が高いため，これらの変数に関して，グループの等質性を確保するか，または統計的な手段によって制御することが不可欠である。

プロセス変数による影響に対する制御

プロセス変数の評価と制御は，定められた目標の達成についての証拠を求める際

に，とりわけ重要である。インストラクションの一場面は，その具体的な事象がどのように実施されるかによって，良くも悪くも機能する。たとえば，小学校の理科の新コースにおいて，練習用の小冊子を使った活動を行う段階の大部分を独自の方法で学習させる場合を考える。そこでの学習目標の1つは，学習者が独自の問題解決技法を身につけることであるとする。設計されたとおりにプログラムを実施する教師もいれば，一方で，待ち切れなくなったり，また，単に援助してあげたいと思う気持ちから，特に援助を求めてくる学習者に対してさまざまな程度の支援を行う教師もいるだろう。このとき，プロセス変数（教師の援助）が著しく異なり，その結果として，学習成果の測定の際にも大きな差異として現れるかもしれない。もし評価が形成的になされる場合には，デザイナーはこのような証拠をもって，教育プログラムや研修の実施のためには，援助を控える必要があるという教師に対する付加的な研修が必要であることを示すものとして解釈するだろう。総括的な評価が実施される場合には，異なるグループの学習成果は，プロセス変数の影響を明らかにするために，別々に扱われるべきである。

　比較調査においても，プロセス変数は同様に重要である。適性または支援変数の場合と同じように，プロセス変数もインストラクションの効果を示す確かな証拠を得るためには，何らかの方法によって制御されなければならない。プロセス変数についても，無作為的なアプローチを使用したり，直接的な制御を実行したり，あるいは統計的手段を用いることによって，グループの等質性を示す必要がある。プロセス変数は，支援変数や適性変数よりも，より直接的な制御を行いやすいといえる。たとえば，学校やクラスが騒々しい環境（支援変数）にあれば，ノイズのレベルを変える手段はすぐには講じられないかもしれない。しかしながら，形成的評価の調査によって，新しい教育プログラムが具体的に指定していることを教師が実施していないことがわかった場合（プロセス変数），望ましいプロセス変数を実行することから次の授業を開始するように補えばよい。

　思いがけない学習成果が，プロセス変数に起因して得られる場合があるため，同様の制御手続きを要することがある。設計したプログラムに対する学習者の積極的な態度は，ある特定の教師が人間モデルとして手本となった結果である場合がある。対照的に同じインストラクションを受けたにもかかわらず，他のグループの学習者の態度はそれほど好意的にはならない。この場合にも，インストラクションそのものの影響に関する結論を導き出す前に，プロセス変数の等質性を実証することが必要である。

動機づけ変数の影響に対する制御

　動機づけ変数は入力変数であるが，それらはインストラクションの進行につれて変化しうる。そのため動機づけ変数は，プロセス変数のうちの特別なカテゴリとしてみなすのがよい。動機づけの影響を制御する簡便な方法は，ARCSモデル（Keller, 1999a）によって提供されている。第6章において述べたように，ARCSモデルは理論に基づいて動機づけの要因を統合していると同時に，学習意欲に対してシステム的に影響を及ぼすための設計過程を含んでいる。設計過程における分析段階は，学習者の動機づけについての全体像を描くことを支援する。注意・自信・関連性・および満足感の4カテゴリによって，学習と行動への動機づけを評価するときに大切な領域を識別することが可能になる。より詳細なレベルでの正確さは，下位カテゴリ（Keller, 1999a）や特定の変数によって示される特性を評価することによって得られる。たとえば評価者は，自信についての一般的な要因を調べる代わりに，自己効力感（Bandura, 1977）について測定するか，あるいは無力感（Seligman, 1975）が学習者に有害な影響を与えているかどうかを判定したいと望むかもしれない。使用する正確さのレベルは，特定の動機づけ要因の影響が予期される程度や，調査対象となる評価課題によって決められる。

　インストラクションの成果を評価しようとする際，インストラクション開始時とその最中における動機づけの状況を査定し，さらにパフォーマンスと組織レベルにおける成果において，どのような動機づけの要因がどの程度影響を及ぼしたのかについて査定することは，評価者にとって重要である。一般的に前者は「学習への動機づけ」（Brophy, 1998）と呼ばれ，後者は「職務への動機づけ」（Keller, 1999b）と呼ばれている。教育システムの評価はインストラクションそのものの評価に重点を置くが，知識の転移や応用場面（仕事や次の応用コース）でのスキル利用に関する学習成果を調べるためには，学習者が新しい知識やスキルを使うことに対してどの程度動機づけられたかを評価する必要が生じる。

　動機づけの測定は，骨の折れる作業である。それは，学習に対するレディネス（出席，教材の持参），粘り強さ，注意，そして努力に関するその他の指標の観察に基づいている。方法には，観察尺度，パフォーマンスデータ，そして自己申告による測定が含まれる。学習への動機づけの測定を困難にしている原因の1つには，学習環境におけるものめずらしさ（novelty）や要求特性（demand characteristics）のために，動機づけそのものの測定に対して妨害的な影響が潜在的に存在することがある。もし学習者が，自分たちが観察下にあることを知っている場合や，学習者が革新的な学習方略にさらされていることを知っている場合には，彼らは，学習への動機づけそ

のものではなく，置かれた状況のものめずらしさによって動機づけられるだろう。これは，作業環境におけるこの現象を例証したいわゆるホーソン効果についての研究 (Roethlisberger & Dickson, 1939) の結果と一致している。評価者は，これらの影響を見分けることを可能にする測定方法を開発しなければならない。そのための手法の1つとして，長期間にわたる情報収集を行う方法がある。ものめずらしさの影響は，たいてい比較的短い時間で消滅する。

　学習目標についての学習者のパフォーマンスに関しては，学習者の動機づけをあらかじめ測定しておくことで，成績における動機づけのレベルを統計的に相殺する（共分散させる）ことができる。さらに，クラスに特徴的に異なる動機づけを持つ学習者がいれば，これらの差異が成績と関係があるかどうかを判定することができる。

　比較調査では，学習成果に対して異なる影響を及ぼす可能性のある動機づけ要因を検討することは，非常に重要である。たとえば，ある学習者のグループは選択科目として授業を受講し，他のグループにはそれが必修科目である場合，あるいは，ある授業は自分の専攻として受講し，他の授業は一般教養として受講していた場合，それぞれにおけるパフォーマンスには大きな差異があるだろう。さらに，ある1つのクラス内における相対的な差異を考慮すべき場合もある。あるコースを選択科目として受講する学習者と必修科目として受講する学習者が存在するのと同じように，1つのクラスの中に動機づけの差異があるグループが複数存在する場合がこれにあたる。

　もともとの動機づけの全体像を把握しておき，学習進行に伴って変化する動機づけのようすを観察しておくことは，予想外の学習成果を説明するのに役立つだろう。クラスにおいて動機づけに思いがけない変化があった場合，評価しようとしているクラスにおいて予想外に高いレベルのストレスがあることが明らかになるかもしれない。これにより，学習者が努力のレベルを低下させ，その結果，パフォーマンスが低下したということになるかもしれない。

　これらの背景のすべてにおいて，学習者自身の動機づけ特性と，教材の動機づけ特性，および環境による動機づけの影響を見分けることが有用である。通常，動機づけの特性に応じて異なる教育プログラムに学習者を割り当てることは不可能である。しかし，先に述べたように，学習成果に対する影響を推定するために，これらの要素を測定し使用することができる。教材については，それらの基礎的な動機づけの特徴の観点から，前もって評価しておくことができる。また，学習者の動機づけとパフォーマンスに対する影響の観点から，環境に関する動機づけ要素を処理したり観察したりしておくことができる。

無作為化による変数の制御

 評価研究において，学習に対する未知の影響や制御しがたい変数を制御するための最良の方法は，それらの影響を無作為に発生させることである。これは，学習者をまったく無作為に，実験群と統制群に割り振ることができる場合や，クラスや学校を無作為にそのようなグループに割り当てることができる場合である。最も単純な場合では，グループA（新しい教育方法）の成果が，グループB（以前からの教育方法）のものと比較されるとき，ある人数の中から抽出された学習者が，等しく無作為にこれらのグループに割り当てられる。学習成果を比較する際には，もし適性のような変数を測定し，それに基づいて学習者を異なるグループに分配することが不可能な場合でも，無作為配置をしたので適性変数による影響は等しいと仮定できる。同様の推論は，プロセス変数と支援変数の影響を等しくするために，教室，教師，あるいは学校を，実験群と統制群へ無作為に分配することにもあてはまる。

 無作為化によって，識別されてはいるが意図的に制御のできない特定の変数だけでなく，潜在的な影響が未知であるために測定の際に選択されなかった他の変数をも制御する効果が期待できる。無作為な手続きを実施することは，制御の目的では理想的ではあるものの，実際には，たいていの場合，困難である。学校は慣習的に，ある地域の中から学習者を無作為に引き抜いてきたり，学習者をクラスや教師に無作為に割り当てたりすることはしない。したがって前項で述べたように，通常は適性，支援，プロセスおよび動機づけ変数の識別および測定が必要になる。学習者，教師，あるいはクラスの無作為な割り当てが可能である場合，評価研究は他の方法ではなしえないほどに正確なものになる。

評価研究の例

 評価研究における5種類の変数，すなわち，適性・支援・プロセス・動機づけ・学習成果は，形成的であれ，総括的であれ，またはそれらを組み合わせた判定がなされる場合であっても，注意深く考察し，測定がなされるべきである。これらのすべての変数をシステム的に識別し，記録した研究を見つけるのは難しい。下記は，5つの変数のカテゴリのうちの4つを注意深く考慮した例である。この研究は1968年に報告されたものであるが（Heflin & Scheier, 1968），それを，動機づけ要因を描写するために仮説的に拡張した。この研究は，いまだに5つの変数タイプのすべてに対するすぐれた例といえる。

初心者のための読解プログラムの評価

　読解のための準備教育と，読解初心者のための一連のさまざまなレッスンが，マグローヒル社の教育開発研究室とランダムハウス社のL. W. シンガー（L. W. Singer）によって2年間をかけて開発し評価された（Heflin & Scheier, 1968）。この教育システムは，「聞く・見る・学ぶ（Listen Look Learn: LLL）」と呼ばれている。簡単に説明すると，この教材は，次のものを含む。①音の出るフィルムストリップで，聴解と口頭による説明力を伸ばすために設計されたもの。②文字と数字を識別するための，目と手の協調作業のためのワークブック。③文字の書き取り課題を提供するフィルムストリップ（ワークブック付き）。④体を使った動作によって文字を識別するための文字表。⑤絵カードと，「聞いて読む」練習をするためのカード。⑥単語の発音分析と，物語の文脈の中での単語提示のためのカラーフィルムストリップ。

　ヘフリンとシャイラー（Heflin & Scheier, 1968）によって報告されているように，この教育システムに対するシステム的な形成的評価が試みられ，それと同時に総括的な目的のための初期的な資料もいくつか獲得された。表16-3は，この報告から抽出された研究の要点のいくつかを要約したものである。この表には，主要な変数がどのように扱われ解釈されたかを示している。当然，報告書に網羅された研究に関する多くの詳細は，この表では報告しきれていない。

　アメリカの11の州にある学校において，1年生の学級で評価研究が実施された。この研究では，40学級の917人の学習者に「聞く・見る・学ぶ」システムによるインストラクションが実施され，42学級の1000人の学習者が統制群として定められた。統制群のクラスは，「基本的読み方」の教育システムを使用した。各学区に対して，教師と学習者の特性においてできるだけ等質である実験群と統制群を提供するように求めた。

適性変数

　それぞれの学校における適性得点の入手可能性が異なったために，初期の適性測定は使用されなかった。その代わりに，表16-3に示されているような学習者の家庭の社会的経済的地位に関しての情報が得られた。適性測定（メトロポリタンレディネス，ピントナープライマリーIQ）が，研究の2年めに加えられたとき，実験群と統制群の等質性が確認され，参加者の適性が広範囲に及んでいたことがわかった。

　形成的評価の目的のためには，インストラクションのために選ばれたクラスが，全体としてこの国を代表するような，学習者の適性範囲を含んでいる必要があった。な

表16-3 測定された変数，および読書を始めるためのインストラクション（聞く・見る・学ぶ）の研究における形成的・総括的評価のための解釈*

変数のタイプ	測定方法	解釈
適性変数	まず，社会経済的地位（SES）と関連手段によって測定 2年めに，IQと読書レディネスの標準テスト得点によって測定	形成的：SESの最高値から最低値にわたる範囲を持つさまざまなクラス 総括的：実験群・統制群にみられたSESおよび適性の等質性
支援変数	1.教師の公式教育のレベル 2.読書方法についての教師教育の量 3.教育経験の年数	形成的：多くの小学校に典型的なこれらの変数の範囲 総括的：これらの変数における実験群・統制群のある程度の等質性
プロセス変数	1.レッスンの適切さ（教師による判断） 2.プログラムの構成要素の成功（教師による判断） 3.個々のレッスンの長所と短所（教師による判断）	形成的：実現可能性をテストするための適切さの判断 総括的：教師の評価に基づいた学習の効果に対する間接的な指標
動機づけ変数	動機づけチェックリストを用いた教材のレビュー 学習者の動機づけに関する事前・事後態度テストの結果 学習環境における肯定的・否定的な動機づけの影響についての教師の観察	形成的：教材の魅力に欠ける部分や，おもしろい部分，魅力を高めるために施された変更についての教師による記録 総括的：学習者へのインストラクションの全体的な魅力に関する判断
成果変数	単語知識の成績の平均：LLL群—25.5，統制群—24.1 単語識別力の平均：LLL群—25.9，統制群—24.7 読解力の平均：LLL群—27.3，統制群—25.2	総括的：標準テストの成績では，読解力の一部において等質な統制群のものより著しく高いスコアを示した

* この表のデータは次の文献による。V. B. Heflin, & E. Scheier (1968). *The formative period of Listen Look Learn: a multi-media communication skills system.* Huntington, NY: Educational Development Laboratories.

ぜならば，全国展開をすることが，評価対象となっていたシステムの利用者層として想定されていたからである。報告書から（Heflin & Scheier, 1968），研究に参加した学校は，アメリカの小学校のすべてではもちろんないものの，大多数を代表していたことがわかる。たとえば，都心部の学校は含まれていない。それにもかかわらず，この研究には広範囲の学習者適性が代表されていたということに関して，とてもよい証拠を提供している。その上，報告された資料から，学習者の2つのグループが適性においてかなり等質であったということが明らかである。

支援変数

　学習者の家族の社会経済的地位の範囲の広さは，学習への支援が家庭環境から生まれると考えられる限りにおいて，研究にふさわしい変異の幅を示していた。他の学習支援に関する証拠は，表16-3に示されているように，教師の特徴の測定によって推論される。つまり，典型的な範囲の教育的背景を持つ教師によって，異なる範囲の学習機会を提供する方法で指導が行われるであろうということが想定された。適切な等質性もまた，実験群と統制群間のこれらの変数上で示されていた。

　学習支援のそのほかの手段は，この研究ではシステム的に取り扱われていないが，おそらく総括的評価への関連が高い。「読み物教材の利用可能度」「自主的な読書の推奨度」などの変数は，その例である。「聞く・見る・学ぶ」研究において，それぞれの子どもによって読まれた本の数に関する不完全な証拠が得られたが，この数は0から132にわたるという違いがあった（Heflin & Scheier, 1968, p.45）。

プロセス変数

　表16-3に示すように，進んでいる学習者・中程度の学習者・遅れている学習者それぞれに対する教材の適切さを判断するように教師に求めることで，問題のさまざまな部分の実現可能性を測定した。物語の主題の親しみやすさや，使用された単語の難しさといったような個々のレッスンのさまざまな特徴が，その適切さの判断に影響していたと考えられる。教師の判断をもとに実現可能性についての結論が導き出され，プログラムの多くの要素の削除や修正が実施された。

　教師の評価は，さらに，「聞く・見る・学ぶ」プログラムを構成するさまざまな活動が成功したという証拠の基礎となった。もちろん，そのような評価は，プロセス変数に関係している間接的証拠であり，どれだけの練習が各学習者によって試みられたか，どれだけの時間がそれぞれに費やされたか，正答・誤答に対してどのようなフィードバックが与えられたのかなど，この種の要因を示す指標とは対比される必要があるだろう。このプログラムの教材は，望まれるプロセス変数が何であったかを直接的に明らかにするわけではない。したがって，「レッスンはいかに効果的であったか」についての教師の報告は，おそらくこの例で得られることができた中では最良の指標だったであろう。

動機づけ変数

　このプログラムの教材採用に先立つ調査では，教材の対象者に対する潜在的な動機づけに関して判断がなされた。教師とその他の読者が動機づけ特性チェックリストを用いて評価した結果，学習者の興味を維持することを助けるための多様なメディアや教授方略が用いられ，また，内容が対象者の経験と興味にふさわしいものであることが示唆された。

　学習者の動機づけに関するプロフィールについて，インストラクション前のデータを集めることは不可能である。しかし，教材の使用におけるさまざまな場面において，教師や管理者は，対象者の動機づけやレディネスに関する判断を下している。読むスキルを持つことが重要であることは一般的に知られている。また，教材の中には，社会的，文化的側面の多様性が含まれている。このことから，全体として，学習者の態度が十分に肯定的であるだろうと判断された。プログラムの実施中と実施後に収集された学習者の反応は，一般的に肯定的であった。

　肯定的な学習環境が，教材の使用を支援するために構築された。これには，教室環境を向上するために使用するポスターや図表が含まれていた。さらに，教師は教材に対する学習者の動機づけに肯定的，または否定的に影響を及ぼす予想外の出来事について，ノートをとっておくように求められた。

　上記の仮想的な例では，学習者の動機づけが学習におけるパフォーマンスに対して全体的に否定，中立，肯定的な影響を及ぼすかどうかについて評価する目的で，どのように動機づけを評価し観察できるのかについて述べた。特に，さまざまな測定手段が利用できることに注目することが重要である。これらには，直接観察，学習者対象のアンケート調査，およびチェックリストを使用する教材の精査が含まれる。

成果変数

　このプログラムの学習成果は，単語の知識，単語の弁別，読み方の標準テスト（メトロポリタン基礎Ⅰ学力テストの一部）によって評価された。表16-3からわかるように，これらの3種類の活動のスコアは統制群よりも実験群のほうがより高かった。適性と支援変数に関する限り，両群はかなり等質であることがわかっていた。さまざまな平均の差についての統計的テストは，これらの差異が確率的に受容できる水準で有意であることを示していた。指摘されるべきことは，この研究で得られた学習成果を示す証拠がその著者らによって，「聞く・見る・学ぶ」プログラムの成功を示すための初期段階における指標にすぎないと考えられていたことである。学習成果を総

括的な意味で評価するために，引き続き研究が行われた（Brickner & Scheier, 1968, 1970; Kennard & Scheier, 1971）。まとめていえば，これらの研究では，彼らがそれに取って代えようと設計した他の教育プログラム（通常は読み方の方法）によってもたらされた成果よりも，初期読解力において，かなり大きな向上を示すデータと結論をもたらした。

学習の転移レベルにおいて効果的であったという結論が導かれた。なぜならば，学習者が特定の教室での読解力向上を測定する評価方法だけでなく，それを超えた評価条件においても，読解力が向上したことを示すことができたからである。さらに，読解における全体的な向上をきっかけとして，教育と学習者のパフォーマンスの向上に肯定的な組織的結果を残したとされた。一方で，これらの教材開発とその実施にかかるコストがどのように財政評価や利益の測定に関係していたかについて判定するような，投資回収率（ROI）についての研究はなかった。しかし，知覚面とパフォーマンス面の向上から，このプログラムは妥当なものであったことが結論づけられた。

要約

教材，コースおよびカリキュラムの総合評価は，普通，少なくとも調査とフィードバックに関する以下の5つの領域を含む。

1. 教材の評価
2. ISDプロセスの品質審査
3. インストラクションに対する学習者の反応評価
4. 学習目標についての学習者の成績測定
5. インストラクションの結果の評価

これらのすべての文脈の中で，プログラムの魅力，効率性，あるいは効果に関する欠陥を見つけるために形成的評価を実施し，修正と改善を支援するフィードバックを提供する。このプロセスでは，観察者・教師・学習者から証拠を集める。

インストラクションの評価は，実現可能性と受容度に関する総括的な決定に結びつけられていく。上記の領域におけるどの測定手段も，パフォーマンスが不満足なもので，向上をもたらす形成的な努力を試みることが不可能な場合には，開発を続行するかどうか，プログラムを提供するか，特定のインストラクターまたは伝達システムの採用をやめるかどうかについて決断を下すために用いられる。主に求められる証拠は，学習者のパフォーマンスに関するものである。第3章か

ら第6章で述べたように，プログラムが確立しようとしている学習者の能力の種類に対応して測定される。行動する機会，あるいは教師やスーパーバイザーの運営スタイルなどといったような，環境的な影響に関するその他の種類の証拠については他書（たとえば Popham, 1975; Phillips, 1991）で扱われており，教育と研修の評価に対する包括的なガイドラインが提供されている。

評価は単一の教育プログラムについて実施される場合もあるし，ある教育プログラム全体を別のものと比較する形で行われることもある。これら両方のタイプの研究では，改善のための課題を抽出する目的や，与えられたプログラムの価値について総括的な判断をする目的で実施される。しかしながら，比較研究はその複雑さと費用の高さのために多くの場合，主に総括的な目的向けに実施されている。これらの研究の結果は，国際的な比較による教育研究の場合のように，最初の研究における1つまたはそれ以上のプログラムの改善を実施するため，引き続き次の調査につなげられていく。これらの研究では，多くの種類の変数が考慮されなければならない。プログラムの結果は，さまざまな変数によって影響を受けている。インストラクションの効果を検証するためには，それらの影響は，制御される（または要素に分解される）必要がある。これらには，次の種類が含まれる。

1. 適性変数：学習者の学習に対する適性を反映するもの
2. プロセス変数：クラスや学校でのインストラクションの実施方法によって発生するもの
3. 支援変数：学習機会に影響する家庭・学校・職場・コミュニティ環境
4. 動機づけ変数：学習者の特徴，教材の特徴，およびプログラムに影響を与え成功への自信と粘り強さを持たせるような環境の特徴

評価研究では，新しく設計されたインストラクションの効果を実証するために，影響を与えるこれらの変数を制御するためのさまざまな手段が用いられる。これらの変数からの影響を等質にするために，学習者・学校・地域を無作為に，異なった集団に割り当てることもある。しかし通常は，比較される集団の等質性を確立するためには，統計的な方法が用いられる。もし2つのコースあるいは教育プログラムについて，どちらがよいかを決定するために評価が実施されるならば，評価の論理は，これらの他の変数に対して制御が行われることを要求する。理想的には，教育プログラム自体を除いて，すべては等質であるべきである。

引用文献

● 第1章

Atkinson, R., & Shiffrin, R. (1968). Human memory: A proposed system and its control processes. In K. Spence & J. Spence (Eds.), *The psychology of learning and motivation: Advances in research and theory* (Vol. 2). New York: Academic Press.

Ausubel, D. P., Novak, J. D., & Hanesian, H. (1978). *Educational psychology: A cognitive view* (2nd ed.). New York: Holt, Rinehart and Winston.

Brown, J. S., Collins, A., & Duguid, P. (1989). Situated cognition and the culture of learning. *Educational Researcher*, **18**, 32-42.

Carroll, J. (1963). A model of school learning. *Teachers College Record*, **64**, 723-733.

Cognition and Technology Group at Vanderbilt (1993). Anchored instruction and situated cognition revisited. *Educational Technology*, **3**, 52-70.

Gagné, R. M. (1985). *The conditions of learning* (4th ed.). New York: Holt, Rinehart and Winston. 金子敏・平野朝久（訳） 1982 学習の条件 学芸図書 ＜本書は原著の第3版 (1977) の翻訳＞

Huitt, W. (2003). Model of the teaching learning process. Retrieved on 10/1/2002 from: http://chiron.valdosta.edu/whuitt/materials/tchlrnmd.html.

Keller, J. M. (1987). The systematic process of motivational design. *Performance and Instruction*, **26**(9), 1-8.

LeDoux, J. E. (1996). *The emotional brain*. New York: Simon and Schuster. 松本 元・川村光毅・小幡邦彦・石塚典生・湯浅茂樹（訳） 2003 エモーショナル・ブレイン：情動の脳科学 東京大学出版会

McClelland, J., & Rumelhart, D. (1986). *Parallel distributed processing*. Cambridge, MA: MIT Press. 甘利俊一（監訳）田村 淳・他（訳） 1989 PDPモデル：認知科学とニューロン回路網の探索 産業図書

Popham, W. J. (1981). *Modern educational measurement*. Englewood Cliffs, NJ: Educational Technology Publications.

Thorndike, E. L. (1913). *The psychology of learning. Educational psychology* (Vol. 2). New York: Teachers College Press.

Whitehead, A. N. (1929). *The aims of education and other essays*. New York: Macmillan. 久保田信之（訳） 1972 ホワイトヘッド教育論 法政大学出版局

● 第2章

Ausubel, D. P. (1963). *The psychology of meaningful verbal learning*. New York: Grune & Stratton.

Bergman, R., & Moore, T. (1990). *Managing interactive video/multimedia projects*. Englewood Cliffs, NJ: Educational Technology Publications.

Bloom, B. S. (Ed.) (1956). *Taxonomy of educational objectives: The classification of educational goals. Handbook I: Cognitive domain*. New York: McKay.

Branson, R. K. (1977). Military and industrial training. In L. J. Briggs (Ed.), *Instructional design: Principles and applications*. Englewood Cliffs, NJ: Educational Technology Publications.

Briggs, L. J. (Ed.) (1977). *Instructional design: Principles and applications*. Englewood Cliffs, NJ: Educational Technology Publications.

Briggs, L. J., & Wager, W. W. (1981). *Handbook of procedures for the design of instruction*. Englewood Cliffs, NJ: Educational Technology Publications.

Bruner, J., Goodnow, J. J., & Austin, G. A. (1967). *A study of thinking*. New York: Science Editions. 岸本弘・他（訳） 1969 思考の研究 明治図書出版

Dick, W., & Carey, L. (1996). *The systematic design of instruction* (4th ed.). New York: Harper Collins College Publishers. 角 行之（監訳） 角 行之・多田宣子・石井千恵子（訳） 2004 はじめてのインストラクショナルデザイン：米国流標準指導法 Dick & Carey モデル ピアソン・エデュケーション ＜本書は原著の第5版（2001）の翻訳＞
Duffy, T. M., Lowyck, J., & Jonassen, D. H. (1993). *Designing environments for constructive learning*. New York: Springer-Verlag.
Gagné, R. M. (1977). Analysis of objectives. In L. J. Briggs (Ed.), *Instructional design: Principles and applications*. Englewood Cliffs, NJ: Educational Technology Publications.
Gagné, R. M. (1985). *The conditions of learning* (4th ed.). New York: Holt, Rinehart and Winston. 金子 敏・平野朝久（訳） 1982 学習の条件 学芸図書 ＜本書は原著の第3版(1977)の翻訳＞
Gordon, J., & Zemke, R. (2000, April). The attack on ISD. *Training*, 43-53.
Gustafson, K. L., & Branch, R. M. (1997). *Survey of instructional development models* (3rd ed.). Syracuse, NY: ERIC Clearinghouse on Information & Technology.
Kaufman, R. A. (1996). *Strategic thinking: A guide to identifying and solving problems*. Alexandria, VA: American Society of Training and Development.
Keller, J. M. (1987a). Development and use of the ARCS model of motivational design. *Journal of Instructional Development*, **10**(3), 2-10.
Keller, J. M. (1987b). The systematic process of motivational design. *Performance & Instruction*, **26**(9), 1-8.
Keller, J. M., in collaboration with Young, A., & Riley, M. (1996). *Evaluating diversity training: 17 ready-to-use tools*. San Diego: Pfeiffer.
Keller, J. M. (1999). Motivation in cyber learning environments. *International Journal of Educational Technology*, **1**(1), 7-30.
Kemp, J. E., Morrison, G. R., & Ross, S. M. (1994). *Designing effective instruction*. New York: Merrill.
Kirkpatrick D. L. (1959). Techniques for evaluating training programs. *Journal of the American Society of Training Directors*, **13**, 3-9, 21-26.
Koberg, D., & Bagnall, J. (1981). *The All New Universal Traveler*. Los Altos, CA: William Kaufmann.
Krathwohl, D. R., Bloom, B. S., & Masia, B. B. (1964). *Taxonomy of educational objectives: The classification of educational goals. Handbook II: Affective domain*. New York: McKay.
Markle, S. (1969). *Good frames and bad: A grammar of frame writing* (2nd ed.). New York: John Wiley.
Merrill, M. D. (1994). Research support for component display theory. In M. D. Merrill (Ed.). *Instructional design theory*. Englewood Cliffs, NJ: Educational Technology Publications.
Rossett, A. (1988). *Training needs assessment*. Englewood Cliffs, NJ: Educational Technology Publications.
Saettler, P. (1968). *A history of instructional technology*. New York: McGraw-Hill.
Skinner, B. F. (1968). *The technology of teaching*. New York: Appleton-Century-Crofts. 村井 実・沼野一男（監訳） 慶応義塾大学学習科学研究センター（訳） 1969 教授工学 東洋館出版社
Smith, E. R., & Tyler, R. W. (1942). *Appraising and recording student progress*. (Adventure in American Education Ser., Vol. 3). New York: Harper.
Stolovitch, H. D., & Keeps, E. J. (Eds.) (1999). *Handbook of human performance technology* (2nd ed.). San Francisco: Jossey-Bass; Englewood Cliffs, NJ: Educational Technology Publications.
Tyler, R. W. (1950). *Basic principles of curriculum and instruction*. Chicago: University of Chicago Press.
van Merriënboer, J. J. G. (1997). *Training complex cognitive skills: A four-component instructional design model for technical training*. Englewood Cliffs, NJ: Educational Technology Publications.

● 第3章
Anderson, J. R. (1985). *Cognitive psychology and its implications* (2nd ed.). New York: Freeman. 富田達彦・他（訳） 1982 認知心理学概論 誠信書房 ＜本書は原著の第1版の翻訳＞
Atkinson, R. C. (1975). Mnemotechnics in second language learning. *American Psychologist*, **30**, 821-828.

Bloom, B. S., Hastings, J. T., & Madaus, G. F. (1971). *Handbook on formative and summative evaluation of student learning*. New York: McGraw-Hill. 渋谷憲一・藤田恵璽・梶田叡一（訳） 1981 学習評価ハンドブック 第一法規出版
Bruner, J. S., Goodnow, J. J., & Austin, G. A. (1956). *A study of thinking*. New York: Wiley. 岸本 弘・他（訳） 1969 思考の研究 明治図書出版
Command Briefing Resources (2000). Retrieved from: http://mfrc.calib.com/healthyparenting/cornell/generational/gnoo.cfm.
Fitts, P. M., & Posner, M. I. (1967). *Human performance*. Belmont, CA: Brooks/Cole. 関 忠文・他（訳） 1981 作業と効率 福村出版
Gagné, R. M. (1985). *The conditions of learning* (4th ed.). New York: Holt, Rinehart and Winston. 金子敏・平野朝久（訳） 1982 学習の条件 学芸図書 ＜本書は原著の第3版(1977)の翻訳＞
Kaufman, R., Herman, J., & Watters, K. (2002). *Educational planning: Strategic, tactical, and operational*. Landham, MD: Scarecrow Press.
Krathwohl, D. R., Bloom, B. S., & Masia, B. B. (1964). *Taxonomy of educational objectives. Handbook II : Affective domain*. New York: McKay.
Mager, R. F. (1968). *Developing attitude toward learning*. Belmont, CA: Fearon.
Mager, R. F. (1975). *Preparing objectives for instruction* (2nd ed.). Belmont, CA: Fearon.
National Assessment Governing Board (1993). The National Education Goals Report. Retrieved on 12/12/2003 from: http://www.ed.gov/pubs/goals/report/goalsrpt.txt.
OHRM Report (2003a). A Commitment to Learning: Planning Training Strategically. Retrieved on 12/12/03 from: http://ohrm.doc.gov/employees/training/resources/smtms.htm.
OHRM Report (2003b). A guide for strategically planning training and measuring results. Retrieved on 12/12/03 from: http://tri.army.mil/LC/LCB/Bp/BPT/website/spguide.pdf.
Pejtersen, A. M., Dunlop, M., & Fidel, R. (1999). A Use Centered Approach to Evaluation of the Web. Paper presented at the ACM SIGIR Workshop on "Evaluation of Web Document Retrieval" at Berkeley, August 14-18, 1999, 8 pp.
Popham, W. J., & Baker, E. L. (1970). *Establishing instructional goals*. Englewood Cliffs, NJ: Prentice Hall.
Rothkopf, E. Z. (1971). Experiments on mathemagenic behavior and the technology of written instruction. In E. Z. Rothkopf & P. E. Johnson (Eds.), *Verbal learning research and the technology of written instruction*. New York: Teachers College.
Singer, R. N. (1980). *Motor learning and human performance* (3rd ed.). New York: Macmillan. 松田岩男（監訳） 1986 スポーツトレーニングの心理学 大修館書店
Skinner, B. F. (1968). *The technology of teaching*. New York: Appleton. 村井 実・沼野一男（監訳） 慶応義塾大学学習科学研究センター（訳） 1969 教授工学 東洋館出版社
U.S. Army Posture Statement. (2003). Retrieved on 1O/1/2003 from: http://www.army.mil/aps/2003/index.html
U.S. Navy Core Values. (2003). Retrieved on 10/1/2003 from: http://www.chinfo.navy.mil/navpalib/traditions/html/corvalu.html.
van Merriënboer, J. J. G., Clark, R. E., & de Croock, M. B. M. (2002). Blueprints for Complex Learning, The 4C/ID-Model. ETR & D, Vol. 50, No. 2. pp. 39-64.
Vet Jobs. (1999). Retrieved on 10/1/2003 from: http://66.45.115.142/emphire2.htm.
Whitehead, A. N. (1929). *The aims of education and other essays.*. New York: Macmillan. 久保田信之（訳） 1972 ホワイトヘッド教育論 法政大学出版局

● 第4章
Atkinson, R. C. (1975). Mnemotechnics in second language learning. *American Psychologist*, **30**, 821-828.
Ausubel, D. P., Novak, J. D., & Hanesian, H. (1978). *Educational psychology: A cognitive view* (2nd ed.). New York: Holt, Rinehart and Winston.

Bloom, B., Krathwohl, D., et al. (1956). *Taxonomy of educational objectives. Handbook I: Cognitive domain.* New York: McKay.

Brown, A. L. (1978). Metacognitive development and reading. In R. J. Spiro, B. C. Bruce, & G. W. F. Brewer (Eds.), *Theoretical issues in reading comprehension.* Hillsdale, NJ: Erlbaum.

Bruner, J. S. (1961). The act of discovery. *Harvard Educational Review*, **31**, 21-32.

Bruner, J. S. (1971). *The relevance of education.* New York: Norton. 平光昭久（訳） 1972 教育の適切性 明治図書出版

Coleman, S. D., Perry J. D., & Schwen, T. M. (1997). Constructivist instructional development: Reflecting on practice from an alternative paradigm. In C. Dills & A. Romisowski (Eds.), *Instructional development paradigms.* Englewood Cliffs, NJ : Educational Technology Publications.

Collins, A., Brown, J. S., & Newman, S. E. (1989). Cognitive apprenticeship: Teaching the crafts of reading, writing, and mathematics. In L. B. Resnick (Ed.), *Knowing, learning, and instruction: Essays in honor of Robert Glaser* (pp. 453-494). Hillsdale, NJ: Erlbaum.

Dansereau, D. F. (1985). Learning strategy research. In J. Segal, S. Chipman, & R. Glaser (Eds.), *Thinking and learning skills* (Vol. 1). Hillsdale, NJ: Erlbaum.

Derry, S. J., & Murphy, D. A. (1986). Designing systems that train learning ability: From theory to practice. *Review of Educational Research*, **56**, 1-39.

Flavell, J. H. (1979). Metacognition and cognitive monitoring: A new area of psychological inquiry. *American Psychologist*, **34**, 906-911.

Gagné, R. M. (1980). Learnable aspects of problem solving. *Educational Psychologist*, **15**(2), 84-92.

Gagné, R. M. (1985). *The conditions of learning* (4th ed.). New York: Holt, Rinehart and Winston. 金子敏・平野朝久（訳） 1982 学習の条件 学芸図書 ＜本書は原著の第3版 (1977) の翻訳＞

Gagné, R. M., & Brown, L. T. (1961). Some factors in the programming of conceptual learning. *Journal of Experimental Psychology*, **62**, 313-321.

Gagné, R. M., & Glaser, R. (1986). Foundations in research and theory. In R. M. Gagné (Ed.), *Instructional technology: Foundations.* Hillsdale, NJ: Erlbaum.

Gagné, R. M., & Merrill, M. D. (1990). Integrative goals for instructional design. *Educational Technology Research and Development*, **38**(1), 23-30.

Gagné, R. M., & Smith, E. C. (1962). A study of the effects of verbalization on problem solving. *Journal of Experimental Psychology*, **63**, 12-18.

Golinkoff, R. A. (1976). A comparison of reading comprehension processes in good and poor comprehenders. *Reading Research Quarterly*, **11**, 623-659.

Levin, J. R. (1981). The mnemonic '80s: Key words in the classroom. *Educational Psychologist*, **16**(2), 65-82.

Lohman, D. F. (1986). Predicting mathemathanic effects in the teaching of higher-order thinking skills. *Educational Psychologist*, **21**, 191-208.

McCombs, B. L. (1982). Transitioning learning strategies research into practice: Focus on the student in technical training. *Journal of Instructional Development*, **5**(2), 10-17.

Meichenbaum, D., & Asarnow, J. (1979). Cognitive-behavior modification and metacognitive development: Implications for the classroom. In P. C. Kendall & S. D. Hollon (Eds.), *Cognitive-behavioral intervention: Theory, research and procedures.* New York: Academic Press.

Merriam-Webster's Collegiate Dictionary, 10th ed., s.v. "conservative."

Meyer, B. J. F. (1981). Basic research on prose comprehension: A critical review. In D. F. Fisher & C. W. Peters (Eds.), *Comprehension and the competent reader.* New York: Praeger.

O'Neil, H. G., Jr., & Spielberger, C. D. (Eds.) (1979). *Cognitive and affective learning strategies.* New York: Academic Press.

Piaget, J. (1950). *The psychology of intelligence.* New York: Harcourt, Brace & Jovanovich. 波多野完治・滝沢武久（訳） 1989 知能の心理学 みすず書房 ＜本書は原著の第2版の翻訳＞

Polson, P. G., & Jeffries, R. (1985). Instruction in general problem-solving skills: An analysis of four

approaches. In J. Segal, S. Chipman, & R. Glaser (Eds.), *Thinking and learning skills* (Vol. 1). Hillsdale, NJ: Erlbaum.
Rubinstein, M. F. (1975). *Patterns of problem solving*. Englewood Cliffs, NJ: Prentice Hall.
Tyler, L. E. (1965). *The psychology of human differences* (3rd ed.). New York: Appleton.
Weinstein, C. E., & Mayer, R. E. (1986). The teaching of learning strategies. In M. C. Wittrock (Ed.), *Handbook of research on teaching* (3rd ed.). New York: Macmillan.
West, C. K., Farmer, J. A., & Wolff, P. M. (1991). *Instructional design implications from cognitive science*. Englewood Cliffs, NJ: Prentice Hall.
Wickelgren, W. A. (1974). *How to solve problems*. San Francisco: Freeman.　矢野健太郎（訳）　1980　問題をどう解くか：問題解決の理論　秀潤社

● 第5章
Adams, J. A. (1977). Motor learning and retention. In M. H. Marx & M. E. Bunch (Eds.), *Fundamentals and applications of learning*. New York: Macmillan.
Anderson, J. R. (1985). *Cognitive psychology and its implications* (2nd ed.). New York: Freeman.　富田達彦・他（訳）　1982　認知心理学概論　誠信書房　＜本書は原著の第1版の翻訳＞
Ausubel, D. P., Novak, J. D., & Hanesian, H. (1978). *Educational psychology: A cognitive view* (2nd ed.). New York: Holt, Rinehart and Winston.
Bandura, A. (1969). *Principles of behavior modification*. New York: Holt, Rinehart and Winston.
Bandura, A. (1977). *Social learning theory*. Englewood Cliffs, NJ: Prentice Hall.　原野広太郎（監訳）　1979　社会的学習理論：人間理解と教育の基礎　金子書房
Bretz, R. (1971). *A taxonomy of communication media*. Englewood Cliffs, NJ: Educational Technology Publications.　宇佐美昇三（訳）　1972　教育工学序説：コミュニケーションメディアの分類と活用　教育調査研究所　教育出版（発売）
Brooks, C. C. (2000). Knowledge management and the intelligence community. *Defense Intelligence Journal*, **9**(1), 15-24.
Clark, R. E., & Salomon, G. (1986). Media in teaching. In M. C. Wittrock (Ed.), *Handbook of research on reaching* (3rd ed.). New York: Macmillan.
Festinger, L. (1957). *A theory of cognitive dissonance*. New York: Harper & Row.　末永俊郎（監訳）　1965　認知的不協和の理論：社会心理学序説　誠信書房
Fitts, P. M., & Posner, M. I. (1967). *Human performance*. Belmont, CA: Brooks/Cole.　関　忠文・他（訳）　1981　作業と効率　福村出版
Frase, L. T. (1970). Boundary conditions for mathemagenic behavior. *Review of Educational Research*, **40**, 337-347.
Gagné, E. D. (1985). *The cognitive psychology of school learning*. Boston: Little, Brown.　赤堀侃司・岸　学（監訳）　1989　学習指導と認知心理学　パーソナルメディア
Gagné, R. M. (1985). *The conditions of learning* (4th ed.). New York: Holt, Rinehart and Winston.　金子敏・平野朝久（訳）　1982　学習の条件　学芸図書　＜本書は原著の第3版 (1977) の翻訳＞
Glaser, R. (1984). Education and thinking: The role of knowledge. *American Psychologist*, **39**, 93-104.
Holley, C. B., & Dansereau, D. F. (1984). *Spatial learning strategies: Techniques, applications, and related issues*. New York: Academic Press.
Hulse, S. H., Egeth, H., & Deese, J. (1980). *The psychology of learning* (5th ed.). New York: McGraw-Hill.
Kausler, D. H. (1974). *Psychology of verbal learning and memory*. New York: McGraw-Hill.
Keele, S. W. (1973). *Attention and human performance*. Pacific Palisades, CA: Goodyear.
Krathwohl, D. R., Bloom, B. S., & Masia, B.B. (1964). *Taxonomy of educational objectives. Handbook II: Affective domain*. New York: McKay.
Letham, D. (2003). Exploring online journalism. Retrieved on 10/1/03 from: http://www.georgetown.edu/faculty/bassr/511/projects/letham/sitetxt.htm.

Mager, R. F. (1968). *Developing attitude toward learning*. Belmont, CA: Fearon.
Martin, B. L., & Briggs, L. J. (1986). *The affective and cognitive domains: Integration for instruction and research*. Englewood Cliffs, NJ: Educational Technology Publications.
Mayer, R. E. (1979). Can advance organizers influence meaningful learning? *Review of Educational Research*, **49**, 371-383.
McGuire, W. J. (1969). The nature of attitudes and attitude change. In G. Lindzey & E. Aronson (Eds.), *Handbook of social psychology* (Vol. 3, 2nd ed.). Reading, MA: Addison-Wesley.
Naylor, J. C., & Briggs, G. E. (1963). Effects of task complexity and task organization on the relative efficiency of part and whole training methods. *Journal of Experimental Psychology*, **65**, 217-224.
Polanyi, M. (1958). *Personal knowledge*. Chicago: University of Chicago Press. 長尾史郎（訳） 1985 個人的知識：脱批判哲学をめざして ハーベスト社 ＜本書は原著の Corr. ed.(University of Chicago Press, 1962, printed in 1977) の翻訳＞
Pressley, M., Levin, J. R., & Delaney, H. D. (1982). The mnemonic keyword method. *Review of Educational Research*, **52**, 61-91.
Reynolds, A. G., & Flagg, P. W. (1977). *Cognitive Psychology*. Cambridge, Mass: Winthrop Publishers. http://www.getcited.org/pub/101762753
Rohwer, W. D., Jr. (1970). Images and pictures in children's learning: Research results and educational implications. *Psychological Bulletin*, **73**, 393-403.
Spiro, R. J. (1977). Remembering information form text: The "State of schema" approach. In R. C. Anderson, R. J. Spiro, & W. E. Montague (Eds.) *Schooling and the Acquisition of Knowledge*. Hillsdale, N.J. New York: Lawrence Erlbaum Associates http://www.gatcited.org/pub/101775680
Singer, R. N. (1980). *Motor learning and human performance* (3rd ed.). New York: Macmillan. 松田岩男（監訳） 1986 スポーツトレーニングの心理学 大修館書店
Skinner, B. F. (1968). *The technology of teaching*. New York: Appleton. 村井 実・沼野一男（監訳） 慶応義塾大学学習科学研究センター（訳） 1969 教授工学 東洋館出版社
Triandis, H. C. (1964). Exploratory factor analyses of the behavioral component of social attitudes. *Journal of Abnormal and Social Psychology*, **68**, 420-430.
U.S. Army. (2003). Retrieved on 10/01/03 from: http://wwwfac.wmdc.edu/ROTC/Main.html.
Watson, J. R., & Rayner, R. (1920). Conditioned emotional reactions. *Journal of Experimental Psychology*, **3**, 1-14.

● 第6章

Anastasi, A. (1976). *Psychological testing* (4th ed.). New York: Macmillan.
Anderson, J. R. (1985). *Cognitive psychology and its implications* (2nd ed.). New York: Freeman. 富田達彦・他（訳） 1982 認知心理学概論 誠信書房 ＜本書は原著の第1版の翻訳＞
APA Work Group of the Board of Educational Affairs (1997, November). *Learner-centered psychological principles: A framework for school reform and redesign*. Washington, DC: American Psychological Association.
Bandura, A. (1982). Self-efficacy mechanism in human agency. *American Psychologist*, **37**, 122-148.
Corno, L. J., & Snow, R. E. (1986). Adapting teaching to individual differences among learners. In M. C. Wittrock (Ed.). *Handbook of research on teaching* (3rd ed.). New York: Macmillan.
Cronbach, L. J. (1970). *Essentials of psychological testing* (3rd ed.). New York: Harper & Row.
Cronbach, L. J., & Snow, R. E. (Eds.) (1977). *Aptitudes and instructional methods*. New York: Irvington.
Ericsson, K. A. (1998). The scientific study of expert levels of performance: general implications for optimal learning and creativity. *High Ability Studies*, **9**(1), 75-100.
Ericsson, K. A., Krampe, R. T., & Tesch-Roemer, C. (1993). The role of deliberate practice in the acquisition of expert performance. *Psychological Review*, **100**(3), 363-406.
Fitts, P. M., & Posner, M. I. (1967). *Human performance*. Monterey, CA: Brooks/Cole. 関 忠文・他（訳）

1981 作業と効率 福村出版
Gagné, E. D. (1985). *The cognitive psychology of school learning*. Boston: Little, Brown. 赤堀侃司・岸　学（監訳）1989 学習指導と認知心理学 パーソナルメディア
Gagné, R. M. (1980). Preparing the learner for new learning. *Theory into Practice*, **19**(1), 6-9.
Gagné, R. M. (1985). *The conditions of learning* (4th ed.). New York: Holt, Rinehart and Winston. 金子敏・平野朝久（訳）1982 学習の条件 学芸図書 ＜本書は原著の第3版 (1977) の翻訳＞
Good, T. L., & Brophy, J. E. (1990). Basic concepts of motivation. In T. L. Good & J. E. Brophy (Eds.), *Educational psychology: A realistic approach* (4th ed.). New York: Longman.
Guilford, J. P. (1967). *The nature of human intelligence*. New York: McGraw-Hill.
Hunt, E. B. (1978). Mechanics of verbal ability. *Psychological Review*, **85**, 271-283.
Keele, S. W. (1968). Movement control in skilled motor performance. *Psychological Bulletin*, **70**, 387-403.
Keller, J.M. (1987). Development and use of the ARCS model of motivational design. *Journal of Instructional Development*, **10**(3), 2-10.
Keller, J. M. (1999). Motivation in cyber learning environments. *International Journal of Educational Technology*, **1**(1), 7-30.
Kyllonen, P. C., Lohman, D. F., & Snow, R. E. (1981). *Effects of task facets and strategy training on spatial task performance* (Tech. Rep. No. 14). Stanford, CA: Stanford University, School of Education.
McClelland, D. C. (1965). Toward a theory of motive acquisition. *American Psychologist*, **20**, 321-333.
Morgan, M. (1985). Self-monitoring of attained subgoals in private study. *Journal of Educational Psychology*, **77**, 623-630.
Newell, A., & Simon, H. A. (1972). *Human problem solving*. Englewood Cliffs, NJ: Prentice Hall.
O'Neil, H. F., Jr. (1978). *Learning strategies*. New York: Academic Press.
Pass, F. G. W. C., & van Merriënboer, J. J. G. (1994). Variability of worked examples and transfer of geometrical problem solving skills: A cognitive load approach. *Journal of Educational Psychology*, **86**, 122-133.
Piaget, J. (1963). *Origins of intelligence in children*. New York: Norton. 谷村　覚・浜田寿美男（訳）1978 知能の誕生 ミネルヴァ書房 ＜原著タイトルは La naissance de l'intelligence chez l'enfant.＞
Rhode, G., Morgan, D. P., & Young, K. R. (1983). Generalization and maintenance of treatment gains of behaviorally handicapped students from resource rooms to regular classrooms using self-evaluation procedures. *Journal of Applied Behavior Analysis*, **16**, 171-188.
Riley, M. S., Greeno, J. G., & Heller, J. I. (1983). Development of children's problem-solving ability in arithmetic. In H. P. Ginsburg (Ed.), *The development of mathematical thinking*. New York: Academic Press.
Rotter, J. B. (1966). General expectancies for internal versus external control of reinforcement. *Psychological Monographs*, **80** (Whole No. **609**).
Rumelhart, D. E. (1980). Schemata: The building blocks of cognition. In R. J. Spiro, B. C. Bruce, & W. F. Brewer (Eds.), *The theoretical issues in reading comprehension*. Hillsdale, NJ: Erlbaum.
Schank, R. C., & Abelson, R. P. (1977). *Scripts, plans, goals, and understanding*. Hillsdale, NJ: Erlbaum.
Snow, R. E. (1977). Individual differences and instructional theory. *Educational Researcher*, **6**(10), 11-15.
Snow, R. E. (1982). The training of intellectual aptitude. In D. K. Ketterman & R. J. Sternberg (Eds.), *How and how much can intelligence be increased*. Norwood, NJ: Ablex.
Thorndike, R. L., & Hagen, E. (1985). *Measurement and evaluation in psychology and education* (5th ed.). New York: Wiley.
Thurstone, L. L. (1938). Primary mental abilities. *Psychometric Monographs*, No. 1.
Tobias, S. (1979). Anxiety research in educational psychology. *Journal of Educational Psychology*, **71**, 573-582.
Tobias, S. (1986). Learner characteristics. In R. M. Gagné (Ed.), *Instructional technology: Foundations*. Hillsdale, NJ: Erlbaum.

van Merriënboer, J. J. G. (1997). *Training complex cognitive skills: A four-component instructional design model for technical training*. Englewood Cliffs, NJ: Educational Technology Publications.
Vygotsky, L. S. (1978). *Mind in society: The development of higher mental process*. Cambridge, MA: Harvard University Press.
West, C. K. (1981). *The social and psychological distortion of information*. Chicago, IL: Nelson Hall.
West, C. K., Farmer, J. A., & Wolff, P. M. (1991). *Instructional design: Implications from cognitive science*. Englewood Cliffs, NJ: Prentice Hall.
White, R. T. (1973). Research into learning hierarchies. *Review of Educational Research*, **43**, 361-375.
Wood, D., Bruner, J., & Ross, S. (1976). The role of tutoring in problem solving. *British Journal of Psychology*, **66**, 181-191.

● 第7章

Anderson, J. R. (1985). *Cognitive psychology and its implications* (2nd ed.). New York: Freeman.　富田達彦・他（訳）　1982　認知心理学概論　誠信書房　＜本書は原著の第1版の翻訳＞
Bloom, B. S. (Ed.) (1956). *Taxonomy of educational objectives. Handbook I: Cognitive domain*. New York: McKay.
Bloom, B. S., Hastings, J. T., & Madaus, G. F. (Eds.) (1971). *Handbook of formative and summative evaluation of student learning*. New York: McGraw-Hill.　渋谷憲一・藤田恵璽・梶田叡一（訳）　1981　学習評価ハンドブック　第一法規出版
Bruner, J. S. (1971). *The relevance of education*. New York: Norton.　平光昭久（訳）　1972　教育の適切性　明治図書出版
Gagné R. M. (1985). *The conditions of learning* (4th ed.). New York: Holt, Rinehart and Winston.　金子敏・平野朝久（訳）　1982　学習の条件　学芸図書　＜本書は原著の第3版 (1977) の翻訳＞
Intermediate Science Curriculum Study. (1973). *Individualizing objective testing*. Tallahassee, FL: ISCS, Florida State University.
Krathwhol, D. R., Bloom, B. S., & Masia, B. B. (1964). *Taxonomy of educational objectives. Handbook II: Affective domain*. New York: McKay.
Mager, R. F. (1975). *Preparing objectives for instruction* (2nd ed.). Belmont, CA: Fearon.
Martin, B., & Briggs, L. J. (1986). *The affective and cognitive domains: Integration for instruction and research*. Englewood Cliffs, NJ: Educational Technology Publications.
Popham, W. J., & Baker, E. L. (1970). *Establishing instructional goals*. Englewood Cliffs, NJ: Prentice Hall.
Rohwer, W. D., Jr. (1975). Elaboration and learning in childhood and adolescence. In H. W. Reese (Ed.), *Advances in child development and behavior* (Vol. 8). New York: Academic Press.
Wilson, B. (1997). Reflections on constructivism and instructional design. In C. R. Dills & A. J. Romiszowski (Eds.), *Instructional design paradigms*. Englewood Cliffs, NJ: Educational Technology Publications.

● 第8章

Bloom, B. S. (1976). *Human characteristics and school learning*. New York: McGraw-Hill.　梶田叡一・松田弥生（訳）　1980　個人特性と学校学習：新しい基礎理論　第一法規出版
Briggs, L. J., & Wager, W. W. (1981). *Handbook of procedures for the design of instruction*. Englewood Cliffs, NJ: Educational Technology Publications.
Case, R. (1978). Piaget and beyond: Toward a developmentally based theory and technology of instruction. In R. Glaser (Ed.), *Advances in instructional psychology* (Vol. 1). Hillsdale, NJ: Erlbaum.　吉田甫（訳）　1984　ピアジェを超えて：教科教育の基礎と技法　サイエンス社
Cook, J. M., & Walbesser, H. H. (1973). *How to meet accountability*. College Park, MD: University of Maryland, Bureau of Educational Research and Field Services.
Fitts, P. M., & Posner, M. I. (1967). *Human performance*. Monterey, CA: Brooks/Cole.　関　忠文・他（訳）

1981　作業と効率　福村出版
Gagné, R. M. (1977). Analysis of objectives. In L. J. Briggs (Ed.), *Instructional design*. Englewood Cliffs, NJ: Educational Technology Publications.
Gagné, R. M. (1985). *The conditions of learning* (4th ed.). New York: Holt, Rinehart and Winston.　金子敏・平野朝久（訳）1982　学習の条件　学芸図書　＜本書は原著の第3版 (1977) の翻訳＞
Gagné, R. M., & Merrill, M. D. (1990). Integrative goals for instructional design. *Educational Technology Research and Development*, **38** (1), 23-30.
Greeno, J. G. (1976). Cognitive objectives of instruction: Theory of knowledge for solving problems and answering questions. In D. Klahr (Ed.), *Cognition and instruction*. Hillsdale, NJ: Erlbaum.
Jonassen, D. H., Hannum, W. H., & Tessmer, M. (1989). *Handbook of task analysis procedures*. New York: Praeger.
Mager, R. F. (1968). *Developing attitude toward learning*. Belmont, CA: Fearon.
Martin, B. L., & Briggs, L. J. (1986). *The affective and cognitive domains: Integration for instruction mid research*. Englewood Cliffs, NJ: Educational Technology Publications.
Merrill, P. F. (1971). *Task analysis: An information processing approach* (Technical Memo No. 27). Tallahassee, FL: Florida State University, CAI Center.
Palincsar, A. S., & Brown, A. L. (1984). Reciprocal teaching of comprehension fostering and comprehension-monitoring activities. *Cognition and Instruction*, **1**, 117-175.
Piaget, J. (1970). Piaget's theory. In P. H. Mussen (Ed.), *Carmichael's manual of child psychology* (3rd ed.). New York: John Wiley & Sons.　中垣　啓（訳）2007　ピアジェに学ぶ認知発達の科学　北大路書房
Resnick, L. B. (1976). Task analysis in instructional design: Some cases from mathematics. In D. Klahr (Ed.), *Cognition and instruction*. Hillsdale, NJ: Erlbaum.
Resnick, L. B., & Beck, I. L. (1977). Designing instruction in reading: Interaction of theory and practice. In J. T. Guthrie (Ed.), *Aspects of reading acquisition*. Baltimore, MD: Johns Hopkins Press.
Rohwer, W. D., Jr. (1970). Images and pictures in children's learning. *Psychological Bulletin*, **73**, 393-403.
White, R. T. (1974). The validation of a learning hierarchy. *American Educational Research Journal*, **11**, 121-136.
White, R. T., & Gagné, R. M. (1978). Formative evaluation applied to a learning hierarchy. *Contemporary Educational Psychology*, **3**, 87-94.

● 第9章

Anderson, J. R. (1985). *Cognitive psychology and its implications* (2nd ed.). New York: Freeman.　富田達彦・他（訳）1982　認知心理学概論　誠信書房　＜本書は原著の第1版の翻訳＞
Berliner, D. C. (1988, February). *The development of expertise in pedagogy*. The Charles W. Hunt Memorial Lecture for the American Association of Colleges for Teacher Education, New Orleans, LA.
Bruner, J. S. (1966). *Toward a theory of instruction*. New York: W. W. Norton.　田浦武雄・水越敏行（訳）1983　教授理論の建設　黎明書房
Brusilovsky, P. (2000). Adaptive Hypermedia: From Intelligent Tutoring Systems to Web-Based Education. Abstract retrieved on 2/02/04 from: http://www2.sis.pitt.edu/~peterb/papers/ITS00inv.html.
Distance Learning Resource Network. (2003). Retrieved on 2/2/04 from: http://www.dlrn.org/educ/course/unit2/session7/sequencing.html; Using a "Natural Order."
Dowding, T. J. (1993). The application of a spiral curriculum model to technical training curricula. *Educational Technology*, **33**(7), 18-28.
Fischer, S. (2001). Retrieved on 2/02/04 from: http://www.cstc.org/cgi-bin/show_abstract.pl?number=159.
Fitts, P. M. (1964). Perceptual skill learning. In A.W. Melton (Ed.), *Categories of skill learning*. New York: Academic Press.
Fitts, P. M. (1968). Factors in complex skill training. In R. G. Kuhlen (Ed.), *Studies in educational*

psychology. Waltham, MA: Blaisdell.
Gagné, R. M. (1985). *The conditions of learning* (4th ed.). New York: Holt, Rinehart and Winston. 金子敏・平野朝久（訳）1982 学習の条件 学芸図書 ＜本書は原著の第3版(1977)の翻訳＞
Merrill, M. D. (1998, March/Apr). Knowledge analysis for effective instruction. *CBT Solutions*, 1-11.
Reigeluth, C. M., & Stein, F. S. (1983). The elaboration theory of instruction. In C. M. Reigeluth (Ed.), *Instructional-design theories and models.* Hillsdale, NJ: Erlbaum.
Saskatchewan Education (1997). *The Evergreen Curriculum.* Regina, SK: Saskatchewan Education.
Sweller, J. (1993). Some cognitive processes and their consequences for the organization and presentation of information. *Australian Journal of Psychology*, **45**, 1-8.
Thomson, J. (2000). Generating Instructional Media with APHID. Proceedings from the 11th Conference on Hypertext and Hypermedia, San Antonio, TX.
Tyler, R. W. (1949). *Basic principles of curriculum and instruction.* Chicago: University of Chicago Press.
Yan, T. W., Jacobsen, M., Garcia-Molina, H., & Dayal, U. (1996, October 5). From User Access Patterns to Dynamic Hypertext Linking. Fifth International World Wide Web Conference, Paris, France.

● 第10章

Anderson, J. R. (1985). *Cognitive psychology and its implications* (2nd ed.). New York: Freeman. 富田達彦・他（訳）1982 認知心理学概論 誠信書房 ＜本書は原著の第1版の翻訳＞
Estes, W. K. (Ed.) (1985). *Handbook of learning and cognitive processes: Introduction to concepts and issues* (Vol. 1). Hillsdale, NJ: Erlbaum.
Gagné, R. M. (1968). Learning and communication. In R. V. Wiman & W. C. Meierhenry (Eds.), *Educational media: Theory into practice.* Columbus, OH: Merrill.
Gagné, R. M. (1977). Instructional programs. In M. H. Marx & M. E. Bunch (Eds.), *Fundamentals and applications of learning.* New York: Macmillan.
Gagné, R. M. (1985). *The conditions of learning* (4th ed.). New York: Holt, Rinehart and Winston. 金子敏・平野朝久（訳）1982 学習の条件 学芸図書 ＜本書は原著の第3版(1977)の翻訳＞
Gagné, R. M., Wager, W., & Rojas, A. (1981, September). Planning and authoring computer-assisted instruction lessons. *Educational Technology*, 17-26.
Johnson, D. M. (1972). *A systematic introduction to the psychology of thinking.* New York: Harper & Row.
Klatzky, R. L. (1980). *Human memory: Structures and processes* (2nd ed.). San Francisco: Freeman. 箱田裕司・中溝幸夫（訳）1982 記憶のしくみ：認知心理学的アプローチ サイエンス社
Reynolds, J. H., & Glaser, R. (1964). Effects of repetition and spaced review upon retention of a complex learning task. *Journal of Educational Psychology*, **55**, 297-308.
Wittrock, M. C. (1966). The learning by discovery hypothesis. In L. S. Shulman & E. R. Keislar (Eds.), *Learning by discovery: A critical appraisal.* Chicago: Rand McNally. 塩田芳久・他（訳）1971 発見学習：その再検討 黎明書房

● 第11章

ADL Co-lab (2003). Retrieved summer of 2003 from: http://www.adlnet.org.
Aronson, D. (1977). *Formulation and trial use of guidelines for designing and developing instructional motion pictures.* Unpublished dissertation, Florida State University.
Barry, M., & Runyan, G. B. (1995). A review of distance-learning studies in the U.S. Military. *American Journal of Distance Education*, **9**(3), 37-47.
Battersby, A. (2002). *Tying elearning together.* Retrieved summer 2003 from: http://www.mt2-kmi.com.
Briggs, L. J. (1968). Learner variables and educational media. *Review of Educational Research*, **38**, 160-176.
Briggs, L. J., & Wager, W. W. (1981). *Handbook of procedures for the design of instruction* (2nd ed.). Englewood Cliffs, NJ: Educational Technology Publications.
Carroll, J. (1963). A model of school learning. *Teachers College Record*, **64**, 723-733.

Clark, R. E., & Salomon, G. (1986). Media in teaching. In M. C. Wittrock (Ed.), *Handbook of research on teaching* (3rd ed.). New York: Macmillan.
Committee on Information Technology Literacy (1999). Retrieved summer 2003 from: httP://www.cni.org/tfms/1999a.spring/handout/HLin-ppt.
CyberAtlas (2002). Retrieved summer 2003 from: http://www.nua.ie/surveys.
Derry, S. D. (1990). Learning strategies for acquiring useful knowledge. In B. F. Jones & L. Idol (Eds.), *Dimensions of thinking and cognitive instruction*. Hillsdale, NJ: Lawrence Erlbaum.
eMarketer (2002). Retrieved summer 2003 from: http://www.nua.ie/surveys.
Fulcrum Analytics (2002). Retrieved summer 2003 from: http://www.nua.ie/ surveys.
Gagné, R. M., Briggs, L. J., & Wager, W. W. (1992). *Principles of instructional design* (4th ed.). New York: Harcourt Brace. 持留英世・持留初野（訳）1986 カリキュラムと授業の構成 北大路書房 ＜本書は原著の第2版（1979）の訳＞
George, G. R., Brooks, R. B., Breitbach, R. A., Steffes, R., & Bell, H. H. (2003) Air Force C2 training solutions in distributed mission training environments, a report from the synthetic battlefield. Retrieved January 2004 from: http://www.link.com/pdfs/itsec3.pdf.
Gilster, P. (1997). *Digital literacy*. New York: John Wiley & Sons. 井川俊彦（訳）1997 デジタルリテラシー：インターネットを賢く使いこなすために トッパン
Golas, K. C. (2000). Guidelines for designing online learning. *Proceedings of the Interservice Industry Training and Education Systems Conference*. Orlando, FL.
Golas, K. C. (2003). Final report. *Southwest Research Institute planning document for training, simulation and performance Improvement technologies*.
Golas, K. C. (2003). Training, simulation & performance improvement division three and five year planning document. *Southwest Research Institute annual planning document*. San Antonio, TX.
Hall, B. (1995). Return-on-investment and multimedia training: A research study. *Multimedia Training Newsletter*. Sunnyvale, CA.
Hasson, J. (2001). Retrieved January 2004 from: http://www.fcw.com/fcw/articles/2001/0625/cov-vabx-06-25-01.asp.
Howard, F. S. (1997). *Distance learning annotated bibliography*. Department of the Army technical report (TRAC-WSMR-TR-97-015). White Sands, NM: White Sands Missile Range.
Interactive Educational Systems Design (2003). Retrieved summer 2003 from: http://www.nua.ie/surveys.
International Data Corporation (2002). Retrieved summer 2003 from: http://www.nua.ie/surveys.
Jonassen, D. H. (1996). *Computers in the classroom: Mindtools for critical thinking*. Englewood Cliffs, NJ: Prentice Hall.
Jonassen, D. H. (2002). Learning as activity. *Educational Technology*, **42**(2), 45-51.
Jonassen, D. H., & Reeves, T. C. (1996). Learning with technology: Using computers as cognitive tools. In D.H. Jonassen (Ed.), *Handbook of research on educational communications and technology*. New York: Scholastic Press.
Jonassen, D. H., & Rohrer-Murphy, L. (1999). Activity theory as a framework for designing constructivist learning environments. *Educational Technology Research and Development*, **47**(1), 61-79.
Keller, J. M. (1979). Motivation and instructional design: A theoretical perspective. *Journal of Instructional Development*, **2**(4), 26-34.
Keller, J. M. (1983). Motivational design of instruction. In C. M. Reigeluth (Ed.), *Instructional theories and models: An overview of their current status* (pp. 383-434). Hillsdale, NJ: Erlbaum.
Kommers, P., Jonassen, D., & Mayes, T. (1992). *Cognitive tools for learning*. Berlin: Springer.
Lajoie, S. P. (1993). Computer environments as cognitive tools for enhancing learning. In S. Lajoie & S. Derry (Eds.), *Computers as cognitive tools*. Hillsdale, NJ: Erlbaum.
Lajoie, S. P. & Derry, S. J. (Eds.) (1993). *Computers as cognitive tools*. Hillsdale, NJ: Erlbaum.
Lepper, M. R., Woolverton, M., Mumme, D. L., & Gurtner, J. L. (1993). Motivational techniques of expert

human tutors: Lessons for the design of computer-based tutors. In S. P. Lajoie & S. J. Derry (Eds.), *Computers as cognitive tools*. Hillsdale, NJ: Erlbaum.

Linn, M. C. (1996) Cognition and distance learning. *Journal of the American Society for Information Science*, **47**(11), 827-842.

Lumsdaine, A. A. (1960). Teaching machines: An introductory overview. In A. A. Lumsdaine & R. Glaser (Eds.), *Teaching machines and programmed learning: A source book*. Washington, DC: National Education Association of the United States.

Mehlman, B. P. (2003). Technology administration ICT literacy: Preparing the digital generation for the age of innovation. Remarks delivered at the ICT Literacy Summit. Washington, DC.

Moore, M. G. & Kearsley, C. (1996). *Distance education: A systems view*. Belmont, CA: Wadsworth. 高橋悟（編訳） 2004 遠隔教育：生涯学習社会への挑戦 海文堂出版

National Center for Educational Statistics (2002). Retrieved summer 2003 from: http://nces.ed.gov.

NetDay (2003). Retrieved summer 2003 from: http://www.nua.ie/surveys.

Norman, D. A. (1983). Some observations on mental models. In A. L. Stevens & D. Gentner (Eds.), *Mental models*. Hillsdale NJ: Erlbaum.

Norman, D. A. (1988). *The psychology of everyday things*. New York: Basic Books. 野島久雄（訳） 1990 誰のためのデザイン？：認知科学者のデザイン原論 新曜社

Parker, L. E. (2002). Distributed algorithms for multi-robot observation of multiple moving targets. *Autonomous Robots*, **12**(3), 231-255.

Perkins, D. N. (1993). Person-plus: A distributed view of thinking and learning. In G. Salomon (Ed.), *Distributed cognitions: Psychological and educational considerations* (pp. 88-110). Cambridge, MA: Cambridge University Press. 松田文子（監訳） 2004 分散認知：心理学的考察と教育実践上の意義 協同出版

Resnick, M. (2002). Rethinking learning in the digital age. In G. Kirkman (Ed.), *The global information technology report: Readiness for the networked world*. London: Oxford University Press.

Reusser, K. (1993). Tutoring systems and pedagogical theory: Representational tools for understanding, planning and reflection in problem solving. In S. P. Lajoie & S. J. Derry (Eds.), *Computers as cognitive tools* (pp. 143-177). Hillsdale, NJ: Erlbaum.

Riel, M., & Polin, L. (2002). Communities as places of learning. In S. A. Barab, R. Kling, & J. Gray (in press) (Eds.), *Designing for virtual communities in the service of learning*. Cambridge, MA: Cambridge University Press.

Salomon, G., Perkins, D. N., & Globerson, T. (1991). Partners in cognition: Extending human intelligence with intelligent technologies. *Educational Researcher*, **20**(3), 2-9.

Singh, H. (2003). Building effective blended learning programs. *Educational Technology*, **43**(6), 51-54.

Steketee, C. (2002). Computers as Cognitive Tools. Retrieved summer 2003 from: http://members.iteachnet.org/pipermail/iteachnet-daily/2002-October/000050.html.

Trotter, A. (1999). Preparing teachers for the digital age. *Editorial Projects in Education*, **19**, 37.

Warnick, W. L., Jordan, S. M., & Allen, V. S. (1999). *Advancing the virtual government: A survey of national digital library initiatives in the executive branch*. Washington, DC: DOE Office of Scientific and Technical Information.

Wild, M. (1996). Mental models and computer modeling. *Journal of Computer Assisted Learning*, **12**(1), 10-21.

Wisher, R. A. (1999). Training through distance learning: An assessment of research findings. *Technical Report 1095*. Washington, DC: U.S. Army Research Institute.

● 第12章

Anderson, R. C. (1984). Some reflections on the acquisition of knowledge. *Educational Researcher*, **13**, 5-10.

Ausubel, D. P. (1968). *Educational psychology: A cognitive view*. New York: Holt, Rinehart and Winston.
Briggs, L. J., Gustafson, K. L., & Tillman, M. H. (Eds.) (1991). *Instructional design: Principles and applications* (2nd ed.). Englewood Cliffs, NJ: Educational Technology Publications.
Briggs, L. J., & Wager, W. W. (1981). *Handbook of procedures for the design of instruction*. Englewood Cliffs, NJ: Educational Technology Publications.
Crovitz, H. E. (1970). *Galton's walk*. New York: Harper & Row.
Frase, L. T. (1970). Boundary conditions for mathemagenic behaviors. *Review of Educational Research*, **40**, 337-347.
Gagné, R. M. (1985). *The conditions of learning* (4th ed.). New York: Holt, Rinehart and Winston. 金子敏・平野朝久（訳） 1982 学習の条件 学芸図書 ＜本書は原著の第3版 (1977) の翻訳＞
Gagné, R. M., & Merrill, M. D. (1990). Integrative goals for instructional design. *Educational Technology Research and Development*, **38**(1), 23-30.
Martin, B. L., & Briggs, L. J. (1986). *The affective and cognitive domains: Integration for instruction and research*. Englewood Cliffs, NJ: Educational Technology Publications.
Pressley, M., Levin, J. R., & Delaney, H. D. (1982). The mnemonic keyword method. *Review of Educational Research*, **52**, 61-91.
Reiser, R., & Gagné, R. M. (1983). *Selecting media for instruction*. Englewood Cliffs, NJ: Educational Technology Publications.
Robinson, F. P. (1970). *Effective study* (4th ed.). New York: Harper & Row.
Rothkopf, E. Z. (1970). The concept of mathemagenic behavior. *Review of Educational Research*, **40**, 325-336.

● 第13章

Andrade, H. G. (1999). When assessment is instruction and instruction is assessment: Using rnbrics to promote thinking and understanding. In L. Hetland & S. Veenema (Eds.), *The project zero classroom: Views on understanding*. Cambridge, MA: Project Zero.
Andrade, H. G. (2003). Retrieved January 2004 from: http://www.ascd.org/cms/index.cfm?TheViewID= 347.
Berk, R. A. (Ed.) (1984). *A guide to criterion-referenced test construction*. Baltimore, MD: Johns Hopkins University Press.
Block, J. H., & Anderson, L. W. (1975). *Mastery learning to classroom instruction*. New York: Macmillan. 稲葉宏雄・大西匡哉（監訳） 1982 教科指導における完全習得学習 明治図書出版
Bloom, B. S. (1968). Learning for mastery. *Evaluation Comment*, **1**(2), 1-5.
Bloom, B. S., Hastings, J. T., & Madaus, G. F. (1971). *Handbook for formative and summative evaluation of student learning*. New York: McGrawHill. 渋谷憲一・藤田恵璽・梶田叡一（訳） 1981 学習評価ハンドブック 第一法規出版
Briggs, L. J., & Wager, W. W. (1981). *Handbook of procedures for the design of instruction* (2nd ed.). Englewood Cliffs, NJ: Educational Technology Publications.
Britton, B. K., & Black, J.B. (1985). *Understanding expository text*. Hillsdale, NJ: Erlbaum.
Cronbach, L. J. (1984). *Essentials of psychological testing* (4th ed.). New York: Harper & Row.
CTVG Cognition and Technology Group at Vanderbilt (1990). Anchored Instruction and its relationship to situated cognition. *Educational Researcher*, **19**(6), 2-10.
Darkwa, O. (2003). Retrieved summer 2003 from: http://www.uic.edu/classes/socw/socw560/MEASURE/tsld001.htm.
Dick, W., & Carey, L. (1996). *The systematic design of instruction* (4th ed.). New York: Harper Collins College Publishers. 角 行之（監訳） 角 行之・多田宣子・石井千恵子（訳） 2004 はじめてのインストラクショナルデザイン：米国流標準指導法 Dick & Carey モデル ピアソン・エデュケーション ＜本書は原著の第5版 (2001) の翻訳＞
Fishbein, M. A. (Ed.) (1967). *Attitude theory and measurement*. New York: Wiley.

Gagné, R. M. (1985). *The conditions of learning* (4th ed.). New York: Holt, Rinehart and Winston. 金子敏・平野朝久（訳）1982 学習の条件 学芸図書 ＜本書は原著の第3版 (1977) の翻訳＞

Gagné, R. M., & Beard, J. G. (1978). Assessment of learning outcomes. In R. Glaser (Ed.), *Advances in instructional psychology* (Vol. 1). Hillsdale, NJ: Erlbaum.

Goodrich, H. (1996). Student self-assessment: At the intersection of metacognition and authentic assessment. *Doctoral dissertation*, Harvard University, Cambridge, MA.

Greeno, J. G. (1978). A study of problem solving. In R. Glaser (Ed.), *Advances in instructional psychology* (Vol. 1). Hillsdale, NJ: Erlbaum.

Guilford, J. P. (1967). *The nature of human intelligence.* New York: McGraw-Hill.

Hast, D. (1994). *Authentic assessment: A handbook for educators.* Boston, MA: Addison-Wesley.

Hills, J. R. (1981). *Measurement and evaluation in the classroom.* Columbus, OH: Merrill.

Holzberg, C. (2003). Retrieved from: http://www.techlearning.com/db_area/arehives/WCE/arehives/evalguid.html.

Johnson, D. M. (1972). *A systematic introduction to the psychology of thinking.* New York: Harper & Row.

Johnson, D. M., & Kidder, R. C. (1972). Productive thinking in psychology, classes. *American Psychologist,* **27**, 672-674.

Keller, J. M. (1987). Development and use of the ARCS model of motivational design. *Journal of Instructional Development,* **10**(3), 2-10.

Keller, J. M. (1999). Motivation in cyber learning environments. *International Journal of Educational Technology,* **1**(1), 7-30.

Lathrop, R. L. (1983). The number of performance assessments necessary to determine competence. *Journal of Instructional Development,* **6**(3), 26-31.

McAlpine, D. (2000). Assessment and the gifted. *Tall Poppies,* **25**(1).

Payne, D. A. (1968). *The specification and measurement of learning outcomes.* Waltham, MA: Blaisdell.

Piirto, J. (1999). *Talented children and adults: Their development and education.* Upper Saddle River, NJ: Prentice-Hall.

Popham, W. J. (1975). *Educational evaluation.* Englewood Cliffs, NJ: Prentice Hall.

Renzulli, J. S. (1977) *The enrichment triad model: A guide for developing defensible programs for the gifted and talented.* Wethersfield, CT: Creative Learning Press.

Resnick, L. (1987). *Education and learning to think.* Washington, DC: National Academy Press.

Sadoff, J. (2003). Retrieved summer 2003 from: http://www.sabes.org/resources/fieldnotes/vol10/f03facts.htm.

Thorndike, R. L., & Hagen, E. (1986). *Measurement and evaluation in psychology and education.* New York: Wiley.

Tombari, M., & Borich, G. (1999). *Authentic assessment in the classroom: Applications and practice.* Columbus, OH: Merrill.

Torrance, E. P. (1963). *Education and the creative potential.* Minneapolis, MN: University of Minnesota Press.

Triandis, H. C. (1964). Exploratory factor analyses of the behavioral component of social attitudes. *Journal of Abnormal and Social Psychology,* **68**, 420-430.

Tyler, L. E. (1971). *Tests and measurements* (2nd ed.). Englewood Cliffs, NJ: Prentice Hall. 高田洋一郎（訳）1966 テストと測定 岩波書店 ＜本書は原著の初版 (1963) の翻訳＞

Wald, A. (1947). *Sequential analysis.* New York: Wiley.

Wiggins, G. (1989, May). A true test: Toward more authentic and equitable assessment. *Phi Delta Kappan,* **70**(9), 703-713.

Wiggins, G. (1992, May). Creating tests worth taking. *Educational Leadership.*

- 第14章

Anderson, T. H., Anderson, R. C., Dalgaard, B. R., Wietecha, E. J., Biddle, W. B. Paden, D. W., Smock, H. R., Alessi, S. M., Surber, J. R., & Klemt, L. L. (1974). A computer-based study management system. *Educational Psychologist*, **11**, 36-45.

Block, J. H., & Anderson, L. W. (1975). *Mastery learning in classroom instruction*. New York: Macmillan. 稲葉宏雄・大西匡哉（監訳）1982　教科指導における完全習得学習　明治図書出版

Block, J. H., & Burns, R. B. (1976). Mastery learning. In L. S. Shulman (Ed.), *Review of research in education, 4*. Itasca, IL: Peacock.

Bloom, B. S. (1974). An introduction to mastery learning theory. In J. H. Block (Ed.), *Schools, society and mastery learning*. New York: Holt, Rinehart and Winston.

Bloom, B. S. (1976). *Human characteristics and school learning*. New York: McGraw-Hill. 梶田叡一・松田弥生（訳）1980　個人特性と学校学習：新しい基礎理論　第一法規出版

Cloward, R. D. (1967). Studies in tutoring. *Journal of Experimental Education*, **36**, 14-25.

Devin-Sheehan, L., Feldman, R. S., & Allen, V. L. (1976). Research on children tutoring children: A critical review. *Review of Educational Research*, **46**, 355-385.

Ellson, D. G. (1976). Tutoring. In N. L. Gage (Ed.), *The psychology of teaching methods* (Seventy-fifth Yearbook of the National Society for the Study of Education). Chicago: University of Chicago Press.

Florida State University (2003). Retrieved on 1/2/9/04 from: http://www.lon-capa.org.

Gage, N. L. (Ed.) (1976). *The psychology of teaching methods* (Seventy-fifth Yearbook of the National Society for the Study of Education). Chicago: University of Chicago Press.

Gagné, R. M. (1974). *Essentials of learning for instruction*. New York: Dryden Press/Holt, Rinehart and Winston. 北尾倫彦（訳）1982　教授のための学習心理学　サイエンス社

Gall, M. D., & Gall, J. P. (1976). The discussion method. In N. L. Gage (Ed.), *The psychology of teaching methods* (Seventy-fifth Yearbook of the National Society for the Study of Education). Chicago: University of Chicago Press.

Gartner, A., Kohler, M., & Riessman, F. (1971). *Children teach children*. New York: Harper & Row.

George Mason University (2003). Retrieved summer 2003 from http://ec.gmu.edu.

Joyce, B., & Weil, M. (1980). *Models of teaching* (2nd ed.). Englewood Cliffs, NJ: Prentice Hall.

Landay, J. A. (1999). *The present and future of electronic classrooms: The Berkeley CS division experience Berkeley*, CA: University of California, Press.

Maier, N. R. F. (1963). *Problem-solving discussions and conferences*. New York: McGraw-Hill.

Maier, N. R. F. (1971). Innovation in education. *American Psychologist*, **26**, 722-725.

McLeish, J. (1976). The lecture method. In N. L. Gage (Ed.), *The psychology of teaching methods* (Seventy-fifth Yearbook of the National Society for the Study of Education). Chicago: University of Chicago Press.

Palincsar, A. S. (1986). Reciprocal teaching. In *Teaching reading as thinking*. Oak Brook, IL: North Central Regional Educational Laboratory.

Penner, Jon G. (1984). *Why many college teachers cannot lecture*. IL: Charles Thomas Publishers.

Sharan, S. (1980). Cooperative learning in small groups: Recent methods and effects on achievement, attitudes, and ethnic relations. *Review of Educational Research*, **50**, 241-271.

Walberg, H. J. (1976). Psychology of learning environments: Behavioral, structural, or perceptual? In L. S. Shulman (Ed.), *Review of research in education, 4*. Itasca, IL: peacock.

- 第15章

Beam, P. (2002). Retrieved summer 2003 from: http://www.online-earning.com/papers/articlerev.html.

Bedinger, D. (2002). The evolving role of collaboration in eLearning. Retrieved summer 2003 from: http://www.collaborate.com/publication/newsletter/publications_newsletter_jan03.html#.

Bethoney, H. (1999). Retrieved summer 2003 from: http://techupdate.zdnet.com.

Brown, A. (1997). Designing for learning: What are the essential features of an effective online course? *Australian Journal of Educational Technology*, **13**(2), 115-126.

Brooks, J. G., & Brooks, M. (1993). *In search of understanding: The case for constructivist classrooms.* Alexandria, VA: ASCD.

Burbules, N. C., & Callister, T. A. (1996). Knowledge at the crossroads: Some alternative futures of hypertext learning environments. *Educational Theory*, **46**, 23-50.

Butler, B. S. (1997). Using the World Wide Web to support classroom-based education: Conclusions from a multiple-case study. In B. H. Khan (Ed.), *Web-based instruction.* Englewood Cliffs, NJ: Educational Technology Publications.

Carliner, S. (1999). *An overview of on-line learning.* Amherst, Mass.: HRD Press.

Chandler, P., & Sweller, J. (1991). Cognitive load theory and the format of instruction. *Cognition and Instruction*, **8**(4), 293-332.

Clark, R. C., & Mayer, R. E. (2002). *e-Learning and the science of instruction: Proven guidelines for consumers and designers of multimedia learning.* New York: John Wiley.

Collaborative Visualization Project (2004). Retrieved January 2004 from: http://www.co-i-l.com/coil/knowledge-garden/cop/definitions.shtml.

Cotrell, J., & Eisenberg, M. B. (1997). Web design for information problem-solving: Maximizing value for users. *Computers in Libraries*, **17**(5), 52-57.

Cornell, R., & Martin, B. L. (1997). The role of motivation in Web-based instruction. In B.H. Khan (Ed.), *Web-based instruction.* Englewood Cliffs, NJ: Educational Technology Publications.

DeBra, P. M. (1996). Hypermedia structures and systems. Web Course, Eidenhoven University of Technology. Retrieved May 2000 from: http://wwwis.win.tue.nl/2L670/static.

Directory of Schools (2002). Retrieved summer 2003 from: http://www. Directoryofschools.com.

Dodge, B. (1997). Webquests: A technique for Internet-based learning. *Distance Educator*, **1**(2), 10-13.

Duchastel, P. (1997). A motivational framework for Web-based instruction. In B. H. Khan (Ed.), *Web-based instruction.* Englewood Cliffs, NJ: Educational Technology Publications.

Duchastel, P., & Turcotte, S. (1996). *On-line learning and teaching in an information-rich context.* Proceedings of the Ineti96 International Conference, Montreal, Canada.

Everhart, N. (1997). Web page evaluation: Views from the field. *Technology Connection*, **4**(3), 24-26.

Gallagher, S., & Newman, A. (2002). Distance learning at the tipping point: Critical success factors to growing fully Online distance-learning. Retrieved summer 2003 from: http://www.eduventures.com/research/industry_research_resources/distancelearning.cfm.

Global Reach (2003). Retrieved January 2004 from: http://www.glreach.com/globstats.

Golas, K. C. (2000). Guidelines for Designing Online Learning. Proceedings of the Interservice Industry Training and Education Systems Conference, Orlando, FL.

Goldberg, M. W. (1997). CALOS: First results from an experiment in computer-aided learning. Proceedings of the ACM's 28th SIGCSE Technical Symposium on Computer Science Education. San Jose: California. February.

Hall, R. H. (1999). Instructional Web site design principles: A literature review and synthesis. *Virtual University Journal*, **2**(1).

Harasim, L. M. (1990). Online education: An environment for collaboration and intellectual amplification. In L. M. Harasim (Ed.), *Online education: Perspectives on a new environment* (pp. 39-64). New York: Praeger.

Hiltz, S. R. (1986, spring). The virtual classroom: Using computer mediated communication for university teaching. *Journal of Communication*, **36**(2), 95-104.

International Data Corporation (2002). Retrieved summer 2003 from: http://www.nua.ie/surveys.

Jonassen, D., Mayes, T., & McAleese, R. (1993). A manifesto for a constructivist approach to uses of technology in higher education. In T. Duffy, J. Lowyck, & D. Jonassen (Eds.), *Designing*

environments for constructivist learning (pp. 231-247). Berlin Heidelberg: Springer-Verlag.
Jones, M. G., & Farquhar, J. D. (1997). User interface design for Web-based instruction. In B. H. Khan (Ed.), *Web-based instruction*. Englewood Cliffs, NJ: Educational Technology Publications.
Keller, J., & Burkman, E. (1993). Motivation principles. In M. Fleming & W. H. Levie (Eds.), *Instructional message design: Principles from the behavioral and cognitive sciences* (2nd ed., pp. 3-53). Englewood Cliffs, NJ: Educational Technology Publications.
Klemm, W. R. (1998). Eight ways to get students more engaged in online conferences. *T. H. E. Journal*, **26**(1), 62-64.
Large, A. (1996). Hypertext instructional programs and learner control: A research review. *Education for Information*, **14**, 96-106.
March, T. (1995, August). Working the Web for education. *Computer-Using Educators Newsletter*.
Masie, E. (2000). Roles and expectations for e-trainers. Retrieved summer 2003 from: http://www.masie.com.
MASIE Center (2001). Retrieved summer 2003 from: http://www.masie.com/masie/researchreports/ASTD_Exec_Summ.pdf.
McAlister, M. K., Rivera, J.C., & Hallam, J. C. (2001). Twelve important questions to answer before you offer a web based curriculum. *Online Journal of Distance Learning Administration*, vol. IV, no. II.
McLellan, H. (1993). Evaluation in a situated learning environment. *Educational Technology*, **33**(3), 39-45.
Miller, R. (2003). Retrieved January 2004 from: http://mchnetlinkplus.ichp.edu/MediaStreaming/Default.htm.
Miller, S. (2000). Learning Styles Survey. Retrieved summer 2003 from: http://www.metamath.com/lsweb/fourls.htm.
National Research Council (1997). *National science education standards*. Washington, DC: National Academy Press. 長洲南海男（監修） 熊野善介・丹沢哲郎・他（訳） 2001 全米科学教育スタンダード：アメリカ科学教育の未来を展望する 梓出版
Nielson, J. (1997). Be succinct! (writing for the Web). Retrieved summer 2003 from: http://www.useit.com/alertbox/9703b.html.
Niemiec, R. P., Sikorski, C., & Walberg, H. J. (1996). Learner-control effects: A review of reviews and a meta-analysis. *Journal of Educational Computing Research*, **15**, 157-174.
Oliver, R., Herrington, J., & Omari, A. (1996). Creating effective instructional materials for the World Wide Web. Retrieved May 2000 from: http://elmo.scu.edu.au/sponsored/ausweb/ausweb96/educn/oliver/.
Online Pedagogy Report. University of Illinois (1999). Retrieved summer 2003 from: http://www.vpaa.uillinois.edu/tid/report/tid_report.html.
Penrod, J. I. (2003, March/April). Creating a realistic IT vision: The roles and responsibilities of a chief information officer. *The Technology Source*.
Rajamanickam, V., & Nichani, M. (2003). Effective writing for online instruction. Retrieved summer 2003 from: http://www.elearningpost.com.
Ritchie, D. C. & Hoffman, B. (1996). Instruction and the Internet. Retrieved summer 2003 from: http://edweb.sdsu.adu/clrit/learningtree/DCD/WWWinstrdesign/instruction.html.
Rogers, E. M., & Shoemaker, F. F. (1971). *Communication of innovations: A cross-cultural approach* (2nd ed.). New York: Macmillan. 宇野善康（監訳） 青池慎一・他（訳） 1981 イノベーション普及学入門：コミュニケーション学，社会心理学，文化人類学，教育学からの学際的・文化横断的アプローチ 産業能率大学出版部
Rossett, A. (2001). *Beyond the podium: Delivering training and performance*. New York: Jossey-Bass.
Shank, P. (2003). Retrieved summer 2003 from: http://www.macromedia.com/resources/elearning/article/itskills/.
Shotsberger, P. G. (1996). Instructional uses of the World Wide Web: Exemplars and precautions. *Educational Technology*, **36**(2), 47-50.

Siegel, M. A., & Kirkley, S. (1997). Moving toward the digital learning environment: The future of Web-based instruction. In B. H. Khan (Ed.), *Web-based instruction*. Englewood Cliffs, NJ: Educational Technology Publications.
Thaiupathump, C., Bourne, J., & Campbell, J. O. (1999). Intelligent agents for online learning. *Journal of Asynchronous Learning Networks*, **3**(2), 1-19.
User Interface Engineering (1998). Retrieved from: http://www.uiereports.com.
Vadlakunta, K. (2004). Retrieved January 2004 from: http://www.asp101.com/articles/kanna/clientscript/default.asp.
Warren, A. (2002). Retrieved summer 2003 from: http://www.clt.soton.ac.uk/LTDI/topics/mle.htm.
Young, M. F. (1993). Instructional design for situated learning. *Educational Technology Research and Development*, **41**(1), 43-58.

● 第16章
Astin, A. W., & Panos, R. J. (1971). The evaluation of educational programs. In R. L. Thorndike (Ed.), *Educational measurement* (2nd ed.). Washington, DC: American Council on Education.
Bandura, A. (1977). Self-efficacy: Toward a unifying theory of behavioral change. *Psychological Review*, **84**, 191-215.
Berlyne, D. E. (1965). Motivational problems raised by exploratory and epistemic behavior. In S. Koch (Ed.), *Psychology: A study of a science* (Vol. 5). New York: McGraw-Hill.
Bloom, B. S. (1976). *Human characteristics and school learning*. New York: McGraw-Hill.　梶田叡一・松田弥生（訳）　1980　個人特性と学校学習：新しい基礎理論　第一法規出版
Brickner, A., & Scheier, E. (1968). *Summative evaluation of Listen Look Learn, Cycles BAO, 1967-68*. Huntington, NY: Educational Development Laboratories.
Brickner, A., & Scheier, E. (1970). *Summative evaluation of Listen Look Learn 2nd year students, Cycles R-70, 1968-69*. Huntington, NY: Educational Development Laboratories.
Brophy, J. E. (1998). *Motivating students to learn*. New York: McGraw-Hill.
Carroll, J. B. (1963). A model of school learning. *Teachers College Record*, **64**, 723-733.
Cattell, R. B. (1963). Theory of fluid and crystallized intelligence: A critical experiment. *Journal of Educational Psychology*, **54**, 1-22.
Centra, J. A. (1993). *Reflective faculty evaluation: Enhancing teaching and determining faculty effectiveness*. San Francisco: Jossey-Bass.
Corno, L., & Snow, R. E. (1986). Adapting teaching to individual differences among learners. In M. C. Wittrock (Ed.), *Handbook of research on teaching* (3rd ed.). New York: Macmillan.
Dick, W., & Carey, L. (1996). *The systematic design of instruction* (4th ed.). New York: Harper Collins College Publishers.　角　行之（監訳）　角　行之・多田宣子・石井千恵子（訳）　2004　はじめてのインストラクショナルデザイン：米国流標準指導法　Dick & Carey モデル　ピアソン・エデュケーション　＜本書は原著の第5版（2001）の翻訳＞
Gilbert, T. F. (1978). *Human competence*. New York: McGraw-Hill.
Hamblin, A. C. (1974). *Evaluation and control of training*. London: McGraw-Hill.
Heflin, V. B., & Scheier, E. (1968). *The formative period of Listen Look Learn, and multi-media communication skills systems*. Huntington, NY: Educational Development Laboratories.
Jackson, T. (1989). *Evaluation: Relating training to business performance*. San Diego: Pfeiffer.
Kaufman, R., & Keller, J. M. (1994). Levels of evaluation: Beyond Kirkpatrick. *Human Resource Development Quarterly*, **5**, 371-380.
Keller, J. M. (1999a). Motivation in cyber learning environments. *International Journal of Educational Technology*, **1**(1), 7-30.
Keller, J. M. (1999b). Motivational Systems. In H. Stolovitch & E. Keeps (Eds.), *Handbook of Human Performance Technology* (2nd ed.). San Francisco: Jossey Bass.

Keller, J. M. (2000). *Quality review guidelines for needs assessment, design, and development: Federal Aviation Administration, Air Certification Service, Washington, DC.* Tallahassee, FL: John Keller Associates.

Kennard, A. D., & Scheier, E. (1971). *An investigation to compare the effect of three different reading programs on first-grade students in Elk Grove Village, Illinois, 1969-1970.* Huntington, NY: Educational Development Laboratories.

Kirkpatrick, D. L. (1959). Techniques for evaluating training programs. *Journal of the American Society of Training Directors*, **13**, 3-9, 21-26.

Kulik, J. A. (2001). Student ratings: Validity, utility, and controversy. In M. Theall, P. C. Abrami, & L. A. Mets (Eds.), *The student rating debate: Are they valid? How can we best use them?* San Francisco: Jossey-Bass.

McCombs, B. L. (1984). Processes and skills underlying intrinsic motivation to learn: Toward a definition of motivational skills training intervention. *Educational Psychologist*, **19**(4), 199-218.

Murray, H. G. (1983). Low inference classroom teaching behaviors and student ratings of College teaching effectiveness. *Journal of Educational Psychology*, **71**, 856-865.

Phillips, J. J. (1991). *Handbook of training evaluation and measurement tools* (2nd ed.). Houston: Gulf Publishing.

Popham, W. J. (1975). *Educational evaluation.* Englewood Cliffs, NJ: Prentice-Hall.

Robinson, D. G., & Robinson, J. C. (1990). *Training for impact: How to link training to business needs and measure the results.* San Francisco: Jossey-Bass.

Rothwell, W. J., & Kazanas, H. C. (1998). *Mastering the instructional design process: A systematic approach*, 2nd ed. San Francisco: Jossey-Bass, Inc.

Scriven, M. (1967). The methodology of evaluation. In R. Tyier, R. M. Gagné, & M. Scriven, *Perspectives of curriculum evaluation* (AERA Monograph Series on Curriculum Evaluation, No. 1). Chicago: Rand McNally.

Stufflebeam, D. L. (1974). Alternative approaches to educational evaluation: A self-study guide for educators. In W. J. Popham (Ed.), *Evaluation in education.* Berkeley, CA: McCutchan.

Roethlisberger, F., & Dickson, W. J. (1939). *Management and the worker.* Cambridge, MA: Harvard University Press.

Seligman, M . E . (1975). *Helplessness.* San Francisco: Freeman. 平井　久・木村　駿（監訳）1985　うつ病の行動学：学習性絶望感とは何か　誠信書房

Wlodkowski, R. J. (1999). *Enhancing adult motivation to learn, Revised edition.* San Francisco: Jossey-Bass.

Zimmerman, B. J. (1989). A social cognitive view of self-regulated academic learning. *Journal of Educational Psychology*, **81**, 329-339.

人名索引

● A
アダムス（Adams, J. A.） 115
アンダーソン（Anderson, R. C.） 278
アンドレード（Andrade, H. G.） 305
アトキンソン（Atkinson, R.） 10
オーズベル（Ausubel, D. P.） 277

● B
バンデューラ（Bandura, A.） 112
バーグマン（Bergman, R.） 46
ブルーム（Bloom, B. S.） 24, 56, 69, 314
ボーリッヒ（Borich, G.） 302
ブランチ（Branch, R. M.） 46
ブリッグス（Briggs, L. J.） 30, 34, 107, 109, 164, 184, 188, 279
ブロフィー（Brophy, J. E.） 129, 417
ブルーナー（Bruner, J. S.） 58, 84, 132, 161, 215

● C
ケリー（Carey, L.） 46, 309, 403, 404
キャロル（Carroll, J. B.） 4, 252, 396
コルノ（Corno, L. J.） 141

● D
デリー（Derry, S. J.） 90
ディック（Dick, W.） 46, 309, 403, 404

● E
エリクソン（Ericsson, K. A.） 129

● F
フィッツ（Fitts, P. M.） 116, 145

● G
ガニェ（Gagné, R. M.） 5, 34, 69, 184, 291
ギルバート（Gilbert, T. F.） 397
グレイサー（Glaser, R.） 101
グッド（Good, T. L.） 129
グリーノ（Greeno, J. G.） 319
ギルフォード（Guilford, J. P.） 137

グスタフソン（Gustafson, K. L.） 46

● H
ホール（Hall, R. H.） 387
ハンブリン（Hamblin, A. C.） 399
ハースト（Hast, D.） 304
ヘフリン（Heflin, V. B.） 424
ヒューイット（Huitt, W.） 16

● J
ジェフリース（Jeffries, R.） 92
ジョンソン（Johnson, D. M.） 320
ジョナセン（Jonassen, D. H.） 266, 267, 386
ジョイス（Joyce, B.） 343

● K
コーフマン（Kaufman, R. A.） 27, 65, 400
ケアスリィ（Kearsley, G.） 264
ケラー（Keller, J. M.） 30, 130, 400
キッダー（Kidder, R. C.） 320
カークパトリック（Kirkpatrick, D. L.） 43, 399
クラスウォール（Krathwohl, D. R.） 24, 107, 172

● L
ラスロップ（Lathrop, R. L.） 317

● M
メイヤー（Maier, N. R. F.） 344
マーチン（Martin, B. L.） 107, 109, 164, 184, 279
メーシー（Masie, E.） 361
メイヤー（Mayer, R. E.） 85
マックアリスター（McAlister, M. K.） 367
マックリーシュ（McLeish, J.） 348
メリル（Merrill, M. D.） 192, 291
ムーア（Moore, M. G.） 264
ムーア（Moore, T.） 46
マーフィー（Murphy, D. A.） 90

● N
ニューウェル（Newell, A.） 123

● O
オリバー（Oliver, R.） 386, 388

● P
パパート（Papert, S.） 266
ペターセン（Pejtersen, A. M.） 59
フィリップス（Phillips, J. J.） 400, 412
ピアジェ（Piaget, J.） 76, 131
ポランニー（Polanyi, M.） 101
ポルソン（Polson, P. G.） 92
ポファム（Popham, W. J.） 309, 412
ポスナー（Posner, M. I.） 116, 145

● R
レイナー（Rayner, R.） 110
ライゲルース（Reigeluth, C. M.） 196, 201, 215
レスニック（Resnick, M.） 239
ロビンソン（Robinson, D. G.） 412
ロビンソン（Robinson, J. C.） 412
ロセット（Rossett, A.） 27
ロスコフ（Rothkopf, E. Z.） 58
ルビンシュタイン（Rubinstein, M. F.） 91

● S
シャイラー（Scheier, E.） 424
スクリバン（Scriven, M.） 412
シャンク（Shank, P.） 376
シィフリン（Shiffrin, R.） 10

サイモン（Simon, H. A.） 123
シンガー（Singer, L. W.） 424
スキナー（Skinner, B. F.） 58, 110
スノウ（Snow, R. E.） 141
ステイン（Stein, F. S.） 196, 215
スタッフルビーム（Stufflebeam, D. L.） 412

● T
サーストン（Thurstone, L. L.） 137
トンバリ（Tombari, M.） 302
トリアンディス（Triandis, H. C.） 108
タイラー（Tyler, R. W.） 24, 201

● V
メリエンボアー（van Merriënboer, J. J. G.） 59
ヴィゴツキー（Vygotsky, L. S.） 132

● W
ウェイジャー（Wager, W. W.） 30, 188
ウォールバーグ（Walberg, H. J.） 333
ワトソン（Watson, J. R.） 110
ワイル（Weil, M.） 343
ウェンシュタイン（Weinstein, C. E.） 85
ウェスト（West, C. K.） 86, 135
ホワイト（White, R. T.） 141, 183, 184
ホワイトヘッド（Whitehead, A. N.） 8, 60
ウイッケルグレン（Wickelgren, W. A.） 92
ウィギンズ（Wiggins, G.） 303, 304
ウィルソン（Wilson, B.） 150
ウロッドコウスキー（Wlodkowski, R. J.） 417

事項索引

●あ
アーパネット　356
IBT　355
青写真　31
アクセス可能性　253, 364
アクティブラーニング　348
足場づくり　132, 225
アセスメント　300
アセスメント・ルーブリック　305
アチーブメント　300
ADDIE（モデル）　25
アフォーダンス　237
アメリカ心理学会（APA）　121
暗黙知　101

●い
eラーニング　355
意思決定　45
一貫性　324
1対1　332, 335
1対1評価　42, 403
一般的な知識　100
一般的な能力（知性）　136
意図的な学習　2, 151
意味的符号化　11, 87, 219
意味の交渉　8
インストラクショナル・オブジェクト　253
インストラクショナルデザイナーへのフィードバック　400
インストラクション　2, 220
インストラクション活動　221
インストラクションの系列　33
インストラクションの結果　43
インストラクションの実施方法　263
インストラクター　248
インターネット　238, 356
インタビューガイド　414
イントラネット　248

●う
ウェアラブルコンピュータ　255
ウォーク・スルー　403
ウォータフォール　49
運動技能　14, 61, 114, 163, 323
運動プログラム　115

●え
ARCSモデル　30, 130, 417, 421
SQ3R（技法）　59, 276
選ぶ　164
LMSの選択　392
遠隔教育　355, 384
エンタープライズ　174, 192, 291, 392

●お
応用　69
オーサリングツール　213
OJT研修　411
オープンメディアモデル　297
オリエンテーション　387
オンライン学習（カリキュラム）　248, 355, 367
オンライン教育　392
オンライン上のモデレータ　361
オンラインの学位授与プログラム　356
オンラインモニター　385

●か
下位カテゴリ　421
外的フィードバック　115
外的要因　129
ガイド付き発見学習　82
概念マップ　212
開発　36
開発中の試行（トライアウト）　403
開発ツール　239
外発的動機づけ　129
開発トライアウト　42
外部サイトへのリンク　98
下位目標　174, 198
学習　5
学習階層図　124, 140, 181, 273
学習課題分析　174, 176, 179
学習活動　34, 221

学習構造の地図化　94
学習者中心　246, 251
学習者中心アプローチ　121
学習者中心の概念　212
学習者の成績　399
学習者の達成度　43
学習者の反応　43, 398, 408
学習者へのフィードバック　400
学習条件　56
学習スタイル　378
学習成果　13, 423
学習成果の5分類　57
学習生態系　240
学習の条件　9, 281, 282
学習の転移　61, 399
学習の速さ　314
学習への動機づけ　421
学習方式　314
学習目標　56, 151
仮想ミーティング　361
価値観　63, 108
学校学習環境　412
学校学習モデル　4, 252, 396
活性化拡散　127, 143
活動理論　9
カリキュラム　196
感覚運動期　131
感覚登録器　11, 218
観察スケジュール　414
観察の実施　414
完全習得　313
カンバン方式　244, 248
関連性　130, 421

● き
キーワード・メソッド　103
記憶された言語表現　318
記憶術方略　86
聞く・見る・学ぶ（LLL）　424, 426
基準準拠　36, 301
期待感　12, 416
帰納的な推論　59
基本に戻れ　100
教育研修のゴール　54
教育システム　21

教育システム設計（ISD）　21, 397
教育に対するシステム・アプローチ（SATE）　407
教育評価　412
教育プログラム　402
教育や研修のゴール　52
強化　7
強化子　110
強化随伴性　110
教材閲覧記録　213
教材（の）評価　42, 398
教示主義（者）　23, 151
教授カリキュラムマップ（ICM）　33, 188, 197, 202, 292
教授資源　258
教授事象　13, 220, 281
教授処遇　270
教授分析　29
教授方略　232, 260
教授メディア　261
協調学習　383, 385
興味　416
共有可能なコンテンツの参照モデル（SCORM）　253
近接性　7

● く
空間関係力　145
具体的概念　75, 158, 311, 318
具体的操作期　132
Graduate Record Examination (GRE)　327
繰り返し　7
繰り返し測定　305
区分け　87

● け
経済的アフォーダンス　238
形式的操作期　132
掲示板　252
形成的意思決定　45
形成的評価　309, 398, 400
形成的フィードバック　406, 409
系列化　196, 207
ゲートキーパー　408
結果責任　315

事項索引　　455

結晶化した知能　415
結末の予測　398
言語情報　14, 58, 60, 96, 126, 162, 321, 415
言語的理解力　141, 144
言語的類推　101
検索　11
検索エンジン　98, 239
研修システム　21
研修評価　412
検証　406
原理　79

● こ
講義　348
好奇心　129
高次のルール　81, 160
構成主義（者）　23, 83, 132, 150, 151, 384
構造化された実地研修（SOJT）　339
構造体　96
構築主義　266
構築単位　14
行動目標　151
高度分散学習　355
コース　196, 197
コース管理システム　252
コースコンテンツ　367
コース単元　197
コースの最終目標　199
コースの目的　175
心の眼　380
個人の差異に関する因子　133
個人復唱　332
個別化教材　271
個別指導　332
コンピテンシー　31
コンピュータリテラシー　366

● さ
採用する　154, 162
再利用性　253
作業記憶（短期記憶）　220

● し
CBT　271
支援情報　59

支援変数　414, 419, 426
視覚的・言語的学習スタイル　379
視覚的なイメージをつくる能力　185
視覚的・非言語的な学習スタイル　380
時間的な信頼度　325
識別力　327
自己管理行動　58
自己効力感　417, 421
自己申告　44, 421
自己制御　59, 417
自己動機づけ　417
自己評価　133
自己ペース教材　271
自己モニタリング　59
資質　134
事実　103
事象の集合体　220
自信　130, 421
システム的アプローチ　16
システムの保守　42
実行サブルーチン　116, 187
実行する　154, 163
実行制御　12, 91
実施　40
実地試用　405
シームレス　389
社会経済的地位（SES）　417
社会的アフォーダンス　238
社会的結果　400
ジャスパー・ウッドベリープロジェクト　302
従属変数　412
集団準拠　36, 301, 326
受容器　11
受容度　409, 410
情意面の方略　86
情意領域　62, 69
生涯目標　198
状況　155
状況依存性　127
状況的認知　8
証拠の解釈　406
証拠の連鎖　399
小集団　332, 339
小集団試行　42, 405

事項索引

情緒的アフォーダンス　238
情報　97, 220
情報格差　241
情報処理分析　174, 176
職務遂行支援システム（EPSS）　258
職務への動機づけ　421
触覚的・運動感覚的な学習スタイル　381
処方箋　270
新奇性　222
人材開発　53
真正なアセスメント　301-305
人道主義　23
信頼性　324

● す

数的能力　141
スキーマ　133, 134, 278, 378
ステイクホルダー　400
スマイル・シート　408
スレッド型ディスカッション　361
スロット　134, 138

● せ

成果変数　412, 427
整合性　310
生産的思考　320
精神運動領域　69
生成する　154, 161, 311
成績の測定　398
精緻化　85, 106
精緻化理論　196, 201, 215
セキュリティ問題　390
設計　31
接続速度　364
説得的コミュニケーション　110
宣言的知識　58, 60, 96, 162
先行オーガナイザ　107, 237, 277
前操作期　132
選択する　154
前提条件　71, 197
前提能力　334
全米学力調査　53
全米情報基盤　249
専門的な知識体系　100

● そ

創意性　320
総括的意思決定　45
総括的評価　309, 398, 400
相関的な包含　278
相互運用性　253
操作　132
双方向のコミュニケーション　343
組織化　85
組織化された知識　105
組織の結果　399
組織の利益　43

● た

大グループ　332, 344
体験による学習　254
対象　155
対象者を狙った配信　244
対象属性　75
対象目標　174, 178
態度　14, 62, 107, 127, 164, 322
態度に関する調査　405
代理強化　112, 127
対話式復唱　332
達成動機　130
妥当性　310
WBT　355
短期記憶　11, 219
単元マップ　205
単元目標　198
探索　219

● ち

チェックリスト　414
知識（状態）　69, 97, 135
知識階層　100
知識管理（KM）　21, 258, 359
知識創造社会　240
知識体系　100
知識の貯蔵庫　256
知的エージェント　391
知的技能　14, 57, 71, 123, 415
知的財産権　368
知能検査　415
チャットルーム　361

注意　130, 421
注意を喚起する方略の適応　106
チューター（インストラクター）の制御　334
チュータリング　335, 338
長期記憶　11, 219
超広帯域技術　256
聴力的・言語的な学習スタイル　383
直接的方法　110
直近の前提条件　182, 335

● つ
対連合学習　103

● て
ティーチング　3
定義された概念　77, 159, 317
ディスカッション　332, 343
データ　97
データ追跡　391
手がかり　345
適応型のナビゲーション支援　212
適合的教材　271
適性　415, 417, 423
適性処遇交互作用　137
適性測定　424
適性の複合体　141
適性変数　415, 424
デジタルリテラシー　238, 244
テスト　300, 406
手続き　116
手続き型の課題分析　176
手続き的知識　57
手続き（的な）ルール　145, 187
転移　35, 82, 237, 428
電子的教室　351

● と
動機　416
同期型配信　261
動機づけ　129, 423
動機づけ変数　416, 421, 427
同期・非同期型の配信　261
統合　69
統合的没入テクノロジー　254
動作動詞　154, 156, 310

投資回収率（ROI）　242, 400
統制の所在　138
同定する　75, 154, 158
独自性　320
特性　134, 138
独創的な思考　239

● な
内省　59
内省的思考　101
内的処理　220
内的フィードバック　115
内的要因　129
内発的動機づけ　129
ナビゲーション　388
ナレッジマネジメント（KM）　21, 258, 359

● に
ニーズアセスメント　27
ニーズ分析　65
人間活動　54
人間モデリング　111
認知学習理論　218
認知的アフォーダンス　238
認知的ツール　265, 266
認知的徒弟制　83
認知的評価　416
認知的方略　14, 58, 84, 125, 161, 276, 319
認知負荷　125
認知領域　69

● ね
ネットワーク　248

● の
能力　54, 136, 138
能力動詞　153-155, 310
ノード　386
述べる　154, 162

● は
媒介物　101
ハイパーテキスト　213
ハイパーメディア　211
ハイパーリンク　386

458　事項索引

パイロットテスト　42, 405
発見学習　82
発達の最近接領域　132
パフォーマンステクノロジー　24
パフォーマンス評価　409
パフォーマンス目標　151
ハンズオン型学習　244, 381
反応生成器　11
反応評価　43

● ひ

ピア・チュータリング　335
ビジョン　372
必須前提条件　179, 181, 185
批判的思考　239
ヒューマン・パフォーマンス・テクノロジー（HPT）　397
評価　42, 69, 300
評価のタイプ　42
評価のレベル　398
評価法　397
評価方法の計画　35
標準化された基準　328
評定　307
品質の審査　398

● ふ

ファイヤーウォール　364
フィードバック　237, 390
フィールドテスト　43
4C/ID アプローチ　50
フォーラム　98
不活性な概念　60
不活性な知識　60
普及と採用　41
符号化　277
2 人グループ　335
プラットフォーム　356
ブランチング（分岐処理）　271
振り返りの時間　385
ブルームの分類学　69, 70, 97
プレースメントテスト　308
ブレンド型学習　258, 385
フローチャート　177
プログラム評価　412
プロセス　423
プロセススキーマ　135
プロセス評価　43
プロセス変数　413, 420, 426
プロセスレビュー　407
プロダクション・ルール　123
プロトタイプ　372, 404
分散学習　252
分散知能　257
分析　27
分析ツール　98
分類する　77, 154, 159

● へ

平均得点　417
弁別（する）　73, 154, 157, 318

● ほ

包括的な設計　21
報酬　369, 416
補助的な前提条件　179, 184, 185
保存　132
没入度　142

● ま

マスタリーラーニング（完全習得学習）　350
マセマジェニック活動　58
満足感　130, 421

● む

無作為化　423
無線コンピューティング　255
無力感　421

● め

命題　126
メタデータ　212, 253
メタ認知　59, 91
メタ認知制御処理　220
メタ認知的方略　86, 276
メンター　248
メンタリング　335

● も

目標準拠　36, 301, 310

目標スキーマ　88
モジュール学習　244
問題解決　81, 160, 316, 344
問題解決能力　65
問題解決方略　59
問題指向型ディスカッション　343
問題発見のスキル　161

● よ
要因の一覧　417
要求特性　421
予測的妥当性　327
4種類の評価　43

● ら
螺旋型の系列化　214
螺旋モデル　49
ラピッドプロトタイピング　32
ラベルの学習　102

● り
理解　69
理解モニタリング　86

リハーサル　11, 85
リハビリテーション法508条　250
領域固有　59
領域の専門家（SME）　298

● る
ルーブリック　306
ルール　56, 79, 160, 317

● れ
例示する　154, 160
レッスン　284, 286-290
レッスンマップ　207
レディネス　132, 421
連続的プロセス　49

● ろ
ロールプレイ　112
論理的な推論スキル　239

● わ
ワーキング・メモリ（作業記憶）　123

● 監訳者あとがき

　個人的なことだが「教育」の世界に深く関わって6年目になる。その所属名の教育情報学とは何かということはさておき，とにかく，早くこの領域の言葉（諸概念）に慣れなくてはと，教育系，教育心理学系，心理学系，情報系はもちろん，統計系，認知科学系，神経科学系の和書，洋書を問わず手当たり次第に読んだ。取り敢えず日本教育工学会と認知科学会に籍を置き活動の重心を移し，実践研究にも取り組んだ。いろいろ勉強はしたが，部分的には満足感を得たものの，授業やカリキュラムをどう設計すればよいかについては，いずれも隔靴掻痒の段階にとどまり，ずばり「解とその根拠」を与えている良書にはいき当たらなかった。

　そうした中で，「インストラクショナルデザイン」という言葉を知った。これは，本監訳者で，奇しくもガニェの最後のお弟子さんである（後で知ったことだが）鈴木教授が筆者の所属部局の客員教授あるいは非常勤講師として来ていただいていて，これに関する講義や情報を提供していただいたことに起因する。改めて周囲をみるとインストラクショナルデザインをタイトルに含む本が少しずつ出始めていた。その中で，一見して本書が「解とその根拠」を与えていた。

　そもそも，日本には人文社会系の仕事の中に設計という工学的な概念はなかったように思う。工学的アプローチとはシステム的アプローチといってよいであろう。つまり，工学は昔の物づくりをすることから，複雑な物づくり（工学システムづくり）に移り，さらにもっと抽象的なものを対象にしてシステムを組み上げることにそれまでのノウハウを活かすことができるようになってきた。教育とはまさに自分も含めて現代のそして，次代の人間を育て上げる仕組みであり，システムである。つまり，教育システムである。必ずしもそういう認識はまだ一般的ではないが，現代の学校教育は，教師および，教育学や教員養成の専門家だけではどうしようもない段階にあることが明白である。だからここに工学的な手法が生きてくることは不思議ではない。教育工学事典にあるように教育工学は従来の専門領域についていえば，広い背景を持っており，そもそも本来教育が然りなのである。

　今回図らずも，教育系出身の監訳者（鈴木）と理学工学系出身の筆者（岩崎）が組んで監訳に当たることになった。『インストラクショナルデザインの原理』というタイトルで，いわゆる高等教育を含む学校教育の関係者にどれだけ本書を手にとってもらえるか少々心配である。しかし，本書を読んでわかるように，インストラクショナルデザイン手法はあらゆる教育の場，人材育成の場，訓練の場，あるいは学習の場に適用可能なのである。その環境も，通常の授業形態から，IT活用やeラーニング，

そして将来の最先端の教育の方法まで適用可能なのである。筆者自身，従来授業の点検と改善，そして新規科目の設計と実践に十分に活用してきている。第1章の最初のところにあるとおり，IDのベストモデルが存在すると考えるのは誤りであり，IDは学習のプロセスを支援することに焦点を置いているのである。また，小さな単位の一授業から，カリキュラムの全体の設計まで適用可能であるという指摘に象徴されるように，まさに現代の多くの学校教育の関係者にも手に取っていただきたい内容である。

1つ本書で気になることは，企業教育だけでなく，軍（隊）の教育や訓練などの登場である。おそらく日本の多くの教育関係者は違和感を抱くであろうし，筆者も例外ではない。しかし，これは学問の進歩の結果であり，現代応用科学の宿命でもある。特にアメリカとはそうした国であるということがよくわかると捉えていただければと思う。

本書は，第5版であり，初版から30年以上の歴史を持っている。本書に登場する参考文献の年代を見るとわかるとおり，ほとんどが1950年代から2003年までの長きにわたっている。主としてアメリカにおいて多様な実践や検証を受けてきているという点からも，また，最新の状況をも反映すべくITデジタル時代の実践や研究の成果も反映する形で改訂がされているという点からも，現代では，この種の最高の本ということができよう。IT教育の人材育成を目指す分野では最適の教科書となるであろう。

ただし，本書はあくまでもアメリカ合衆国の文脈で書かれている。同じ人間の営みであるという点から，われわれは多くの有益なことをこの本から学び取り，応用し，実践し，検証することができよう。しかし，同時に文脈の違いから直輸入はなかなか困難な面もあるかもしれない。昔から教育において高いレベルの達成度を示してきた歴史や伝統を持っている日本から，この分野，すなわちインストラクショナルデザインの領域で，この本を包含しながら，それを乗り越える研究とその成果を世界へ発信することを特にこれからの若い人々にぜひ，お願いをしたい。

最後に，筆者は浅学非才の身ながらこのプロジェクトにめぐり会えたことはまことに幸運というほかはない。心より感謝申し上げる。

2007年7月

東北大学大学院教育情報学研究部・教育部
岩崎　信

● 訳者担当一覧（執筆順）

岩崎　　信（監訳者）	序　文
鈴木　克明（監訳者）	第 1 章
樋口　祐紀（株式会社 PRO & BSC）	第 2 章
行場絵里奈（東北大学大学院教育情報学教育部）	第 3 章
今井　亜湖（岐阜大学教育学部・准教授）	第 4 章
亀井美穂子（椙山女学園大学文化情報学部・准教授）	第 5 章
稲垣　　忠（東北学院大学文学部・教授）	第 6 章
徳村　朝昭（財団法人日本国際協力センター・講師）	第 7 章
市川　　尚（岩手県立大学ソフトウェア情報学部・准教授）	第 8 章
寺嶋　浩介（大阪教育大学・准教授）	第 9 章
根本　淳子（明治学院大学心理学部・准教授）	第 10 章
村上　正行（京都外国語大学マルチメディア教育研究センター・准教授）	第 11 章
小山田　誠（株式会社日経 BP コンサルティング）	第 12 章
佐々木典彰（東北女子短期大学保育科・准教授）	第 13 章
菅原　　良（明星教育センター・特任教授）	第 14 章
舟山　順子（東北大学大学院教育情報学研究部・准職員）	第 15 章
今野　文子（東北大学高度教養教育・学生支援機構・助教）	第 16 章

● 監訳者紹介

鈴木克明（すずき　かつあき）

1959年　千葉県に生まれる。
国際基督教大学教養学部（教育学科），同大学院を経て，
米国フロリダ州立大学大学院教育学研究科博士課程を修了，Ph.D（教授システム学）。
東北学院大学教養学部助教授，岩手県立大学ソフトウェア情報学部教授などを経て，
現在：熊本大学教授システム学研究センター長・教授
専門：教育工学・教育メディア学・情報教育
主著：研修設計マニュアル　北大路書房
　　　教材設計マニュアル　北大路書房
　　　授業設計マニュアル（共編著）　北大路書房
　　　教育工学を始めよう（共訳・解説）　北大路書房
　　　学習意欲をデザインする（監訳）　北大路書房
　　　eラーニングファンダメンタル（編著）　日本イーラーニングコンソシアム
　　　放送利用からの授業デザイナー入門　日本放送教育協会
　　　最適モデルによるインストラクショナルデザイン（共編著）　東京電機大学出版局　など

岩崎　信（いわさき　しん）

1945年　青森県に生まれる。
東北大学大学院理学研究科原子核理学専攻博士後期課程中退，同工学研究科助手，助教授を経て，
東北大学大学院教育情報学研究部・教育部教授・部長／同工学研究科教授（併任），工学研究科，日本原子力研究所嘱託，米国リバモア研究所派遣研究員，統計数理研究所共同研究員などを歴任，ベイズ逆推定法を活用した放射線逆問題解法の研究で「放射線賞」受賞（応用物理学会1999年），（博士）工学
現在：日本物理教育学会理事
現在の専門：認知科学，教育工学，教育デザイン論，物理教育学
主著論文等：原子力・核融合基礎研究関係，核計測情報処理関係論文多数。現在は，IT教育関係へ関心を強め，工学教育協会，日本教育工学会，物理教育学会の他，国際学会や紀要等に論文を商用誌に解説を発表。
　　　東北大学インターネットスクールの実践と課題（共著）　メディア教育研究，第1巻，第1号，No.1 (2004), pp.19-29.
　　　米国の大学教育：原子核教育に学ぶことは（上・下），原子力eye (Nuclear Viewpoints), 48 (5) (2002), pp. 60-63. ／48 (6) (2002), pp. 60-63.
　　　認知科学的実験授業アウトカムズ評価の試み　工学教育，50 (3) (2002) pp. 127-133.
　　　Convergence of unfolded spectrum with response function for single radiation based on Bayes' theorem (Yasushi Nauchi, Shin Iwasaki), *Nuclear Instruments and Methods in Physics Research*, A735 (2014) 473-443. など

インストラクショナルデザインの原理

2007年 8月31日	初版第1刷発行	定価はカバーに表示
2018年 6月20日	初版第6刷発行	してあります。

著　　者	R. M. ガ ニ ェ	
	W. W. ウェイジャー	
	K. C. ゴ ラ ス	
	J. M. ケ ラ ー	
監 訳 者	鈴　木　克　明	
	岩　崎　　　信	
発 行 所	㈱北 大 路 書 房	

〒603-8303 京都市北区紫野十二坊町12-8
電　話（075）431-0361㈹
ＦＡＸ（075）431-9393
振　替　01050-4-2083

© 2007　　制作／T. M. H.　印刷・製本／亜細亜印刷㈱
　　　　　検印省略　落丁・乱丁本はお取り替えいたします
　　　　　ISBN 978-4-7628-2573-6　　Printed in Japan

・ JCOPY〈㈳出版者著作権管理機構 委託出版物〉
本書の無断複写は著作権法上での例外を除き禁じられています。
複写される場合は，そのつど事前に，㈳出版者著作権管理機構
（電話 03-3513-6969,FAX 03-3513-6979,e-mail: info@jcopy.or.jp）
の許諾を得てください。